Klaus Gallas



# Kreta

## Von den Anfängen Europas bis zur kreto-venezianischen Kunst

DuMont Buchverlag Köln

*Umschlagvorderseite:* Panajía Kerá-Kirche außerhalb von Kritsá/Merambéllo

*Umschlagrückseite:* Panajía Kerá-Kirche von Kritsá: Franziskus von Assisi mit der Beischrift ›Franzesko als Beschützer der Armen‹ (13. Jh.)

*Umschlagklappe vorn:* Freskofragment eines weiblichen Kopfes, sog. Pariserin, aus dem Westflügel von Knossós (Sechssäulenhalle) (um 1500/1450 v. Chr.; AMI, XV)

*Umschlagklappe hinten:* Ostküste, Tal der Toten bei der minoischen Ausgrabung von Káto Zákros/Sitía

*Frontispiz S. 2:* ›The Master Impression‹, Siegel eines Ringes (SM Ib) auf dem möglicherweise die minoische Palaststadt von Kú-tu-na-ja (= Kydonía/Chaniá) dargestellt ist. Fundort: Platía Ajía Ekateríni in Chaniá (s. S. 139 und 142 f.). Nach Erik Hallager: *The Master Impression*, Fig. 11, S. 50, Göteborg 1985

**AMI = Archäologisches Museum, Iráklion**
**(römische Ziffern bezeichnen die Saalnummern, arabische Ziffern die Vitrinen; s. a. S. 115)**

**Da die Bestände des Museums neu geordnet werden, entsprechen die hier gemachten Angaben längere Zeit nicht der ständig wechselnden Aufstellung der Vitrinen.**

*Über den Autor:* Klaus Gallas, geboren 1941, studierte Architektur (Dipl.-Ing.), Archäologie, Ägyptologie und Byzantinische Kunstgeschichte (Dissertation über das Thema ›Byzantinische Architektur der Insel Kreta‹). Ab 1963 bereiste er Rußland, Rumänien, Bulgarien, die Tschechoslowakei, die Türkei, Italien, Griechenland und Zypern sowie den Vorderen Orient, speziell Iran/Persien. Auf Kreta, Zypern, Rhodos, der Halbinsel Mani sowie in Mittel- und Nordgriechenland (Kastoriá) beschäftigte er sich mit dem Studium der byzantinischen Architekturgeschichte; auf Kreta Grabungstätigkeit im Bereich der frühchristlichen Archäologie. Mitarbeit an mehreren kunstgeschichtlichen Publikationen und Reiseführungen, vor allem zu den griechischen Inseln. Veröffentlichungen: *Byzantinisches Kreta* (München 1983), Gemeinschaftsarbeit mit K. Wessel und M. Borboudakis; *Kreta Ursprung Europas* (München 1984); Idee und Drehvorlage zu dem fünfteiligen ZDF-Film *Kreta Ursprung Europas* (Erstsendung 1984), *Sizilien* (Nürnberg 1992), *Byzantinisches Griechenland* (Dortmund 1993). In der Reihe DuMont Kunst-Reiseführer erschienen von Klaus Gallas *Rhodos* und *Korfu.*


7. Auflage 1993

Satz: Boss-Druck, Kleve
Druck und buchbinderische Verarbeitung: C & C Offset Printing Co., Ltd.

Printed in Hong Kong ISBN 3-7701-1729-8

# Inhalt

*Meinem verehrten Lehrer*
*Klaus Wessel*
*gewidmet*

## Vorwort

Die im Herbst 1989 auf dem Thera-Kongreß veröffentlichte Neudatierung des bronzezeitlichen Vulkanausbruchs von Santorin hatte zur Folge, daß die gesamte absolute Chronologie des minoischen Kretas überarbeitet werden mußte. Zuverlässige Radiokarbon-Untersuchungen ergaben, daß die Zerstörung Santorins im Jahre 1625 v. Chr. und nicht, wie bisher angenommen, 1500 v. Chr. stattfand. Unverändert bleibt hingegen die relative Chronologie, der zufolge Santorin gegen Ende der Epoche SM I a vernichtet wurde.

Die Verschiebung der absoluten Datierungen um teilweise mehr als ein Jahrhundert erfordert eine neue Interpretation der historischen Gegebenheiten. Die Theorie von der mykenischen Machtübernahme Kretas um 1450 v. Chr. ist z. B. wissenschaftlich nicht mehr haltbar.

In dem vorliegenden Kunst-Reiseführer ›Kreta‹ werden für die minoische Epoche nur noch relative Zeiten angegeben (FM = frühminoische Periode, MM = mittelminoische Periode, SM = spätminoische Periode). Die entsprechenden absoluten Daten können der Chronologie-Tabelle (s. S. 370) entnommen werden.

Zur Schreibweise der griechischen Namen: Die heutigen Orts- und Kirchennamen wurden entsprechend ihrer neugriechischen Aussprache transkribiert, so daß z. B. ein dem hl. Georg geweihtes Gotteshaus als Ajios Jeórjios-Kirche erscheint.

Für wissenschaftliche Anregungen bei der Arbeit an diesem Band danke ich besonders Veit Stürmer, Berlin.

**München, im Mai 1990** **Klaus Gallas**

# Einleitung

## Die Bedeutung Kretas im Mittelmeer

Kreta hat unter den Inseln des Mittelmeeres historisch und kulturgeschichtlich eine ganz einzigartige Bedeutung. Meist spielten Inseln in der Kulturgeschichte eine untergeordnete Rolle und gelangten nur dann zu größerer Bedeutung, wenn sie etwa wie Zypern und Sizilien im Schnittpunkt verschiedener kultureller Einflußbereiche lagen oder sich die strategischen Interessen größerer Reiche, wie etwa im Mittelmeerraum die der Griechen, Römer, Byzantiner und heute die der NATO, auf sie konzentrierten. Kreta hingegen bildet hierin eine Ausnahme. Zwar war die südlichste Insel unseres Kontinents seit dem Ende der Bronzezeit nur Teil anderer Reiche und Kultursphären, aber zweimal in der Geschichte führte dies auch zur Ausbildung besonderer, interessanter und herausragender Kulturepochen.

Dies ist einmal das ›Byzantinische Kreta‹, das mit seinen über tausend Denkmälern der Architektur und Malerei aus rund 1500jähriger kretischer Geschichte eindrucksvolle Zeugnisse dieser Epoche hinterließ. Die gesamte Zeitspanne von der frühchristlichen Epoche über die arabische Eroberung (826) bis hin zur eigentlichen byzantinischen Epoche (961/62–1453) und bis zur kreto-venezianischen Zeit (bis 1669) ›Byzantinisches Kreta‹ zu nennen, findet darin eine historisch und kunstgeschichtlich begründbare Berechtigung, daß sich auf Kreta während dieser Zeit im engen Kontakt mit der Hauptstadt Konstantinopel eine zwar provinziale, aber doch lebenskräftige byzantinische Kunsttradition entwickelte, die Jahrhunderte lang von nahezu allen fremden und venezianischen (1204–1453) Einflüssen frei blieb.

Zum anderen erblühte im 7. Jh. v. Chr. auf Kreta der völlig neue, eigenständige ›kretisch-dädalische Stil‹, der besonders in der Koroplastik, aber auch in der Toreutik und Keramik eine neuartige, für den gesamten Mittelmeerraum vorbildliche Formensprache fand.

Das in jeder Hinsicht Herausragende aber geschah auf Kreta weit früher, während der Bronzezeit. Vor mehr als 4000 Jahren entwickelte sich auf dieser Insel am Rande unseres Kontinents die älteste Hochkultur Europas. Aufkeimend im östlichen Mittelmeer, am Rande der hochentwickelten Zivilisationen Mesopotamiens und Ägyptens, erblühte in der Ägäis mit dem Zentrum Kreta eine bald durchaus einzigartige Kultur, die wir nach dem sagenhaften König Minos ›minoisch‹ nennen; ihrerseits strahlte sie weit aus bis hin zum griechischen Festland und selbst darüber hinaus.

Vor allem ist es ein Umstand, der diese als minoisch bezeichnete Epoche des 3. und 2. vorchristlichen Jahrtausends heute so unvergleichlich und faszinierend erscheinen läßt: Das Minoische ist nach wie vor ein großes Geheimnis für uns. Auch bei einer noch so intensiven Beschäftigung mit der minoischen Kultur bleiben Rätsel; aber gerade dies ist die Herausforderung, die Kreta in sich birgt. Die älteste europäische Zivilisation wurde vollständig zerstört, die kulturellen Errungenschaften der ersten Europäer gerieten in Vergessenheit. Nur wenige Mauerreste und schwer greifbare Mythen zeugen über Jahrtausende von den ersten Schritten der Menschen unseres Kontinents auf dem Weg zu unserer ersten Hochkultur. Der dort eingeschlagene Weg wurde von den späteren Generationen nicht fortgesetzt, und damit blieb das Minoische für uns fremdartig. Es scheint, als gäbe es kaum eine Brücke zwischen unseren abendländischen Traditionen, die in der griechisch-römischen Welt gründen, und jenem weit älteren, frühesten Versuch der Menschen, in Europa die vorgegebene Ordnung der Natur durch eine vom Menschen geschaffene Ordnung, eben durch die minoische Kultur, zu ersetzen.

Viele Fragen stellen sich dem heutigen Besucher der minoischen Ausgrabungsstätten Kretas und ihrer Funde in den Museen – Fragen, auf die oft auch die weit entwickelte archäologische Wissenschaft keine letzten, erschöpfenden Antworten zu geben weiß. Spricht uns auch vieles in den nach Jahrtausenden wiederentdeckten Zeugnissen der Minoer unmittelbar an, wie etwa die Wandmalereien oder auch die lebendigen, in Siegel geschnittenen kleinen figuralen Szenen, so scheint uns doch der Sinn dessen, was wir da vor uns sehen, verborgen.

Ganz fremdartig ist uns die Baulogik der großen Paläste; ja schon die Bezeichnung ›Paläste‹ für die großen Gebäudekomplexe inmitten einer sie umgebenden Stadt ist nicht angemessen, vielmehr scheinen sie tempelartige Wirtschaftszentren mit einer politisch-sakralen Verwaltung gewesen zu sein. Über das Leben, die soziale und politische Ordnung des alten Kreta endlich läßt sich nur spekulieren. Die Anfänge Europas sind uns fremd.

Aber vielleicht ist es gerade dieser Umstand, daß sich nicht alle unsere Fragen hinsichtlich der minoischen Epoche beantworten lassen, der einen großen Teil der Faszination der Ursprünge Europas ausmacht. Mehr noch: die Fragen an eine fremde Epoche, die Versuche, das andere zu verstehen, helfen uns, im Unterscheiden das Eigene, sonst Selbstverständliche, besser zu begreifen. Dies ist es wohl, was einen nicht geringen Reiz des Reisens überhaupt ausmachen kann, und gerade Kreta wird den geschichtlich Interessierten, der diesen Reiz sucht, nicht enttäuschen.

## Abenteuer Archäologie, ›Wiedergeburt‹ der minoisch-mykenischen Welt

Der Weg vom Mythos zum Wissen führt über die Archäologie, übersetzt: die Lehre von den Anfängen. Die Idee, im Boden systematisch nach Zeugnissen ältester Zeiten zu forschen, gab es schon im 5. Jh. v. Chr. Thukydides (um 460–400? v. Chr.), einer der bedeutendsten antiken Geschichtsschreiber, kann durchaus als Pionier der modernen Altertumsforschung des 20. Jh. betrachtet werden. Er war wohl der erste, der Bodenfunde (auf der Insel Delos) zur Erläuterung historischer Zusammenhänge heranzog. Cicero (106–43 v. Chr.) weiß sogar zu berichten, daß man in Syrakus auf Sizilien nach antiken Quellen das Grab des berühmten griechischen Mathematikers Archimedes (um 287–212 v. Chr.) erfolgreich aufgesucht habe.

Der Weg zur Wiederentdeckung der vergessenen Anfänge Europas führte über den Mythos. Lange Zeit, bis in die zweite Hälfte des 19. Jh. war man der Meinung, die Ursprünge griechischer und damit europäischer Kultur wären irgendwann zu Beginn des 1. Jahrtausends v. Chr. anzusetzen. Die Mythen der Griechen, die von weiter zurückliegenden Ereignissen erzählten, wurden als Fantasiegebilde betrachtet. So überrascht es nicht, daß die Fachwelt anfangs nur ungläubig und teils mit Gespött zur Kenntnis nahm, was ein deutscher Kaufmann mit Namen Heinrich Schliemann behauptete: der von Homer in der Ilias besungene Trojanische Krieg sei ein historisches Ereignis gewesen, und Troja, Mykene und andere Städte mit ihren Fürsten hätten tatsächlich existiert. Schliemann, der begeisterte Amateur, trat den Beweis an: nach den Beschreibungen Homers grub er ab 1860 Troja, 1876 Mykene und 1884 Tiryns aus. Damit tat sich eine völlig neue, bislang ungeahnte Welt auf. Die griechische Geschichte reichte mindestens 1000 Jahre weiter zurück als bis dahin angenommen. Würden wir auch heute Schliemann, ebenso wie andere Pioniere auf diesem Gebiet, eher als Schatzgräber denn als Archäologen bezeichnen, so gebührt ihm doch der Ruhm, die mykenische Kultur entdeckt zu haben. Auch darf er als Begründer der (Aus-)Grabungsarchäologie gelten.

Die eigentlichen Anfänge der europäischen Kultur aber harrten noch der Entdeckung. Zwar hatte schon Schliemann geahnt, daß auf Kreta Wichtiges zu finden sein würde und hatte im Gebiet von Knossós graben wollen, doch wurde er mit dem türkischen Besitzer des Geländes nicht handelseinig. So blieb es dem Engländer Arthur Evans vorbehalten, die älteste europäische Hochkultur ans Licht zu bringen.

Bereits 1878/79 hatte der Kreter Kalokerinos mit dem beziehungsreichen Vornamen Minos einen Teil der Westmagazine von Knossós ausgegraben, aber damals ahnte noch niemand etwas von der Tragweite dessen, was dort noch im Boden verborgen war. Erst durch die Grabung von Evans 1900–1903 wurde klar, daß Knossós keine, wie anfangs vermutet, mykenische Siedlung, sondern ein großer Palast einer weit älteren und völlig anderen Kultur gewesen war. Nach dem mythischen König Kretas bezeichnete Evans diese neuentdeckte Epoche als minoische.

Evans' Entdeckung löste eine Lawine aus. Überall auf Kreta forschten bald Archäologen nach Zeugnissen der Minoer. Die Italiener Halbherr und Pernier, die vorher im griechisch-römischen Górtys gegraben hatten, brachen dort ihre Arbeit ab und begannen mit der Freilegung des minoischen Palastes von Festós (1900–1914). In Mália gruben Griechen und Franzosen, im Osten der Insel, in Gourniá, Amerikaner. Leider aber gilt bis heute, daß die archäologische Erforschung anderer Epochen Kretas unter der der minoischen vernachlässigt wurde.

Die Arbeit ist bei weitem nicht abgeschlossen. Immer wieder kommt Neues, oft Sensationelles ans Licht: so in Archánes und Umgebung, wo das Archäologenehepaar Sakellarákis tätig ist und zuletzt von einem minoischen Menschenopfer berichtete (s. S. 32 u. 283). Aber trotz aller Bemühungen der Wissenschaft bleibt die minoische Kultur geheimnisvoll. Das größte Handikap ist das Fehlen schriftlicher, zeitgenössischer Quellen. Die Schrifttäfelchen aus den Palästen, zu deren Übersetzung es mittlerweile erfolgversprechende, wenn auch nicht unumstrittene Ansätze gibt, enthalten nur Listen oder etwas dergleichen, keine längeren Texte, aus denen sich Rückschlüsse auf die Welt der Minoer ziehen ließen. Alles, was über sie und ihre Zeit geschrieben wurde und wird, basiert somit auf der Interpretation der Funde, auf Vermutungen und assoziativen Deutungen. Doch ist die Wissenschaft mittlerweile so weit, aufgrund von archäologischen Bodenfunden die Kultur unserer ältesten Vorfahren zumindest in ihren Umrissen und Grundzügen beschreiben zu können.

# Mythische Erinnerung

Die griechischen Götter und ihre Geschichten, die Mythen, besitzen für nicht wenige in unserer hochtechnisierten Welt einen unwiderstehlichen Zauber – in den Mythen sind die Götter und Heroen der Griechen bis heute lebendig geblieben. Überall in der griechischen Kunst begegnen wir Darstellungen mythologischen Inhalts, und folgerichtig gehört denn auch die Beschäftigung mit der griechischen Mythologie zur beliebtesten Lektüre von Bildungsreisenden, die Kreta, das griechische Festland, die Ägäischen Inseln oder überhaupt Landschaftsräume des Mittelmeers, die je unter griechischem Einfluß standen, bereisen wollen. Im griechischen Sprachgebrauch sind ›Mythen‹ ganz einfach ›Worte‹, vornehmlich Erzählungen und Schöpfungen der menschlichen Fantasie, die sehr verschiedenartige Gegenstände behandeln können.

Im Mythos findet eine Konzentration des Vergangenen aufs Wesentliche statt, eine Typisierung, vielleicht gar, wie Jung und Kerényi annehmen, Idealisierung im Sinne einer Rückführung menschlichen und göttlichen Handelns auf tiefenpsychologische Urbilder. Also bezieht sich Mythos zwar auf Vergangenes, aber nicht, um zu beschreiben, was wirklich ist, sondern um der Gegenwart Sinn zu geben, ewige Wahrheiten und menschliches Schicksal überhaupt zum Ausdruck zu bringen.

In den Mythen wird berichtet: vom Ursprung und der Verteilung der Welt, von der Schöpfung und dem Wesen des Menschen, von der Entstehung und Eigenart der Naturerscheinungen und dem rhythmischen Wechsel der Jahreszeiten, von Licht und Finsternis, vom Guten und Bösen, von der Urgeschichte der Welt, von der Menschheit und ihrer letzten Bestimmung, von anderen ›Welten‹, wie denen der Götter und der Toten, von den persönlichen Beziehungen zwischen Göttern und Menschen und insbesondere von den Heroen; – damit aber auch von der ›Geschichte‹ der Griechen und ihrer antiken Welt.

Endlich: Mythen wurden – nicht nur bei den Griechen – auch erzählt und schriftlich überliefert, um sowohl traditionelle Bräuche und gesellschaftliche Institutionen als auch Namen von Personen und Örtlichkeiten ›geschichtlich‹ abzuleiten und zu rechtfertigen. Bis Heinrich Schliemann in der zweiten Hälfte des 19. Jh. nach archäologischen Studien mit seinen Ausgrabungen begann, hielten die Fachgelehrten der Altertumswissenschaft seiner Zeit diese ›geschichtlichen‹ Teile des griechischen Mythos für ein wenig ergiebiges Quellenmaterial, um damit die Ur- und Frühgeschichte der Griechen und ihrer antiken Welt erforschen zu können.

Erst als es Schliemann – der den Mythos buchstäblich beim Wort nahm – gelungen war, Troja, Mykene und Tiryns ans Tageslicht zu heben, begann die Fachwelt danach zu fragen, welchen Aussagewert z. B. Homers ›Ilias‹ und ›Odyssee‹ für die Ur- und Frühgeschichte der ägäischen Welt im Sinne moderner Geschichtswissenschaft wohl hätten.

Selbstverständlich mußte – und muß – bei der Interpretation solcher ›Quellen‹ streng vermieden werden, sie unkritisch als Geschichtsschreibung zu werten. »Versuche, die Mythen in Geschichte zu verwandeln, deren Aussichtslosigkeit man z. B. aus dem Vergleich der Nibelungensage mit der Geschichte veranschaulichen kann, können nur diskreditieren; die geschichtliche Grundlage ist unter dem frei rankenden Beiwerk der Märchen und Legenden völlig verhüllt worden, und es ist ein vergebliches Beginnen, geschichtliche Einzelheiten erkennen zu wollen, wenn eine geschichtliche Überlieferung fehlt, durch welche diese kontrolliert werden können.«[1]

Als Erzählungen einer schöpferischen Fantasie haben Mythen also nichts mit Geschichtsschreibung im modernen Sinne gemein, auch wenn sich in ihren Erzählungen religiöse Bräuche, kultische Riten, Gesellschaftsstrukturen wie Matriarchat und Patriarchat sowie geschichtliche Ereignisse widerspiegeln. Aber Mythen wurden in der Antike, speziell während der hellenistischen und römischen Epoche, auch politisch mißbraucht! Da für die Griechen die Götter- und Heldengeschichten – von altersher mündlich überliefert, anfangs nur von fahrenden Sängern weitergegeben – als authentische älteste Geschichte galten, die man nicht selten bei politischen Streitigkeiten als Legitimation seiner Position durch deren Rückführung auf die ›historischen‹ Wurzeln heranzog, versuchte man, sie für sich günstig umzugestalten. Man erfand immer neue Mythen, selbstverständlich mit politischer Färbung, und veränderte die alten Überlieferungen im Sinne von historischen Fälschungen, so daß sich in den Mythen unendlich viele Widersprüche offenbaren, die der Mythenforscher nur schwer zu enträtseln vermag.

Wichtigste Stütze sind ihm heute, neben echten historischen Quellen, die aber höchst selten sind und immer die Urzeit der Mythenentstehung unberücksichtigt lassen, die archäologischen Befunde, die seit Schliemann und den begeisterten, ja nicht selten zu gutgläubigen Pionieren der Archäologie durch verfeinerte und kritischere wissenschaftliche Methoden an Aussagekraft bedeutend gewonnen haben.[2]

Griechische Mythen sind erst ab dem 8. Jh. v. Chr. schriftlich faßbar. Diese ältesten, schriftlich fixierten, mündlich überlieferten Traditionen der Frühzeit sind also mehr als 500 Jahre jünger als die Zeit, über die sie berichten. Für die minoische Epoche ergibt sich daraus, daß im griechischen Mythos, sofern er sich auf Kreta bezieht, nicht direkt Minoisches zu uns spricht. Die in ihnen enthaltenen minoischen Fakten und Erzählungen sind über Generationen hinweg überlagert und verändert worden durch die Vorstellungen der indoeuropäischen Völker, die seit der mykenischen Epoche das griechische Festland überschwemmten und das ihrem Wesen fremde minoische Kulturgut assimilierten. Die Mythenforschung steht also vor der schwierigen Aufgabe, das Minoische gleichsam aus der griechischen Überlagerung herauszulösen, um es so zumindest in groben Umrissen wieder faßbar zu machen.

Bezeichnenderweise verlegen die Griechen in ihren Mythen die Geburt ihres obersten Unsterblichen, Zeus, nach Kreta. Hesiod erzählt in seiner ›Theogonie‹ (Entstehung der Götter) im 8. Jh. v. Chr. folgende Geschichte:

Uranos (Himmel), der aus dem Chaos und der Mutter Erde geborene erste Gott der antiken Welt, haßte seine Kinder und verbarg sie im Leib seiner Gemahlin Gaia. Diese erflehte in ihrer Not von ihren Kindern Hilfe. Allein Kronos wagte ihr zu helfen und sann auf Rache; im Schlaf

1 Martin P. Nilsson: *Geschichte der griechischen Religion,* Bd. I, S. 25, München $^{4}$1976

2 Diese Anfangsabschnitte über Mythologie folgen im wesentlichen dem einführenden Text des Autors im Kunst-Reiseführer *Rhodos,* S. 9/10, Köln 1984

überraschte er seinen Vater und entmannte ihn. Nun bestieg Kronos den Götterthron, seine Schwester Rhea nahm er zur Frau. Uranos aber hatte sterbend seinem Sohn Kronos geweissagt, daß auch ihn sein eigener Sohn entthronen werde. Geängstigt von dieser Prophezeiung verschlang Kronos alle seine Kinder, die ihm Rhea gebar. Erzürnt über die Grausamkeit ihres Gemahls, ersann Rhea eine List: ihren dritten Sohn Zeus gebar sie auf Kreta; die einen erzählen in der Psychró-Höhle, die anderen berichten in der Idäischen Grotte. Ihrem Gemahl Kronos übergab sie einen in Windeln gewickelten Stein, den dieser, im Glauben, es sei sein neugeborener Sohn, verschlang. Indessen wurde Zeus von den Töchtern des Melisseus erzogen, die das göttliche Kind mit Honig der Bienen Melissai und Milch der Ziege Amaltheia speisten. Zeus wuchs auf Kreta auf und wurde, zum Manne herangereift, mit Rheas Hilfe Mundschenk seines Vaters. Diesem gab er einen Mischtrunk nach Art eines Brechmittels, worauf Kronos seine verschlungenen Kinder (Hestia, Demeter, Hera, Hades und Poseidon) und den anstelle von Zeus verschlungenen Stein erbrach. Glücklich über ihre Rettung, machten die Geschwister ihren Bruder Zeus zu ihrem Anführer; bald bestieg er den Götterthron und wurde Herr im Olymp.

Aber nicht nur Zeus' Geburt, sondern ungeheuerlicherweise auch der Tod des Unsterblichen ist mit Kreta verbunden. Mehrfach ist in der Antike von den lügenhaften Kretern die Rede, die behaupteten, Zeus oder die Götter überhaupt seien sterblich (z.B. Kallimachos im 3. Jh. v. Chr.). Auf dem Berge Júchtas (Abb. 2), nördlich von Iráklion, sei sein Grab, glaubten die Kreter, wo er jedes Jahr bestattet und dann unter blitzendem Feuer wiedergeboren werde. Bis ins 20. Jh. hinein hat sich in Archánes, am Fuß des Júchtas, die Legende vom Zeus-Grab erhalten (s. S. 277).

Man versteht, daß die Griechen die Kreter, die solches behaupteten, als Lügner ansahen. Aber was verbirgt sich hinter dieser Geschichte? Es gibt Gründe anzunehmen, daß neben der großen Muttergottheit der wichtigste männliche Gott der minoischen Zeit ein sterblicher Vegetationsgott war, der alljährlich im Frühjahr mit der Göttin vereint und im Herbst geopfert wurde. Dieser minoische Gott verkörperte also mit seinem Sterben und Wiederaufblühen den jahreszeitlichen Zyklus des Werdens und Vergehens der Pflanzen. Demnach hätten vielleicht die Griechen durchaus noch der alten minoischen Vorstellung Rechnung getragen, indem sie

*Europa wird von Zeus in Gestalt eines Stieres nach Europa entführt. Vase aus Caere/Süd-Etrurien (6. Jh. v. Chr.)*

Geburt und Heranwachsen ihres Himmelsgottes Zeus nach Kreta verlegten, die ihnen fremde, ja blasphemisch erscheinende Auffassung von einem Sterben des Gottes, an die offenbar die Kreter noch glaubten, aber empört als Lüge zurückgewiesen.

Auch der Name unseres Kontinents entstammt dem Mythos, der von Zeus als dem Vater der ersten Europäer berichtet (Apollodor, 2. Jh. v. Chr.; Diodorus Siculus, um Christi Geburt; Ovid, 1. Jh. n. Chr.): Als junger Mann verliebte sich Zeus in die schöne Europa, Tochter des Königs Agenor von Phönizien. Als die Königstochter mit ihren Freundinnen an der Küste des Meeres spielte, nahte sich Zeus ihr in Gestalt eines Stieres. Fasziniert von dessen Schönheit und Kraft, streichelte Europa das Tier und setzte sich schließlich auf seinen Rücken. Kaum, daß das Mädchen aufgesessen war, sprang Zeus auf und entführte es nach Kreta. Am Strand von Mátala verwandelte sich Zeus in einen Adler, flog mit Europa nach Górtys, tat ihr dort Gewalt an und zeugte mir ihr Minos, Rhadamanthys und Sarpedon, das berühmte Herrschergeschlecht der Minoer. Die Platane, unter der dies geschah, verlor fortan das ganze Jahr hindurch nicht mehr ihre Blätter (tatsächlich existiert auf Kreta eine immergrüne Platanenart; Fremdenführer zeigen den Reisenden in Górtys die Platane und den Ort des mythischen Geschehens).

Zu Männern herangereift, teilten sich die drei Brüder die Insel Kreta und machten Knossós zu ihrer Hauptstadt. König des Reiches wurde Minos, schon bald wegen seiner großen Gerechtigkeit hochgeschätzt und später zusammen mit Rhadamanthys Totenrichter im Hades. Auf dem Berg Ida empfing der weise Minos alle neun Jahre neue Gesetze von seinem Vater Zeus.

> »Und ich wandte den Blick auf Minos, den göttlichen
> Zeus-Sohn: Dieser saß, in der Hand das goldene Zepter,
> und teilte Strafe den Toten und Lohn ...«
>
> (Homer, Odyssee 11; 568–570; nach J. H. Voß)

Als König über Kreta erbat sich Minos von den Göttern eine Bestätigung seiner Macht und errichtete Poseidon einen Altar. Dieser sandte ihm einen prächtigen weißen Stier, den Minos den Göttern opfern sollte. Verblendet durch die Schönheit des Tieres, ließ der es aber zu seiner Herde treiben und opferte an seiner Stelle einen anderen Stier. Diesen Frevel bestrafte der Gott, indem er es fügte, daß Pasiphaë, Minos' Gemahlin, in brennende Liebe zu dem göttlichen Stier verfiel und ihn körperlich begehrte. Sie offenbarte sich Daidalos, dem großen Baumeister und Erfinder. Er versprach ihr zu helfen, konstruierte eine hölzerne, hohle Kuh, die er mit einer Kuhhaut überspannte, in der versteckt Pasiphaë dem Stier des Poseidon sich nähern konnte. Daidalos brachte die hölzerne Kuh zur Herde, woraufhin sich der Stier mit Pasiphaë vereinte und den Minotaurus zeugte, ein Wesen mit einem Stierkopf und der Gestalt eines Menschen. Entsetzt über dieses Geschöpf, versteckte Minos es in einem Labyrinth nahe bei Knossós, das er eigens von Daidalos erbauen ließ. Auch den Daidalos sperrte er in diesem Labyrinth ein.

Doch der geniale Erfinder konnte mit Hilfe von Flügeln fliehen. Nachdem bei der Flucht sein Sohn Ikaros zu Tode gekommen war, verbarg sich Daidalos bei König Kokalos auf Sizilien. König Minos verfolgte ihn mit einer Flotte und fand ihn schließlich auch; aber noch bevor er sich an Daidalos rächen konnte, wurde er im Bade des Kokalos von dessen Töchtern ermordet.

Die trauernden kretischen Krieger begruben ihren König auf Sizilien und siedelten sich später dort an; die von den Minoern gegründete Stadt hieß Heraklea Minoa.

Ein anderer Mythos erzählt von der Befreiung Athens aus der Abhängigkeit von Kreta: Bei einem sportlichen Wettkampf kam Androgeos, Sohn des Minos und der Pasiphaë, in Athen ums Leben. Aus Rache forderte Minos daraufhin alle neun Jahre sieben Jünglinge und sieben Jungfrauen von den Athenern, die er dem Minotaurus zum Fraß vorwarf. Als die Zeit des Tributs abermals nahte, stellte sich Prinz Theseus freiwillig als Geisel zur Verfügung, um den Minotaurus zu töten. Mit seinen Eltern sprach er ab, bei seiner Rückkehr als Signal des Erfolges ein weißes Segel aufzuziehen, bei einem Mißerfolg dagegen würde er das schwarze belassen, das sie eben zum Zeichen der Trauer gesetzt hatten. Im Hafen von Knossós wurde Theseus mit seinem Gefolge von Minos begrüßt, der persönlich die Anzahl der Geiseln überprüfte. Später lernte Theseus Minos' Tochter Ariadne kennen und verliebte sich in sie. Er vertraute ihr an, ihren Halbbruder Minotaurus töten zu wollen. Ariadne versprach Theseus Hilfe, wenn er sie als seine Frau nach Athen mitnähme. Freudig willigte er ein, worauf ihm Ariadne das magische Wollknäuel des Daidalos gab, mit dem er jederzeit wieder aus dem Labyrinth herausfinden konnte.

Mit Hilfe der Götter gelang es Theseus, den Minotaurus zu besiegen, den er dem Poseidon opferte. Der Gott versprach ihm dafür eine günstige Rückfahrt. Unversehrt führte er Ariadne und seine Freunde zu seinem Schiff zurück, mit dem alle unbemerkt von Kreta entfliehen konnten. Auf Naxos machten sie ihre erste Rast. Nachts erschienen Theseus im Traume Götter und befahlen ihm, Ariadne auf Naxos zurückzulassen, da sie bereits dem Dionysos versprochen sei. Am nächsten Morgen brach Theseus heimlich mit seinem Gefolge auf und ließ Ariadne zurück.

Darüber aber vergaßen Theseus und die Besatzung, das weiße Segel zu setzen. Als Theseus' Vater Ägeus das Schiff mit dem schwarzen Segel in der Ferne erkannte, stürzte er sich in Verzweiflung über den tot geglaubten Sohn ins Meer, das nach ihm das ›Ägäische‹ genannt wird.

Minos gab der ganzen Epoche, von der wir hier handeln, seinen Namen; allerdings ist es noch nicht gelungen, einen historischen Minos zu identifizieren. Man meint heute, wahrscheinlich bezeichne ›Minos‹, ähnlich dem ägyptischen ›Pharao‹, den Herrscher schlechthin.

*Theseus umwirbt Ariadne. Kretische Kanne aus Arkádhes (Afrati)/Wiánnos (725–650 v. Chr.; AMI, XII, 163)*

*Theseus erlegt den Minotauros. Rotfigurige attische Vase (5. Jh. v. Chr.)* ▷

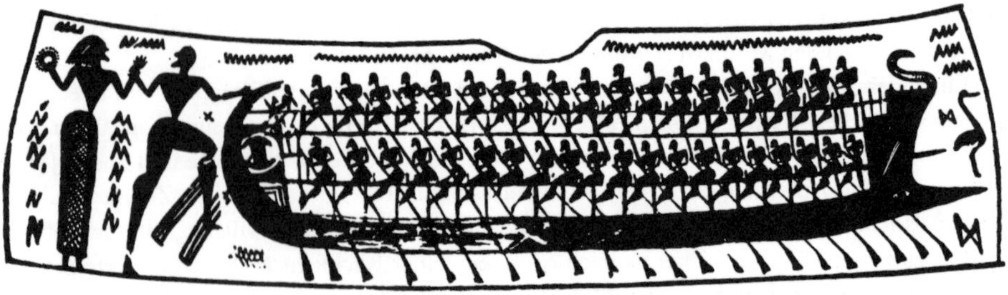

*Theseus und Ariadne (mit Hochzeitskranz) besteigen das Schiff nach Athen (oder: Paris entführt Helena?). Von einem Becken aus Theben (um 750 v. Chr.)*

Mehr können wir über das Labyrinth sagen. Das Wort ist abgeleitet von ›labrys‹, einem vorgriechischen Wort mit der Bedeutung ›Doppelaxt‹. Doppeläxte gab es in allen minoischen Palästen, aus Gold und anderen Materialien, es waren wichtige Kultobjekte der Minoer; ebenfalls ist die Doppelaxt als Steinmetzzeichen des minoischen Palastes von Knossós bekannt; mithin war das ›Labyrinth‹ das ›Haus der Doppelaxt‹. Und mußte nicht das Labyrinth den damals, verglichen mit Kreta, unterentwickelten Festlandbewohnern als verwirrende Anlage erscheinen, in der sich niemand zurechtfand? So ließe sich die heutige Wortbedeutung von Labyrinth leicht erklären: geboren aus dem Staunen der Griechen über eine Welt, die bereits ihnen völlig fremd war und in deren Bauten sie den Ausgang nicht mehr finden konnten. Auch heute fällt ja für den Besucher von Knossós die Fremdartigkeit der minoischen Architektur ins Auge. Die Grundrisse der alten kretischen Paläste wirken ›labyrinthisch‹, verwirrend, weil unser Geist in ihnen nicht auf Anhieb den zugrundeliegenden Plan erkennen kann. Der Palast von Knossós widerspricht so ziemlich allen Regeln unseres Stilempfindens, das von der klassisch-griechischen Antike geprägt ist.

Auffallend ist das häufige Auftreten des Stieres im Mythos; die Archäologie hat bestätigt, daß der Stier von zentraler Bedeutung für die Minoer gewesen sein muß (s. S. 30). Vielleicht war der Stier (oder seine Hörner) sogar so etwas wie ein symbolhaftes Zeichen der alt-kretischen Kultur.

Der Theseus-Mythos läßt sich lesen als mythische Erinnerung an die Befreiung der Griechen von der minoischen Herrschaft – tatsächlich hat eine solche Vorherrschaft Kretas jahrhundertelang bestanden; und es ist auch erwiesen, daß es den mykenischen Griechen erfolgreich gelang, sich gegen Kretas Vorrangstellung aufzulehnen. Hierhin paßt auch Minos' Tod auf Sizilien, denn die Archäologie hat nachweisen können, daß gegen Ende der minoisch-mykenischen Bronzezeit auf Sizilien Erzeugnisse aus dem Ägäisraum auftauchten, und sizilische Ortsnamen wie Heraklea Minoa mögen sich ebenfalls auf minoische Flüchtlinge zurückführen lassen.

Und das Grab des Minos? Es ist auf Sizilien nicht gefunden worden; die Beschreibung, die Diodorus von ihm gibt, paßt aber sehr genau auf das von Evans entdeckte Tempelgrab (s. S. 212) südlich des Palastes von Knossós, in dem sicherlich eine bedeutende Persönlichkeit, vielleicht der/die letzte minoische Herrscher(in) beigesetzt war.

# Die Kultur Alt-Kretas

## Neolithikum (6500–3300/3100 v. Chr.)

Anfänglich lebten die Menschen auf Kreta wie in allen frühen Kulturen noch in der einfachen, aneignenden Wirtschaftsform des Wildbeuters, Jägers und Sammlers, bis sich mit zunehmender Siedlungsverdichtung die sog. ›neolithische Revolution‹ vollzog, d. h., die Menschen wandten sich langsam der produzierenden Wirtschaftsform als Pflanzer und Tierzüchter zu – es entstand das Bauerntum. Auf dieser neuen Produktions- und Wirtschaftsstufe erfolgte dann auch eine gewisse Verfeinerung der Lebensqualität, was sich besonders in der Gestaltung der Gebrauchsartikel widerspiegelt. Hierzu gehört vor allem die ›Erfindung‹ des Brennofens, der ganz neue Möglichkeiten auf dem Gebiet der Keramik und der Herstellung von gebrannten Ziegeln erschloß.

Auf Kreta vollzog sich dieser Schritt zur Seßhaftigkeit nicht aus eigener Kraft. Es waren Siedler aus Anatolien (und/oder Afrika), die sich im 7./6. Jahrtausend v. Chr. auf der Insel niederließen. Noch heute erhaltene vorgriechische Wortsilben kretischer Ortsnamen und Bezeichnungen wie -ss- (in Týli-ss-os) und -nth- (in Labyri-nth) deuten auf ostanatolischen Ursprung. Seßhaftigkeit zieht Hausbau nach sich. Die ersten soliden Häuser wurden aus Bruchsteinmauerwerk und luftgetrocknetem Lehm erbaut. Die Ackerbauern des Neolithikums erfanden die Keramik; auf Kreta ist der Keramik die Herkunft ihrer Formen und des Dekors aus dem anatolischen und afrikanischen Raum abzulesen. Kleine Idole, oft solche von auf Brüste und Becken abstrahierten Frauenkörpern, gefertigt aus Ton und Marmor, veranschaulichen, daß es auch auf Kreta eine für neolithische Kulturen typische Fruchtbarkeitsreligion gab (neolithische Funde im AMI, I, 1 u. 2).

Ein in Knossós gefundenes Stück verbranntes Eichenholz, das innerhalb der stratigraphischen Schichtenfolge zum ältesten Neolithikum gehört, konnte mit Hilfe der C 14-Methode in das Jahr 6341 (±180) v. Chr. datiert werden.

## Vor-Palastzeit (Frühminoisch I–III, 3300/3100–2100 v. Chr.)

Seit dem frühen 3. vorchristlichen Jahrtausend kam auf Kreta die Herstellung von Bronze in Gebrauch, und folglich spricht die Wissenschaft für den folgenden Zeitraum bis 1050 v. Chr. von einer Bronzezeit. Langsam, aber stetig bildeten sich die ersten typischen Züge der minoischen Kultur heraus, die zu dieser Zeit als Teil einer »ägäisch-anatolischen Kulturgemeinschaft« (Schachermeyr) immer noch im Schatten der Hochkulturen Ägyptens und Mesopotamiens stand.

Der Anfang der minoischen Palastarchitektur liegt nach wie vor im Dunkeln. Lediglich die FM III-Gebäude von Ajía Fotiá bei Sitía zeigen Ansätze einer palastähnlichen Architektur; sie sind zeitgleich mit der ersten Phase des Alten Palastes von Mália. Kykladischer Einfluß kann in der Architektur mit anatolischem Ursprung hingegen seit der Epoche FM I/II nachgewiesen werden. – Wichtige Zentren (erste Städte?) bestanden an den meisten Stellen, wo ab 2100 v.Chr. die Paläste errichtet wurden. Man baute teils schon zweigeschossig und massiv aus Stein, meist aber finden sich Lehmziegelwände auf Steinsockeln.

Vermutlich aus Anatolien wurde die schnelle Töpferscheibe eingeführt. Der in der Keramik übernommene Typus der anatolischen Schnabelkanne sollte für die ganze minoische Epoche verbindlich bleiben. Die Gefäße wurden erstmals mit geometrischen Mustern bemalt, rötlich im *Lebéna-Stil*, braun im *Ajios-Onoúphrios-Stil* (Namen nach den ersten Fundorten). Auch erreichten die Töpfer eine vielfarbige Gestaltung der Gefäßoberfläche durch variierte Zufuhr von Luft beim Brennen (sog. ›mottled ware‹ = geflammte Ware). Aus Ägypten übernahm man auf Kreta wohl die Kunst, Gefäße aus Steinblöcken herauszuschleifen.

Die schönsten Funde der Vor-Palastzeit stammen aus den Gräbern (Abb. 22–25) – wie auch in späteren Epochen Gräber oft Einzigartiges enthalten: sie überstehen die Zeiten eher unentdeckt und deshalb nicht ausgeplündert wie etwa Wohnhäuser. Es war – und blieb die ganze minoische Zeit hindurch – Brauch, die Toten zu mehreren in einem Grab zu bestatten. Die Grabtypen reichen von der einfachen Höhle über rechteckige Kammergrabkomplexe bis zu Rundgräbern (Beispiele in Ajía Triádha und Furní bei Archánes), die, über einem Basisdurchmesser von bis zu 13 m, bienenkorbförmig aus unbehauenen Steinen in Kragtechnik aufgerichtet wurden. Beispiele dieser Urkonstruktion gibt es in der archaischen Landschaft der Nídha-Hochebene im Ida-Gebirge. Noch heute bauen und bewohnen die Hirten dieser Gebirgsregion solche aus Steinen zusammengefügte Rundbauten nach dem Prinzip des ›falschen Gewölbes‹, von den Hirten ›Mitata‹ genannt, die möglicherweise Nachfolger der minoischen Tholoi sind (Abb. 27). Die frühesten minoischen Rundgräber, von denen es zahlreiche besonders in der Messará gibt, bestanden aus einem etwa 1 m hohen Steinsockel, darüber erhob sich ein Skelett von Rundhölzern, dessen Zwischenräume mit Schilfrohr und Lehm ausgefacht waren (z. B. Plátanos, s. S. 347). Solche Rundgräber, teils 1000 Jahre lang benutzt (!), wobei die Minoer die Gebeine der ältesten Generationen in angefügten Ossuarien (Beinhäusern) unterbrachten, sind die Vorläufer der späteren mykenischen Tholosgräber, deren bekanntestes und großartigstes Beispiel das ›Schatzhaus des Atreus‹ in Mykene (um 1350–1325 v.Chr.) ist.

*Schnabelkanne im Ajios-Onoúphrios-Stil (2600–2200 v. Chr.; AMI, I, 12)*

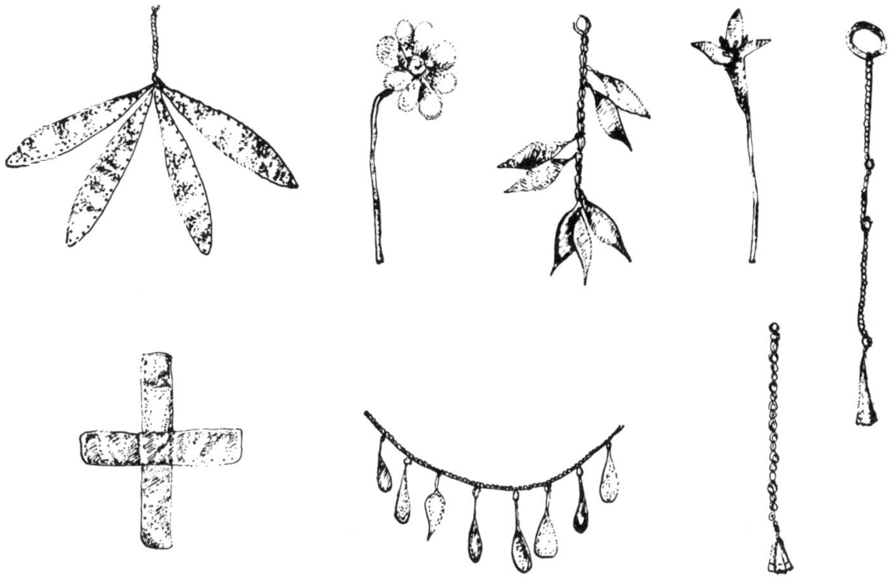

*Goldschmuck aus den Kammergräbern von Móchlos (um 2500 v. Chr.; AMI, I, 17)*

Man gab den Toten neben Keramik Idole mit ins Grab, vielleicht um anzudeuten, daß der Verstorbene wieder in die Große Mutter Erde, die ja Trägerin der Fruchtbarkeit war, einging. Analog verstehen wir die Hockstellung, in die die Toten gebracht wurden: die Knie sind vor die Brust gezogen, der Kopf ruht auf ihnen, die abgewinkelten Arme sind so an die Knie gelegt, daß die Hände neben dem Kopf zu liegen kommen; ganz ähnlich der Haltung des Embryos im Mutterleib. So könnte auch dies darauf hinweisen, daß für die Minoer die Verstorbenen zur Großen Mutter, aus der sie geboren wurden, zurückkehrten.

Einzigartig sind die Beigaben in Gräbern der kleinen Insel Móchlos, bei der sich vermutlich der wichtigste Seehafen der Minoer jener Zeit befand. Der filigran gearbeitete Goldschmuck (AMI, I, 17) in Form von Blättern, Blüten, Ketten und Anhängern hat eine verblüffende Ähnlichkeit mit Goldschmuck aus den Königsgräbern des mesopotamischen Ur (Funde aus der Vor-Palastzeit im AMI, I).

## Ältere Palastzeit (Mittelminoisch I und II, 2100–1800 v. Chr.)

Gegen 2000 v. Chr. erlangte Kreta die Vorrangstellung im Ägäischen Meer. Die alt-mediterranen Traditionen setzten sich nur auf Kreta und den Kykladeninseln fort, da das gesamte Festland der ehemaligen anatolisch-ägäischen Kulturgemeinschaft etwa um die Jahrtausendwende unter den Einfluß primitiver, von Norden her einwandernder indoeuropäischer Völkergruppen geriet.

So rissen dort überall die alten Traditionen ab und wurden erst später durch Neues ersetzt: in Anatolien konsolidierte sich im 18. Jh. v. Chr. das Hethiterreich, auf dem griechischen Festland entstand ab dem 17. Jh. v. Chr. die mykenische Kultur, deren Hauptzentren auf der Peloponnes lagen.

An den alten minoischen Siedlungsplätzen Knossós, Festós, Mália – hier wahrscheinlich schon seit der Epoche FM III/MM Ia – und andernorts entstanden die Alten Paläste, vielräumige, mehrgeschossige Anlagen mit großen Höfen. Ob es sich hierbei tatsächlich um Paläste (also Herrschaftssitze von Königen) handelt, ist umstritten; jedenfalls sieht man die Gebäudekomplexe als wirtschaftliche, politische und religiöse Zentren der sie umgebenden Städte an (s. S. 186). Da die Alten Paläste Ende MM II zerstört wurden und durch neue Anlagen überbaut sind, können wir uns kein exaktes Bild von ihnen machen; aber besonders aufgrund der in Festós aufgedeckten Teile des Alten Palastes wissen wir, daß ihre Anlage und Gestaltung ähnlich der der Neuen Paläste gewesen ist (s. S. 216).

In der Keramik beobachten wir eine bemerkenswerte und folgenreiche Neuerung, eingeleitet durch Übernahme des kykladischen Spiraldekors (Streuspirale, Laufspirale, Spiralpaß, Rapport etc.). An die Stelle der mehr oder weniger starren Dekoration der vorangegangenen Zeit trat nun eine bewegtere Gestaltung, und es scheint, als sei damit die Grundidee der minoischen Kunst, die Darstellung von Bewegung und daraus entstehender Spannung, geboren (s. S. 26f.). Die meist weiß oder rot auf schwarzem Grund gemalten Vasendekorationen bleiben, bis auf wenige Ausnahmen, ornamental. Die gesamte keramische Gattung der Älteren Palastzeit wird nach dem ersten Fundort, der Kamáres-Kultgrotte an der Südflanke des Ida-Gebirges, als *Kamáres-*

*Schnabelkrug mit Spiralmotiven, Kamáres-Stil. Aus Festós (um 1800 v. Chr.; AMI, III, 34)*

*›Eierschalenkeramik‹, Kamáres-Stil. Tasse aus Festós (um 1800 v. Chr.; AMI, III, 36)*

*Stil* bezeichnet. Seine schönsten Exemplare stammen aus Festós (z.B. AMI, III, 34 u. 39). Auch versuchten die Töpfer jetzt, durch Herstellung besonders dünnwandiger Gefäße, ›Eierschalenkeramik‹ genannt, mit (meist verlorenen) Metallgefäßen zu konkurrieren.

Aus Mesopotamien hatte Kreta die Siegel übernommen, die bald in unterschiedlicher Form aus weichen Materialien wie Elfenbein, Knochen, Chlorit etc. in Verwendung waren. So tauchen neben zylindrischen Rollsiegeln babylonischen Vorbilds sogar solche in der Form von Fliegen, Käfern oder Affen auf. Siegel sind auf Kreta in so großer Zahl vertreten, daß man annimmt, die Minoer hätten Siegelanhänger und -ringe wie ein persönliches Identifizierungsmerkmal, ähnlich einer Unterschrift, benutzt. So ließen sich auch die unzähligen Abdrücke von solchen Siegeln in Ton verstehen, die offenbar zur Verplombung von Gütern aller Art dienten: oft hat der Ton sogar neben dem Siegelabdruck auch die Spuren von Schnüren der Verpackung konserviert. In der Folgezeit leisteten minoische Künstler ganz Außerordentliches in der Siegelschneidekunst. Ihr Repertoire scheint unerschöpflich (s. S. 27ff.).

Zu Beginn der Epoche MM II trat auf Kreta eine *Hieroglyphenschrift* auf, wobei noch ungeklärt ist, ob diese eine eigenständige Schöpfung der Minoer darstellt oder ob sie etwa nach ägyptischem Vorbild entwickelt wurde. Aus dieser Hieroglyphenschrift, bei der für jedes Wort ein anderes Zeichen stand, differenzierte sich noch zur Zeit der Alten Paläste (Ende Epoche MM II) eine Linearschrift *(Linear A)* heraus (Abb. 34), bei der die Bildzeichen nur noch einzelne Wortsilben symbolisierten.

Diese ältesten minoischen Schriftsysteme, bis heute unentziffert, sind nur auf wenigen hundert Tontäfelchen und steinernen Funden überliefert, die zudem jeweils nur wenige Zeichen aufweisen. Wir wissen aber, daß die Minoer auch Tintenschrift kannten, wie es u.a. zwei Gefäße (Abb. 34; AMI, IV, 44), die mit Linear-A-Zeichen in Tinte beschrieben sind, beweisen. Folglich schrieben die Minoer sicherlich auch mit Tinte auf Papyros, Leder oder ähnliche vergängliche Materialien, die die Jahrtausende nicht überdauerten. Damit sind uns die aufschlußreichsten Texte aus dem alten Kreta höchstwahrscheinlich für immer verloren.

Offenbar blieb neben der Linearschrift noch die Hieroglyphenschrift in Gebrauch, wie der berühmte ›Diskus von Festós‹ (MM III; Abb. 35; AMI, III, 41) bezeugt. Auf dieser, im Durchmesser ca. 16 cm großen und 2,1 cm starken Tonscheibe sind Hieroglyphen spiralförmig eingestempelt, die allerdings keinerlei Ähnlichkeit mit der älteren minoischen Hieroglyphenschrift aufweisen. Vermutlich gab es also auf Kreta zur selben Zeit an unterschiedlichen Orten verschiedene Schriftvarianten, die zur Aufzeichnung besonderer, wahrscheinlich kultischer Texte Verwendung fanden. Bislang ist eine Entzifferung der Zeichen auf dem Diskus noch nicht gelungen. Man darf aber vermuten, daß der Text von außen nach innen zu lesen ist. Da einige Zeichenkombinationen sich rhythmisch wiederholen, könnte es sich um einen kultischen Hymnus mit refrainartig wiederkehrender Formel handeln. Bemerkenswert ist die angewandte Stempeltechnik, denn sie stellt das älteste bekannte europäische ›Druckverfahren‹ dar: für die verschiedenen Zeichen gab es Typen, wohl aus Holz, die in den Ton gedrückt wurden und so ein einheitliches Schriftbild hervorriefen.

Gegen Ende MM II wurden alle minoischen Bauten zerstört. Das Datum innerhalb der relativen minoischen Chronologie ergibt sich aus dem Vergleich mit anderen Kulturen, für die überlieferte Königslisten oder historische Texte gesichert sind. Dabei spielt beispielsweise ein im Tholosgrab B von Plátanos gefundener Siegelzylinder des babylonischen Königs Hammurabi eine wesentliche Rolle (AMI, I, 11; Nr. 1098). In Mesopotamiens Chronologie gilt die Regierungszeit Hammurabis von ca. 1792–1750 v. Chr. als verbürgt, die Fundschicht des Siegels gehört aber eindeutig der Epoche der Alten Paläste (MM II) an, die gemäß der Neudatierung von Santorin (s. S. 7) die Zeitspanne von 1900–1800 v. Chr. umfaßt. Eine definitive Zuordnung ist also nicht möglich – die Diskussion wird weitergehen! Nicht nur die Interpretation dieser Zeugnisse erweist sich als schwierig, sie sind darüber hinaus auch sehr rar (s. auch S. 188); die absolute Chronologie Kretas ist mithin lückenhaft.

Für die Zerstörungen auf Kreta Ende MM II machen die Forscher heute ein gewaltiges Erdbeben verantwortlich; für einen zeitweise diskutierten Überfall durch fremde Völker (immerhin fiel zur fraglichen Zeit das Babylonische Reich, und in Ägypten drangen die kriegerischen Hyksos ein) fehlen alle Belege.

## Jüngere Palastzeit (Mittelminoisch III bis Spätminoisch III a1, 1800–1420/10 v. Chr.)

### Kreta im östlichen Mittelmeer

Während der Zeit der Neuen Paläste gelangte die minoische Kultur zu ihrer höchsten Entfaltung und endete mit deren völliger Vernichtung. Kretas Einfluß strahlte während dieser Epoche weit über die Ägäis hinaus, in der die Kykladen längst Teil der minoischen Welt geworden waren. Die langsam aufsteigende mykenische Kultur des griechischen Festlands, vor allem der Argolis auf der Peloponnes, stand, wenngleich in ihrem Kern indoeuropäisch und nicht minoisch, im Schatten der Inselkultur Kretas.

Die Minoer waren immer schon auf den Fernhandel und den Tausch von Wirtschaftsgütern angewiesen. Zur Herstellung der Bronze hatten sie zwar zunächst auf die Kupfervorkommen ihrer Insel (am Ida und in dem Asterúsia-Gebirge der Messará) zurückgreifen können, Zinn aber, mit dem im Verhältnis von 9:1 legiert erst die viel härtere Bronze hergestellt werden kann, gibt es im ganzen griechischen Landschaftsraum nicht. Woher die Minoer Zinn importierten, ist unbekannt. Von der Kupferinsel Zypern wurde bald Kupfer eingeführt: die Archäologen fanden auf Kreta Kupferbarren mit zypriotischen Schriftzeichen (Ajía Triádha, s. S. 224), und auf Zypern selbst ist minoischer Einfluß nachweisbar (z. B. in Alt-Paphos und andernorts).

Kretischer Handel reichte im Westen sicher bis nach Sizilien, vielleicht sogar bis zu den Balearen, im Osten und Süden bis zu den Küsten des Vorderen Orients und Ägyptens. Über Ugarit an der syrischen Küste, Mari und Beycesultan im Landesinnern gelangten minoische Händler bis nach Mesopotamien, wie es neben dort entdeckten Fundstücken kretischer Herkunft auch Inschriften dieser Kulturkreise belegen. Die Beziehungen zu Ägypten erreichten in der Jüngeren Palastzeit ihren Höhepunkt. Wir wissen, daß Kreta Rohstoffe nach Ägypten exportierte, darunter Olivenöl, Wein und sogar Holz (!), ferner Fertigprodukte wie Keramik, aber auch Metallarbeiten und besonders Waffen: kretische Waffen galten bei den Ägyptern als die besten ihrer Zeit, sie zu besitzen war geradezu ein Statussymbol, das Macht und Überlegenheit ausdrückte. Auf ägyptischen Grabfresken sind Minoer dargestellt, die entsprechend der ägyptischen Beischrift aus ›Ka-f-tù‹, der ›Insel inmitten des Meeres‹ kommen. Daß es sich bei der Bezeichnung von Ka-f-tù eindeutig um Kreta handelt, konnte anhand der Ortsnamenlisten aus dem Totentempel Amenophis' III. (1408–1373 v. Chr.) in Theben-West bewiesen werden. Auf einer Steinbasis sind ausländische Ortsnamen, und zwar von Kreta und der Peloponnes, eingemeißelt, die höchstwahrscheinlich einem geographischen ›Handbuch‹ entnommen wurden und in einer topographisch (?) nachvollziehbaren Anordnung niedergeschrieben sind. Für Kreta sind dabei folgende Ortsnamen erwähnt: 'á-m-ni-šá (= Amnisós), bí-ja-š ... (= Festós, nach Elmar Edel; oder Ortschaft bei Réthimnon, nach W. Helck), kú-tu-na-ja (= Kydonía/Chaniá), kú-nú-šá (= Knossós), ri-ka-tá (= Lyktos, der minoische Name für Mália?), ... -ja-tá ... (= nach Faure (šá) -ja-tá-(ja), das minoische Sitía).

Die Minoer mögen den Seehandel im östlichen Mittelmeer mit einer unangefochtenen Handelsflotte beherrscht und auch Handelsniederlassungen besessen haben. Aber sicherlich gründeten sie keine Kolonien oder verfügten über Besitzungen in Form von Siedlungen in den Ländern ihrer Handelspartner. Es ist uns in dieser Zeit keine andere Kultur in der Ägäis bekannt, die zur See hin orientiert war und eine nennenswerte Flotte besessen hätte. Hieraus ließe sich erklären, warum alle minoischen Städte sowie die Alten und Neuen Paläste völlig unbefestigt waren: die ›kretische Thalassokratie‹ mit ihrer überlegenen Flotte hatte keinen Feind von außen zu fürchten; andererseits deuten die nicht befestigten Paläste auch darauf hin, daß es wohl keine inneren Feinde gegeben hat und die minoische Sozialstruktur so ausgewogen war, daß keine Aufstände der Bevölkerung zu befürchten waren.

Erst gegen Ende der Jüngeren Palastzeit hatte sich die mykenische Festlandkultur so weit entwickelt, daß sie mit Kreta, von dessen Hochkultur sie profitierte, in Konkurrenz treten konnte.

## Paläste, Städte, Landhäuser

Über die Bevölkerung Alt-Kretas während der Jüngeren Palastzeit ist viel spekuliert worden: die Gesamtbevölkerung wurde sogar auf 200 000–250 000 Menschen geschätzt. Wir wissen jedoch viel zu wenig über die städtische und dörfliche Besiedlung des minoischen Kretas, um zuverlässige Daten ermitteln zu können. Die Bevölkerung war allerdings so zahlreich, daß die Minoer größtenteils vom Handel leben mußten. Es ist nicht vorstellbar, daß die Landwirtschaft einer Insel, von deren Gesamtfläche (8300 $km^3$) selbst mit heutigen Methoden höchstens 28% als Ackerfläche genutzt werden können, eine sichere Existenzbasis für die minoische Hochkultur hätte abgeben können. Die bedeutendsten Bauwerke sind zweifellos die großen Paläste. Vier sind bereits freigelegt: Knossós nahe Iráklion, Festós in der Messará-Ebene Südkretas, Mália an der Nordküste auf halbem Wege von Iráklion nach Ajios Nikólaos und Zákros an der Ostküste. Ein fünfter Palast verbirgt sich nach Ansicht seiner Entdecker E. und I. Sakellarákis unter dem Dorf Archánes, rund 12 km südlich Iráklions. Andere Forscher vermuten, daß es sich wie in Gourniá um ein großes Herrenhaus bzw. einen Verwaltungssitz handelt. Teile der Anlage und die zugehörige Nekropole sind bereits ausgegraben. Ferner deuten die griechisch-schwedischen Ausgrabungen in Chaniá darauf hin, daß auch in dem minoischen Kydonía ein großer Palast existiert hat. Die Anlage der Paläste ist überall ähnlich. Den auf den ersten Blick uns labyrinthisch erscheinenden Anlagen liegt eine Baulogik zugrunde, die wir, obwohl sie der Logik unseres Bauens durchaus fremd ist, aus den Bauten abzulesen vermeinen. Mithin können wir das Denken unserer ältesten Vorfahren zumindest zum Teil aus dem ableiten, was ihnen offenbar schön oder notwendig erschien. Immer bildet ein rechteckiger Zentralhof den Kern der Anlagen. Die Maße dieser Zentralhöfe bewegen sich in der Größenordnung von rund 50×25 m, nur der von Zákros ist deutlich kleiner. Ferner ist die Längsachse der Höfe meist nur wenig aus der Nord-Süd-Richtung leicht nach Westen verschoben; allerdings hat es den Anschein, als sei die Mittelachse in Festós auf die altehrwürdige Kamáres-Kultgrotte und in Knossós auf den heiligen Berg Júchtas ausgerichtet. In Mália ist der Palast eindeutig auf das Höhlenheiligtum des Profítis Ilías ausgerichtet. Für Zákros ist noch kein Ausrichtungspunkt identifiziert, aber wahrscheinlich.

Westlich der Zentralhöfe sind stets Magazine angeordnet, so genannt, weil sich in ihnen mannshohe tönerne Gefäße (›Pithoi‹) fanden. Das Fassungsvermögen dieser Vorratsgefäße beläuft sich z.B. in Knossós, das neben Mália über die größten Magazine verfügt, auf rund 78 000 Liter! Neben den Magazinräumen existieren im Erdgeschoß des Westflügels überall Räume, die die Wissenschaftler mit dem Kult in Verbindung bringen; ferner gab es dort, aber vor allem im Obergeschoß, Säle repräsentativen Charakters.

Außerhalb der zweigeschossigen Westflügel sind mit Ausnahme von Zákros großräumige gepflasterte Westhöfe angelegt. Leicht erhöhte, diagonal verlaufende Prozessionswege, die ebenfalls gepflastert sind, bilden auf diesen Westhöfen eine (magische?) Dreiecksfigur. Dann die Baukörper und ihre Fassadengestaltung selbst: Unser heutiges ästhetisches Empfinden, geprägt von Traditionen, die in der griechisch-römischen Antike wurzeln, würde eine symmetrisch gegliederte, geradlinig begrenzte Fassade mit einem monumentalen Haupteingang in der Mitte erwarten; die minoische Architektur kennt solche Gestaltungsprinzipien nicht. Völlig unbekümmert ließ man die Außenfronten vor- und zurückspringen, so wie es die Funktion und die Anlage der Innenräume mit sich brachten. Eingänge hingegen finden wir samt und sonders stets in die Hofecken gedrängt. Die minoischen Architekten hatten ein anderes ästhetisches Empfinden, ein anderes Schönheitsideal und haben es deshalb offenbar nicht für nötig gehalten, ihre Baukörper auch von außen her als selbständige, klar abgegrenzte Fassaden erscheinen zu lassen.

Weiterhin machen Werkstätten (identifiziert durch entsprechende Funde) oder zusätzliche Magazine einen großen Teil der verbleibenden Palastfläche aus. Deutlich sind sie in die Palastanlagen integriert, auch wenn sie meist eigene Bezirke bilden, die mit den Gestaltungsmitteln der minoischen Architektur wie etwa mehrfach abknickenden Wegführungen und durchbrochenen Wänden (›Polythyron‹) bebaut wurden. Im Einzelfall scheint ihre Anlage vielleicht von jeweiligen lokalen Erfordernissen abhängig. Denn während in Knossós und Mália flächenmäßig der größte Raum für Magazine entfällt, finden wir in Festós und Zákros mehr Werkstätten unterschiedlicher Berufssparten.

Nur in Knossós und Festós wurden die sog. ›Theater‹ freigelegt: Treppenanlagen, die baulich auf die Höfe mit ihren Prozessionswegen und die Palasteingänge bezogen erscheinen. In Knossós ist das Theater über einen Prozessionsweg sogar mit einem mehrere hundert Meter entfernt liegenden größeren Bauwerk, dem ›Kleinen Palast‹, verbunden. Ausschlaggebend für die Anlage der Theater waren offenbar zeremonielle Erfordernisse (s. S. 191).

Es sieht so aus, als hätten die Minoer in der Palastarchitektur ein Grundmuster entwickelt, das sie über mehr als 500 Jahre beibehielten (Alte und Neue Paläste weisen prinzipiell die gleiche Konzeption auf); ein Entwurf, der nur noch den jeweiligen regionalen Gegebenheiten angepaßt werden mußte. Da aber das Grundmuster flexibel war, unterwarf sich nicht die Palastarchitektur die Landschaft, sondern sie paßte sich ihr an, was ganz besonders deutlich in Festós wird (s. S. 216).

Umgeben waren die Paläste von großen Städten, wobei kein Respektabstand Palast und Wohnhäuser voneinander trennte, letztere sind oft so dicht an den Palast herangebaut, daß man oft nur schwer zu sagen vermag, wo der Palast aufhört und die Stadthäuser anfangen. Größere Häuser sind, wie die Paläste selbst, teils aus behauenen Steinen, teils aus stabilisierenden Holzbalken in Art der Fachwerkbauweise errichtet, einfachere Häuser fügte man aus luftgetrockneten Lehmziegeln zusammen.

In der freigelegten minoischen Stadt nahe Akrotíri, an der Südwestspitze von Santorin, die durch Vulkanasche verschüttet und konserviert wurde, geben die guterhaltenen Häuser ein einzigartiges lebendiges Bild einer minoischen Stadt vor 3600 Jahren wieder. Bis vor wenigen Jahren galt als gesichert, daß der Vulkan um 1500 v. Chr. das minoische Santorin zerstörte. Aufgrund der Ergebnisse des Thera-Kongresses im Herbst 1989 stimmen die Wissenschaftler nun größtenteils überein, daß sich die Katastrophe bereits um 1625 v. Chr. ereignete. Diese neue Datierung, die sich aus Radiokarbon-Untersuchungen zweifelsfrei ergibt, erfordert eine Überarbeitung der gesamten absoluten Chronologie Kretas (s. S. 370). Dank dieser Ausgrabungen auf der Vulkaninsel Santorin und den auf den kleinen Fayence-Plättchen dargestellten Hausfassaden des ›Stadtmosaiks von Knossós‹ wissen wir, wie die Häuser Alt-Kretas ausgesehen haben. Während sich im Erdgeschoß meist Lager und Werkstätten befanden, war das Obergeschoß vornehmlich den Wohnbedürfnissen vorbehalten. Die stuckierten Wände schmückten oft Malereien. Die Geschoßdecken waren aus Holzbalken konstruiert, auf denen eine Schicht Reisig und darauf gestampfte Erde den Fußboden bildeten. Die Fußböden konnten außerdem mit einer Schicht zerstoßener Muscheln bedeckt sein, was ihnen perlmuttartigen Glanz verlieh. Das Modell eines Hauses, gefunden außerhalb von Archánes (AMI, V, 70a), vermittelt einen lebendigen Eindruck von dieser verfeinerten minoischen Wohnkultur (Abb. 36). Repräsentative Bauten innerhalb des Stadtgebiets, aber in unmittelbarer Nähe des Palastes, werden heute von den Archäologen als Wohnungen bedeutender Persönlichkeiten angesehen. In Knossós spricht man so vom ›Kleinen Palast‹, vom ›Haus des Priesters‹ und von anderen Prunkbauten mehr (s. S. 210). Sie alle weisen in ihrer Grundkonzeption mehr oder weniger bauliche Ähnlichkeiten mit den Palästen auf.

Im Zentrum kleinerer Städte, wie in Gourniá in Ostkreta, finden wir Anlagen, die wie verkleinerte Ausgaben der Großen Paläste anmuten. Über die ganze Insel verstreut liegen die sog.

*Schnabelkanne mit Gräserdekor, Florastil. Aus Festós (SM Ia; AMI, IV, 49)*

*Rhyton mit Seestern und Purpurschnecken, Meeresstil. Aus Zákros (SM Ib; AMI, VIII, 110)*

Landhäuser. Hierbei handelt es sich um größere Gebäude mit Magazinen, Arbeitsräumen und Werkstätten sowie aufwendig gestalteten Räumen, deren schönstes Beispiel vielleicht das ›Weingut‹ von Wathípetro bei Archánes darstellt (s. S. 284). Hier wurde in einem Gebiet, in dem heute noch einige der besten Rebsorten Kretas wachsen, bereits von den Minoern Wein angebaut und kultiviert.

## Kunst und Dekoration

In der Zeit der Jüngeren Paläste kam die Grundidee der minoischen Kunst, die wir oben als die der Darstellung von Bewegung bezeichnet haben, zur vollkommenen Ausprägung. Die Dekoration der Keramik wandte sich nun zunehmend pflanzlichen Motiven zu, die dunkel auf hellem Grund gemalt wurden und als *›Florastil‹* bezeichnet werden. Das Typische der bewegten minoischen Kunst wird dort deutlich, wo in der Kunst der Neuen Paläste im Idealfall Gefäßform und Dekoration eine Einheit bilden. Eine Schnabelkanne aus Festós veranschaulicht dies eindrucksvoll: die gesamte Gefäßoberfläche scheint von der Bewegung im Winde wogender Gräser erfaßt (AMI, IV, 49). Neben dem ›Florastil‹ (SM Ia) kam noch ein anderer, der *›Meeresstil‹* (SM Ib), auf. In dieser Stilrichtung sind die Gefäße mit Motiven aus der Meereswelt verziert.

Höchste Kunstfertigkeit verraten die Arbeiten der minoischen Steinschneidewerkstätten: aus dem weichen Chlorit, aber auch aus Bergkristall, wurden formvollendete Gefäße mit szenischem Reliefdekor und rundplastische Rhytongefäße in Form von Stierköpfen geschnitten. Meisterwerke, die die Blüte der minoischen Kunst der Neuen Paläste markieren. Als Beispiele seien erwähnt der Stierkopf aus dem ›Kleinen Palast‹ von Knossós, die kostbaren Schätze von Ajía Triádha und die Rhytongefäße aus Zákros. Vor allem aber auf den kleinen Bildflächen von Siegeln und Schmuckstücken entfaltete sich das Können der minoischen Handwerker jener Epoche, die jedes Material vom Elfenbein über Halbedelsteine bis zum Gold bearbeiteten. Meisterliche Kompositionen entstanden. Auf dem Anhänger (roter Stein) einer Goldkette (AMI, VI, 81) erkennen wir etwa eine Ziege, die sich mit dem Hinterfuß am Kopf kratzt, und besonders lebensnah ist das spannungsvolle Gegenüber eines Hundes und eines Steinbockes auf einem Achat-Siegel, heute im Ashmolean-Museum, Oxford. Auch wenn die Minoer statische Situationen darstellten, verstanden sie es, die Szene mit Spannung zu erfüllen: erkennbar auf dem Abdruck eines Siegels, der eine Frau (Göttin?) auf einem von Löwen flankierten Berg zeigt; ehrfurchtgebietend und stolz sind Körperhaltung und Geste der ›Herrin der Tiere‹, die dem Adoranten (?) rechts einen Speer entgegenstreckt (AMI, IX, 124). Wohl die erstaunlichsten Zeugnisse minoischen Kunstschaffens sind aber die Wandmalereien, mit denen zur Zeit der Jüngeren Paläste Räume in Palästen und Villen ausgeschmückt wurden. Der Technik nach handelt es sich hierbei jedoch um keine echte al fresco-Malerei, d. h. der noch feuchte Untergrund wurde nicht sofort bemalt. Die sehr haltbaren Malfarben bestanden aus reinen Mineralien und Metalloxyden.

Man muß sich vergegenwärtigen, daß es die Zeit des Jugendstils und eines Toulouse-Lautrec war, in der Evans das Porträt der minoischen Dame fand, die er als ›kleine Pariserin‹ bezeichnete (AMI, XV; s. Farbabb. vordere Umschlagklappe). Aus anfänglicher Starrheit (Lilienfresken

*Achat-Siegel aus Archánes: Steinbock und Hund (um ▷ 1700 v. Chr.; Ashmolean-Museum, Oxford)*

*›Herrin der Tiere‹, Siegelabdruck aus Knossós. Rekonstruktion, seitenverkehrt (um 1500 v. Chr.; AMI, IX, 124)*

aus Amnisós, AMI, XIV) fand die Wandmalerei zur Leichtigkeit solcher Darstellungen wie jener, auf der eine Katze einen Vogel jagt (aus Ajía Triádha, AMI, XIV, Nr. 20). Erst ganz am Ende der minoischen Epoche wurde die Malerei wieder starrer und monumentaler, wie etwa das Prozessionsfresko aus Knossós (AMI, XIV).

Abschließend ein kurzer Rückblick auf die minoische Architektur. Das Vor- und Zurückspringen der Palastfassaden, die Betonung des (Innen-)Raumes, hinter der das Gebäude als Baukörper immer zurücktritt, überhaupt die bewegte Gesamtkonzeption der Palastanlagen unter Verzicht auf starre, sich alles unterordnende Symmetrie- und Leitlinien, können wir im gleichen Sinne als Ausfluß minoischen Denkens auffassen wie die Gestaltung der Kunsterzeugnisse. Auch in der Architektur dominieren Bewegtheit und Lebendigkeit, und auch hier gab es für die Minoer keine Vorbilder, wenn wir von der im Orient konzipierten Hofarchitektur absehen, die aber, wie u.a. die Beispiele von Amarna und Mari zeigen, nur um einen Hof angelegte Palastanlagen mit geradlinig geschlossenen Außenfassaden kennen.

## Religion und Kult

Konnten wir uns bislang im wesentlichen auf Beschreibungen beschränken, um das Wesen der minoischen Kultur in der Gestaltung ihrer Zeugnisse faßbar zu machen, so werden wir im weiteren stärker die Interpretation der Funde heranziehen müssen. Die Aussagen der folgenden

*Fresko der ›Tänzerin‹. Knossós ›Megaron der Königin‹ (kurz vor 1500 v. Chr.; AMI, XVI)*

*Goldring aus dem Kuppelgrab von Isópata (um 1400–1300 v. Chr.; AMI, VI, 87)*

*Trauerklage. Goldring aus Mykene (um 1500 v. Chr.; Nationalmuseum Athen)*

Kapitel sind mithin mehr hypothetischen Charakters, auch wenn ihnen im einzelnen oft ein hohes Maß an Glaubwürdigkeit zukommt.

Im Mittelpunkt minoischer Göttervorstellungen stand wohl die große Mutter-, Erd- und Fruchtbarkeitsgöttin (Abb. 41). Schon im kretischen Neolithikum waren Idole in Verwendung, die wir als Abbild dieser Gottheit auffassen. Die diesen Idolen eigene Betonung weiblicher Körperformen wie der Brüste und des Beckens neben allenfalls angedeuteten übrigen Körperteilen läßt sich noch in den viel späteren Fayencestatuetten aus dem Palast von Knossós (AMI, IV, 50) wiederfinden. Diese sog. ›Schlangengöttinnen‹ zeigen, daß die Tracht der minoischen Frauen die Brüste unbedeckt ließ und über dem Becken weit ausschwang, somit den Aspekt des Gebärens und Nährens betonte. Genauso ist auch die Kleidung der Frauen auf Wandmalereien oder Siegeln dargestellt. Die Schlangen in den Händen und um die Arme der Statuetten aus Knossós interpretiert man heute als Attribute, die vielleicht einen unterweltlichen Aspekt der Gottheit symbolisierten.

Die Dominanz des Weiblichen kommt klar zum Ausdruck auch auf dem bereits erwähnten Siegelabdruck aus Knossós mit der Darstellung der ›Herrin der Tiere‹ (s. Fig. S. 27). Die in antithetischer Stellung den Berg flankierenden Löwen sowie die ehrfurchtgebietende Haltung der Göttin, mit der sie dem Mann eine Lanze entgegenstreckt, verdeutlichen ihre Macht, während die Geste des Mannes Anbetung oder Unterwerfung versinnbildlichen könnte. Adoranten-(Anbeter-)Statuetten mit eben dieser Geste kennen wir in großer Zahl (Abb. 29; AMI, VII, 89). Das Gebäude links in dieser Szene ist vielleicht ein Gipfelheiligtum, wie sie die Minoer vielfach auf der Insel errichteten. In solchen Gipfelheiligtümern fanden die Archäologen unter anderem Adoranten-Statuetten der beschriebenen Art sowie kleine Tonfiguren, bei denen körperliche Gebrechen angedeutet sind. Offenbar baten die Minoer die hier verehrten Gottheiten auf genau dieselbe Weise um Heilung, wie dies noch heute die griechisch-orthodoxen Menschen Kretas und ganz Griechenlands mit Votivtäfelchen tun, die sie an die Ikonen hängen.

Neben Berggipfeln waren auf Kreta von alters her Höhlen Orte der göttlichen Verehrung. Das Gebären wurde mit diesen Höhlen, die vielleicht symbolhaft an den Mutterleib erinnerten, in Verbindung gebracht (vgl. Geburt des Zeus auf Kreta, S. 13). Eine der ältesten Kultgrotten Kretas an der Nordküste nahe Amnisós galt noch den Griechen der Antike als der Geburtsgöttin Eileithýia heilig. Archäologische Funde haben die Bedeutung der Höhlen als Kultstätten bestätigt.

Der Kult der Gottheiten wurde von Priesterinnen ausgeübt. Dabei spielten Ekstase und Rausch eine wichtige Rolle, wie es etwa ein goldener Ring aus dem Grab von Isópata nahe Knossós veranschaulicht (AMI, VI, 87). Auf einer Wiese tanzen vier Frauen, wahrscheinlich Priesterinnen, denen in der Ekstase des Tanzes eine kleine Gestalt mit erhobenen Armen erscheint. Auf ähnlichen Ringen sind bisweilen Mohnkapseln dargestellt, Hinweis vielleicht, daß die minoischen Priesterinnen die berauschende Wirkung des aus Mohn gewonnenen Opiums kannten und nutzten. Im Rausch kam es dann zu Epiphanien.

Ein anschauliches Zeugnis der minoischen Religion bietet ein Goldring aus Mykene (heute im Nationalmuseum von Athen), den wir hier heranziehen dürfen, da ähnliche Ringe aus Kreta bekannt sind (z. B. AMI, VI, 88). In der Mitte steht eine Priesterin in dem typischen Miedergewand mit entblößten Brüsten; ihre Arme sind nach unten gewinkelt – ein Zeichen der Trauer? Auch die zweite Priesterin links von ihr scheint sich voller Trauer über einen Altar zu beugen. Rechts schließlich erkennen wir einen Mann, der einen Baum entwurzelt. – Forscher interpretieren die Szene der kultischen Baumentwurzelung als rituelle Trauerfeier in Zusammenhang eines Vegetationskultes, die zu Ehren des Absterbens eines Frühlings- und Vegetationsgottes abgehalten wurde.

Ein weiterer wichtiger Kult der Minoer war der des Stieres. Opfergefäße in Form des Stieres oder seines Kopfes kennen wir aus allen minoischen Epochen (s. S. 16). Zahlreiche Zeugnisse beziehen sich auf Stierspiele, wobei die besonders außergewöhnlich sind, die Sprünge von Menschen über den Rücken von Stieren zeigen (z. B. die Wandmalerei im AMI, XIV). Solche Sprünge scheinen zwar in der Art, wie sie dargestellt sind, in Wirklichkeit undurchführbar; aber vielleicht sollte durch diese Darstellungen eine metaphorische Überwindung der rohen Kraft des Stieres zum Ausdruck kommen. Sicherlich fanden irgendwelche Stierspiele mit akrobatischen Kunststücken statt, die jedoch nicht mit der Tötung des Tieres endeten, wenngleich der Stier nach dem ›Wettkampf‹ feierlich als Symbol der absoluten Überwindung der rohen Kraft und aller Urgewalten geopfert wurde. Leider wissen wir nicht, welche Bedeutung die Minoer dem Stier tatsächlich beimaßen. Jedenfalls ist der Stier im alten Kreta allgegenwärtig. Seine Hörner krönten minoische Bauwerke und wurden auch auf Siegeln dargestellt.

*Tonrhyton von Psíra (minoische Stierspiele der Frühzeit, um 2200 v. Chr.; AMI, I, 12)*

*Kultszenen des Sarkophags von Ajía Triádha (um 1400 v. Chr.; AMI, XIV, 171)*

Vor allem wurden Stiere geopfert. Sowohl in Gräbern als auch in Gebäuden konnten Archäologen solche Opfer nachweisen. Der einzigartige Sarkophag von Ajía Triádha (Farbabb. 37) gibt uns einen lebendigen Eindruck von einer solchen Opferzeremonie (AMI, XIV, 171). Der auf einem Altar, unter dem noch weitere Opfertiere liegen, festgebundene Stier wurde geschächtet: sein Blut tropft in ein auf dem Boden aufgestelltes Gefäß. Zwei Priesterinnen führen das Opfer aus, ein Mann musiziert (in Anlehnung an die ägyptische Malerei sind Frauen durch weiße, Männer durch braune Hautfarbe kenntlich gemacht). Rechts stehen ein Altar, eine aufgepflanzte Doppelaxt, das wichtige Kultsymbol der Minoer, und ein Heiligtum mit Stierhörnern.

Die andere Seite des Sarkophags zeigt im linken Teil Priesterinnen und einen Musikanten beim unblutigen Opfer, wiederum vor Doppelaxtstandarten; die auf ihnen sitzenden Vögel symbolisieren vielleicht die Anwesenheit der Gottheit oder des Verstorbenen, zu dessen Ehren die Opfer stattfinden. Ganz rechts steht der Verstorbene in einem langen weißen Gewand vor seinem Grab und erwartet eine Reihe von Männern, die ihm Tiere und ein Schiff – die Totenbarke? – darbringen. Die Bedeutung der Wagen auf den Schmalseiten des Sarkophags ist unklar, wir wissen nur, daß der zweirädrige Wagen erst von den Mykenern nach Kreta gebracht worden ist.

Friedrich Matz sieht alle vier Szenen thematisch zusammengehörend. Überzeugend legt er dar, daß das blutige und unblutige Opfer an einem Ort zu Ehren des Verstorbenen durchgeführt werden und auf den Schmalseiten Gottheiten mit zweirädrigen Kultwagen zur Totenfeier herbeieilen. Aus den Gräbern selber wissen wir, was die Minoer ihren Toten mitgaben (Grabbeigaben im AMI, VI). Zahlreich sind Siegel und Schmuckstücke aller Art; Waffen tauchen erst in der letzten, bereits mykenischen Phase Kretas auf (VI, 84). Besonders interessant ist ein Helm aus Eberzähnen (VI, 78), wie er bei den Mykenern verbreitet war. Noch Homer beschreibt einen solchen Helm als Teil der Rüstung des kretischen Heroen Myriones. Immer finden sich in den Gräbern Gefäße, meist aus Keramik, jedoch auch aus Bronze oder Gold (z. B. VI, 75 u. 77). In einigen Gräbern kamen Utensilien der Schönheitspflege ans Licht, etwa ein Bronzespiegel mit Elfenbeingriff, mit einer säugenden Kuh verziert (VI, 88).

Die Verstorbenen wurden meist in kisten- oder wannenförmige, bemalte Sarkophage gebettet (Abb. 22; AMI, XIII), selten auch in die sonst als Vorratsgefäß genutzten Pithoi. In diesem Zusammenhang ist es wichtig zu erwähnen, daß die vor einigen Jahren von dem Geologen Hans Georg Wunderlich aufgestellte provozierende These, die minoischen Paläste seien Totenstädte * gewesen, als unsinnig angesehen werden muß: die eigentlichen Totenstädte wurden immer außerhalb der Paläste gefunden (z. B. Nekropole auf dem Furní nahe Archánes, s. auch S. 279).

Die Grabbeigaben verraten uns, daß die Minoer wohl an ein wie auch immer geartetes Weiterleben nach dem Tode glaubten; andernfalls hätten sie ihren Toten kaum Geräte des täglichen

* ungenau; W. unterscheidet Totenstädte und Totenpaläste!

Gebrauchs mit ins Grab gegeben. Auch scheint es Brauch gewesen zu sein, den Verstorbenen noch Mahlzeiten zu bereiten. Dies entnehmen wir z.B. zwei kleinen, im Rundgrab von Kamilári gefundenen Tonmodellen (VI, 71), die nach Meinung der Wissenschaftler die (vergöttlichten?) Toten beim Mahl zeigen. Viele der Gefäße in den Gräbern werden bei solchen Totenspeisungen, verbunden mit Opfern, wie sie auf dem Sarkophag von Ajía Triádha dargestellt sind, Verwendung gefunden haben.

Die Fruchtbarkeits- und Vegetationsreligionen der Minoer sowie der mesopotamischen und ägyptischen Kulturen lassen deutlich ihre Herkunft aus der Zeit des Neolithikums erkennen, als nach der sog. ›neolithischen Revolution‹ (s. S. 17) das Bauerntum entstand. Die kultursichernde Eigenschaft der Fruchtbarkeit, mithin des Weiblichen, und die Kenntnis des jahreszeitlichen Vegetationszyklus waren die wichtigsten Elemente in der Welt der ersten Menschen, die ihre Ernährung nicht mehr dem Zufall überließen und damit die Grundlagen zur Hochkultur in unserem Sinne schufen. So waren Fruchtbarkeit und Vegetation die ersten Naturkräfte, die die Menschen in Göttervorstellungen faßten. In diesem Zusammenhang müssen wir die minoische Religion, soweit sie aus den Funden ableitbar ist, einordnen.

Auch der Stierkult läßt sich über Kleinasien nach Mesopotamien zurückverfolgen, wenngleich hier Analogieschlüsse kaum möglich scheinen. Darstellungen vom Stierspringen etwa kennen wir nur von Kreta. Im mesopotamischen Raum war der Stier mit Vorstellungen vom Himmel verbunden oder galt als Wettergott. Ob dies im minoischen Kreta auch so war, wissen wir nicht; faszinierend aber ist, daß die Griechen im Mythos ihren Zeus mit dem kretischen Stier in Verbindung brachten (s. S. 14): denn Zeus war ein Himmels- und Wettergott.

Ein einzigartiges Zeugnis ist im Zusammenhang mit der minoischen Religion noch zu erwähnen. 1979 verbreiteten die Zeitungen eine sensationelle Meldung: In Anemóspilia am Nordwesthang des Júchtas hätten Efi und Ioánnis Sakellarákis einen ersten bisher freigelegten minoischen Tempel und in ihm – ein Menschenopfer entdeckt (s. S. 283). Zwar ist noch einiges an den Fundumständen und ihrer Auswertung umstritten, aber nach Ansicht der Ausgräber ist in Anemóspilia im Augenblick der Katastrophe Ende MM II, als alle Älteren Paläste durch ein gewaltiges Erdbeben zusammenstürzten, ein Mensch geopfert worden – und zwar auf die gleiche Weise wie der Stier auf dem Sarkophag von Ajía Triádha: durch Schächten (s. S. 31). Fraglich ist vor allem die von den Entdeckern vorgeschlagene Datierung. Aufgrund der Keramik datieren andere Forscher (besonders J.-Cl. Poursat) die Funde Anfang MM IIIa, wodurch die Gleichzeitigkeit mit der Zerstörung der Alten Paläste entfällt, und somit auch kein außergewöhnliches Opfer erforderlich gewesen wäre.

Soll man sich nun damit abfinden, daß in der bislang so friedlich und paradiesisch erscheinenden minoischen Kultur Menschen geopfert wurden? Waren solche Opfer an der Tagesordnung? Wir glauben, nein. Denn die wenigen Quellen, die wir etwa aus der griechischen Antike oder auch aus dem Alten Testament über Menschenopfer haben, erwähnen es immer im Zusammenhang außergewöhnlicher Situationen. Man schien sich des besonderen Wertes eines Menschenlebens stets bewußt. Vielmehr nehmen wir an, daß die minoischen Priester in Anemóspilia angesichts des sich durch Erdstöße ankündigenden Erdbebens zum äußersten Mittel griffen, um die Gottheit zu besänftigen, und das Kostbarste opferten, was es gibt: eben ein Menschenleben.

1 Knossós Theateranlage

2 Knossós Blick zum Júchtas

5 Knossós Nordrampe ▷

3 Knossós Vorhalle zum Thronsaal

4 Mália Kernos in der Südwestecke des Zentralhofes

6 Gourniá/Ierápetra Westliche ›Ringstraße‹

7 Gourniá/Ierápetra Östliche Treppenstraße ▷

8 Ajía Triádha Nord-Süd-Treppe

10 Kommós Antiker Hafen von Festós; im Hintergrund die Insel Paximádhia ▷

9 Festós Westhof des Alten und Neuen Palastes

11 Ierápetra Römische Marmorstatue der Demeter (2. Jh. n. Chr., Kopie eines Originals aus dem 4. Jh. v. Chr.; Archäologisches Museum, Ierápetra)

12 Górtys/Kainuríu ▷ Ägyptisches Heiligtum der Isis und des Serapis

13–15 Górtys/Kainuríu Reste des römischen Prätoriums

16 Górtys/Kainuríu Römisches Nymphaion

12

13

14

15

16

17 Górtys/Kainuríu Göttliche Triaden (um 630/620 v. Chr.; AMI, XIX)

18 Górtys/Kainuríu Kalksteintorso einer sitzenden Göttin mit farbigen Ornamenten (1. H. 7. Jh. v. Chr.; AMI, XIX)

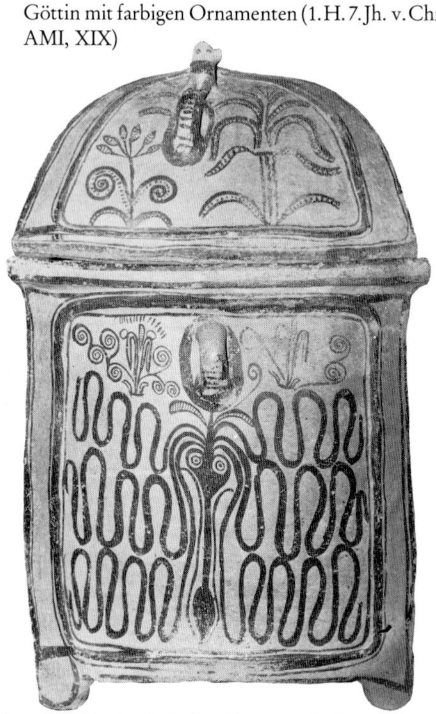

19/20 Episkopí/Ierápetra Spätminoische Sarkophage mit Kultszenen (Archäologisches Museum, Ierápetra)

21 Górtys/Kainuríu Stadtrecht von Górtys (Mitte 5. Jh. v. Chr.)

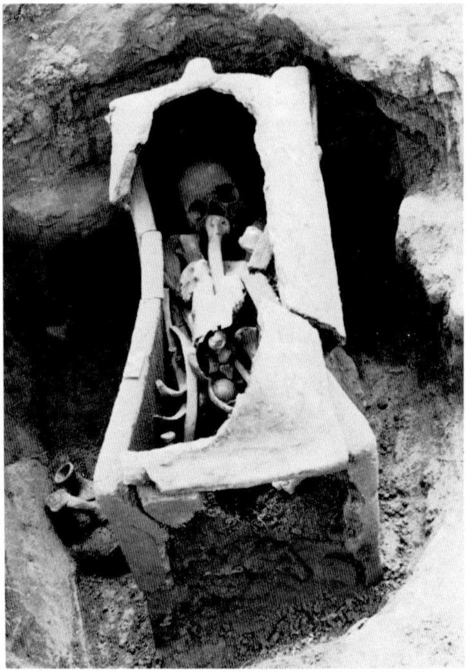

22 Arkalochóri/Monofátsi Spätminoischer Sarkophag mit einem Skelett aus der Arkalochóri-Höhle

23 Ajía Fotiá/Sitía Spätminoisches Tholosgrab

22–25 Nekropolen Kretas

24, 25 Ajios Nikólaos Nekropole Pótamos des antiken Lato pros Kamára (1. Jh. n. Chr.)

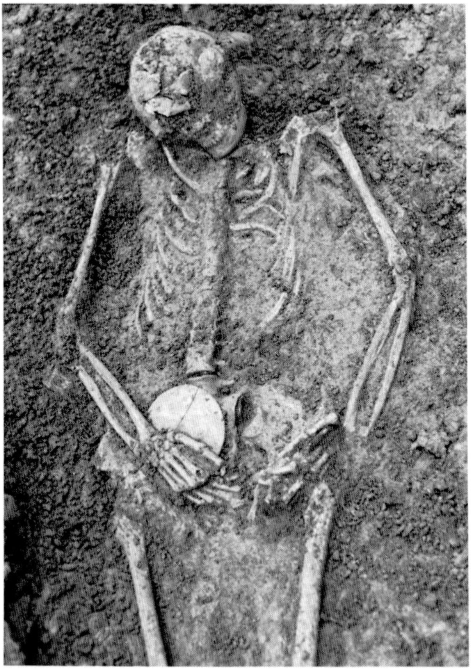

26 Kalí Liménes/Kainuríu
Frühminoisches Tholosgrab I (geplündert), nordwestlich der Ortschaft an einem Hang

27 Mitatas auf der Nídha-Hochebene in Zentralkreta. Das Konstruktionsprinzip (falsches Gewölbe) dieser Hirtenhütten ist auf die minoischen Kuppelgräber zurückzuführen

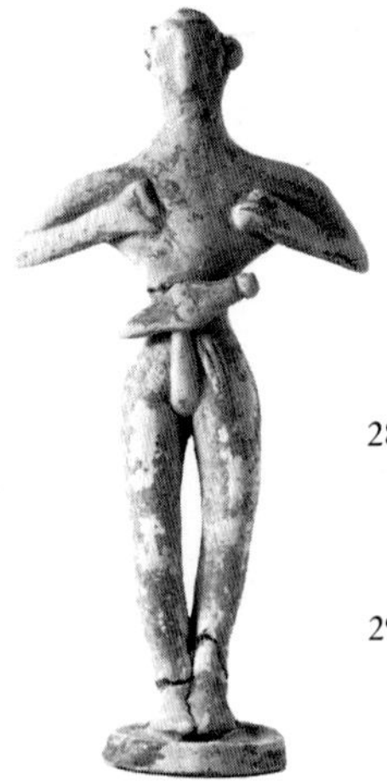

28 Knossós ›Dreisäulenheiligtum‹ mit Tauben, die eine Epiphanie symbolisieren (Zeit der Alten Paläste; AMI, II, 24)

29 Petsofás/Sitía Bewaffnetes männliches Idol des Gipfelheiligtums (Zeit der Alten Paläste; AMI, II, 24)

30, 31 Mýrtos/Ierápetra Vassiliki-Keramik der frühminoischen Siedlung Fúrnu Korifí (FM II; Archäologisches Museum, Ajios Nikólaos)

32, 33 Insel Psíra/Ierápetra SM Ib-Keramik, Henkeltopf und ›Korb‹ mit Doppelaxt-Dekor (AMI, IX, 122)

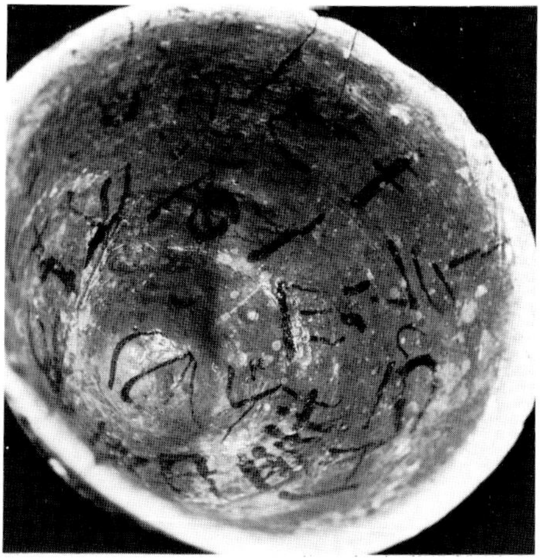

34 Knossós Schale mit Linear-A-Schriftzeichen (AMI, IV, 44)

35 Festós ›Diskus‹ mit gestempelten Schriftzeichen (um 1700 v. Chr.; AMI, III, 41)

36 Archánes/Témenos Hausmodell aus Ton (17. Jh. v. Chr.; AMI, V, 70a)

37 Archánes/Témenos Rundtempelchen (um 1100/1000 v. Chr.; AMI, XVII, 181)

38 Axós/Mylopótamos Früharchaische Panthermitra (um 640/630 v. Chr.; AMI, XVII, 189)

39 Axós/Mylopótamos Hocharchaischer Helm mit geflügeltem Pferd (1. H. 6. Jh. v. Chr.; AMI, XVII, 190)

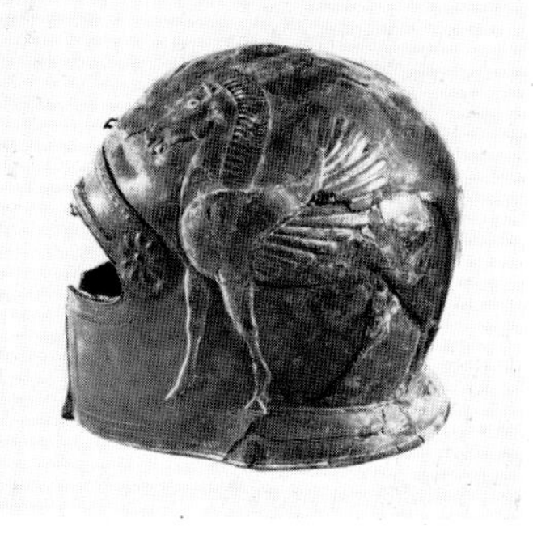

40 Sitía Dädalisch-archaischer Kopf einer Tonstatuette (Archäologisches Museum, Ajios Nikólaos)

41 Mýrtos/Ierápetra ›Göttin von Mýrtos‹ (FM II; Archäologisches Museum, Ajios Nikólaos)

42 Sitía Spätminoischer Sarkophag mit Oktopusmotiven (Archäologisches Museum, Ajios Nikólaos)

## Wirtschaft, Technik und Gesellschaft

Die minoischen Bauern bauten bereits Weizen und Gerste an. Auch Hülsenfrüchte und ölhaltige Früchte wie Sesam und Flachs dürften neben Obst zu den Erzeugnissen der kretischen Landwirtschaft gehört haben. Weinbau wurde gepflegt, Olivenhaine wurden angelegt. Die Viehhaltung beschränkte sich wohl im wesentlichen auf Schafe und Ziegen. Ob auch Rinder gezogen wurden, ist ungewiß; der Stier jedenfalls war den Minoern wohl heilig. Bienenzucht ist verbürgt. Außerdem trug der wegen der hohen Gebirge, auf denen bis in den Sommer hinein Schnee liegt, wasserreiche Boden so viel Wald (Zypressen, Aleppokiefern und andere Nadelbäume, auch Steineichen), daß Holz sogar nach Ägypten ausgeführt werden konnte.

Wer zur minoischen Zeit Eigentum an Boden hatte, läßt sich nicht sicher sagen. Es ist aber vorstellbar, daß ›Landhäuser‹ oder ›Weingüter‹, wie die von Wathípetro oder Týlissos, Sitz der Grundeigentümer, vielleicht eines Landadels, waren, die von solchen Zentren aus das umliegende Land verwalteten. Hierfür sprechen die Linear-A- (Abb. 34) und Linear-B-Schrifttäfelchen, die nach ersten erfolgversprechenden Übersetzungsversuchen wohl Listen waren, die den Bestand von Gütern und Waren aufzählen.

Die Ausbeutung der Bodenschätze scheint Angelegenheit der großen Paläste gewesen zu sein. Neben Kupfer, dessen verschiedene Erze auf Kreta selbst häufig sind, das aber auch z. B. von Zypern importiert wurde, gibt es Vorkommen von silberhaltigem Blei, Magnesium, Arsen, Zinkblende und Zinnober, die sicherlich schon in der Bronzezeit abgebaut wurden. Nur die auch vorhandenen Eisenerze wurden erst nach der minoischen Zeit verwendet. Die Weiterverwendung der Erze geschah in den Palästen. In Festós beispielsweise ist auf einem eigenen Hof, umgeben von Werkstätten, ein Kupferschmelzofen erhalten, erkenntlich an der an der Tonauskleidung haftenden Schlacke. Die notwendige Schmelztemperatur von rund 1000° Celsius konnte mit Holzkohle und Blasebälgen durchaus erzeugt werden. Zum Reduzieren der Oxide ließ sich grünes, frisches Holz verwenden. Die Kupfertalente von Ajía Triádha, gegossen in kissenförmige, rund 29 kg schwere Platten, weisen den verhältnismäßig hohen Reinheitsgehalt von 98,6% Kupfer auf; sie stammen aber höchstwahrscheinlich von Zypern (s. S. 22).

Die gewonnenen Metalle und ihre Legierungen wurden geschmiedet und gegossen. Selbst der sog. ›Guß der verlorenen Form‹, bei dem das heiße, flüssige Metall eine Wachsschicht zwischen den Negativformen des Gußstücks zum Schmelzen bringt und verdrängt, war bekannt. In der Verarbeitung von Edelmetallen kannten die Minoer auch schon die Granulation.

Die Wasserversorgung der Paläste wurde durch Zisternen und teils auch schon durch Leitungen von nahegelegenen Quellen gesichert. In Knossós sind Tonrohre erhalten, die der Frischwasserzufuhr dienten; sie sind aus konischen Einzelelementen zusammengesetzt (s. S. 204). Die Abwasserkanalisation wurde meist unter den Fußböden geführt und zentral aus den Palästen geleitet (in Knossós z. B. beim Nordeingang).

Der Seehandel bildete das wirtschaftliche Rückgrat der minoischen Kultur. Kreta ist zwar die größte der Ägäischen Inseln, doch ihre für die Agrarstruktur nutzbare Fläche scheint zu klein gewesen zu sein, um eine hinreichende Versorgung der Bevölkerung und somit eine ausreichend breite Basis für die Entwicklung einer solch verfeinerten Palastkultur abzugeben, wie sie offenbar bestanden hat. Über das Aussehen minoischer Schiffe haben wir Kenntnis von Abbildungen auf Siegeln und Wandmalereien. Der Grundtypus war nach diesen Darstellungen ein fünfrudriges Schiff mit vorn und hinten gleich hoch gezogenen Enden und einem Mast, so daß das Schiff auch gesegelt werden konnte. Legt man nun fünf Ruderer auf jeder Seite zugrunde, so ergibt sich unter Berücksichtigung freien Raumes an Bug und Heck eine Länge von rund 12 m. Die größten Schiffe, die wir von einer Wandmalerei aus der minoischen Stadt auf Santorin kennen, verfügen über 21 Rudererreihen, sie müssen mithin mindestens 30 m lang gewesen sein. Die Steuerleute der Schiffe standen am Heck, oft auf einer erhöhten Plattform, und steuerten mit zwei Rudern.

Ob nun Seeleute und Kaufleute des Ex- und Imports eigene Berufsstände oder sogar Klassen bildeten, ist unbekannt, aber denkbar. Sicherlich standen sie aber immer in Diensten der großen Paläste, über die wahrscheinlich Handel und auswärtige Beziehungen monopolartig abgewickelt wurden. Überhaupt erscheinen uns die Paläste als die Zentren der minoischen Gesellschaft. In ihnen konzentrierte sich offenbar die Produktion erlesenen minoischen Kunsthandwerks, von ihnen aus scheint ein größerer Landschaftsraum verwaltet worden zu sein. Typischerweise finden sich auch die Werkstätten, in denen Metall verarbeitet wurde, in den Palästen. Vermutlich war die Kunst der Metallverarbeitung Teil des ›Herrschaftswissens‹, das von der in den Palästen ansässigen Herrenschicht eifersüchtig gehütet wurde. Vielleicht trieben die Paläste auch Abgaben ein, die, auf Tontäfelchen sorgsam registriert, in den Magazinen gelagert wurden und zur Versorgung der städtischen Oberschicht dienten oder für den Export bestimmt waren.

Aber wer waren diese Herren? Deutlich begegnen uns auf nahezu allen Darstellungen der Minoer, die Menschen zeigen, die Frauen an bevorzugter, wenn nicht wichtigster Stelle. Nicht nur in religiösen Dingen dominierten sie, was sich ja noch aus der minoischen Fruchtbarkeitsreligion erklären ließe, sondern auch im öffentlichen Leben scheint ihnen ein hoher Rang zugekommen zu sein. So erkennen wir beispielsweise auf zwei Miniaturfresken (AMI, XV) aus Knossós, die Zuschauer einmal vor einer angedeuteten Palastfassade, das andere Mal in einer Anlage ähnlich dem Theater von Knossós zeigen, die Frauen immer auf den besten Plätzen. Außerdem hat der Maler wesentlich mehr Sorgfalt auf ihre Darstellung verwandt als auf die der Männer, die nur als amorphe Masse auftreten. Ob wir deshalb berechtigt sind, von einem Matriarchat (Herrschaft der Frauen) auf Kreta zu sprechen, muß noch offenbleiben. Sichere Indizien dafür, daß die minoische Kultur von Frauen gelenkt wurde, gibt es nicht – wenngleich der Charakter der ersten europäischen Hochkultur uns heute eher weiblich als männlich erscheint.

Die Paläste jedenfalls zeigen einen deutlich kultisch-repräsentativen Charakter. Viele Räume deuten auf eine religiöse Nutzung. Allerdings wird heute allgemein die Theorie abgelehnt, daß die tiefer gelegenen kleinen Räume, in die Treppe hinabführen (wie z.B. in Knossós der südlich an den ›Thronsaal‹ anschließende und von Evans als ›Lustral Area‹ bezeichnete Raum) Kulträume für rituelle Waschungen waren, denn es fehlen Be- und Entwässerungsleitungen. Die Bestimmung dieser Räume bleibt ungewiß. Es gab jedoch Heiligtümer in den Palastanlagen sowie große, repräsentative Hallen, in denen bisweilen auch ein Thron erhalten ist.

Außerdem scheint die Gesamtkonzeption der Paläste teilweise nach zeremoniellen Erfordernissen geplant worden zu sein. Möglicherweise dienten Anlagen wie die Schautreppen (Theater) von Knossós und Festós, die Westhöfe mit ihren Prozessionswegen, Prozessionskorridore und

Zentralhöfe dem Abhalten von Zeremonien, denen eine größere Zuschauermenge beiwohnte. Solche Zeremonien sind vielleicht auf den oben erwähnten Wandmalereien mit Zuschauern dargestellt. Die Verbindung verschiedener Funktionen wie Produktion, Verwaltung und Kultausübung in einem Bauwerk ist im übrigen nicht außergewöhnlich; sie ist uns auch aus Mesopotamien bekannt.

Die Oberschicht der minoischen Kultur mag somit religiöse und politische Macht gleichzeitig getragen haben, so daß ihre Residenzen, die großen Paläste, Verwaltungszentren und Tempel in einem gewesen sein könnten. Als zweite Klasse ließe sich eine solche der Verwaltungsleute, Techniker und Kunsthandwerker in Diensten der Oberschicht ansehen, die vielleicht in der den Palast umgebenden Stadt wohnte. Zu einer dritten Klasse müßten wir Seeleute und Krieger zählen, denn Fernhandel über das Meer war sicherlich eine gefahrvolle Aufgabe, die es erforderte, daß die Händler sich nötigenfalls auch verteidigen konnten. Überhaupt waren wohl die Grenzen zwischen Handel, Raubzug und Ausbeutung in den Anfängen jeder Kulturgeschichte fließend. Eine vierte Schicht wäre dann vom Landadel gebildet worden. Zu ergänzen wäre dieses hypothetische Gesellschaftsmodell in Analogie zu anderen Kulturen noch um die große Masse der Abhängigen und Unfreien, die erst die ökonomische Basis garantierte, aber in sozialer Zufriedenheit gelebt haben mag, da sich die minoische Oberschicht nicht wie in anderen Kulturen vor inneren Feinden (sozialem Aufbegehren) mit Festungsmauern schützte. Möglicherweise deutet sich in diesem Gesellschaftsmodell bereits eine im Laufe der Entwicklung immer breiter auseinanderklaffende ›Schere‹ an. Denn in den archäologischen Bodenfunden ist eine immer mehr fortschreitende Verfeinerung der Palastkultur spürbar, die nur auf Kosten der unteren Gesellschaftsschichten entstehen konnte.

Insgesamt scheint diese minoische Kultur, die so fremdartig am Anfang Europas steht, in ihren schönsten Erzeugnissen eine höfische Kultur voller Eleganz, Raffinement und Lebensfreude gewesen zu sein. Wir kennen aus der minoischen Welt keine Darstellungen des Krieges oder von Grausamkeiten. Die labyrinthisch anmutende Bauweise der ersten Europäer wirkt zugleich sympathisch in der Art, wie sie sich der Landschaft anpaßt, nicht sich ihr aufdrängt. Auch tritt der Bau hinter den Menschen zurück; die Architektur ist vom Innenraum her entwickelt, als Rahmen für das sich in ihr abspielende Leben. Vielleicht prägte doch ein weiblicher, weniger martialischer und starrer Geist diese Kultur. – Wenn der Begriff ›Klassik‹ zum Inhalt hat, daß in den Erzeugnissen einer Zeit eine wohlausgewogene Harmonie zwischen Natur und Kunst zu spüren ist, so müssen wir P. Fauré zustimmen, wenn er sagt: Am Anfang Europas stand eine erste Klassik.

## Die Katastrophe und das mykenische Nachspiel (Spätminoisch III a2 und III b, 1420/10–1200 v. Chr.)

Die minoischen Paläste und die sie umgebenden Städte bestanden bereits über 500 Jahre, als sie um 1420/10 v. Chr. ein weiteres Mal zerstört wurden, doch entgegen früherer Forschungsergebnisse hörte die minoische Kultur nicht auf zu existieren. Zwar fand ihre Hochblüte zu diesem Zeitpunkt ein Ende, aber die Grabungen in Kommós und Palékastro sowie in Mália und Chaniá beweisen eine durchgehende minoische Siedlungskontinuität bis SM III a1. Ein Bruch – vielleicht aufgrund einer weiteren Naturkatastrophe – ist erst in SM III a2 festzustellen; parallel dazu verlief die Übernahme der mykenischen Herrschaft im minoischen Kreta. Zu dieser Zeit scheinen auch die für die Mykener in ihrer Raumfolge zu komplizierten (labyrinthischen) Paläste aufgegeben worden zu sein. Mykenische Megaroi entstanden ab SM III b.

Bei den Grabungen in Chaniá (s. S. 135) entdeckte man sensationellerweise Linear-B-Schrifttäfelchen der griechisch sprechenden Mykener, die bisher auf Kreta tatsächlich nur in Knossós und an verschiedenen Orten des griechischen Festlandes gefunden wurden. In Archánes konnte sogar ein Raum freigelegt werden, der ganz ähnlich dem mykenisch ausgestalteten Thronsaal von Knossós mit umlaufenden Sitzbänken gebaut war. Und dann das mykenische Kuppelgrab auf der Nekropole Furní, außerhalb von Archánes, sowie das mykenische Megaron von Ajía Triádha: dies beweist, daß die Mykener wahrscheinlich alle für sie bedeutsamen Siedlungsplätze in Besitz genommen hatten – möglicherweise wurden die Orte von einer Zentralverwaltung in Knossós kontrolliert. An die Stelle der minoischen Zeugnisse traten nun (SM III a2) solche der ersten Griechen vom Festland, was die mykenischen Keramikfunde eindeutig beweisen.

Man glaubte eigentlich nie, daß die Mykener, deren Kultur vor allem in der Argolis seit etwa 1600 v. Chr. einen jähen Aufschwung erlebt hatte, das starke Kreta ohne weiteres in ihren Machtbereich hätten einbeziehen können; vielmehr suchten die Wissenschaftler stets nach anderen Ursachen, die Kreta so geschwächt hätten, daß die Insel schließlich von den Mykenern hätte erobert werden können.

Der griechische Archäologe Spyridon Marinatos hat 1938 erstmals die These aufgestellt, der ungefähr zur fraglichen Zeit erfolgte Vulkanausbruch von Santorin habe das Ende der minoischen Kultur herbeigeführt. Bei diesem Vulkanausbruch kam es zu einer Naturkatastrophe größeren Ausmaßes, die im Radius von Hunderten von Kilometern weite Teile des Mittelmeeres erreichte. Als Meerwasser in die von der herausgeschleuderten Magma zurückgelassenen Hohlräume eindrang, folgte durch den Kontakt des Wassers mit der glutflüssigen Magma eine fürchterliche Explosion, bei der mehr als die Hälfte des ehemaligen kegelförmigen Vulkanberges weggesprengt wurde. Damals erhielt die Insel Santorin ihre heutige Gestalt: kreisförmig umgeben Inselbruchstücke den großen Krater in der Mitte, den die Explosion zurückließ. In der Folge dieser Katastrophe sollen nach Marinatos bis zu 100 m hohe Flutwellen Kreta erreicht und dort mit nachfolgendem Ascheregen das Ende der minoischen Kultur herbeigeführt haben. Man vermutete schon, die Katastrophe von Santorin sei das Ereignis gewesen, das dem vornehmlich von Platon überlieferten Mythos von Atlantis zugrunde läge.

Heute darf die These, der Vulkanausbruch von Santorin sei die *direkte* Ursache für den Untergang der minoischen Kultur, als widerlegt angesehen werden. Denn in der Anfangsphase jenes Ausbruchs wurde auch die bereits erwähnte minoische Stadt bei Akrotíri auf Santorin von Asche bedeckt. Stratigraphische Vergleiche zeigen aber, daß die in Akrotíri gefundene Keramik nicht zeitgleich mit der aus Kretas Zerstörungsschicht ist. Während der ›modernste‹ Keramikstil von Santorin der *Florastil* ist, fand Kreta noch hinreichend Zeit, den diesem folgenden *Meeresstil* zu entwickeln. Mithin wird heute der Vulkanausbruch von Santorin um 1625 v. Chr., der Untergang der minoischen Kultur aber erst auf 1420/10 v. Chr. datiert.

Aber *indirekt* war der Vulkanausbruch vielleicht doch der Auslöser für das Ende der kretischen Kultur. Möglicherweise zerstörten die Flutwellen große Teile der für Kreta existentiell wichtigen Flotte, vernichtete der Aschenregen einige Ernten; Vorräte mochten gut noch jahrelang gereicht haben, doch die innerlich geschwächte minoische Zivilisation geriet ins Wanken. Kretas Wohlstand war mittlerweile im höchsten Maße vom Handel abhängig, und die oben angesprochene soziale ›Schere‹ zwischen der Oberschicht in den Palästen und großen Städten einerseits, andererseits der Unterschicht, die den Wohlstand erarbeiten mußte, klaffte weit auseinander. Die komplizierte Struktur der in den Palästen zentral verwalteten Wirtschaft war vielleicht nicht mehr in der Lage, auf die Krisensituation angemessen zu reagieren. Dennoch existierte die minoische Gesellschaft noch mehrere Jahrhunderte. In Knossós regierten bis zum Ende von SM III a1 Minoer, die sich vielleicht mit mykenischer Hilfe die Herrschaft über die Insel sicherten, denn der Thronsaal in Knossós wurde bereits in SM III a1/a2 mykenisch (!) umgebaut.

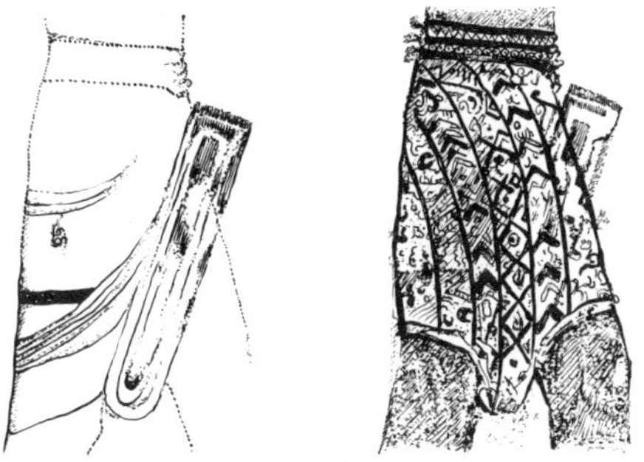

*Minoische Gabenträger mit mykenischem zipfelartigem Schurz. Aus dem Grab des ägyptischen Wesirs Rechmeré in Theben-West (um 1446 v. Chr.)*

Jedenfalls setzten sich die neuen Herren vom Festland durch. Deutlich drückten sie der kretischen Kultur da, wo Paläste oder andere Zentren noch fortbestanden, ihren Stempel auf. Erst in der mykenischen Zeit entstanden beispielsweise der Thronsaal im Westflügel von Knossós sowie das Prozessionsfresko (AMI, XIV); deutlich ist ihnen der starrere, männlich-mykenische Geist anzumerken. Die zerstörte minoische Villa von Ajía Triádha wurde mykenisch überbaut: aus großen Blöcken gefügte, rechtwinklig-rechteckige Formen lassen auch hier den anderen Geist spüren. Bei Archánes legte Sakellarákis auf dem Furní in der ehemals minoischen Nekropole mehrere mykenische Tholosgräber frei, in denen u. a. eine Frau (vielleicht eine Priesterin oder Prinzessin?) bestattet war. Die Grabbeigaben zeigen minoisches und mykenisches Kulturgut. Ein mitbestattetes Pferd im Tholosgrab A (AMI, VI, 75a) verweist deutlich auf den mykenischen Kulturkreis, Technik und Dekor von Schmuck und Siegeln (darunter eines mit Darstellung einer kultischen Baumentwurzelung, s. S. 124 f.; VI, 88, Nr. 989) aber auf minoische Formensprache. Eine große Nekropole der Mykener wurde bei Arméni nahe Réthimnon in Westkreta freigelegt. Die aus dem Fels gearbeiteten Kammergräber mit dem Zugangsweg (Dromos) sind mykenischen Ursprungs, auch die Sitte der Einzelbestattung; Minoisches aber klingt an in der Bemalung der verwendeten Sarkophage (heute im Museum in Chaniá).

Ein interessantes, völlig singuläres Zeugnis für den Herrschaftswechsel auf Kreta kennen wir aus Ägypten, mit dem die Insel regen Kontakt pflegte (ägyptische Funde auf Kreta aus der Zeit um 1600 v. Chr.: AMI, V, 62; aus der Zeit um 1450 v. Chr., Alabasteramphora mit Kartusche des Pharao Thutmosis III.: AMI, VI, 82): In Theben-West, unmittelbar am Fuße des Gräberberges, ließ sich an bevorzugter Stelle der Wesir Rechmeré des Pharao Thutmosis III. (1490–1436 v.Chr.) ein Grab (Nr. 100) errichten. Da Rechmeré erst seit dem 34. Herrschaftsjahr Thutmosis' III. erwähnt wird, kann er frühestens ab 1456 v.Chr. mit dem Bau seiner Grabanlage begonnen haben. Nach alter ägyptischer Tradition ließ er die Wände auch mit typisch minoischen Gabenbringern ausmalen. Neue außenpolitische Verhältnisse noch zu seinen Lebzeiten müssen ihn jedoch bewogen haben, die minoischen Gabenträger zu mykenischen ummalen zu lassen (es gibt kein weiteres Beispiel in Ägypten, das derartig einem politischen Geschehen Rechnung trägt!): der minoische Schurz wurde durch den mykenischen, zwischen den Beinen zipfelartig herabhängenden Schurz ersetzt.

Die Umgestaltung der Malerei, die zeitgleich mit einem Führungswechsel auf Kreta anzusetzen ist, dürfte wahrscheinlich um 1446 v. Chr., spätestens aber 1436 v. Chr. durchgeführt worden sein. Höchst bemerkenswert ist ferner, daß von diesem Zeitpunkt an jeder Kontakt zwischen Ägypten und Kreta abbricht, also noch während der ausklingenden minoischen Herrschaft.

Wie es scheint, übernahmen die Mykener von den Minoern nicht nur deren hochentwickeltes Verwaltungssystem, sondern auch ihre Schrift. Nach Überzeugung der englischen Wissenschaftler Ventris und Chadwick entwickelten sie aus der minoischen *Linear-A-Schrift* die abgewandelte mykenische *Linear-B-Schrift*, um mit ihr ihre eigene Sprache, ein frühes Griechisch, zu schreiben. Linear-B-Tontäfelchen fanden sich nämlich nicht nur in der mykenischen Schicht von Knossós und neuerdings auch in Chaniá, sondern auch in Mykene und vor allem in Pylos, im Südwesten der Peloponnes (Linear-B-Tafeln aus Knossós im AMI, V, 69/aus Chaniá im dortigen Museum, s. S. 139). All diese Tontäfelchen haben nur deshalb die Jahrtausende überdauert, weil sie in den Feuerkatastrophen von Knossós, Pylos und Mykene (um 1200 v.Chr.) gebrannt wurden.

Ventris' und Chadwicks Vorschlag, Linear-B als Schrift einer frühen Form des Griechischen zu lesen, ist aber nicht unproblematisch. Vor allem sind es die häufigen Mehrdeutigkeiten, die zu wissenschaftlichen Kontroversen Anlaß geben. Da eine Linearschrift naturgemäß nur Silben kennt, bestehend aus jeweils einem Konsonanten und einem Vokal, müssen oft weitere Konsonanten in einer Silbe ergänzt werden, um griechische Wörter wiederzugeben. So hat man z.B. nach der Ventris'schen Lösung für die Zeichengruppe (ko-ro) folgende Möglichkeiten der Lesung:

| | | | | | |
|---|---|---|---|---|---|
| *κόλος* | verstümmelt | *κόρος* | Überdruß | *χόλος* | Galle |
| *κόλον* | Pause | *σκῶλος* | Pfahl | *χόρος* | Tanz, Chor |
| *κῶλον* | Teil, Glied | *χοῖρος* | Schwein | *χῶρος* | Raum, Fläche |

Allein für die Zeichengruppe (e-ke) ergeben sich aus dem Griechischen 21 verschiedene Lesungen. »Jeder wird sich fragen, was hier noch Lesen und Schreiben heißt.« (W. Eckschmitt).

Ventris und Chadwick erklären solche Ungereimtheiten mit der These, die ursprünglich fürs Minoische entwickelte Linearschrift sei eben nur sehr mühsam an das ganz anders geartete Griechische anzupassen gewesen. Zu fragen bliebe aber dann, wieso die Mykener in den immerhin

200 Jahren, die die Schriftzeugnisse aus Knossós von denen aus Pylos und Mykene trennen, keine angemessenere Schrift entwickelt hätten.

Trotzdem scheint festzustehen, daß auf den Täfelchen Verwaltungsbelange der Paläste und Tempel festgehalten wurden. Auf den meisten Täfelchen sind Namen oder Begriffe und Mengen- oder Zahlenangaben einander zugeordnet. Nun wären ja solche Listen durchaus sehr aufschlußreich für die moderne Geschichtsforschung, wenn wir aus ihnen etwa detaillierte Informationen über Herde- und Erntegrößen, Abgaben, Grundbesitz und ähnliches entnehmen könnten. Zum einen aber sind gerade hinsichtlich der Namen und Begriffe auf den Listen die Übersetzungsvorschläge äußerst mehrdeutig: da können schnell aus Badefrauen Gefängniswärterinnen werden; und zum anderen ist die Erschließung mykenisch-minoischer Maßeinheiten und Zahlenangaben noch kaum zu befriedigenden Ergebnissen gelangt.

Ganz sicher sind auf den Täfelchen keine literarischen, historischen, juristischen oder religiösen Texte überliefert, die uns einen größeren Zusammenhang der minoischen Kulturgeschichte vermitteln könnten. Nur selten einmal sind einzelne längere Sätze erhalten – solange wir weder die Täfelchen wirklich und eindeutig lesen können noch wissen, was genau auf ihnen aufgelistet wurde, bleibt auch die Schrift der Mykener geheimnisvoll. Faszinierend aber wäre es, sollte die Forschung einmal bestätigen können, was Chadwick auf einem Täfelchen aus Knossós zu lesen glaubt: »Der Herrin des Labyrinthes Honig. 1 Amphore!«

Etwa um 1200 v. Chr. erfolgte die endgültige Zerstörung auch von Knossós und allen anderen bis dahin noch von den Minoern bewohnten Gebieten. Über den Grund können wir nur spekulieren: möglicherweise fand abermals eine Naturkatastrophe statt. Mit hoher Wahrscheinlichkeit gelang es jetzt den Mykenern, die Macht über das minoische Kreta zu erringen.

# Kreta und die griechische Welt

## Nach-Palastzeit (III c, 1200–1050 v. Chr., sowie subminoisch, 1050–990 v. Chr.) und Untergang der bronzezeitlichen Kulturen

Nach der endgültigen Zerstörung des Palastes von Knossós (um 1200 v. Chr.) kann man auf Kreta kaum noch von einer minoischen Kultur sprechen. Die Funde veranschaulichen den fortschreitenden Verfall; kretische Tradition zeigt höchstens noch die allerdings stark verwilderte Vasenmalerei. Nur mykenische Keramik, die auf der offenbar unbedeutend gewordenen Insel auftaucht, ist von hohem Rang.

Auch den Mykenern, die nach dem Fall von Kreta die Ägäis und den Raum des ehemaligen minoischen Seehandels beherrschten, stand der Untergang bevor. Im 13. Jh. v. Chr. wurde ihr Auftreten deutlich aggressiver; wir haben Beweise für mykenische Eroberungen auf Zypern und andernorts, wohin die Minoer nur Handelskontakte unterhalten hatten. Gleichzeitig wurde aber auch ihr Schutzbedürfnis größer; nur so läßt sich erklären, warum sie ihre Burgen zu dieser Zeit verstärkten. In einem Zeitraum von wenigen Jahrzehnten sanken diese mykenischen Zentren in Schutt und Asche, zugleich geriet die gesamte ostmediterrane Kulturwelt an den Rand des Abgrunds. Das Hethiterreich zerfiel, entlang der syrisch-palästinensischen Küste brannten die Städte. Die Archive von Ugarit berichten vom Herannahen einer Invasionsflotte, unmittelbar darauf wurde die Stadt zerstört. Zur Zeit der Herrschaft von Ramses II. (1290–1224 v. Chr.), Merenptah (1224–1213? v. Chr.) und Ramses III. (1196–1166 v. Chr.) herrschte in Ägypten oftmals Hungersnot, die von der Bedrohung durch äußere Feinde begleitet war. Häufig wird in ägyptischen Quellen berichtet, zur Zeit dieser Herrscher hätten ›Seevölker‹ »von den Inseln inmitten des Meeres« das Land bedroht und verwüstet. Während Anfang des 12. Jh. u. a. Mykene, Tiryns, Pylos und Theben zerstört wurden, gelang es Ramses III., sich der Gefahr zu erwehren; einige ›Seevölker‹ sind in Inschriften genannt: man glaubt, in den ägyptischen Namen heute z. B. Philister und Achäer (also Griechen!) wiederzuerkennen.

Was damals genau geschah, wissen wir nicht. Zum einen hat es den Anschein, als seien zu dieser Zeit neue Völker, z. B. die Philister, im Bereich der Hochkulturen erschienen und hätten diese angegriffen. Zum anderen aber gibt es Indizien, die darauf hindeuten, daß jetzt auch die mykenische Welt, modern gesprochen, die ›Grenzen des Wachstums‹ erreicht hatte. Ein wirtschaftlicher Zusammenbruch des inzwischen überalterten und starren bronzezeitlichen Gesellschafts- und Tauschsystems hätte so auch Mykener und Minoer zu plündernd umherziehenden ›Seevölkern‹ werden lassen, die sich mit Gewalt holten, was durch friedlichen Handel nicht mehr zu erlangen war. Aus den ägyptischen Texten geht jedenfalls hervor, daß man im Nilreich die Ägäis und ihre Inseln als Operationsbasis der ›Seevölker‹ ansah.

Für mykenische Eroberungszüge am Ausgang der Bronzezeit und dafür, daß sich die Fürstenhäuser der ersten Griechen gegenseitig zerfleischten, sprechen auch die griechischen Mythen, die sich auf die Zeit der Heroen beziehen. Sie alle sind voller Erzählungen von Beutezügen: der zehnjährige Kampf gegen Troja, durchgeführt sicherlich kaum um einer noch so schönen Frau willen, eher wohl, um die Macht der strategisch günstig an der Einfahrt der Dardanellen gelegenen Stadt zu brechen; der Zug der Sieben gegen Theben, die Fahrt Jasons und der Argonauten und andere mehr. Mykener scheinen sich auf Sizilien, Rhodos, Zypern und an der syrisch-palästinensischen Küste niedergelassen zu haben, nachdem ihre Heimatstädte zerstört waren. In der Zeit nach 1200 v. Chr., z. T. noch infolge der Beutezüge der Mykener und anderer Völker, kam es zu Flucht- und Wanderungsbewegungen in ganz Griechenland. Die Errungenschaften der minoisch-mykenischen Bronzezeit gerieten großenteils in Vergessenheit, ein allgemeiner kultureller Rückfall war die Folge. Die Altertumswissenschaft spricht von den ›dunklen Jahrhunderten‹ der griechischen Geschichte, was besagt, daß wir Näheres über diese Zeit nicht wissen.

*Krug von der Nekropole Myrsiní (SM IIIb; Museum Ajios Nikólaos)*

Irgendwann im 12. Jh. v. Chr. müssen die Dorer aus dem Norden nach Griechenland eingewandert sein. Die Griechen der Antike sprechen in ihren Mythen von Pelasgern, Dorern und anderen Stämmen, die das Land besiedelten. Diodorus schreibt z. B. über Kreta: »Die Bewohner von Kreta sagen, in den ältesten Zeiten seien in ihrem Lande die sogenannten Eteokreter (echte Kreter) gewesen ... Nach ihnen kamen viele Menschenalter später herumirrende Pelasger, welche immer in Feldzügen und Wanderungen begriffen waren, nach Kreta und besetzten einen Teil der Insel. Ein dritter Stamm, die Dorer, wanderten unter Tektamus, dem Sohn des Dorus, auf der Insel ein ... Ein vierter Stamm, der sich mit den Kretern vereinigte, war ein Gemisch von Fremden, die aber mit der Zeit die Sprache der einheimischen Griechen annahmen.« (Diodorus Siculus, V. Buch, 64, 80).

Die Dorer sollten im folgenden die neu entstehende griechische Kultur Kretas wie auch die des Festlandes entscheidend prägen. Die erste Hochkultur Europas mit ihren technischen und künstlerischen Errungenschaften wurde vergessen, und nur langsam trat neues an ihre Stelle.

# Protogeometrische und geometrische Epoche (990–810 und 810–710 v. Chr.)

Kreta war ab 1000 v. Chr. Teil der griechischen Welt. In den folgenden Jahrhunderten schälten sich allmählich die Grundlagen der griechischen Antike aus dem Dunkel, in das der gesamte griechische Landschaftsraum nach dem Ende der Bronzezeit gefallen war. Eisen war bald das vorherrschende Metall, aus dem Waffen hergestellt wurden (AMI, XI, 153), während Bronze für Kleinplastiken, Schmuckstücke und ähnliches in Gebrauch blieb. Die Toten wurden jetzt verbrannt und ihre Asche in Urnen beigesetzt. Der neue Dekorationsstil der Keramik ist – verglichen mit der Leichtigkeit des minoischen Vasenschmucks – streng geometrisch und wirkt starr. Ungeklärt ist bislang die Frage nach einem etwaigen allmählichen Übergang vom mykenischen zum neuen protogeometrischen Stil, wenngleich es einige Beispiele für eine solche kontinuierliche Entwicklung gerade auf Kreta zu geben scheint. Erzeugnisse der protogeometrischen Epoche sind im AMI, XI, solche der geometrischen Epoche in Saal XII ausgestellt.

Während in dieser Zeit dorische Siedlungen, im Gegensatz zu denen der minoischen Epoche stark befestigt und meist sehr geschützt gelegen, auf Kreta entstanden, existierten in den Bergen noch einige Fluchtsiedlungen der Minoer fort, so z. B. auf dem Karfí (Nagel) in rund 1200 m Höhe am Rand der Lassithí-Hochebene. Im Schutz der Berge, kaum anzugreifen, standen Siedlungen wie diese noch bis ins 9. Jh. v. Chr. in minoischer Tradition. Erzeugnisse dieser Periode werden von der Wissenschaft wegen ihrer Anklänge an Minoisches einem eigenen subminoischen Stil zugerechnet. Vergröbert zwar, doch deutlich zu erkennen, ist z. B. die Ähnlichkeit von dem auf Karfí gefundenen Tonstatuetten weiblicher Göttinnen (?) mit der Schlangengöttin aus Knossós. Funde von Karfí s. AMI, XI, 148 u. 154. Vor allem der Osten der Insel, besonders die Gegend der Stadt Pressós, südlich von Sitía, galt als Gebiet der Eteo-(echten) Kreter.

Daß auch zu dieser Zeit Künstler auf Kreta vereinzelte Meisterwerke schufen, die teilweise an spätminoische Malereien der bei Arméni gefundenen Larnakes erinnern, beweist der 1976 außerhalb von Knossós gefundene protogeometrische Krater aus der ersten Hälfte des 9. Jh. Neben den konzentrischen Kreisen mit Kreuzsymbolen besticht vor allem die gelungene figürliche Darstellung der Jagdszene. Links des Mittelstreifens faßte der Künstler geschickt zwei auf-

*Protogeometrischer Krater aus Knossós (1. Hälfte 9. Jh. v. Chr.; AMI, XII, 159). Nach H. W. Catling, Arch. Rep. 1976/77, Abb. 16*

einanderfolgende Bewegungsabläufe zusammen: den zum Speerwurf ausgestreckten Arm und das vom Speer getroffene Tier. Rechts erkennen wir einen Vogel und zwei weitere Tiere, die Furcht und Erschrecken ausdrücken. Dieser Szene gegenüber eilt ein zweiter Jäger mit Schild und Speer bewaffnet zum Jagdgeschehen. Insgesamt haben wir hier eine szenische Komposition von größter Meisterschaft vor uns, die, völlig frei von attischen Vorbildern, als rein kretische Schöpfung anzusprechen ist.

## Orientalisierende und archaische Periode (710–620 und 620–480 v. Chr.)

Auf der Insel gab es seit dem 8./7. Jh. v. Chr. wieder viele, allerdings voneinander unabhängige und untereinander zerstrittene Städte. Das ganze 1. Jahrtausend hindurch sollte Kreta, ähnlich wie das übrige Griechenland, aus eigener Kraft zu keiner übergeordneten politischen Einheit mehr finden. Neben neuentstandenen Städten waren jetzt auch ehemals minoische Zentren wieder besiedelt, unter anderem Knossós und Festós/Górtys. Mythische Erinnerungen an die minoische Zeit lebten fort, wie in diesen Städten geschlagene Münzen beweisen, die in Knossós z. B. das Labyrinth und den Minotauros, in Festós/Górtys Zeus und Europa zeigen. Auch alte Kultstätten blieben Orte der Verehrung.

Die Wende vom 8. zum 7. vorchristlichen Jahrhundert ist ein weiterer Markstein in der Entwicklung der griechischen Kunst[1]. Wir wissen nicht, wann genau nach den ›dunklen Jahrhunderten‹ neue Handelsbeziehungen zwischen Griechenland und dem Orient wiederaufgenommen wurden oder ob sie nach dem Untergang der minoisch-mykenischen Welt nie ganz unterbrochen waren. Fest steht nur, daß der griechische Kulturraum wohl erst zu diesem Zeitpunkt wieder reif für die Aufnahme von Anregungen aus dem Orient war, die das Heranreifen des orientalisierenden Stils ermöglichten. Die neuen Handels- und Schiffahrtsverbindungen waren – was nicht weiter erstaunt – zugleich die alten Verbindungen der Minoer und Mykener: Damit standen Zypern, die kleinasiatische Küste mit Samos und Milet, auch Kreta und Rhodos als Handelsstützpunkte zwischen Ost und West am stärksten direkt in der Einflußsphäre des Orients. Vergessene, aber den Minoern und Mykenern ehemals durchaus bekannte Schmuckmotive wie Techniken verschiedener Produktionszweige übernahmen die Griechen neu aus dem Orient; es gab viel Altes wiederzuentdecken und neu zu lernen.

›Orientalisierender‹ Stil bedeutet nicht, daß die griechischen Künstler orientalische Kunstwerke kopierten; vielmehr formten sie Orientalisches, ihren Ansprüchen und Bedürfnissen entsprechend, zu etwas völlig Neuem und unverwechselbar Griechischem um. So erlernten die Griechen Altbekanntes und neueste technische Errungenschaften des Orients wie z. B. den Quaderbau, die monumentale Plastik, das Hohlgußverfahren für Bronze und die Granulation wie das Filigran auf dem Gebiet der Goldschmiedekunst. Aus dem orientalischen Repertoire der Ikonographie übernahmen griechische Künstler u. a. das Mischwesen (Sphingen, Greifen), Löwen, Sterne und Steinböcke, alles Motive, die schon im 2. vorchristlichen Jahrtausend von

1 Die folgenden Abschnitte entsprechen denen des Kunst-Reiseführers *Rhodos*, S. 58–60, Köln 1984, vom selben Autor.

Minoern und Mykenern vielfach zu künstlerischen Meisterleistungen gestaltet worden waren. Seltsamerweise befruchteten all die ikonographischen Motivvorlagen aber einen griechischen Kunstzweig so nachhaltig, der im Orient hinsichtlich seines Dekorschmucks fast völlig bedeutungslos war: die Keramik; orientalische Erzeugnisse der keramischen Werkstätten zeigen nur in den seltensten Fällen Bemalungen.

Nahezu unbeeinflußt vom Orient blieb dagegen die Architektur, wenn man von der Ausformung des ionischen Kapitells absieht. Zwar war auch auf diesem Gebiet die Erinnerung an die technisch hochstehende Baukunst der Mykener wie ausgelöscht, aber auf dem Gebiet der Architektur fanden die Griechen ihren eigenen Weg zum freistehenden, als Plastik empfundenen und durchgeformten Tempel, der fast 1000 Jahre bei ihnen nahezu unverändert Bestand hatte.

Doch betrachten wir abermals die Produkte der griechischen Keramikwerkstätten, da sie uns ganz besonders anschaulich den Übergang von der geometrischen zur orientalisierenden Stilrichtung verdeutlichen. An ihren Beispielen lassen sich sowohl die Hinführung zur Blüte des neuen Stils als auch sein Absinken ablesen. Für die orientalisierende Epoche Griechenlands ist es vor allem die menschliche Figur, die sich nach und nach innerhalb des geometrischen Dekors Raum verschafft, um schließlich in szenischem Stil die Epen Homers zu illustrieren. Erstmals erschienen die Helden Homers – Odysseus, Menelaos und all die anderen Heroen der Ilias und Odyssee – in der griechischen Kunst.

Die Maltechnik ist verfeinert; die einfachen Silhouetten des geometrischen Dekors werden mit feinen Umrißzeichnungen, Aussparungen und Ritzungen zu harmonischen Gesamtkompositionen gestaltet. Für die frühe Phase dieser Entwicklung sei die bekannte protoattische Amphora aus Eleusis (670/660 v. Chr.) angeführt, mit der Szene ›Odysseus blendet mit zwei (nicht vier!) Gefährten den Polyphem auf Sizilien‹ (Odyssee 9, 334 ff.).

Unter den Keramik-Produktionsstätten Griechenlands sind die korinthischen besonders hervorzuheben, da sie einen für die gesamte griechische Kunst vorbereitenden Weg einschlagen und einen neuen für einige Jahrhunderte gültigen Stil der griechischen Vasenmalerei entwickeln: den frühen schwarzfigurigen Malstil, der auf viele andere lokale Werkstätten übergreift. Die korinthischen Künstler sind es, die nach und nach neben den neuen Motiven während der orientalisierenden Phase die Mythologie, vor allem Szenen der homerischen Epen, als nicht mehr fortzudenkendes Element in das Repertoire der griechischen Vasenmalerei einführen. Die auf Kreta gefundenen Exponate dieser Epoche sind vorwiegend im AMI, XII ausgestellt. Ein Weinkrug aus Arkádhes (Afratí)/Wiánnos (725–650 v. Chr.) zeigt auf seinem schlanken Hals die Szene eines Liebespaares (s. Fig. S. 15) – und mag vielleicht, indem sie Ariadne und Theseus darstellt, an das minoische Labyrinth von Knossós erinnern.

*Kesselförmiges Mischgefäß mit Greifenköpfen aus Arkádhes (Afrati)/Wiánnos (1. Hälfte 7. Jh. v. Chr.; AMI, XII, 168)*

## Der dädalische Stil und die ältesten kretischen Tempel (7. Jh. v. Chr.)

Der dädalische Stil ist hauptsächlich auf Kreta und sonst nur vereinzelt im dorischen Griechenland, z. B. auf der Peloponnes (in Korinth) und auf den Inseln Rhodos, Melos, Santorin etc. vertreten. Auf dem Gebiet der Plastik setzt man protodädalisch mit frühorientalisierend (710–680 v. Chr.) und dädalisch mit orientalisierend (680–620 v. Chr.) gleich. Zu den Kunstwerken dieser Stilgruppe gehören meisterhafte Erzeugnisse der Toreutik, Skulpturen, koroplastische Werke (z. B. Reliefamphoren) und vereinzelte Produkte aus Keramikwerkstätten. Eine der wichtigsten Hauptgruppen bilden die Bronzefunde aus der Idäischen Grotte, die von einigen Forschern einem eigenen Stil, dem ›idäischen‹, zugeordnet werden. Der Name nimmt Bezug auf den mythischen, aus Athen vertriebenen Bildhauer Daidalos, der auf Kreta eine Werkstatt eröffnete und der nach griechischen Quellen des 5./4. Jh. v. Chr. die Skulpturen mit einem »lebendigen Blick« sowie mit »bewegten Armen und Beinen«, also schreitend, modellierte und damit die Möglichkeit eröffnete, freie Bewegungen darzustellen. Damit ist aber die Bezeichnung ›dädalisch‹ für die so genannte kretische Skulptur eigentlich irreführend, da diese kaum schreitende Gestalten kennt. Und doch erkennen wir in ihnen eine gewisse ›Bewegung‹, wie es uns z. B. die ›Dame von Auxerre‹ (Mitte 7. Jh. v. Chr.) zeigt, die, mit einem lebendigen Blick, behutsam ihre rechte Hand zur Brust führt.

Vorbild für die auf Kreta im 7. Jh. v. Chr. entstehenden dädalischen Skulpturen war die ägyptische Monumentalplastik, die meist auf einen frontalen Betrachter bezogen ist und nicht verhehlt, daß sie aus einem Steinblock herausgearbeitet wurde. Deutlich wird dies an den beiden sitzenden Göttinnen spätdädalischen Stils des Tempels A von Priniás (ca. 630/620 v. Chr.; s. Fig. S. 350).

Die Eigenart des dädalischen Stils besteht hier aus der Mischung von ägyptischer Monumentalität und dorischer Strenge. Vor allem verdeutlichen die Reliefs von Priniás diese Strenge: Die Reliefs an den drei Seiten des Balkens, auf dem die Göttinnen thronen, zeigen schreitende Panther, äsende Hirsche und auf der Unterseite die beiden frontal dargestellten Göttinnen; ferner ist von Bedeutung der große Reiterfries vom gleichen Tempel (AMI, XIX, Westwand) und der Streitwagenfries aus Palékastro (AMI, XIX, Ostwand). Typisch für den neuen Stil ist die additive Wiederholung der gleichen, stark abstrahierten Figuren.

Weitere eindrucksvolle dädalische Steinskulpturen stammen aus Górtys. In einigen von ihnen (Relief eines Gottes – Apollon? – zwischen zwei nackten Göttinnen – Artemis und Leto?; Abb. 17; AMI, XIX, an der Westwand) künden sich bereits die 100 Jahre später erreichten Höhepunkte der archaischen Skulptur Griechenlands an: Kouros und Kore, die großartigen Jünglings- und Mädchenstatuen, haben hier auf Kreta ihre Vorläufer. Die für die Weiterentwicklung der griechischen Plastik wichtigen, übers ägyptische Vorbild hinausgehenden Errungenschaften des dädalischen Stils liegen zum einen im ersten raumhaften Erfassen einer Gestalt, die sich aus dem Blockhaften zu lösen beginnt, zum anderen in einer beginnenden Typenbildung (Gesicht, Lächeln, der junge Mann u. a.).

Auch größere Bronzeskulpturen entstanden. Die kretischen Künstler hämmerten Bronzebleche über einem Holzkern (›Sphyrelaton‹) in die gewünschte Form, wie es uns die meister-

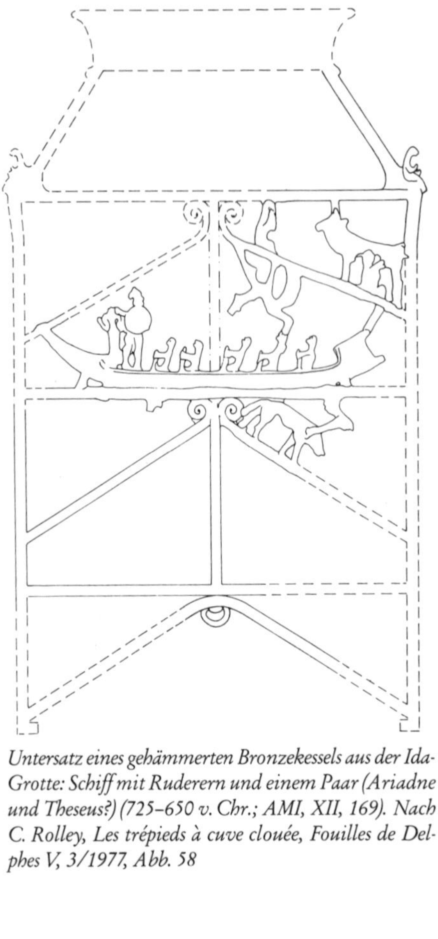

*Untersatz eines gehämmerten Bronzekessels aus der Ida-Grotte: Schiff mit Ruderern und einem Paar (Ariadne und Theseus?) (725–650 v. Chr.; AMI, XII, 169). Nach C. Rolley, Les trépieds à cuve clouée, Fouilles de Delphes V, 3/1977, Abb. 58*

hafte Göttertrias Apollon (ca. 80 cm), Artemis und Leto aus einem Tempel in Dreros zeigt (AMI, XIX, 210). Von den dädalischen Terrakotten soll nur die Athena-Statuette aus Górtys (AMI, XVIII, 193) hervorgehoben werden, da hier eine interessante Verschmelzung orientalischer und alt-minoischer Formensprache deutlich wird.

Die höchsten Leistungen erreichte Kreta aber in den reliefverzierten Bronzen. Die hochangesehenen kretischen Werkstätten der Toreutik exportierten damals sehr wahrscheinlich ihre Erzeugnisse bis nach Korinth, Olympia und Delphi. Besonders an der Ikonographie dieser Meisterwerke erkennt man jedoch vielfache orientalische und ganz speziell nordsyrische Einflüsse, die zu der nicht unberechtigten Annahme führen, syrische Künstler hätten die Werkstätten Kretas geleitet. Zu den ältesten Stücken zählen die nicht für den Kampf bestimmten Bronzeschilde aus der Idäischen Höhle, in der Zeus geboren und herangewachsen sein soll. Jüngste Grabungen (1982–84) von Sakellarákis in der bereits um die Wende des 19. zum 20. Jh. oberflächlich untersuchten Höhle lassen vermuten, daß diese als Kultstätte noch wichtiger war, als bislang angenommen wurde. Ein singulärer Fund ist das Tympanon (Schallbecken) aus der Ida-Grotte, das unzweifelhaft assyrisierenden Einfluß Nordsyriens zeigt. In der Mitte tanzt in Vorderansicht eine Gottheit (Zeus), die von zwei geflügelten Dämonen (Kureten) mit Tympana (?) flankiert wird; eine ganz und gar orientalische Darstellung, die auf den Mythos der Zeus-Geburt anspielt: die dabei auf Becken lärmenden Kureten sollen das Geschrei des Zeuskindes übertönen, damit sein Vater Kronos es nicht entdeckte (AMI, XIX, 209). Ebenfalls aus der Idäischen Höhle stammt ein aus Bronze gegossenes Schiff mit Ruderern und einem Paar, vermutlich Theseus und Ariadne (AMI, XII, 169). Dieses Bronzegußstück gehörte zu einem Kesseluntersatz, dessen gehämmerter Bronzekessel leider zerstört ist.

Während die Ende des 8. Jh. v. Chr. entstandenen Funde aus der Ida-Höhle noch stark an nordsyrische und assyrische Vorbilder angelehnt sind, zeigt sich der dädalische Stil schon deutlicher im Aufbau des Reliefs auf einem Gürtel aus Fortétsa (1. Hälfte 7. Jh.; AMI, XII, 184). In

*Gürtel von Fortétsa: ein Gott und zwei Göttinnen, flankiert von zwei Streitwagen (725–650 v. Chr.; AMI, XII, 164). Nach C. Davaras*

der Mitte eines Heiligtums werden ein Gott und zwei Göttinnen von Bogenschützen nach beiden Seiten gegen angreifende Streitwagen verteidigt. Die Hellenisierung des orientalischen Vorbilds ist am weitesten fortgeschritten in den Reliefs auf Rüstungsteilen vom Ende des 7. Jh. v. Chr. Hervorgehoben seien ein Helm aus Axós, verziert mit geflügelten Pferden (Abb. 39; AMI, XVIII, 198), und, ebenfalls aus Axós, die Mitren (Bleche, die den Unterleib der Kämpfer schützten) mit geflügelten Pferden, Löwen, Dreifußkesseln und mit Athleten, die sich um einen Siegerkranz streiten (Abb. 38; AMI, XVIII, 203). Ebenfalls minoisch beeinflußt sind die Bronzebleche des dädalischen Stils aus dem 7. Jh. v. Chr., die man in großer Anzahl im Heiligtum von Káto Sými/Wiánnos fand (AMI, XII, 161a, b), das man wohl vom 3. Jahrtausend v. Chr. bis in die mittelminoische Zeit als Kultstätte verehrte. Eines dieser Bleche zeigt zwei Jäger mit einer erlegten kretischen Wildziege (Agrimi). Der Mann mit spitzem Bart rechts und sein jugendlicher Begleiter mit dem aufgeschulterten erlegten Wild erinnern an eine kretische Sitte der dorischen Zeit: es ist überliefert, daß Jugendliche mit reifen Männern zwei Monate lang durch die kretische Bergwelt zogen, um das Jagen und das Kriegshandwerk zu erlernen.

Die im 7. Jh. v. Chr. auf Kreta errichteten ersten Tempel sind meist einfache Rechteckbauten. Der Eingang befand sich an einer Schmalseite. Gerade im baulichen Zusammenhang entfaltete aber der dädalische Skulpturen- und Reliefschmuck seine eindrucksvolle strenge Monumentalität (vgl. das Portal vom Tempel A in Priniás, AMI, XIX). Sind auch diese frühesten griechischen Tempel auf Kreta ihrem ganzen Wesen nach körperhaft und eindeutig ausgerichtet und somit griechisch, so erkennen wir doch auch Vorgriechisches, Minoisches: die Tempel A und B von Priniás weisen in die Symmetrieachse gestellte Säulen auf, eine Anordnung, die wir zwar von den minoischen Palästen her kennen, die der griechischen Architektur aber völlig fremd war. Für die Dauer des 7. Jh. v. Chr. war Kreta auf dem Gebiet der Voll- und Reliefplastik dem übrigen Griechenland noch einmal weit voraus; aber schon im 6. Jh. v. Chr. versank die Insel wieder in die Bedeutungslosigkeit der Provinz. Die großen Zeugnisse der Kunst der folgenden Epochen entstanden in anderen Räumen Griechenlands.

## Klassik und Hellenismus (480–330 und 330–67 v. Chr.)

Zur Blütezeit der Griechen stand Kreta im Schatten der großen Ereignisse der antiken Welt. Nicht nur, daß herausragende Kunstschöpfungen fehlen, die Insel hielt sich auch gleichermaßen fern von den Perserkriegen (500–479 v. Chr.), in denen die griechische Eigenständigkeit bedroht wurde, wie von der Auseinandersetzung zwischen Athen und Sparta während der Peloponnesischen Kriege (431–404 v. Chr.). Kreta war in viele, unbedeutende Stadtstaaten zersplittert, die sich gegenseitig in endlosen Auseinandersetzungen aufrieben. So lesen wir etwa bei Pindar in der 12. Olympischen Ode, verfaßt anläßlich des Sieges des Läufers Ergoteles von Kreta (472 v. Chr.), von dem schrecklichen Bruderkampf »Mann gegen Mann« in der Heimat des Sportlers.

Aufgrund der Zugehörigkeit zur dorischen Welt fühlten sich die Kreter noch am ehesten den Spartanern und der Argolis verbunden. Häufig hat das peloponnesische Argos Verträge kretischer Städte untereinander bestätigt, und es heißt sogar, die Spartaner seien der Ansicht gewesen, ihr sagenhafter König Lykurgos (10. oder 9. Jh. v. Chr.?) hätte seine berühmten Gesetze und Sitten von Kreta empfangen (Herodot I, 65). Tatsächlich hatte Kreta in Rechtsdingen in der Antike einen großen Ruf, der bis auf Minos zurückgeht. Hier sei das berühmte ›Stadtrecht von Górtys‹ (Abb. 21; 5. Jh. v. Chr.) erwähnt, eines der ältesten und umfassendsten Rechtsdokumente der griechischen Antike, das hier näher erläutert werden soll:

Auf 42 Steinblöcken sind zwölf Gesetzestafeln, jede mit 52 Zeilen, eingemeißelt. Der Text ist in einem kretisch-dorischen Dialekt des Griechischen verfaßt, dem noch die Buchstaben *H* (Eta); *Π* (Pi), *X* (Chi), *Ψ* (Psi) und *Ω* (Omega) fehlen, er läuft von links nach rechts, in der folgenden Zeile von rechts nach links, dann wieder umgekehrt (wie der Ochse pflügt – ›ordo bustrophedicus‹). Es handelt sich bei diesem Recht der kretischen Stadt nicht um ein nach Paragraphen und systematischen Erwägungen angeordnetes Werk, sondern um eine Sammlung der Fixierung von Fallbeispielen – vielleicht Zitate alter, überlieferter Präzedenzfälle – aus den heute wohlunterschiedenen Bereichen Verfassungs-, Zivil-, Straf- und Prozeßrecht. Die Regierungsgewalt lag nach der Verfassung in den Händen von zehn Kosmen, die dem Rat der Alten Rechenschaft schuldig waren, während ihrer Amtszeit jedoch nicht verklagt werden konnten. Dem Rat der Alten stand der Rat der Jungen gegenüber, der politisch aber bedeutungslos war. Die Bürgerversammlung (ohne Standesunterschiede) hatte keine Entscheidungsgewalt, sie hatte nur eine formale Bestätigung über bereits gefaßte Beschlüsse abzugeben. Das Privatrecht regelte unter anderem das Familien- und Vermögensrecht sowie die Adoption und das Erb- und Eherecht. Danach war z. B. eine Eheschließung zwischen Freien und Unfreien gemäß folgender Rechtsinschrift möglich: »Wenn aber ein Sklave zu der Freien ziehend sie heiratet, sollen die Kinder frei sein, wenn aber eine Freie zu dem Sklaven zieht, sollen die Kinder Sklaven sein; wenn aber von derselben Mutter freie und unfreie Kinder geboren werden, so sollen nach dem Tode der Mutter ihr Vermögen, wenn solches vorhanden ist, die freien erhalten. Wenn aber keine freien Kinder vorhanden sind, sollen es die Verwandten bekommen.« (VIII; 1–10). Auch über Ehescheidung und Ehebruch (was meist zusammentraf) gibt es detaillierte Rechtsprechungen, darunter war selbst die Tötung des ertappten Ehebrechers erlaubt. »Wenn (einer) aber im Ehebruch mit einer Freien im Hause ihres Vaters oder ihres Bruders oder ihres Mannes ertappt wird, so soll er 100 Stateren bezahlen, wenn aber im Hause eines anderen, 50 Stateren, wenn es die Frau eines Mannes war, der nicht zur Hetärie (den Befreundeten) gehört, 10 Stateren. Wenn aber ein Sklave mit einer Freien im Ehebruch ertappt wird, soll er das Doppelte erlegen ... Es soll aber (der Beleidigte) vor drei Zeugen den Verwandten des Ertappten ansagen, daß sie ihn innerhalb fünf Tagen auslösen sollen ... Wenn er (der Verwandte) ihn aber nicht auslöst, soll es bei denen, die ihn ertappten, stehen, mit ihm zu verfahren, wie sie wollen (töten, foltern etc. ...).« (II; 16–35). Das Richteramt bekleidete zumeist ein Kosme oder eine Person, die unter dem Kosmen stand. Jeder Richter war während seiner Amtszeit frei von gerichtlichen Verfolgungen, er konnte jedoch für Straftaten, die er während dieser Zeit begangen hatte, nach Ablauf der Amtszeit zur Rechenschaft gezogen werden. Bei Gerichtsverhandlungen hatte der Richter sämtliches Beweismaterial nur nach seinem Gewissen zu prüfen und danach ein Urteil zu fällen: »Wenn sie aber um einen Sklaven (oder eine andere Sache) prozessieren und jede Partei behauptet, daß er ihr gehöre, so soll er, wenn ein Zeuge aussagt, nach der Zeugenaussage urteilen; wenn aber die Zeugen entweder zugunsten beider Parteien aussagen oder für keine von beiden, so soll der Richter unter seinem Eid (nach seinem Gewissen) entscheiden.« (I; 16–24).

Abschließend sei zu diesem Thema erwähnt, daß der Philosoph Platon Anfang des 4. Jh. v. Chr. Kreta als Ursprungsland der Gesetzgebung bezeichnete.

Die große Weltgeschichte streifte Kreta noch einmal nach dem Sieg Alexanders d. Gr. 333 v. Chr. bei Issos über den Perserkönig Dareios III. Kreta bot damals zunächst der persischen Flotte, dann auch anderen persischen Truppen, unter anderem einem griechischen Söldnerkontingent unter dem spartanischen König Agis, Unterschlupf. Im Gegenzug unterband Alexander die Getreidezufuhr aus Kyrene nach Kreta. Allerdings konnten sich die Perser und ihre Söldner nicht auf der Insel behaupten.

Aus der Folgezeit wissen wir von Bündnissen kretischer Städte untereinander, aber auch mit entfernteren Staaten. Das bedeutendste Bündnis (um 300 v. Chr.) war das der westkretischen Städte Elyros, Hyrtakína, Lissós, Poikilassós, Sújia und Tárrha mit dem libyschen König Magas, der auch mit dem kretischen Górtys und Syrien Verträge abgeschlossen hatte. Auf einer heute im Kloster Toplú eingemauerten Steinplatte ist der Wortlaut eines Vertrages eingemeißelt, den 70 v. Chr. 'Itanos und Ierápetra, zwei Städte im Osten Kretas, mit Ägypten geschlossen hatten.

## Kreta als römische Provinz (67 v. Chr.–337 n. Chr.)

Im 1. Jh. v. Chr. wird das gesamte Mittelmeer zunehmend von Seeräubern verunsichert, die eine große Gefahr für die römischen Handelsschiffe bedeuten. Kreta und Kilikien sind zu dieser Zeit die Hauptschlupfwinkel der Piraten, die sich mit der dortigen Bevölkerung verbündet haben. Schon seit langem versuchten die Römer, den Seeräubern in der Ägäis und dem Libyschen Meer das Handwerk zu legen, was ihnen bisher jedoch mißlang. Alle Bemühungen, römische Truppen als ›Polizei des Mittelmeeres‹ auf Kreta zu stationieren, schlugen fehl. 69 v. Chr. beauftragt Rom den Praetor Quintus Caecilius Metellus, den Seeräubern auf Kreta endgültig den Garaus zu machen. Unter der Führung des Metellus landet das römische Heer im Westen der Insel, nahe der Stadt Kydonía/Chaniá, wo es seinen ersten Sieg erringen kann. Aber auch diesmal war der Widerstand der Kreter äußerst heftig, so daß die Römer fast drei Jahre (bis 67 v.Chr.) benötigten, um sich Kreta völlig zu unterwerfen. Metellus erhielt nach diesem Sieg den Beinamen ›Creticus‹. Für Kreta begann eine neue Epoche der Unterdrückung und Knechtschaft. Unter Druck und Zwang vereinten die Römer die kretischen Städte, die seit Jahrhunderten selber nicht mehr zu einer Einheit gefunden hatten. Später faßten die Römer Kreta und die Nordküste Afrikas zur römischen Provinz *Creta et Cyrene* zusammen, die von Górtys aus verwaltet wurde.

Gewillt, lange über Kreta zu herrschen, bemühte sich Rom um eine friedliche Koexistenz mit den Kretern. Die Insel war für Rom als militärischer Stützpunkt im Mittelmeer und als Kornkammer des Imperiums von entscheidender Bedeutung, so daß die Römer der kretischen Bevölkerung etliche Zugeständnisse machten. Nach und nach gewannen die Kreter wieder mehr Freiheiten, mußten aber weiterhin fremde Herrscher und deren Truppen erdulden. Trotz aller Bemühungen, die Kreter für sich zu gewinnen, dürfte der Widerstand gegen die Römer während der gesamten Besatzungszeit wohl nie ganz erloschen sein. Dennoch kam es während der nächsten Jahrzehnte in fast allen Städten der Insel zu einer neuen Blütezeit. Überall entstanden neue prachtvolle Bauten, Straßen, Aquädukte und Heiligtümer. Górtys wurde mit Abstand die bedeutendste Stadt der Insel und stellte ihre alte Rivalin Knossós, die den Römern als Garnisonsstadt diente, weit in den Schatten.

Im 1. Jh. n. Chr. begann auch auf Kreta die Christianisierung, die aber von den Römern, wie überall, mit drastischen Mitteln unterdrückt wurde. Bereits 59 n. Chr. kam der Apostel Paulus als römischer Gefangener in Kalí Liménes nach Kreta, predigte hier von der neuen christlichen Lehre und taufte die ersten Kreter. Vor seiner Weiterfahrt nach Rom gab er seinem Begleiter Titos, der später der erste Bischof von Kreta wurde (s. S. 82), den Auftrag, die christliche Lehre auf der Insel zu verbreiten.

In der ersten Hälfte des 2. Jh. n. Chr. setzte abermals eine rege Bautätigkeit ein, die teilweise von dem römischen Kaiser Hadrian unterstützt wurde. Um 250 n. Chr. forderte die von Decius und Valerian im ganzen römischen Reich eingeleitete Christenverfolgung auch auf Kreta ihre Opfer: Nach einer einmonatigen Folterhaft wurden zehn kretische Bischöfe, die es abgelehnt hatten, an der öffentlichen Einweihung des heidnischen Tyche-Tempels in Górtys teilzunehmen, am 23. Dezember 250, in der heutigen Ortschaft Ajioi Dhéka (Heilige Zehn), durch das Schwert hingerichtet. Während für das 2. Jh. bei Eusebios im Hinblick auf Kreta nur die Bischöfe von Knossós und Górtys erwähnt sind, nehmen an der Synode von Sardes (342/43) bereits fünf kretische Bischöfe teil.

Die restlichen Jahrhunderte der römischen Epoche ziehen glanzlos an Kreta vorüber, die Insel liegt im Schatten der großen politischen Ereignisse in Rom. Die Gefahren für das römische Reich gehen nicht mehr so sehr vom Mittelmeerraum aus, als vielmehr von den Germanen, den Mauren und vor allem von Persien, wo Ardaschir I. das Achämeniden-Reich wieder neu gründet.

## Oströmische/Byzantinische Provinz (Erste byzantinische Periode, 337–826/27)

Das 4. Jh. n. Chr. steht im Zeichen einer politischen Machtverschiebung im Abendland. Nachdem Diokletian bereits 293 n. Chr. eine Neuordnung der römischen Reichsverwaltung durchgeführt hatte, von Nikomedia (nahe dem Marmarameer) aus über das östliche Reich regierte und einen zweiten Herrscher in Rom einsetzte, waren die Verlagerung des politischen Schwerpunktes von Italien zum Osten und der Zerfall der römischen Reichseinheit eingeleitet. Schließlich erlangte das Christentum 311 durch das Edikt Kaiser Galerius' in Thessaloniki staatliche Anerkennung. Und fortan gehörte Kreta, nachdem sich langsam die Provinzialeinteilung Kaiser Konstantins d. Gr. herausgebildet hatte und um 337 abgeschlossen war, zur *Praefectura praetoria Illyrici, Italiae et Africae.* Konstantin vereinte zwar später das Reich nochmals, regierte aber weiter vom östlichen Reich aus. Er ließ die alte Stadt Byzanz umbauen und machte sie 330 n. Chr. unter dem neuen Namen Konstantinopel zur Reichshauptstadt. Der Tod Theodosios' I. führte 395 n. Chr. zur bleibenden Reichsteilung in West- und Ostrom. Neue Herrscher waren seine beiden Söhne Honorius in Ravenna und Arkadios in Konstantinopel. Kreta fiel bei dieser Reichsteilung dem oströmischen Reich zu, das später von den Historikern als byzantinisches Reich bezeichnet wird. Die Insel spielt auch bei den Byzantinern während der nächsten Jahrhunderte politisch keine bedeutende Rolle. Auf Kreta selbst wird sich durch die neue Zugehörigkeit zu Konstantinopel nichts geändert haben. Nach wie vor bleibt die Insel militärischer Stützpunkt; sie wird von Oströmern (Byzantinern) verwaltet und regiert.

Die beachtliche Zahl christlicher Bauten auch während der frühchristlichen Epoche spricht jedoch für einen gewissen Wohlstand der Inselbewohner und für das Aufblühen mehrerer christlicher Gemeinden. Von den etwa 300 in Gesamtgriechenland bekannten frühchristlichen Gotteshäusern werden immerhin 69 Kreta zugerechnet. In diesem Zusammenhang ist bemerkenswert, daß Kaiser Leon III. (717–741) bei der Kirchenneuordnung von zwölf kretischen Bistümern spricht. Diese blühenden christlichen Gemeinden existierten bereits seit dem 5./6. Jh. auf Kreta. Das wird zum einen durch den ›Reisebegleiter‹ (›Synekdemos‹) für byzantinische Beamte auf Dienstreisen, von dem sonst unbekannten Hierokles Grammatikos um 527 verfaßt, bestätigt, in dem Kreta den 11. Rang unter 64 Reichsprovinzen einnimmt: »11: Provinz Kreta; Kreta unter einem Konsularius; Anzahl der Städte 22 (!)«, und zum anderen erhärtet durch das Fehlen byzantinischer Quellen über diese Epoche auf Kreta, woraus zu schließen ist, daß es auf der Insel verhältnismäßig ruhig zugegangen war. Man kann von einigermaßen stabilen innenpolitischen Verhältnissen ausgehen, da nichts darüber bekannt ist, daß byzantinische Truppen auf Kreta eingesetzt werden mußten. Die innere Stabilität der Insel ist wohl nicht durch den Bilderstreit (726–780 und 815–843), der sich mit Unterbrechung fast ein Jahrhundert hinzog, beeinflußt worden, der im byzantinischen Reich »mit allen Mitteln der Theologie, der kirchlichen Disziplin und der politischen Gewalt ausgefochten wurde.«[1]

1 Hans-Georg Beck: *Geschichte der orthodoxen Kirche im byzantinischen Reich;* S. 67–90, Göttingen 1980

Im 7./8. Jh. n. Chr. geriet das byzantinische Reich durch Slawen, Perser und vor allem durch Araber in arge Bedrängnis. Die Slawen wagten sich in der ersten Hälfte des 7. Jh. bis in die Ägäis; obwohl kein Seefahrervolk, betrieben sie Piraterie und gefährdeten den byzantinischen Seehandel nach Kreta und zu den anderen Provinzen. Gleichzeitig betraten Araber 710 in Spanien erstmals europäischen Boden, zu jener Zeit die ärgsten Feinde des Abendlandes. Schon im Oktober 713 ist ganz Spanien in ihren Händen. Bevor die Araber aber ihre Expansionsgelüste auf Europa richteten, stärkten sie ihre Stellung im Mittelmeerraum. Sie eroberten 642/643 die Kyrenaika (die seit Diokletian nicht mehr zur Provinz Kreta gehörte) und 649 Zypern, von wo aus sie ihre weiteren Eroberungen nach Konstantinopel und später nach Kreta starteten. Der Zusammenbruch Kretas im Anschluß an die frühchristliche Epoche und die damit verbundene Vernichtung aller frühchristlichen Bauten der Insel vollzog sich während der folgenden arabischen Herrschaft (826/27–961).

## Arabische Besetzung (826/27–961)

Die Araber bekamen seit dem 8. Jh. das Mittelmeer immer stärker unter ihre Kontrolle, was einer Blockade des byzantinischen Seehandels gleichkam. 826 überfielen von Ägypten aus von Córdoba/Spanien vertriebene arabische Flüchtlinge die Insel Kreta. 827 landete Abu Hafs Omar mit 40 Schiffen und schwer bewaffneten sarazenischen Soldaten an der Südküste bei Wiánnos (?), zerstörte Górtys, raubte es aus und überrannte mit seinen Kriegern plündernd die ganze Insel. Damit war den Byzantinern auch der letzte wichtige militärische Stützpunkt im Mittelmeer verlorengegangen. Die kretische Bevölkerung wurde von den Arabern schonungslos ausgebeutet und geknechtet oder gar getötet. Mit erbittertem Haß wurden die Christen verfolgt, ihre Gotteshäuser zerstört und geplündert. Nach griechischen Quellen eroberten die Araber bei ihrer militärischen Landeinnahme Kretas 29 Städte, also sieben mehr (!) als uns aus den Aufzeichnungen von 527 bekannt sind. Allein der Sitz des Metropoliten in Górtys war offiziell weiterhin von Christen bewohnt, alle anderen Bischofssitze wurden zerstört.

Der Araberführer Omar richtete sich an der Nordküste auf eine lange Herrschaft auf Kreta ein und gründete im Sommer 828 an der Stelle des heutigen Iráklion das mächtige Fort al-Khandaq (Graben), das später von den Griechen Chandax und von den Venezianern Cándia genannt wurde. Von hier aus leiteten die Araber ihre Angriffe gegen das kretische Volk, das sich teilweise in die Berge zurückgezogen hatte, und gefährdeten den byzantinischen Handel in der Ägäis und dem Libyschen Meer immer stärker.

Die Byzantiner versuchten mit aller Macht, ihre Handelswege abzusichern und bemühten sich, die großen Inseln wieder in ihren Besitz zu bekommen. Kaiser Michael entsandte Truppen zur Befreiung von Kreta und Zypern, die jedoch auf Kreta gar keinen Erfolg hatten und auf Zypern schon nach kurzer Zeit wieder von den Arabern vertrieben wurden. Die kretische Bevölkerung und die Byzantiner mußten fast 150 Jahre warten, bis ihnen endlich die Befreiung der Insel unter der Regentschaft Romanos' II. (959–963) gelang.

## Zweite byzantinische Periode (961–1204)

Das von Romanos II. unter Nikephoros Phokas neu ausgesandte Heer mit dem Auftrag, Kreta zurückzuerobern, war erfolgreich. Nach fast neunmonatigem Kampf um die Insel konnte der siegesgewohnte byzantinische General Phokas die Araber entscheidend schlagen und im März 961 die letzte wichtige Festung, al-Khandaq, erobern. Die Byzantiner bauten ihre Flottenbasis Kreta im östlichen Mittelmeer wieder aus. Nikephoros Phokas wurde zwei Jahre später, im März 963, zum Dank für seine militärischen Erfolge, die byzantinische Kaiserkrone überreicht. Doch schon am 11. Dezember 969 ereilte ihn das Schicksal vieler seiner Vorgänger, er wurde ermordet.

Nach der Vertreibung der Araber von Kreta beginnen die Byzantiner sofort, ihre Macht auf der Insel zu erneuern. Die von den Arabern stark entvölkerte Insel wird anfangs von den siegreichen Soldaten besiedelt, später sendet Phokas adelige Familien von Konstantinopel nach Kreta, die die Herrschaft der Insel übernehmen. Diesen folgen europäische Kaufleute und Christen, vornehmlich aus Genua und Venedig, die eine Art Lehnssystem entwickeln, unter dem Kreta langsam wieder zu Wohlstand und Macht gelangt.

Im 12. Jh. erlebte die Insel eine neue Blütezeit. Kreter, Genuesen und die anderen Einwanderer vom europäischen Festland leben in friedlicher Koexistenz miteinander und bauen ihre Handelsflotte, die unter genuesischer Herrschaft steht, immer stärker aus. Zur Sicherung ihrer Handelsinteressen errichteten die Genuesen entlang der wichtigen Nordküste der Insel mehrere Kastelle und Wachstationen. Der Name Merambéllo-Bucht erinnert noch heute an diese Gründungen, er stammt von dem genuesischen Kastell Merambéllo, das einst oberhalb der heutigen Stadt Ajios Nikólaos (lange bevor diese existierte) die ganze Bucht kontrollierte.

Kreta war aber nach der Befreiung von den Arabern nicht nur auf wirtschaftlich-politischem Gebiet entwicklungsbedürftig. Auch die kulturellen und religiösen Zustände waren chaotisch. Mit der byzantinischen Rückeroberung durch Nikephoros Phokas wurde auf Kreta auch die christliche Ordnung wiederhergestellt: zwei Mönche, Nikon o Metanoïte und Johannes o Xenos, begannen mit der ›zweiten‹ Christianisierung der Insel. Aus der Lebensbeschreibung des Nikon o Metanoïte, verfaßt von einem unbekannten Klostervorsteher des 12. Jh., erfahren wir, daß der Heilige sieben Jahre die Insel durchwanderte, Buße predigte (daher sein Beiname ›Metanoïte‹ = tut Buße), Kirchen erbaute und Priester einsetzte. »Die Kreter«, so heißt es in seiner Vita, »hingen den Sitten und Ausschweifungen jener (der Sarazenen und Araber) an«, der Heilige »sah das Grausame und Wilde« der Kreter und wandelte es durch sein moralisches Vorbild, »sie zum wahren Glauben leitend«.

Aus Biographie und Testament des Johannes o Xenos (1027) erfahren wir vieles über dessen Bautätigkeit und Missionsarbeit während der Wende vom 10. zum 11. Jh. Von seinen im Testament erwähnten Kirchengründungen können heute folgende mit noch bestehenden Bauten identifiziert werden: Kir-Ioánnis, außerhalb von Alikjanú/Kydonía, Ajios Páwlos, an der Südküste, östlich der Samariá-Schlucht, Panajía in Myriokéfala/Réthimnon (mit großartigen Fresken aus dem Anfang des 11. Jh. und dem Ende des 12. Jh.) und Ajios Eftíchios, außerhalb von Chromonastíri/Réthimnon (mit Fresken des 11. Jh.).

## Venezianische Epoche (1204–1669)

Die mittelbyzantinische Epoche Kretas fand ihr Ende im Verlauf des 4. Kreuzzuges (1202–1204) und der unglückseligen Eroberung Konstantinopels durch die christlichen Kreuzfahrer: 1204 kam Kreta ohne militärischen Einsatz auf der Insel unter die Herrschaft der Adria-Republik Venedig. De jure waren die Venezianer zwar aufgrund eines Kaufvertrages vom 12. August zwischen Venedig (vertreten durch Marco Sanudo und Ravano delle Carceri) und dem Marquis Bonifacio di Monferatto die Besitzer der Insel, de facto waren es jedoch die Genuesen, die seit Jahren versuchten, Kreta unter ihre Kontrolle zu bringen. Das von den Venezianern so begehrte Kreta gehörte 1204 nicht zu den byzantinischen Ländereien, die unter die am Kreuzzug beteiligten Ritter aufgeteilt wurden, da die Insel bereits vorher durch Schenkung des Kaisers Alexios III. Angelos (1195–1203) in den Besitz von Monferatto übergegangen war. Allein der klugen politischen Weitsicht des Dogen Enrico Dandalo (1192–1205) hatte es Venedig letztlich zu danken, daß Kreta für Jahrhunderte einer der wichtigsten wirtschaftlichen Eckpfeiler der Seerepublik Venedig im östlichen Mittelmeer wurde.

Kreta kehrte nicht mehr in das byzantinische Reich zurück, dennoch endete das ›byzantinische Kreta‹ nicht mit dem Jahre 1204. Vergleichbar mit Zypern unter der Herrschaft der Lusignan lebt auch auf Kreta byzantinisches Kulturgut der griechisch sprechenden Bevölkerung bis zum Untergang der venezianischen Epoche im Jahre 1669 in Architektur, Malerei und Dichtung fort und überlebt damit selbst das Ende des byzantinischen Reiches, das von den Historikern mit dem »fatalen Datum 1453« (Beck) umschrieben wird.

Die Errichtung der venezianischen Herrschaft auf Kreta ging Hand in Hand mit einer tiefgreifenden sozialen Umwälzung, wobei das Verhalten der Venezianer zu den Kretern wie das eines absoluten Herrschers war, der seine Untertanen in die Knechtschaft zwingt. Diese für die Kreter unzumutbaren sozialen Mißstände waren Ursache von vierzehn großen Volksaufständen. Der fast zwei Jahrhunderte (1204–1385) andauernde Widerstand der kretischen Bevölkerung gegen die venezianische Zwangsherrschaft war vor allem auch deshalb möglich, weil die venezianischen Kolonisten auf der Insel zahlenmäßig nur sehr gering vertreten waren. Zwischen 1211 und 1252 besiedelten Venezianer verschiedener militärischer und gesellschaftlicher Rangstufen (Feudati, Milites, Cavallerie, Serventerie) Kreta, die aber maximal nie 3500 Personen überschritten, denen eine kretische Gesamtbevölkerung von ca. 150 000 Menschen gegenüberstand.

Durch die historisch bedingten Verbindungen einiger kretischer Adelsfamilien (Skordhiles, Melissenoi, Kallergis u.a.) zum byzantinischen Kaiserhof erhielten die Kreter von Kaiser Johannes III. Dukas Vatatzes (1222–1254) und Kaiser Michael VIII. Paläologos (1259–1282) nicht uneigennützige militärische Hilfe bei ihren fortdauernden Aufständen gegen die Venezianer, die jedoch in keinem Falle zu einer byzantinischen Rückeroberung Kretas führte. Erste entscheidende Erfolge mit wirksamen sozialen Zugeständnissen der Venezianer erreichten die Kreter nach den 15 Jahre langen Aufständen (1283–1299) unter der Führung des Alexios Kallergis aus der schwer zugänglichen Gebirgsregion von Amári/Mylopótamos. Dies führte zum Friedensvertrag vom 4. April 1299 (›Pax Alexii Calergii‹): Die Kreter erhielten u. a. neue

Lehenszuweisungen und trotz heftigster Proteste von Papst Bonifatius VIII. (1294–1303) das Bistum Agriu/Mylopótamos, das sie mit einem griechisch-orthodoxen Bischof besetzten. Der Widerstand der kretischen Bevölkerung nahm aber auch weiterhin nicht ab, die Zugeständnisse und gewährten Freiheiten der venezianischen Signorie waren zu gering. 1368 führten drei Kallergis-Brüder die Bergbauern von Lassíthi zu einem blutigen Aufstand, der die Venezianer veranlaßte, den Kretern dieser Bergregion für fast ein Jahrhundert die Bestellung ihrer fruchtbaren Felder auf der Lassíthi-Ebene zu verbieten. Wer sich dieser Anordnung widersetzte, dem wurde ein Fuß abgeschlagen, seine Herden wurden ihm genommen. So blieb die Lassíthi-Hochebene, eine der wertvollsten Ackerbaulandschaften der Insel, Brachland, bis die Venezianer per Gesetz am 30. November 1463 die völlig ausgedorrte Ebene wieder für die Ackerbaukultur freigaben.

Im Verlauf der nächsten Jahrhunderte wurde der Kontakt zwischen dem byzantinischen Kaiserhof und Kreta wieder offiziell intensiviert. Aus Stifterinschriften von kleinen Dorfkirchen erfahren wir, daß sechs byzantinische Kaiser (zwischen 1291 und 1446) insgesamt elf Kirchen auf Kreta bauen und mit kostbaren Fresken ausschmücken ließen.

Aus venezianischen Quellen erfahren wir, es sei im Episkopat Sitía und andernorts zu einem für ganz Kreta vorbildlichen modus vivendi gekommen, man habe dort die Kirchen mit zwei Altären ausgestattet, so daß der lateinische und der orthodoxe Priester allein oder gemeinsam ihre Messe zelebrieren konnten.

Wie elementar die Bindung der kretischen Bevölkerung an Konstantinopel und an die orthodoxe Mutterkirche war, dokumentiert das 1314/15 (kurz nach der Pax Alexii Calergii) Kaiser Konstantin und seiner Mutter Helena geweihte Kirchlein in Pýrghos/Monofátsi, das mit dem einzigen uns bekannten Konstantin-Fresken-Zyklus des gesamten byzantinischen Reiches ausgeschmückt ist: Im Bereich des Altarraumes (!) erscheint auf der Nordseite (exakt nach dem ikonographischen Vorbild der Geburt der Gottesmutter) die ›Geburt Konstantins‹, an der Südseite gegenüber befindet sich der ›Kampf an der Milvischen Brücke‹ (in dem Konstantin 312 in Rom Maxentius besiegte und damit den entscheidenden Sieg für das Christentum erringen konnte). Westlich des Ikonostas erscheinen an der Nordseite der Vater Konstantins und seine Mutter zu Pferde, wobei der kleine Sohn mit auf dem Pferd des Vaters reitet; dieser Darstellung gegenüber an der Südwand die nur noch fragmentarisch erhaltene Szene der ›Krönung Kaiser Konstantins‹.

1453, nach der Eroberung Konstantinopels durch die Türken, begann die Flucht byzantinischer Intellektueller vor allem nach Kreta, das ja weiterhin unter dem sicheren Schutz der Adria-Republik Venedig stand. Für die Insel bedeutete der Zustrom von Künstlern und Wissenschaftlern eine Stärkung des byzantinischen Geistes, was (quasi unter der Obhut der Venezianer) zur Nachblüte der byzantinischen Kunst und Kultur auf Kreta bis 1669 entscheidend beitrug. Zentrum der Spätblüte byzantinischer Kultur Kretas war während dieser Zeit (1453–1669) die Klosterschule der Heiligen Katharina in Iráklion, eine Dépendance des berühmten Katharinenklosters auf dem Sinai; wie dort wurden hier Theologie und geistliche Musik, Philosophie und Rhetorik gepflegt.

Außerhalb der Grenzen Kretas wurden die Türken seit ihrer Eroberung Konstantinopels (1453) – das sie Istanbul nannten – zu einer großen Gefahr für das ganze Abendland. Türkische

Piraten gefährdeten die europäischen Handelswege im Mittelmeer und fielen seit 1645 auch sporadisch in Kreta ein. 1648 gelang es den Türken, unter Sultan Ibrahim ein starkes Heer auf die Insel zu entsenden, das jedoch erst nach langjährigem Kampf die Bevölkerung besiegen konnte. Venedig mobilisierte nochmals alle Kräfte, um sich seine einst bedeutende Kolonie zu erhalten. Der Kampf auf Kreta wurde immer härter, und Europa verfolgte ihn mit Anteilnahme für die Kreter. Papst Clemens II. rief zur militärischen Hilfeleistung für die Insel auf, worauf Ludwig XIV. ein kleines Heer entsandte, das aber schnell von den Türken aufgerieben wurde. In Cándia (Iráklion) leitete der ruhmreiche venezianische Feldherr Francesco Morosini die Verteidigung der Stadt. Aber auch er konnte das Schicksal der Insel nicht mehr abwenden. Am 5. September 1669 zog Ahmad Köprülü mit seinen türkischen Truppen in Cándia ein. Kreta stand abermals einer neuen, bitteren – über 200 Jahre andauernden – Besetzung gegenüber. Die Herrschaft der Venezianer war beendet. Nach fast 20jähriger Verteidigung von Cándia beklagten die Venezianer und ihre Verbündeten den Tod von 31000 Soldaten, die Türken sollen 118 000 Mann verloren haben.

## Byzantinische Kunst auf Kreta[1]

Der große Zeitraum des ›Byzantinischen Jahrtausends‹ gliedert sich auf in die früh-, mittel- und spätbyzantinische Epoche. Ferner grenzt man innerhalb einiger bestimmter Epochen und Kaiserdynastien genauer ab und spricht dann von dem ›Zeitalter Justinians‹ (527–565), der ›Kunst des Ikonoklasmus‹ (726–843), der ›Komnenischen Kunst ‹ (1081–1185) und der ›Kunst der Paläologen‹ (1261–1453). Die byzantinische Kunsttradition auf Kreta stand über Jahrhunderte stets mit der Hauptstadt Konstantinopel in einem so engen Kontakt, daß sie stark und lebenskräftig genug bis 1453 den vielen venezianischen Einflüssen widerstehen konnte. Erst dann, nach 1453, vermischen sich in der Malerei italienische Vorbilder und byzantinische Traditionen zu der neuen kreto-venezianischen Kunst des 15./16. Jh.

### Architektur

Spricht man innerhalb des ›Byzantinischen Jahrtausends‹ von der byzantinischen Architektur, so ist zumeist nur die Sakralarchitektur gemeint, da selbst in der Hauptstadt Konstantinopel und in so bedeutenden byzantinischen Städten wie Thessaloniki und Nikopolis nur wenige Beispiele byzantinischer Profanarchitektur erhalten sind: entsprechend sind die Beispiele in den byzantinischen Provinzen noch viel geringer; dies gilt auch für die Insel Kreta.

Seit der frühesten Epoche haben sich im Laufe der Jahrhunderte bis zum Untergang des oströmischen (byzantinischen) Reiches vier Grundtypen der byzantinischen Sakralarchitektur

1 Wer sich eingehender mit diesem Thema beschäftigen möchte, dem sei folgendes Werk empfohlen: K. Gallas, K. Wessel, M. Borboudakis: *Byzantinisches Kreta,* München 1983

herausgebildet: die Einraumkapelle, die Basilika, die Kreuztonnenkirche und die Kuppelkirche. Jede dieser Bauformen ist im ganzen byzantinischen Reich mit mannigfaltigen Variationen und vielen lokalen Besonderheiten ausgeführt worden. Bevorzugt waren Orte mit einem frühchristlichen Vorgängerbau. Zahlenmäßig am stärksten vertreten war in allen byzantinischen Landschaftsräumen die Einraumkapelle. Der kretische Denkmälerbestand der mittel- und spätbyzantinischen Sakralarchitektur besteht aus mehr als 1000 Bauten, von denen ca. 880 Einraumkapellen sind.

Analysiert man die Aufteilung der byzantinischen Kirchen auf Kreta, so ist bemerkenswert, daß in dem heute nur gering besiedelten Ostkreta weitaus weniger Denkmäler erhalten sind als in Zentralkreta (mit fast 35% aller Bauten) und in Westkreta. Der architektonisch interessanteste Typus ist die Kuppelkirche, von dem auf Kreta mehr als 100 Bauten bekannt sind und von dem sich ca. 50% auf die Provinz der venezianischen Metropole Cándia/Iráklion verteilen.

Die ›klassische‹ Kreuzkuppelkirche, ein Vierstützenbau mit Zentralkuppel, vier tonnengewölbten Kreuzarmen und vier Eckkompartimenten, der spätestens Anfang des 10. Jh. in Konstantinopel zum Prototypus der mittelbyzantinischen Architektur wurde und sich besonders in Griechenland großer Beliebtheit erfreute, ist auf Kreta mit 24 Beispielen nur in der Sonderform des *einfachen Vierstützentypus* bekannt.

## Freskenmalerei

Aus der *frühchristlichen Epoche* besitzen wir nur ein Beispiel kretischer Wandmalerei, das anikonische Motive zeigt. Von der Ostwand eines tonnengewölbten Grabes aus Chersónissos ist ein Fragment erhalten (heute im Archiv des AMI), das mit Floramotiven der hellenistischen Kunst geschmückt ist und mit ihrer starken Hinwendung zur gemalten Plastizität an den ›impressionistischen‹ Stil der Antike erinnert.

Aus der Zeit des *Ikonoklasmus* (726–843) sind im gesamten byzantinischen Kunstraum nur ganz wenige Bildwerke erhalten. Das kaiserliche Verbot jeglicher figuraler Darstellung von Heiligen beschränkte das motivische Repertoire der Künstler jener Epoche auf rein ornamentale Darstellungen, ausgeführt in leuchtender Polychromie. Neben wenigen Kirchen mit ikonoklastischen Denkmälern auf der Halbinsel Mani sowie den Inseln Naxos und Rhodos gibt es auch auf Kreta ein höchst interessantes Monument mit anikonischen Malereien: In der Ajios Nikólaos-Kirche von Ajios Nikólaos (s. S. 154) sind wenige Malereien erhalten, die trotz ihrer stark schematisierten Floramotive, in glühenden Farben gemalt, an frühchristliche Kunst erinnern. Die Fresken unterscheiden sich gänzlich von den kappadokischen Denkmälern des 9. und 10. Jh., deren Malerei aus einer Mischung von ornamentalen und figuralen Motiven mit Heiligendarstellungen besteht. Das kretische Beispiel wird von einigen Forschern als ikonoklastische Malerei beschrieben und entsprechend früh in die erste Hälfte des 10. Jh. datiert; andere Forscher sprechen aufgrund stilistischer Kriterien von nach-ikonoklastischer Malerei aus der zweiten Hälfte des 10. bis Mitte 11. Jh.

Nach der byzantinischen Wiedereroberung Kretas (961) durch Nikephoros Phokas und der ›zweiten‹ Christianisierung der Insel blühte seit dem 11. Jh. auch wieder die byzantinische Freskomalerei auf Kreta. In dem Katholikon des Klosters Myriokéfala, einer Gründung des Johannes o Xenos (1005 oder 1020), sind Meisterwerke erhalten, die vom Malstil der *späten Makedonenzeit* beeinflußt sind. Es ist ein ›abstrakter‹ Stil, der die Flächigkeit betont und die mit klaren Linien dargestellten Gesichtszüge leicht abstrahiert; die Kirchenväter sind streng frontal im braunen Inkarnat wiedergegeben, die nur umrissenen Gestalten drücken stark das Überirdische aus.

Volkstümlich, antiklassisch, mit großen mandelförmigen Augen sind hingegen die Malereien in der Ajios Eftíchios-Kirche und in der Panajía-Kirche, außerhalb von Chromonastíri. In der ersteren ist die auf Kreta älteste Deesis-Komposition erhalten.

Aus dem 12. Jh. sind ebenfalls wenige, aber meisterhafte Malereien auf uns gekommen. In der Ajios Jeórjios-Kirche in Kálamas gibt es Fresken von ausgezeichneter Qualität, die in die Nähe des monumentalen Stils der *komnenischen Kunst* gehören. Die 2. Malschicht von dem bereits erwähnten Katholikon Myriokéfala und die Wandmalereien in der Ajios Jeórjios-Kirche von Kurnás gehören mit ihren szenischen Bildern in die neo-klassizistische Richtung des späten 12. Jh.

Für die erste Jahrhunderthälfte der venezianischen Epoche läßt sich nach 1204 nur ein Beispiel anführen. Leider sind die 1225 datierten Fresken in der Ajía Anna-Kirche von Amári größtenteils zerstört. Dennoch soll dieses Kirchlein hier erwähnt werden, weil es uns eine höchst interessante ikonographische Besonderheit zeigt: die Paraklesis (die ›Trösterin‹), eine Deesis-Komposition, bei der Maria eine Schriftrolle in der Hand hält, deren Inhalt sich auf einen Dialog zwischen der fürbittenden Maria und ihren Sohn bezieht.

Der erfolgreiche Aufstand der Kallergis und der 1299 abgeschlossene Friedensvertrag schaffen die Voraussetzungen für einen erneuten Einfluß der byzantinischen Kunst auf Kreta. Erstmals können wir nun Strömungen des *paläologischen Stils* erkennen. Anfangs zeigen die Malereien zwar noch viele Traditionen der Komnenenzeit, wie in der 1284 ausgemalten Ajios Jeórjios-Kirche in Wáthi, Anfang des 14. Jh. aber setzt sich bereits die paläologische Kunst durch. Als Beispiel seien hierfür die Michaíl Archángelos-Kirche in Assómatos (Archánes), die Panajía-Kirche in Fódhele und das bedeutendste Denkmal dieser Zeit, die Panajía Kerá-Kirche außerhalb von Kritsá erwähnt.

Westlichen, *venezianischen Einfluß* können wir nur vereinzelt beobachten. So z. B. bei dem Tafelgeschirr von Abendmahlszenen (Panajía-Kirche, Kritsá) und den Soldatenrüstungen auf Kreuzigungsdarstellungen (Ajios Jeórjios, Sklawopúla). Inhaltlich weitreichender sind hingegen ikonographische Einflüsse. Von ganz grundlegender Bedeutung sind hierbei die Übernahme des hl. Franziskus von Assísi, der in drei kretischen Kirchen dargestellt ist (Kritsá, Sklawerochóri, Sambás, s. S. 327 u. Farbabb. 15), und die Darstellung des ›Thronenden Alten der Tage‹, eine orthodoxe Umformung des westlichen ›Gnadenstuhls‹ (nur in drei Kirchen bekannt: in der Panajía-Kirche in Rustiká von 1381/82 und in der benachbarten Ajios Ioánnis von Káto Walsamónero/Réthimnon sowie in der Panajía von Sklawerochóri/Pedhiádha, s. S. 354).

*Kunstströmungen aus Mistra* auf der Peloponnes werden in der Klosterkirche von Wrondíssi deutlich: Malereien aus dem ersten Drittel des 14. Jh. von einmaliger Qualität. Anmutige Gestalten von graziöser Körperhaltung sind sorgfältig modelliert, ihr Stil vereint hohe Bildung und Sensibilität.

Im ausgehenden 14. und anhebenden 15. Jh. beginnt der Zustrom von Künstlern aus Konstantinopel. Viele Maler aus der Hauptstadt finden auf Kreta Zuflucht. Zu dieser Zeit gelangen vor allem die Brüder *Manuel und Johannes Phokas* zu großer Kunstfertigkeit, die besonders durch ihre Malereien in Embaros (1436/37), Awdhú (1449) und Apáno Sými (1453–78) Ruhm erlangten. Ihr Stil bedient sich weißer Linien, die als zeichnerische Mittel die rein geometrischen Formen der Gesichter bilden. Das helle Inkarnat ist so reduziert, daß zwischen dem aufgehellten Inkarnat und der dunklen Grundierung ein starker Kontrast entsteht; eine schematisierte Ausführungstechnik der Gesichtsmodellierung, die die Brüder Phokas zu Wegbereitern der ›*kretischen Malschule*‹ macht. Zu den herausragenden Werken dieser fast ein Jahrhundert andauernden Stilentwicklung gehören die Malereien in der Panajía-Kirche von Sklawerochóri/Pedhiádha (spätestens 1481 entstanden) und in der Panajía-Kirche in Ajía Paraskewí/Amári (1516).

## Das ikonographische Programm[1]

Mit der Wiedereinführung der Bilderverehrung bildete sich, ausgehend von der Hauptstadt Konstantinopel, ein Schema für die Ausmalung der Kreuzkuppelkirchen heraus, das sich allmählich im gesamten byzantinischen Raum durchsetzen sollte.

Der Gestaltung des ikonographischen Programms und der Verteilung der Themen im Kirchenraum liegt der Gedanke zugrunde, daß das christliche Kirchengebäude das All symbolisiert. Die *Kuppel* ist der Himmel, Ort der himmlischen Hierarchie. Hier erscheint Christus Pantokrator, der Allherrscher und Himmelsfürst, umgeben von seinen Hofrepräsentanten, den Engeln und Propheten. »Er sieht auf die Welt herab und sinnt auf ihre Ausschmückung und Verwaltung«, sagt Photios, der Patriarch von Konstantinopel in der zweiten Hälfte des 9. Jh.

Die *Tonnengewölbe* übernehmen gemäß ihrer Stellung im architektonischen Gefüge die vermittelnde Funktion zwischen der himmlischen Welt – der Kuppel – und der irdischen Zone – dem Kirchenraum, in dem sich die Gläubigen aufhalten. Daher werden sie mit neutestamentlichen Szenen geschmückt, welche die soteriologische Aufgabe Christi veranschaulichen; über ihre erzählerische Funktion hinaus beinhalten sie das Inkarnationsdogma. Die Themenanordnung folgt nicht der chronologischen Reihenfolge der Evangelien, sondern dem Festtagskalender *(Dodekaorton)* der orthodoxen byzantinischen Kirche. Dieses ikonographische Programm wird im Laufe der Zeit bereichert durch sekundäre Themen, die aus der Weiterentwicklung des Dodekaorton-Zyklus entstanden sind: mariologische und hagiologische Szenen, seltener auch solche aus dem Alten Testament.

Die nach der Kuppel hervorragendste Stelle im Kirchenraum ist die *Apsiswölbung*. An diesem Ort der Vereinigung von Himmel und Erde erscheint in der Frühzeit immer die Gottesmutter, dann auch Christus »wie eine Brücke, von der Erde zum Himmel führend« (Andreas von Kreta).

1 Nach: K. Gallas, K. Wessel, M. Borboudakis: *Byzantinisches Kreta*, München 1983, S. 134–137

Diese Mittlerfunktion drückt sich auch in der Deesis-Komposition mit Christus, der Muttergottes und Johannes Prodromos aus, die später ebenfalls die Apsis schmückt.

Der *Altarraum* (Bema), Symbol des mystischen Himmels, wird mit liturgischen Themen dekoriert; im Gewölbe über dem Altar finden Himmelfahrt und/oder Pfingsten ihren Platz. An den *Wänden des Kirchenraumes* (Naos) erscheinen Heilige und Märtyrer als Zeugen des christlichen Lehrgebäudes.

Auf Kreta bietet die Kreuzkuppelkirche Ajios Nikólaos in Kyriakosélia ein exemplarisches Beispiel für dieses dogmatische ikonographische Programm. Der Pantokrator in der Kuppel ist hier als Brustbild nach dem Vorbild der wundertätigen Ikone des Christus ›Antiphonetes‹ in der gleichnamigen Kirche in Konstantinopel dargestellt. Die Panagia erscheint in der Tambourzone im Typus der ›Blachernitissa‹ (von Engeln verehrt) sowie in der Apsiswölbung als ›Playtera‹ (als Symbol der Inkarnation, betend, mit dem Tondo des segnenden Christus).

Nachdem sich zunächst für die Kuppelkirchen ein festes ikonographisches Programm durchgesetzt hatte, wurde entsprechend auch für die einfachen Landkirchen in den Provinzen ein Bildschema der Ausschmückung entwickelt. Die Verteilung der Wandmalereien im Kirchenraum wird auch bei den mit Tonnengewölben gedeckten Einraumkirchen durch die Bauform bestimmt. Bewundernswert ist die Geschicklichkeit, mit der die anonymen wie auch die namentlich bekannten kretischen Maler ausführliche ikonographische Programme, die eigentlich für monumentale Kirchenbauten entwickelt waren, mit den engräumigen Landkirchen in Einklang brachten. Themenauswahl und Zusammenstellung des Programms werden von der Raumgröße, den ästhetischen und thematischen Ansprüchen des Stifters, der Kunstfertigkeit des Wandmalers und von seinem ikonographischen Repertoire bestimmt.

In der Apsiswölbung der Einraumkapellen erscheinen nach dem für den gesamten byzantinischen Raum geltenden Programm die Muttergottes oder Christus thronend oder als Brustbild. Die Deesis, ein christologisches Thema mit dem Pantokrator und Weltenrichter zwischen der Gottesmutter und Johannes dem Täufer (Prodromos), hat die Monumentalmalerei von der Devotionskunst übernommen. Seitdem findet das Motiv eine breite Anwendung in Apsiskompositionen der kappadokischen Kirchen. Auf Kreta schmückt die Deesis jahrhundertelang die Apsiswölbung zahlreicher tonnengewölbter Einraumkapellen oder eine der Längswände.

Im unteren Teil der Apsis entfaltet sich das Thema der Opferung Christi für die Erlösung der Menschen in seiner liturgischen Übertragung: zwischen den die Liturgie feiernden Hierarchen (*sylliturguntes Hierarches;* Abb. 117) ist manchmal das geopferte Lamm Gottes *(Melismos)* dargestellt oder aber nur der gedeckte Opfertisch. Die zur Mitte gewandten Hierarchen ersetzen allmählich den älteren Typus der frontal dargestellten Kirchenväter, obwohl dieser auch in späterer Zeit noch vereinzelt vorkommt (vgl. Ajía Paraskewí in Ghalífa/Pedhiádha). Die ministrierenden Diakone stehen seitlich in der Apsis. Seltener ist das Thema der Apostelkommunion, das im zylindrischen Teil der Apsis oberhalb der Hierarchen plaziert sein kann, aber auch im Gewölbe des Bemas.

An der Ostwand, dem Triumphbogen, werden meist folgende Themen dargestellt: Oberhalb der Apsiswölbung das Gastmahl des Abraham *(Philoxenia ton Angelon),* auf die heilige Liturgie hindeutend, oder das *Mandylion,* eine Acheiropoietos, d. i. ein nicht von Menschenhand

*Melismos-Darstellung aus der Ajios Jeórjios-Kirche in Máles/ Ierápetra (Mitte 14. Jh.)*

gemachtes Bild Christi, seltener Christus Emanuel *(Anapeson)* oder die hl. Dreifaltigkeit *(Hagia Trias)*. Links und rechts der Apsiswölbung steht auf beiden Seiten des Triumphbogens die Verkündigung (*Evangelismos*, links der Engel, rechts Maria). In einer Nische der Ostwand (meist im Norden), die die Prothesis ersetzt und das Grab Christi symbolisiert, wird der Schmerzensmann *(Akra Tapeinosis)* dargestellt (auf Kreta allerdings selten, z. B. in der Panajía von Kapetanianá/Monofátsi und in der Ajioi Apóstoloi-Kirche von Adhromíli/Sitía), während Isaaks Opferung *(Thysia tu Abraam)*, auf die Passion Christi hinweisend, an der Nordwand des Altarraumes vorkommt, da Isaak dem Opferlamm Gottes gleichgesetzt wird. Himmelfahrt *(Analepsis)* und Pfingsten *(Pentekoste)* nehmen den Ostteil der Tonne über dem Altarraum ein. Die Seitenwände des Bemas schließlich schmücken Heiligenfiguren.

Die gesamte Fläche des Tonnengewölbes, die durch rötliche Bänder in rechteckige Bildfelder *(Diachora)* in parallel übereinandergestaffelte Register unterteilt wird, füllen neutestamentliche Szenen aus dem *Dodekaorton-Zyklus:*

Verkündigung (*Evangelismos*, nach Lk 1,26–38),
Geburt Christi (*Genesis*, nach Mt 2,1–13 und Lk 2,1–20),
Darbringung im Tempel (Farbabb. 41 links; *Hypapante*, nach Lk 2,22–38),
Taufe (Farbabb. 13; *Baptesis*, nach Mt 3,13–17: Mk 1,9–11; Lk 3,21–22; Jo 1,26–36),
Verklärung (*Metamorphosis*, nach Mt 17,2–9; Mk 9,2–9; Lk 9,28–36),
Auferweckung des Lazarus (*Egersis tu Lazaru*, nach Jo 11,1–45),
Einzug in Jerusalem (Abb. 119; *Baiophoros*, nach Mt 21,1–11; Mk 11,1–10; Lk 19,29–40; Jo 12,12–19);
Kreuzigung (Farbabb. 41 rechts u. Abb. 121; *Staurosis*, nach Mt 27,33–36; Mk 15,22–41; Lk 23,33–49; Jo 19,18–37),
Hadesfahrt (*Anastais;* in den Evangelien gibt es keine Quellen darüber, siehe auch ersten Petrusbrief 3,18–19 und Prophet Hosea 13,14; vgl. aber auch Nikodemus-Evangelium XVII ff.),

Himmelfahrt (*Analepsis,* nach Apostelgeschichte 1,6–11),
Pfingsten (*Pentekoste,* nach Apostelgeschichte 2,1–13),
Marientod (*Koimesis tis Theotoku;* im Neuen Testament keine Quellen darüber, siehe aber Johannes von Thessalonike 610–649; älteste Erwähnung in syrischen Legenden des 5. Jh.
Weitere christologische Szenen, etwa Wunder- oder Passionsthemen sowie mariologische Szenen, erweitern oft dieses Bildprogramm.

Die Aufteilung der Wandmalereien in der Tonne erfolgt relativ frei und flexibel; trotzdem lassen sich gewisse Regelmäßigkeiten feststellen. Das Programm fängt beim östlichen Bildfeld im südlichen Teil der Tonne im Kirchenschiff, also diesseits des Bemas, an. In der Regel erscheint hier die Geburt Christi. Es setzt sich innerhalb der Register von links nach rechts fort und endet mit dem entsprechenden Bildfeld der Nordseite wieder im Osten mit der Hadesfahrt Christi. Die Westwand nimmt die Darstellung des Jüngsten Gerichts ein; damit zusammenhängende Szenen können im Westteil der Tonne vorkommen. In den Denkmälern des 13. Jh. erscheint auf Kreta hier regelmäßig die Kreuzigung. Im unteren Teil der Westwand wird außer den Heiligen oft ein Erzengel als Wächter neben der Kirchentür dargestellt.

Szenen aus dem Synaxarion des Kirchenpatrons, seine Lebens- und Leidensgeschichte, ergänzen das Ausschmückungsprogramm. Diese Bilder werden unterhalb der Dodekaorton-Szenen ähnlich wie diese in rechteckigen Feldern in meist schmaleren Registern angeordnet. Der hagiologische Zyklus wird ergänzt durch weitere Heiligenfiguren in der unteren Wandzone, die, in Reihen stehend, meist lebensgroß frontal wiedergegeben sind, so als nähmen sie gemeinsam mit den Gläubigen an der Liturgie teil. Brustbilder von Heiligen werden manchmal, in paläologischer Zeit dann sehr oft, in einem Medaillonfries zwischen die Vita-Szenen (Abb. 115) und die stehenden Heiligen der Wandzone eingeschoben. Die Identifizierung der Heiligen ermöglichen die beigeschriebenen Namen sowie ikonographische Indizien.

## Türkische Besetzung (1669–1821) und Zeit der Revolutionen (1821–1898)

Für Kreta, wie für ganz Griechenland, begann mit der Türkenherrschaft ein schweres, dunkles Kapitel seiner Geschichte. Wieder mußte die Bevölkerung Unterdrückung und Verfolgung hinnehmen. Hohe Steuern und Abgaben ließen den Kretern kaum ihr Existenzminimum. Um die Insel wirtschaftlich wieder ertragreich zu machen und zu bevölkern, wurden türkische Einwanderer nach Kreta gebracht, die während der ersten drei Jahre ihres Aufenthaltes auf der Insel keine Steuern zu zahlen hatten. So kam es zu wiederholten Aufständen. Viele Widerstandskämpfer zogen sich ins unwegsame Gebirge zurück, sammelten sich in den Klöstern und leiteten von hier aus die Kämpfe gegen die Türken. Der Versuch der Venezianer, die noch drei Insel-Festungen vor der Nordküste in ihrer Gewalt hatten, Kreta 1692 zurückzuerobern, scheiterte. 1715 wurden sie auch von ihren letzten Festungen Gramwúsa, Súdha und Spinalónga vertrieben. Der Widerstand der kretischen Bevölkerung aber wurde immer stärker. 1770 übernahm Dhaskalojánnis, ein wohlhabender und gebildeter Kreter, mit viel Erfolg die Führung der Aufständischen. Er setzte sich mit den Russen in Verbindung, die mit den Türken im Krieg standen. Doch bevor es zu einer Hilfeleistung auf Kreta kam, griff der türkische Sultan zu einer List. Er lud Dhaskalojánnis zu Verhandlungen nach Iráklion ein; als dieser bereitwillig kam, nahm er ihn gefangen und ließ ihn auf dem Marktplatz bei lebendigem Leibe schinden.

Die Französische Revolution von 1789 ließ auch in Griechenland das Nationalbewußtsein erwachen; immer stärker drängte man nach Freiheit und Unabhängigkeit. Doch es vergingen noch weitere Jahrzehnte, bis in Griechenland der große nationale Freiheitskampf ausbrach. Unruhen unter den Türken gaben das Zeichen für den ersten bewaffneten Aufstand. Als die Türken gerade abgelenkt waren durch den Kampf gegen Ali Pascha aus Ioánnina, der sich in Epirus selbständig gemacht hatte, erhob sich die Bevölkerung an der Moldau und in der Walachei gegen die türkische Zwangsherrschaft; der Aufstand wurde dort zwar bald zerschlagen, sprang aber schnell nach Griechenland über und breitete sich wie ein Lauffeuer aus. 1821 begann der Unabhängigkeitskampf gegen die Türken, der aber Kreta noch nicht in vollem Maße erfaßte.

Die ausländischen Interventionen seit 1827 brachten Türken und Griechen nach erbitterten Kämpfen in London an den Verhandlungstisch. Am 14. September 1829 unterschreiben die Türken nach einer schweren Niederlage gegen die Russen den allgemeinen Friedensvertrag für Griechenland. Kreta ist davon ausgenommen und bleibt weiterhin unter türkischer Herrschaft. Es steht aber nun unter internationaler Kontrolle von England, Rußland, Italien, Frankreich. 1832 wird Griechenland unter Ludwig I. von Bayern (als Vormund seines siebzehnjährigen Sohnes Otto) Königreich, Kreta wird von den vier Großmächten verlassen und kommt unter ägyptische Herrschaft, die 1840 wieder von den Türken abgelöst wird. Es bleibt bei den ständigen Aufständen gegen die Türken, die Bevölkerung kann keinen Frieden finden. 1866 empört sich ganz Europa über die Türken: am 8. September sprengen sich 45 Mönche, 657 Frauen und Kinder und 331 Männer im Kloster Arkádhi, von 22 000 Türken belagert, in ihrer Not in die Luft.

1897 kommt es erneut zu schweren Auseinandersetzungen zwischen Christen und Türken. Europa blickt mit Sorge auf Kreta. Man ist beunruhigt, verhandelt, einigt sich und entsendet 65 Kriegsschiffe (aus England, Rußland, Frankreich und Deutschland) nach Kreta. Endlich kann der blutigen Auseinandersetzung zwischen Kretern und Türken ein Ende gesetzt werden. Im November 1898 müssen die Türken nach internationalem Beschluß die Insel verlassen. Kreta erhält einen autonomen Status unter dem Hochkommissar Prinz Georg (1898–1913). 200 Jahre Türkenherrschaft sind für Kreta vorüber. Doch die Auseinandersetzungen zwischen Türken und Griechen sind noch immer nicht beendet, sie sind seit 1974 auf Zypern wieder aufgeflammt.

# Führer zu den Sehenswürdigkeiten

## Städte der Nordküste

### Iráklion

Iráklion (*Ηράκλειο*), seit 1972 Hauptstadt der Insel Kreta, ist mit mehr als 130 000 Einwohnern zugleich größte Stadt der Insel und viertgrößte Stadt Griechenlands. Als Wirtschaftszentrum zieht Iráklion Jahr für Jahr die Landbevölkerung der ganzen Insel an, so daß durch die Landflucht ca. 20% der gesamten Inselbevölkerung in der Inselhauptstadt leben.

Die Anziehungskraft Iráklions und des gleichnamigen Bezirks, der sich flächenmäßig (2641 $km^2$) über Zentralkreta von der Nord- bis zur Südküste erstreckt, läßt sich anhand der ständig zunehmenden Einwohnerzahl nachweisen. Nach dem Unabhängigkeitskampf Griechenlands gegen die Türken im Jahre 1821 lebten (nach Spratt) 1834 nur noch ca. 12 000 Menschen in Iráklion. Im Laufe eines Jahrhunderts erhöhte sich die Bevölkerungszahl kontinuierlich bis zum Jahre 1951 auf 58 285 Einwohner; das waren 12,61% der gesamten Inselbevölkerung, in dem Regierungsbezirk (Nomós) Iráklion lebten in diesem Jahr sogar bereits 41,03% aller Kreter.

Während in den folgenden Jahrzehnten (trotz Geburtenüberschuß) die Bevölkerung Kretas erst geringfügig abnahm, dann stagnierte und schließlich von 1971 auf 1981 von 456 642 auf 502 165 zunahm, erhöhte sich sowohl im Bezirk als auch in der Stadt Iráklion die Wachstumsrate sprunghaft: die städtische Agglomeration von Iráklion steigerte sich von 58 285 (1951) auf 110 958 Einwohner (1981, letzte Volkszählung), das entspricht einer Wachstumsrate in drei Jahrzehnten von 90,37% (!); d.h. die Bevölkerung von Iráklion hat sich innerhalb von 30 Jahren bei einer annähernd konstanten Gesamtbevölkerung der Insel fast verdoppelt. Aber auch der Bezirk Iráklion profitierte von der Attraktivität der Inselhauptstadt und erzielte für den gleichen Zeitraum eine Wachstumsrate von 28,47%. Ähnlich hohe Wanderungsgewinne lassen sich auf Kreta nur noch in dem touristisch hochfrequentierten Ajios Nikólaos nachweisen (s. S. 154).

Für Iráklion bringt diese Bevölkerungsexplosion schwerwiegende soziale, wirtschaftliche und städtebauliche Probleme mit sich, die mittelfristig kaum lösbar sind. Vor allem verfügt die Stadt über zu wenig Industrie und kann dementsprechend den vielen Zuwanderern keine gesicherte Arbeitsmöglichkeit bieten. Die Abwanderung aus den ländlichen Regionen hat ferner vielfach den Abbau alt-kretischer Traditionen zur Folge und leitet einen tiefgreifenden sozialen Wandel auf der Insel ein, der speziell in Iráklion aufkeimt und sich schnell weithin ausbreitet.

Daß Iráklion eine so große Anziehungskraft besitzt, liegt zum großen Teil an dem seit Mitte der 70er Jahre stark aufblühenden Tourismus der Insel. Die Kreter (und Griechen) glauben, in Iráklion, der Drehscheibe des Kreta-Tourismus, das ›schnelle Geld‹ machen zu können. Ob per Flugzeug oder mit dem Schiff, nur mit wenigen Ausnahmen kommen nahezu alle Kreta-Besucher aus irgendeinem Grunde nach Iráklion: Das Archäologische Museum mit ca. 70% der bedeutendsten Exponate der minoischen Epoche, die auf Kreta entdeckt worden sind, das nahgelegene Knossós und die Möglichkeit, von Iráklion aus in einer Tagesexkursion auch die Messará mit Festós und Ajía Triádha besichtigen zu können, machen den Besuch von Iráklion fast zu einer Pflicht; und zwar nicht nur für die Bildungsreisenden, sondern auch für die erholungsuchenden Urlauber, die östlich und westlich von Iráklion in den Strandhotels untergebracht sind. Auch in diesem Zusammenhang sprechen die Zahlen für sich: Waren es 1963 nur 73 322 ausländische Gäste, die das Archäologische Museum Iráklion besucht haben, so steigerte sich die Besucherzahl in knapp 20 Jahren bis 1971 um 335% auf ca. 246 000 und konnte sich bis 1981 nochmals fast verdoppeln (ca. 450 000 Gäste); für die 80er Jahre ist dann allerdings eine Stagnation zu verzeichnen. Bei solchen Zuwachsraten im Dienstleistungsbereich des touristischen Gewerbes, die auch für den Badeort Ajios Nikólaos nachweisbar sind und die zugleich den Zuwachs der Umsatzsteigerungen im Geschäft mit dem Tourismus erahnen lassen, sind die Motive der Zuwanderer nach Iráklion verständlich.

Iráklion als Stadt ist wenig attraktiv. Der Bauboom, bedingt durch den rasanten Zuzug, verwandelte die Hauptstadt der Insel in eine Großbaustelle. Besonders an der Peripherie Iráklions scheint es nur Rohbauten zu geben. Diesen Eindruck gewinnt man deshalb, weil man auf Kreta und in Griechenland gerne eine fertige Etage bereits bezieht und die statisch-konstruktiv erforderlichen Anfängereisen für das nächste Geschoß prophylaktisch mitbaut, sie aber oft jahrelang ungenutzt stehen läßt.

Als erfreuliche Nebenerscheinung des Tourismus kann man seit ca. 1970 ein verstärktes Bemühen um die Altstadtsanierung Iráklions beobachten. Die Gestalt der Stadt gleicht heute einem unansehnlichen Konglomerat der Jahrhunderte. Nur wenig historische Bausubstanz – Bauwerke der Venezianer und Türken sowie klassizistische Gebäude aus der Wende des 19./20. Jh. – hat die expansive Aufbauphase Iráklions überlebt. Was heute noch steht, wird größtenteils unter Denkmalschutz gestellt und fachgerecht saniert. Auch bemüht man sich um eine Verkehrsberuhigung in der Stadt. Im Zuge dieser Maßnahmen entstanden so der reizvolle urbane Raum um den Morosini-Brunnen und die Fußgängerzone in der Dädalosstraße.

## Historischer Abriß

Nach Berichten der antiken Historiker Strabon (64/63 v. Chr.–23 n. Chr., s. ›Geographika‹ 10.4,7) und Plinius (23/24–79 n. Chr.; s. ›Naturalis‹ 4, 59) war Iráklion bereits zur Zeit der Minoer Nebenhafen des Haupthafens Amnisós von Knossós. Während die Namen von Amnisós und Knossós schon am Ende der spätminoischen Epoche in den Ortsnamenlisten aus dem Totentempel Amenophis' III. (1408–1372 v. Chr.) auf dem Westufer von Theben schriftlich erwähnt werden, ist der minoische Name des Nebenhafens von Knossós, also von Iráklion, unbekannt. Erst im Zusammenhang mit dem Herakles-Mythos – der 7. Arbeit, bei der er den göttlichen Stier des Minos von Kreta entführt – wird der heutige Name der Stadt historisch greifbar. Nach dem griechischen Helden Herakles wurden in der Antike drei Städte mit dem Namen ›*Heráklion*‹ (*Ἡράκλειον*)[1] und zehn Städte mit dem Namen ›*Herákleia*‹ (*Ἡράκλεια*) bezeichnet. Neben Iráklion auf Kreta sei hier Heraklea an der Südküste Siziliens erwähnt, mit dem Beinamen *Minoa* (s. S. 15).

Antike Baureste sind sowohl aus der griechischen als auch aus der römischen Epoche in Iráklion nicht erhalten. Erst in jüngster Zeit konnten Archäologen (N. Platon und M. Borboudakis) südwestlich des Trassenbereiches der Dädalosstraße Reste einer frühen byzantinischen Stadtmauer nachweisen, die heute von modernen Geschäftshäusern überdeckt werden. Es sind zwar bereits für das 2. Jh. n. Chr. neben den Bischöfen von Gortyn (Górtys) und Knossós auch andere kretische Bistümer quellenmäßig (bei Eusebios, Bischof von Kaisareia und byzantinischer Geschichtsschreiber, * 260–65, † um 339/40) nachweisbar, ob es jedoch damals einen Bischof von Iráklion gegeben hat, ist ungewiß. Möglicherweise war erstmals ein Bischof vom Bistum Iráklion an der Synode von Sardes im Jahre 342/43 beteiligt. Im Synokdemos, einem ›Reisebegleiter‹ für byzantinische Beamte, wird Iráklion um 527 von dem Historiker Hierokles Grammatikos unter den 22 Städten der Insel Kreta aufgeführt.

Vom 6. Jh. bis zur arabischen Eroberung der Insel in den Jahren 823–27 entstanden nach griechischen Quellen noch sieben weitere Städte, die aber alle, wohl mit Ausnahme von Iráklion, in ihrer urbanen Entwicklung während der knapp 150jährigen arabischen Herrschaft über Kreta stark eingeschränkt waren. Iráklion wird nun das Zentrum der Insel; im Sommer 828 wird die Stadt von den Arabern zu ihrem militärischen Hauptquartier ausgebaut und erhält den arabischen Namen *al-Khandaq* (Graben). Nach der arabischen Besetzung, die bis 961 andauert, übernehmen die Griechen (Byzantiner) den arabischen Namen und nennen die Stadt fortan *Chandax*. Seit 1204, als die Venezianer erst de jure, dann auch de facto für knapp fünf Jahrhunderte die neuen Herren der Insel sind, wird aus Chandax *Candia* und mit diesem Namen sowohl die heutige Stadt Iráklion als auch die gesamte Insel bezeichnet. Während der türkischen Epoche (1669–1898) erhält Iráklion zusätzlich bei der kretischen Landbevölkerung – in Anspielung an die große venezianische Festungsanlage – den Namen *Megálo Kástro* (*Μεγάλο Κάστρο*). Vereinzelt findet man selbst heute noch Inselbewohner in der kretischen Bergwelt, die von ihrer Hauptstadt ›Megálo Kástro‹ sprechen, und so heißt Iráklion auch in dem Roman ›Alexis Sorbas‹ von N. Kazantzákis.

Von dem byzantinischen Chronisten Michael Attaleiates († 1080), der Kreta und Iráklion besucht hatte, erfahren wir, daß Nikephoros Phokas im Zuge der von ihm angeordneten christlichen Neuorganisation der kretischen Bischofssitze Iráklion zum Zentrum des religiösen Lebens auserwählt hatte: so wurde nicht nur der Sitz des kretischen Metropoliten von Gortyn nach Iráklion verlegt, sondern es wurde auch das Haupt des hl. Titos und die Ikone der Muttergottes Messopantitissa in die neue Metropolitenkirche der Stadt überführt. Die heilige Reliquie und die Ikone wurden 1669, noch vor der türkischen Eroberung, nach Venedig in Sicherheit gebracht; während sich die Ikone noch heute dort in der Kirche Santa Maria della Salute befinden soll, wurde die Titos-Reliquie 1966 wieder feierlich nach Iráklion überführt.

Auf Befehl des siegreichen Eroberers wurde die Ringmauer der arabischen Festung niedergerissen, die Stadt geplündert und alle Araber versklavt. Von der reichen Beute, die Nikephoras Phokas im Triumphzug nach Konstantinopel (Istanbul) entführte, zieren noch heute die Portale des ehemaligen Emirpalastes von Iráklion/al-Khandaq die Klosterkirche Megiste Lavra auf dem Mönchsberg Athos.

1 Die heute immer noch häufige Schreibweise Heráklion ist falsch. In der neugriechischen Sprache hat ›H‹ den Lautwert ›i‹, so daß es ›Iráklion‹ heißen muß.

*Verteidigung von Iráklion bei den türkischen Angriffen im Jahre 1648. Aus Gatteri, La storia veneta, Venedig 1852, Abb. 127*

Um das byzantinische Heer zu sichern, ließ Phokas 19 km südlich von Iráklion bei dem heutigen Dorf *Profítis Ilías* (s. S. 69) auf einem 507 m hohen Felsrücken die damals größte byzantinische Festung der Insel Kreta errichten; ihr Name *Témenos* bezeichnet noch heute einen der neun Regierungsbezirke der Eparchie Iráklion. Von den Türken wurde diese Festung (nach 1669) aufgrund einer gegen die Venezianer hier schwer erlittenen Niederlage *Kanlí Kastélli* (das blutige Kastell) genannt.

Während der venezianischen Herrschaft auf Kreta (1204–1669) erlebte Iráklion einen großen Aufschwung. Mit der zunehmenden Gefahr der Türken im Mittelmeerraum und nachdem bereits 1453 Sultan Mehmet II. Konstantinopel erobert hatte, wurde die alte byzantinisch-arabische Stadtmauer von Iráklion verstärkt, um schließlich 1550/60 von Michele Sanmicheli aus Verona im Auftrag des Dogen von Venedig nach den neuesten fortifikatorischen Erkenntnissen völlig neu errichtet zu werden.

Lange vor der Eroberung Konstantinopels flüchteten Künstler und Gelehrte, Priester und Mönche nach Kreta, speziell nach Iráklion, da sie sich hier im Schutze der Republik Venedig vor der osmanischen Gefahr sicher glaubten. Fast 200 Jahre, bis zur türkischen Eroberung, entwickelte sich verstärkt in Iráklion, aber auch in Chaniá und Rhétimnon, eine bis dahin unbekannte Urbanität, die zu einer hohen Lebensqualität in der Stadt führte und von vielen geistigen Erneuerungen begleitet war: In Iráklion entstanden prachtvolle Adelspaläste und öffentliche Bauten im Stile der italienischen Renaissance, die jedoch die Stürme der Jahrhunderte nur zum geringen Teil überlebt haben. Die Restaurierung der venezianischen Loggia, die im 16./17. Jh. ein Ort der Begegnung und Beratung zur Erholung der Beamten und des venezianisch-kretischen Adels war, wurde 1988 nach jahrelanger Arbeit beendet. Der städtische Raum, der heute im Zentrum von

Iráklion als Fußgängerzone umgestaltet wurde, bildete damals zusammen mit dem Morosini-Brunnen, der Dogenkirche St. Markus und dem prächtigen (heute nicht mehr erhaltenen) Palazzo Ducale, der ›Ameria‹, das städtebauliche Herz von Candia. Schließlich wurde in Iráklion mit der Dépendance der Klosterschule der hl. Katharina vom Sinai-Kloster auch ein geistiges Zentrum geschaffen, an dem byzantinische Kultur – wie an keinem anderen Ort im Mittelmeerraum – eine großartige Nachblüte erlebte: In Iráklion erreichte die byzantinische Ikonenmalerei zur Zeit des Michael Damaskenos (s. S. 94ff.) Ende des 16. Jh. eine neue Spätblüte; in der Dépendance des Sinai-Klosters erhielten die orthodoxen Patriarchen von Konstantinopel Maximos Margunarios, Meletios Pigas und Kyrillos Lukaris ihre theologische Ausbildung, ferner wurden hier Philosophie, Rhetorik und geistliche Musik gepflegt.

Nach der türkischen Eroberung der Insel, die mit der Übergabe von Iráklion abgeschlossen war, sank die Stadt (und ganz Kreta) für Jahrhunderte zur Bedeutungslosigkeit herab. Erst seit Anfang des 20. Jh. entwickelte sich Iráklion allmählich wieder zum wirtschaftlichen und politischen Zentrum der Insel, was letztlich auch durch den Verwaltungsakt der griechischen Regierung zum Ausdruck kommt: seit 1972 ist nicht mehr Chaniá, sondern Iráklion die Hauptstadt von Kreta.

## Stadtrundgang

### 1 Stadtmauer

Über die Größe von Iráklion während der Spätantike und der Zeit des frühen Christentums gibt es weder schriftliche noch archäologische Hinweise. Wahrscheinlich entsprach die Ausdehnung der antiken Stadt etwa jenem Stadtraum, der von den Byzantinern südwestlich des heutigen Hafens mit einer Stadtmauer befestigt wurde. Der Trassenverlauf der byzantinischen Befestigung ist deutlich an der heutigen Gestalt der Stadt ablesbar. Die gesamte Ostflanke war wohl identisch mit der venezianischen Festungsmauer, die noch erhalten ist. Etwa dort, wo heute das Archäologische Museum steht, knickte die byzantinische Stadtmauer nach Nordwesten ab und folgte nahezu parallel dem Verlauf der heutigen Dädalosstraße. Südlich der Platía Venezélu, dort wo der Morosini-Brunnen (s. S. 86) den Platz beherrscht, vermutet man das byzantinische Hauptstadttor. Von hier aus entspricht der weitere Verlauf der Befestigung etwa der Trassenführung der Chándakosstraße, so daß die byzantinische Stadtmauer westlich des Xenía-Hotels, unmittelbar an der Stelle des Glashouse-Restaurants, an der steilen Nordküste mit seinem kleinen Nebenhafen (?) endete. Sowohl in der Odhos Dädalos als auch in der Odhos Chándakos entdeckte man Reste dieser alten Stadtmauer (s. Plan S. 96).

Der venezianische Festungswall besteht aus einer Landmauer (ohne die Küstenbefestigung im Norden) von ca. 3 km und umschließt einen verhältnismäßig kleinen Stadtraum von nur etwa 0,8 km²; die Festung wurde erst 1550/60 nach Plänen des berühmten italienischen Architekten Michele Sanmicheli (ca. 1484–1559) aus Verona ausgeführt, der auch die Festungsbauten von Korfu, Legnano, Venedig und Verona schuf. Das Bollwerk Iráklion war ehemals mit mehreren polygonalen Vor-Bastionen geschützt, die heute nicht mehr erhalten sind. An einigen Stellen (besonders an der Südostflanke des Walls) erkennt man noch den 20–60 m breiten Trockengraben der Befestigung. Das Festungswerk von Sanmichele war so konzipiert, daß in den Bastionen in mehreren Geschossen Geschützkasematten untergebracht und die einzelnen Verteidigungswerke durch ein etwa 15–20 m tiefes unterirdisches Tunnelsystem miteinander verbunden waren.

### 1a Sabbionera-Bastion

### 1b Ajios Jeórjios-Tor

### 1c Vituri-Bastion

### 1d Jesú-Tor (auch Kenúria-Tor genannt)

### 1e Jesú-Bastion

### 1f Martinengo-Bastion

Da die orthodoxe Kirche dem weltberühmten kretischen Dichter Nikos Kazantzákis (1883–1957) aus Iráklion geweihte Erde für seine letzte Ruhe verweigerte, bestattete man ihn auf dieser Bastion. Auf einer weiten Fläche, mit Rasen und Blumen bepflanzt, schmücken ein einfaches Holzkreuz und eine schlichte Platte sein Grab. In der Handschrift Kazantzákis' ist folgender Vers des Dichters in die Grabplatte eingemeißelt:

| | |
|---|---|
| *Δέν 'ελπίζω τίποτα,* | Ich erhoffe nichts, |
| *δέ φοβοῦμαι τίποτα,* | Ich fürchte nichts, |
| *εἶμαι λέφτερος.* | Ich bin frei. |

### 1g Bethlehem-Bastion und Tor (Porta Ajios Andréas)

### 1h Pantokrator-Bastion und Tor

### 1i Ajios Andréas-Bastion

## 2 Hafenkastell Kúles

(Öffnungszeiten, s. ›Wissenswertes von A–Z‹)

Das Hafenkastell Kúles, einst nur nach Westen hin durch eine Mole mit dem Festland verbunden, gehört zu den eindrucksvollsten Baudenkmälern der venezianischen Epoche auf Kreta. Möglicherweise schützte bereits in der Spätantike ein Festungsbau die Einfahrt zu dem kleinen Hafen; sicherlich errichteten hier aber schon die Byzantiner, Araber und Genuesen eine Seefestung. Auch die Venezianer bauten bereits an dieser Stelle im 13. Jh. ein Bollwerk zum Schutze des Hafens, das jedoch 1303 durch ein Erdbeben zerstört wurde. Nach mehreren Ausbesserungsarbeiten entstand schließlich zwischen 1523–1540 das heute noch erhaltene Hafenkastell. Im Nordosten, Westen und Süden schmücken je ein Hochrelief mit dem venezianischen Markuslöwen das Kastell. Das am wenigsten von der rauhen Meerluft verwitterte Relief befindet sich an der Nordostseite (Abb. 69), dort erkennt man auch den Stumpf eines Minaretts aus türkischer Zeit.

## 3 Ajios Márkos-Kirche

(Venezianische Dogenkirchen San Marco)

De jure waren die Venezianer zwar seit 1204 die Besitzer der Insel Kreta, de facto waren sie es jedoch erst nach langen erbitterten Kämpfen gegen die Genuesen bis 1218. Um so erstaunlicher ist es, daß sie bereits 1212 ihren ersten (?) lateinischen Bischofssitz auf der Insel etablierten, aber nicht in der venezianischen Hauptstadt Candia (Iráklion) von Kreta, sondern in dem altehrwürdigen Episkopí/Mylopótamos.

Aus einem Brief Papst Gregors IX. (1227–1241) vom 5. Juli 1239 an den Bischof von Ierápetra erfahren wir, daß in Candia die venezianische Stadtkirche des Evangelisten Markus errichtet sei. Zu diesem Zeitpunkt gab es aber schon mehrere andere *lateinische* Bischofssitze auf der Insel: in Ajios Mýros/Malewísi ab 1219, in Ierápetra und Chirone (Chersónissos/Pedhiádha) ab 1224 sowie in Ario (Werán Episkopí/Mylopótamos) und Sitía ab 1225. Bis 1299 waren von den Venezianern alle *griechisch-orthodoxen* Bischofssitze zugunsten der lateinischen Bischöfe aufgelöst worden. Erst durch die ›Pax Alexii Calergii‹ (Friedensvertrag) vom 4. April 1299 wurde trotz des Widerstandes von Papst Bonifatius VIII. (1294–1303) in Agriu wieder ein griechisch-orthodoxer Bischof eingesetzt (s. S. 70 f.).

Die 1239 errichtete San Marco-Kirche war während der gesamten venezianischen Epoche Sitz des lateinischen Erzbischofs von Kreta; hier wurden bis zur türkischen Eroberung (1669) die auf Kreta gestorbenen venezianischen Ducchi bestattet.

Nach der Eroberung Iráklions durch Ahmad Köprülü wurde die venezianische Kirche in ein islamisches Gotteshaus umgestaltet und erhielt den Namen Defterdar-Moschee; der Campanile wurde abgerissen und an seiner Stelle ein Minarett errichtet, von dem noch die Grundmauern erhalten sind.

Die venezianische San Marco-Kirche zeigt den klassischen Architekturtypus einer *hellenistischen Basilika* mit zwei pultdachförmigen Seitenschiffen und hochgezogenem Mittelschiff. Je sechs Arkaden mit je fünf monolithischen grünen Marmorsäulen (die von dem römischen Knossós stammen sollen) verbinden die beiden Seitenschiffe mit dem Mittelschiff. Über den Kolonnaden sind die Längswände (Lichtgaden) mit Fenstern durchbrochen, die Tageslicht in das Mittelschiff einfließen lassen.

Die heute profanierte Kirche wird in unregelmäßigen Abständen als Versammlungsraum für Ausstellungen und Konzerte genutzt. Ihre größte Sehenswürdigkeit ist eine *Sammlung byzantinischer Freskenkopien* von der Insel Kreta:

*Panajía Kerá-Kirche in Kritsá/Merambéllo:* (1) Hl. Anna, Maria und hl. Andreas aus dem Mittelschiff der Muttergottes, 13. Jh.; (2) Die Reise nach Bethlehem aus dem Südschiff der hl. Anna, erste Hälfte 14. Jh.; (3) Das Paradies; (4) Die Kirchenstifter mit einer Inschrift; diese beiden Szenen stammen aus dem Nordschiff des hl. Antonios, Mitte 14. Jh.; (5) Das Paradies aus dem Mittelschiff der Muttergottes, 13. Jh. (vgl. hierzu das gleiche Thema Nr. 3, aber aus der Mitte des 14. Jh.!); (6) Hl. Eugenios, ein Gelehrter, hl. Mardarios, hl. Orestes, ein Märtyrer, hl. Anempodistos; alle aus dem Südschiff, erste Hälfte 14. Jh.; (7) Abendmahl, Mittelschiff, 13. Jh.; (8) Die Wasserprobe Mariens vor dem Hohenpriester aus dem Südschiff, erste Hälfte 14. Jh. (s. S. 326).

*Panajía Guwerniótissa außerhalb von Potamiés/Pedhiádha:* (9) Gottesmutter mit Christus zwischen Erzengel Michael und Gabriel, dieses Thema übernimmt in der Kirche die Funktion einer Kultikone; (10) Hadesfahrt Christi; (11) verschiedene Kirchenväter; (12) Christus zelebriert die Messe; Mitte bis zweite Hälfte 14. Jh. (s. S. 349).

*Ajios Antónios-Kirche in Awdhú/Pedhiádha:* (13) Christus wäscht Petrus die Füße; (14) Kreuzigung Christi; (15) Abendmahl; (16) Beweinung Christi, alle Themen Anfang 14. Jh. (s. S. 285).

*Ajía Pelajía in Apáno Wiánnos (Pláka)/Wiánnos:* (17) Kreuzigung Christi; (18) Die hll. Mamas, Bartholomäus (Thema der westlichen Ikonographie nach der Legenda aurea) und Symeon Stylites; (19) Hl. Christophorus; (20) Höllenstrafen; (21) Hl. Stephanos; nach einer Inschrift stammen diese Fresken alle aus dem Jahre 1360 (s. S. 275).

*Ajios Ioánnis Pródomos-Kirche außerhalb von Ajios Wassílios/Pedhiádha:* (22) Geburt Christi; (23) Demetrios und Georgios zu Pferde; (24) Erzengel Michael; (25) ein Heiliger; (26) Detail aus der Kreuzigung; alle Fresken stammen laut Inschrift aus der Zeit des byzantinischen Kaisers Andronikos II. (1283–1328), der als Stifter erwähnt ist (s. S. 271).

*Ajios Nikólaos bei Moní/Sélino:* (27) Porträt des Kirchenpatrons, Fresko von J. Pagomenos aus dem Jahre 1315 (s. S. 335).

*Sotíros Christu-Kapelle, Mesklá/Kydonía:* (28) Verklärung Christi auf dem Berg Tabor (Matthäus 17,1–9); Fresko von den Malern Theodoros Daniel und Michael Beneris aus dem Jahre 1303 (s. S. 335).

*Ajios Pandeleïmon außerhalb von Pijí (Bizarianó)/Pedhiádha:* (29) ein Erzengel, Wende 13./14. Jh. (s. S. 347).

## 4 Morosini-Brunnen

Vierzehn Monate lang, vom Winter 1626/27 bis zum Frühjahr 1628, nur wenige Jahrzehnte bevor das venezianische Kreta von den Türken erobert wurde, ließ Francesco Morosini – dessen Neffe 1669 im verzweifelten Kampf gegen die Türken Iráklion vergeblich zu retten versuchte – vom Júchtas bei Archánes einen ca. 15 km langen Aquädukt bauen, der die Stadt mit Trinkwasser versorgen sollte. Am 25. April 1628, dem Namenstag von San Marco, wurde der Brunnen auf der damaligen Piazza delle Biade (Getreidemarkt), dem Zentrum des venezianischen Candia, an dessen Nordwestseite, direkt der San Marco-Kirche gegenüber, der Palazzo Ducale stand, feierlich eingeweiht (Abb. 73).

Der Brunnen ist ein Werk des Bildhauers Vincenzo[1] und hat die Gestalt von acht apsidenartigen Wasserbecken (die in einen Basiskreis eingeschrieben sind), deren gekrümmte Außenwände reliefartig mit Themen aus der griechischen Mythologie und mit Fabelwesen geschmückt sind. Beziehungsreich knüpft der Künstler mit der (stark verwitterten) Darstellung ›Europa auf dem Stier‹ an die mythologische Frühzeit des minoischen Kreta an. Die obere Wasserschale im Zentrum des Brunnens wird von vier wasserspeienden Löwen getragen, Bildhauerwerke, die aus dem 14. Jh. stammen sol-

1 s. R. Pococke, S. 358, dt. Fassung von 1744

len(?). Darüber reckte sich einst eine Poseidon-Statue in die Höhe, die seit der türkischen Zeit verlorengegangen ist.

Der heutige Fußgängerbereich des Platzes wurde 1980 gestaltet, dabei wurde der Morosini-Brunnen exponiert in diesen städtischen Raum integriert. Das tieferliegende Niveau um den Brunnen entspricht dem Platzniveau der venezianischen Epoche.

## 5 Venezianische Loggia und Armeria

Auch die venezianische Loggia, im 17. Jh. ein Ort der Begegnung und Beratung zur Erholung der Beamten und des venezianisch-kretischen Adels, geht auf den Bauherrn Fr. Morosini d. Ä. zurück. Wahrscheinlich war es der Architekt Francesco Basilicata, der sich an italienischen Renaissance-Vorbildern des Andrea Palladio (1508–1580) orientierte und den Entwurf dafür erstellte. Die 1626–28 errichtete Loggia ohne komplizierte Proportionen ist eines der ausgereiftesten und harmonischsten Repräsentationsgebäude des venezianischen Kreta. Der zweigeschossige Baukörper mit Dachbalustrade zeigt eine rhythmische Gliederung von sieben Arkaden an seiner Längsseite nach Westen, bei nur je zwei Arkadenbögen an den Schmalseiten im Norden und Süden, wobei dorische Säulenordnungen im Erdgeschoß mit ionischen Säulen im Obergeschoß korrespondieren. Ein Metopenfries mit Skulpturen, die Kriegstrophäen und den San Marco-Löwen von Venedig darstellen, schmückt die breite Architravzone zwischen den beiden Geschossen.

Während der türkischen Epoche diente die Loggia als Verwaltungsgebäude. Im Laufe der Jahrhunderte erlitt der Renaissancepalast erhebliche Schäden, so daß Anfang des 20. Jh. der italienische Architekturforscher Giuseppe Gerola, der auf Kreta die venezianischen Bauten erforschte, eine Sammlung organisierte, aus deren Erlös die Loggia restauriert werden sollte. Die politischen Verhältnisse nach 1912 und der Zweite Weltkrieg vereitelten dies jedoch.

Da heute nur noch Reste des venezianischen Bauschmucks der Loggia erhalten sind und diese spärlichen Fragmente im Historischen Museum aufbewahrt werden, konnte die moderne Restaurierung der Loggia nur mit neuen Baumaterialien erfolgen: auf den konstruktiven Betonkern wurde die venezianische Renaissancefassade mit Natursteinen aufgeblendet; die Loggia soll in Zukunft für musikalische Aufführungen genutzt werden.

Wie stark die Loggia von Candia Anfang unseres Jahrhunderts auf den Historismus Italiens gewirkt hat, erkennt man an der Tatsache, daß die Italiener 1911 auf der Weltausstellung in Rom eine venezianische Loggia errichten ließen, die eine maßstabgetreue Kopie der Loggia von Iráklion ist.

An der Ostseite der Loggia schloß ehemals die *Armeria* an, das venezianische Waffenlager von Candia. Das im Erdgeschoß mit Pfeilern in fünf Schiffe unterteilte Gebäude wird heute als Rathaus von Iráklion genutzt.

Wo die Giebelwand der Loggia und der Armeria an der Nordseite zusammenstoßen, steht ein von dem Duca Giovanni Sagredo (1602–04) errichteter Brunnen, der heute nicht mehr in seiner Originalfassung erhalten ist. Der *Sagredo-Brunnen* (Abb. 71) besteht aus verschiedenen Bauteilen: die in die Wand eingelassene Platte mit der Inschrift »CURA SAGREDI PROFLUIT ISTA DUCIS« (Dieser Brunnen spendet Wasser aufgrund der Stiftung von Herzog Sagredo) und die nur fragmentarisch erhaltene Frau zwischen den beiden teilweise zerstörten ionischen Säulen gehören zum ursprünglichen Entwurf.

## 6 Ajios Títos-Kirche

Die heutige Ajios Títos-Kirche spiegelt in ihrer Bausubstanz die wechselhafte kretische Geschichte unter Byzantinern, Venezianern und Türken wider. Während wenigstens der Standort der ehemaligen orthodoxen Metropolitenkirche auf einen altehrwürdigen Vorgängerbau des 10./11. Jh. zurückgeht und die kunstvolle Innenausstattung größtenteils aus dem 20. Jh. stammt, gehört ein geringer Teil des statisch-konstruktiven Kernbaus der venezianischen Epoche des 15. Jh. an; die dekorative islamische Außengestaltung des Moschee-Wiederaufbaus wurde erst 1872 vollendet, nachdem 1856 ein Erdbeben die zu einem islamischen Gotteshaus umgestaltete christliche Kirche fast vollständig zerstört hatte.

Wann genau die Ajios Títos-Metropolitenkirche gebaut wurde, ist nicht zu belegen. Aus Berichten des byzantinischen Historikers Michael Attaleiates (†1080) erfahren wir jedoch, daß N. Phokas nach der Befreiung Kretas von den Arabern 960/61 das religiöse Zentrum der Insel von Gortyn, dem ersten - von Apostel Paulus eingerichteten - Bischofssitz und späteren Sitz des Metropoliten Kretas, nach Iráklion verlegte. Irgendwann im 10./11. Jh. wurde die heilige Reliquie von Bischof Titos, dem Begleiter des Apostels Paulus, in die neu errichtete Metropolitenkirche in Iráklion überführt. Doch schon Anfang des 15. Jh. fiel dieser Bau einem schweren Erdbeben zum Opfer. Auf Initiative des lateinischen Erzbischofs der Venezianer Fantino Dandalo von Candia konnte schon 1446 der Neubau der orthodoxen Metropolitenkirche eingeweiht werden. Unter dem Altar der Kirche wurden die Gebeine der kretischen Heiligen Titos, Stefanos, Martinos und der Photine bestattet; den Schädel des hl. Titos verehrte man in der Kirche als Reliquie, die 1669 von den Venezianern zur San Marco-Kirche in Venedig gebracht wurde. Weitere Erdbeben (1508) und eine Feuerkatastrophe (1544) beschädigten das Gotteshaus erneut so stark, daß abermals größere Restaurierungsarbeiten erforderlich waren (1577).

Nach 1669, während der türkischen Epoche, wurde die Kirche auf Anordnung des Eroberers Köprülü zur *Wesir-Moschee* umgebaut. Wie oben erwähnt, wurde sie 1856 durch ein Erdbeben derartig stark beschädigt, daß die Türken, ihren Raum- und Formbedürfnissen entsprechend, unter Einbeziehung der alten Bausubstanz nach Plänen von Athanasios Moússis eine neue Moschee errichteten (1872). Schließlich wurde Anfang des 20. Jh., nachdem die Türken die Insel verlassen hatten, die Moschee zu einem orthodoxen Gotteshaus umgestaltet, das man traditionsgemäß wieder dem Patrozinium des hl. Titos unterstellte (1925). Der nach Mekka orientierte islamische Zentralbau mit Zentralkuppel, vier Bündelpfeilern und vier Kuppeln über den freien Ecken, erhielt nun anstelle der Gebetsnische drei christliche Apsiden, deren nachträglicher Einbau an der nordöstlichen Außenwand deutlich zu erkennen ist. Zwei islamische Gebetsnischen mit Stalagtitgewölben befinden sich noch heute in der Außenwand des Kirchenraumes bzw. in dem später hinzugefügten Narthex. Die holzgeschnitzte Bilderwand ist eine Arbeit von A. E. Kawrulákis (1965).

Im Mai 1966 wurde die Títos-Reliquie (das Haupt des Heiligen) von Venedig in einem glanzvollen Festakt im Beisein von weltlichen und kirchlichen Würdenträgern zur Ajios Títos-Kirche nach Iráklion zurückgebracht; sie befindet sich in der linken Seitenkapelle des Narthex.

## 7 Bembo-Brunnen

(Platía-Kornárou; Abb. 70)

1558 von Zuanne Bembo errichteter Brunnen mit einer kopflosen römischen Statue aus Ierápetra. Der venezianische Brunnen und das türkische Brunnenhaus (heute Souvenirladen) wurden um 1975 nach historischen Ansichten restauriert bzw. wieder aufgebaut.

## 8 Santa Maria dei Crociferi-Kirche (Panajía Stawrofóroon)

(Odhos Mussúru)

Dreischiffige Klosterkirche der Venezianer aus dem 14. Jh., nach dem Typus einer hellenistischen Basilika mit überhöhtem Mittelschiff und Lichtgaden errichtet.

## 9 Metóchia Ajios Matthéos

(Odhos Taxiárchu Makrópulu 42/44)

Ehemalige Kirche des sinaitischen Klostergutshofes (Metóchion), heute inmitten der Neustadt von Iráklion. In der Kirche befinden sich zwei wertvolle *Ikonen,* die dem berühmten kretischen Maler *Michael Damaskenos* (2. Hälfte 16. Jh.) zugeschrieben werden: Die eine stellt *Simeon mit dem Christuskind* dar, die andere *Johannes den Täufer;* in beiden Darstellungen kommt ein stark byzantinischer Charakter zum Ausdruck. Die hochformatigen Ikonen weichen ansonsten von den uns bekannten Werken des Damaskenos erheblich ab: das völlig andere Format und das Fehlen von westlich-venezianischen Einflüssen lassen es fraglich erscheinen, ob man Damaskenos diese Arbeiten zuschreiben darf. Beide Ikonen des 16. Jh. und die anderen Bildwerke lohnen aber den Besuch dieser Kirche. Besonders sehenswert ist die *Ikone der hl. Katharina* (Mitte 17. Jh.) von dem Maler Jerimias Palladas, der sich bei diesem Bildnis ganz von der byzantinischen Tradition löst und die Heilige als abendländische Prinzessin mit dem Rad, dem Werkzeug ihres Martyriums, und der Siegespalme in ihrer Rechten darstellt. (Dieser Typus wurde ganz ähnlich auch von El Greco gemalt).

Der *Ikonostas* im Südschiff ist eine wunderbare kretische Holzschnitzarbeit des 18. Jh. und zeigt oben *14 Festtagsikonen.* Links oben: Elias-Ikone mit zehn Szenen aus dem Synaxarium des Heiligen (1752) und Muttergottes mit Christus (18. Jh.); rechts oben: Kreuzigung Christi (1752) und hl. Paraskeve mit acht Synaxariusszenen (1726), Verspottung Christi; links unten: Christus vor dem Hohenpriester (19. Jh.), rechts unten: Fußwaschung Petri und Simon trägt das Kreuz Christi (rechts oben Mitte: Judas hat sich erhängt, 19./20. Jh.).

## 10 Metropolitenkirche des Ajios Minás

Die Gründung dieser Kirche erfolgte noch während der türkischen Herrschaft am 25. März 1862 – vier Jahre vor der griechischen Revolution von 1866. Die Wirren des Krieges verzögerten bis 1895 die Vollendung des Bauwerks, das 8000 Gläubigen Raum bietet und damit größer ist als die Metropolitenkirche von Athen.

Der Entwurf des orthodoxen Gotteshauses stammt von Athanasios Moússis, der auch die Pläne für die 1872 vollendete Wesir-Moschee (heutige Ajios Títos-Kirche, s. S. 87) angefertigt hat. Die fünfschiffige Anlage mit Vierungskuppel zeigt ein eingeschriebenes lateinisches Kreuz, dessen nördlicher Kreuzarm den hll. Zehn Märtyrern von Gortyn (Ajioi Dhéka) und dessen südlicher Kreuzarm dem hl. Titos geweiht ist. Während die vier Kreuzarme mit Tonnengewölben überspannt sind, erheben sich über den vier Seitenschiffen im Osten je drei und im Westen je zwei Zentralkuppeln. Die Außengestaltung der Kirche zeigt zwar Anklänge an die Neo-Renaissance, ansonsten folgt der Typus ganz den Regeln der byzantinischen Architektur. In der griechisch-orthodoxen Welt gibt es keine moderne Sakralarchitektur im Sinne eines Le Corbusier (Wallfahrtskirche von Ronchamps) oder eines E. Eiermann (Kaiser-Wilhelm-Gedächtniskirche in Berlin). Die Kontinuität der byzantinischen Bauformen hat sich in Griechenland bis zum 20. Jh. erhalten; das Bauamt der orthodoxen Kirche gibt sogar Baupläne von Prototypen heraus, die ihren dogmatischen Forderungen entsprechen. Gleichermaßen werden auch die Innenräume der Kirchen nach wie vor mit byzantinischen Fresken des tradierten ikonographischen Programms ausgemalt, und zwar nicht nur inhaltlich, sondern auch formal.

Die Ausschmückung der Ajios Minás-Kirche erfolgte u. a. unter der Mitwirkung des Nestors der byzantinischen Architekturgeschichte Griechenlands, Athanasios Orlandos, der 1930 den Entwurf für die Bilderwand (Ikonostas) erstellte. Die Fresken der Kirche mit den soteriologischen, mariologischen und hagiologischen Themen wurden erst 1964 von Stélios Kartákis vollendet.

## 11 Kleine Ajios Minás-Kirche

Die kleine Zweiraumkapelle des Ajios Minás besteht aus mindestens drei Baustufen. Der älteste Bauteil dürfte das Nordschiff aus dem 15./16. Jh.? sein, das bereits in dem venezianischen Stadtplan von Werdmüller eingetragen ist. Dieser Kapelle baute man später im Süden ein nach Westen verkürztes Kapellchen mit Narthex an. Besondere Bedeutung erhielt die kleine Ajios Minás-Kirche 1735, als sie Metropolitenkirche von Iráklion wurde, nachdem die altehrwürdige Ajios Títos-Metropolitenkirche zur Wesir-Moschee umfunktioniert worden war (s. S. 88).

Die größte Kostbarkeit sind die *Ikonostasen* (Bilderwände), typisch kretische Holzschnitzereien aus dem Jahre 1735 von Georgios Kastrofílakos, der gemeinsam mit seinem Bruder auch die meisten Ikonen der Bilderwände malte:

## 12 Greco Madonna Acrotiriani

(Standort des ehemaligen venezianisch-griechischen Klosters Odhos Moní Sawathianón)

An der Stelle der Ajía Triádha-Kirche des 20. Jh. lag während der venezianischen Epoche ein großangelegtes Kloster, das nach 1669, während der türkischen Herrschaft über Kreta, profaniert und später vollständig abgerissen wurde.

## 13 Priuli- (auch Delimarkos-)Brunnen

(Odhos Platía Kazantzákis; Abb. 72)

Nachdem die Türken die venezianische Aquäduktleitung zwischen dem Juchtas und Iráklion zerstört hatten, ließ Generalinspektor Antonio Priuli 1666 am nördlichen Stadtausgang, nahe der Dermatás-Bucht, diesen schönen Renaissance-Brunnen errichten: das letzte von den Venezianern in Iráklion gebaute Monument.

## 14 Venezianische San Pietro-Klosterkirche

(Odhos Markaríu)

Ehemalige Klosterkirche der Dominikanermönche aus der ersten Hälfte des 14. Jh., die seit Jahrzehnten als eindrucksvolle Bauruine an der Nordküste, östlich des Historischen Museums, steht und seit Jahren mit viel Eisenbeton rekonstruiert werden soll.

4/97 im Umbau

## 15 Historisches und Ethnographisches Museum

(Odhos Kalokerinú; Öffnungszeiten, s. ›Wissenswertes von A–Z‹)

Zweigeschossiger neoklassizistischer Bau aus der zweiten Hälfte des 19. Jh. Das Gebäude aus dem Besitz der Familie Kalokerinós wurde mit folgender testamentlicher Auflage der Stadt Iráklion geschenkt:

a) das Bauwerk zu pflegen und b) es als Historisches Museum einzurichten. 1952/53 erfolgte der Aufbau der Ausstellung, die thematisch mit der Epoche (frühchristlich-byzantinische Zeit) beginnt, die im Archäologischen Museum nicht mehr berücksichtigt werden konnte und Exponate bis zum 20. Jh. (Nachlaß von Nikos Kazantzákis) zeigt.

### Untergeschoß

Frühchristliche, byzantinische und venezianische Architekturfragmente sowie Grabstelen der jüdischen Bürger Iráklions.

*Historisches Museum, Iráklion*

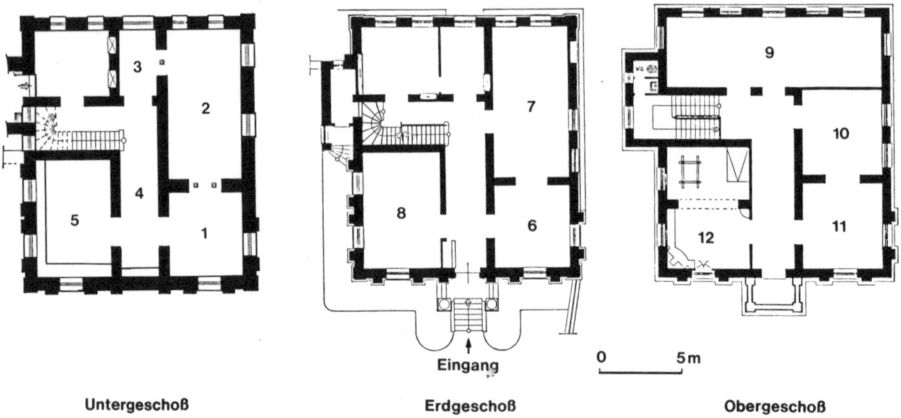

*Raum 1:*
Marmorfragmente von der Innenausstattung der frühchristlichen Metropolitenkirche Ajios Títos in Górtys (Gortyn)/Messará: Ambo, Teilstück des Ciboriums (?), Chorschranken, Kapitelle und monolithische Säulenschäfte. – In der Mitte des Raumes stehen schöne Reliefplatten eines Brunnens aus einem Haus in Iráklion (12. Jh.) mit Jagdszenen – mehrere frühchristliche Grabinschriften. – Über der Tür zu Raum 2: Architrav des mittelbyzantinischen Ikonostas der Ajios Títos-Basilika von Górtys.

*Raum 2:*
Architekturfragmente und Skulpturen der venezianischen Epoche (1204–1669); Eingangsseite (Ostwand): Bogen und Brunnen (an der Nordseite) mit zwölf kleinen Wasserschalen und zwei korinthischen Halbsäulen (16. oder 17. Jh.) aus einem venezianischen Adelshaus; – Westseite: venezianischer Löwe von der Ajios Demetrios-Bastion mit der Inschrift REGNUM CRETAE PROTEGO – Grabplatten venezianischer Adliger (u. a. von Ioánnis Paschaligos mit der Datierung ›AXE‹ = 1605) – oben an der Wand Metopen – Triglyphenfries von der venezianischen Loggia (s. S. 87) mit Darstellungen des venezianischen Löwen und von Kriegstrophäen, – ferner beachtenswert: das älteste uns bekannte venezianische Wappen der Insel aus dem 13./14. Jh. aus Granit mit Kreuz-, Turm- und Greifendarstellung (Nr. 13), – Georgios-Medaillon des 15./16. Jh. vom gleichnamigen Stadttor (Nr. 43), – Relief der hl. Barbara von 1586, – Wappen der Familien Kornáros (Nr. 51) und Mousoúros aus dem 15. Jh. (Nr. 48), Kontaríni (Nr. 50) und der berühmten Familie Kallergis aus dem Jahre 1555 (Nr. 38) mit byzantinischem Doppeladler.

*Raum 3:*
Skulpturen von verschiedenen Kirchen Iráklions und anderer Orte: Renaissanceportalbogen eines venezianischen Hauses – Rundfenster und Engeldarstellung aus der San Francesco-Kirche – an der Südwand: Christuskopf im gotischen Stil (einziges Beispiel auf Kreta!) – Torso einer Onuphrios-Skulptur (am langen Bart und an den Zweigen, die er als Kleidung benutzt, zu erkennen) – Reliefplatte mit fragmentarischer Darstellung ›Das Jüngste Gericht‹ (?), nach Art der Ausschmückung in gotischen Kathedralen.

*Raum 4:*
Inschriften und Grabsteine aus Iráklion und anderen Orten: besonders beachtenswert ist die den byzantinischen Kaiser Johannes VIII. Paläologos (1425–1448) erwähnende Inschrift (an der Nordwand), die an dem türkischen Minbar (Kanzel) der San Marco-Kirche angebracht war (s. Nr. 81), – an der Südwand verschiedene türkische Wandmalereien, die die Belagerung Iráklions von 1645 darstellen, – auf einer Grabstele erwähnt eine Majuskelinschrift bereits für das 7. Jh. eine byzantinische Stadtmauer Iráklions.

*Raum 5:*
Türkische und jüdische Grabstelen. An der Süd- und Westwand ›Kiutachia‹-Kacheln aus der nach Mekka gerichteten Gebetsnische (Mihrab) der Walidhe Sultana-Moschee (ehem. St. Salvatorkirche der Venezianer), – mehrere türkische Grabstelen (der Verstorbene lag im Grab stets auf der rechten Seite und blickte in Richtung Mekka; turbanartige Knäufe am Kopfende kennzeichnen das Grab eines Mannes, eine zylindrische Frauenkopfbedeckung am Fußende markiert das Grab einer Frau), – Dekorplatten mit geometrischen Motiven und Girlanden einer Kanzel (Minbar); die türkischen Stelen stammen vom ehemaligen Stadtfriedhof der Türken, der an der Stelle des heutigen Archäologischen Museums lag.

**Erdgeschoß**
*Korridor:*
Rekonstruktion einer kleinen byzantinischen Kapelle mit Originalfresken aus der Panajía-Kirche in Kardhulianó/Pedhiádha; die vorzüglichen Fresken aus der Mitte des 14. Jh. zeigen stilistische Merkmale der makedonischen Schule. An den Wänden Fotografien verschiedener Landschaften und Denkmäler Kretas (von Nikolaus Creutzburg), – Fres-

kenfragmente: David, Erweckung des Lazarus (aus der Ajios Ioánnis-Kirche in Méssa Karterós/Pedhiádha) und Johannes der Täufer (aus dem Kloster Walsamónero), - Freiheitsfahne von Dheljiannákis aus Arjirúpolis/Réthimnon (1912).

*Raum 6:*
Mittlere und seitliche Vitrinen: Liturgische Geräte aus dem 6. Jh., der frühchristlichen Epoche Kretas, im Südschiff der Ajios Títos-Basilika von Górtys gefunden, - Thron und Lesepult aus dem Kloster Walsamónero/Kainuríu (16./17. Jh.).

*Ikonen der kretischen Malschule,* Westwand (links): Verklärung Christi aus Sklawopúlo/Sélino - Christuskopf von Emanuel Tzane Buniali (1675, konservative Stilrichtung) - über der Tür Geburt Christi (volkstümlich, 18. Jh.) - Erzengel Michael und Apostel Paulus (beide 18. Jh.) - Panagia Hodegetria aus dem Kloster Ajios Pandeleïmon/Malewísi (über dem Lesepult; 18. Jh.); - Ostwand: holzgeschnitzter Ikonostasbalken mit Aposteln und Deesis-Darstellung (Maria, Christus, Johannes d. T.) - Petrus und Paulus mit einem Kirchenmodell (konservativer Stil des 17. Jh.) aus Apóstoloi/Amári - Panagia Hodegetria, repräsentative Ikone des 15./16. Jh. mit späteren Übermalungen (Herkunft unbekannt) - Gottesmutter Zoodhochos Pege von dem Mönch Christophoros (1655) aus dem Frauenkloster Sawathianá/Malewísi - an der anschließenden Wand eine weitere Ikone aus diesem Frauenkloster: Beweinung Christi (von dramaturgischem Ausdruck, 17. Jh.) - Panagia Zoodhochos Pege mit zwei Engeln aus der Ajios Ioánnis von Armenien-Kirche in Iráklion (ebenfalls 17. Jh., jedoch von minderer Qualität als die Ikone von 1655).

*Raum 7:*
Links und rechts der Tür Bischofsstäbe und ein kostbares Gewand - Ikonen aus dem aufgelösten Kloster Panajía Guwerniótissa außerhalb von Potamíes/Pedhiádha (ehemaliges Metochion des hl. Grabes in Jerusalem): Thronender Christus umgeben von den vier Evangelistensymbolen und dem hl. Georg, der den Drachen tötet (konservativer Stil der kretischen Schule, Anfang 17. Jh.), - rechts daneben: Georgios zu Pferde, Geburt Christi, Hadesfahrt (alles volkstümliche Arbeiten des 18. Jh., - links: Johannes der Täufer (volkstümlich, 19. Jh. (Nr. 279) - ferner Panagia Zoodhochos Pege (Nr. 738) und Epitaphios (Nr. 285) aus dem Ende des 16. Jh., - Muttergottes mit Christus in einem Baum, umgeben von Propheten, von dem Maler Kalakis, Ende 17. Jh. (Nr. 275), - Königstür mit den Hierarchen: Basileios d. Gr. und Johannes Chrysostomos (Ende 17. Jh.), - Konstantin und Helena Ende 16. Jh. (Nr. 276) - Marientod (vorzügliche Qualität des 16. Jh.). Zwischen den Vitrinen: große Christus-Ikone aus der Ajios Ioánnis-Kirche in Pighadhákia/Kainuríu (idealisierte Schönheit von intensiver Unruhe).

*Vitrinen 3 und 4:* Venezianisch-kretische Keramik aus Iráklion und Katerós (auf einer Kachel seltene Darstellung von Landhäusern und Schlössern). - *Vitrine 5:* Holzgeschnitzte Kreuze mit christologischen Szenen (17. Jh.), Amulette, Miniaturikonen, Ton- und Holzstempel für das Abendmahlbrot (mit schönen Kreuzsymbolen), frühchristliche Öllampen aus Kupfer mit kreuzförmigen Griffen (auf einem Griff das Wort *Φῶς* = Licht), Kupferkreuz aus der 1. byzantinischen Epoche Kretas; byzantinische Gewichte (mit Buchstaben), türkische Gewichte für Goldmünzen. - *Vitrine 6:* Holzgeschnitzte Kreuze von höchster Qualität, mehrere Evangeliare (auf den Silberdeckeln verschiedene Darstellungen: Kreuzigung, Auferstehung und Propheten mit den vier Evangelisten; auf einem Deckel die Inschrift mit dem Namen des Mönches: ›Methódios Ieromónachos‹, 1853). - *Vitrine 7:* Liturgische Gewänder und Holzkreuze aus dem Kloster Assómatos/Amári, auf einem Kreuz ist die seltene Szene: ›Der thronende Alte der Tage‹ dargestellt. - *Vitrine 8:* Byzantinischer und venezianischer Schmuck, venezianische Amtsketten, Ringe, Siegel, venezianische Gold- und Silbermünzen, kugelförmiger Ohrring in Drahttechnik mit Granulation (byzantinisch, 11. Jh.), birnenförmiger Ohrring mit Glasperlen (venezianisch, 17. Jh.), goldener Ohrring und Anhänger aus Amethyst (7. Jh.), goldene Kreuze (7./8. Jh.), bogenförmiger Ohrring mit Perlen in Zellenschmelztechnik (10./11. Jh.), Fragmente von Steatitplättchen mit figuralen Darstellungen: Moses, Erweckung des Lazarus, Christus Emanuel. – *Vitrine 9:* Kupferkreuz (16. Jh.) mit Kreuzigung Christi und den vier Evangelistensymbolen aus dem Kloster Ajios Ioánnis Theólogos außerhalb von Kritsá/Merambéllo; Kupfertäfelchen mit Inschrift aus Kappadokien, venezianische Kleinplastiken aus Kupfer, Gebrauchsgegenstände (Nadeln, Scheren, Türklopfer etc.), Miniaturikonen. – *Vitrine 10:* Beachtenswerte Münzsammlung: byzantinische Kupfermünzen von Konstantin d. Gr. (324–337) bis Konstantin VII. (913–959) und aus der Zeit von Basileios II. (976–1025/Rückeroberung Kretas durch Nikephoros Phokas) bis zu Alexios I. Komnenos (1081–1118), arabische Münzen (wichtigste Quelle der arabischen Herrscherfolge, wurde von Georg Miles rekonstruiert). – *Vitrine 11:* Byzantinische Münzen, die alle als ›Schatz‹ in dem Dorf Ajios Parakiés/Pedhiádha gefunden wurden: Silbermünzen von Johannes II. Komnenos (1118–1143) und Manuel I. Komnenos (1143–1180), von ihm fand man auch Kupfermünzen; Goldmünzen von Nikephoros II./Phokas (963–969) und von Basileios II. (976–1025), venezianische Münzen aus der Zeit des Dogen Giovanni Dandolo (1280–1289) bis zur Epoche des Andrea Gritti (1523–1538), Goldmünzen des 15. Jh.

*Raum 8:*
Exponate der venezianischen und türkischen Epoche sowie der Zeit des kretischen Staates (Politia) von 1898–1908: Venezianische Rüstungen aus Eisen (Brustharnisch, Schwerter, Steigbügel u. a.) – Waffen aus der Zeit der türkischen Belagerung von Iráklion (1648–1669) – Feldzeichen der sieben Janitscharen-Orden – türkische Ernennungsurkunden (u. a. für die kretischen Metropoliten Meletios und Kallinikos) – Schreiben des Patriarchen Anthimos an das Kloster Kerá Kardhiótissa/Pedhiádha – Lithographien: Sprengung des Klosters Arkádhi während des Aufstandes 1866–69 und Einsetzung der türkischen Herrschaft – verschiedene Porträts von kretischen Widerstandskämpfern – Ornat und Büroeinrichtung des ersten Gouverneurs von Kreta: Prinz Georg, Sohn des griechischen Königs Georg II. (von Dänemark).

**Obergeschoß**
*Treppenhaus:*
Glocke aus Sitía von 1625 – ›Gorgona‹ (Galionsfigur) – Freiheitsfahne von Kosmadhákis aus Kaléssa bei Iráklion (1897) – Freskenfragment einer Melismos-Darstellung aus der Ajía Fontiní-Kapelle in Kálloni.

*Zwischengeschoß:*
Im Korridor fotografische Dokumentation der ›Schlacht um Kreta‹ im Mai 1941. – *Rechter Raum:* Privatbibliothek mit Arbeitstisch und vielen persönlichen Gegenständen des griechischen Premierministers *Emanuel Tsudheros,* der während des Zweiten Weltkrieges mit seiner Exilregierung in Kairo lebte, – im selben Raum ferner: wertvolle historische Kretakarten, Stadtansichten, alte Bücher (z. B. Fl. Cornelio: ›Creta Sacra‹ von 1755) – Briefmarkensammlung des kretischen Staates – Reisebeschreibungen des 18./19. Jh. – Bildatlas von Francesco Basilicata (1651) – ›Charta von Righas Fereos‹ von 1797 (Ende der Republik Venedig!) – verschiedene Kupferstiche des 10.–17. Jh. – *Linker Raum:* Bibliothek und Arbeitszimmer von *Nikos Kazantzákis* mit vielen persönlichen Gegenständen des kretischen Dichters, die er dem Museum testamentarisch vererbt hat. Eine museumspädagogisch glänzende Ausstellung über den Dichter, der auch viele Theaterstücke geschrieben hat, gibt es seit 1983 in dem kleinen Dorf Myrtiá (Warwári), in dem seine Eltern gelebt haben (s. S. 343).

*Korridor:*
Kretische Trachten: Die typische Männertracht mit Pluderhosen (›wrákes‹), hohen Stiefeln und dem Kopftuch mit Fransen (›saríki‹ oder ›mandíli‹ genannt); Frauentracht mit einfarbigem Rock (›fústa‹), Schürze und Bolero (›zipóni‹), darüber die Jackenbluse (›sákkos‹).

*Raum 9:*
Volkstümliche Webarbeiten des 17.–19. Jh., bemalte Wäschetruhen, kretischer Schmuck.

*Raum 10:*
Kretische Handarbeiten, gewebte Stoffe, seltene Musikinstrumente, bemalte und geschnitzte Truhen, Hochzeitsbrote u. a.

*Raum 11:*
Haushaltsgegenstände, Webstoffe, Schränke, Kohlenbecken u. a.

*Raum 12:*
Kretische Wohnstube mit vollständiger Haushaltsausstattung: Haus-Ikonostas, Bettkasten, offener Herd, Webstuhl u. a.

4/97

!!

### 16 Ikonenmuseum (ehemalige Ajía Ekateríni-Kirche)

(Platía Ekateríni; Öffnungszeiten, s. ›Wissenswertes von A–Z‹)

Die heute profanierte Ajía Ekateríni-Kirche gehörte zu der Metochion des berühmten Katharinenklosters vom Berg Sinai. Nach dem Fall Konstantinopels 1453 beginnt auf der von den Venezianern beherrschten Insel die kretische Renaissance, die erst 1669 durch die türkische Eroberung beendet wird. Schon Mitte des 15. Jh. begann die Metochion des Katharinenklosters, ähnlich einer Universität, mit ihrem Lehrauftrag. 1555 entstand die Ajía Ekateríni-Kirche als Zentrum der Metochion in Iráklion; der strenge Baukörper (ehemals mit Fresken ausgeschmückt!), nach venezianischer Art errichtet, ist fast unversehrt erhalten geblieben.

Das tonnengewölbte Bauwerk erhebt sich über dem Grundriß eines lateinischen Kreuzes und wurde in der zweiten Hälfte des 16. Jh. durch das den hll. Zehn Märtyrern von Kreta (Ajioi Dhéka) geweihte Parekklesion im Norden erweitert. Dieser Bauteil zeigt bei der Kuppelkonstruktion eine interessante Mischung aus venezianischen und islamischen Architekturgliedern: während die Tambourkuppel von kräftigen gotischen Rippen unterstützt wird, ruht der Tambour nicht auf Pendentifs, sondern auf den bei Moscheebauten üblichen Trompenkonstruktionen, die hier zusätzlich von gotischen Rippen getragen werden.

In dieser Bildungsstätte erblühte im 15./16. Jh. die neugriechische Kultur auf Kreta. Theologie, Philosophie und Rhetorik, Malerei und geistliche Musik wurden gepflegt. In der Klosterschule der hl. Katharina erhielten viele berühmte Männer ihre Ausbildung, u. a.: der Patriarch Meletios Pigas von Alexandrien, der Patriarch Kyrillos Lukaris von Konstantinopel, der Bischof Maximos Margunarios von der Insel Kythira, aber auch der Gelehrte Gerasimos Blachos und die Schriftsteller-Philosophen Meletios Chortatzis (Verfasser der Tragödie ›Erophilis‹), Vitzéntzios Kornáros (Verfasser des Dramas ›Das Opfer des Abraham‹ und des romantisch-heroischen Romanes ›Erotokritos‹) sowie Meletios Syrigos, die alle eine starke Wirkung auf andere europäische Universitäten gehabt haben.

**Die Sammlung und ihre Exponate**
(Die Bildwerke sind nicht numeriert)

1997: Kirche renoviert, neue Anordnung der Bilder

**Westlicher Kreuzarm**
*Westwand:*
1 *Christusikone,* als Halbfigur frontal dargestellt mit geschlossenem Evangelienbuch und Segensgestus; kein idealisierter Gesichtstypus, frei geführte Pinselstriche markieren die Lichter unter den Augen, auf der Stirn und dem Hals. 15. Jh., aus Ghúwes.

*Nordwand:*
2 *Anbetung der Könige* (Farbabb. 39). Ikone von *M. Damaskenos,* 16. Jh.; repräsentatives Tafelbild mit vielen westlichen Einflüssen: hier werden nicht nach byzantinischer Tradition die Magier, sondern nach italienischer Ikonographie die hl. Drei Könige dargestellt, der König mit der Zackenkrone wirkt wie ein Porträt des italienischen Manierismus, ebenso ist die Raumtiefe des Bildes ganz italienisch; byzantinisch lediglich noch: der völlig anaturalistische Tafelberg und der fassungslose Joseph.
3 *Christus erscheint Maria Magdalena* (Noli me tangere) und *Wunder des hl. Phanurios* (Farbabb. 40), zwei Darstellungen auf einer Ikone von *Angelos Akontatos (?),* 15. Jh.; überaus sorgfältige Ausführungstechnik mit geschmeidiger Modellierung der Gestalten und hoher Eleganz ihrer Bewegungen bei

*Ikonenmuseum von Iráklion in der Ajía Ekateríni-Kirche. Nach G. Gerola, Bd. 2, S. 209, Fig. 180, mit Ergänzungen*

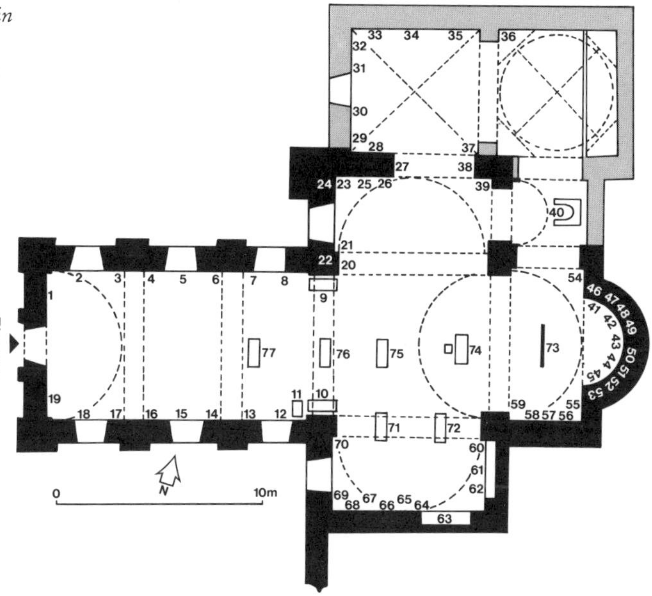


zarten, fast ausgezehrten Gesichtern. A. Akontatos greift hier die Tradition vom Ende des 14. Jh. auf und schafft ein vollendetes Bildwerk von erstrangiger Qualität. Aus dem Kloster Odhijítria/Kainuríu.

4 *Phanurios-Ikone,* deren unterer Teil mit dem besiegten Drachen abgeschnitten ist; die jugendliche Gestalt des Heiligen zeigt ein stark idealisiertes anmutiges Gesicht von melancholischem Ausdruck; die geschwungene Körperhaltung, die Vorliebe für Details bei der Haartracht und der Rüstung weisen dieses Meisterwerk in die letzte Phase der paläologischen Kunstrichtung. 15. Jh., aus dem Kloster Odhijítria/Kainuríu.

5 *Abendmahl-Ikone* von *M. Damaskenos,* 16. Jh. (Farbabb. 21), ein ganz und gar italienisches Bildwerk mit Reminiszenzen byzantinischer Kunst: die richtige perspektivische Erfassung des Raumes und selbst die des Tafelgeschirrs sowie die beiden Diener im Vordergrund und der Diener rechts oben, der zur Tafelrunde schaut, entsprechen der italienischen Malweise des 16. Jh.; auch die lebendig gestaltete Tischrunde, die gelöst plaudernden Apostel sind der byzantinischen Kunst fremd; nur der Apostel Petros (l. von Christus) und der Apostel (Andreas?) rechts an der Tischecke gehören der byzantinischen Formensprache an.

6 *Wurzel Jesse,* Stammbaum Christi, der von David ausgeht, Christus sitzt auf dem Schoß der Gottesmutter. Ende 17. Jh. (1703?), aus dem Ajios Ioánnis-Kloster in Anópolis/Pedhiádha.

7 *Wurzel Jesse,* 1692, aus der Panajía-Kirche in Kitharídha/Malewísi.

8 *Gottesmutter des brennenden Dornbusches* (Theotokos he Batos) von *M. Damaskenos,* 16. Jh.; symbolische Darstellung der Jungfräulichkeit der Gottesmutter, im erzählenden Stil, verbunden mit Episoden aus dem Leben Moses': ganz italienisch ist im oberen Teil die Übergabe des Gesetzestafeln an Moses; diese Wolkenkomposition gemeinsam mit dem ›brennenden Dornenbusch‹ darzustellen, ist eine Erfindung der italienischen Kunst. Anders als sonst bei den Werken von Damaskenos ist hier der Anteil an Elementen byzantinischer Formensprache groß: so sind die anaturalistischen Tafelberge,

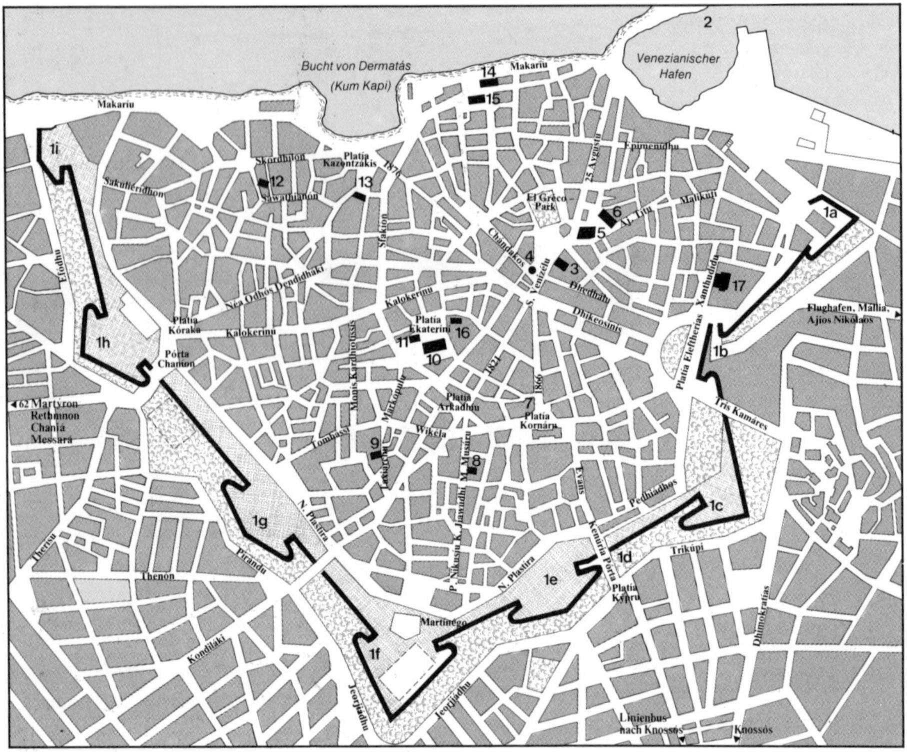


*Stadtplan von Iráklion*

die zerschrundeten Felsspalten und die doppelte Gestalt des Moses im Vordergrund typisch byzantinisch; die Modellierung der Falten am Gewand der Gottesmutter gehört sogar der rein kretischen Tradition an. Im einzelnen sind folgende Szenen dargestellt: Im Vordergrund löst Moses seine Sandalen und lauscht links daneben der Stimme des Engels aus dem Dornbusch; links (miniaturhaft): Quellwunder des Moses; rechts: Anbetung des Goldenen Kalbes durch die Israeliten, dahinter auf dem Berggipfel: Grablegung der hl. Katharina auf dem Berg Sinai.

9 *Vitrine* mit liturgischen Geräten des 18./19. Jh.

*Südwand:*

10 *Vitrine*, oben: Silberne Buchdeckel mit Evangelienszenen; Mitte: holzgeschnitzte liturgische Kreuze mit Evangeliendarstellungen und Kreuze mit Silberdrahttechnik; unten: diverse liturgische Kelche aus verschiedenen Edelmetallen.

11 *Noli me tangere* (Mi mu aptu) von *M. Damaskenos,* 16. Jh.; Christus begegnet Maria Magdalena im Garten Gethsemane, Meisterwerk, in dem italienische und byzantinische Elemente miteinander verschmelzen. Byzantinisch sind die kristallinischen Tafelberge, der Felsen mit dem Grab und der erzählende Stil mit verschiedenen Einzelszenen, besonders die Gestalt Christi mit den in Gold aufgetragenen Lichtern (Chrysographie). Dem byzantinischen Ausdruck Christi steht die dem italienischen Schönheitsideal entsprechende Maria Magdalena gegenüber, ihr goldenes Lockenhaar verweist auf den italienischen Manierismus des 16. Jh.; ebenfalls

HOTEL
ΠΑΝΔΟΧΕΙΟΝ
HOTEL ACROPOL

44 Feldarbeit südlich von Chándras/Sitía

◁ 43 Kretische Fischer in Ajía Galíni/Ajios Wassílios

45 Drescharbeit nahe Kritsá/Merambéllo

46, 47 Heimkehr nach der Arbeit, Ostkreta

48–51 Kretische Bauern (48 Axós/Merambéllo, 49 Apóstoloi/Amári, 50 Kloster Agharéthus/Iráklion, 51 Nídha-Hochebene)

53 Frangokástello an der Südküste/Sfakiá

◁ 52 Eine Kreterin in Kritsa/Merambéllo

54 Südküste bei Frangokástello/Sfakiá ▷

55 Nídha-Hochebene/Zentralkreta im Winter ▷

56–59 Kretisches Handwerk (56 Weben in Axós/Merambéllo, 57 Bäcker in Dhafnés/Témenos, 58 Meiler in der Messará, 59 Töpferei in Margharítes/Mylopótamos)

60 Lassíthi-Hochebene

61 Psychró-Grotte auf der Lassíthi-Hochebene

62 ›Bärengrotte‹ bei Moni Ghuwernéto/Kydonía

63 Süßwassersee Kurnás/Apokóronas in Westkreta

64 Westküste bei Falássarna/Kíssamos

65 Ostküste bei Waï/Sitía

66 Südküste bei Mátala/Pirjiótissa

68 Palmenstrand bei Waï/Sitía ▷

67 Südküste bei Sújia/Sélino

italienisch ist die perspektivische Verkleinerung der Einzelszenen, die innerhalb des Ganzen zur Miniaturmalerei werden. Im einzelnen sind dargestellt, rechts oben: die Frauen mit dem Engel am leeren Grab, in dem das Leichentuch und das Schweißtuch liegen; darunter: Christus begegnet der Gottesmutter und einer anderen Frau; links oben der Kalvarienberg.

12 *Deesis-Ikone.* Harmonische Gesichtsmodellierung mit feiner Abstimmung von kräftigen Farben; freie Linienführung mit weißen Lichtern, Anfang 15. Jh., aus der Panajía-Kirche in Jerakári/Amári.

13 *Allerheiligen-Ikone* (Hagioi Pantes), Teilszene aus ›Das Jüngste Gericht‹ (Deutera Parusia), Ende 16. Jh.; Erzbischöfliche Sammlung.

14 *Das ökumenische Konzil von Nikaia* (325). Ikone von *M. Damaskenos* aus dem Jahre 1591, die nur wenig italienische Einflüsse zeigt. Die im Halbrund sitzenden Bischöfe und Herrscher und das Evangelienbuch auf dem leeren Thron entsprechen byzantinischen Vorbildern, die sich bis ins 9. Jh. nachweisen lassen. Auch der von Kaiser Konstantin verurteilte Ketzer Arius in einer Art halbkreisförmiger Höhle (am unteren Bildrand) und Christus, der (im Hintergrund) Petrus von Alexandrien erscheint, gehören zur byzantinischen Formensprache. Italienisch hingegen sind die Darstellung eines Papstes mit der Tiara (am Konzil von Nikaia hat kein Papst teilgenommen) und die westliche Krone Konstantins, der ansonsten die typische byzantinische Kaisergewandung trägt.

15 *Das Jüngste Gericht* (Deutera Parusia). Zweite Hälfte 17. Jh., aus dem Pandaleïmon-Kloster/Malewísi.

16 *Die hl. Liturgie,* Kopie der gleichnamigen Ikone von *M. Damaskenos* (s. Nr. 17) von sehr trockenem Ausdruck und starker Schematisierung, Stil der *kretischen Malschule,* 1704; aus dem Ajios Ioánnis-Kloster in Anópolis/Pedhiádha.

17 *Die hl. Liturgie.* Ikone von *M. Damaskenos,* 16. Jh.; traditioneller Stil der kretischen Malschule, dennoch durch und durch italienisches Werk, das kaum byzantinische Einflüsse zeigt; hätte Damaskenos diese Ikone nicht signiert, so würde man hier die Hand eines italienischen Künstlers vermuten. Die Anordnung der sechs- und vierflügeligen Engel um die Mitte mit Gottvater, Christus und der Taube des hl. Geistes als Dreifaltigkeit, ist der byzantinischen Kunst völlig fremd und entspricht Gestaltungsprinzipien der Renaissance.

18 *Enthauptung des Prodromos,* Ikone von demselben Künstler, der ›Die hl. Liturgie‹, (Nr. 16), gemalt hat, um 1700; aus dem Ajios Ioánnis-Kloster in Anópolis/Pedhiádha.

*Westwand:*

19 *Christus Pantokrator;* Christus-Typus wie Nr. 1, 17. Jh., aus der Panajía-Kirche in Kassános/Pedhiádha.

**Nördlicher Kreuzarm und Parekklesion Ajioi Dhéka**

*Wandmalereifragmente* aus der nur noch ruinös erhaltenen Panajía-Kirche in Pátso/Amári; Malereien, die zu den großartigsten Beispielen der *makedonischen Stilrichtung* auf der Insel Kreta gehören, Anfang 14. Jh.

| | |
|---|---|
| 20 Hl. Nikolaus<br>21 (unten) Petros<br>22 (oben) Paulus<br>23 Petros<br>24 Andreas<br>25 Erzengel Michael | } Fragmente aus der Himmelfahrt Christi |

26 Hl. Anastasia und hl. Paraskeue (?)

27 Hl. Nikolaus

28 Die ankommenden Magier (Fragment aus der Geburt Christi)

29 Christuskopf (Fragment aus der Himmelfahrt)

30 Soldaten (Fragment aus dem Judasverrat)

31 Basileios d. Gr., Gregorios der Theologe, Johannes Chrysostomos

32 Christus (bartlos) im Clipeus aus der Platytera-Darstellung

33 Zwei frontal dargestellte Hierarchen

34 Hl. Petros, Erzengel Michael und Maria (Fragment aus der Himmelfahrt)

35 Vier überlebensgroße Soldatenheilige: Theodoros von Tyron, Theodoros Stratilatis, Demetrios und Georgios

36 Apostelkommunion (Metadhosis)

*Christuskopf aus der Himmelfahrt, makedonische Malerei (Anfang 14. Jh.). Aus der Panajía-Kirche in Pátso/Amári, heute Ikonenmuseum Iráklion*

37 Ein Kirchenvater

38 Kopffragment eines Eremiten-Heiligen

39 Geburt des Prodromos; 1670 gemalte Ikone, die 1804 übermalt wurde – aus dem Ajios Ioánnis-Kloster in Anópolis/Pedhiádha.

40 Wiederaufgebaute Apsis mit Freskenfragmenten aus zwei verschiedenen Kirchen: Apsiswölbung mit Christus aus der Deesis, 13. Jh., aus der Panajía-Kirche in Preweliană/Monofátsi; zylindrischer Teil der Apsis: zwei Kirchenväter Basileios (?) und Gregorios, Anfang 14. Jh., aus der Panajía-Kirche in Pátso/Amári.

**Altarraum**

41, 42 u. 44, 45 Sehr selten dargestellte alttestamentliche Themen; volkstümliche Malerei des 19. Jh., Erzbischöfliche Sammlung.

41 Opferung Isaaks

42 Davids Prophezeiung über Salomon

43 Geburt Christi; typisch kretische Miniaturdarstellung vom Ende des 16. Jh.

44 Joseph flieht vor Potiphars Frau

45 Kain erschlägt seinen Bruder Abel

46–53 Acht Festtagsikonen (obere Hängung) aus einem Ikonostas des Klosters Kerá Kardhiótissa/ Pedhiádha

46 Tempelgang Mariens

47 Verkündigung an Maria

48 Darbringung im Tempel

49 Erweckung des Lazarus

50 Einzug in Jerusalem

51 Kreuzigung Christi

52 Himmelfahrt Christi

53 Pfingsten

54–58 Ikonen der Erzbischöflichen Sammlung Kretas:

54, 55 Ikonostastür mit lebensgroßer Darstellung der Muttergottes (links) und des hl. Johannes, 17. Jh.

56 Hl. Charalambos-Ikone mit Szenen aus seiner Vita, 18. Jh.

57 Allerheiligen-Ikone (Ausschnitt aus Deutera Parusia), traditionelle kretische Darstellung vom Ende des 16. Jh.

58 Christus vor Hannas, volkstümliche Ikone aus dem 18./19. Jh.

59 Ikone des hl. Georgios mit Szenen aus dem Synaxarium des Heiligen, 1760; Ajios Ioánnis-Kloster in Anópolis/Pedhiádha.

**Südlicher Kreuzarm**

*Ostwand:*

60 Hl. Onuphrios-Ikone, Anfang 16. Jh., Ajios Pandeleïmon-Kloster/Melewísi

61 Ikonostastür mit den Aposteln Petrus und Paulus, volkstümliche Arbeit des 19. Jh., Erzbischöfliche Sammlung

62 Johannes der Theologe und Prochoros; typisch kretische Ikone aus der Zeit um 1700 (derselbe Künstler wie Ikonen Nr. 16 und 18), Ajios Ioánnis-Kloster Anópolis/Pedhiádha

*Südwand:*

63 Panagia Glykophilusa (›das Kind liebkosende Maria‹) aus der letzten Phase (1721) der kretischen

Malschule; stark schematisierte und herbe Gesichtszüge bei feiner Modellierung; Kloster Kerá Kardhiótissa/Pedhiádha

64–68 Ikonen aus der Ajios Jeórjios-Kirche in Porós/Iráklion aus dem 17. Jh. mit stark westlichen Einflüssen; anmutige Gestalten mit zarten Grünschattierungen und weißen Lichtern

64 Hl. Anastasia

65 Theotokos Brevokratousa
66 Christus Pantokrator
67 Johannes der Täufer
(65–67) haben Wirkung und Funktion einer Deesis-Darstellung

68 Kreuzigung Christi, volkstümliche Malerei von 1857; Erzbischöfliche Sammlung

*Westwand:*

69 Hl. Minas, Stadtheiliger von Iráklion mit Szenen seiner Vita im erzählenden Stil, 1734, Erzbischöfliche Sammlung

70 Gregor Dialogos (der spätere Papst Gregor I., 590–604) mit dem Gründer des Andreas-Klosters auf dem Monte Celio, 17. Jh.; Frauenkloster Sawathianá/Malewísi

71 Vitrine: Liturgische Gewänder mit kostbaren Stickereien – Epitáphios (liturgisches Tuch mit dem Bild des toten Christus auf dem Salbstein) – Phailóni (Überwurf – Meßgewand) – 3 Amphion (Priestergewänder mit edlen Stickereien des 18. Jh.) – Priesterstola (Epitrachílion) mit figuralen Stickereien: sechs Apostel unter Arkaden (Johannes, Matthäus, Lukas, Markus, Petrus und Paulus)

72 Vitrine: zwei Priestergewänder mit typisch kretischen Stickereien, Wende 18./19. Jh.

*Vitrinen im Langhaus:*

73 Holzgeschnitztes Kreuz des Ikonostas aus der orthodoxen Ajía Ekateríni-Kirche mit gekreuzigtem Christus und den vier Evangelisten (Ende 18. Jh.)

74 Epitáphios (das ›Heilige Grab‹), eine holzgeschnitzte und bemalte Trage, in der am Karfreitag das Grabtuch Christi (der ›Leichnam Christi‹) hineingelegt wird; 1793, aus der Kleinen Minás-Kirche in Iráklion.

Davor steht ein Artophorion (›Brotkasten‹) für das heilige Brot. Der mit Arkadenbögen, unter denen die Apostel und Christus stehen, geschnitzte und bemalte Holzkasten stammt ebenfalls aus der Kleinen Minás.

75 Illustrierte Evangelienhandschriften des 16. Jh. aus dem Ajios Antónios-Kloster von Epanosífi/Monofátsi – Vier Miniaturen und Epititla (Evangelistenporträts vor den jeweiligen Evangelien, 16. Jh.).

76 Liturgische Bücher des 18. Jh. (teilweise sehr frühe Drucke) – byzantinische Münzen; Erzbischöfliche Sammlung.

77 Liturgische Handschriften des 15./16. Jh. und des 18./19. Jh. (u. a. ›Theophylaktou‹ aus dem Jahre MDXLII = 1652), repräsentativ für die kretische Kodikographie; Erzbischöfliche Sammlung.

## 17 Archäologisches Museum

(Odhos Xanthoudidou; Öffnungszeiten, s. ›Wissenswertes von A–Z‹)

(Römische Ziffern: Säle, arabische Ziffern: Vitrinen, wie sie im Museum angegeben sind; OF = Oberes Fach, MF = Mittleres Fach, UF = Unteres Fach)

> Die Sammlungen des Museums werden z. Zt. neu aufgebaut. Bis zur Beendigung dieser Arbeiten entsprechen die hier gemachten Angaben nicht der ständig wechselnden Aufstellung der Vitrinen.

### Erdgeschoß

*Saal I:*

**Neolithische Epoche und minoische Vorpalastkultur**

1 Handgeformte und im offenen Feuer gebrannte Keramik (meist poliert, mit eingeritzten Linearmotiven) aus neolithischen Häusern von Knossós; Gefäße der spätneolithischen Zeit; neolithische Idole einer Göttin, miniaturhafte Votivtiere, becherförmige und konische Kultgefäße. Äxte, Keulen und Knochenwerkzeuge, teilweise aus der Eileithýia-Höhle aus Lató und Zákros in Ostkreta,

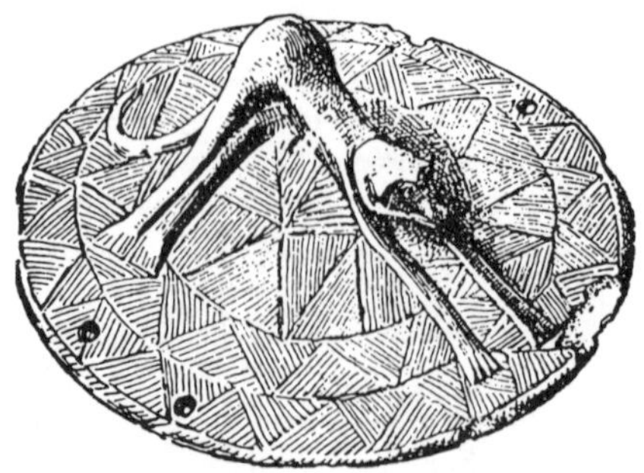

*Deckel einer Stein-Pyxis aus Maroniá*

ferner von Fundorten in der Messará (z. B. Festós), aber auch aus Týlissos.

2 Neolithische Gefäße aus den unteren Schichten des Zentralhofes von Knossós; subneolithische Gefäße aus Furní/Merambéllo (2. Fach v. o.); Adorant aus Knossós und Funde aus Festós (Siebgefäß mit roten Farbspuren, Adorantin, kultische Tritonmuschel u. a.).

3 Keramik der frühen Vor-Palastzeit aus den Gräbern von Kiparíssi und Pýrgos; konische Gefäße (auch ›Abendmahlskelche‹ genannt) mit zarten Verzierungen in Form von Kanneluren, Halbkreisen etc. des Pýrgos-Stils; Kannen und Becher (2. Fach v. u.) mit einfachen linearen Ornamenten des ›Onoúphrios-Stils‹.

4 Keramik der Vor-Palastzeit aus den Rundgräbern von Lebéna (Léndas) im Onoúphrios- und Pýrgos-Stil; die vielen gegenständlichen Plastiken (Tiere, Früchte, Schiffe etc.) verdeutlichen den Phantasiereichtum der minoischen ›Handwerker‹; interessant ist der zweiteilige Keramik-Topf‹ (2. Fach v. u.), dessen Henkel in Form von kultischen Stiersymbolen modelliert sind.

5 Funde aus dem Tholosgrab von Lebéna, – OF: Kykladenidole und Keramik; MF: Kykladenidole, Steingefäße, Keramik und Schmuck; UF: Steinperlen, Ketten und Speerspitzen aus Bronze.

6 Keramik der Vor-Palastzeit aus Wassilikí (nahe Ierápetra): charakteristisch sind Krüge und Kannen mit schnabelartigen Ausgüssen; die schwarzrot gefleckte Färbung verschiedener Nuancen, entstanden durch ungleichmäßiges Brennen der Scherben (›geflammte Ware‹) ist typisch für den ›Vassiliki-Stil‹ (benannt nach dem Fundort), der vorwiegend in Ostkreta zur Anwendung kam (s. a. die vielen Vergleichsstücke im Museum von Ajios Nikólaos, S. 156).

7 Kunstvolle Gefäße aus zumeist kretischen Steinen (Alabaster, Konglomerat, Serpentin, Steatit etc.) aus den Gräbern von Móchlos. Die Stein-Pyxis (grüner Schiefer) mit einem Deckel, auf dem ein liegender Hund als Griff angebracht ist (Káto Zákros), und ein zweiter Deckel mit kunstvollen plastischen Spiralmotiven aus Maroniá waren wohl als Schmuckkästchen im Gebrauch; beides sind Meisterwerke der frühen minoischen Steinschneidekunst und stammen wahrscheinlich vom selben Künstler. Ein Fragment eines ähnlichen Gefäßes wurde vor wenigen Jahren in Archánes gefunden.

8 Keramik der späten Vor-Palastzeit aus Wassilikí und den Gräbern von Móchlos: Bänder, Spiralen, stilisierte Fische etc. in weißen und roten Farben auf schwarzem Grund gemalt. UF: rundplastisches Rhytongefäß, das wahrscheinlich die ›Große Muttergottheit‹ mit entblößten Brüsten darstellt; Modell eines heiligen Schiffes, Kulthörner etc.

9 Gefäße im ›Barbotine-Stil‹ aus den Rundgräbern der Messará-Ebene; UF: Bronzeschale mit zwei Griffen und Keramikschale mit eleganter linearer Bemalung auf der inneren Fläche; besonders schön ist die Schnabelkanne mit Henkel (Nr. 5775).

10 Becher, Kannen, Obstschalen etc. aus der minoischen Siedlung bei Palékastro: Wichtig (UF) die schöne Votivschale mit plastischem Innendekor in Form einer Tierherde mit Hirten (›Hirtenschale‹).

11 Vor-Palastzeitliche Stein- und Elfenbeinsiegel aus den Rundgräbern der Messará. Mit den teils vollplastisch gearbeiteten Siegeln in Form von Tieren (Tierköpfe, Äffchen etc.) verschloß man Vorratsgefäße, Türen, Kisten u. a., sie wurden oft auch als Amulette getragen. Das zylinderförmige Siegel (Inv.Nr. 1098) stammt von dem babylonischen König Hammurabi (1792–1750 v. Chr.) gefunden in dem Tholosgrab B bei Plátanos/Messará. Wertvolle Elfenbeinsiegel fand man auch in der Nekropole Furní von Archánes: Das 14seitige Elfenbeinsiegel (Nr. 2260) ist eines der ältesten minoischen Schrift-

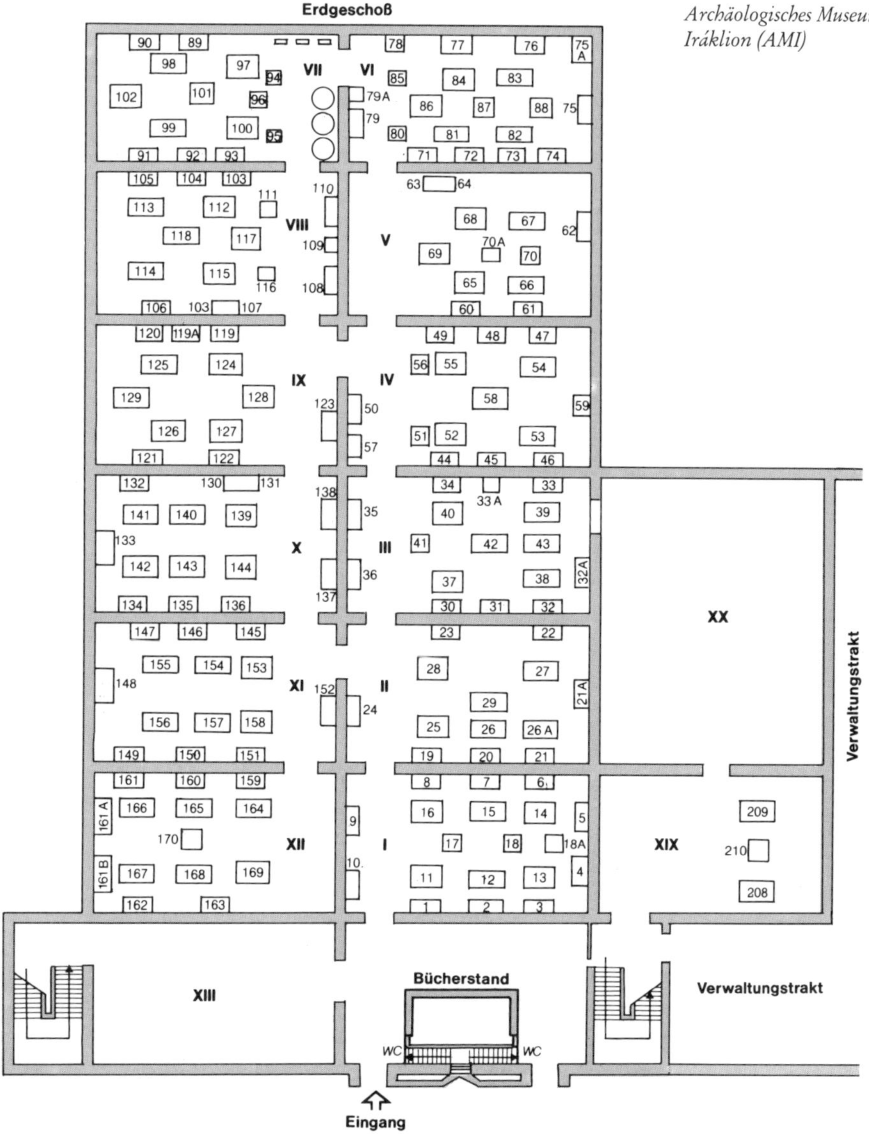


*Archäologisches Museum, Iráklion (AMI)*

denkmäler und zeigt früheste *Pferdedarstellungen* der minoischen Epoche; besonders reizvoll ist das Elfenbeinsiegel in Form einer Fliege (Nr. 2251), das wohl als Amulett getragen wurde.

12 Kultgefäße und Vasen aus den Rundgräbern der Messará und Ostkretas. Auf einem Opfergefäß in Form eines Stieres eine frühe Darstellung der minoischen Stierspiele (Nr. 4676): drei Menschen

auf dem Kopf des Tieres; die kugelige Kanne mit den senkrechten, schrägen und sich überschneidenden Linien ist ein Meisterwerk aus Ajios Onoúphrios (s. Fig. S. 18), besonders beachtenswert sind ferner: das kleine Rhyton in Form eines Vogels (Nr. 4121) und die miniaturhafte Göttin mit zylindrischem Rock und plattem Oberkörper, an dem sich eine Schlange hinaufwindet, charakteristisch die rote Bemalung auf hellem Grund; die tierplastischen Gefäße stammen aus Kumása.

13 Obsidian-Rasierklingen von der Insel Móchlos – Kykladenidole aus Marmor – Gefäße aus Alabaster und Steatit – Elfenbeinfunde aus den Rundgräbern der Messará (Ajiá Triádha, Plátanos u. a.), aus Teķé, Kumása, Knossós u. a.

14 Älteste Kupferarbeiten Kretas (Klingen) aus den Rundgräbern der Messará und anderen Gebieten Zentralkretas; silberne Speerspitzen aus Kumása und Teké.

15 Opfergefäße aus den Gräbern der Messará: vierfach steinerne Kernoi, Tiertonplastiken, Stier mit einem Akrobaten etc.

16 Schmuckgegenstände von der Messará, Móchlos und aus Lebéna aus Steinperlen, Bergkristall, Karneol, Serpentin u. a.

17 Schmuckstücke aus Gold, Amethyst, Bergkristall, Karneol u. a. von der Messará und Móchlos; bemerkenswert die goldenen Votivbrüste (Nr. 11) aus Kumása, ein goldener Frosch, goldene Blätter und Rosetten, die Haare und Gewand des Toten schmückten (von der Insel Móchlos, s. Fig. S. 19); alle diese Exponate, die von Lebenden getragen wurden und für Grabbeigaben bestimmt waren, sind Beispiele der hochentwickelten minoischen Goldschmiedekunst.

18 Prismatische Siegel, Rollsiegel, drei- und vierseitige Siegel aus Elfenbein, Steatit u. a. Materialien, gefunden in Zentral- und Ostkreta; neben Linearmotiven zeigen sie hieroglyphische Zeichen, stilisierte Menschen- und Tierdarstellungen etc. (viele aus dem Orient importiert).

18a Halsschmuck in Form von Ketten (mit Bergkristall-, Amethyst-, Ophit- und Karneolperlen); Diademe und Tänien mit einfachen Verzierungen von der Nekropole Furní bei Archánes.

Von außerordentlicher Bedeutung für den Nachweis intensiver Handelskontakte ist das Kykladenidol Nr. 440 aus Elfenbein (!), das wahrscheinlich von einem nach Kreta eingewanderten Künstler stammt; die Bohrlöcher in der Schamgegend lassen anatolische Einflüsse erkennen.

*Saal II:*

**Zeit der Alten Paläste (Protopalatikum) mit Funden aus den Palästen von Knossós, Mália und von verschiedenen Gipfelheiligtümern**

19 Keramik der Vor- und Älteren Palastzeit aus Mália; schöne Vasen im Vassilikí-Stil, Kultgefäß in Form einer Göttin u. a.

20 ›Priestermasken‹ aus Týlissos, glockenförmig mit Hörnern (Stiersymbol), hoher Haartracht (typisch für die ältere Palastzeit) und aufgemalten Gesichtern; die kleinen Kultkannen im UF stammen aus einem Heiligtum von Gurnés/Iráklion.

21 Weibliche und männliche Adoranten, miniaturhafte Priestermasken, Tierplastiken und Opfergeräte von den Gipfelheiligtümern in Kófinas (Südkreta), Traóstalos (Ostküste) und dem Gebiet von Týlissos.

21a Bronzene Doppeläxte, miniaturhafte Idole (Tiere aus Gold, Elfenbein und Stein), im 2. Fach von unten u. a. ein Steingerät mit ägyptischen Hieroglyphen.

Rechts in der Raumecke ein Pithos mit einer Bestattung.

22 Kamáres-Keramik aus Knossós: formschöne Tassen, Krüge und Fruchtständer mit rot-weißer Bemalung (Spiralen, Zweige, Kreise etc.) auf braunschwarzem Grund.

23 ›Eierschalenkeramik‹ (mit hauchdünnen Wandungen) im Kamáres-Stil aus dem Palast von Knossós; kleine Gefäße aus Gold und Fayence sowie eine Priestermaske mit Hörnern, Vogelvase u. a.

24 Männliche und weibliche Votivterrakotten (Abb. 29) von den Gipfelheiligtümern Petsofás, Kaló Chorió, Chamézi und dem Júchtas. Männliche Adoranten nur mit Lendentuch, Gürtel und Dolch; Frauen mit glockenförmigem langen Rock aus Knossós; bedeutendes ›Dreisäulen-Heiligtum‹ mit Vogeldarstellungen (wohl Anwesenheit einer Gottheit symbolisierend; Abb. 28); miniaturhafte Sänfte,

verschiedene Altäre mit Kulthörnern (OF); Tier- und Vogelidole aus Mália (UF).

25 Fayenceplättchen mit Darstellung verschiedener Hausfassaden aus Knossós (*›Stadtmosaik‹*); für minoische Architektur aufschlußreich (zwei- und dreigeschossige Fachwerkbauweise ist zu erkennen); wahrscheinlich Schmuck einer Schachtel o. ä., vielleicht auch Baukastenspiel für Kinder (?). Beachtenswert der kunstvolle *Dolch aus Mália* mit goldenem Griff, und älteste Bronzestatuetten der minoischen Epoche vom Gipfelheiligtum in Traóstalos; Linear A-Schrifttäfelchen aus Knossós und Mália.

26 Fruchtständer, bronzene Dreifüße und Keramiken mit plastischem Tier- und Pflanzenschmuck.

26a Goldene Anhänger, miniaturhafte Doppeläxte aus Steatit und verschiedene Siegel vom Gipfelheiligtum auf dem Júchtas.

27 Kleine Amphoren (mit Doppelaxtsymbolen, Nr. 8836), Krater im Kamáres-Stil, polychrom verzierte Schale und prachtvolle Kanne mit Barbotine-Effekten; alle aus Knossós.

28 Dreiseitige knopf- und scheibenförmige Siegel mit ornamentalen und figuralen Motiven aus Knossós und Mália; einige Siegel aus den Gräbern von Apessokári und Kamilári bei Festós.

29 Drei Vorratsgefäße im Kamáres-Stil aus Knossós: großartiger *Pithos mit weißem Palmendekor* (Nr. 7691) auf schwarzem Grund, Schale mit laufenden Spiralen am Gefäßrand.

*Saal III:*

**Zeit der Alten Paläste (Protopalatikum) mit Funden aus Festós**

30 Erste Funde polychromer Kamáres-Keramik (nach dem Fundort bezeichnet); bauchige Kannen mit stilisiertem Oktopus; Fruchtpresse (UF). Keramik mit Kreuzsymbolen und im Barbotine-Stil (OF).

31 Kamáres- und Barbotine-Keramik; Gefäß zum Hängen mit seitlicher Öffnung (Windlicht?), daneben ein Gefäß mit imitierter Steinmaserung.

32 Kamáres- und Barbotine-Keramik; schöne Kanne mit reliefartigem Muscheldekor (UF), schiffsförmige Vase, Imitation eines Metallgefäßes, taschenförmiges Gefäß, Tassen u. a.

32a Kamáres- und Barbotine-Keramik, teilweise mit Dekor (UF); Fruchtständer mit weißer Bemalung.

33 Ton- und Steingeschirr; feine Kamáres-Vasen, hellgrundiges, korbförmiges Gefäß mit zarten roten Wellenlinien (Nr. 10584, OF), Vase mit Darstellungen von zwei Adoranten (s. Umzeichnung, UF, links), steinerne Öllampe, Kernos mit zwölf Opferstellen; spitz zulaufendes Rhyton mit Kamáres-Dekor und Hals- und Lippenausbildung in Form einer weißen Lilienblüte (Nr. 10584).

34 Kunstvolle Kamáres-Keramik: dünnwandige Tasse mit Henkel und feinster Bemalung (s. Fig. S. 20) sowie prachtvoller Krug mit Schnabelausguß und Augenmotiven, weißen Doppelspiralen und roten Federmustern (2. Fach v. u.): Meisterwerke minoischer ›Handwerker‹.

35 Wohlproportionierte Kamáres-Gefäße, teilweise mit Barbotine-Dekor, geschmückt mit formenreichen Motiven; Vase in Form eines Vogels, Kultbecher aus Alabaster, Schale mit Reibfläche.

36 Stierrhyton; ›Eierschalenkeramik‹ (Becher, Schalen u. ä.; s. Fig. S. 20); lastentragender Esel als Rhyton, Käse- bzw. Früchtereibe (?); Kernos, Teekanne mit Sieb (UF), elegante Kanne mit ›Sonnendekor‹ in weißer Malfarbe und Tasse mit Muscheldekor (2. Fach v. o.).

37 Fragmentarische Siegel mit protolinearer und hieroglyphischer Schrift; Fruchtschale mit Blumendekor, der kunstvoll mit ausgereiften Spiralmotiven zusammenfließt; Teesieb.

38 Reichhaltige Kamáres-Keramik: Tassen, Amphoren, Pithoi, Kanne (mit Palmendekor, OF), Rhyta (mit reliefartiger Wildziege im fliegenden Galopp), Stierkopfrhyta, Schalen, u. a.

39 Gut erhaltene Vorratsgefäße im Barbotine-Stil mit ornamentalem Reliefschmuck (Diagonalbänder und Rosetten); prachtvolle Amphore und elegante Kanne mit weißen Spiralornamenten (siehe Umzeichnung).

40 Siegelabdrücke mit eindrucksvollen ornamentalen und figuralen Darstellungen: ›Frühlingsfest‹ – Hochzeit eines Gottes mit der ›Großen Muttergottheit‹ (Inv. Nr. 604); verschiedene Tierdarstellungen (Affen, Oktopoden, Löwen etc.).

41 Der ›Diskus von Festós‹ (MM III), ein singuläres Schriftdenkmal der minoischen Epoche mit hieroglyphenartigen Schriftzeichen,. die sonst nur auf einer Axt aus der Grotte von Arkalochóri (Saal VII, Vitrine 98) entdeckt wurden (s. S. 223; Abb. 35).
42 Kultgeräte aus dem Heiligtum von Festós: tönerne Opfertische (UF). Der hohe Opfertisch Nr. 10576 zeigt eine Kultszene mit einer Göttin, die von tanzenden Priesterinnen umgeben ist; daneben eine Schale mit zwei Priesterinnen (in Tierfellröcken), die um eine ›Xoanon‹-Göttinnenstatue tanzen (siehe Umzeichnung); eine Kultszene, der das Archäologenehepaar E. und I. Sakellarákis im Zusammenhang mit ihrer Menschenopfer-Interpretation in Anemóspilia auf dem Berge Júchtas große Bedeutung beimißt (s. S. 283). Ein kleiner steinerner Opfertisch (Nr. 1574) zeigt zwei Vogelmotive, die möglicherweise die Anwesenheit zweier Gottheiten symbolisieren. – Die schöne Tritonmuschel (Nr. 121) wurde von Priesterinnen benutzt, um bei der Anrufung einer Meeresgottheit (Meeresdämonen) ihre Stimme zu verstärken (hierzu vgl. die in Mália gefundene Tritonmuschel, auf der minoische Künstler eine solche Kultszene eingraviert haben; s. Museum Ajios Nikóalos, Saal III, Vitrine 26).
43 Königliches Geschirr aus dem Palast von Festós im Kamáres-Stil: große Fruchtschale mit Spiralen und gezacktem Rand, Krater mit plastischen weißen Lilienblüten, Pithos mit Fischdarstellungen (eines der frühesten Beispiele minoischer Vasenmalerei mit figuralen Motiven).

*Saal IV:*

**Zeit der Neuen Paläste (Neopalatikum) mit Funden aus den Palästen von Knossós, Festós und Mália**

44 Einfache Keramik meist hoher, schlanker Form; bedeutend eine Amphore und zwei kleine Bronzestäbe mit eingravierten Linear-A-Schriftzeichen, zwei kleine Schalen mit Tinten-Inschriften in Linear-A (s. S. 21); wichtiger Beweis, daß die Minoer für religiöse und politische Texte Tintenschrifttum besaßen (Abb. 34), das, da auf vergänglichem Material (Papyrus, Pergament o. ä.) geschrieben, verlorenging bzw. vernichtet wurde.
45 ›Lilienvasen‹, schlanke Amphoren mit weißen Liliendarstellungen (sog. ›Florastil‹, OF); Becher mit einfarbigen Floraelementen, Fundort: Knossós.
46 Kultgefäße für die Schlangenverehrung (lange Röhren mit aufgesetzten Schalen); Opfertisch mit vier Furchen (für Schlangen?); verschiedene Gefäße und Becher mit den heiligen Symbolen Doppelaxt und Kultknoten, Fundort: Knossós und Umgebung.
47 Bronze- und Tongerät; großartiger steinerner Griff einer kultischen Axt (königliches Zepter?) mit Ende in Form eines Pantherkopfes, Fundort: Mália.
48 Gefäße, Lampen und Opfertische aus Stein und Ton; schöner Henkelkrug im sog. ›Meeresstil‹ (figurale Darstellungen von Meerestieren), Fundort: Privathäuser beim Palast von Mália.
49 Keramik aus Festós: ein Meisterwerk die formschöne Schnabelkanne mit fein nuanciertem Schilfgrasdekor (s. Fig. S. 26); Stierkopfrhyton, Vasen mit Doppelaxt und Kultknoten, Linear-A-Schriftzeichen auf kleinen Gefäßen (UF); Priesterin mit schnabelförmiger Nase u. a.
50 Kultgegenstände aus den unterirdischen Schatzkammern des Zentralheiligtums von Knossós: von größter Bedeutung für die Erforschung des minoischen Götterglaubens die drei kleinen ›Schlangengöttinnen‹ aus Fayence, mit langem, glockenförmigem Rock, elegant geschwungener Schürze, eng geschnittener Jacke und raffiniertem Dekolleté, das die Brüste reizvoll zur Geltung bringt. Die Kult-Attribute der Göttinnen (oder Priesterinnen?) sind mehrere Schlangen, die sich um den Körper (Arme, Taille und Kopfschmuck) der Statuette winden. Die kleinen fliegenden Fische, die Rosetten aus Bergkristall, die bemalten Muscheln (wie ein bunter Teppich) und die miniaturhaften Opfertische gehören ebenfalls zu den Kultgegenständen des Zentralheiligtums.
51 Stierrhyton aus Steatit; Meisterwerk minoischer Steinschneider aus dem kleinen Palast von Knossós. Linke Kopfhälfte, Ohren und Hörner sind Ergänzungen; die gut erhaltene rechte Kopfhälfte (mit Auge) zeigt eine feine Treibarbeit der Haarlocken des Stieres, elegante Ritzzeichnungen, die den Kopf des Tieres überziehen; die aus Bergkristall und Jaspis eingelegten Augen, die vergolde-

ten Hörner und die aus Perlmutt gefertigten Nüstern (ergänzt) lassen die einstige Pracht ahnen.

52 Königliches Schwert aus Mália mit Bergkristallknauf (ursprünglich mit feinem Goldblech belegt). Der Goldbelag eines zweiten Schwertes zeigt, wie ein Akrobat über die aufrecht stehende Schwertspitze rücklings eine fast kreisförmige Brücke schlägt; verschiedene Steingefäße aus Knossós mit Kult- und Opferszenen: Prozession von Adoranten, Darbringung von Fruchtopfer auf einem Gipfelheiligtum, verschiedene Kultsymbole (Doppelaxt, Kultknoten, 8förmiger Schild etc.). An der Schmalseite kleine Plättchen aus Festós: Darstellung von Priestern mit Tiermasken. An der anderen Schmalseite ein frühes Beispiel minoischer Stierspiele aus Knossós: der Akrobat springt über den Rücken eines Stieres (s. Umzeichnung).

53 Minoische Schmiedearbeiten aus Knossós: große Baumsäge, Wasserkrug, Schalen, Kanne u. a.

54 Funde aus der Schatzkammer des Zentralheiligtums in Knossós: polychrome Keramik, verschiedene Vasen mit Vögeln und Sonnen(?)-Scheiben von Mílos.

55 Kultgegenstände aus dem Zentralheiligtum in Knossós: marmornes Votivkreuz (Sonnen- oder Sternsymbol?), zwei meisterhafte Fayenceplättchen mit Darstellungen einer Kuh, die ihr Kalb, und einer Wildziege, die ihre Jungen säugt (beide Tiere symbolisieren wohl die große Muttergöttin; s. Zeus und die Ziege Amaltheía, S. 13); Votiv-Kultgewänder mit Blumenornamenten u. a.

56 Stierspringer aus Elfenbein, aus dem Palast von Knossós; kleiner Akrobat beim Sprung über den Stier; die weiteren Figuren der (kultischen) Stierspiel-Gruppe sind verloren (Fragment in der Vitrine): Ankerlöcher am Kopf des Akrobaten zeigen Reste des Haarschopfes (wohl aus Gold); beachtenswert: gespannte Muskeln und Körperstreckungen; vgl. a. hierzu die 1979/80 im minoischen Palast von Archánes entdeckten Elfenbeinfunde: ein Arm, ein Bein und zwei miniaturhafte Köpfe (Saal: Funde aus Archánes im Obergeschoß, z. Zt. noch geschlossen).

57 ›Königliches Brettspiel‹ aus Elfenbein mit Gold-, Silber-, Bergkristall- und Lapislazuli-Intarsien sowie vier Elfenbein-Spielsteinen (Fundort: Palast

*Stierrhyton aus dem kleinen Palast von Knossós*

von Knossós); die Spielregel ist unbekannt, obwohl es in Ägypten und im Orient ähnliche Spiele gab.

58 Tritonmuscheln (vgl. Saal III, Vitrine 42): Kultrhyta aus Alabaster, Konglomerat und Marmor; meist mit einer Öffnung an der Unterseite,

aus der die Opferflüssigkeit langsam abfloß, Fundort: ›Dreisäulenheiligtum‹ von Knossós.

59 Löwinnenkopfrhyta aus Alabaster; Palast von Knossós.

*Saal V:*

**Letzte Epoche der Neuen Paläste (Neopalatikum) mit Funden aus dem Palast von Knossós**

60 Keramik aus SM III a1: Vasen, Doppelgefäße, ›Bügelkannen‹ u. a., sog. ›Florastil‹, heller Grund. Rechts neben der Vitrine: dreihenkliger Alabasterpithos.

61 Architekturfragmente: Steinfriese (?) mit plastischen Halbrosetten, Rosetten und Spiralen; Silbergeschirr; jugendlicher Gott mit Spitzkappe (mit übereinandergelegten Armen – sehr selten, Nr. 1829); Alabasterthron mit Oktopus u. a.

62 Öllampen aus Porphyr mit schönen Efeu- und Papyrusdarstellungen; Gewichtssteine aus Porphyr (29 kg) mit ausdrucksstarken Oktopoden; Haarflechte einer Statue aus schwarzem Stein (Kopf verloren); Gegenstände orientalischer und ägyptischer Herkunft: runder Pyxis-Deckel aus Alabaster mit ägyptischer Kartusche des Pharaò Chajên (1612–1592 v. Chr.) aus der Hyksos-Dynastie (s. S. 188).

Links von Vitrine 62: Modell der ›Königlichen Villa‹ von Knossós (s. S. 213).

63/64 Steinpithos mit Deckel, Opfertisch, Becher, Siebgefäß (UF), Keramik, Ende SM III a1 (kurz vor der Zerstörung der Paläste); kultisches Stierhorn (OF), Schalen, Tassen, Krüge, Keramik aus der Zeit kurz vor der Zerstörung Ende SM III a1.

65 Halbedelstein-Siegel (Jaspis, Hämotit etc.) aus Knossós, Zentral- und Ostkreta. Das Achatsiegel (Nr. 1865) aus Sellopúlo zeigt eine frühe Darstellung des Minotaurus.

66 Trankopfergefäße aus Alabaster mit plastischem Spiralschmuck an den Gefäßrändern und -deckeln (dienten wohl – schnell herbeigeschafft – zum Zeitpunkt der Zerstörung im Thronsaal von Knossós einer Kulthandlung); kleine Öllampen, Becher; Gefäß mit Kultknoten am Hals und schöner Bemalung auf hellem Grund, Imitation eines Metallgefäßes: am Schenkelausguß und auf der Schulter sind aus Ton nachgebildete Nieten zu erkennen – Bergkristallfragment – bemaltes Stierrhyton.

67 Amphoren im Flora- und Palaststil (der nur in Knossós gefunden wurde).

68 Scherben von Vasen mit Motiven im Flora-, Meeres- und Palaststil; kleiner Pyxis-Deckel mit reizender Darstellung von drei Rebhühnern (?).

69 Tontafeln mit Linear-A-(Eingangsseite) und Linear-B-Schriftzeichen, wahrscheinlich Buchungstexte verschiedener Inventare (s. S. 54 f.). Die Schriftzeichen wurden in noch feuchten Ton eingeritzt und an der Sonne getrocknet; erst durch die Feuerkatastrophe in den Palästen wurden die Täfelchen gebrannt. Die Linear-A-Schrift der Minoer ist nach wie vor nicht entziffert; Linear-B hingegen ist das von den Mykenern gesprochene Griechisch, für das der Engländer M. Ventris verblüffende Lösungsvorschläge ausgearbeitet hat (s. S. 54). Eindeutig lassen sich bei Linear-B die Zahlen lesen, die ähnlich der Logik der römischen Zahlen aufgebaut sind:

| | | | | |
|---|---|---|---|---|
| Einer | \| | z. B.: | \|\|\| | = 3 |
| Zehner | – | z. B. | ≡ | = 30 |
| Hunderter | ○ | z. B. | ○○○ | = 300 |
| Tausender | 𐄢 | z. B. | 𐄢𐄢𐄢 | = 3000 |
| Zehntausender | 𐄫 | z. B. | 𐄫𐄫𐄫 | = 30000 |

Zahlenbeispiel: 𐄫𐄫𐄫 𐄢𐄢𐄢 ○○○ ≡ ||| = 33 333

70 Kleinkunst (Hausfassaden, Vögel, Kamm etc.) von der ›Königlichen Straße‹ aus Knossós; Schmuck aus dem Grab bei Póros/Iráklion.

70a Hausmodell von Archánes (Abb. 36).

*Saal VI:*

**Zeit der Neuen Paläste und Nach-Palastzeit (Postpalatikum) mit Funden aus den Nekropolen im Einzugsgebiet von Knossós, Festós und Archánes**

71 Miniaturhafte Terrakotta-Heiligtümer aus dem Rundgrab von Kamilári (Messará): kleiner Raum mit drei liegenden Fenstern und zwei Säulen, in denen vier Personen sitzen (vergöttlichte Verstorbene?) und zwei stehende Priesterinnen/Priester?, die um einen Opfertisch gruppiert sind (Vorbereitung eines Opfermahls?); ein anderes Modell zeigt vier Priesterinnen (?), die mit eingehängten

Armen einen Reigen tanzen; Fragment einer Kultszene in einem von Kulthörnern begrenzten Temenos, von einem Mann neugierig (gegen den Willen der Priesterschaft?) beobachtet.

72 Kernos, Stein- und Tonvasen aus dem Königsgrab von Isópata und dem ›Tempelgrab‹ von Knossós (s. S. 212).

73 Grabbeigaben aus Mawrospílio und Zaphér-Papúra: bedeutend die bemalte Terrakotta-Statuette der ›Kourotrophos‹, mit zarten Malspuren (Nr. 8345): dargestellt ist ein rundplastisches Bildwerk einer Muttergottheit (?) mit glockenförmigem Rock, die das neugeborene Gotteskind (?) in ihrem rechten Arm hält. Keramik der Übergangsform des Palaststils mit mykenischen Merkmalen.

74 Funde aus den Gräbern von Katsambás; Kanne mit Noppen, die in Ton gefertigt Nieten eines Metallgefäßes imitieren – zylindrisches Ausgußgefäß aus Stein.

75 Viele Bronze-, aber auch Alabaster-, Ton- und Steingefäße aus den Gräbern von Furní und Zaphér-Papúra. UF: Funde aus dem Tholosgrab A von Furní bei Archánes – der Silberbecher Nr. 1011, von Furní/Archánes, wurde durch das Erdreich zusammengedrückt – bedeutungsvoll ist der Bronzekrug (Nr. 2865) aus dem Tholosgrab A, der auf der Schulter Nieten erkennen läßt. – Im UF Exponate aus dem ›Grab des Dreifußherdes‹ von Knossós.

75a Pferdeskelett aus dem ungeplünderten Tholosgrab A von der Nekropole Furní bei Archánes; das junge Tier wurde getötet, zerlegt und in seinen Einzelheiten so übereinandergeschichtet, wie es hier ausgestellt ist. Diese Bestattung stammt aus der Zeit, da bereits die Mykener von der Peloponnes in Knossós und Archánes residierten.

76 Grabbeigaben aus einem Kriegergrab nahe Knossós: Gefäße mit 8förmigem Schild, Lanze; OF: dreihenklige Amphora (Palaststil) mit Darstellung von Eberzahnhelmen (wie in Vitrine 78 ausgestellt) und 8förmigen Schilden; besonders reizvoll ist die Kanne mit Fischen und Wasservögeln(?).

An der Wand hängt die Rekonstruktionszeichnung eines Grabes.

77 Trinkbecher (mit vergoldeter Lippe), Steinmodell eines Panzers, Waffen, Goldbecher mit laufenden Spiralen u. a. aus Kriegsgräbern nahe Knossós.

78 Prachtvoller Helm aus Eberzähnen, auf Leder aufgenäht; aus einem Grab bei Zaphér-Papúra; einziges (bisher bekanntes) Stück dieser Art auf Kreta, wohl Import vom griechischen Festland (s. a. die Amphora 10058 in Vitrine 76, 83).

79 Funde aus Kalýwia: Tritonmuschel; Stein- und Tongefäße mit Vogel- und Fischdarstellungen; Alabastron mit schöner Steinmaserung.

79a Zylindrische Elfenbeinpyxis ohne Deckel aus dem Grab von Katsambás. Auf der Außenfläche ist eine kunstvolle Reliefarbeit zu erkennen: in felsiger Landschaft versuchen zwei mit Lanzen bewaffnete

*Kultkanne aus einem Grab bei Katsambás/Knossós (um 1400 v. Chr.)*

Männer einen wilden Stier einzufangen; während der eine seine Lanze gegen das heranstürmende Tier wirft, ergreift der zweite die Hörner des Stieres (siehe Umzeichnung).

80 Prachtvolle Kultkanne (Kopie eines Metallgefäßes, sichtbar die imitierten Metallstreifen, die sich überlappen und mit Nieten befestigt sind), der symbolische Doppelschild am Hals weist auf die kultische Bedeutung hin; aus einem Grab bei Katsambás/Knossós.

81 Kleinfunde aus Gräbern von Selópulo, Katsambás und Furní bei Archánes: Siegel mit Goldkette, Skarabäus mit Kartusche Amenophis' III. (1408–1377 v. Chr.); drei Halsketten mit herzförmigen Efeublättern aus Gold (ältester Fund dieser Art); Goldringe (mit Darstellungen eines Baumheiligtums, zu dem ein Vogel – Gottheit? – herabschwebt, und eines liegenden Greifs), Schmuckkästchen in Form eines miniaturhaften Schiffes (Nr. 120) mit dem Kopf einer Ente, nach mykenischer und syrischer Art. – Deckel mit 8förmigem Schild und stilisierten Lilien; Schiffsmodell aus Elfenbein; Spiegelgriff in Sphinx-Form; bronzene Pinzetten, Rasierklingen, Spiegel. – Goldene Diademe; kleine Gewichtswürfel (zum Wiegen der Seelen im Totenreich – entsprechend ägyptischen Jenseitsvorstellungen); 8förmiger Schild, Elfenbeinkamm u. a.

82 Grabfunde aus Katsambás: schöne Alabaster-Amphore (Nr. 2409) mit Kartusche des Pharao Tuthmosis III. (1490–1436 v. Chr.); Steingefäße ägyptischen Ursprungs; bauchige Schnabelkanne mit Vögeln und Fischen.

*Epiphanie. Goldring aus Knossós (um 1500 v. Chr.)*

83 Große Amphoren aus Knossós; meisterhafte Keramik des Palaststils: Amphora mit vier Eberzahnhelmen (Nr. 10 058, vgl. Vitrinen 76 und 78), Kanne mit Papyrusdekor (Nr. 10 016) und Schnabelkanne mit Fischen und Wasservögeln (Nr. 10 017).

84 Waffen aus Gräbern für achäische Krieger in Zaphér-Papúra: goldverkleideter Schwertgriff mit Löwen, der eine Wildziege jagt; langes Schwert mit goldenen Scheiben (›goldgenagelte Schwerter‹ Homers?); lederne Schwertscheide, goldene Pfeilspitzen (für Kult?) u. a.

85 Bronzehelm mit Wangenschutz; aus einem Grab bei Knossós.

86 Schöne Schmuckgegenstände (Halsketten, Kugeln, Schmetterlinge, Efeu- und Lotosblüten etc.) aus den Gräbern von Kalýwia und Kamilári (bei Festós).

87 Goldschmuck aus Gräbern nahe Knossós und Festós sowie aus Grabanlagen in Olús, Mulianá, Pressós. Ein Meisterwerk der königliche Siegelring aus Isópata (s. Fig. S. 28; Nr. 424): auf weiter Ebene schwebt (links oben) eine Göttin (?) vom Himmel (Bemühen um perspektivische Raumwirkung!), sie erscheint einer Priesterin (?) und drei Tänzerinnen, die mit erhobenen Händen die Gottheit anrufen; typisch für alle vier die minoische Tracht mit langem Glockenrock, enger Taille und entblößtem Oberkörper.

88 Grabbeigaben aus den mykenischen Tholosgräbern von Furní: Halsketten, Schilde, Goldrosetten (sicherlich auf das Totengewand aufgenäht), stilisierte Bäume, Köpfe von Kriegern, Goldringe mit verschiedenen Darstellungen: einer Priesterin erscheint eine Gottheit vor einem Baumheiligtum (Nr. 45, s. S. 53); Schilde, heilige Knoten, Greif, Frauenfigur, drei minoische Säulen, Spiegel mit Elfenbeingriff, Elfenbeinfragment einer Wildziege mit ihren säugenden Jungen – 8förmige Schilde aus Elfenbein, die als Dekor für einen Fußschemel benutzt wurden – kostbares Elfenbeinplättchen mit einer Wildziege (Nr. 366), die ihren Kopf elegant zurückwendet. Der Goldring Nr. 989 stammt zusammen mit fünf anderen Ringen aus Tholosgräbern von der Nekropole Furní; dargestellt sind eine

*›Schnittervase‹ von Ajía Triádha (Ausschnitt, um 1550/1500 v. Chr.)*

ekstatisch tanzende Priesterin, ein Mann, der einen Baum entwurzelt (links) und ein anderer, der vor einem Baumheiligtum eine Kulthandlung durchführt. Fast alle minoischen Goldringe von Furní scheinen ältere Familienerbstücke zu sein, die erst von späteren Generationen als Grabbeigabe benutzt wurden.

*Saal VII:*

**Zeit der Neuen Paläste und Nach-Palastzeit (Neopalatikum) mit Funden aus Villen, Herrenhäusern und Kultgrotten in Zentralkreta**

Gleich rechts drei aufgepflanzte Doppeläxte und Kulthörner aus Níru Cháni, wie wir sie von der Darstellung auf dem Sarkophag von Ajía Triádha kennen (Saal XIV). Links: drei große Dreifuß-Bronzekessel aus Týlissos.

89 Schönes Obsidian-Rhyton, verschiedene Tongefäße, ausdrucksstarke Adoranten aus Týlissos; Meeresstil-Keramik, Vasen und Steinlampen aus Níru Cháni.

90 Kleinplastiken, Öllampen, Steinvasen und Keramik (einige im Florastil) aus Amnisós, Sklawókambos und Wathípetro. Daneben: drei große Pithoi und Steinschale.

91 Kernos, Steinlampe und Kamáres-Keramik aus Gräbern von Prassá.

92 Adoranten, Votivtiere, Doppeläxte, Wagenmodell mit vorgespanntem Ochsen, fragmentarische Vasen mit Doppeläxten und Altären aus der Idäischen Grotte, Patsós und Skotinó.

93 Tonalabaster, Kanne mit Doppeläxten (OF, links) und Kultknoten, Amphoren, karbonisierte Lebensmittel (Getreide, Hülsenfrüchte, Teller mit Feigen) aus den Magazinen von Ajía Triádha.

94 ›Die Schnittervase‹ aus Triádha; kleine schwarze Chlorit-Kultvase mit meisterhaftem Reliefschmuck: Männer kommen (angeheitert und singend) mit Gabeln und Sicheln von der Getreideernte heim; ihr Anführer mit einer alt-ägyptischen Tempelrassel (›Sistrum‹); leicht angetrunken stolpert einer, ein anderer wendet sich ihm zu, unterer Gefäßteil ergänzt.

95 ›Der Prinzenbecher‹ oder ›Rapportbecher‹ aus Ajía Triádha, aus schwarzem Chlorit mit schönem Flachrelief. Vor einem Heiligtum (?) ein jugend-

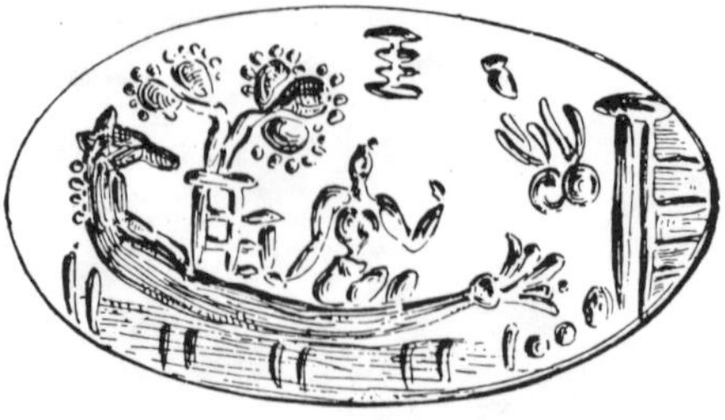

*Goldring von der Insel Móchlos*

licher Mann (Priester/König?) mit Zepter in der Rechten, vor ihm ein Adorant mit geschultertem Schwert und Sprengwedel für Kulthandlungen. Auf der Rückseite (Ergänzung) drei mit Tierfellen (von geopferten Stieren?) bekleidete Männer.

96 Trichterförmiges Kultrhyton aus schwarzem Chlorit, das schlanke konische Gefäß aus Ajía Triádha zeigt vier Kampfszenen: auf den beiden oberen und dem unteren umlaufenden Fries Faustkämpfer mit Handschuh und Helm; in der zweiten Bildzone von unten führt ein Akrobat den Sprung über den Kopf eines Stieres aus.

97 Bronzeschwerter, Doppeläxte und verschiedene Kleinfunde aus der Kulthöhle von Arkalochóri, Týlissos (8förmiger Griff mit kleinen Sonnenscheiben), Níru Cháni (Elfenbeinhaarnadel in Form eines menschlichen Körpers), Mália (bronzene Adoranten) u. a.

98 Bronzene Votiv-Doppeläxte aus der Kulthöhle von Arkalochóri; die hieroglyphische Inschrift der Silberaxt (Nr. 2416) erinnert an die des ›Diskus von Festós‹ (s. Vitrine 41 u. S. 120). Wahrscheinlich war die Grotte die heilige Stätte eines späteren Kriegsgottes oder sie hängt engstens mit dem Zeuskult zusammen.

99 Kupfer-›Talente‹ aus Ajía Triádha (zu je 29 kg), bei den Minoern als Zahlungsmittel im Umlauf; einige zeigen Inschriften in der antiken Schrift Zyperns (wahrscheinlich von dort exportiert). Vgl. dazu das ägyptische Grab Nr. 100 des Rechmeré (s. S. 54), wo minoische Gesandte um 1456 v. Chr. solche ›Talente‹ mit sich führen.

100 Bronze-Werkzeuge, zwei Töpferscheiben und Kleinfunde aus Wathípetro, Worú und Ajía Triádha.

101 Goldschmuck und Kleinfunde: Kleine goldene Doppeläxte mit eingravierter Ornamentik aus Knossós – Goldring von der Insel Móchlos (Nr. 259) mit einer völlig singulären Darstellung eines Schiffes, auf dem sich eine Göttin (?) vor einem Baumheiligtum befindet (Kopie des vor Jahren verlorengegangenen Originals) – goldener Anhänger aus Ajía Triádha (Nr. 141) mit der Hand eines Menschen und verschiedenen Tieren (Schlange, Seestern, Skorpion und Spinne), sollte den Träger vor giftigen Stichen und Bissen schützen (!).

Chrissólakkos (bei Mália): goldene Ohrringe, Goldplättchen, Nadel etc.; das bedeutendste Meisterwerk sind die goldenen ›Bienen‹ (Wespen) von Mália – der Anhänger zeigt zwei Bienen an einem Honigtropfen. Ajía Triádha: kleine Anhänger mit Darstellung von Schlangen, Spinnen, Skorpionen etc.; kleine Löwen- und Stierköpfe; Goldringe, Miniatur-Goldanhänger (Ente, Löwe, Fisch), Halsbänder. Der Goldring Nr. 4 mit der Darstellung von drei Priesterinnen vor einem Baumheiligtum (links und rechts) ist wahrscheinlich eine Fälschung nach einem mykenischen Original von der Wende des 19./20. Jh. v. Chr.

102 Bronzene Tierplastiken (u. a. älteste Pferdedarstellungen Kretas); Adoranten und zwei Wildziegen; kopflose weibliche Göttin, deren Gewand mit kegelförmigen Zacken geschmückt ist (Vorläuferin der vielbrüstigen Artemis von Ephesos aus griech.-röm. Zeit) aus Ajía Triádha; Tritonmuschel aus Obsidian von der Insel Nýssiros; kleine Statuetten aus Gríwula; sitzende Sphinx aus Steatit u. a.

*Saal VIII:*

**Zeit der Neuen Paläste (Neopalatikum) mit Funden aus dem Palast von Káto Zákros**

An der *Westwand* sechs große Pithoi, jene mit Linear-A-Schriftzeichen stammen aus dem Herrenhaus bei 'Ano Zákros.

103 Mit Vitrine 107 zusammengefaßt.

104 Kultgefäße aus Ton mit 8förmigen Henkeln und siebartigen Einsatz (für Schlangenkult?).

105 Bronzenes Räuchergefäß mit Efeublätter-Dekor (UF, rechts); Stein-, Ton- und Bronzegefäße. – Links: Riesenpithoi mit Linear-A-Schriftzeichen; darüber plastisches Spiralrelief aus dem Speisesaal des Palastes.

106 Tonrhyta mit Bemalung im Flora- und Meeresstil; steinerne Lampe aus Serpentin.

103/107 Schöne Kannen mit und ohne Ausguß; hoher Krug mit feinem Reliefschmuck. Links: dreihenklige Amphore mit Meeresstil-Dekorationen.

108 Keramik- und Steingefäße; seltenes Beispiel: steinernes Kapitell mit Abakus, nur der sich nach unten verjüngende Holzschaft fehlt (vgl. das Relief vom Löwentor in Mykene); eiförmiges Rhyton mit plastischem Dekor; zwei Schalen mit Oliven.

109 Prunkstück des Museums: Kleine Vase aus Bergkristall in Form eines schlanken Rhyton mit wohlproportioniertem Hals und zart ausladender Lippe; aus zwei Stücken gearbeitet und aus ca. 350 Bruchstücken wieder zusammengesetzt. Den elegant geschwungenen Henkel bilden vierzehn Kristallperlen, auf Bronzedraht aufgefädelt (durch dessen Oxydation der farbenprächtige Schimmer der Perlen); die Schulter schmückt ein vergoldeter Perlenkranz (feine Goldspuren sind zu erkennen), der die ursprüngliche Naht zwischen Schulter und Hals verdeckte.

110 Funde aus dem Jahr 1901; schönes Rhyton mit Meeresstil-Dekorationen (Seestern, Tritonmuschel und Algen; s. Fig. S. 26); flache ›Pilgervase‹; Köpflein einer Wildziege u. a.

111 Meisterliches Kultrhyton aus graugrünem Stein mit Darstellung eines minoischen Gipfelheiligtums (s. Umzeichnung an der Wand), ehemals mit feinem Blattgold belegt; neben dem Eingangsportal, mit Spiralmotiven, auf dem sich vier gegenübersitzende Wildziegen gruppieren, links und

*Gipfelheiligtum, Umzeichnung von dem Kultrhyton aus Káto Zákros. Nach N. Platon*

rechts eine Wandöffnung, darauf je zwei kultische Stierhörner; in den Lüften Vögel (Anwesenheit einer Gottheit?).

112 Schwerter, Bronzeäxte (mit stilisierten Lilien, durch Spiralen miteinander verbunden; Gebrauchswerkzeuge.

113 Fragmentarische Elefantenstoßzähne (Rohstoff aus Syrien für das minoische Kunsthandwerk); Kupfer-›Talente‹; Vasen mit Meeresstil-Dekoration u. a.

114 Steinerne Kultrhyta; Steinkelche mit schönen Maserungen; Kannen mit plastischem Dekor u. a.

115 Übergroße bronzene Baumsägen; mehrere Sägeblätter, Werkzeuge.

116 Stierkopfrhyton aus schwarzem Chlorit, bei dem nur die Hörner ergänzt sind; erlesenes Kunstwerk von gleicher Qualität wie das etwas größere Stierrhyton aus Knossós (s. Vitrine 51).

117 Stücke minoischer Kleinkunst: Elfenbeinäxte, Schmetterling aus Elfenbein, Katzenkopf, Silbergefäß, Rhyton, Muschel aus grünlicher Fayence (Nr. 311); der goldene Armreif Nr. 986 ist das *einzige* im Palast gefundene *Stück aus Gold.* Dies erlaubt den Schluß, daß der ungeplünderte Palast von Káto Zákros vor der Katastrophe von seinen Bewohnern verlassen wurde, die genügend Zeit hatten, all ihre Schätze mitzunehmen.

118 Kultgefäße aus der Schatzkammer des Palastes. Steinrhyton mit kleeblattförmigem Fuß; Obsidiankelch (Nr. 2734); grau-weiß geäderte Henkelamphore mit S-förmigen Henkeln (Nr. 2820).

*Saal IX:*

**Zeit der Neuen Paläste (Neopalatikum) mit Funden aus Ostkreta**

An den Wänden stehen Gefäße im Flora- und Meeresstil.

119 Keramik, Steingefäße und Bronzearbeiten aus Palékastro.

119a (116) Steinerne Gefäße, Keramikgefäße (vorwiegend im Palaststil-Dekor, kleine Tonplastiken, Siegel und ein Bronzedolch aus Pýrgos (Mýrtos), das dünnwandige Gefäß mit zwei Henkeln aus schwärzlichem Material ist ein völlig singuläres Stück.

120 Kernos, Steingefäße und Keramik (schöne ›Pilgerflasche‹ mit Oktopus-Dekor, zwei Katzenköpfe) aus Palékastro.

121 Adoranten, Keramik mit Flora- und Meeresstil-Dekor (elegante Doppelkanne mit laufenden Spiralen) aus Gourniá.

122 Funde von der Insel Psíra; herrliche Stierplastiken, Rhyton aus Konglomerat, Henkeltopf und Gefäß in Korbform mit Doppelaxt-Dekor (Nr. 5407), besonders reizvoll ist eine kleine Stierplastik mit rotem Netzdekor (Nr. 5713), vielleicht wurde das wilde Tier mit dem Netz gefangen.

123 Kultische Terrakotta-Adoranten von dem Gipfelheiligtum Piskokéfalo; Modelle von Heiligtümern; kleine kultische Tonkäfer (Oryetes nasicornis, Nr. 9796 und 9805), ein Insekt ist auch auf der Schulter einer Statuette (Nr. 9761) dargestellt (als heiliges Tier?), miniaturhafte Frauenköpfe (s. Fotos an der Wand) u. a. – Daneben: Pithos mit acht Henkeln und Darstellung von Stierköpfen und Doppeläxten.

124 Großartige Siegelabdrücke aus Zentral- und Ostkreta mit reichhaltigem Bild-Repertoire: Gottheiten, Kultszenen, Heiligtümer, dämonische Wesen (mit menschlichem Körper, Tierkopf, Flügel etc.), Kultknoten. Ferner befinden sich in dieser Vitrine wenige, aber für die minoischen Siedlungen Ostkretas bedeutende Elfenbeinfunde; völlig singuläre Beispiele sind das sitzende (Nr. 142) und stehende Kind (Nr. 143), wahrscheinlich aus einer Gruppenkomposition stammend; ferner sind wichtig die Elfenbeinplättchen mit Kultknoten und Doppeläxten (Nr. 144, 145).

125 Keramik (einige Stücke zeigen Meeresstil-Dekor), Steinerzeugnisse u. a. Palékastro.

126 Stein- und Tongegenstände aus Gourniá.

127 Bronzearbeiten aus Zentral-Ostkreta.

128 Meisterwerke minoischer Siegelschneidekunst aus Zentral- und Ostkreta, aus Achat, Amethyst, Chalzedon, Jaspis, Karneol etc.; dargestellt: Gottheiten, Kultszenen, Kampf zwischen Löwe und Stier (orientalisches Symbol; bedeutendste Darstellung im Palast von Persepolis). Die Siegel mit szenischen Darstellungen von Menschen tragen wesentlich zum Verständnis der minoischen Kultur

bei. Im Zusammenhang mit den häufig ausgestellten Tritonmuscheln und der erst kürzlich in Mália gefundenen Tritonmuschel mit einer Dämonendarstellung (Museum Ajios Nikólaos, Raum III, Vitrine 26), ist hier die Gemme Nr. 24 wichtig, auf der eine Priesterin dargestellt ist, die in eine Tritonmuschel bläst (Längsseite/Süden). Das Thema Stierspiel und Stieropfer fand auch im Repertoire der Künstler der Siegelschneidewerkstätten Raum, wie es uns schöne Beispiele in dieser Vitrine verdeutlichen: Siegel Nr. 877 mit einem Stier, der auf einem Opferaltar liegt – das Siegel Nr. 183 zeigt eine Priesterin, die ein getötetes Opfertier trägt – auf dem Kunstwerk Nr. 185 ist eine elegante Szene des minoischen Stierspiels dargestellt. Aus dem Bereich der Porträtkunst seien die Gemme Nr. 1419 mit einem bärtigen Mann und die Tonsiegel mit dem Porträt eines Königs? (Nr. 179) und eines Prinzen? (Nr. 180) erwähnt, die zusammen mit den Elfenbeinköpfen aus Archánes (s. Saal Obergeschoß) für diesen Kunstzweig von größter Bedeutung sind; fotografische Vergrößerungen an der Wand.

129 Z. Zt. ohne Exponate.

*Saal X:*

**Nach-Palastzeit (Postpalatikum) mit Funden aus Zentral- und Ostkreta (vorwiegend aus Kammergräbern)**

130/31 Vasen, Becher, Schalen und Kultgefäße aus Katsambás und Foinikiá. Keramik der Epoche kurz nach der Palastzerstörung von Knossós: Bügelkanne, ›Pilgerflasche‹ mit konzentrischen Kreisen u. a.

132 Kultgegenstände aus Palékastro: Priesterinnen tanzen im Reigen zu der Musik eines Lyraspielers (Nr. 3903), der Tanz erinnert an den kretischen Volkstanz, wie er durch N. Kazantzákis' ›Alexis Zorbas‹ weltberühmt wurde; Räuchergefäße (Thymiaterion, Nr. 3901) mit seltenem Vogeldekor und Vogelskulptur.

133 Weibliche Kultidole aus Gázi; Göttinnen mit weiten glockenförmigen Röcken grüßen (segnen?) mit erhobenen Händen; als Kopfschmuck Kultattribute (Mohnkapseln, Doppelhörner, Sonnen(?)-Scheiben, Vögel etc.): Hinweis auf den jeweiligen Kultbereich der ›Göttinnen mit den erhobenen Händen‹.

134 Bronzekanne mit Keramik, Steinkernos mit fünf Opferschalen aus den Gräbern von Episkopí und Stamní in Zentralkreta.

135 Schöne Votivstatuetten und andere Kultgegenstände aus Kaniá (bei Górtys/Mitrópolis): Gottheiten mit Kopfschmuck und Kultattributen (Diademe, Schlangen etc.); Tonröhren (mit Stierkopf und Wildziege), die wohl dem Schlangenkult dienten, etc.

136 Grabbeigaben aus Mulianá und Episkopí (bei Ierápetra): prachtvolle ›Pilgerflasche‹ und schöner Henkelkrug mit Spiralmotiven.

137 Schöne Grabfunde aus Mafazé (Räuchergefäß mit durchlöchtertem Deckel); Pachiá'Amos (Schmuckschachtel mit Inhalt); Gurnés (tönerner Kernos) u. a.

138 Keramik aus Knossós; Tierplastiken aus Festós: Pferd, das zwei Amphoren (Nr. 1770) trägt; reitende Göttin aus Archánes (Nr. 18505); tönerne Kinderurnen (Nr. 14360, 18509).

139 Schmuck und Schieferschablonen für Gottheiten mit erhobenen Händen, Kultsymbole u. a. aus Zentralkreta.

140 Kultobjekte aus Festós: große Stierplastik, Tritonmuschel, Adoranten, Göttin mit erhobenen Händen u. a.; aus Knossós: Modell eines Heiligtums etc.; aus Gourniá schwangere Frau (Göttin?), Stierkopfrhyton, Kultgefäß in Form eines menschlichen Kopfes u. a.

141 Glockenförmige Kratere mit interessanten szenischen Darstellungen; auf dem Krater Nr. 3742 erkennt man einen Reiter zu Pferde und eine Jagdszene; die Bügelkanne Nr. 18374 mit stilisierten Oktopusmotiven zeigt auch eingravierte *Linear-B-Schriftzeichen.*

142 Kultobjekte aus Priniás, Gourniá und Kaló Chorió etc.; die vielen Tonröhren dienten dem Schlangenkult oder waren ›Abwasserleitungen‹ für Trankopfer.

143 Votivstiere und andere Idole aus Ajía Triádha; schaukelnde Göttin mit zwei Vögeln (der einzige Fund auf Kreta dieser Art) u. a.

144 Bronzearbeiten (Werkzeuge, Waffen, Dolche, Rasiermesser, älteste auf Kreta gefundene Fibel!) aus Mulianá, Episkopí und Stamní.

*Saal XI:*

**Subminoische und Protogeometrische Epoche mit Funden von verschiedenen Orten der Insel**

145 Protogeometrische Vasen aus Festós und Kúrtes (ringförmiger Kernos mit miniaturhaften Pithoi und Menschengestalten aus Kúrtes).

146 Keramik und Kleinfunde der geometrischen Epoche aus Wrókastro; bronzener Dreifuß, Pferdeplastiken, Urnen in Vasenform, Klageszenen.

147 Geometrische Waren, Bronzestatuetten und Kleinfunde z. B. hockende Frau mit einem Gefäß auf ihrem Kopf aus Ostkreta, Psychró, Amnisós u. a. Orten.

148 Kleinfunde aus der eteokretischen Siedlung von Karfí (Lassíthi): Göttinnen mit erhobenen Händen, mit Kultattributen (Vogelmotiven, Sonnenscheiben, Doppeläxten) geschmückt; Rundplastik eines Ochsenkarren, die als Rhyton benutzt wurde (Nr. 11046)

149 Votivgegenstände aus einer Kultgrotte der Eileithýia (Göttin der Geburtshilfe und Fruchtbarkeit) bei Inatos (Tsútsuros/Südküste): Votivplastiken mit Darstellung von Liebespaaren, schwangeren Müttern, die ihre Kinder stillen, Schiffsmodelle, Doppeläxte, Elfenbeinsiegel, Tierplastiken.

150 Becher, Kannen und Vasen der protogeometrischen Epoche aus Teké.

151 Verschiedene keramische Erzeugnisse; Gefäße und Götteridole, auch Eisengeräte, Tierplastiken (ein Pferdepaar); Gegenstände aus Bronze (Speerspitzen) mit Gold, Elfenbeinfunde u. a. m. aus den Gräbern von Priniás.

152 Z. Zt. keine Ausstellungsobjekte.

153 Erste Eisenarbeiten Kretas: Waffen, Werkzeuge, Fibeln, Haarnadeln, Schmuck; die Eisenzeit bringt für die kretische Gesellschaft umwälzende Veränderungen; Fundort: Nekropole von Fortétsa.

154 Funde aus der subminoischen Epoche von Karfí. OF: Modell eines Grabes oder Heiligtums, dessen Portal mit konzentrischen Kreisen geschmückt ist; daneben ein Tonmodell (Untersatz eines Gefäßes?) mit Kulthörnern (aus den Wänden ausgespart), auf dessen Dach ein katzenartiges Tier sitzt.

155 Geometrische Amphoren aus Knossós und Festós. Vogelplastik mit einem Krug, zwei Kratere mit Jagdszenen (zwei Tiere zerreißen einen Jäger).

156 Protogeometrische Vasen und Krüge aus dem Grab von Teké. Riesenkrater mit Darstellung von Adoranten, Köpfe und Pferdepaar.

157 Drei Amphoren und Urnen (mit Mäander-, Rosetten- und Spiraldekor) aus dem Grab von Teké.

158 Kultobjekte und Opfergaben aus der Eileithýia-Grotte und Inatos (Trútsuros/Südküste): Schmuckstücke, goldene Scheiben, Votivbronzen, ägyptische Skarabäen etc.

*Saal XII:*

**Reifgeometrische und Orientalisierende Epoche mit Funden aus Zentralkreta**

159 Polychrome Keramik (blau und rot auf weißem Grund) aus Gräbern nahe Knossós.

160 Ton- und Bronzestatuetten, Keramik, Steingefäße, Kultvase (?) in Form eines Menschenkopfes aus dem Heiligtum bei Sými/Wiánnos (Südküste).

161 Hellenistische Terrakotten, Votivgegenstände, Adoranten und Tonplastiken aus Bronze, ein Jäger mit Köcher für Pfeile (der Bogen ist verlorengegangen) aus Sými.

161a Ausgeschnittene und gravierte Bronzebleche mit Jagdszenen (7. Jh. v. Chr.) aus Sými. Diese Jagdszenen, teilweise in ihrer Darstellungsweise noch minoisch beeinflußt, erinnern an eine kretische Sitte der dorischen Zeit: danach zogen heranreifende Jünglinge mit reifen Männern zwei Monate lang durch die kretische Bergwelt, um das Jagen und das Kriegshandwerk zu erlernen. Auf vielen der Bronzebleche sind solche Szenen dargestellt: ein älterer Mann und ein Jüngling, der nicht selten das erlegte Wild auf seinen Schultern trägt. Das erst 1972 (bei Straßenarbeiten) entdeckte Heiligtum von Sými (›Hermes Dendritis‹ geweiht, s. Inschrift an der Wand) wurde wohl bereits vom 3. Jahrtausend bis zur mittelminoischen und geometrischen Epoche verehrt.

161b Terrakotten, Masken, Öllampen und Bronzebleche mit Jagdszenen aus dem Heiligtum bei Sými.

162 Vasen und Kleinplastiken aus Gräbern bei Knossós.

163 Orientalisierende Ware aus Arkádhes (bei Afratí), einige (mit kleeblattförmiger Mündung) stammen von Rhodos; Krug mit reizvoller Darstellung von ›Theseus und Ariadne‹ auf dem Hals (s. Fig. S. 15). Bedeutungsvoll die Gefäßurne 7963 mit der Szene einer Totenklage und zwei Gefäße mit Minotaurus-Darstellungen.

164 Votiv-Bronzegürtel mit Kultszenen: eine männliche und zwei weibliche Götter (?) werden von Bogenschützen vor (l. u. r. je) drei angreifenden Streitwagen geschützt; geometrische Keramik. Fundort: Nekropole von Fortétsa (s. Fig. S. 63).

165/166/167 Aschenurnen der geometrischen Epoche aus Gräbern nahe Knossós.

168 Grabfunde aus Arkádhes bei Afratí (kretische Stadt, wahrscheinlich von den Arkadern der Peloponnes gegründet); diese Kunsterzeugnisse zeigen deutliche Verbindungen nach Arkadien (s. Fig. S. 60).

169 Geometrische Bronzen aus der Idäischen Zeus-Grotte; Fragmente eines Kesseluntersatzes aus Bronze: stellen vielleicht Theseus und Ariadne dar, wie sie mit einem Ruderschiff von Kreta fliehen (s. Fig. S. 62).

170 Goldschmuck der geometrischen Epoche aus dem Grab von Teké, der Idäischen Zeus-Grotte und anderen Orten; hellenistisch-römischer Schmuck, Goldblech mit zwei Jägern (7. Jh. v. Chr.).

*Saal XIII:*

**Minoische Sarkophage**

**Prachtvolle Sammlung von Tonsarkophagen:** Kastenform (›Truhe‹ mit vier Füßen) und in Wannenform; beide Typen dienten der ›Hockerbestattung‹ (s. Skelette am Durchgang zum Saal XII). Außenwände mit Flora- und Faunamotiven geschmückt, vereinzelt mit Kultsymbolen. Menschendarstellungen auf Sarkophagen sind selten; bedeutendste Bildprogramme auf dem Sarkophag von Ajía Triádha (s. S. 31; Farbabb. 37) und dem von Ierápetra (Abb. 19, 20). – In der Südostecke ein Holzmodell des Palastes von Knossós.

*Saal XIX:*

**›Dädalische‹ und archaische Monumentalkunst**

Großplastik des ›dädalischen Stils‹, benannt nach dem mythischen Baumeister Daidalos, der in Diensten von König Minos stand (s. S. 14); einzigartig sind hierbei rundplastische Kunstwerke von den Tempeln A und B in Rhizenía bei Prinías auf dem Pátela-Felsplateau: Im Durchgang zu Saal XX ist der plastische Schmuck vom Eingang zum Tempel A aufgebaut. Streng symmetrisch angeordnet thronen zwei Göttinnen (›Herrin der Tiere‹?) über dem Architrav, der mit Reliefbildern (Panther und äsende Hirsche) geschmückt ist; die Unterseite des Architravs zeigt zwei Reliefs der Göttinnen (s. Fig. S. 350). – An der *Westwand:* Reiterfries vom Tempel A in Rhizenía (die Reiter sind mit Schild und Speer bewaffnet) – Skulpturen von einem Tempel in Górtys – Kalksteinvögel aus dem Heiligtum des Zeus Thenatas in Amnisós – Torso einer sitzenden Göttin aus Kalkstein (Abb. 18), ganz ›kubisch‹ und ›stereometrisch‹ gestaltet; sie stammt ebenfalls aus einem Tempel aus Górtys und ist mit farbigen Rosetten und Blüten geschmückt – Kalksteinkopf aus Axós – Stele aus Dréros – Göttliche Triaden aus Górtys, zwei tektonisch aufgebaute Hochreliefs mit je drei Göttinnen (Abb. 17). – *Nordwand:* Torso einer Sitzstatue (?) aus Eleuthérna, von der nur noch der Oberkörper erhalten ist – Traufe aus Ton von dem Tempel des Diktäischen Zeus bei Palékastro. – *Südwand:* Stele aus schwarzem Stein, auf der beidseitig der ›kuretische Zeus-Hymnus‹ eingemeißelt ist (da die eine Version viele orthographische Fehler hatte, schrieb man den Text auf der anderen Seite nochmals). Die Stele stammt aus Palékastro und gehört dem 2./3. Jh. n. Chr. an, der Hymnus hingegen ist viel älter – Säulenkapitell in Blütenform und ein Löwenkopf aus Festós – Torso der sitzenden Göttin von Máles/Ierápetra – Torso (Oberkörper) einer monumentalen Sitzstatue aus Astrítsi.

208 Votivschilde, Phiolen und Handpauken (Tympana) aus der Idäischen Grotte; hier über-

tönten die dämonischen Kureten mit dem Lärm der Tympana das kindliche Weinen des Zeus (s. Mythologie, S. 13).

209 Eines der schönsten dädalischen Tympana: von umlaufenden Blüten eingerahmt, steht Zeus auf einem Stier und hält über seinen Schultern einen Löwen, links und rechts schlagen Kureten (als assyrische Flügeldämonen dargestellt) die Tympana. Schilde mit löwenkopfförmigen Buckeln, aber auch mit Adlern u. a. Motiven

210 Die wichtigsten Exponate in dieser Vitrine sind die drei Bronzestatuetten aus dem Tempel von Dréros: dargestellt ist die Göttertrias Apollon-Artemis-Leto (Mitte 8. Jh. v. Chr.); die Kunstwerke sind rundplastische Arbeiten aus getriebenen Blechen (!).

*Saal XX:*

**Skulpturen der griechischen, hellenistischen und römischen Epoche**

*Südwand* (Eingangsseite): Fragment einer Grabstele (5. Jh. v. Chr.) mit der Darstellung eines Bogenschützen (aus Ajía Pelajía, Nr. 145), klassische Arbeit, die an Reliefs des Kerameikos-Friedhofs von Athen erinnert. – Metopenfragment (Herakles bezwingt den erymanthischen Eber) eines Tempels von Knossós aus der klassischen Epoche (5. Jh. v. Chr.) – monumentale Grabstele aus Iráklion mit einer Abschiedsszene (Nr. 378, 4. Jh. v. Chr.). – *Nordwand:* Statuen (Originale und Kopien) aus Górtys: Speerträger des Polyklet (Kopie), kniende Aphrodite im Bade des Doidalsas (Nr. 43, Kopie), Athena Parthenos von Phidias (Nr. 347, Kopie), römische Porträtköpfe. – *Westwand:* Skulpturen aus der Gegend von Knossós: Kopf einer Frau aus Archánes (Nr. 217), Aphrodite von Knidos, Eirene und Plutos des Kephisodotos (Nr. 44, Kopie), kopflose Statue des Hadrian (Nr. 5), Sarkophag aus Iráklion, Mosaik aus Knossós mit Poseidon (2. Jh. n. Chr.), von Apollinaris (s. Inschrift) Fragmente eines Portals mit Farbspuren aus Knossós. – *Ostwand:* wenig interessante Arbeiten: römischer Marmorsarkophag aus Mália mit der Inschrift: POLYBOS und Reliefdarstellungen (u. a. ein menschliches Skelett!), Leda mit dem Schwan (Nr. 367), Mädchenstatue aus Kíssamos (Nr. 2), verschiedene Sarkophagfragmente, die mit Reliefdarstellungen geschmückt waren. In der Mitte des Raumes überlebensgroße Apollon-Statue aus dem Tempel des Apollon Pythios in Górtys (Nr. 326), daneben Pluto (Hades) und Persephone (Nr. 259, 260) in Gestalt der ägyptischen Gottheiten Serapis und Isis.

**Obergeschoß**

*Saal XIV:*

**Jüngere Palastzeit (Neopalatikum) mit Freskenfunden aus Zentral- und Ostkreta**

Die hier ausgestellten Meisterwerke minoischer Fresken sind größtenteils restauriert und rekonstruiert (teilweise bis zu 70%); sie vermitteln aber ein vortreffliches Bild der minoischen Epoche und lassen das verfeinerte Wohn- und Lebensgefühl der Minoer erahnen.

*Ostwand* Stuckfußboden aus Ajía Triádha mit Motiven aus der Meeresfauna und -flora.

*Nordwand* (v. r. n. l.) Drei Fragmente von Prozessionsfresken aus Ajía Triádha (Priesterinnen führen Opfertiere zu einem Altar); Parallele zur Bildthematik des Sarkophags von Ajía Triádha (s. Vitr. 171). – Wildkatzen belauern Vögel; Ajía Triádha. – Göttin mit bunten Gewändern sitzend vor einem Heiligtum; Ajía Triádha. – Jüngling kniend, betend zwischen Blumen; Ajía Triádha. – Greif (Mischwesen, Attribut des minoischen Priesterkönigs‹); ursprünglich Schöpfung elamischer (iranisch-persischer) Künstler des 3. Jahrtausend v. Chr.); Knossós (Thronsaal). – Rhytonträger aus dem Prozessionskorridor von Knossós. – Drei Fragmente von Gabenträgern und Musikanten aus dem Prozessionskorridor von Knossós (ursprünglich ca. 500 lebensgroße Personen additiv in zwei Reihen übereinander). – Fragmentarischer Stierfuß aus der nördlichen Eingangshalle von Knossós.

*Südwand* (v. r. n. l.) Rote Lilien von Amnisós. – Weiße Lilien von Amnisós. – Stierspielfresko: Dreiphasenablauf des kultischen Stierspiels: 1. eine Frau ergreift die Hörner des Stieres (in ›fliegendem Galopp‹), 2. ein Jüngling führt einen Salto über den Rücken des Stieres aus, 3. eine Akrobatin nimmt

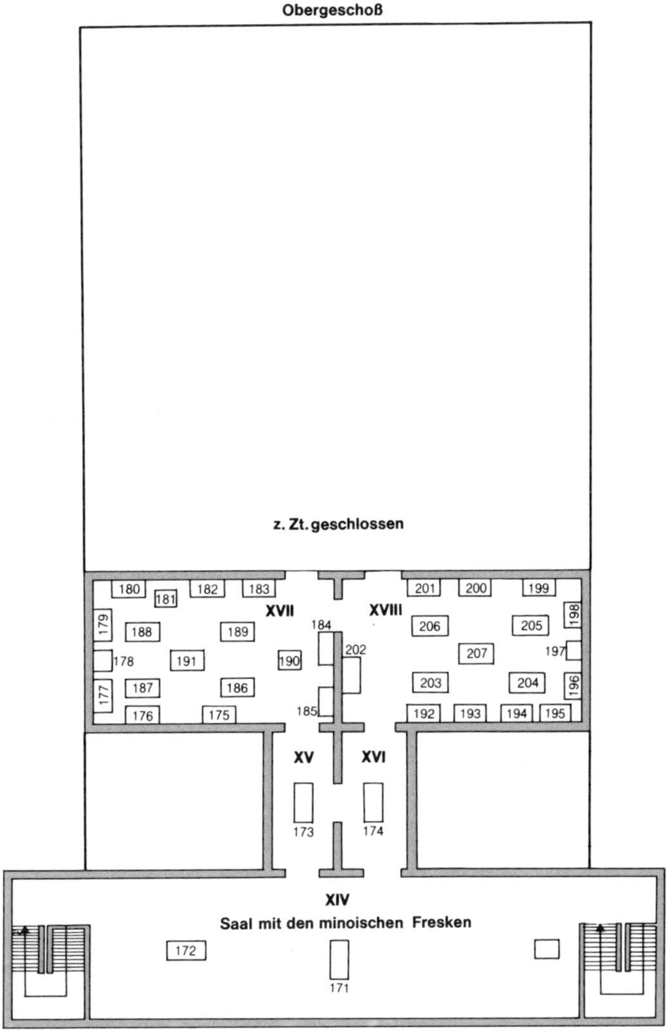


*Archäologisches Museum, Iráklion (AMI)*

danach wieder ihre Grundstellung ein; Knossós. – Rebhühner-Fresko aus der Karawanserei von Knossós. – Zwei reliefartige Laufspiralen; Knossós. – Delphinfresko; Knossós (Megaron der Königin). – Die drei blauen Hofdamen, nur fragmentarisch erhalten; Ergänzung nach Vergleichsstücken aus Tiryns, Knossós (Privatgemächer). – Stierkopf, farbiges Flachrelief; Knossós. – Lilienprinz, mit Krone aus Lilien, führt ein Tier (Greif oder Sphinx) mit sich; Knossós. – Fresko der 8förmigen Schilde. – Vitrine 171: Kalksteinsarkophag aus Ajía Triádha (s. S. 31).

*Saal XV:*

**Jüngere Palastzeit mit Fresken aus Knossós und Týlissos**

*Nordwand* Stuckdecke mit bemalten Laufspiralen und Rosetten.

*Westwand* Priesterinnen tanzen in einem heiligen Olivenhain. ›Dreisäulenheiligtum‹ (wichtige Architekturdetails zu erkennen!). – Die kleine Pariserin; durch den Kultknoten im Nacken als Priesterin identifiziert (Farbabb. vordere Umschlagklappe). – Darbringung von Opfergaben an eine männliche und eine weibliche Gottheit.

*Ostwand* Drei Freskofragmente von jugendlichen Athleten. – Greifen, mit Ketten aneinandergebunden. – Vitrine 173: Freskofragmente aus Týlissos.

*Saal XVI:*

**Fresken aus der Jüngeren Palastzeit**

*Westwand* Der Krokuspflücker. – Der Blaue Affe (nach Pláton; Evans sieht darin einen Jüngling), Hauptmann der Schwarzen (wahrscheinlich standen Nubier im Dienst des minoischen Reiches). – Jugendliche Tänzerinnen aus dem Megaron der Königin von Knossós (s. Fig. S. 207 f.). ›Dreisäulenheiligtum‹ mit Kulthörnern.

*Ostwand* Der Blaue Vogel aus dem ›Haus der Fresken‹ an der ›königlichen Straße‹ von Knossós. – Der Blaue Affe. – Affen in einem Garten mit Papyrus- und Krokuspflanzen. – Zwei Fragmente einer sitzenden Göttin; Psíra.

*Südwand* Kultknoten aus Níru Cháni. – Vitrine 174: Freskofragmente: Stierkopf – Hofszene – Tänzerin etc.

*Saal XVII:*

Sammlung Giamalákis – Schöne Funde aus griechischer, römischer und byzantinischer Zeit und kostbare minoische Meisterwerke.

*Saal XVIII:*

Kleinkunst aus Stein, Bronze, Ton und Gold der archaischen, hellenistischen und römischen Epoche (7.–4. Jh. v. Chr.); prachtvolle Bronzestatuette eines Jünglings aus Ierápetra (1. Jh. v. Chr.).

*Saal* mit den Funden aus dem Tempel von Anemóspilia auf dem Júchtas bei Archánes (wird z. Zt. eingerichtet).

# Chaniá

Chaniá ist mit ca. 53 000 Einwohnern die zweitgrößte Stadt Kretas und war bis 1972 Hauptstadt der Insel. In Chaniá wird der Reisende von einem mittelalterlichen Flair und einer urbanen Atmosphäre empfangen, die er sonst nur noch in Réthimnon erleben kann. Dank der vorbildlichen Altstadtsanierung, die seit einigen Jahren vom Amt für Denkmalpflege (Eforía) durchgeführt wird, verbunden mit der Erhaltung, Pflege und Restaurierung historischer Bausubstanz, erstrahlt Chaniá in neuem alten Glanz und läßt erahnen, wie eindrucksvoll *Canea* während der venezianischen Epoche auf die europäischen Reisenden des 16./17. Jh. gewirkt haben mag. Chaniá hat etwas von der Ausstrahlung und Anziehungskraft mittelalterlicher Städte Italiens; die wenigen türkisch-islamischen Bauwerke, Brunnen und Platzgestaltungen verleihen der Stadt auch einen Hauch orientalischen Zaubers. Zunehmend wird Chaniá vom Tourismus entdeckt. Große Hotels an den Stränden westlich der Stadt sowie viele kleine Hotels und Pensionen in der mittelalterlichen Altstadt laden den Reisenden zu einem angenehmen Aufenthalt ein. Von hier aus kann man gut den landschaftlich und botanisch interessantesten Teil der Insel: Westkreta, wandernd erfahren.

Eine Siedlungskontinuität für Chaniá – das antike *Kydonia,* bereits bei Homer erwähnt – vom Neolithikum über die minoische Epoche bis zur Neuzeit erweisen neueste archäologische Funde. Bisher hielt man es für wenig wahrscheinlich, daß sich auch in Kydonia eine ähnliche minoische Palastanlage als Wirtschaftszentrum mit einer politisch-sakralen Verwaltung wie in Knossós, Festós, Mália und Káto Zákros befunden habe. Doch sowohl die älteste uns bekannte schriftliche Quelle, die Ortsnamenlisten aus dem Totentempel Amenophis' III. (1408–1372 v. Chr.) in Theben-West, in denen der Name Kydonia mit *Kú-tu-na-ja* erwähnt ist, als auch die archäologischen Ergebnisse der griechisch-schwedischen Ausgrabungen (seit 1970) im Stadtzentrum (auf der Platía Ajía Ekateríni, s. S. 142 f.), bezeugen ohne Zweifel, daß Chaniá zu den ältesten Siedlungsgebieten Europas gehört. Ferner beweist ein in Chaniá gefundener Skarabäus mit dem Namen Amenophis' III. auf seiner Unterseite, daß Kydonia wie die anderen Palastzentren auf Kreta mindestens seit dem Übergang von der mittelminoischen zur spätminoischen Epoche (16. Jh. v. Chr.) mit Ägypten in Handelsbeziehungen stand.

Von besonderer Bedeutung ist der Fund mehrerer *Linear-B-Schrifttafeln,* die mit Sicherheit aus einer Keramikwerkstatt von Kydonia stammen (s. Archäologisches Museum, Vitrinen 6 u. 7, S. 139). Linear-B wurde bisher nur in mykenischen Zentren und im Palast von Knossós gefunden. Diese sensationelle Entdeckung erfordert viele neue Interpretationen der spätminoischen Epoche.

Bei Homer werden die Bewohner Westkretas Kydonen genannt, die gemeinsam mit vier anderen Volksgruppen die Insel Kreta bewohnten: »Kreta ist ein Land mitten in dem weinfarbenen Meer, ein schönes und fettes, rings umflossen. Darauf sind Menschen viele, unendliche, und neunzig Städte, und die Sprache der einen diese, der anderen jene, gemischt. Darauf sind Achaier und darauf die großherzigen Urkreter, und drauf *Kydonen* und die dreistämmigen Dorier und die göttlichen Pelasger.«[1]

Diodorus Siculus erwähnt sogar, daß die Stadt der Kydonen eine Gründung des sagenhaften König Minos sei: »Minos wurde als der Älteste (der drei Brüder) König über die Insel und erbaute auf derselben nicht nur wenige Städte, darunter drei die berühmt sind: Knossós nämlich in dem Teile der Insel, welcher nach Asien

1 *Odyssee* 19, 176 ff., deutsch von Wolfgang Schadewaldt

sich erstreckt, Phästos am Meere gegen Süden hin und *Kydonia* auf der nördlichen Seite gegenüber dem Peloponnes.«[1]

Schließlich erwähnt Herodot (III, 44.59), daß Kydonia 524 v. Chr. von vertriebenen Bewohnern der Insel Samos (neu) gegründet sei, diese Samier jedoch schon fünf Jahre später von den Aigineten der Insel Aigina vertrieben wurden, die Kydonia und ihre Bewohner fortan beherrschten. Versklavt wurden nur die Samier. In der Stadt entstanden neue Tempel und auf der weiter westlich liegenden Halbinsel Rodhopú das Diktynna-Britomartis-Heiligtum. Diese Tempel und weltlichen Gebäude der griechisch-römischen Antike fielen im Laufe der Jahrhunderte Steinplünderungen zum Opfer. Byzantiner und Venezianer, Türken und Griechen haben gleichermaßen die steinernen Zeugen der Antike abgetragen, um bestes Baumaterial billig zu erhalten. Der englische Reisende Richard Pococke berichtet im Zusammenhang mit dem Diktynnaion von Rodhopú sogar von einem Goldrausch: »Vor etlichen Jahren fand man hier selbst eine Bildsäule von weißem Alabaster. Allein, da man glaubte, dergleichen Stücke aus dem Altertum hielten Gold in sich, zerbrachen die Fischer dieselben in Stücke.«[2]

Mit Ausnahme einer unterirdischen römischen Grabanlage (heute nicht mehr zugänglich, 1926 entdeckt) und drei Fußbodenmosaiken aus der römischen Epoche (im Archäologischen Museum, s. S. 140) erinnern nur wenige Fragmente in der Stadt an das antike, auch von Pausanias (8, 53.4 und 10, 2.7.) Strabon (10, 4.7 und 13) und Thukydides (2, 85.5 f.) beschriebene Kydonia. In der Spätantike wird der Begriff ›*Kydonia*‹ ganz allgemein im dichterischen Sinne zum Synonym für ›*Kreta*‹. Nach der Stadt Kydonia heißt auch die Quittenfrucht *mílon Kydónion* (›kydonischer Apfel‹), die bereits bei Homer erwähnt wird und höchstwahrscheinlich schon in minoischer Zeit aus ihrer asiatischen Heimat nach Westkreta eingeführt wurde. Die Mythologie weiß zu berichten, daß der erste König von Kydonia Kydon, ein Sohn des Minos gewesen sei (s. Diodorus Siculus 5, 78.2).

Aus frühchristlich-byzantinischer Zeit sind nur geringe Baureste der byzantinischen Stadtmauer erhalten (Abb. 84, 85). Aus venezianischen Quellen erfahren wir, daß bereits im 13. Jh. (ab 1252) die alte byzantinische Stadtmauer von den Venezianern fast vollständig erneuert wurde; heute sind nur noch wenige Teilstücke im Zuge der Odhos Karaóli-Dhimítriu erhalten. In diesem Bereich finden z. Zt. archäologische Untersuchungen mit großem Erfolg statt. So scheint das sorgfältig aus Quadern zusammengefügte Mauerwerk im Sockelbereich an der Nordseite der Stadtmauern noch von der antiken Stadtanlage zu stammen; ferner wurde östlich der Odhos Katré, direkt an der Nordseite der Stadtmauer, eine imposante türkische Badeanlage freigelegt und restauriert.

Das minoische und antike Kydonia ist somit zum einen durch die griechisch-schwedischen Ausgrabungen und zum anderen durch den Verlauf der von Griechen, Byzantinern und Venezianern bis zum 13. Jh. ständig ausgebesserten Stadtmauer exakt lokalisiert: es liegt östlich des Alten Hafens auf dem leicht ansteigenden Gelände zum Ajía Ekateríni-Platz und ist identisch mit dem Stadtteil Kastélli.

Das venezianische *La Canea* war in der Zeit zwischen 1267 und 1290 von Genuesen besetzt; zwar waren die Venezianer zu dieser Zeit (ab 1204) de jure Besitzer der Insel Kreta, de facto kämpften sie aber immer noch erbittert mit den Genuesen um ihren Besitz. Im 14./15. Jh. stand Canea ganz im Schatten von Candia (Iráklion). Erst als 1538 Canea im Auftrag Venedigs nach Plänen von Michele Sanmicheli aus Verona eine neue Stadtmauer erhielt, die nun auch die vielen Vororte außerhalb von ›Kastélli‹ mit einbezog, erblühte Chaniá im 16./17. Jh. zu einer glanzvollen venezianischen Metropole nach Vorbildern des italienischen Mutterlandes. Daß die Festung von Sanmichele jedoch viel zu schwach für die damalige Zeit gebaut war,

1 *Geschichtsbibliothek,* Bd. V. 78, deutsch von Adolf Wahrmund

2 R. Pococke: *Beschreibung des Morgenlandes,* 4. Buch ›Von der Insel Candien‹, S. 338, deutsch von E. v. Windheim, 1754

erwies sich bereits 1645, als die Türken in weniger als zwei Monaten Canea als erste Stadt Kretas eroberten. Bis 1669 organisierten die Türken von Chaniá aus ihre weiteren militärischen Operationen, bis sie schließlich auch Candia/Iráklion und somit die ganze Insel, bezwingen konnten. Erst knapp 200 Jahre später besitzt Chaniá auch für die Türken soviel Anziehungskraft, daß sie die Stadt 1850 zur Inselhauptstadt erklären. Schließlich war Chaniá von 1898–1913 auch Sitz des Hochkommissars Prinz Georg von Griechenland, der es weiterhin als Hauptstadt wählte.

## Stadtrundgang

### 1 San Salvatore

(Odhos Theotokópulu 72; z. Zt. geschlossen)

Venezianische Einraumkapelle mit Doppelnarthex im Norden und rechtwinkligem Ostabschluß. In der Kirche eine Marmorplatte, deren Inschrift den Statthalter Alvise Malipiero und die Jahreszahl 1631 erwähnt.

### 2 Nautisches Museum

(Akti Kunduriótu; Öffnungszeiten, s. ›Wissenswertes von A–Z‹)

In den Innenräumen der venezianischen Hafenbastion ›Firakás‹ am nördlichen Ende des Topanás-Stadtviertels ist das sehenswerte Museum eingerichtet.

*Raum 1:*

Brückengeräte eines Schiffes von 1939 – verschiedene Navigationsgeräte zur Kursbestimmung (Sextanten etc.) – Ferngläser und Seekarten – verschiedene Schiffsmodelle: Segelschiff *Olga* aus Triest 1868/69 (2,03 Tonnen, 70,15 × 11,60 m); Kriegsschiff *Spetsai* von 1887/89, das im griechisch-türkischen Krieg 1897 und im Balkan-Krieg 1912/13 operierte; U-Boot Papanickoles von 1928. – Torpedo M. K. 27 und M. K. 23.

*Raum 2:*

Modelle von verschiedenen antiken Schiffen, nach Vasenbildern und anderen antiken Schiffsdarstellungen hergestellt. Beachtenswert ist die Fotosammlung, die einen Überblick über nahezu alle antiken Schiffsdarstellungen auf Vasen und Münzen gibt. – *Trireme* mit Doppelruder aus Athen, um 700 v. Chr. – *Byzantinisches Segelschiff* mit je zwei Ruderreihen, 6./7. Jh. – Rekonstruktion von Schlachtenaufstellungen antiker Seekriege; die kleinen Geländemodelle zeigen jeweils zwei Kampfphasen; weiße Schiffe = Griechen, braune Schiffe = Perser: Schlacht bei Salamis, 480 v. Chr.; Schlacht bei Mykale (kleinasiatische Küste, gegenüber von Samos), 479 v. Chr.; Schlacht bei Naupaktos (Blockade der athenischen Flotte im Peloponnesischen Krieg), 429 v. Chr.

*Raum 3:*

Ausstellung von Meerestieren: Riesenschildkröte – Seesterne – Schwämme – Seepferdchen – weiße und rote Korallen – verschiedene Fische, Echsen und Muscheln.

### 3 Reniéri-Palast

(gegenüber der Odhos Theofánu 63 in die Odhos Mós-chon einbiegen)

Das heute von Griechen bewohnte Gebäude (Hotel Pasifie; Abb. 83) kann nicht besichtigt werden. Das Portal zu dem ehemaligen venezianischen Palast zeigt das Familienwappen und in der Inschrift das Baudatum 15. Januar 1608. Gegenüber der Odhos Mós-chon 1 steht zwischen der Wohnbebauung eine venezianische Einraumkapelle, wahrscheinlich ehemals die Familienkapelle der Renieri. Sie ist durch kräftige gotische Gurtbögen gegliedert, die auf Konsolen ruhen. In der linken Längswand befindet sich eine Nische mit schönem Dreipaßbogen.

### 4 Venezianische Loggia

(Odhos Zambelíu 43/45)

Von dem ehemals prachtvollen venezianischen Gebäude ist nur noch die zweigeschossige Fassade erhalten. Im Obergeschoß erkennt man ein Wap-

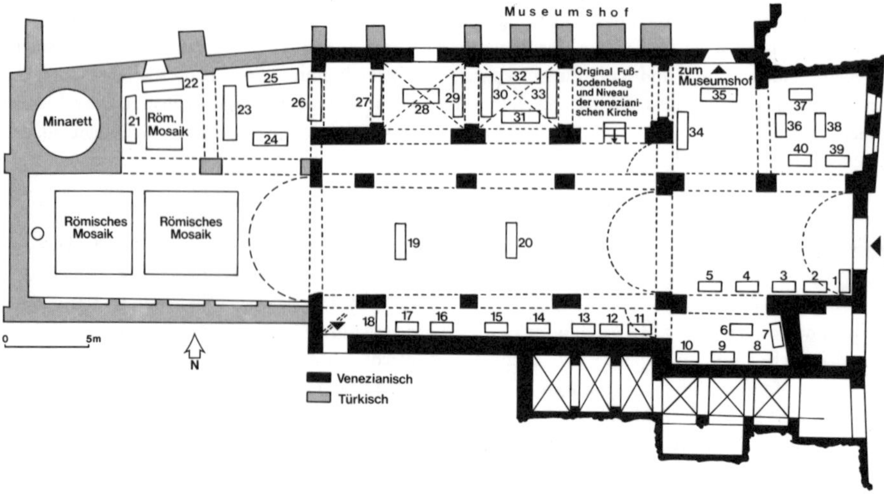


*Archäologisches Museum (ehem. Klosterkirche San Francesco). Nach G. Gerola, Bd. 2, mit Ergänzungen*

pen und die Inschrift: NULLIPARVUS EST CENSUS CUI MAGNUS EST ANIMUS (»Den Großherzigen wird niemand gering achten«).

## 5 Archäologisches Museum

(Odhos Chálidhon; Öffnungszeiten, s. ›Wissenswertes von A–Z‹)

Die ehemalige Klosterkirche San Francesco aus dem 16. Jh. ist eine der sehenswertesten venezianischen Stadtkirchen der ganzen Insel. Die harmonischen Proportionen und die organische Gestalt des Innenraumes der dreischiffigen Pfeilerbasilika – die im Norden, zum ehemaligen Klosterhof hin, mit einem zusätzlichen Seitenschiff erweitert ist – werden besonders aufgrund des klaren Konstruktionsschemas und der vom Putz freigelegten Bauglieder deutlich: Während sich über die sehr schmalen Seitenschiffe, ganz nach venezianischer Art, einhüftige Gewölbe den Pfeilerarkaden entgegenstemmen, spannt sich ein weites, leicht spitzbogenförmiges Tonnengewölbe über das Mittelschiff; das nördliche Seitenschiff hingegen wird von kräftigen Kreuzrippen überwölbt. Im Bereich der nördlichen Pfeiler des Mittelschiffes sind zwei Inschriften mit den Jahreszahlen 1606 und 1617 angebracht. Das abgesenkte Fußbodenniveau im östlichen Joch des nördlichen Seitenschiffes entspricht der Originalausstattung der venezianischen Kirche.

Der nach Westen tonnengewölbte Anbau mit seinem nördlichen Seitenschiff stammt aus türkischer Zeit, als die lateinische Kirche zur Jusuf Pascha-Moschee umfunktioniert worden war. An dieses islamische Gotteshaus erinnert heute noch die Minarettbasis in der Nordwestecke des Gebäudekomplexes. Diagonal gegenüber, in der Südostecke, stand ehemals der venezianische Campanile (links vom Museumseingang).

### Rundgang

(Da die Aufstellung der Sammlungen noch nicht endgültig ist, entspricht die Aufzählung der Vitrinen nicht den tatsächlichen Vitrinennummern)

1 Spätneolithische und frühminoische Funde aus der Kultgrotte von Platywóla (bei Skurachládha/Kydonía); die beiden Schnabelkannen (FM, Nr.

2019, 2020) sind Importstücke von den Kykladen oder vom griechischen Festland.

2 Spätneolithische und frühminoische Funde aus der Kultgrotte von Platywóla; die neolithischen Pyxiden und Gefäße zeigen einfache Ritzmuster, Bratpfanne mit Henkel aus dem Beginn der Bronzezeit (FM, Nr. 2001).

3 Früh-, mittel- und spätminoische Funde aus der Kultgrotte von Platywóla; einfache Gefäße mit dem beliebtesten Dekor der Minoer: mit Spiralmotiven; ferner Gefäße im Barbotine-Stil Mittel- und Ostkretas.

4 Spätneolithische und frühminoische Funde aus der Kultgrotte von Platywóla; einfache neolithische Keramik; die hohe frühminoische Kanne Nr. 2062 ist auf der Standfläche mit einem Werkstattzeichen gekennzeichnet.

5 Hervorragende neolithische Steinvasen und Werkzeuge sowie frühminoische Keramik aus der Grotte Kumaróspilia, südlich vom Kloster Ghuwernéto auf der Halbinsel Akrotíri und von anderen Fundorten.

6 Mittel- und spätminoische Siegel aus Kastélli/Chaniá. Auf den Siegeln ist nahezu das gesamte Bildrepertoire (s. Umzeichnungen) der minoischen Steinschneidekunst erhalten. Neben Tier- und Menschendarstellungen wurden auch florale und geometrische Motive aufgegriffen. Von größter Bedeutung sind kleine Schrifttäfelchen mit Ideogrammen und Zahlen (s. S. 122) für Wirtschaftsabrechnungen (?) und *Fragmente mit Linear-B-Schriftzeichen,* die bisher nur auf der Peloponnes und im Palast von Knossós gefunden wurden.

7 Neolithische bis spätminoische Funde aus der Grabhöhle von ›Mamelúku Trýpa‹ bei Periwólia/Kydonía. Das bedeutendste Exponat in dieser Vitrine ist eine Keramikscherbe mit drei gemalten *Linear-B-Schriftzeichen;* das dazu gehörige Gefäß stammt aus einer Keramikwerkstatt des minoischen Kydonía und beweist, daß nicht nur der Palast von Knossós nach der mykenischen ›Eroberung‹ Kretas als Wirtschaftszentrum der Insel genutzt wurde.

8 Mittelminoische Funde aus Wríses/Apokóronas und Nerokúru/Kydonía; neben den verschiedenen keramischen Erzeugnissen sind Bronzedolche und bronzene Werkzeuge besonders beachtenswert.

9 Funde von der griechisch-schwedischen Ausgrabung auf der Platía Ajía Ekateríni im Stadtteil Kastélli (s. S. 142f.): Keramik der mittelminoischen Epoche.

10/11/13 Funde von der Platiá Ajía Ekateríni: SM Ib-Exponate, Keramik und Steinvasen aus Raum E; unteres Fach verschiedene Kleinfunde, Webstuhlgewichte, Bronzegeräte und Siegel mit insgesamt zehn verschiedenen Darstellungen. SM Ib, Keramik aus Raum E und das ›Master Impression‹ Siegel (s. Frontispiz), der bedeutendste Fund der griechisch-schwedischen Grabung in Chaniá. Dargestellt wird wahrscheinlich die Hafenstadtmauer und der minoische Palast von Kú-tu-na-ja (Kydonía/Chaniá); UF: SM II-/SM IIIb-Keramik.

12 SM IIIa-Keramik aus Kastélli u. a. ein mykenischer Krug; die hellgrundige Schale (Inv. Nr. 1959) ist ein Import aus Zypern (s. auch Abb. 33).

14 Spätminoische Funde IIIc und geometrische Exponate aus einer Nekropole in Chaniá. Von Bedeutung ist die Menschendarstellung auf der Scherbe rechts unten aus der geometrischen Epoche. In der Zeitspanne zwischen der ›Kriegervase‹ von Mykene (12.) und der attischen ›Prothesis-Amphora‹ (um 760 v. Chr.) gibt es im griechischen Kulturraum keine Menschendarstellungen! Besonders reizvoll ist das kleine Wagengespann.

15 Geometrische Funde von der Nekropole in Módi/Kydonía; charakteristisch die Schachbrett-Motive; auf einer hohen Vase sind doppelaxtähnliche Symbole gemalt.

16 Funde aus Kammergräbern der geometrischen Epoche bei Kawússi (Plátanos)/Kíssamos.

17 Geometrische Funde von der Nekropole bei Ghawalomúri/Kíssamos.

18 Geometrische Funde von der Nekropole bei Ghawalomúri/Kíssamos.

19 Verschiedene Bronzen aus einem spätminoischen Grab in Chaniá.

20 Verschiedene Bronzen aus einem spätminoischen Grab in Chaniá; beachtenswert die Doppeläxte (Nr. 221/222) aus Sámonas/Apokóronas.

*Türkischer Anbau im Westen*

Die Aufstellung der griechisch-römischen Skulpturen sowie der venezianischen und türkischen Reliefs an der *Süd- und Westwand* ist noch nicht endgültig; u. a. sind folgende Statuen, Torsos und Köpfe zu sehen: Artemis mit Hund, sich gegen einen Baum lehnend (1. Statue rechts) - römische Herakles-Statue (2. Statue rechts, Nr. 41) - Statue der Hygieia, als Göttin personifizierte Gesundheit aus Aptera/Apokoronás - Kopf Kaiser Hadrians (3. Statue rechts, Nr. 77) vom Diktynnaion der Halbinsel Rodhopú - Pan-Statue aus dem antiken Hyrtakína bei Teménia/Sélino (4. Statue rechts) - Asklepios-Statue mit Sockelinschrift (1. Statue links) - Statue der Aphrodite aus Chaniá (letzte Statue links) - Philosophenstatue aus dem antiken Elyros bei Rodhowáni/Sélino (Westwand, Nr. 66).

Die beiden römischen Fußbodenmosaike stammen aus Chaniá. Auf dem westlichen Mosaik ist eine fragmentarische Inschrift erhalten, die den Namen ›Daphni‹ erwähnt, es wird vermutet, daß die figuralen Motive aus einem Stück der Neuen Komödie von Menander (342–um 292 v. Chr.) stammen. Das östliche Mosaik zeigt die Inschrift *ΠΛΟΚΙΟΝ,* vier Personen und in den Ecken die vier Jahreszeiten (?).

*Nördliches Seitenschiff*

Hellenistisches Fußbodenmosaik aus Chaniá mit Hahnenkampf und einer Szene mit Poseidon und Amymone, davor eine Türschwelle aus Marmor.

21 Terrakotten der klassischen, hellenistischen und römischen Periode von verschiedenen Fundorten Westkretas; sehenswert Artemis und Apollon mit Musikinstrument (Lyra?) aus der ›Bärengrotte‹ Akrotíri (Nr. 1198/99) und der Miniaturschild mit Darstellungen von Kriegern (5. Jh. v. Chr., Nr. 296).

22 Keramik des 6.–3. Jh. v. Chr. von verschiedenen Fundorten Westkretas; die schlanke Lekythos Nr. 2 ist ein Importstück aus Attika.

23 Archaisch-dädalische Statuetten aus Axós/Mylopótamos; beachtenswert eine sitzende Göttin und eine weibliche Terrakottafigur, die Brüste und Scham mit ihren Händen bedeckt.

24 z. Zt. ohne Exponate.

25 Funde der geometrischen Epoche von der Nekropole bei Ghawalomúri/Kíssamos; Nr. 4171 und 4172 Kinderspielzeug aus dem 8. Jh. v. Chr.

26 Keramik von der Nekropole in Kíssamos und archaisch-dädalische Statuetten von der Nekropole bei Axós/Mylopotámos

27 Funde der klassischen und hellenistischen Epoche aus den Kammergräbern der Nekropole von Falassárna an der Westküste; das schöne korinthische Aryballos-Gefäß mit der Eberdarstellung (Nr. 2204) und die Oinochoë mit dem Satyr (Nr. 2187) sind Importstücke.

28 Gold-, Elektron-, Silber- und Kupfermünzen von der klassisch-griechischen Epoche bis zur byzantinischen Zeit von verschiedenen Fundorten Westkretas.

29 Archaische und hellenistische Funde aus Tárrha an der Südküste, direkt beim Zugang zur Samariá-Schlucht; von Bedeutung ist das Urnengefäß (Grab-Pithoi) Nr. 2444, das im typischen ›Knossós-Stil‹ dekoriert ist (Import von Zentralkreta).

30 Griechisch-hellenistische Funde aus Tárrha.

31 Funde aus dem hellenistischen Heiligtum in Wríses, dem Asklepios-Heiligtum in Lissós und von einem hellenistischen Grab in Chaniá.

32 z. Zt. ohne Exponate

33 Griechisch-römische Gläser aus einer Manufaktur von Tárrha; Exponate von verschiedenen Fundorten Westkretas; der Brocken unverarbeiteter Glasmasse wurde als Rohmaterial für die Herstellung von Gläsern gebraucht.

34 Spätminoische IIIb-Keramik aus Chaniá und Súdha; sehenswert der aus Zypern importierte Krater (Nr. 812), der interessante figurale Motive zeigt, wie wir sie von dem ›Zeus-Krater‹ aus Enkomi kennen (Museum Nikosia).

35 Verschiedene Fundstücke der spätminoischen Epoche II und III a von den Nekropolen bei Arméni/Réthimnon sowie den Nekropolen von Máleme und Chaniá, Schmuckstücke aus Bergkristall und Serpentin, Steingefäße, Siegel, u. a.: beachtenswert ist ein Ring mit einer szenischen Darstellung des minoischen Stierspieles.

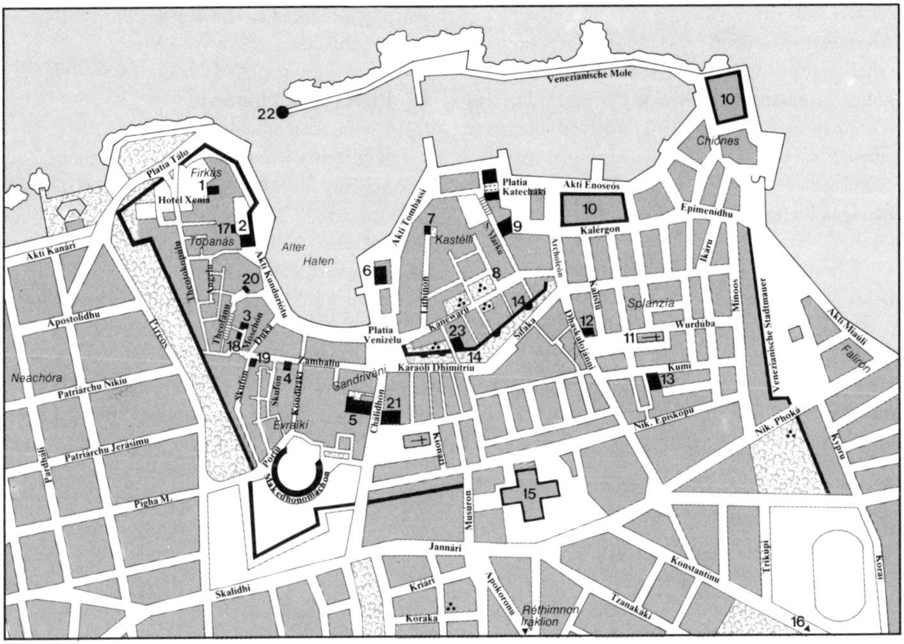

*Stadtplan von Chaniá*

36 Funde von einer spätminoischen Nekropole in Chaniá; Dreifuß aus Bronze, Bronzekrug, weißgrundige Keramik sowie Gefäße mit Flora- und Oktopusmotiven.
37 Funde von einer spätminoischen Nekropole in Chaniá; schöne Tassen, kleine Krüge und Statuetten; die bauchige Kanne Nr. 1321 ist eine typische Arbeit aus einer Werkstatt des minoischen Kydonia.
38 Verschiedene Funde von spätminoischen Nekropolen beim Kloster Ajía Triádha auf der Halbinsel Akrotíri und der Nekropole in Chalépa, einem Vorort von Chaniá; Bronzekessel, Kannen, Krüge, Schalen, kultische Doppelkannen mit Siebfläche, miniaturhafte Tierköpfe, Rauchgefäße u. a.
39 OF: spätminoische Bronzeschale mit 16 *Linear-A-Schriftzeichen* an der äußeren Gefäßlippe; ferner im 2. Fach von oben beachtenswerte Elfenbeinfunde: Plättchen mit Sphinxdarstellungen, wie wir sie aus Knossós und Mykene kennen, 8förmige Schilde und ein Köpfchen mit mykenischem Eberzahnhelm (vgl. das Original im AMI, VI, 78).
40 Funde von der spätminoischen III a-Nekropole von Kalámi/ Apokóronas und von der Grabung 1969 in Chaniá; kydonische Keramik, weißgrundig mit rotem und schwarzem Dekor, Steingefäße, Doppelkanne mit Vogelmotiven u. a.

An der *Nord- und Ostwand* dieses Raumes Pithoi-Gefäße von Akrotíri (MM III) und aus Sternés (SM III).

Die verschiedenen Sarkophage im *östlichen (Eingangs-)Bereich* des Museums gehören der spätminoischen Epoche an und stammen aus Arméni/ Réthimnon (s. Fig. S. 285), Pijí und Apodhúlu/ Amári. Die polychromen Motive zeigen neben geometrischen Darstellungen und Blumendekorationen interessante Jagdszenen; alle Stücke gehören jener Epoche an, als bereits die Mykener das minoische Kreta beherrschten.

*Museumshof*
Architekturfragmente vorwiegend aus venezianischer und türkischer Zeit (Abb. 80–82): der zwölfseitige Brunnen mit pyramidenförmigem Dachabschluß ist ein türkisches Werk und stand ehemals an einem Platz in Chaniá – das venezianische Marmorportal gehörte zum Zangaróla-Palast südlich der heutigen Platía Ajía Ekateríni.

## 6 Ehemalige Janitscharenmoschee

(Akti Tombássi 6)

Ältestes islamisches Bauwerk der Stadt, das die Türken kurz nach ihrer Eroberung von Chaniá 1645 errichteten. Die Janitscharen bildeten eine militärische Elitetruppe der Osmanen, die, ehelos, ausschließlich dem Kriegsdienst nachging.

## 7 Venezianisches Archiv

(Odhos Lithínu 45)

Palastartiges Gebäude der Venezianer von 1624 in Kastélli, dem ältesten Stadtteil Chaniás; heute nicht mehr zugänglich, über dem Portal eine lateinische Inschrift mit Hinweis auf die Funktion des Gebäudes und dem Baudatum. Rechts geht es zu einem venezianischen Hof, auf dem links ein Nebenportal (Abb. 86) zum Archiv führt.

## 8 Platía Ajía Ekateríni

(Minoische Ausgrabungen)

Die griechisch-schwedischen Ausgrabungen in Chaniá/Kastélli, 1964 von Yánnis Tzedákis begonnen und seit 1970 unter gemeinsamer Leitung des schwedischen Archäologen Erik Hallager und Tzedákis' weitergeführt, gehören zu den wichtigsten Kampagnen auf Kreta und sind die spektakulärsten von ganz Westkreta. Daß Chaniá, das schon bei Homer erwähnte Kydonia sei, wurde niemals angezweifelt; daß sich die Siedlungskontinuität allerdings bis weit ins Neolithikum beweisen ließe und der archäologische Nachweis, auch in Westkreta habe ein bedeutendes Zentrum der minoisch-kretischen Zivilisation existiert, von dem aus die stark zentralisierte Wirtschaft sowie die politisch-sakrale Verwaltung organisiert wurde, muß als Sensation betrachtet werden. Diese und die noch zu erwartenden Ergebnisse werden unser bisheriges Bild von der ersten europäischen Hochkultur substantiell korrigieren.

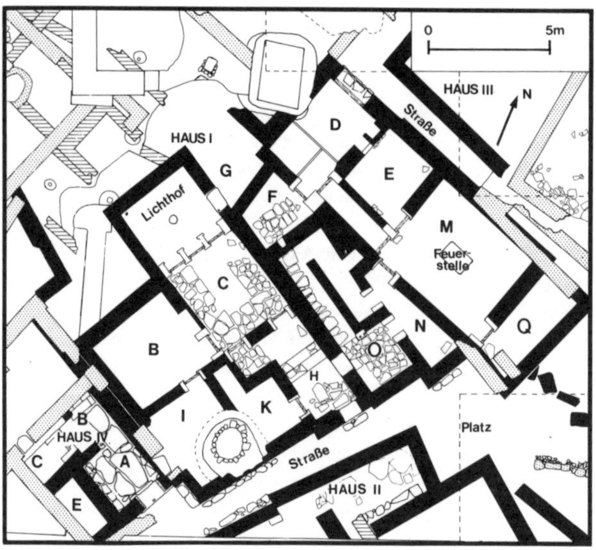


*Die griechisch-schwedischen Grabungen 1969–1984 Platía Ajía Ekateríni, Kastelli, Chaniá, nach Y. Tzedákis/ E. Hallager*
*A–C Minoische Halle mit typischen Hofpflasterungen und Türlaibungen*
*E Magazin (hier wurden 4 Pithoi und 60 Vasen gefunden)*
*F Badezimmer mit Resten einer Wasserleitung*
*H Vorhalle*
*M Küche mit Arbeitsraum*

Nach den bisherigen archäologischen Ergebnissen waren in dem bronzezeitlichen Kydonía des 2. vorchristlichen Jahrtausends und bereits während der frühminoischen Epoche keramische Erzeugnisse mit dem ältesten minoischen, vorwiegend in Ostkreta bekannten Dekor in Gebrauch, die mit Motiven des Pyrgos-, Onoúphrios- und Vassiliki-Stils geschmückt waren. Auch Beispiele der schönen Kamáres-Ware sowie Linear-A-Schrifttäfelchen konnten in Kydonia gefunden werden. Das meiste Fundmaterial stammt jedoch aus der Epoche SM I.

In diesem historischen Zusammenhang sei auf zwei für das minoische Westkreta aufschlußreiche Querverbindungen hingewiesen: Daß die minoische Stadt Kydonia bereits in den Ortsnamenlisten des Totentempels Amenophis' III. (1408–1372 v. Chr.) in Theben-West aufgezählt wird, ist ein wichtiger Beweis dafür, daß Kydonia wie Knossós und Festós viele Generationen vor Amenophis III. schon mit Ägypten in regem Handelsaustausch stand. Die wohl beeindruckendsten und besterhaltenen Funde auf der Platiá Ajía Ekateríni stammen aus SM I, die wichtigsten jedoch aus SM II/III, da nur diese auf ganz Kreta vier Hauptphasen der Bronzezeit enthielten. Nach jeder Zerstörung wurde wieder aufgebaut. Für die Gebäude aus SM IIIa/IIIb sind die Funde von Henkelkrügen mit *Linear-B-Schriftzeichen* und die gebaute runde Feuerstelle mit verschiedenen Idolfunden sehr wichtig, denn dies ist ein Hinweis darauf, daß die Mykener vom griechischen Festland zu dieser Zeit nicht nur in Knossós, sondern auch in Chaniá gewesen waren. Freigelegt sind bisher hier verschiedene Wohnquartiere der minoischen Stadt. Im unteren Bereich verläuft von Westen nach Osten eine gepflasterte Straße mit einem großen Wohnhaus (14 Räume; ca. 225 m$^2$), die rechts auf einen Platz mündet. Zwischen den Räumen H und N führte ehemals eine Treppe ins Obergeschoß; unter dem minoischen Fußbodenniveau des Treppenhauses erkennt man Reste einer Wasserleitung. Über die architektonische Gestaltung der Fachwerkfassaden haben wir genaue Kenntnis aufgrund der Ausgrabungen auf Santorin und des ›Stadtmosaiks‹ von Knossós (s. AMI, II, 25), auf dem mehrere Fassaden polychrom abgebildet sind.

## 9 Santa Maria

(Odhos Ajios Márku 12/24)

Nur noch ruinös erhaltene venezianische Kirche des 16. Jh.; sie war, wie die San Marco-Kirche in Candiá/Iráklion, die lateinische Bischofskirche der Venezianer in Canea/Chaniá (fälschlich oft San Marco genannt). Nach der türkischen Eroberung 1645 erhielt sie als islamisches Gotteshaus den Namen Moschee des Kapitän Mustafa Pascha. Heute sind nur noch das Ostwerk mit den Grundmauern des Campanile und Teile des südlichen Seitenschiffes erhalten; im Süden Fragmente des Klosterhofes.

## 10 Venezianische Arsenale

Im Süden und Osten des alten venezianischen Hafens, der an seiner gesamten Nordflanke durch eine venezianische Mole aus dem 15./16. Jh. geschützt wird, erheben sich die monumentalen Arsenale aus dem 16. Jh. Am besten erhalten sind die tonnengewölbten Lagerhallen südlich der Akti Tenóseos; von den ursprünglich 17 Arsenalen sind heute noch sieben vorhanden, die zunächst restauriert werden sollen. Die teilweise nur noch ruinös erhaltenen Arsenale an der Ostseite des Hafenbeckens geben den Weg frei zum Leuchtturm am Ende der Mole; von hier aus hat man bei guten Witterungsbedingungen einen bühnenbildartigen Blick zum Hafen von Chaniá mit den ›Weißen Bergen‹ (Léfka Ori) im Hintergrund.

## 11 San Nicolo

(Platía 1821)

Die Platía 1821 erinnert an den Beginn des griechischen Freiheitskampfes gegen die Türken 1821; an der uralten Platane des Platzes wurde im selben Jahr der orthodoxe Bischof von Chaniá, Melchisédek, von den Türken erhängt.

An der Ostseite des Platzes erhebt sich die venezianische San Nicolo-Klosterkirche, von Dominikanermönchen gegründet und dem hl. Nikolaus von Myra geweiht. Die älteste schriftliche Quelle erwähnt San Nicolo von Canea 1320. Nach 1645 gestalteten die Türken das christliche Gotteshaus zur Sultan Ibraham-Moschee um, von der noch der zum Minarett umgebaute Campanile im Süden erhalten ist.

Zwei kräftige Pfeiler grenzen den Altarraum vom Naos der weiträumigen Hallenkirche ab. Während Prothesis und Diakonikon von Tonnengewölben überspannt werden, überwölben gotische Rippen den Altarraum und die rechtwinklig geschlossene Apsis.

## 12 San Rocco

(Platía 1821)

An der Nordwestecke des Platzes erhebt sich die kleine venezianische Einraumkapelle San Rocco, schlicht im Stil der Renaissance errichtet. Auf dem Architrav des Portals ist das Jahr der Kirchengründung 1630 angegeben.

## 13 Ajía Anárjiri

(Odhos Paradhós Nikifóru/Epískopu)

Die den hll. Märtyrern Kosmás und Damianós geweihte Zweiraumkapelle mit südlicher Erweiterung aus dem 16. Jh. war während der venezianischen und türkischen Zeit eine der wenigen orthodoxen Kirchen der Stadt, die von den griechischen Gläubigen besucht werden durften. Die dreischiffige Anlage birgt einen holzgeschnitzten Ikonostas (Anfang 20. Jh.) und mehrere volkstümliche Ikonen.

## 14 Byzantinisch-venezianische Stadtmauer

Die südliche Begrenzung des Stadtteils Kastélli (das minoische Kydonía) bilden die Odhos Karaóli-Dhimítriu und die Sifaká-Straße. Parallel zum nördlichen Rand beider Straßen verläuft die bis zu 5 m hohe byzantinisch-venezianische Stadtmauer. Während man an der Südseite, die durch kräftige Pfeiler verstärkt ist, viel antikes Baumaterial wie Säulentrommeln (Abb. 85) u. a. erkennt, konnten auf der Innenseite der Stadtmauer 1984 Fundamentstreifen freigelegt werden, die aus sorgfältig zusammengefügten Quadern bestehen und möglicherweise Reste der antiken Stadtmauer Kydonías (Abb. 84) sind. Weiter östlich von diesem Grabungsbereich, rechts der Odhos Katré, die zur Platía Ajía Ekateríni führt, liegt oberhalb eines Hanggeländes der Gebäudekomplex einer großzügig angelegten türkischen Badeanlage, die z. Zt. baugeschichtlich untersucht und restauriert wird.

## 15 Agorá (Markthalle)

Die Markthalle von Chaniá wurde 1908 außerhalb der von den Venezianern 1538 errichteten Stadtmauer gebaut. Das für Kreta einzigartige und für Griechenland seltene Industriegebäude erhebt sich über dem Grundriß eines freistehenden griechischen Kreuzes. Die vier Kreuzarme sind als weite Hallen konstruiert, in denen die Händler, nach Branchen getrennt, ihre Stände aufgebaut haben. Eine fast orientalische Bazaratmosphäre ist der besondere Reiz für den Besucher der Markthalle.

## 16 Historisches Museum

(Odhos Sfakianáki 20; Öffnungszeiten, s. ›Wissenswertes von A–Z‹)

Das Historische Museum ist in einem neoklassizistischen Wohnhaus der Jahrhundertwende von dem Architekten E. Kladhú-Blétsa untergebracht.

**Erdgeschoß**

*Raum 1:*

Sammlung von privaten und persönlichen Gegenständen des kretischen Nationalhelden *Eleftherios Venizelos* (* 1864 in Murniés/Kydonía, † 1936 in Paris), der von 1898 bis 1913 die Wiedervereinigung Kretas mit dem griechischen Mutterland anstrebte. Als republikanischer Politiker widersetzte er sich dem Hochkommissar Prinz Georg und zwang diesen zum Rücktritt, so daß 1913 der Weg zur Wiedervereinigung geebnet war. In Athen war Venizélos später mehrere Jahre Ministerpräsident Griechenlands.

1 Dokumente aus der Zeit 1898–1913, die das Geschehen auf Kreta zum Inhalt haben. – 2 Schreibtisch und Büste von E. Venizélos; links daneben Zeitungspresse. – 3 Titelblatt der ›Therísu‹-Zeitung von 1905. – 4 Liegestuhl von E. Venizélos; an den Wänden diverse Fotografien der Jahrhundertwende, die die bewegte Geschichte Kretas illustrieren.

*Raum 2 (Korridor):*

5 Venezianische Pfeile und Schwerter sowie Dolche (Spathí) des 19. Jh. – 6 Gewehre und Pistolen des 19. Jh. – 7 Pistolen, Dolche und Schießpulver in Hörnern. – 8 Stempel und andere Dokumente

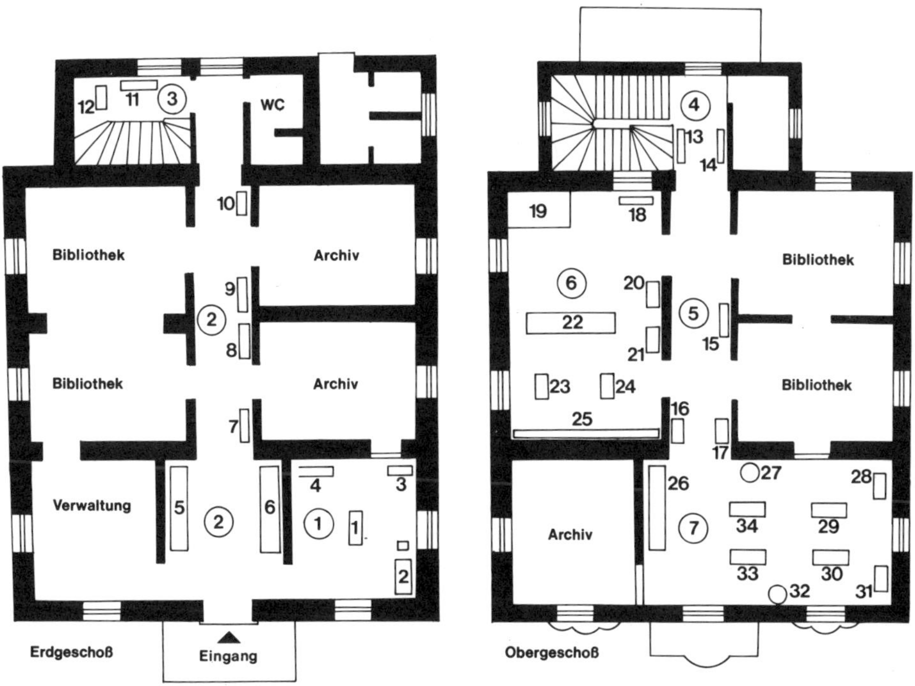


*Historisches Museum, Chaniá*

(Reisepapiere etc.) der verschiedenen Regierungen Kretas zur Jahrhundertwende: türkische Zeit (Nr. 73/74) Übergangsphasen (Nr. 71, 72) autonomes Kreta (Stempel Nr. 102 ›κρητική πολιτεία‹). – 9 Hölzerne Kaffeemühle von 1866. – 10 Türkische Pistolen und Kurzschwerter, teilweise mit schönen Einlegearbeiten.

*Raum 3 (Treppenhaus):*

11 Venezianisches Büfett aus der Zeit um 1600, aus dem Besitz des Venezianers Marco Renieri (s. Renieri-Palast, Nr. 3). – 12 Venezianischer Schrank mit Holzschnitzereien, die Jagd- und Kampfszenen zum Inhalt haben.

An den Treppenhauswänden mehrere türkische Halbmonde von Minarettspitzen.

**Obergeschoß**

*Raum 4 (Treppenhaus):*

Sammlung von Exponaten, die an die deutsche Besetzung 1941–1945 erinnern: Gewehre, Pistolen, Stahlhelme und ein Plakat mit der Aufschrift: »Hier stand Kandanos. Es wurde zerstört als Entgelt für die Ermordung von 25 deutschen Soldaten.«

13 Gegenstände der deutschen Besatzungsmacht. – 14 Exponate aus der Privatsammlung des A. Skoulá.

*Raum 5 (Korridor):*

15 Orden, Gläser, Streichholzschachtel etc. (alles Anfang 20. Jh.). – 16 Fotografie des *Ioánnis Dhaskalojánnis,* Anführer der Revolution 1770, der 1771 von den Türken in Iráklion bei lebendigem Leib ge-

schächtet wurde. – 17 Leibschärpe der kretischen Tracht des I. Dhaskalojánnis.

*Raum 6:*
18 Webereien von Mädchen, während des Handarbeitsunterrichts 1960 angefertigt. – 19 Kretisches Bett aus der Zeit um 1940. – 20 Privatsammlung des britischen Konsuls Thomas Backhouse Sandwith (1870–75); kostbare Stickereien aus der ersten Hälfte des 19. Jh. – 21 Kretische Tracht, Anfang 20. Jh. – 22 Verschiedene Webereien und Stickereien mit figuralen und geometrischen Motiven, erste Hälfte 20. Jh. – 23 Männliche und weibliche Tracht aus dem Gebiet von Chaniá (19./20. Jh.). Während Frauen nur noch selten (an Festtagen) diese Kleidung tragen, trifft man Männer überall auf Kreta in dieser typischen Tracht. – 24 Stickereien aus Chaniá, 19. Jh. – 25 Verschiedene Webereien und Stickereien des 19./20. Jh.; besonders interessant ist links die Arbeit aus dem Jahre 1887 mit schmuckvollem Rand, der viele Tier-, Blumen- und Menschenmotive zeigt.

*Raum 7:*
An den Wänden hängen diverse Fahnen der kretischen Befreiungskämpfer, u. a.: von dem Dorf Murniés (Geburtsort von E. Venizélos) 1833; Ioánnis Klonári 1866; Konstantinos Bassiá 1866; Márkos Papajanáki 1866–77 – gegenüber an der Straßenseite: Lówaron Epanastáseos mit einer Darstellung der Muttergottes und Christi, 1877/78; griechische Fahne mit der Königskrone von 1897. – 26 Historische Landkarten und Stadtansichten von der Insel Kreta und von den Städten Chaniá (Canea), Iráklion (Candiá) und Réthimnon. Kopie des ›Erotokritos‹ des kretischen Dichters *Vitzéntzios Kornáros* von 1710. – 28 Briefmarken des autonomen Kreta, teilweise mit späterem Aufdruck ›Hellas‹. – 29 Pistolen und Gewehre aus dem 19. Jh. – 30 Gewehre und Dolche aus dem 19. Jh. – 31 Briefmarken des autonomen Kreta, teilweise mit späterem Aufdruck ›Hellas‹. – 32 Schloß einer Holztür, die zu einem Stadttor innerhalb der Befestigung von Chaniá gehörte. – 33 Griechisches Geld vom Anfang des 20. Jh. bis 1944; Silbermünzen von Alexander d. Gr.; griechische, römische und byzantinische Münzen; europäisches Geld der Neuzeit. – 34 Liturgische Geräte und holzgeschnitzte Kreuze des 18./19. Jh.; Bücher und Manuskripte des 19. Jh.

## 17 Venezianisches Portal

## 18 Einraum-Kapelle

## 19, 21, 23 Türkische Bäder

## 20 Türkischer Brunnen

## 22 Venezianischer Leuchtturm

# Réthimnon

Eine Besiedlung Réthimnons zur frühminoischen Epoche oder gar im Neolithikum konnte bisher archäologisch nicht nachgewiesen werden. Der Ägyptologe Wolfgang Helck meint jedoch, wenn'die Ortsnamenlisten aus dem Totentempel Amenophis' III. topographisch angeordnet seien, dann könne der in Hieroglyphen geschriebene kretische Ortsname *Bijàs*[1] die Bezeichnung für eine minoische Siedlung in der Gegend von Réthimnon sein. Dies wäre der einzige, wenn auch sehr vage Hinweis auf eine bronzezeitliche Stätte des frühen 2. vorchristlichen Jahrtausends an der Nordküste des heutigen Réthimnon. Mit Sicherheit war das Gebiet von Réthimnon seit der spätminoischen Epoche besiedelt. Im Vorort Mástaba entdeckte K. Kalokyris 1947 ein spätminoisches Kammergrab mit schöner Keramik, die u. a. elegante Oktopusmotive zeigt; die Nekropole und die dazugehörige Siedlung konnten bisher noch nicht freigelegt werden. Der Name der Stadt hingegen scheint nicht minoischen, sondern (nach A. Fick) hethitischen Ursprungs zu sein. Die antike Stadt und Akropolis lagen auf dem nördlichen Vorgebirge, auf dem sich heute die eindrucksvollen Reste der venezianisch-türkischen Fortezza erheben. Münzfunde aus der Zeit 400–300 v. Chr. beweisen, daß es auf der *Akropolis von Ríthimna* einen Tempel der Artemis-Rokka und ein Athena-Heiligtum gegeben hat. Onorio Belli, ein venezianischer Arzt und Reisender, beschreibt noch 1586 die spärlichen Fragmente auf der Akropolis: »Upon a hill in its vicinity are the remains of a square temple, some of the columns of the portio of which, and one of the alae or sides of the temple, are extant.«[2]

Zur Zeit der Venezianer nannte man die kleine Siedlung auf dem Vorgebirge Palaiókastro. Unmittelbar vor dem Haupteingang zum Kastell stand bis zur türkischen Zeit eine kleine Kapelle, die den Namen Panajía Palaiokastrí trug.

Während der Dynastie der Ptolemäer in Ägypten wurde die Stadt für kurze Zeit von Ptolemaios IV. (240–205 v. Chr.) nach dem Namen seiner Frau und Schwester *Arsinoë* umbenannt.

Politische und wirtschaftliche Macht scheint die antike Stadt nie besessen zu haben. Selbst während der frühchristlichen und byzantinischen Epoche wird Réthimnon nicht in den Bischofslisten der orthodoxen Kirche geführt. Bischofssitze waren zu jener Zeit die südlich im Inselinnern gelegenen Nachbargemeinden Lappa (heute Spíli) und Eléftherna.

Im 13. Jh. (nicht vor 1229) läßt sich für Réthimnon eine erste venezianische Befestigung der Stadt nachweisen, die jedoch nicht auf dem Vorgebirge mit den antiken Resten der Akropolis errichtet wurde, sondern westlich des kleinen Hafens die direkt anschließenden Arsenale und die Wohnquartiere schützt. Während im Norden und Osten die Verteidigungsmauer dem Küstenverlauf folgte, verlief die Befestigung im Süden parallel zur heutigen Odhos Paleológhu, knickte am Standort des späteren Alvise Rimondi-Brunnen nach Norden ab und folgte hier bis zur Küste der heutigen Odhos Messolánghiu. Erst Anfang des 16. Jh. planten die Venezianer eine äußere Befestigung, vorwiegend zum Schutz der im Laufe der Jahrhunderte nach Süden vorgerückten Siedlung. In den Jahren 1540–70 verwirklichten die Venezianer das Bauprojekt: Parallel zur heutigen Odhos Jerakári (die bis zur Jahrhundertwende noch Odhos ›Tichon‹, ›Wand‹, hieß), bauten sie

1 Elmar Edel und Paul Faure schlagen vor, Bijás mit Festós zu identifizieren.

2 Edward Falkner: *A Description of some important Theatres and other Remains in Crete, from a Ms. of Candia by Onorio Belli in 1586*, London 1854, S. 25

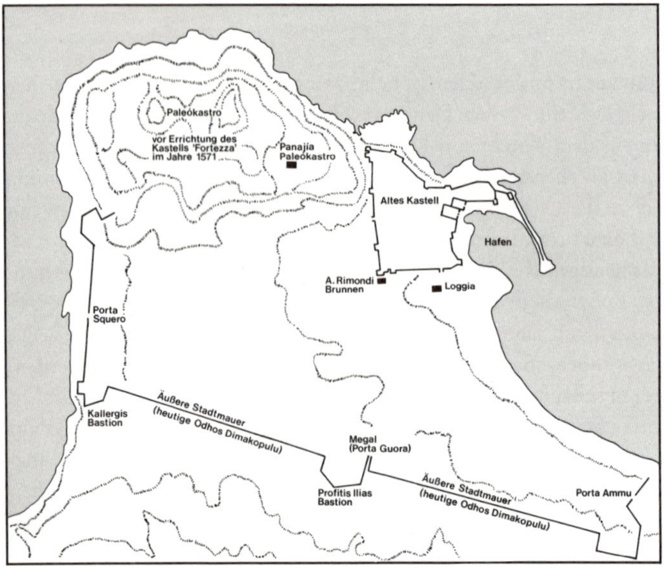


*Réthimnon in den Jahren 1540–1570. Nach I. Steriotou, Thessaloniki 1979*

eine Festungsmauer, die im Bereich der neuzeitlichen Platía Martýrion durch die Santa Veneranda-Bastion verstärkt wurde, von der nur noch ein Teil der Megáli Porta (großes Tor), auch Porta Guora genannt, erhalten ist. Ganz im Westen, unmittelbar an der Küste, streckte sich die Kallergis-Bastion mit dem Ajios Athanásios-Tor von dem felsigen Grund in die Höhe; im Osten stand das Santa Barbara-Bollwerk mit der Pórta 'Ammu.

Erst zwischen 1571 und 1600 wurde das Vorgebirge, dort wo Onorio Belli noch 1586 antike Baureste gesehen hatte, zu einer ›Stadt in der Stadt‹ ausgebaut. Nun entstanden auch die venezianische Loggia (um 1600) und der A. Rimondi-Brunnen (1629), die, an der Hauptstraße vom Hafen zur Piazza (heute Platía Petichákí) gelegen, das Zentrum der venezianischen Stadt bildeten. Ferner errichtete man die drei Stadtkirchen: Santa Maria Maddalena, Santa Maria und San Francesco. Während dieser Zeit lebten venezianischen Quellen von 1583 zufolge 213 kretische und (›nur‹) 84 venezianische Familien in Réthimnon.

Nach der türkischen Eroberung der Stadt 1646 übernahmen die Türken Réthimnon als Verwaltungszentrum und Handelshafen für das westliche Zentralkreta, wie sie es von den Venezianern vorgefunden hatten. Während die verhältnismäßig kleine Stadt Réthimnon (ca. 18 000 Einwohner) mit ihren verwinkelten Gassen und ihren venezianischen Palastfassaden stark an urbane Beispiele Italiens erinnert, verleihen die wenigen islamischen Moscheen und die vereinzelten türkischen Holzhäuser der Stadt ein orientalisches Gepräge. Réthimnon ist neben Chaniá aufgrund seiner morphologischen Struktur eine der eindrucksvollsten Städte der Insel.

## Stadtrundgang

### 1 Venezianisches Kastell ›Fortezza‹

(Öffnungszeiten, s. ›Wissenswertes von A–Z‹)

Die Fortezza von Réthimnon, die Stadt in der Stadt, wurde ab 1571 auf dem nördlichen Vorgebirge, dem Ort der antiken Akropolis, errichtet, auf dem in dieser Zeit noch Tempelreste der griechisch-römischen Epoche erhalten waren. Ausschlaggebend für die Realisierung dieses Festungsbauwerkes war die im Mittelmeer immer stärker zunehmende Türkengefahr und die damit verbundene Zerstörung vieler kretischer Städte seit Mitte des 16. Jh. Die ursprünglichen Pläne für Fortezza stammten wie jene für Candia (Iráklion) und Canea (Chaniá) von Michele Sanmicheli (s. S. 83, 136). Aus Kostengründen lehnte die Bevölkerung von Réthimnon dieses gewaltige Bauprojekt ab. Erst nach diversen Planvereinfachungen und kostensparenden Vorschlägen des venezianischen Ingenieurs Sforza Palavicini wurde das Festungswerk unter der Bauleitung von Ioánnis P. Therári in knapp drei Jahrzehnten

*Stadtplan von Réthimnon.* * *Befestigung Altes Kastell* ** *Befestigung von 1540–70; beide nicht mehr erhalten*

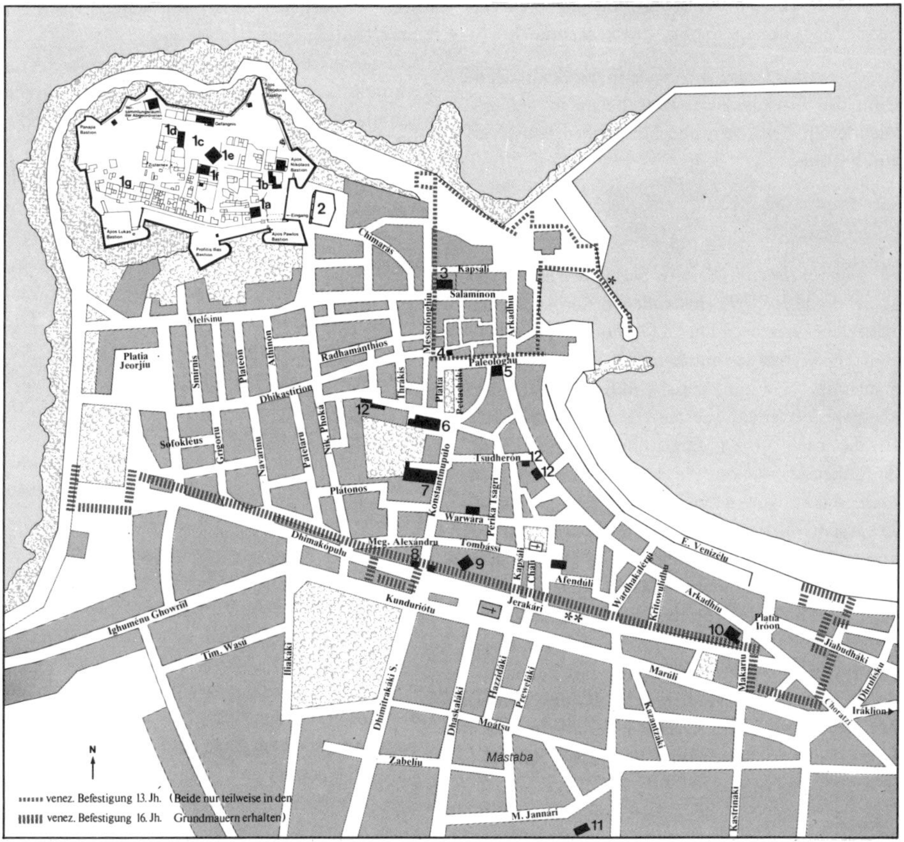

verwirklicht. Die fortifikatorisch schwerwiegendste bzw. gefährlichste Abänderung des Sanmichele-Entwurfes war der Verzicht auf einen Verteidigungsgraben, so daß die Festung allein durch aufgestellte Leitern erklommen werden konnte.
Von den einstigen venezianischen Gebäuden aus der zweiten Hälfte des 16. Jh. sind heute nur noch spärlichste Reste erhalten. Das eindrucksvollste Bauwerk auf der Festung ist die Sultan Ibrahim-Moschee, die von den Türken an der Stelle der lateinischen Bischofskirche errichtet wurde.

*1a Ehemaliges Munitionsdepot* für die venezianische Artillerie; wird heute von dem Wächter des Kastells bewohnt.

*1b Ajios Theodóros-Kapelle,* einfache venezianische Einraumkapelle ohne Freskenschmuck.

*1c Ehemalige Piazza* der ›Stadt in der Stadt‹. Zentrum der Festungsstadt. Hier befanden sich die wichtigsten weltlichen und kirchlichen Bauwerke von Fortezza.

*1d Standort des Palazzo Rettere,* später als Gefängnis genutzt.

*1e Sultan Ibrahim-Moschee.* Sie wurde nach 1646 an der Stelle der 1598 entstandenen Kathedrale der Venezianer errichtet. Dieses Gebäude wie auch die anderen original islamischen Gotteshäuser in der Stadt stehen markant schiefwinklig innerhalb der klar gegliederten Bausubstanz Réthimnons: anders als die nach Osten ausgerichteten christlichen Gotteshäuser, weisen alle islamischen Moscheen nach Mekka, von Kreta aus also nach Südosten. Trompen bilden in Form von Viertelkuppeln das konstruktive Element, das in den Ecken von dem quadratischen Raumteil zur Kuppel überleitet. In der nach Mekka gerichteten Quiblawand (Südostwand) ist der Mihrab, die islamische Gebetsnische, mit Stalaktitgewölben ausgespart. Ein beachtenswertes Bauwerk von eindringlicher Raumwirkung, ganz ohne Beispiel auf Kreta. An der Westecke des Gebäudes ist noch der Minarettstumpf erhalten.

*1f Ehemalige Wohnquartiere* der venezianischen Offiziere.

*1g Verschiedene Grundmauern* von Wohnquartieren und Arsenalen.

## 2 Archäologisches Museum – Ehemaliges Gefängnis

(Öffnungszeiten, s. ›Wissenswertes von A–Z‹)

Das Archäologische Museum wurde im Sommer 1990 im venezianischen Gefängnis östlich des Kastells neu eröffnet. Es ist vorbildlich eingerichtet und kann unter museumspädagogischen Aspekten als die gelungenste Ausstellung Kretas bezeichnet werden.

### Rundgang

Die Vitrinen im Museum sind nicht numeriert; folgen Sie nach der Kasse den Wandvitrinen im Uhrzeigersinn.
1 Funde aus der Jeraníu-Höhle, 9 km westlich von Réthimnon, die 1969 erforscht wurde: neolithische Keramik, Steinwerkzeuge und Fruchtbarkeitsidole mit kykladischen Einflüssen (5700–2800 v. Chr.).
2 Funde aus der Melidhóni-Höhle, nordwestlich des gleichnamigen Dorfes: neolithische Knochenwerkzeuge (5700–2800 v. Chr.) und MM II-Keramik. Aus der Höhle gibt es Funde vom Neolithikum bis zur römischen Epoche. An der Felswand befindet sich eine Inschrift aus dem 3. Jh. v. Chr. Die Höhle war bereits Reiseschriftstellern des 16. Jh. bekannt.
3 MM II-Keramik aus Monastiráki: Tonmodell eines Heiligtums und Kopf eines Priesters.
4 MM II-Keramik aus Monastiráki und Apodhúlu.
5 MM II-Heiligtum von Wrýsini; Terrakotten; Fruchtbarkeitsidole, Frauen, Stiere und eine männliche Figur.

In der Raumecke steht eine elegante Serpentinstein-Öllampe von dem minoischen Landsitz Mixórruma bei Spilí (SM I).
6 Grabfunde aus Apóstoloi und Angelianón. MM III- und SM I-Steinvasen und SM I-Keramik von der Mástaba-Nekropole bei Réthimnon. SM I/II-Keramik aus einem Grab bei Stawroménos.
7 SM III-Keramik mit mykenischen Einflüssen (Henkelschalen mit hohem Fuß) von der Mástaba-Nekropole bei Réthimnon.

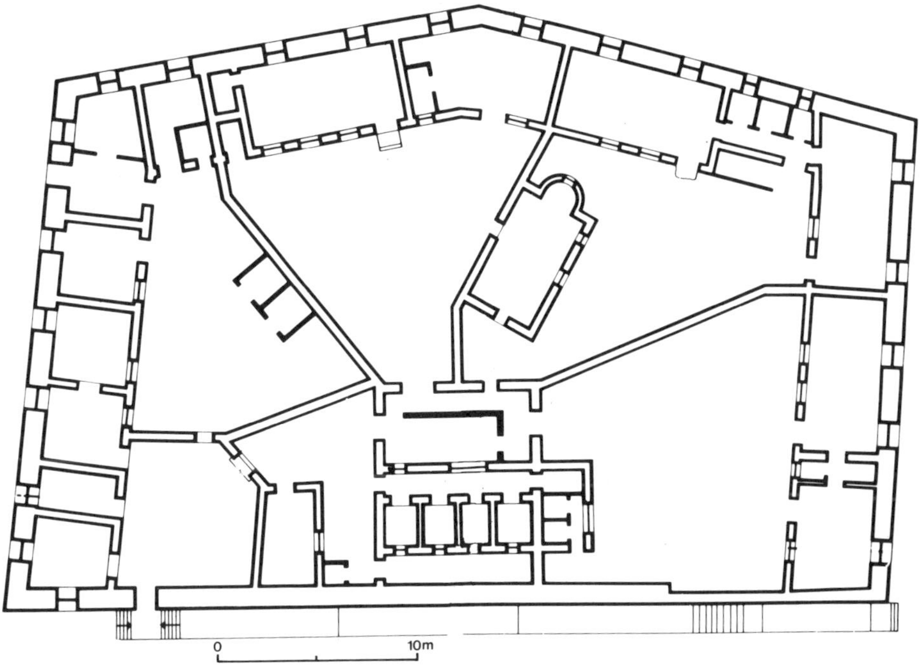


*Archäologisches Museum (ehemaliges Gefängnis), Réthimnon. Nach I. Steriotou*

8 Eberzahnhelm aus SM IIIa/b, spätminoische Bronzeäxte von der mykenischen Nekropole von Arméni (s. S. 285). Bronzewerkzeuge, Messer, Lanzenspitzen etc. aus Gräbern von Apostóloi (SM IIIa/b).

9 Funde von der mykenischen Nekropole Arméni (SM IIIb).

10 Wertvolle Exponate von Arméni und Pegalochorió. Einzigartig ist der Fund eines Korbes aus organischem Material mit Bronzeklammern (SM III); die spärlichen Reste lassen sich zu einer ganzen Form rekonstruieren. Sehenswert sind der Schmuck, Siegelsteine, ein Elfenbeinkamm und Bronzespiegel (alles SM IIIa/b).

11 Spätminoische Heiligtümer von Sakturía und Pegalochorió (SM IIIa). Die Göttinnnen mit erhobenen Händen wurden in einem ähnlichen Fundzusammenhang entdeckt wie im Heiligtum von Knossós (s. Foto in der Vitrine).

12 SM IIIa/b-Keramik aus verschiedenen Dörfern des Bezirkes von Réthimnon.

13 Subminoische Keramik aus Astipádhes. SM IIIc-Keramik aus Sýwritos (Wizári)/Amári. Der Ort existierte bis zur frühchristlichen Epoche (Bischofsbasilika, s. S. 360); heute ein kleines Gebirgsdorf.

14 Funde von der Nekropole von Elefthérna: geometrische und protoarchaische Keramik, Terrakottaidole, Stierköpfe von Opfergefäßen.

An der Schmalseite der Wand eine Marmorskulptur des Dionysos mit einem Satyr aus Elefthérna (ca. 300 n. Chr.).

15 Verschiedene Funde der römischen Nekropole von Stawroménos; unten Öllampen des kretischen Typus, rechts oben Öllampe mit Liebesdarstellung.

16 Kosmetikgeräte aus Bronze und Silber, Spiegel, Vasen von der römischen Nekropole Stawroménos.

17 Marmorgefäße, Goldschmuck, Elfenbeinnadeln von der römischen Nekropole Stawroménos.

18 Römisches Glas aus Stawroménos.
19 Römische Bronzeskulpturen etc. von einem Schiffswrack, Fundort: Küste bei Ajía Galíni.
20 Römische Marmor- und Alabasterköpfe der Götter Pan, Zeus (oder Poseidon) und Sarapis (oberer Teil Alabaster) aus Arjirúpoli.
21/22 Münzen aus verschiedenen kretischen Städten (Festós, Górtys, Knossós etc.), in der hinteren Vitrine (4. Reihe von unten, links) eine Münze aus Knossós mit der Darstellung eines Labyrinthes.

An der Schmalseite der Wand eine Marmorstatue der Jagdgöttin Artemis aus dem frühchristlichen Bistum Lappa (2. Hälfte 2. Jh. v. Chr.). An dem gegenüberliegenden Pfeiler (v. r. n. l.): römischer Dionysos ohne Kopf aus Réthimnon, Athlet mit Hund aus Stawroménos (um 460 v. Chr.), Aphrodite aus Lappa (1. Jh. v. Chr.).
23 Terrakotten der dädalischen und archaischen Epoche aus Áxos u. a. Orten.

An der Wand Inschriften aus Elefthérna (u. a. links eine Inschrift aus dem 6. Jh. v. Chr.) Davor eine Grabstele aus Elefthérna (6. Jh. v. Chr.).
24 Rotfigurige Keramik aus verschiedenen Orten (4. Jh. v. Chr.).
25 Hellenistische Terrakotten und Vasen aus verschiedenen Orten.

Vor der Vitrine ein Marmorbecken mit Inschrift aus Réthimnon (3. Jh. v. Chr.).

In diesem Raumteil befinden sich mehrere Marmorstatuen. Mit dem Rücken zum Innenhof sehen Sie (v. l. n. r.): Römische Frauenstatue (1. Jh. v. Chr.–4. Jh. n. Chr.), Kopie eines griechischen Originals. – Faustina d. Ä. (1. Hälfte 2. Jh. v. Chr.) aus Lappa. Der kubische Faltenwurf des Gewandes ist sehr selten. – Zwei römische Skulpturen mit auswechselbarem Kopf (›älterer Herakliótissa‹-Typ). – Aphrodite aus Lappa (2. Hälfte 1. Jh. v. Chr.). Ihr rechter Fuß schwebt auf dem Rücken einer Ente, beachtenswert die Haartracht und der Faltenwurf. – Zwei römische Kinderköpfe. – Dionysos aus Pijí (römisch).

Zu den besonderen Schätzen des Museums zählen die Sarkophage von der mykenischen Nekropole von Arméni. Archäologisch bedeutsam ist die Darstellung von Jagdszenen (vgl. Fig. S. 285) sowie die minoischen Stier- und Kulthornmotive. Sie zeugen von einer fließenden Kontinuität und der Vermischung von minoischer und mykenischer Formen- und Bildsprache.

## 3 Ajios Antónios

(Odhos Messolónghiu 25)

Römisch-katholische Kirche, hochgezogene Einraumkapelle aus dem 19. Jh. Das nördlich anschließende Priesterhaus wurde 1855 errichtet. Gottesdienste: Samstag 18 Uhr, Sonntag 10 Uhr.

## 4 Rimondi-Brunnen

(Odhos Thessalonikis 2)

Der nach dem venezianischen Statthalter Alvise Rimondi benannte Brunnen geht auf das Jahr 1629 zurück und gehört zu den schönsten Bauten der Venezianer. Vier schlanke monolithische Säulen mit antiken korinthischen Kapitellen gliedern die Rückwand des Brunnens in drei Jochfelder, die je mit einem wasserspeienden Löwenkopf geschmückt sind. Darüber verläuft ein abgestufter Architrav, der an seiner Stirnseite eine fragmentarische Inschrift erkennen läßt: ... CAE LIBERALITATIS IONTES IN ... Während der türkischen Herrschaft über Réthimnon erhielt der Brunnen einen baldachinartigen Vorbau mit Zentralkuppel, der im Zweiten Weltkrieg teilweise zerstört wurde.

## 5 Venezianische Loggia

(Odhos Arkadhíu 220)

Ähnlich der Venezianischen Loggia in Candia (Iráklion), die den Beamten und dem venezianisch-kretischen Adel als Ort der Begegnung und Beratung zur Erholung diente, war auch die Loggia in Réthimnon ein Ort zur Pflege der Geselligkeit.

## 6 Venezianische Kirche Santa Maria – türkische Moschee Pascha Nerazza

(Odhos Manóli Wernádhu 2; Öffnungszeiten, s. ›Wissenswertes von A–Z‹)

Die venezianische Kirche ist ein Bau von strenger Architektur, gegründet in der zweiten Hälfte des 16. Jh. als Klosterkirche der Augustinermönche. Knapp 100 Jahre später, nach 1646, bauten die Türken das lateinische Gotteshaus zu einer islamischen

Moschee um. Zu dieser Zeit wurde auch an der Westseite das noch erhaltene Minarett angebaut. Ein Aufstieg über die innere Spindeltreppe ist empfehlenswert, da man von der oberen Plattform-Galerie einen eindrucksvollen Rundblick über die Stadt hat. Wann die drei additiven Zentralkuppeln des Langhauses errichtet wurden, ist ungewiß. Sowohl auf älteren venezianischen Stadtansichten, als auch auf Abbildungen aus der Zeit um 1700 zeigt das Gebäude noch ein Satteldach.

Heute wird der interessante Innenraum als Konzert- und Versammlungsraum genutzt.

### 7 San Francesco

(Neben dem Haus Odhos Konstantinópulu 74).

Die ehemalige Klosterkirche aus dem 16./17. Jh. war eines der imposantesten venezianischen Bauwerke der Stadt. Die restaurierte Kirche dient heute den Bürgern der Stadt als Versammlungsraum. Der ehemalige Haupteingang im Osten ist noch nicht wiederhergestellt; ein kleiner offener Narthex mit kräftigen gotischen Rippengewölben erinnert an den großzügigen Eingang. Die Nordfassade – im Erdgeschoß als geschlossene Wandfläche mit einem prunkvollen Renaissance-Mittelportal und im Obergeschoß durch sechs schlanke Fenster gegliedert – wird von einer kurzen Sackgasse flankiert. Das Portal der Nordfassade ist mit zwei korinthischen Pilastern und zwei Halbsäulen gleicher Säulenordnung geschmückt; darüber streckt sich ein kräftiges Gebälk mit dreifachem Zahnschnitt. An der Ostecke schließt ein einfaches venezianisches Portal die Sackgasse ab. Während der türkischen Epoche verkleinerte man die Öffnung des Bogens, ein mit Relief geschmücktes kleineres Portal von islamischer Formensprache (Lebensbaum, Halbmond u. a.) wurde der Öffnung angepaßt.

### 8 Megáli Pórta, auch Porta Guora genannt

(Südliches Ende der Odhos Konstantinópulu).

Ehemaliges Stadttor östlich der (nicht mehr vorhandenen) Profítis Ilías-Bastion (1540–1570). Das Portal zeigt eine einfache Pilastergliederung und war ehemals mit einem Giebelfeld bekrönt, in dem ein Relief des venezianischen Löwen angebracht war.

### 9 Megáli Porta-Moschee

(Odhos Tombássi 27)

Das islamische Gotteshaus ist heute von neuzeitlicher Bausubstanz eingeschlossen. Von dem Garten des o. g. Hauses kann man den Baukörper und das Minarett besichtigen. Die zur übrigen Bebauung schiefwinklige Lage der Moschee (nach Mekka ausgerichtet) zeigt, daß es sich um eine islamische Gründung handelt.

### 10 Mussa Pascha-Moschee

(Odhos Arkadhíu 4).

Islamisches Gotteshaus aus der zweiten Hälfte des 17. Jh., in dem z. Zt. das Denkmalamt (Eforía) für den Nomós Réthimnon untergebracht ist. Das Gebäude stand ursprünglich am heute nicht mehr erhaltenen östlichen Stadttor. Der kleinen Kuppelmoschee, deren Zentralkuppel von vier Trompen getragen wird, ist eine Vorhalle mit drei additiven Kuppeln an der Eingangsseite hinzugefügt; hier unterstützen Pendentifs die Kuppeln. Auch an den beiden Reinigungsbrunnen im Osten lassen sich die unterschiedlichen Grundkonstruktionen der Kuppelarchitektur, Trompen und Pendentifs, gut studieren. An der Nordecke des Bauwerkes ist der untere Teil des Minaretts erhalten.

### 11 Velí Pascha-Moschee

(Odhos Michaíl Jannári).

Eines der harmonischsten islamischen Bauwerke der Stadt, das ebenfalls aus der zweiten Hälfte des 17. Jh. stammt. Das restaurierte Bauwerk soll einst die Sammlungen für ein *Botanisches Museum* beherbergen. Bevor man in den überkuppelten Zentralraum gelangt, durchschreitet man eine Vorhalle mit drei Kuppeln und dann eine Gebetshalle mit zwei Reihen zu je drei Kuppeln. Die Laibungen des Portals zeigen islamischen Dekor in Form von Ranken- und Blütenmotiven. Von der oberen Galerie des Minaretts hat man einen schönen Blick über die ganze Stadt.

### 12 Venezianische Häuser (Auswahl)

Odhos Wernádhu Nr. 6, 8, 10, 16, 34, 36, mit türkischen Umbauten (Nr. 36 mit lateinischer Inschrift von 1609); Odhos Tsudherón Nr. 12, Odhos Arkadhíu Nr. 154 (mit türkischer Inschrift von 1844).

# Ajios Nikólaos

Ajios Nikólaos, seit 1904 Hauptstadt Ostkretas (Nomós Lassíthi), ist eine relativ junge Stadt, die in den letzten Jahrzehnten durch den Tourismus einen wirtschaftlichen Aufschwung erlebte, der bisher noch keinerlei Anzeichen einer Stagnation zeigt. Mehr als ein halbes Jahrhundert hatte sich die Bevölkerung der Stadt von 1904 (3709 Einwohner) bis 1961 (3861 Einwohner) zahlenmäßig nur geringfügig verändert. In den folgenden 20 Jahren aber erlebte die Stadt eine kaum vorstellbare Bevölkerungsexplosion: während 1971 schon 5002 Einwohner in der Stadt lebten (das entspricht auf 1961 bezogen einer Steigerung von 29,6%), waren es bei der letzten Volkszählung 1981 bereits 8130; auf 1971 bezogen entspricht dies einem Bevölkerungszuwachs von 62,5%, und im Vergleich zu 1961 hatte sich damit die Bevölkerungszahl sogar mehr als verdoppelt (= 110,6%).

Während der Bronzezeit des 2. vorchristlichen Jahrtausends war das Gebiet von Ajios Nikólaos nicht besiedelt. Politisches und wirtschaftliches Zentrum der Merambéllo-Bucht während der minoischen Epoche waren vor allem die bereits seit dem Neolithikum bewohnten Inseln Psíra und Móchlos und Gourniá, eine wichtige minoische Wohnstadt mit einer wirtschaftlichen und politisch-sakralen Verwaltung (s. S. 317).

Erst in der Spätantike gibt es spärliche Berichte über das Siedlungsgebiet von Ajios Nikólaos, das als »Lató prós Kamára« erwähnt wird und etwa seit dem 3. Jh. v. Chr. Hafen der von den Dorern gegründeten Stadt Lató gewesen war. Archäologisch läßt sich die Hafenstadt *Kamára* derzeit erst anhand von Funden aus einer Nekropole bei *Pótamos* (Abb. 24 u. 25; südwestlicher Stadtrand von Ajios Nikólaos) für das 1. Jh. n. Chr. belegen (s. Archäologisches Museum, Saal 7, Vitrinen 58, 60–64). In der frühchristlichen und byzantinischen Epoche soll, nach dem ›Synekdemos‹ des sonst unbekannten Hierokles Grammatikos (um 527), in Kamára ein Bischofssitz existiert haben. Aus späteren Jahrhunderten fehlen Quellen über Kamára. Nur das kleine Ajios Nikólaos-Kirchlein westlich der Stadt, eine Kuppelhalle mit nachikonoklastischen und figuralen Fresken (s. S. 179), erzählt eindrucksvoll in Bild und Architektur aus der Zeit des Ikonoklasmus und von der Rückeroberung Kretas durch Nikephoros Phokas (960/961). Eine Siedlung scheint es zu dieser Zeit hier nicht mehr gegeben zu haben.

Im Verlauf des 13. Jh., im Zusammenhang mit den Folgen des unglückseligen Vierten Kreuzzuges (1204), wird das Gebiet von Ajios Nikólaos von Genuesen und Venezianern hart umkämpft. Im Winter 1206 oder im Frühjahr 1207 landete Henrico Piscatori, der spätere Graf von Malta, mit einigen genuesischen Schiffen auf Kreta und gründete an den Küsten wie im Hinterland insgesamt 15 genuesische Kastelle. Eines der strategisch wichtigsten war für die Genuesen ›Castello di Mirabelo‹, auf dem kleinen Vorgebirge östlich des Wulisméni-Sees von Ajios Nikólaos gelegen. Der Wulisméni-See (›Lago‹; Abb. 88) ist in venezianischen Karten noch als See eingetragen, er ist neben dem Kurnás-See (Abb. 63) im Nomós Chaniá/Apokóronas der einzige Süßwassersee der Insel Kreta, 1867–71 wurde er durch einen Stichkanal mit dem Meer verbunden. Der englische Reisende T. A. B. Spratt beschreibt 1853 den 64 m tiefen See noch als Binnensee ohne Kanal.

Nachdem in der Mitte des 13. Jh. die Venezianer ihre Macht auf Kreta festigen konnten, nahmen sie auch das Kastell Merambéllo in Besitz, das nach den schweren Erdbebenschäden von 1303 wieder restauriert wurde. Große Bedeutung hatte die Festung für die Venezianer nie. Dies ergibt sich aus der Tatsache, daß Ende des 16. Jh. die Pläne von Michele Sanmicheli, der neben Candia (Iráklion) und Canea (Chaniá) auch Merambéllo (Ajios Nikólaos) vor der drohenden Türkengefahr neu befestigen wollte, verworfen wurden.

*Kastell Merambéllo, das heutige Ajios Nikólaos. Nach O. Dappner, 1688*

Vor dem endgültigen Verlust der Insel 1669 hatten die Venezianer das 1645 an die Türken durch Verrat übergebene Kastell im selben Jahr noch zurückerobern können. Aus strategischen Gründen wurde es nach Vertreibung der Türken aus dem Gebiet von Ajios Nikólaos von ihnen zerstört.

Bis zum 19. Jh. blieb dieser Küstenbereich auch während der türkischen Epoche nur spärlich bewohnt. Erst 1869 wurde der Siedlungsraum um den Wulisméni-See von Sfakioten aus den Bergen Westkretas unter Zustimmung der damaligen türkischen Regierung neu besiedelt. In Erinnerung an die jahrhundertealte Kirche des hl. Nikolaus, nördlich der Stadt, die alle Stürme der Zeit überdauert hatte, nannten sie ihre neue Stadt Ajios Nikólaos.

Heute gehört Ajios Nikólaos zu den bedeutendsten touristischen Zentren Griechenlands und bietet besonders im Vergleich zu den überlaufenen Touristen-›Dörfern‹ Mália und Chersónissos urbane Mittelmeeratmosphäre, die von ihren Bewohnern selbstverständlich kommerziell genutzt wird.

## Stadtrundgang

### Archäologisches Museum

(Odhos K. Paleológhu 68; Öffnungszeiten, s. ›Wissenswertes von A–Z‹)

Die Numerierung entspricht *nicht* den (bisher noch unvollständig) angegebenen Vitrinennummern (Ziffern in Klammern) des Museums!

*Eingangshalle:*
Mit Wasser gefüllte Glasvitrine, in der mittelminoische Keramik ausgestellt ist, wie sie in situ in einem Schiffswrack gefunden wurde, das man aus dem Golf von Merambéllo aus 32 m Tiefe geborgen hat.

*Saal 1:*
**Neolithische und frühminoische Epoche**

1 (1)* Frühminoische Funde von der Siedlung Furnú Korfí bei Mýrtos/Ierápetra: Fragment einer Statuette, Siegel, Tassen und ›geflammte‹ Schnabelkannen im sog. Vassiliki-Stil (Abb. 30, 31).

2 (48) Funde von der minoischen Siedlung bei Mýrtos: ›geflammte‹ Schnabelkannen und Keramik mit linearen Dekorationen (Dreiecksmuster, Strich- und Wellenlinien).

3 (3) Funde der frühminoischen Nekropole bei Ajía Fotiá/Sitía. Die Nekropole mit 252 freigelegten kammerähnlichen Gräbern aus der Zeit 3000–2300 v. Chr. gehört zu den größten Griechenlands und ist nach der Nekropole Furní/Archánes eine der bedeutendsten Kretas. Die aus dem weichen Felsen herausgearbeiteten Gräber sind Vorläufer der minoischen Kammergräber. Von den über 1500 hier gefundenen Gefäßen ist nur ein Bruchteil im Museum ausgestellt: Typisch für die frühminoische Bronzezeit sind die Dolche mit verstärkter Mittelrippe, deren Holzgriffe nicht mehr erhalten sind; eines der Exponate mißt 32 cm und ist damit der längste Bronzedolch, der auf Kreta aus der FM-Epoche bisher gefunden wurde; interessant ist der Doppelkernos auf erhöhtem Fuß. Hier fand man auch Keramik des ›feinen grauen Stils‹, Gefäße in der Naturfarbe des Tonmaterials.

4 (46) Funde der Vor-Palastzeit von der Nekropole Ajía Fotiá/Sitía: schöne Steinschalen, Kernos-Gefäße mit zwei und drei Behältern auf gemeinsamem Fuß; interessantes Rhyton in Form eines Vogels mit linearer Ritztechnik, dieses Opfergefäß und das kleine birnenförmige Gefäß mit gleicher Ritztechnik sind frühe Vasentypen, die von den Kykladen eingeführt wurden; Schnabelkanne mit einfacher linearer roter Bemalung; Rauchgefäß mit ausgesparten Dreiecken am Gefäßrand; pfannenartiges Kultgerät (?) mit radial angeordnetem Zickzack-Ritzdekor (kykladischer Typus).

5 (7) FM II a-Keramik aus Mýrtos: Fragmente mit linearer Bemalung, geflammte Ware des Vassiliki-Stils und Keramik mit roten Linien auf hellem Grund, ein Stil, der den Onoúphrios-Gefäßen ähnelt, aber von den Ausgräbern als eigener Mýrtos-Stil bezeichnet wird.

6 (2) Neolithisches (Phallus-?) Idol aus der Pelékita-Höhle bei Zákros; Costas Davaras, der Ausgräber der Höhle, hält es auch für möglich, daß es sich um die abstrakte Darstellung einer frühen Fruchtbarkeitsgöttin handelt: der ›Kopf‹ hebe sich von dem schwach eingeschnürten ›Hals‹ nur undeutlich ab und die Statuette gehe vielleicht auf neolithische Vorbilder Zyperns zurück.

7 (4) Frühminoische Funde von der Nekropole Ajía Fotiá/Sitía: bronzene Angelhaken, Pyxis mit

*Dreifuß-Pyxis aus Mýrtos (FM II b)*

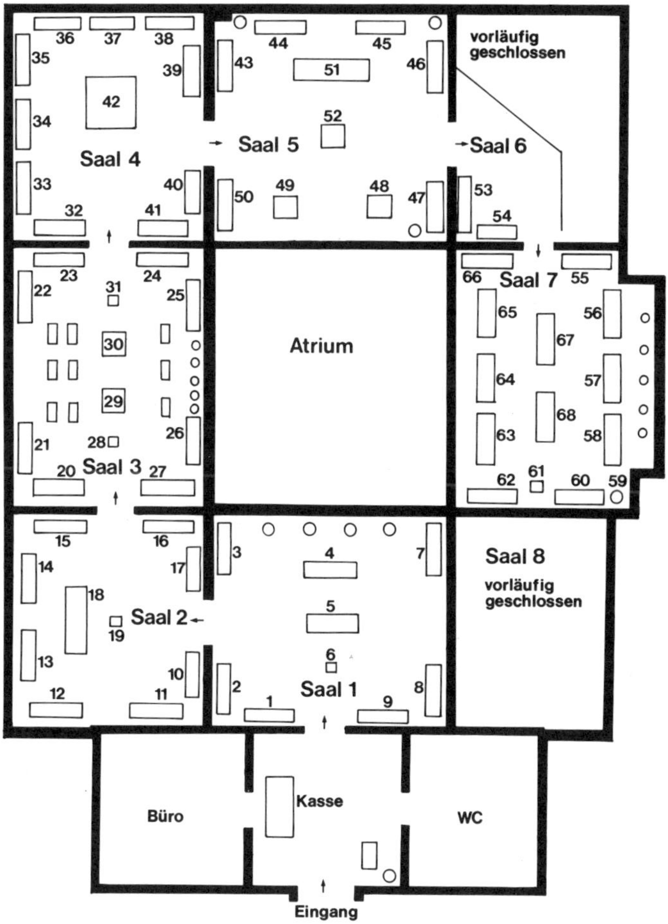


*Archäologisches Museum, Ajiós Nikólaos*

eingeritzten Zickzack-Mustern und radial angeordneten Motiven; ferner Tassen, Schalen und ein Kohlenbecken für Opfergaben.

8 (5) Frühminoische Funde von der Nekropole Ajía Fotiá/Sitía: die scharfen Obsidianklingen sind Importe von der Insel Melos, doppelkonischer Kelch (auch Abendmahlskelch genannt) mit linearen Ritzornamenten im Pýrgos-Stil; Mehrfach-Opfergefäße (Kernoi) mit inneren Gefäßaufteilungen, auch diese Gefäße zeigen Ritztechnik.

9 (6) Verschiedene Keramik aus der minoischen Wohnstadt von Gourniá, von der Nekropole Ajía Fotiá/Sitía und aus der Pelékita-Höhle in der Zákros-Schlucht; Gefäße mit teilweise schöner geometrischer Ritzdekoration, Rauchgefäße etc.

*Saal 2:*

**Früh- und mittelminoische Funde**

10 (8) Frühminoische Funde aus Mýrtos; verschiedene Keramikgefäße wie Tassen, Schalen,

*Goldschmuck von der Nekropole der Insel Móchlos (FM II/III)*

Schnabelkannen u. a. mit Bemalungen im Vassiliki- u. Mýrtos-Stil –, erwähnenswert die Dreifuß-Pyxis mit flachem Deckel, der auf rötlichem Grund radial angeordnet gelblichweiße Striche trägt.

11 (9) Frühminoisch II–III, Schmuck von der Insel Móchlos, 1971 bei Restaurierungsarbeiten der Anfang des 20. Jh. erforschten Nekropole gefunden. Die aus dünnen Goldblechen hergestellten Schmuckstücke zeigen minoische Formensprache (z. B. die Haarnadeln in Gestalt eines Gänseblümchens), wie sie auch in Mesopotamien bekannt war und von den Sumerern nach Kreta gelangte (vgl. die Exponate im AMI, I, 17). Die feinen Bänder, Armbänder, Ketten und Blätter mit Punktdekor fand man in dem zerdrückten Silberväschen (Mitte). Das goldene Diadem, das wertvollste Schmuckstück des Museums, befand sich ebenfalls in der Silbervase; auf dem Diadem sind Punkte flächenmäßig zusammengefaßt, die ziegenartige Tiere erkennen lassen. Die nach oben durch Schlaufen gezogenen Goldbänder verleihen dem Diadem die Wirkung einer Krone. Ferner kunstvolle Steingefäße mit Äderungen, die den Gefäßen eine elegante Vielfarbigkeit verleihen; Schnabeltassen und geflammte Keramik im Vassiliki-Stil.

12 (10) Steingefäße von verschiedenen Fundplätzen Ostkretas, die jedoch nicht die erlesene Qualität der Móchlos-Exponate haben; unten links zwei Fragmente vom Gipfelheiligtum Petsofás bei Palékastro/Sitía mit Linear-A-Schriftzeichen.

13 (11) OF und MF Fundobjekte von verschiedenen Grabungen Ostkretas; UF Steingefäße und

*Steingefäß von der Nekropole der Insel Móchlos (FM II/III)*

keramische Erzeugnisse aus dem Tholosgrab von Myrsíni bei Turlotí/Sitía mit über 60 Bestattungen aus der Zeit FM III–MM I.

14 (12) Mittelminoische Stein- und Keramikgefäße aus einem Grab außerhalb von Zákros/Sitía.

15 (13) Steingefäße, Bronzezange, Gewichtssteine in Würfelform und verschiedene Keramikgefäße aus einem MM-Grab, außerhalb von Zákros/Sitía.

16 (14) Funde vom MM-Gipfelheiligtum des 803 m hohen Berges Priniás, südlich von Sitía. Man nimmt an, daß die Minoer zu den (auf Kreta sehr zahlreichen) Gipfelheiligtümern häufig hinaufpilgerten und verschiedene Opfergaben mitnahmen: kleine bemalte Terrakotten, Votivstatuetten in Gestalt von Menschen und Tieren, die heute meist nur noch geringe Farbspuren zeigen. Obwohl die Statuetten einen hohen Grad an Abstraktion zeigen, erlauben sie Rückschlüsse auf Mode- und Frisurgewohnheiten. So sieht man u. a., daß die Minoer häufig einen Bart trugen. Daneben zeigen die Adoranten- und Priesterinnen-Statuetten Kultgesten (erhobene Hände, Kulttanz mit wehendem Haar etc.). Besonders beachtenswert in dieser Vitrine sind: oben rechts der Torso einer Göttin mit Betonung der Brüste, geöffneter Vagina und in Ritztechnik angebrachter Schambehaarung – ferner: Adorant mit Dolch, Katzenkopf, Stierkopf und sitzende Adorantin mit kunstvollem Glockenrock, kultisches Stierhorn mit Kernos.

17 (15) MM-Funde von verschiedenen Gipfelheiligtümern Ostkretas: tönerne Stiere als Rhyta, Menschenköpfe, Göttinnen mit erhobenen Händen, miniaturhafte menschliche Gliedmaßen aus Ton, die, wie heute von den orthodoxen Christen, von den gläubigen Minoern mit der Bitte um Genesung dargebracht wurden. Beachtenswert: miniaturhafte Plastik von Petsofás/Sitía in Form eines rasierten Köpfchens mit Mittellocke, das an eine Hieroglyphe des Diskus von Festós erinnert – Köpfchen mit perforierter Tiara (für einen Kopfschmuck?) aus dem Rundhaus von Chamézi/Sitía – zweifach ineinandergestellte Kulthörner aus bemaltem Stuck mit angedeutetem Mittelaltar, auf dem ein weiteres Kulthorn steht, vom Gipfelheiligtum Petsofás/Sitía.

18 (17) Spätminoische Bronzegeräte von verschiedenen Fundorten Ostkretas; erstmals treten nun im minoischen Kreta auch Schwerter auf, die u. a. als beliebte Exportartikel nach Ägypten und in andere Länder des Ostens geliefert wurden; überhaupt scheint Kreta zur Zeit der Neuen Paläste (MM III und SM I, II) einen regen Waffenhandel betrieben zu haben. Charakteristisch sind Schwerter, Dolche und Lanzenspitzen mit kräftiger Mittelrippe. Von den beiden Dolchen mit Elfenbeinverkleidung am Griff stammt einer aus Grab II von Fatsí bei Chamézi, die Herkunft des anderen ist unbekannt. Weitere Schwerter, Dolche und Werkzeuge in Form von Doppeläxten stammen u. a. aus den SM III-Gräbern von Farmakokéfalo bei Sklaví, südlich von Pressós, ferner aus Ajía Fotiá, Piskokéfalo, Pressós u. a. Fundorten.

19 (2) ›Göttin von Mýrtos‹ (Abb. 41), das bedeutendste Exponat des Archäologischen Museums von Ajios Nikólaos: stark stilisierte Göttin mit glockenförmigem Körper, schlankem Hals und angedeutetem Kopf. Während die Brüste rundplastisch betont sind, wird die Scham durch ein mit Quadraten ausgefülltes Dreieck angedeutet. In ihren Armen trägt die Göttin eine Schnabelkanne, deren Boden zum Körper hin geöffnet ist. Das Kultrhyton der Göttin von Mýrtos ist ein Meisterwerk der FM II-Epoche.

*Saal 3:*

**Mittel- und spätminoische Funde**

20 (18) Funde aus der SM Ib-Villa von Makryjialós an der Südküste; unter den Keramikgefäßen ist besonders das kugelige Alabastron mit der Meeresstil-Dekoration beachtenswert, ein Meisterstück, wahrscheinlich aus der Palastwerkstatt von Knossós.

21 (19) Funde aus der SM Ib-Villa von Makryjialós: Bronzestatuetten, Tonrohre mit Meeresstil-Motiven, Krug mit liegendem Tier u. a.

22 (20) Funde aus SM-Gräbern von Myrsíni bei Turlotí/Sitía; Keramik mit Meeresstil-Dekoration, Rhyta, Tassen und zwei Tritonmuscheln.

23 (21) Funde aus dem SM-Grab von Myrsíni; Tassen, Schalen, Bügelkannen, Krater mit roter Be-

malung und ein schönes Rhyton mit Florastil-Bemalung.

24 (22) Funde aus SM III-Gräbern von Myrsíni; qualitätvolle Gefäße mit schöner Bemalung. Besonders beachtenswert sind die Florastil-Amphora mit elegantem Papyrosdekor, SM IIIa, und das Rauchgefäß mit umlaufenden Kulthörnern und aufgepflanzten Doppeläxten (?), ebenfalls aus der SM IIIa-Epoche.

25 (23) Spätminoische Funde aus Sitía und anderen Orten Ostkretas: Steingefäße, bemalte Meeres- und Florastil-Keramik, würfelförmige Gewichtssteine für Webstühle u. a.

26 (24) Funde von der SM IIIa, b-Nekropole Mílatos, südöstlich von Sitía: wertvolle Kleinfunde aus Elfenbein (Sphinx, Krokodil u. a.), kleine Ausgußschale aus Gipsstein mit elegantem linearen Reliefdekor, Steingefäße, Fuß eines Fruchtständers mit reliefartigen Seepferdchen u. a. Ein Meisterwerk minoischer Steinschneidekunst ist die *Tritonmuschel aus Mália* mit dem ältesten uns bekannten ikonographischen Vorbild eines ›Löwendämon‹ (s. Umzeichnung): zwei dämonenhafte Tiergottheiten bringen ein Opfer dar, wobei eine Gottheit in eine Tritonmuschel bläst, um die Stimme zu verstärken.

*Tritonmuschel aus Mália. Nach I. Athanassiadi (École Française d'Archéologie, Athen)*

27 (25) Mittelminoische Terrakotten vom Gipfelheiligtum von Petsofás bei Palékastro und anderen Gipfelheiligtümern Ostkretas; auch hier interessante Haartrachten (Knotenfrisur, wehendes Haar, etc.) und Köpfe mit ›Augenplättchen‹; ferner: menschliche Gliedmaßen, Tierplastiken, Adoranten, menschliche Torsos mit Betonung der weiblichen und männlichen Geschlechtsmerkmale.

28 (26) Konischer ›Kommunionskelch‹ aus Marmor, aus der SM Ib-Villa von Makryjialós; er erhielt bei der Brandkatastrophe um 1420/10 v. Chr. die unterschiedliche Färbung; interessant ist, daß Kelch und Fuß getrennt hergestellt und dann durch einen Zapfen miteinander verbunden wurden.

29 (27) Schmuck, Siegel und Kleinfunde aus der SM Ia-Villa Makryjialós und anderen Orten Ostkretas: Siegel mit Schiffsdarstellung aus Mália und Mýrtos, Gewichtssteine u. a. Die in Mália gefundenen Tonbarren sind ganz singulär auf allen vier Seiten mit Linear A beschrieben! Singulär ist auch das Schmuckstück in Form einer Nadel, das 1981 von dem belgischen Archäologen Jean-Pierre Olivier aus dem Kunsthandel für das Museum als Geschenk erworben wurde: während auf der einen Seite naturalistisch ein zarter Maulbeerbaumast (oder Brombeerstrauch?) dargestellt ist, zeigt die andere Seite eine (hymnische?) Inschrift in 18 Linear A-Schriftzeichen.

30 (50) Schmuck aus der SM-Nekropole von Krýa, südwestlich von Sitía und anderen Orten Ostkretas: zwei 8förmige Miniaturschilde aus Elfenbein (Vergleichsstücke fand man in Furní/Archánes, s. AMI, VI, 88, die dort als Dekor für einen Fußschemel benutzt wurden) und goldenes Stierköpfchen.

31 SM IIIa-Göttin aus Myrsíni bei Turlotí. Sie faltet ihre Hände wie eine Adorantin, trägt einen weiten Glockenrock und zeigt dunkle Bemalung auf tonfarbenem Grund.

69 Iráklion Venezianischer Löwe am Hafenkastell ›Kúles‹

70 Iráklion Bembo-Brunnen von 1558

71 Iráklion Sagredo-Brunnen von 1602/04

72 Iráklion Priuli-Brunnen von 1666

73 Iráklion Morosini-Brunnen von 1628

74 Iráklion Hafen ▷

75 Réthimnon Türkisches Haus

76 Réthimnon Rimondi-Brunnen von 1629

77 Réthimnon Venezianisches Portal in der Odhos Tsudherón 12

78 Réthimnon Venezianisch-türkisches Portal bei der San Francesco-Kirche

79 Chaniá Hafen mit Blick zu den ›Weißen Bergen‹ (Léfka 'Ori) mit dem höchsten Gipfel Pachnés 2452 m ▷

80 Chaniá Im Hof des Archäologischen Museums: Persisches Gedicht und Koranzitat in arabischer Schrift aus dem Jahre 1725 (1104)

81, 82 Chaniá Im Hof des Archäologischen Museums: Türkischer Brunnen

83 Chaniá Portal des venezianischen Reniéri-Palastes von 1608

84 Chaniá Byzantinische Stadtmauer, Innenseite (mit antiken Grundmauern)

85 Chaniá Byzantinische Stadtmauer, Außenseite (mit antiken Bauresten/Säulentrommeln)

86 Chaniá Portal eines venezianischen Palastes aus dem Jahre 1624 (Ostportal in der Odhos Lithínu 45) ▷

88 Ajios Nikólaos Wulisméni-See

89 Sitía Hafen

87 Elúnda/Merambéllo und
die Halbinsel Spinalónga

90 Sitía Venezianisches Kastell

*Saal 4:*

**Spätminoische und geometrische Funde**

32 (28) SM III-Keramik von der Nekropole bei Kritsá. Hauptsächlich sind hier SM IIIb-Exponate der mykenischen Epoche auf Kreta ausgestellt: korbähnliche Gefäße (›Kálathos‹), kelchförmige Schalen mit hohem Fuß und zwei Henkeln (›Kylix‹) und bauchige Bügelkannen mit roter oder schwarzer Bemalung auf hellem Grund; beachtenswert sind die mykenischen Bügelkannen mit Oktopusmotiven, deren Fangarme sich wie dünne Bänder wellenartig über das gesamte Gefäß legen, zweihenklige Amphoren u. a.

33 Z. Zt. ohne Exponate

34 (29) SM III-Keramik von der Nekropole bei Kritsá: schönes Urnengefäß mit roten Oktopusmotiven auf hellem Grund, andere zeigen Bemalungen im Florastil und geometrischen Dekor, mykenische Kýlixgefäße u. a.

35 (30) SM-Keramik aus der Nekropole von Myrsíni/Turlotí: Dreifachgefäß mit hohem Bügel und vier rundplastischen Vögeln (Inkarnation oder Epiphanie), ein Vogel sitzt auf einem Ausguß, der die Form eines Stierkopfes hat (!); flaches Gefäß mit Doppelaxtzeichen; bemalte Aschenurne von einer Nekropole außerhalb von Zákros.

36 (31) Funde aus den Gräbern von Fatsí bei Chamézi und aus dem Rundhaus von Chamézi: Gefäße in Entenform, schöne (Priester?)-Masken, frühzypriotische Schale mit linearer weißer Bemalung auf dunklem Grund u. a.

37 (32) Protogeometrische Keramik aus dem Gebiet von Sitía: die kleine dunkelgrundige Amphora mit hellem Bildfeld zeigt den Beginn der geometrischen Dekoration, neben konzentrischen Kreisen schmücken einfache horizontale Linien Bauch, Schulter, Hals und Lippe des Gefäßes!

38 z. Zt. ohne Exponate

39 (33) Geometrische Keramik aus dem Gebiet von Sitía: die schlanke Hydria mit hohem Hals und ausladender Lippe zeigt bereits den Übergang zur orientalisierenden Epoche; die Strenge der geometrischen Dekoration findet durch Impulse aus dem Orient ihr Ende, auf unserem Beispiel schwebt auf einer Grundlinie des Bauches (dort, wo sonst ein Blütenmotiv angebracht ist) eine Biene – Erinnerung an die Bienen, Mélissai, die Zeus mit Honig genährt haben (?).

40 (34) Geometrische Keramik aus der Gegend von Sitía: auf einem Skyphosgefäß ist der Fingerabdruck des Töpfers erhalten (s. Vergrößerung durch die Lupe).

41 (35) SM-Funde aus den Gräbern von Farmakokéfalo bei Sklaví/Sitía und anderen Orten Ostkretas: Bronzestil, Kelle und kleine Henkelschale aus Bronze, in der Form dem Goldbecher von Archánes (s. AMI, VI, 77) ähnelnd, für die es sonst keine Gegenbeispiele auf Kreta gibt; die beiden dreihenkligen Amphoren aus Farmakokéfalo sind besonders schöne Beispiele der mykenischen Keramik: auf hellem Grund sind mit dunkler Farbe elegante Vogelmotive und hängende Lyren gemalt.

42 SM III c-Kinderbestattung in einem Miniatur-Tholosgrab von Pressós; das Pithosgefäß und die Tholosmauerung wurden in situ vom Grabungsgelände ins Museum gebracht.

*Saal 5:*

**Geometrische und archaische Funde**

43 (36) Geometrische und orientalisierende Funde aus der Umgegend von Sitía: Siebgefäße, Schalen, Gefäß mit stark stilisierter Menschengestalt, Statuette einer Gebärenden.

44 (39) Dädalisch-archaische Tonskulpturen aus dem Gebiet von Sitía: die weiblichen Statuetten tragen zumeist einen weiten Glockenrock und haben nicht selten einen beweglichen Kopf.

45 (45) Dädalisch und archaische Tonstatuetten aus dem Gebiet von Sitía: hier vornehmlich Köpfe, von denen einige bemalt sind und eingravierte Haarlocken zeigen.

46 (38) Dädalische und archaische Tonstatuetten aus dem Gebiet von Sitía: die Idole mit den glockenförmigen Röcken erinnern an die spätminoischen Göttinnen mit erhobenen Händen, die miniaturhaften Köpfe mit farbiger Bemalung zeigen teilweise schon das ›archaische Lächeln‹.

47 (49) Dädalische und archaische Tonstatuetten aus dem Gebiet von Sitía: viele Köpfe mit plastisch heraustretenden Augen und Bemalung; Wildziege, die von Schlangen bedroht wird.

48 (40) Dädalische Terrakotten aus dem Gebiet von Ajios Nikólaos: neben den rundplastischen Werken sind die Reliefdarstellungen auf Tonplatten interessant: ein ergänztes Fragment aus Turtulí zeigt vielleicht Achilles und Troilos (?), ferner antithetische Sphinx mit Menschengestalt, Spindel aus Stein und diverse Keramik.

49 (41) Dädalisch-orientalisierende Funde des Gipfelheiligtums auf dem 527 m hohen Anáwlochos, nordwestlich von Neápoli.

50 (42) Protogeometrische Terrakotten und Keramik von dem Gipfelheiligtum Anáwlochos: Statuetten mit drehbaren Köpfchen und aufgeklebten Augen-Tonplättchen.

51 (43) Verschiedene Funde des 7.–5. Jh. v. Chr. von dem versunkenen Olús bei der Halbinsel Spinalónga, Ajios Nikólaos und anderen Orten: umfangreiche Sammlung von miniaturhaften Tieren: Löwen, Schweine, Hühner, Schildkröten u. a., Masken aus Ton, römische Münzen.

52 Meisterstück der dädalisch-archaischen Plastik aus Sitía (Abb. 40); das hohle Köpfchen, mit Hut und Lockenpracht geschmückt, zeigt schon das archaische Lächeln und die großen, weiten Augen, die für archaische Skulptur kennzeichnend werden.

*Saal 6:*

**Funde des 6. und 5. Jh. v. Chr. aus Olús (z. Zt. noch im Aufbau)**

53 (59) Terrakotten von Menschen und Tieren

54 (47) Keramische Erzeugnisse, Schalen, kleine Gefäße u. a., große Pyxis und vielerlei Terrakotten.

*Saal 7:*

**Funde der griechisch-römischen Epoche (5. Jh. v. Chr.–323 n. Chr.)**

55 (51) Rotfigurige und unbemalte Keramik; die Terrakotten stammen aus einem Grab bei Elúnda.

56 z. Zt. ohne Exponate.

57 (52) Funde von verschiedenen Orten Ostkretas: Öllampen, Bronzebüste der ägyptischen Göttin Isis, Amphoren, Gemmen (teilweise mit erotischen Szenen) u. a.

58 (53) Funde von verschiedenen römischen Gräbern aus Ajios Nikólaos: dem antiken ›Lato prós Kamára‹ (1. Jh. n. Chr.): Vasen, Terrakotten, Öllampen, plastischer Blütendekor, gläserne Aromafläschchen, Elfenbeinnadeln u. a.

59 Römisches Grabrelief aus Ajios Nikólaos mit korinthischen Säulen, Architrav, Akroterien und der Inschrift ›PAGONOS‹.

60 (54) Griechisch-römische Keramik und Kleinfunde von verschiedenen Orten, u. a. karbonisierte Oliven aus einem römischen Haus von Ierápetra.

61 Totenschädel von der römischen Nekropole Kamára (1. Jh. n. Chr.), so im Museum aufgestellt, wie er in situ gefunden wurde: der goldene Kranz zeigt stilisierte Blätter eines Olivenbaumes, die Silbermünze zwischen den Zähnen des Toten, eine Tetradrachme von der westkretischen Stadt Polyrrhínia aus der Zeit des Kaisers Tiberius, sollte dem Toten nach römischer Vorstellung Einlaß ins Totenreich gewähren.

62 (55) Keramiken und Streufunde aus Ajios Nikólaos (Kamára).

63 (56) Funde von der römischen Nekropole Kamára: Terrakottafragment mit Europa auf dem Stier, Elfenbeininstrumente (Nadeln etc.), Öllampen, Gewichtssteine und kleiner Bronzekessel.

64 (57) Funde von der römischen Nekropole Kamára: Gewichte, Vasen, Öllampe mit Medusenhaupt, Bronzemünzen der römischen Provinz Kreta (98–117 n. Chr.) mit der Inschrift ›KOINON ΚΡΗΤΩΝ‹, Pinzette mit pfeilähnlichen Spitzen.

65 Z. Zt. ohne Exponate.

66 Funde aus Olús: reichhaltige Sammlung formschöner Öllampen; einfache Schalenlampen, solche mit drei Brennstellen sowie eine mit Phallussymbol und eine andere mit ringförmigem Kranz, der insgesamt siebzig Brennstellen hat.

67 (44) Funde von der römischen Nekropole Kamára: römische Glasflaschen für Duftstoffe, Terrakotten und ein kugelförmiges Aryballosgefäß aus Bronze.

68 (37) Funde von der römischen Nekropole Kamára: Bronzeschale und -spiegel, Ringe mit goldenen Gemmen, Dachziegel mit Monogrammen u. a.

## Panajía-Kirche

(Odhos Em. Mudhátsu/I. Kosyrí)

Schlüssel der Kirche im nördlichen Nachbarhaus; abends ist sie häufig geöffnet.

### Architektur

Einfache Einraumkapelle mit Jochunterteilung.

### Fresken

Der Innenraum ist mit einer jüngeren Malschicht der zweiten Hälfte des 14. Jh. (mittleres Joch) und einer älteren Ausmalung aus den ersten Jahrzehnten des 14. Jh. (Altarraum und östliches Joch) ausgeschmückt, wobei die älteren Fresken zwei Malstile erkennen lassen.

## Ajios Nikólaos-Kuppelhalle

(Nördlich vom Minos Palace-Hotel, auf dem Vorgebirge östlich des Minos Beach-Hotels)

### Datierung

*Architektur:* spätestens erste Hälfte 10. Jh. – *Fresken:* anikonische Ausmalung, erste Hälfte 10. Jh. (nach M. Borboudakis), Mitte 11. Jh. (nach K. Wessel). Figurale Ausmalung 14. Jh. Für den Fall, daß es sich um ikonoklastische Fresken handelt, ist der letztmögliche Zeitpunkt ihrer Entstehung das Ende der arabischen Epoche (961), ansonsten müßten die Malereien als ›nachikonoklastisch‹ bezeichnet werden.

### Architektur

Die Ajios Nikólaos-Kirche verdeutlicht besonders eindrucksvoll die Kontinuität der byzantinischen Sakralarchitektur der Insel Kreta. Weder die Struktur der Außenmauern noch die Morphologie des Baukörpers mit seinen harmonischen Proportionen noch auch Entwurf und Konstruktion der dreijochigen Kuppelhalle ermöglichen eine Datierung auf etwa ein Jahrhundert Genauigkeit. Die Kuppelhalle könnte in ihrer Gestalt ebensogut der mittelbyzantinischen wie spätbyzantinischen Epoche angehören. Erst die 1968 freigelegten Fresken lassen eine annähernde Datierung zu, wenigstens einen terminus a quo. Die anikonischen Fresken machen dieses Baudenkmal zu dem bedeutendsten des byzantinischen Kreta und darüber hinaus zu einem der wichtigsten für die Erforschung des Ikonoklasmus von ganz Griechenland.

### Fresken

*1. Anikonische Ausmalung (Abb. 123)*

Die nur noch fragmentarisch erhaltene Ausmalung in der Ajios Nikólaos-Kirche ist das einzige ikonoklastische Beispiel auf der Insel Kreta und zugleich, neben einigen wenigen Beispielen auf der Halbinsel Mani und den Inseln Naxos und Rhodos, eine der seltensten byzantinischen Malereien des 10./11. Jh. in ganz Griechenland.

*2. Figurale Ausmalung (nur noch wenige Fragmente)*

*Apsiswölbung:* Fragment der Pantokrator-Darstellung. Südliches Gewölbe des Altarraumes: drei zerstörte Apostelfiguren (aus der Himmelfahrt Christi?), von denen links Johannes noch identifiziert werden kann. Östliche Stirnseite des östlichen *Gurtbogens:* links hl. Marina.

*Triumphbogen:* Porträts von Joachim und Anna (oben) sowie Verkündigungsszene (rechts mit Maria).

*Stil:* Anmutige Gesichter, plastisch gut modelliert; schwere senkrechte Gewandfalten; erste Jahrzehnte 14. Jh.

## Sitía

Die kleine romantische Hafenstadt Sitía, mit ca. 6500 Einwohnern, ganz im Osten an der Nordküste der Insel gelegen, weist zwar eine mindestens 3500jährige Siedlungskontinuität auf, die heutige Stadtanlage geht jedoch auf eine türkische Neugründung im Jahre 1870 zurück. Damals nannten die Türken die Stadt ›Avnié‹ (nach Avni Pascha), nach dessen Plänen sie gebaut worden war. Die Kreter hingegen hielten an dem traditionsreichen Namen Sitía fest; inwieweit der Name Lassithí für die östliche Region Kretas und die Hochebene südlich von Mália mit dem venezianischen ›La-Sitía‹ zusammenhängt, ist ungeklärt.

W. Helck und P. Faure schlagen vor, den letzten (und ergänzten) Namen auf den Ortsnamenlisten aus dem Totentempel Amenophis' III. in Theben-West: »(Sâ)-ja-tà-(ja)« mit Sitía zu identifizieren. Andere Forscher erwägen, ob nicht der heutige Name Sitía vielleicht mit der Lesung »Se-to-i-ja« auf einem Linear-B-Schrifttäfelchen identisch sei. Tatsächlich fand man im heutigen Stadtbereich von Sitía vereinzelte Streufunde der spätminoischen Epoche. Der bedeutendste Fund konnte an der Stelle des Minos-Filmtheaters geborgen werden: hier entdeckte man ein umfangreiches Depot mit vielen kleinen Terrakotta-Statuetten des dädalisch archaischen Stils. Ein Großteil dieses Fundes ist heute im Museum von Ajios Nikólaos ausgestellt; exemplarisch sei auf den wunderschönen Kopf einer Göttin mit archaischem Lächeln hingewiesen (Saal 5, Vitrine 52; Abb. 40). Diogenes Laertios, der Ende des 3. Jh. n. Chr. eine ›Philosophische Geschichte Griechenlands‹ verfaßte, berichtet, daß Myson, einer der Sieben Weisen, aus der ostkretischen Stadt Itía oder Etía (*Ἠτεια*, s. 1, 9.10) stammte, die von den meisten Forschern mit Sitía gleichgesetzt wird. Ungewiß ist nur, wo man das antike Itía lokalisieren soll, zumal ca. 25 km landeinwärts eine Ortschaft mit dem Namen ›Etia‹ existiert, in deren unmittelbarer Nähe auch ein minoisches Gipfelheiligtum entdeckt wurde.

Archäologisch gesichert ist, daß Sitía auf einer antiken Siedlung errichtet wurde. Wichtigste Beweise dafür sind spärliche Baureste aus hellenistischer und römischer Zeit. Etwa 1 km südlich der Stadt, am Ende des langen Sandstrandes, entdeckte man zu Anfang unseres Jahrhunderts antike Baureste an den sanft ansteigenden Hängen eines Hügels nahe Pétra.

Nur etwa 200 m nördlich des Zollamtes unter dem Wasser am Hafenkai liegen die Reste einer frühchristlichen Basilika und aus dem Felsen gearbeitete Kammern, die von den Römern zum Fischfang genutzt worden sein sollen. Aus byzantinischer Zeit kennen wir einige Baureste südwestlich des Friedhofes. Die mittelalterlichen Bischofslisten nennen Sitía erstmals 731 und dann nach dem arabischen Zwischenspiel (826–961) wieder 980 als Bischofssitz. Alle Nachrichten, auch jene aus der venezianischen Epoche, sind so spärlich, daß Sitía über Jahrhunderte hinweg eine nur unbedeutende Rolle (wie ganz Ostkreta) gespielt haben kann.

Nach 1204 begann auch in Sitía der Streit zwischen Genuesen, die hier auf einem byzantinischen Vorgängerbau ein Kastell zum Schutze ihrer Handelswege an der Nordküste errichtet hatten, und Venezianern, die die Besitzer der Insel waren (s. S. 70). Gegen Mitte des 13. Jh. war das genuesische Kastell Sitía von den Venezianern eingenommen, die die Festung nach dem Erdbeben von 1303 erneuern ließen. Venezianische Urkunden berichten, daß die Venezianer in der Mitte des 13. Jh. außerhalb von Sitía in Apáno (Episkopí) einen lateinischen und in Káto

*Venezianisches Kastell Sitía. Nach O. Dappner, 1688*

Episkopí einen orthodoxen Bischofssitz eingerichtet hatten, aber den Namen Sitía für beide Bistümer beibehielten.

Ein Erdbeben 1508 und ein Überfall des Piraten Barbarossa 1538 entvölkerten und zerstörten die Stadt so sehr, daß Sitía bis in die zweite Hälfte des 19. Jh. zur völligen Bedeutungslosigkeit herabsank. 1651 demontierten beim Herannahen der Türken die Venezianer die das Kastell umgebende Stadtmauer, so daß von 1669 bis 1871 das Gebiet von Sitía auch von den Türken kaum besiedelt wurde. In einer Bevölkerungsstatistik von 1837[1] werden für Sitía jedenfalls keine Einwohner aufgezählt; in dem weiter südlich gelegenen Piskokéfalo hingegen lebten 26 christliche und 14 mohammedanische Familien. Sitía (ob die Stadt selbst oder ein nahegelegenes Dorf im gleichnamigen Bezirk Sitía, das ist ungewiß) ist auch die Heimat des *Vitzéntzios Kornáros,* der in der ersten Hälfte des 17. Jh. als Zeitgenosse von El Greco und Damaskenos die kretische Liebesromanze ›Erotókritos‹ verfaßte, die noch heute zur kretischen Nationaldichtung zählt.

1 R. Pashley: *Travels in Crete,* Bd. 2, S. 322/23, London 1837 (Reprint: Amsterdam 1970)

## Stadtrundgang

Auch Sitía ist eine aufblühende Stadt, die besonders in den letzten Jahren durch den Tourismus einen wirtschaftlichen Aufschwung erlebte. Der idyllische Hafen mit seinen schattenspendenden Tamariskenbäumen, der weite Sandstrand (unmittelbar an der Straße!) und die kleinen, aber durchweg guten Hotels haben Sitía zu einem immer stärker frequentierten Touristenzentrum in Ostkreta gemacht. Sitía ist ein angenehmer und günstiger Standort für Exkursionen zu allen sehenswerten Ortschaften des landschaftlich kargen östlichen Teils der Insel.

### Das venezianische Kastell ›Kazarma‹

Der Name läßt sich vom italienischen ›Casa di Arma‹ (Waffenhaus) ableiten. Zur venezianischen Zeit verstand man unter dem Begriff Kastell ganz allgemein eine befestigte Stadt. Der noch erhaltene Teil der 1651 von den Venezianern demontierten Festung (Abb. 90) krönte einst den nördlichen Abschnitt des Kastells. 1204 von dem Genuesen Henrico Piscotari an der Stelle eines byzantinischen Vorgängerbaus gegründet, wurde die Anlage mehrfach nach Zerstörungen durch Erdbeben und feindliche Überfälle von den Venezianern restauriert; auch die Türken ließen den von den Venezianern nicht abgetragenen Teil der Festung mehrfach ausbessern. Erhalten ist heute nur noch ein dreigeschossiger Turm mit kleineren Nebenräumen, die von einer mit Zinnen bekrönten Verteidigungsmauer polygonal umschlossen sind. Weiter östlich vom Kastell, etwa auf halber Strecke zum Friedhof von Sitía hin, befand sich das von den Venezianern gegründete Kloster der Franziskaner mit ihrer Santa Maria-Kirche. Weder von dem Kloster noch von der Kirche sind Baureste erhalten; die gesamte Anlage wurde 1870 für die Stadtbauten als Steinbruch genutzt.

### Ajios Jeórjios-Kirche

(Ecke Odhos Fléming/M. Skulúdhi).

Dreischiffige Anlage, von den Venezianern im 16./17. Jh. gegründet.

*Archäologisches Museum, Sitía*

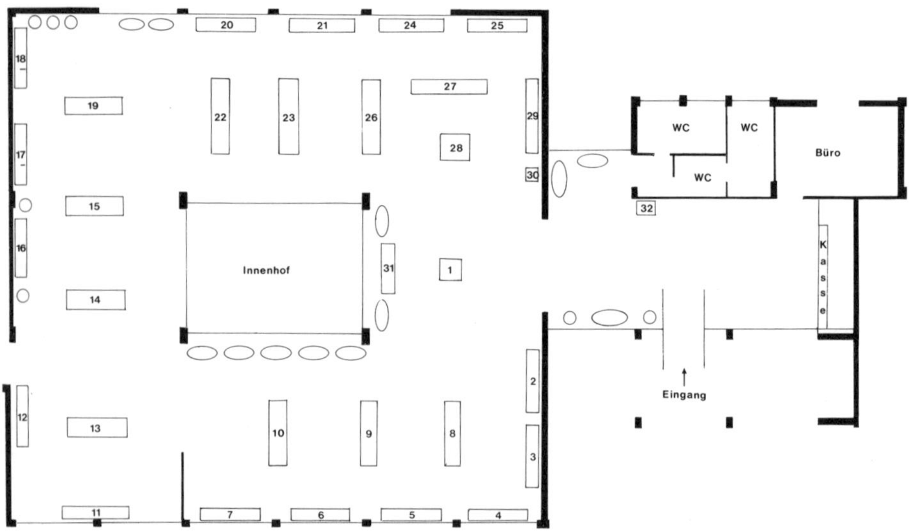

* Hinweisschilder (Therissou) irreführend; Museum wird neu eingerichtet (wieder Arkadhíu)

### Ajía Ekateríni-Kirche

(Ecke Odhos Sfakianáki/Xanthudhídhu).

Venezianische Kirche des 16./17. Jh., die sich über dem Grundriß eines freistehenden lateinischen Kreuzes erhebt.

### Folklore-Museum *

(Odhos J. Arkadhíu; Öffnungszeiten, s. ›Wissenswertes von A–Z‹)

Hervorragende Sammlung ostkretischer Webarbeiten, Trachten und Möbel; typisch kretische Kücheneinrichtung; verschiedene keramische Erzeugnisse mit einfachen Floramotiven und volkstümliche Ikonen des 18.–20. Jh.

### Archäologisches Museum

(Ausfahrtstraße nach Piskokéfalo, etwa 100 m links nach der Odhos Praissú; Öffnungszeiten, s. ›Wissenswertes von A–Z‹)

Die Vitrinen im Museum sind nicht numeriert.

1 Elfenbeinstatuette aus Palékastro (minoische Blütezeit SM Ib). Erhalten sind nur der Oberkörper mit Kopf und Armen sowie die Füße. Brandspuren deuten auf eine Feuerkatastrophe, durch die dieses Stadtheiligtum zerstört wurde. Sensationell ist die Größe der Statuette (ca. 30 cm) und der Goldbelag am linken Unterarm. Bisher glaubte man immer, daß die minoischen Elfenbeinstatuetten allein durch ihr kostbares Material zur Wirkung kamen. Besonders kunstvoll ist die Haartracht mit Kultknoten. – Im Mai 1990 fand man in Palékastro eine noch größere Elfenbeinstatuette, die nach der Restaurierung ebenfalls ausgestellt werden soll.

2/3 Keramik und Obsidian-Messer aus der FM II-Nekropole von Ajía Fotiá.

4 Mensch- und Tieridole von verschiedenen Gipfelheiligtümern aus der Region Sitía.

5 Minoische Keramik verschiedener Epochen und Fundstätten.

6 Funde aus der antiken Stadt Palékastro u. a. zwei Rhyta mit Stierhornmotiven.

7 Keramik und Bronzeaxt von verschiedenen Siedlungsplätzen.

8 Funde von der Nekropole und Siedlung der Insel Móchlos an der Nordküste.

9 Funde von der kleinen Insel Psíra, u. a. steinerne Öllampe und Kanne mit Oktopusmotiven.

10 Keramik und Bronzegefäße von der Nekropole Turlotí.

11 Funde aus dem Siedlungsgebiet der Ostküste bei Zakrós und aus dem Palast von Zákros.

Rechts neben der Vitrine eine Weinpresse aus dem Palast von Zákros.

12/13 Keramikfunde aus dem Palast von Zákros, u. a. unbemalte Ware und Gefäße mit einfachem Reliefschmuck sowie Oktopusmotiven.

14 Linear-A-Schrifttäfelchen aus dem Palast von Zákros.

15/16 Keramik aus dem Palast von Zákros.

Zwischen den Vitrinen: Schüsseln und Kohleständer.

17–19 Kleinfunde: Tassen, Kannen, Schnabelkannen, Steingeräte aus dem Palast von Zákros. Besonders schöne Keramik in der Vitrine 17.

20 Funde verschiedener Siedlungsgebiete.

21 MF: Funde des archaischen Heiligtums von Russa Ekklissía. UF: geometrische Funde.

22 Funde aus Ajios Jeórjios und Turtulí.

23 Terrakotten des archaisch-geometrischen Heiligtums von Sitía.

24 Funde der hellenistischen Siedlungen von Zíros und Xerókambos (Ámbelos).

25 Funde der römischen Epoche von verschiedenen Siedlungsplätzen, u. a. von der römischen Villa Mákryjialós (Südküste).

26 Hellenistische Funde (u. a. Münzen) aus der Stadt Sitía.

27 Funde der hellenistischen Siedlungen von Zíros und Xerókambos, u. a. Fragment eines Bronzediskus.

28 Hellenistisches Terrakottamodell aus Tripitó.

29 Funde von der römischen Siedlung auf der Insel Kufoníssi an der Südküste.

30 Unterwasserfunde aus dem Küstengebiet von Kufoníssi.

31 Neolithische Steinäxte.

32 Statuensockel aus ’Itanos aus dem 1. Jh. n. Chr. mit zwei Grabgedichten.

Vor den Fenstern zum Innenhof spätminoische Sarkophage.

# Die Minoischen Paläste

## Knossós 24.3.97

»Kreta ist ein Land mitten in dem weinfarbenen Meer, ein schönes und fettes, rings umflossen. Darauf sind Menschen viele, unendliche und neunzig Städte, ... Und unter den Städten darauf ist *Knossós,* die *große Stadt,* wo *Minos als König* geherrscht hat, der sich in jedem neunten Jahr vertraut mit dem großen Zeus besprach.« (Homer: Odyssee XIX, 172–179; deutsch von W. Schadewaldt).

Anders als in Troja, Mykene und Tiryns, wo seit Jahrhunderten vereinzelte Mauerreste aus dem Erdreich herausragten, die bereits von dem antiken Schriftsteller Pausanias sowie seit dem 16. Jh. und speziell im 19. Jh. von europäischen Reisenden vielfach beschrieben wurden, erinnerten vor der Entdeckung der Palastanlage von Knossós keinerlei Baureste an die sagenhafte Epoche des mythischen Königs Minos aus der Bronzezeit des 2. vorchristlichen Jahrtausends.

Erste Vermutungen darüber, daß die ca. 4 km südöstlich von Iráklion liegende Ortschaft Makrytíchos, deren Name an die römische Epoche erinnert und ›lange Mauer‹ bedeutet, das vorgriechische Knossós sei, äußerten im 19. Jh. die beiden Engländer Pashley[1] und Spratt[2]. Um 1880 veröffentlichte der Amerikaner W. J. Stillman einen Artikel über Knossós, der bei den Fachgelehrten große Aufmerksamkeit erzielte. Doch bereits zwei Jahre zuvor, im Winter 1878/79, gelang einem Kreter mit dem beziehungsreichen Namen *Minos Kalokerinos* die eigentliche *Entdeckung* von Knossós. Er grub südlich von Makrytíchos auf einem sanft abfallenden Hügel mit dem Namen Kéfala (Kopf), inmitten von Weinbergen, wo der kleine Fluß Wlýchia in den etwas größeren Kératos mündet, zwei Magazinräume des westlichen Palastteiles aus, in denen er zehn große Vorratsgefäße und andere Fundobjekte fand. Kéfala, seit Jahrhunderten im Volksmund ein geheimnisumwitterter Ort, wo oft ›merkwürdige‹ Gegenstände gefunden wurden, begann zu sprechen ...

Wenige Jahre später, 1886, besuchte der deutsche Kaufmann *Heinrich Schliemann* Kreta und besichtigte mit seinem Mitarbeiter *Wilhelm Dörpfeld* das Gelände von Makrytíchos-Kéfala. Schliemann, überzeugt, daß Homers Epos vom Trojanischen Krieg auf historischen Begebenheiten beruhe, hatte 1869 an der kleinasiatischen Küste *Troja* entdeckt und beabsichtigte in Knossós eine großangelegte Grabungskampagne. Da er jedoch mit der damaligen türkischen Regierung über den Kaufpreis des Grabungsgeländes nicht handelseinig werden konnte, gab er zugunsten seiner Grabungen in Troja und aus verschiedenen anderen Gründen seine Kreta-Pläne auf. 1894 aber besuchte der 43jährige Historiker *Arthur Evans* die Insel. Er hatte u. a. in Oxford und Göttingen studiert und war Direktor des Ashmolean-Museums in Oxford. Sein Interesse galt besonders prähistorischen Schriften und im Zusammenhang mit Kreta einer

1 Robert Pashley: *Travels in Crete,* London 1837/Reprint Amsterdam 1970, Bd. 1, S. 209
2 T. A. B. Spratt: *Travels and researches in Crete,* London 1865, Bd. 1, S. 59

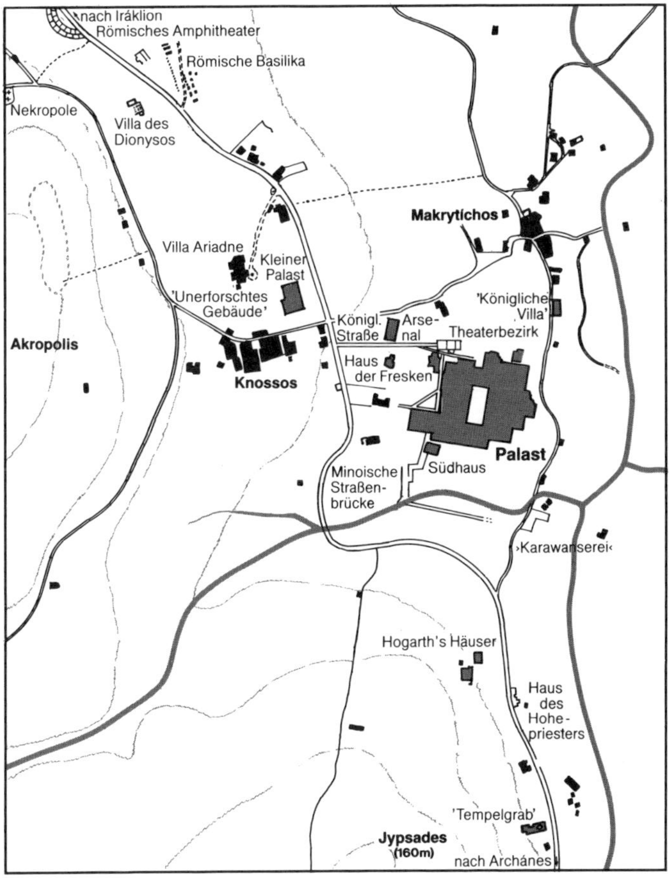


*Knossós und seine Umgebung*

unbekannten Hieroglyphenschrift[3] auf Siegelsteinen, die sich in seiner in Griechenland erworbenen Sammlung griechischer Schriftdenkmäler befanden. Nachdem Kreta 1898 von dem seit 1669 erduldeten Joch türkischer Besetzung befreit werden konnte, die Insel autonomer Staat geworden war und auf Initiative der kretischen Gelehrten Joseph Hazzidakis und Stefanos Xanthoudides erstmals für die Insel ein ›Antikengesetz‹ verabschiedet wurde, konnte Evans seine archäologischen Knossós-Pläne verwirklichen: als Leiter und Finanzier der gesamten Kampagne begann er am 23. März 1900 mit 30 Arbeitern – letztendlich beschäftigte Evans bis zu 200 Leute – seine Grabung auf dem Kéfala-Hügel. Zu seinen engsten Mitarbeitern zählten anfänglich der Archäologe *Duncan Mackenzie* als Vertreter der British School of Athens und Theodore Fyfe als Grabungsarchitekt, dann kamen die Archäologen John D. S. Pendlebury

3 s. hierzu: A. Evans: *Cretan Pictographs and Pre-Phoenician Scripts*, London 1895

und E. J. Forsdyke hinzu, die alle später auch an anderen Orten Griechenlands erfolgreich archäologische Grabungen durchführten; zum Team von Evans gehörten auch der Architekt Piet de Jong und die Maler und Zeichner E. Gillieron sr. und jr.

Schon Ende 1900 war der gesamte Westflügel des Palastes freigelegt; hier fanden die Archäologen erste vom Feuer der Katastrophe gebrannte Tontäfelchen mit Zeichen der Silbenschrift Linear B, die von der damals bekannten phönizischen Buchstabenschrift völlig abweicht. Nach drei Jahren, im Winter 1903, waren rund 20 000 $m^2$ und damit der gesamte Zentralhof mit seinen angrenzenden Gebäuden freigelegt! Evans' Absicht, sich vornehmlich der Entzifferung der minoischen Schrift zuzuwenden, trat angesichts der Fülle des archäologischen Fundmaterials, das wissenschaftlich ausgewertet werden mußte und im Hinblick auf die schwierigen Konservierungsarbeiten der Palastarchitektur mehr und mehr in den Hintergrund. Der Erste Weltkrieg unterbrach die Arbeiten von 1914–1922 in Knossós, danach arbeitete Evans nochmals zehn Jahre mit seinen Mitarbeitern im Palast von Knossós und ließ nun auch angrenzende Bereiche, wie die ›Karawanserei‹, den ›Kleinen Palast‹, das ›Tempelgrab‹ und die ›Königliche Villa‹ freilegen.

In seinem vierbändigen Werk: ›*The Palace of Minos at Knossos*‹, das er 1920–35 verfaßte, veröffentlichte er seine Forschungsergebnisse. 1941 starb Arthur Evans. Ein halbes Jahrhundert hatte er sich der minoischen Kultur gewidmet und die bedeutendsten kulturellen Zeugnisse der europäischen Bronzezeit des 2. vorchristlichen Jahrtausends entdeckt. Damit war die minoische Kultur der Vergessenheit entrissen. Manche Rätsel konnten bis heute durch die moderne Forschung gelöst werden, vieles bleibt geheimnisvoll! Evans' Leistungen sind in der Fachwelt unumstritten, wenn auch natürlich die moderne Forschung in einigen Punkten wesentliche Erkenntnisse dazugewonnen hat, die Evans' Interpretationen und Darstellungen korrigieren.

Die schärfste Kritik richtete sich gegen die Betonrekonstruktionen in Knossós: Heute würde niemand mehr prähistorische Ruinen mit Stahl und Beton – wie Evans es getan hat – zu konservieren versuchen, wahrscheinlich Evans selbst nicht. Anfänglich hat er sogar Rekonstruktionen aus Holz gewagt (noch teilweise im ›Megaron der Königin‹ erhalten), doch das feuchte Winterwetter und Termiten brachten ihn von diesem Vorhaben ab. Wolfgang Schiering versucht Evans' Motive so zu erklären: »Zwei Generationen nach Schinkels Entwurf für ein Königsschloß auf der Akropolis von Athen, wenige Jahrzehnte nach der Wiederherstellung der Kaiserpfalz Goslar und etwa gleichzeitig mit der Neuerrichtung des römischen Kastells Saalburg wird das Vorhaben des Engländers jedoch historisch verständlich, ja, es erscheint sogar durchaus fortschrittlich in der Gewissenhaftigkeit, mit der Altes und Neues unterschieden wurde.«[1]

Anders verhält es sich mit den von Evans bezeichneten Räumen, die er ausgegraben, konserviert und teilweise mit Freskenkopien geschmückt hat. Alle Benennungen suggerieren Raumfunktionen, die in keiner Weise durch archäologische Befunde beweisbar sind. Hier wäre eine wertfreie Benennung vorteilhafter gewesen, so wie die Italiener in Festós und die Franzosen in

1 W. Schiering: *Funde auf Kreta,* Göttingen 1976, S. 31f.

*Knossós, Westportal (Perspektive C). Nach Evans*

Mália die einzelnen Räume nur mit arabischen und lateinischen Ziffern bezeichneten. Allein schon der Begriff ›Palast des Minos‹ weckt so konkrete Vorstellungen, daß der Laie leicht geneigt ist, sich in dem Gebäudekomplex von Knossós ihm bekannte historische und/oder mythische Helden und Könige hineinzudenken. Genauso verhält es sich natürlich auch mit allen anderen Raum-Benennungen von Evans: ›Badezimmer der Königin‹, ›Megaron des Königs‹, ›Thronsaal‹, ›Halle der Doppeläxte‹ und ›Heiligtum der Doppeläxte‹ usw. sind Benennungen, die zwangsläufig Kritik herausfordern, Verwirrung stiften und zu fruchtlosen Diskussionen führen. In diesem Zusammenhang sei nur an die nicht haltbare Theorie H. G. Wunderlichs erinnert, daß Knossós ein Totenpalast gewesen sei (s. S. 31).

Wenn wir dennoch bei dem Rundgang durch die Ausgrabung die von Evans gewählten Raumbezeichnungen beibehalten, dann um den Leser nicht zu verwirren, da in Knossós die einzelnen Räume mit kleinen Täfelchen so benannt und außerdem diese Benennungen in der gesamten Kreta-Literatur gebräuchlich sind.

Nach wie vor hat die 1905 von Evans veröffentlichte chronologische Tabelle der minoischen Epoche in ihrer Grundstruktur Gültigkeit. Freilich haben viele neue Entdeckungen zu feineren Zeitabstufungen geführt, und durch zuverlässig datierbare Einzelfunde fremder Randkulturen (Ägypten etc.) sind unsere Kenntnisse über die absolute Chronologie erweitert worden. Evans' Tabelle der *relativen Chronologie* der minoischen Epoche stützt sich auf stratigraphische Beobachtungen an einem Geländeschnitt des Westhofes: der gewachsene Fels des Westhofes war hier von einer 11,76 m dicken Erdschicht überlagert, die Evans aufgrund der Fundschichten der neolithischen (6,43 m) und der minoischen Epoche (5,33 m) zuschrieb. Die obere Schicht der minoischen Bronzezeit differenzierte er in eine frühminoische Periode (FM) des Aufblühens, eine mittelminoische (MM) der Reife und schließlich in eine spätminoische (SM) des Verfalls, deren Keramikstile er nochmals in drei Stufen unterteilte: FM I, II, III; MM I, II, III und SM I, II, III.

Diese systematische und glaubwürdige Aufstellung der relativen Chronologie des vorgriechischen Kreta läßt sich in einem von Evans eingerichteten ›Stratigraphischen Museum‹ von Knossós (nur für Archäologen zugänglich) studieren: die verschiedenen Keramikfunde sind hier nach Fundplätzen geordnet.

Historisch greifbar wird die relative Chronologie erst, wenn durch eindeutig datierbare Fundstücke zumindest Anhaltspunkte für rekonstruierbare historische Ereignisse gegeben sind, mit deren Hilfe eine *absolute Chronologie* erstellt werden kann. Findet sich ein Siegelzylinder des babylonischen Königs Hammurabi (um 1792–1750 v.Chr.) in einer Fundschicht, so läßt sich für diese Schicht, dank der weitgehend gesicherten Chronologie Mesopotamiens, die Wende vom 19. zum 18. Jh. v. Chr. als zeitlicher Grenzwert bestimmen: die Funde in dieser Schicht können nicht älter sein, müssen aber nicht zwangsläufig dem 19./18. Jh. v. Chr. angehören, da das babylonische Siegel auch ein Erbstück sein kann, das erst nach vielen Generationen als Grabbeigabe oder durch andere Umstände in einen viel jüngeren Fundzusammenhang gelangte.

Im Laufe der Jahre sind an vielen minoischen Grabungsplätzen, zusätzlich zu den bereits von Evans entdeckten Exponaten, eine Vielzahl aus Ägypten und Mesopotamien importierter Gegenstände gefunden worden, die sich mit bekannten historischen Ereignissen dieser Kulturkreise in Verbindung bringen lassen. Dies korrigiert zunehmend die absolute Chronologie Alt-Kretas und sichert sie historisch stärker ab. Umgekehrt erlauben natürlich auch minoische Exportartikel, die in anderen Ländern gefunden werden, Rückschlüsse auf die absolute Chronologie des minoischen Kreta. Noch immer muß dieses Datengerüst als lückenhaft bezeichnet werden. Exemplarisch sei hier der für die gesamte ägäische Chronologie so bedeutungsvolle Deckel eines ägyptischen Salbgefäßes angeführt, den Evans in der Nordwestecke des ›Einweihungs-Areals‹ gefunden hat (s. AMI, IV, 62). Entsprechend der in dieser Fundschicht entdeckten Keramik ging man davon aus, daß das Fundmaterial der Epoche MM III a angehört. Da der Deckel den Namen des Hyksos Chajên (1612–1592 v.Chr.) trägt, wurde der Beginn der Epoche um 1610 v.Chr. festgelegt. Nach letztem Forschungsstand wird die Periode MM III jedoch auf 1800–1700 v.Chr. datiert; daß Fundmaterial müßte demgemäß aus SM I stammen. Eine neuerliche Beurteilung der von Evans freigelegten Findschicht soll endgültige Klarheit schaffen.

Der neolithischen Epoche Kretas folgte die Zeit des Aufblühens (FM), auch Vor-Palastzeit genannt, und die Periode der Alten Paläste (MM), zu deren Beginn um 2100 v.Chr. in Knossós und andernorts die ersten (Alten) Paläste errichtet worden waren. Wahrscheinlich zerstörte ein Erdbeben oder eine andere Naturkatastrophe gegen Ende MM II die Anlage von Knossós und die anderen Paläste der Insel. Nach Ansicht von I. Sakellarákis konnte bei seinen Grabungen in Anemóspilia bei Archánes eine große Feuerkatastrophe auf der Insel an der Wende von MM II zu MM III nachgewiesen werden (s. S. 281 f.). Der auf dem planierten Trümmerniveau der Alten

Paläste gebaute Neue Palast von Knossós (MM III–SM III a1), in seiner architektonischen Konzeption und Ausdehnung dem Alten Palast sehr ähnlich, scheint gegen Ende MM III nochmals von einer Katastrophe getroffen worden zu sein. Evans glaubte sogar Hinweise auf Plünderungen entdeckt zu haben.

Während A. Evans daran festhielt, daß das griechische Festland um 1450 v. Chr. von Kreta aus erobert worden sei und die Peloponnes, also die mykenischen Zentren, unter minoischer Vorherrschaft gestanden hätten, konnte die moderne Forschung beweisen, daß sich die Eroberung – wie auch immer sie stattgefunden haben mag – in umgekehrter Richtung vollzog: Die Mykener übernahmen ab SM III a2 die Macht in Kreta. Bis zu diesem Zeitpunkt waren die minoischen Siedlungen allerdings kontinuierlich von Minoern bewohnt gewesen.

Auf die von Spyridon Marinatos formulierte Theorie, daß der Palast von Knossós und das übrige minoische Kreta um 1450 v. Chr. im unmittelbaren Zusammenhang mit dem Vulkanausbruch von Santorin zerstört worden sei, sind wir schon eingegangen (s. S. 52 f.). Um 1200 v. Chr. scheint jedoch der Palast von Knossós endgültig zerstört worden zu sein.

Die nachfolgenden SM III a und subminoischen Perioden lassen sich in Knossós stratigraphisch nicht mehr rekonstruieren, da Evans nur wenig Interesse an der eisenzeitlichen Jahrtausendwende zeigte und bei seiner Grabung infolgedessen alle oberen Schichten im Palast von Knossós zerstörte, um schneller an die älteren minoischen Schichten der Bronzezeit zu gelangen.

Mit Sicherheit war das Gebiet von Knossós auch in späteren Jahrhunderten besiedelt, nur verlagerte sich der wirtschaftliche und politische Schwerpunkt der Insel an mehrere andere Orte und speziell zur Messará nach Górtys, so daß Knossós an Bedeutung verlor. Während der römischen Epoche wurde es 68–66 v. Chr. von *Caecilius Metellus Creticus* erobert und entwickelte sich unter dem Namen *Colonia Julia Nobilis* zu einer der mächtigsten kretischen Stadtstaaten. Nördlich der Palastanlage nahe der Venizelos-Klinik sind Reste eines Amphitheaters und die Grundmauern einer Villa mit gut erhaltenen Fußbodenmosaiken freigelegt, die Evans ›Villa des Dionysos‹ nannte. Für die frühchristlich-byzantinische Zeit des 6. Jh. ist in den Bischofslisten ein Bistum Knossós eingetragen. Ebenfalls in der Nähe der Klinik fand man aus dieser Epoche die Grundmauern zweier Basiliken.

## Rundgang

(Öffnungszeiten, s. ›Wissenswertes von A–Z‹)

Über das Aussehen minoischer Städte haben wir gute Kenntnisse aufgrund der Ausgrabungen in Goúrnia (s. S. 317 ff.) sowie bei Akrotíri auf Santorin, die ergänzt werden durch das ›Stadtmosaik‹ von Knossós (s. AMI, II, 25); Fayenceplättchen mit farbigen Hausfassaden. Die verschiedentlich für Knossós angegebene Einwohnerzahl bis zu 80 000 ist skeptisch zu beurteilen.

Knossós unterscheidet sich von den anderen minoischen Zentren durch seine Größe, besonders aber durch die Rekonstruktionen von Evans. So umstritten dieser ›Wiederaufbau‹ – nicht die Rekonstruktion an sich – unter Wissenschaftlern ist, der Laie gewinnt dadurch Anschaulichkeit: statt verwirrender Grundmauern, wie in Festós, Mália oder Zákros, sieht er Raumtrakte und mit Fresken ausgeschmückte Räume vor sich. Mit wenigen, kaum nennenswerten Ausnahmen gehört die gesamte Architektur der Epoche der Neuen Paläste an.

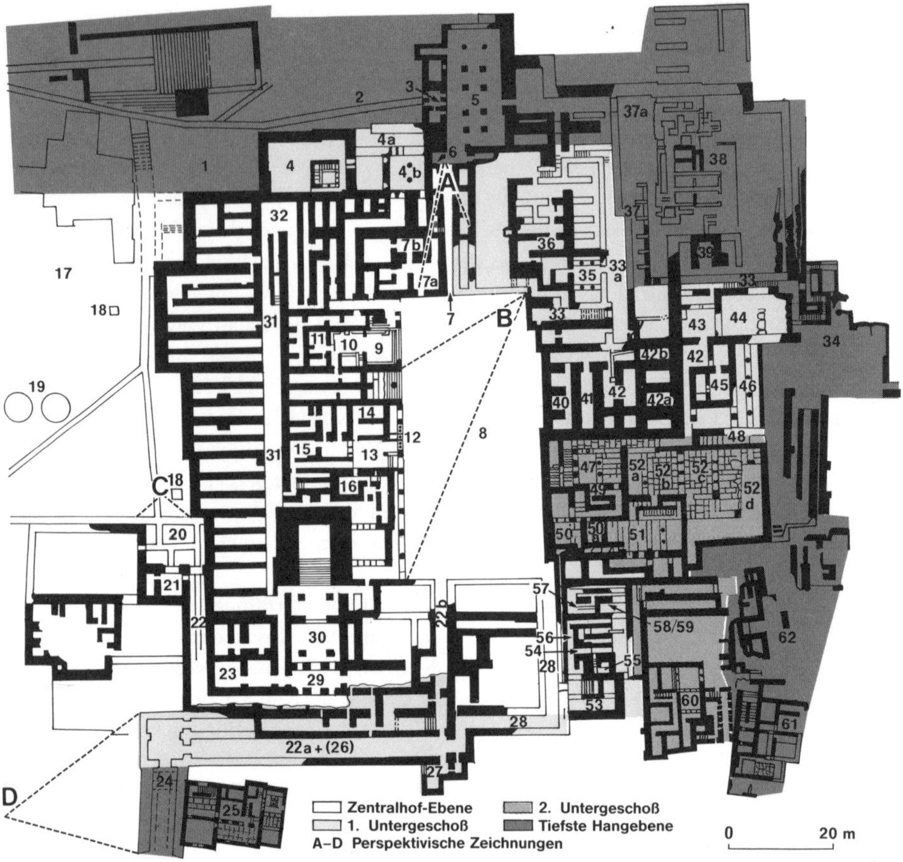


*Der Palast von Knossós. Nach A. Evans* unübersichtlich (vor allem Ostteil!)

Die im Text abgebildeten Perspektiven sind Nachzeichnungen nach Evans' Rekonstruktionsvorschlägen, die dem Leser zum besseren Verständnis dienen sollen. Hierzu siehe auch die Blickrichtungsangaben im Grundrißplan.

Der Grundriß von Knossós zeigt die typische Struktur der minoischen Hofarchitektur, wie sie auch in Festós, Mália, Zákros und Kydonia nicht nur während der Periode der Neuen, sondern auch während der Zeit der Alten Paläste gebaut worden war. Mehr als ein halbes Jahrtausend bauten die minoischen Architekten nach alttradierten Vorbildern, die möglicherweise mit der orientalischen Hofarchitektur des 3./2. Jahrtausends v. Chr. in Verbindung standen.

Da sich die Forscher (Costis Davaras, M. S. F. Hood, Oliver Pelon) heute einig sind, daß der Haupteingang zum Palast von Knossós im Norden lag – wie auch in Mália –, soll der Rundgang auch an dieser Stelle beginnen. Überqueren Sie den Westhof diagonal nach links, um zum ›Theaterbezirk‹ zu gelangen.

**1 Der ›Theaterbezirk‹** (Abb. 1)
Das Gelände an der Nordwestecke außerhalb des ›Palastes‹ war zur Zeit der Alten Palastzeit, ähnlich wie der westliche Eingangsbereich (17), als gepflasterter Hof gestaltet. Während dort noch drei ›Kouloúres‹ (s. S. 197) aus der Periode der Alten Paläste zu sehen sind, gab es auch hier eine solche ›Opfergrube‹ (s. Plan S. 190), die jedoch heute, von dem ›Theater‹ des Neuen Palastes überdeckt, nicht mehr besichtigt werden kann. Das ›Theaterareal‹ muß für das Wirtschaftszentrum Knossós mit seiner politischen und sakralen Verwaltung eine höchst bedeutende Schaltstelle zur Erschließung der ›Palastanlage‹ innerhalb der sie umgebenden Wohnstadt gewesen sein. An keiner anderen Stelle von Knossós laufen so viele Wege zusammen wie hier; alle heben sich typisch minoisch durch ein leichtes Stufenprofil von der Pflasterung ab: Von Westen kommend verbindet die **›Königliche Straße‹ (2)** das ›Theater‹ direkt mit dem ›kleinen Palast‹ (s. S. 210f.) und führte von dort aus, wie wir vermuten, weiter durch die Randbezirke der Stadt zur Nordküste, zum Hafen nach Amnisós (s. S. 273). Kurz vor dem ›Theater‹ zweigt die Straße im spitzen Winkel südöstlich ab, um es an der Südseite zu umgehen. Von hier aus führte der Weg, der Pflasterung zufolge, 1. geradeaus zu den ›Nordpropyläen‹ (3) und zu dem ›Zollhaus‹ (5) (und damit in den ›Palast‹), 2. zu den ›Pfeilerkrypten‹ nordöstlich des Palastes (außerhalb des umzäunten Geländes) und 3. in Richtung Süden über eine Treppe ins ›Piano Nobile‹ und weiter zum Westhof (und damit eine weiteres Mal direkt in den ›Palast‹).

Das Theater besteht aus zwei rechtwinklig zueinander stehenden Treppenanlagen, die sich nach Nordwesten öffnen. Die 20 Stufen an der Ostseite und die sechs Stufen an der Südseite haben eine so geringe Höhe, bei relativ großer Auftrittsbreite, daß sie nicht zum Sitzen, sondern nur zum Stehen geeignet waren. An der Südostecke, wo die Stufen zusammenlaufen, erhebt sich ein steinernes Podest, das sicherlich bei den hier durchgeführten höfisch-kultischen Zeremonien eine wichtige Funktion hatte. Es war vielleicht der Sockel eines kleinen Heiligtums, eines tragbaren Altars oder eines Thrones von ganz ähnlicher Gestalt wie jener im ›Thronsaal‹ (s. S. 194). Möglicherweise wurden hier auch Staatsgäste empfangen, wie es Evans vermutet hat; sicherlich diente dieser feierliche Ort aber auch anderen Festlichkeiten, die einen festen Platz im minoischen Kalender gehabt haben.

Wolfgang Schiering gibt recht überzeugend zu bedenken, die ›Königliche Straße‹ sei die ›Arena‹ der minoischen Stierspiele gewesen, wobei dann das ›Theater‹ selbstverständlich als Endpunkt der ›Arena‹ in die Kulthandlung mit einbezogen gewesen sein muß. Im übrigen eine Meinung, die vor vielen Jahren ein Wächter von Knossós gegenüber Nikos Kazantzákis aussprach: »Wir blieben im Theater stehen; unser Führer begeisterte sich, sein Gesicht strahlte vor Stolz: ›Hier fanden die Stierkämpfe statt‹, sagte er, ›doch nicht wie jene barbarischen heutzutage in Spanien, bei denen der Stier getötet und den Pferden der Bauch aufgeschlitzt wird; hier war der Stierkampf ein Spiel ohne Blut gewesen. Man spielte: Der Stierkämpfer packte den Stier bei den Hörnern, das Tier warf wütend den Kopf hoch, der Stierkämpfer nutzte den Schwung aus und gelangte auf den Rücken des Stieres; dann drehte er einen Salto, kam hinter dem Schwanz des Stieres wieder zum Stehen, wo ihn ein Mädchen in seine Arme schloß.‹«[1] Nach Schiering war das lange Stufenfundament an der Südseite der ›Königlichen Straße‹ der Unterbau für ein Zuschauerpodium. Er vergleicht diese ›Arena‹ mit den engen Straßen von Pamplona, durch die bei der alljährlichen ›Fiesta‹ die Stiere zur Arena getrieben werden.

In engem Funktions-Zusammenhang mit dem ›Theaterbezirk‹ mag auch die südöstlich gelegene **›Initiatory Area‹ (4)** (Einweihungs-Areal), wie es Evans nannte, gestanden haben. Es liegt außerhalb des ›Palastes‹, und war noch vor den ›Nordpropyläen‹ (31) rechts durch einen **Vorraum (4a)** und die **Nordwestpropyläen (4b)** zu erreichen. Das ›Einweihungs-Areal‹ bestand aus einem rechteckigen Hof unter freiem Himmel und einem mit Fresken geschmückten ›Kultbassin‹ in der Südostecke des

1 Nikos Kazantzakis: *Im Zauber der griechischen Landschaft,* München ³1980, Taschenbuch, S. 60

Hofes, in das man über eine rechtwinklig abknickende einläufige Treppe hinuntersteigen kann. Während in dem ›Kultbassin‹, in dem man vielleicht kultische Waschungen vorgenommen hat, um ›würdig‹ in das ›Allerheiligste‹ eintreten zu können, eine Steinvase und mehrere Keramikgefäße gefunden wurden, entdeckte Evans in dem Hof den für die gesamte ägäische Chronologie so wichtigen Deckel eines ägyptischen Salbgefäßes mit der Kartusche des Hyksos Chajên (1612–1592 v. Chr.; s. S. 188). Über einen mehrfach abknickenden Weg erreichte der Besucher direkt den Zentralhof: Von den Nordwestpropyläen führt ein zweifach abknickender Korridor in Richtung Süden; am Ende des Ganges gelangt man rechts in die Westmagazine (um die Geschenke abzugeben und registrieren zu lassen?) und links zur Nordwestecke des Hofes und in unmittelbare Nähe des ›Thronsaales‹ (10) (zur Audienz?).

Südlich der ›königlichen Straße‹ außerhalb des Palastes liegt das **›Haus der Fresken‹**, in dem mehrere eindrucksvolle Fresken gefunden wurden, z. B. der ›Blaue Affe‹ und der ›Blaue Vogel‹ (s. AMI, XV).

**5 ›Customs House‹** (Zollhaus)

Evans nannte den von acht Pfeilern und zwei Säulen unterstützten Raum am Ende der königlichen Straße ›Customs House‹, da er davon ausging, daß hier die vom Hafen kommenden Besucher ihre Geschenke begutachten oder registrieren ließen. Nach heutigem Forschungsstand lag der Haupteingang (3) zum Palast tatsächlich im Norden. Sowohl die Doppelaxtzeichen an den Pfeilern als auch die etwa 20 m weiter nördlich (außerhalb des umzäunten Geländes) gelegene ›Pfeilerkrypta‹ sprechen aber auch für eine kultische Funktion dieser Raumgruppe. Für uns rätselhaft und geheimnisvoll, daß man die großzügige Halle nicht axial durchschreiten konnte, sondern auf typisch minoische Weise labyrinthartig hindurchgeführt wurde. Das Raffinement der uns fremden, abgewinkelten Wegführung der Architekturschöpfungen der Minoer wird hier offensichtlich: Den stärksten Kontrastpunkt in der Folge des Raumrepertoires bildet der freie, nicht überdachte Raum, der im Süden und Osten von den Wänden des Palastes und im Westen vom ›Theaterareal‹ (1) optisch eingefaßt wird. Von hier wird der Besucher aus der Lichtfülle durch das enge **›Nordpropylon‹ (3)** hindurchgezwängt, um dann im Pfeilersaal (5) – verwirrt – nach Orientierung zu suchen. Weder die Quer- noch die Längsmittelachse deuten ihm eine Richtung an. In der Südwestecke mag eine Lichtquelle den Weg gewiesen haben. Hier beginnt die **Nordrampe (6),** die das ›Zollhaus‹ mit dem Zentralhof verbindet. Doch auch der lange Korridor (6) der Rampe ist so weit in die äußerste Ecke nach Westen verschoben, daß die Westwand der Pfeilerhalle mit der Achse der Nordrampe fluchtet.

**6 Die Nordrampe** (Abb. 5) ist ein enger, nicht überdachter Korridor, der von Norden zum Zentralhof führt. Dieser Nordeingang liegt nicht auf der Mittelachse des Hofes und korrespondiert auch nicht mit dem südlichen Zugang des ›Prozessionskorridors‹ (22b). Das Gitter im oberen Bereich der Rampe überdeckt einen Teil des turmartigen Gebäudes (›Keep‹) aus der Zeit der Alten Paläste. Ursprünglich war der nach Norden abfallende Rampenweg weiter gebaut. Irgendwann während der Neuen Palastzeit errichtete man im Osten und Westen je eine Säulenveranda, deren westliche Evans wieder rekonstruiert hat (Abb. 5). Beim Wiederaufbau ließ er auch eine Kopie des hier gefundenen Stuckreliefs mit dem kräftigen Stier, der seinen Kopf nach links zurückwendet, anbringen (Original im AMI, XIV). Über eine Treppe an der Südseite gelangt man zu der Veranda.

Westlich der Nordrampe (7), in der Nordwestecke des Zentralhofes, entdeckte Evans eine Raumgruppe mit Fundschichten aus der Vor-Palastzeit bis zur Periode SM IIIb. Auf den neolithischen Grundmauern dieses Areals entstand während der Zeit der Alten Paläste ein turmartiges Gebäude, das Evans ›Keep‹ nannte, in dem er Gefängniszellen vermutete. Damit dieser Baubefund erhalten bliebe, ließ er darüber Substruktionen aus Ziegeln errichten, um darauf den Raumtrakt des Neuen Palastes rekonstruieren zu können. In Raum **(7a),** als Heiligtum bezeichnet, fand Evans ein ca. 26×46 cm großes Freskofragment mit der Darstellung eines

*Knossós, Nordrampe (Perspektive A)*

›Krokuspflückers‹, wie er diese Szene deutete. Doch bereits sein Mitarbeiter Pendlebury und später auch Platon vertraten die Meinung, daß es sich bei dieser Teilszene, die wohl zu einem Fries gehörte, der eine Wand des Zimmers schmückte, um einen ›Affen im Palastgarten‹ handle (MM III). Ferner entdeckte Evans hier zwei weitere Freskofragmente, die von dem darüberliegenden Raum des Obergeschosses heruntergefallen waren; sowohl das Miniaturfresko mit der dreiteiligen ›Kultfassade‹ (SM Ib) als auch das mit dem ›heiligen Hain‹ (s. AMI, XV) gehört zu den Meisterwerken minoischer Malerei, die nicht in reiner al fresco-Technik ausgeführt wurde. In dem westlich anschließenden Raum konnten Bügelkannen aus der Zeit SM IIIb und Linear-B-Schrifttäfelchen gefunden werden, die in diesem gesamten Raumtrakt existierten und zu heftigen wissenschaftlichen Diskussionen über die Datierung von Linear-B Anlaß gaben.

### 8 Zentralhof

Den Kern von Knossós bildet der 53×27 m große Zentralhof, dessen Längsachse um etwa 13° aus der Nordrichtung nach Westen abweicht. Dabei fällt auf, daß die Verlängerung der Längsachse nach Süden mit dem Júchtas (das mythische Grab des

*Knossós, Zentralhof mit der Fassade des Westflügels (Perspektive B)*

Zeus) korrespondiert; ein 811 m hoher Berg, auf dem seit der Vor-Palastzeit ein minoisches Gipfelheiligtum existiert hat (s. S. 277f.; Abb. 2). Mit Sicherheit fanden in dem Zentralhof bedeutende Kulthandlungen, aber auch höfische Feste statt. Graham vertritt sogar die Meinung, im Hof seien die berühmten ›Stierspiele‹ aufgeführt worden. Evans ging davon aus, daß sie östlich von Knossós im Kératos-Tal aufgeführt wurden, während Schiering Argumente dafür beibringt, daß die ›Königliche Straße‹ (1) Schauplatz der Spiele gewesen sei.

Exakt auf der Mittelachse des Westflügels ist das **Heiligtum mit der dreiteiligen ›Kultfassade‹** angeordnet (s. Perspektive B). Evans' zeichnerische Rekonstruktion für dieses kultische Zentrum, hinter dem wohl geheime Mysterien stattfanden, stützt sich vornehmlich auf die Darstellung des ›Miniaturfreskos‹, das im ›Piano Nobile‹ gefunden wurde. Das Fresko zeigt eine dichtgedrängte Menschenmenge, die im Zentralhof von Knossós wahrscheinlich einer kultischen Feier beiwohnt. Deutlich erkennt man in der Mitte das von Kulthörnern bekrönte Heiligtum, dessen mittlerer, erhöhter Teil von zwei niedrigeren Bauteilen flankiert wird; links und rechts sind im Querschnitt die Nord- und Südfassade angedeutet. Es gibt kein weiteres Zeugnis aus der minoischen Kunst, das minoisches Leben so eindrucksvoll schildert und uns zugleich detaillierte Kenntnis minoischer Architektur vermittelt.

### 9, 10 ›Thronsaal‹

Vom Zentralhof gelangt man durch eine offene, um zwei Stufen abgesenkte **Vorhalle (9)** (Abb. 3) mit seitlichen Sitzbänken in den sehr kleinen, intim gehaltenen, aber prachtvoll ausgeschmückten ›Thronsaal‹ (10), den Evans anfangs ›Badezimmer‹ genannt hat. Die kostbare Porphyrschale in der Vorhalle ist kein in situ-Fund, sie wurde von den Ausgräbern im Verbindungsgang vom Zentralhof zu den Westmagazinen entdeckt. Der hölzerne Thron an der Nordwand der Vorhalle ist eine Nachbildung des Alabasterthrones im ›Thronsaal‹.

Besondere Beachtung verdient der ›Thronsaal‹ selbst, der heute nur noch vom Vorraum aus besichtigt werden kann. Die Ausgräber fanden hier verschiedene Kultgefäße (s. AMI, V, 66) und ein umgestürztes Ölfaß, die auf eine plötzlich angesetzte, von der Katastrophe überschattete Kulthandlung hindeuten; sicherlich wollte man mit diesem schnell herbeigebrachten Opfer die Götter günstig stimmen und die sich ankündigende Erdbebengefahr abwenden. An der Nordwand steht der bedeutendste in situ gemachte Fund von Knossós: der nach einem hölzernen Vorbild aus Alabaster gefertigte *Thron*. Links und rechts des Thrones sowie an der westlichen Wand befinden sich Sitzbänke aus Alabaster, darüber farbenprächtige Freskenkopien mit Greifendarstellungen; das waren heilige Tiere, Begleiter einer Gottheit, mit Löwenkörper, Adlerkopf, Krallenfüßen und Flügeln. Ein Motiv, das aus dem Orient bekannt von elamischen Rollsiegeln des 3. Jahrtausends v. Chr. nach Kreta gekommen ist und zusammen mit den ägyptischen Papyrus-Vorbildern wohl (in SM II/III) in bestechender Weise in Freskomalerei ausgeführt wurde; von Kreta aus gelangte das Greifenmotiv in die mykenische Kunst. An der Südwand führen Stufen in einen abgesenkten Raumtrakt, in dem auch Opfergefäße gefunden wurden; nach oben hin ist er als Lichtschacht ausgebildet. Evans nannte diesen Raum ›Lustral Area‹. Als Kultraum eindeutig bestimmt, gibt er doch das Rätsel auf, welche Kulthandlungen hier stattfanden. Während die einen glauben, er habe kultischen Waschungen gedient (im Fußboden existiert jedoch keine Abflußleitung), halten andere ihn für eine Behausung heiliger Schlangen, und wieder andere vertreten die Ansicht, hier sei eine Kultgrotte aus der Frühzeit symbolisch nachgebaut, in die man hinunterstieg, um zur altehrwürdigen minoischen Muttergottheit zu beten. Letztere Meinung wird durch ein Grabungsergebnis von der Nekropole Furní bei Archánes unterstützt: hier fanden E. und I. Sakellarákis 1981 erstmals eine künstliche, etwa 3 m tiefe, aus dem Felsen herausgearbeitete Kultgrotte, in die man über Stufen hinabsteigen konnte. Die Tür in der Westwand des ›Thronraumes‹ führt zu einem weiteren, nur künstlich beleuchteten **Kultraum (11)** mit mehreren Nebenräumen.

Die archäologischen Funde und die von Evans beobachteten Fundzusammenhänge des gesamten Raumtraktes um den Thronsaal machen es wahrscheinlich, daß diese Raumgruppe vorwiegend kultischen Handlungen diente. Von einem *»Thron des Minos«* zu sprechen, ist jedoch mehr als fragwürdig, denn es gibt keinerlei sichere Indizien für eine solche Verwendung des Raumes, ganz zu schweigen vom fehlenden Nachweis, daß es dort Könige gegeben habe. Wer residierte auf diesem Thron? Wir wissen es nicht. Unser Beweismaterial ist viel zu dürftig zur Beantwortung der Frage, ob es auf Kreta zu irgendeiner Zeit ein Matriarchat, eine Herrschaft der Frauen, gab oder nicht. Vor allem fehlen schriftliche Quellen. Somit wissen wir auch nicht, ob nicht vielleicht eine Frau als ›Priesterkönigin‹ den Thron innehatte. Einige wichtige Anhaltspunkte machen ein minoisches Matriarchat, zumindest im Sinne einer hervorragenden oder gar dominierenden Stellung der Frau im öffentlichen und religiösen Leben wahrscheinlich (s. S. 29f. u. 50).

Ebenfalls auf subjektiven Interpretationen und Vermutungen basieren die verschiedenen Erklärungen, wer zur Zeit der Katastrophe in Knossós bzw. wer im ›Thronraum‹ die letzten Opfer darbrachte. Da aufgrund der Fundzusammenhänge und der stratigraphischen Ergebnisse die letzte Katastrophe von Knossós heute in die Zeit um 1200 v. Chr. datiert wird, geht man davon aus, daß in Knossós noch Minoer regierten. Mykener kamen erst ab SM IIIa2 auf Kreta an die Macht. Architektur und Keramikstil sprechen eindeutig für ein Vorherrschen des Minoischen bis Ende SM IIIa2.

Der Thronraum von Knossós gehört jedenfalls der letzten Phase der Neuen Paläste an (SM IIIa 1), er zeigt hinsichtlich seiner Gestaltung auch einige mykenische Einflüsse und war nach seiner Zerstörung Ende SM IIIa 1 einer der wenigen wiederaufgebauten Bereiche des ›Palastes‹ von Knossós. Während der Thron und die Sitzbänke Querverbindungen zum mykenischen Palast von Pylos aufzeigen (eine solche Raumausstattung konnte in all den anderen minoischen Zentren der Insel bisher nicht entdeckt werden, wohl aber in dem ebenfalls von Mykenern bewohnten Archánes), ist die über Stufen zu erreichende ›Kultgrotte‹ typisch minoisch.

Südlich der großen Treppenanlage (g), die das ›Piano Nobile‹ erschließt (s. S. 201), liegt das **Heiligtum mit der dreiteiligen ›Kultfassade‹ (12),** so benannt nach der Fassadengestaltung, die aufgrund des Baubefundes von Evans zeichnerisch mit einer erhöht stehenden Mittelsäule und je zwei flankierenden Säulen in den Seitenflügeln rekonstruiert wurde (s. Perspektive B). Ein ganz ähnliches ›Heiligtum‹ auf dem ›Miniaturfresko‹ von Knossós (AMI, XV) zeigt dagegen zwei Säulen in dem erhöhten Mittelteil und je eine Säule in den Seitenflügeln.

Das Heiligtum selbst scheint nur aus der ›Kultfassade‹ und einem schmalen Raum hinter dem mittleren Fassadenteil bestanden zu haben, in dem man u. a. Linear-B-Schrifttäfelchen gefunden hat. Vor dem rechten Seitenflügel erkennt man noch Reste der Hofpflasterung und Gipssteinfassadenplatten des Alten Palastes. An der linken Seite des dreiteiligen Unterbaus der ›Kultfassade‹ führen Stufen in einen **Vorraum (13),** auch ›Lobby of the Stone Seat‹ genannt, da an der Nordwand eine Steinbank steht, von dem aus rechts das **›Zentralheiligtum‹ (14)** mit den unterirdischen **›Schatzgruben‹** und geradeaus über den langen Gang die **›Pfeilerkrypten‹ (15)** erschlossen werden. In der Südwestecke des Vorraums (links) führt eine Tür zu dem Raum **(16),** in dem die Exponate der ›Schatzkammer‹ (f) des ›Piano Nobile‹ gefunden wurden (s. S. 201).

Bevor man rechts zu den *›Schatzgruben‹* gelangt, findet man gleich in dem ersten Raum einen hohen Pithos. Im zweiten Raum sind drei unterirdische Zisten zu sehen, aus zwei verschiedenen Bauphasen. Die beiden größeren Kammern gehören der älteren Epoche an, in denen man u. a. die drei ›Schlangengöttinnen‹ MM IIIa (AMI, IV, 50) und andere kostbare Fayence-Gegenstände fand, wie etwa zwei Plättchen mit Darstellungen einer Kuh und einer Wildziege, die ihre Jungen säugen (AMI, IV, 55). Erst Ende MM IIIb bzw. zu Beginn von SM Ia, nachdem die aus MM III stammenden ›Schatzgruben‹ abgedeckt waren, baute man darüber zwei kleinere Kammern, von denen eine zu sehen ist. Das Inventar des MM III-Heiligtums beließ man an dem heiligen Ort der abgedeckten Gruben. Die beiden ›Pfeilerkrypten‹ westlich des Vorraumes, die über einen abgewinkelten Gang direkt mit dem Korridor (31) der Westmagazine (in denen ja vorwiegend Opfergaben und Kultgeräte gelagert waren) in Verbindung standen, sind typisch minoische Kulträume, die in allen anderen ›Palastzentren‹, aber auch in ›Landhäusern‹ (s. Wathípetro, S. 284) und einfachen Stadt- und Wohnsiedlungen (s. Goúrnia, S. 317f.) ebenfalls existierten. In den dunklen, nur künstlich beleuchteten Räumen, die aufgrund ihres Mittelpfeilers von Evans ihren Namen ›Pillar Crypts‹ erhielten, wurden möglicherweise chthonische Erd- und Fruchtbarkeitsgottheiten verehrt. Die Vertiefungen in den Fußböden beider Räume dienten wohl der Aufnahme von Flüssigkeiten bei blutigen und unblutigen Opfern, die den Gottheiten dargebracht wurden. Allein 29 Doppelaxtzeichen auf dem westlichen Pfeiler und drei weitere auf dem Pfeiler des östlichen Raumes bestätigen uns die geheimnisvolle ›Heiligkeit‹ dieser Raumgruppe. Aber auch hier sind wir wieder auf Interpretationen und Vermutungen angewiesen: wir wissen nicht, welche Feiern hier ausgeführt wurden, wie sie gestaltet waren und welche Gottheiten man hier verehrte, auch wenn alles darauf hindeutet, daß die Westmagazine, das ›Zentralheiligtum‹ und der Zentralhof in irgendeiner bedeutenden räumlichen Funktion mit kultischem Charakter zueinander standen.

Durchqueren Sie jetzt den Westtrakt bei den Südpropyläen (29), um zum Westhof zu gelangen.

### 17 Westhof

Bevor man den Westhof betritt, gleich rechts die Fragmente eines minoischen Rampenweges. In der Nordecke des Hofes steht eine Bronzebüste von Evans, die 1935 in seinem Beisein enthüllt wurde. Die leicht erhöhten Wege des Hofes und die nach außen unregelmäßig abknickende Westfassade sind typische Merkmale der minoischen Architektur,

*Knossós, ›Stepped portico‹ (Perspektive D). Nach Evans*

die, für uns ganz fremdartig, konsequent dem Prinzip der Asymmetrie und der Achsenbrechung folgt. Sowohl der diagonal angelegte Weg, der zum ›Theater‹ und zum ›Nordeingang‹ führt, als auch die **Altarsockel (18)** links und rechts des Weges, der parallel zur Westfassade verläuft, lassen vermuten, daß der Westhof Ausgangspunkt für kultische Prozessionen war, die entweder in Richtung Norden das ›Theater‹ zum Ziel hatten, und/oder in Richtung Süden den Prozessionskorridor entlang durch das Labyrinth zum Zentralhof führten.

19 **›Kouloúres‹** (Brezen)
Drei von den Grabungsarbeitern so genannte kreisförmige Gruben, die *nicht* Bestandteil des Westhofes waren. Die ca. 5 m tiefen Gruben gehörten der Epoche der Alten Paläste an; bei den Planierungsarbeiten für den Neuen Palast wurden sie aufgefüllt und mit der neuen Pflasterung des Westhofes zugedeckt. Unter dem Fußbodenniveau der beiden westlichen Gruben entdeckte man später Grundmauern von Häusern mit roten Stuckfußböden und einer Treppe aus der letzten Phase der Vor-Palastzeit: ein wichtiger Beweis für die Besiedlung des Kéfala-Hügels von Knossós vor der Errichtung der Alten Paläste. Erst bei den Bauarbeiten des Alten Palastes wurden die Mauern der kreisförmigen Gruben über den zugeschütteten und einplanierten vor-palastzeitlichen Häusern bis auf das Hofniveau des Alten Palastes hochgezogen. Wahrscheinlich haben sie als Abfallgruben bei Opferhandlungen (›Bothroi‹) gedient, wie es die hier gefundenen Kultgeräte und Tierknochen vermuten lassen.

20 **›West Porch‹** (Westportal)
Bescheiden und ohne Aufmerksamkeit zu erwecken ist das Portal des Neuen Palastes in die Südwestecke des Hofes hineingezwängt. Hier werden wir mit

einer typischen Eigenart der minoischen Architektur konfrontiert. Haben es die Griechen konsequent vermieden, in die Verlängerung der Mittelachse eine Säule zu stellen, so schien das den minoischen Architekten geradezu als erstrebenswert. Eine hölzerne, sich nach unten verjüngende Säule (Ø 1,20 m) mit noch erhaltener Plinthe aus Gipsstein stand axial in dem etwa 12 m messenden lichten Portal, das nach Norden hin geöffnet war. Wieder begegnen wir einem typisch minoischen Architekturprinzip: griechisch-römischer bzw. abendländischer Baukunst entspräche eine axiale Fortführung dieses Hauptweges, hier dagegen wird durch Achsenverschiebung der Weg nach links versetzt und verliert sich dort bescheiden im Dunkel. Die Portalachse führt durch das etwa 8 m tiefe Vestibül zu einem kleinen, fast quadratischen Raum **›Empfangsraum‹ (21)** mit westlichem Nebenraum, wahrscheinlich für das Wach- bzw. Empfangspersonal. Evans vermutete, wie die Perspektive C (s. S. 187) zeigt, einen minoischen Thronsessel in dem Raum. Beim Betreten des Vestibüls wurde das Augenmerk sofort auf die Ostwand gelenkt. Hier soll eine lebensgroße Darstellung des berühmten minoischen ›Stierspieles‹ in bemaltem Stuck angebracht gewesen sein, wie sie im Ostflügel gefunden wurde.

22 **›Corridor of the procession‹** (Prozessionskorridor)

Der Weg führte weiter durch die linke, abermals in die Ecke geschobene Türöffnung der südlichen Vestibülwand in den ›Prozessionskorridor‹, so benannt nach den hier gefundenen Fresken mit etwa 500 männlichen und weiblichen Gabenträgern, lebensgroß, in zwei Reihen übereinander angebracht. Eines der besterhaltenen Fresken stammt aus dem ›südlichen Korridor‹ (s. AMI, XIV): dargestellt ist ein Rhytonträger (SM I) mit Schläfenschmuck, Armband, Silbergürtel und einer Gemme am linken Handgelenk; er trägt ein silbernes Trichterrhyton; die stilisierten Wolken deuten darauf hin, daß die Prozession unter freiem Himmel stattfand. Nach etwa 27 m in südlicher Richtung mündete der wohl nur mit Fackeln beleuchtete Korridor wieder ins Freie und knickte rechtwinklig nach Osten ab **(22a)**. Die West-Ost-Verbindung des ›Prozessionskorridors‹ ist abgebrochen und heute nicht mehr zu beschreiten. Man sieht nur noch ihre parallel verlaufenden Grundmauern. Auf keinen Fall führte von diesem Teil des Korridors ein Weg via Südpropylon (29) zum ›Piano Nobile‹, wie die heute noch erhaltene und einzige wirklich falsche Rekonstruktion Evans' im Palast von Knossós glauben macht (s. S. 200).

Nach insgesamt ca. 45 m, wieder in Richtung Norden abknickend, führt er durch den **›Korridor des Lilienprinzen‹ (22b)** zum Zentralhof. Benannt ist dieser Korridor nach dem hier gefundenen Fresko, dessen Kopie den rekonstruierten Teil des Korridors schmückt. Jahrzehntelang wurde das Fresko, das Evans 1901 aus verschiedenen Fragmenten zusammengesetzt und ›Priester mit Federkrone‹ oder ›Lilienprinz‹ genannt hatte, nahezu kritiklos von vielen Publikationen übernommen. Erst die Untersuchungen des französischen Arztes J. Coulomb ergaben 1979, daß Evans' Rekonstruktion falsch sein mußte. Coulomb konnte nachweisen, daß der linke Pektoralmuskel des Torso eine Streckung des Armes nach oben und nicht nach unten verlangte. W.-D. Niemeier griff 1986 diesen Gedanken wieder auf und verband ihn mit der schon früher geäußerten Kritik, daß Diademe nach Art der hier dargestellten Federkrone in der minoischen Ikonographie stets Attribute von Sphingen oder Priesterinnen sind. Er folgerte daraus, daß die verschiedenen Freskofragmente nicht zu ein und derselben Figur gehören, und schlug eine Rekonstruktion ohne die Federkrone vor. Sie zeigt einen jungen Würdenträger, der ähnlich der Göttergestalt auf dem ›Master Impression‹-Siegel von Chaniá (s. Frontispiz) in ritueller gebieterischer Geste den linken Arm, in der Hand ein Zepter, ausstreckt, den rechten Arm hingegen abgewinkelt am Körper hält (s. auch Fig. S. 27). Die minoischen Götterdarstellungen kennen vielfältige Variationen dieser repräsentativen Gesten: So kann auch, wie auf dem ›Prinzenbecher‹, der rechte Arm erhoben sein und der linke herabhängen. Oder der ausgestreckt Arm hält kein Zepter.

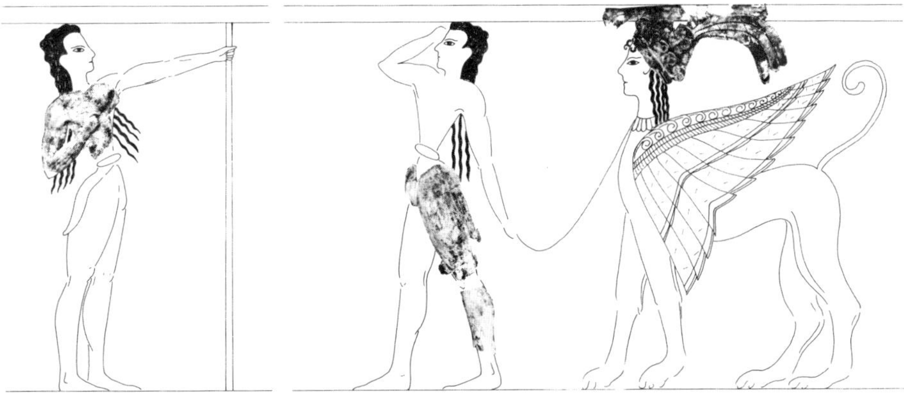

*Rekonstruktion des ›Lilienprinzen‹. Nach W.-D. Niemeier*

Die Untergeschoßebene des ›Prozessionskorridors‹ weist im Süden doppelte Grundmauern auf, die auf eine Bauänderung hindeuten. Ende MM IIb, also noch zur Zeit der Alten Paläste, muß die gesamte Südfassade den nachgebenden Hang hinuntergestürzt sein, so daß man den Korridor im SM I um ein Joch nach Norden versetzte und nur der Südeingang mit dem Korridor des Lilienprinzen erhalten blieb. An der Südwestecke vereinte sich der ›Prozessionskorridor‹ mit dem **›stepped portico‹ (24)** (s. Perspektive D, S. 197), der der Phase des Alten Palastes angehört und gemeinsam mit dem Korridor abstürzte. Eine der großen minoischen Architekturschöpfungen lag in Trümmern. Der ›stepped portico‹, eine nach Westen ehemals offene, aber abgedeckte Treppenstraße führte zu einem minoischen Viadukt, das mit der Straße zur ›Karawanserei‹ (s. S. 211) und der nach Festós in Verbindung stand. Eine neuzeitliche Treppe führt heute zu dem Grabungsbereich des ›stepped portico‹; die ›Karawanserei‹ kann nur bei einer Wanderung um den ›Palast von Knossós‹ besichtigt werden.

**25 Südhaus**

An der Südwestecke des ›Palastes‹, dort, wo die von Süden kommende Treppenstraße des Alten Palastes mit dem **Südkorridor (26)** zusammenstößt, wurde kurz nach dem Erdbeben gegen Ende MM II das Südhaus errichtet, das mit seiner Westwand über der Ostwand der Treppenstraße steht. Das teilweise wiederaufgebaute Gebäude bestand während der Periode des Neuen Palastes aus mindestens zwei Obergeschossen und einem Erdgeschoß, vielleicht war es das Wohnhaus eines Priesters (?). Im westlichen Raum des Erdgeschosses, von Evans wegen des Mittelpfeilers **›Pfeilerkrypta‹** genannt, fand man die Basis eines Kulthornes und mehrere Kultgegenstände; von hier aus führte eine Treppe ins Obergeschoß. Dem östlich anschließenden Raum war im Süden eine offene Säulenhalle vorgelagert, die sich mit ihren vier Säulen bis zum östlichen Treppenhaus erstreckte. Während man in der ›Pfeilerkrypta‹ mehrere Bronzestücke fand, entdeckte man in dem kleinen nördlich anschließenden Raum ein Freskofragment mit Vogeldarstellung und in dem ›Lustralbecken‹ nördlich des Treppenhauses ebenfalls Freskofragmente, die alle vom Obergeschoß heruntergefallen waren. In dem großzügigen Raumtrakt ganz im Osten und in der ›Pfeilerkrypta‹ fand man Vasen aus der Epoche SM I a.

Der Südkorridor, der unter dem südlichen Prozessionskorridor (22 a) mit seiner offenen Veranda lag, war ein von Pfeilern rhythmisch gegliederter, nach Süden geöffneter Gang, der das obere Podest der Treppenstraße mit der kleinen **Südpforte (27)** verbunden hat. Nach abgeknickter Wegführung und über eine Treppe gelangte man von hier aus unmittelbar in den ›Korridor des Lilienprinzen‹ und weiter zum Zentralhof. Ebenfalls von der Südpforte aus führte der Gang weiter in Richtung Osten, bis er rechtwinklig nach Norden abknickte und als **Rampenweg (12)** an der Südostecke des Zentralhofes ins Freie mündete.

**29 Die Südpropyläen** mit der ins ›Piano Nobile‹ führenden Treppe wurden von Evans falsch rekonstruiert (s. o.). Die Nachbildung widerspricht dem minoischen Architekturprinzip der abgewinkelten Eingänge. Das Propylon endete nicht in einer monumentalen Treppenanlage, sondern wurde wie das Propylon der Westfassade von Festós (s. Plan S. 217, Nr. 25) von einer Wand begrenzt. Dahinter lag einst – wahrscheinlich vom Propylon aus zugänglich – ein Korridor, der die Westmagazine mit dem Zentralhof verband (weder im Plan S. 190 noch im Original erhalten). Der architektonische Befund in diesem Palastbereich gestaltete sich für Evans vermutlich zu kompliziert, so daß er sich von W. Dörpfelds mykenisch ausgerichteten Inspirationen und Vorstellungen beeinflussen ließ. Dörpfeld hatte ihn 1903 in Knossós besucht. Wie in allen anderen minoischen Palästen erschließt sich auch in Knossós das ›Piano Nobile‹ des Westflügels nur vom Zentralhof aus (s. Fig. S. 194). Auch die Waren wurden vom Zentralhof aus in die Westmagazine transportiert. Heute sehen Sie im unteren Bereich der Propyläen Pithoi aus der Nach-Palastzeit (SM IIIb) und an der rekonstruierten Westwand übereinander angeordnet Kopien von Gabenträgern des ›Prozessionsfreskos‹ (s. AMI, XI). Über die von Evans erdachte, in minoischer Zeit aber nicht existente monumentale Treppe gelangen Sie in das ›Piano Nobile‹.

*Knossós, Grundriß des ›Piano Nobile‹. Nach A. Evans*

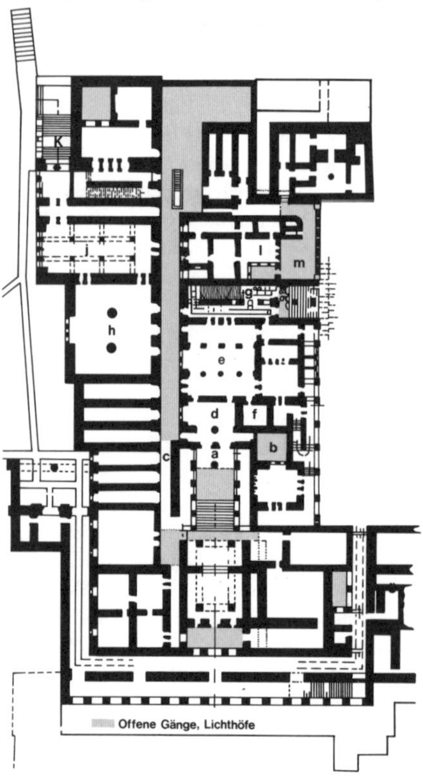


## ›Piano Nobile‹

Der von A. Evans angefertigte Grundrißplan des Obergeschosses, das er im Sinne der italienischen Renaissancearchitektur ›Piano Nobile‹ (Obergeschoß) nannte, basiert nicht auf in situ Gefundenem, sondern geht auf eine zeichnerische Rekonstruktion zurück, die sich jedoch auf ins Untergeschoß herabgefallene Architekturglieder, wie Säulen- und Pfeilerbasen sowie Türschwellen etc., stützt.

Vom **Podest (a)** der oberen Propyläen, das als Lichthof ausgebildet war, gelangte man hinter der Mittelsäule zu einem überdachten Teil des Podestes, das im Westen und Osten die gesamte Treppe als offene Veranda begleitete. Von der südlichen Veranda aus blickt man heute in die **Südostloggia (50)** des Erdgeschosses. Der Plattenfußboden ist stark ergänzt; teilweise erkennt man darunter Reste einer Kanalisation. Das dreiteilige Polythyron im Süden und Osten führt zu einem abgewinkelten Raumteil, in dem u. a. eine Badewanne mit mehreren Linear B-Schrifttäfelchen gefunden wurde. Etwas unterhalb der Niveauhöhe des ›Piano Nobile‹ entdeckte

Evans den Grundriß eines *griechischen Tempels*, den er der Göttin Rhea zuschrieb. Andere Forscher halten das Gebäude für ein *mykenisches Megaron.*

Nördlich des Treppenpodestes, hinter der zweiteiligen Tür, gelangte man in einen querliegenden Gang, der rechts durch ein Fenster von dem **Lichthof (b)** Tageslicht erhielt und links zu dem nicht überdachten **Hauptkorridor (c)** führte. Die Nordseite des Korridores öffnete sich mit zwei Türen und einer Mittelsäule zur **›Central Lobby‹ (d),** durch die man zur **›Dreisäulenhalle‹ (e)** gelangte, die möglicherweise Endpunkt der festlichen Prozessionen war und wohl höfisch-kultischen Zwecken diente. Der Raum wurde ehemals im Norden von drei Stützen und im Süden von drei Säulen unterteilt, deren steinerne Plinthen, nach der Katastrophe herabgefallen, von Evans im Untergeschoß gefunden wurden. Die Tür in der Südostecke des Raumes führte ehemals zur **›Schatzkammer‹ (f),** die sicherlich in liturgischer Beziehung zu den kultischen Festen in der ›Dreisäulenhalle‹ stand. Die hier einst aufbewahrten Kultgegenstände fand Evans ebenfalls im Untergeschoß des Raumes (s. AMI, IV, 58); erwähnenswert ist neben mehreren rhytonförmigen Libationsgefäßen und einem steinernen Altar der prachtvolle Kopf einer Löwin aus weißem marmorartigen Kalkstein, der als Rhyton benutzt worden war; Schnauze und Augen waren mit rotem Jaspis und Bergkristall ausgelegt (SM I; s. AMI, IV, 59).

Nach Osten hin folgten drei weitere Räume, denen eine von Säulen unterstützte Veranda zum Zentralhof hin vorgelagert war, die sich bis zur Südwestecke des Hofes erstreckte.

Durch ein vierteiliges Polythyron in der Nordwand der ›Dreisäulenhalle‹ erreicht man das große **Treppenhaus (g),** das den Zentralhof direkt mit den beiden Obergeschossen des Westflügels verbindet. Ein fast 5 m breiter Treppenlauf mit zwei Säulen auf der Mittelachse führt majestätisch vom Hof zum Obergeschoß (s. Perspektive D). Im Obergeschoß wird die Mittelachse der Treppe auf dem oberen Podest von einer Wandscheibe in Ost-West-Richtung verlängert, die im Osten durch zwei auf hohen Sockeln stehende Säulen aufgelockert wird; von hier aus erschließt rechts eine schmale einläufige Treppe das zweite Obergeschoß und führt links ein Korridor zum nicht überdachten Nord-Süd-Korridor (c) des ›Piano Nobile‹. Die mit einem Gitter abgedeckte Ziste etwa bei der 6. Stufe von unten stammt aus der Zeit MM III und wurde erst in der Epoche SM I von der Treppe überbaut.

Da man die **Magazinräume** des Untergeschosses nicht besichtigen kann, ist es zweckmäßig, sie vom Nord-Süd-Korridor des ›Piano Nobile‹ aus zu betrachten: Der Erdgeschoßgrundriß des Westflügels wird durch einen etwa 70 m langen **Korridor (31)** in den westlichen Magazintrakt und den der östlich anschließenden Kulträume (9–13 a) unterteilt. Insgesamt gehörten zu den Magazinen 21 verschieden lange und unterschiedlich breite Räume (drei davon wahrscheinlich unbenutzt); alle Räume hatten keine Fensterkonstruktionen und waren nur mit Fackeln beleuchtet. In den Magazinen fand man etwa 150 teils mannshohe Pithoi, in denen vorwiegend Wein und Öl, aber auch Getreide und Honig aufbewahrt wurden. Die Berechnungen der Archäologen ergeben, daß etwa 400 Pithoi mit einem Gesamtfassungsvermögen von ca. 78 000 Litern in den Magazinräumen lagern konnten, von denen etwa 45 Gefäße auf dem langen Korridor gestanden hatten.

Die in den Boden eingelassenen Zisten, mit Gipssteinplatten, bemaltem Stuck und teilweise mit Blei ausgelegten Vertiefungen, von den Grabungsarbeitern ›Kassélas‹ (Truhen) genannt, dienten als Depot für kostbare Gegenstände, aber auch für Flüssigkeiten. Neben den offenen Zisten in den Magazinräumen entdeckte Evans auch unterirdische Zisten unter dem Fußbodenbelag und unter Türschwellen. Insgesamt konnten in Knossós 98 solcher ›Schatztruhen‹ freigelegt werden. Durch die große Menge Öl in den Pithoi muß die Feuersbrunst bei der ersten Katastrophe in dem Magazintrakt besonders stark gewesen sein; jedenfalls zeigen die Gipssteinverkleidungen der Korridorwände erhebliche Brandspuren. Für die ›Heiligkeit‹ dieser Raumgruppe sprechen auch die im Korridor entdeckten pyramidenförmigen Basen für die kultischen Doppeläxte. Die direkte Verbindung des Magazintraktes mit den östlich gelegenen Kulträumen und die vielen heiligen Steinmetzzeichen (vor allem das der Doppelaxt) an den Magazinwänden deuten darauf hin, daß die Vorräte dieses Magazins nicht für die Bewohner von Knossós bestimmt waren – deren Wohnungen ja weit außerhalb dieser ›Palastanlage‹ liegen, sondern daß sie tatsächlich Kultgeräte und Opfergaben des Heiligtums gewesen sein müssen.

Daß all diese ›Opfergaben‹ auch einer bürokratischen Registratur unterlagen, beweisen die vielen Linear-B-Schrifttäfelchen, die in den Magazinräumen gefunden wurden, und ein größerer Fund mit den älteren hieroglyphischen Schriftzeichen, die am nördlichen Ende **(32)** des Magazinkorridors entdeckt wurden.

Gegenüber der ›Dreisäulenhalle‹ liegt westlich des Korridores die **›Große Halle‹ (h)** mit zwei Säulen, einer zentralen Fensterstellung zum großen Westhof und einem dreiteiligen Polythyron zum Korridor hin. Die von Evans rekonstruierten zwei Säulen werden durch die beiden darunterstehenden Pfeilervorsprünge in zwei Magazinräumen bestätigt, die den Säulen als Unterstützung dienten. In den Ecken der Nordwand gab je eine schmale Doppeltür den Weg zur **›Sanctuary Hall‹ (j)** frei. Der durch sechs Säulen gegliederte Raum war, nach Evans, ein Heiligtum. Die von hier aus in die Magazinräume hinabgefallenen Fresken gehören zu den bedeutendsten Funden von Knossós: Fragmente, die die ›Darbringung eines Trankopfers‹ darstellen. Ein Frauenantlitz aus dieser Gruppe von großer Schönheit mit Kultknoten und in prachtvoller Kleidung, nannte Evans die *›Pariserin‹* (Farbabb. vordere Umschlagklappe; SM I; s. AMI, XV). Von der Nordwestecke dieses Raumes erreichte man nach Durchqueren eines schmalen, querliegenden Ganges ein weiteres **Treppenhaus (k),** dessen ehemalige Existenz jedoch umstritten ist. Evans stützt sich bei seinem Vorschlag auf die hier gefundenen Friese aus grünlichem Kalkstein der Epoche SM I/II. Die feine Steinmetzarbeit zeigt Halbrosetten mit Triglyphen in Form von Spiralen (s. AMI, V, 61); Architekturfragmente, die durchaus Schmuckwerk für Türumrahmungen gewesen sein können. Evans vermutete, daß dieser **Nordwesteingang** eine direkte Verbindung zwischen der ›Schautreppe‹ und den kultisch-höfischen Repräsentationsräumen des ›Piano Nobile‹ hergestellt hat. James W. Graham hingegen schlägt für diese Raumgruppe eine andere architektonische, überzeugende Lösung vor[1]: entsprechend der ›Großen Halle‹ soll die ›Sanctuary Hall‹ mit einem fast quadratischen Grundriß und ebenfalls mit zwei Mittelsäulen bis zur zurückspringenden Nordwestecke des darunter liegenden Magazinraumes gebaut gewesen sein. Bei dieser Planung würde sich auch für den Westhof eine harmonischere Fenstergliederung ergeben.

An der nördlichen Treppenhauswand anschließend, wurde ein kleiner **›Freskenraum‹ (l)** aufgebaut, der direkt über dem ›Thronsaal‹ (9) liegt. In sehr anschaulicher Weise wird hier ein Einblick in die so sehr vom Licht und Schatten lebende Innenarchitektur der Minoer vermittelt. Der kleine Lichthof an der Nordseite war zugleich einzige Lichtquelle für das ›Kultbassin‹ des ›Thronraumes‹. Der Innenraum im Obergeschoß ist mit zahlreichen *Freskenkopien* geschmückt, deren Originale an verschiedenen Orten des ›Palastes‹ gefunden wurden. Im Osten führt eine Tür zu einer weiträumigen **offenen Veranda (m),** von der aus man über eine enge **Wendeltreppe** zum Zentralhof gelangt, der noch aus der Zeit der alten Paläste stammt.

### Ostflügel

Gleich dem Westflügel ist auch der Ostflügel deutlich in zwei Funktionsbereiche unterteilt: Nördlich des großen Haupttreppenhauses liegen die Grundmauern der **›Palastwerkstätten‹** und der **Magazine;** das eindrucksvolle Treppenhaus selbst hingegen gehört zu dem südlichen Bereich der **›Wohnquartiere‹** (nach Evans ›Domestic Quarters‹). Durch die Hanglage des Ostflügels begünstigt, konnte hier eine großartige, von Licht- und Schattenakzenten bestimmte Architektur bis zu fünf Etagen entstehen. Mehrfach abknickende Korridore verbinden die Raumgruppen der Etagen. Für den Leser und den Besucher ist der Ostflügel ein verwirrendes Labyrinth,

1 J. W. Graham: *The Palaces of Crete,* Princeton ²1969, S. 118f. u. Fig. 86

da hier mehrere Raum- und Bauteile aus verschiedenen Bauphasen nebeneinanderstehen, und Evans' Grundrißplan die verschiedenen Etagen in einer Zeichenebene darstellt. So zeigt der Plan S. 190 das 1. Untergeschoß der Werkstätten und Magazine gemeinsam mit dem 2. Untergeschoß des Treppenhauses und der ›Wohnquartiere‹ sowie eine 3. Ebene mit den Grundmauern der Südosthäuser.

### Hofniveau

Von der ehemals zweigeschossigen Fassade des Ostflügels haben wir keine architektonische Vorstellung, sie dürfte aber ähnlich gestaltet gewesen sein wie die leicht gestaffelten Baukörper der Westfassade. Die Kellerwände (38–46) des 1. Untergeschosses nördlich des Treppenhauses lassen vermuten, daß hier eine vom Hof aus zugängliche Säulenhalle, von Evans ›Osthalle‹ genannt, existierte (links des Sonnenschutzdaches über dem Treppenhaus), über die man das Treppenhaus betreten konnte. Von dieser in das 1. Untergeschoß heruntergefallene Freskenfragmente, verkohltes Holz und drei bronzene Haarlocken waren für Evans die Ansatzpunkte, an dieser Stelle einen weiteren ›Thronsaal‹ zu vermuten, jedoch großzügiger, mit acht Säulen um einen Peristylhof gestaltet, in dem vielleicht die Holzstatue einer Gottheit mit bronzenen Haarlocken stand.

## Nördlicher Osttrakt

*a) 1. Untergeschoß*

Von der Nordostecke des Zentralhofes aus gelangt man über eine mehrfach abknickende, einläufige **Schachttreppe** (bei Evans ›Nordosttreppe‹) **(33)** zur tiefergelegenen **›Ostbastion‹ (34),** dem östlichen Eingang zum ›Palast‹. Im östlich anschließenden Kératos-Tal fanden nach Evans die minoischen Stierspiele statt (s. a. S. 30). Parallel zu den Treppen verlaufen steinerne Abflußrinnen für das Regenwasser, das nahe der ›Ostbastion‹ in zisternenartigen Becken gesammelt wurde. In unregelmäßigen Abständen erkennt man Senkkästen mit gekrümmten Wandungen, die der Strömungskraft des Wassers entgegenwirken sollten. Diese Senkkästen dienten wohl auch der Ablagerung von Schmutz, den das Regenwasser mit sich führte.

Rechtwinklig zur Nordosttreppe zweigt auf dem Niveau des 1. Untergeschosses in Richtung Norden der **›Korridor des Schachspiels‹ (33 a)** ab, benannt nach dem hier gefundenen minoischen ›Brettspiel‹ (AMI, IV, 57). Das ›Spiel‹ besteht aus Elfenbein und ist mit Gold, Bergkristall und einer blauen Glasmasse eingelegt. Unter dem Fußbodenbelag des Korridors liegen Reste eines Terrakotta-Rohrleitungssystems für Frischwasser aus der Zeit der Alten Paläste. In der westlichen Korridorwand führt eine Tür zur **›Nordosthalle‹ (35),** die ursprünglich von vier (?) Säulen getragen wurde, von denen jedoch nur die beiden nördlichen aufgrund ihrer Steinplinthen nachgewiesen sind. Die nördlich anschließenden Räume bezeichnete Evans als **Nordostmagazine (36),** in denen unfertige Produkte und Rohmaterialien der Keramikwerkstätten gefunden wurden. Östlich vom ›Korridor des Schachspiels‹ breitet sich ein tieferliegendes Grabungsareal aus. Die hier gefundenen Grundmauern der nach Westen geöffneten Kammern werden für **Töpferwerkstätten (37)** gehalten, andere Forscher sprechen von Stallungen. Ganz im Norden fand man Fragmente einer eigenartigen **Feuerstelle aus römischer Zeit (37a).** Die Grundmauern östlich dieses Areals, auf noch tieferem Hangniveau, gehörten zu den **Keramikwerkstätten (38)** des Alten Palastes, in denen man dünnwandige ›Eierschalenkeramik‹ des Kamáres-Stils (MM II) fand. Südlich von diesem Bereich erhebt sich direkt an der Nordseite der Nordosttreppe (33) das wiederaufgebaute **Magazin mit den drei Riesen-Pithoi (39),** die der Epoche des Alten Palastes angehören und in situ belassen wurden. Die vielen Henkel an der Oberfläche sind Dekoration und Vorrichtung für den Transport zugleich.

Am südlichen Ende des ›Schachspiel-Korridors‹ gelangt man in einen querliegenden Gang, in dem die Freskenfragmente der ›Drei Blauen Damen‹ gefunden wurden. Von dort führen nach Süden drei Türöffnungen: Ganz am Ende der Westseite gelangt man links in den **›Nischenkorridor‹ (40),** ›Corridor of the Bays‹. Die drei sich nach Osten öffnenden Kammern (›Nischen‹) mit ihren drei kräftigen Wandzungen, vom Anfang der Neuen Palastzeit

(MM III), wurden als Magazine genutzt. Die drei pfeilerartigen Wände dienten wahrscheinlich den Säulen der darüberliegenden Osthalle als Fundamente. Auch der östlich anschließende Magazinraum mit dem langgestreckten Rechteckgrundriß, von Evans **›Storeroom of the Medaillon Pithoi‹ (41)** genannt, gehört in die Anfangszeit des Neuen Palastes. Den Namen erhielt er nach der hohen Pithoi mit Medaillondekor. Die beiden Fußböden stammen aus MM IIIa bzw. MM IIIb, also bereits aus der Epoche des Neuen Palastes. Der gesamte Magazintrakt (41) wurde später von den Minoern zugeschüttet, auch mauerten sie die Tür in der Südwand zum Haupttreppenhaus zu (heute wieder geöffnet).

In Verlängerung des ›Schachspiel-Korridors‹ öffnete sich von dem querliegenden Korridor aus die Tür zum **›Raum mit dem steinernen Wasserbekken‹ (42);** hier war vielleicht eine Wasserleitung aus Ton installiert, die aus dem darüberliegenden Geschoß das im Peristylhof (?) der Osthalle (s. S. 203) gesammelte Regenwasser in das Wasserbecken dieses Raumes geleitet hat. Durch ein technisch raffiniertes Rohrleitungssystem floß das Wasser weiter zum Lichthof (43) des tieferliegenden Hangniveaus. Bisher wurden nur in der Anlage von Knossós so weit verzweigte Wasserleitungen entdeckt; von Festós z. B. kennt man nur große unterirdische Zisternen.

In den **drei kammerähnlichen Räumen (42a)** an der Ostseite entdeckte Evans mehrere kostbare Stücke aus der Zeit des Alten Palastes, die von der Osthalle des darüberliegenden Geschosses herabgefallen waren. Die formschönen bemalten *Kamáres-Vasen* (z. B. den berühmten Palmenpithos aus MM IIb), vor allem das *Modell einer hölzernen Sänfte* und das miniaturhafte *›Dreisäulenheiligtum‹* mit den daraufsitzenden Vögeln, die eine Epiphanie andeuten (AMI, II, 24), aber auch das in dem **Raum (42b)** am östlichen Korridorende gefundene *›Stadtmosaik‹* (AMI, II, 25) sowie das verkohlte Holz einer Göttinnen(?)-Statue (Xoanon), machen es wahrscheinlich, daß die einst darüber liegende Osthalle ein Saal von großen Dimensionen war, der vielleicht sakral-repräsentative Funktionen gehabt hat und in dem Frauen die Kulthandlung ausübten.

*b) 2. Untergeschoß*

Ausgangspunkt für die Besichtigung ist die Nordosttreppe (33) im Bereich des ›Magazins mit den drei Riesen-Pithoi‹ (39). Südlich davon erstreckt sich ein **Lichthof (43)** (›Court of the stone spout‹), an dessen Westwand die Mündung einer steinernen Wasserleitung erhalten ist, die das Regenwasser aus Raum (42) hierher transportierte; unter einem Gitter im Fußboden erkennt man eine Zisterne, in der sich das Wasser sammelte. In der Südwestecke des Lichthofes barg Evans die Fragmente des ›Stierspielfreskos‹ (AMI, XIV), das wahrscheinlich eine Wand in dem darüberliegenden Geschoß schmückte. Eine kleine Tür in der Südwand führt weiter in die **›Töpferwerkstatt‹ (44)** (›School Room‹), an deren Südwand eine Bank mit zwei seitlich feststehenden ›Behältern‹ steht. Wahrscheinlich war dies der Arbeitsplatz des Töpfers, der, auf der Bank sitzend, griffbereit links und rechts den zubereiteten Ton, auf der vor ihm stehenden Töpferscheibe die Gefäße formte.

Links und gleich wieder rechts gelangt man in zwei **Magazinräume (45),** in denen man u. a. unfertige Steingefäße und Rohmaterial fand, das teilweise aus der darüberliegenden **›Werkstatt der Steinschneider‹** heruntergefallen war. Der grüne lakedämonische Stein (lapis lacedaemonius) war in der Bronzezeit ein sehr seltenes Rohmaterial, es wurde nicht vor SM I aus der Gegend von Sparta nach Kreta importiert. Die gesamte Ostfront dieser Werkstätten war von der **offenen Ostveranda (46)** mit vier Säulen beherrscht. Von hier aus hat man ostwärts einen weiten Blick über das Kératos-Tal. Die mächtigen Mauern hangabwärts stammen von Bauten des Alten Palastes. Der Felsbrocken weiter unten kennzeichnet mit seiner Spitze die Oberkante des Geländes, bevor mit den Grabungen in Knossós begonnen wurde.

## Südlicher Osttrakt (und Haupttreppenhaus)

*a) 1. Untergeschoß*

**47 Das Haupttreppenhaus** des Ostflügels ist das imponierendste Beispiel minoischer Architektur von ganz Kreta: es ist der Raumtrakt von Knossós, in dem am meisten Originalbauteile in situ enthal-

* 1997: Treppenhaus für Besucher gesperrt wegen Rekonstruktionsarbeit. Wunderlich (S. 109): „Wie nicht anders zu erwarten, sind die Treppenstufen, über welche der heutige Besucherstrom flutet, vielfach bereits stark ausgetreten.“

ten sind und der eindrucksvoll ein Bild der höfischen Wohnarchitektur vermittelt, in der vor mehr als 3500 Jahren die ersten Europäer lebten. Fünf Treppenläufe verbinden nach unten den Zentralhof mit den beiden Untergeschossen; mindestens drei weitere Treppenläufe führten zu den Obergeschossen. Sie führten nicht, wie unsere Bautradition es erwarten ließe, an den vier Seiten des Lichthofes herum, sondern liegen als zweiläufige Schachttreppe parallel zur Ostwand des Zentralhofes. Der Wechsel von direktem und indirektem Licht, der durch diese Bauplanung erzielt wurde, verleiht dem Treppenhaus geheimnisvolle Feierlichkeit. Labyrinthartiges erfährt der Besucher auch hier, denn die Macht der Gewohnheit verleitet fast jeden dazu, am Ende der letzten Stufe den weiterführenden Treppenlauf in der Gegenrichtung zu suchen. Indirektes Licht strömt vom Lichthof zu den beiden westlichen Treppenläufen, die durch eine vertikale Wandscheibe schachtartig abgemauert sind. Die dazu parallel angeordneten östlichen Treppenläufe werden dagegen direkt vom Lichthof aus belichtet. Die dreifach abgestuften Brüstungen bilden die Basis für die ehemaligen Holzsäulen, die die Tragkonstruktionen der oberen Podeste und Treppenläufe unterstützten. Die Gipssteinstufen selbst liegen auf einem gestampften Untergrund und waren von den minoischen Architekten so eingebaut, daß sie leicht jederzeit ausgewechselt werden konnten.

In diesem Zusammenhang sei die nicht auszurottende Theorie von *H. G. Wunderlich* erwähnt, nach der *Knossós ein ›Totenpalast‹* war; eine Theorie, die bereits O. Spengler 1935 formuliert hat, der aber Fr. Matz 1950 glaubwürdig widersprach: Im wesentlichen beruhe diese »phantasievoll begründete These auf einer oberflächlichen Analyse des baulichen Befundes«[1]. Eine oberflächliche Bauanalyse führte auch Wunderlich zu seiner Schlußfolgerung: »An all den Stellen, wo sich solche wenig abgenutzten Gips-Werksteine aus minoischer Zeit vorfinden, kann keine nennenswerte Verkehrsbelastung vorgelegen haben. Die betreffenden Räume wurden wenig oder nicht benutzt«[2]. Betrachtet man heute die immer noch scharfkantigen Treppenstufen, die Jahr für Jahr von Tausenden betreten werden und von den minoischen Architekten für diese enormen Belastungen keineswegs vorgesehen waren, dann erkennt man leicht, daß Wunderlichs Theorie nicht standhält. *

In allein drei Geschossen, die das Haupttreppenhaus erschließt – das Erdgeschoß mit der Osthalle des Zentralhofniveaus, das 1. Untergeschoß mit den ›Privatgemächern‹ und das 2. Untergeschoß mit den ›Wohnquartieren‹ (z. B. das ›Megaron der Königin‹, Farbabb. 36, und die ›Halle der Doppeläxte‹) –, verläuft von den Treppenpodesten der Geschoßdecken aus ein **Ost-West-Korridor (48)**[3], der einerseits den gesamten Ostflügel als funktionstrennende Zäsur durchläuft, andererseits den nördlichen und südlichen Gebäudetrakt des Ostflügels miteinander verbindet.

Schreitet man die (nur vereinzelt ausgebesserten) minoischen Stufen mit ihrem sehr angenehmen Steigungsverhältnis herab, so gelangt man im *1. Untergeschoß* in die ›Halle der königlichen Wache‹ (›Upper Hall of the Royal Guard‹, Farbabb. 35). Hier ließ Evans an der Ostwand eine Kopie des ›Freskos mit den 8förmigen Schilden‹ (Farbabb. 35; AMI, XIV) anbringen; die Fragmente des Originals hatte er in der darunterliegenden Halle gefunden, wo es seiner Ansicht nach die Ostwand geschmückt hatte.

Da vom 1. Untergeschoß kein Grundrißplan existiert, ist es für den Besucher meist etwas mühevoll, die rekonstruierte Raumabfolge zu verstehen. Im wesentlichen hat Evans diese Räume jedoch analog zu denen des 2. Untergeschosses in ihren Grundmauern wieder aufbauen lassen; dabei stützte er sich vorwiegend auf in das 2. Untergeschoß heruntergefallene Architekturfragmente. Der Plan S. 190 mag auch für dieses Geschoß hilfreich sein.

Gegenüber den Treppenstufen, am Anfang des Ost-West-Korridors, öffnet sich in der Nordwand die

1 Friedrich Matz: *Die Ägäis, Handbuch der Archäologie*, Bd. 2, S. 233, Anm. 4, München 1950

2 Hans Georg Wunderlich: *Wohin der Stier Europa trug*, S. 109, Hamburg 1972

3 A. Evans bezeichnete die Korridore als: ›Upper East-West-Corridor‹, ›Middle East-West-Corridor‹ und ›Lower East-West-Corridor‹

während der spätminoischen Epoche zugemauerte Tür zum Nischenkorridor (40). In Richtung zu den ›8förmigen Schilden‹ erschließt der Korridor, gleich rechts nach der Tür, das Obergeschoß[1] der ›Halle der Doppeläxte‹: rechts liegt der gemeinsame Lichthof, links die gleich große Halle wie im 2. Untergeschoß. Im Süden erkennt man die Rampe der einläufigen Schachttreppe, über die man in das eigentliche Erdgeschoß (in Höhe des Zentralhofs) mit der Osthalle gelangte. Darunter befindet sich die Treppe, die in das ›Megaron der Königin‹ des 2. Untergeschosses führt. Südlich dieser Schachttreppe liegen die Privatgemächer des 1. Untergeschosses, die die gleiche Grundrißaufteilung haben wie jene im 2. Untergeschoß. Die südlichen Privatgemächer erreicht man aber auch direkt vom Haupttreppenhaus aus, indem man dem offenen Korridor von den ›8förmigen Schilden‹ folgt. Gleich rechts hinter der Tür liegt ein unteres Treppenhaus, über das man auch in das Haupttreppenhaus des 2. Untergeschosses gelangen konnte, dann der mehrfach abknickende Gang, der erst rechts, dann links und wieder links in das Obergeschoß[1] des ›Megarons der Königin‹ führt.

*b) 2. Untergeschoß*

Das zweite Untergeschoß des Haupttreppenhauses wurde von Evans **›Kolonnadenhalle‹ (47),** ›Hall of the Colonnades‹, genannt. Drei Säulen auf der stufenartigen Brüstung des letzten Treppenlaufes an der Westseite, drei weitere Säulen im Osten und eine Mittelsäule an der Nordseite begrenzen den zentralen Lichthof, der auch in jedem Geschoß über zwei Fenster die kleine Schachttreppe (49) beleuchtet. Während an der Nordseite des Lichthofes der **Ost-West-Korridor (48)** beginnt, über den man zur ›Halle der Doppeläxte‹ (52) gelangt, führt in der Südostecke der ›Kolonnadenhalle‹ eine Tür zu einem mehrfach abknickenden, wahrhaft labyrinthartigen Gang, der in die ›Privatgemächer‹ (54) hineinführt und schließlich im ›Megaron der Königin‹ (51) endet. In fast allen Raumgruppen dieses Untergeschosses sind meist nur wenig ausgebesserte Originalfußbodenplatten aus Gipsstein erhalten. Auch die geschoßhohen Wände (ca. 3,10 m lichte Höhe) sind fast überall in situ. An der Südseite des (nicht gepflasterten) Lichthofes erkennt man im Fußbodenbereich eine Wasserleitung, die zu einem weitverzweigten Rohrleitungssystem gehört, das diesen gesamten Raumtrakt be- und entwässert hat.

Folgen wir zuerst dem Gang zum ›Megaron der Königin‹: Rechts, direkt hinter der Tür, von der ›Kolonnadenhalle‹ aus, führt die **kleine Schachttreppe (49)** nach oben ins 1. Untergeschoß. Evans nannte diese Treppe ›Gesindetreppe‹ (›Service staircase‹). Unter dieser, aus Holz konstruierten Treppe entdeckte Evans einen der kostbaren Funde von Knossós: den *Elfenbein-Stierspringer* (Anfang SM I a; s. AMI, IV, 56). Die Miniaturplastik zeigt die Sprungphase des Salto mortale, wie wir ihn von dem ›Stierspielfresko‹ (s. S. 132f.) kennen. Das Meisterwerk minoischer Kleinkunst war ursprünglich mit feinem Blattgold überzogen und gehörte zu einer Gruppenkomposition, von der noch andere Elfenbeinfragmente und ein Stierkopf aus Fayence gefunden wurden.

Hinter der ›Gesindetreppe‹ knickt der Gang rechts ab und führt geradeaus weiter zu einem Lichthof. Zuvor liegt links ein völlig dunkler Raum, eine **›Schatzkammer‹ (50 a),** in der u. a. vom darüberliegenden Geschoß heruntergefallene tönerne Siegelabdrücke gefunden wurden. Den Lichthof hat Evans **›Spinnrockenhof‹** (›Court of the Distaffs‹) genannt, nach an den Wänden angebrachten Steinmetzzeichen, die ihn an Spinnrocken erinnerten. Nach Süden (links) gelangt man in das **›Boudoir der Königin‹ (50)** (›Dressing Room‹). Ähnlich wie in der minoischen Anlage von Ajía Triádha und Akrotíri auf Santorin ist auch hier (an der Südwestecke) eine stufenartige Erhöhung gebaut, auf der vielleicht ein hölzernes Bett gestanden hat. Einen kammerähnlichen Raum an der Ostseite des ›Boudoirs‹ hat Evans aufgrund der technisch ausgereiften Be- und Entwässerungsleitungen, die er hier freilegen konnte, als **›Toilette der Königin‹ (50 b)** bezeichnet. Nach seinen Angaben existierte auch im darüberliegenden 1. Untergeschoß eine ähnliche Toilettenanlage, von der Falleitungen hinter der Südwand der ›königlichen Ankleidekammer‹ erhalten sind. In den Seitenwänden des Toilet-

1 Hier entspricht das Obergeschoß dem 1. Untergeschoß

*Knossós, ›Megaron der Königin‹*

tenraumes sind Aussparungen für eine Holzkonstruktion erhalten, in denen nach Evans der Abortsitz befestigt war; eine Öffnung in dem Fußboden darunter läßt das Fäkalienabflußrohr erkennen, das manuell vom ›Boudoir‹ aus mit Wasser durchgespült wurde; direkt vor dem ›WC‹ ist eine Steinplatte mit einer runden Anschlußöffnung für das tönerne Wasserrohr im Fußboden verlegt. Schließlich führt rechts neben der ›Toilette‹ ein nochmals zweifach abknickender Gang in Richtung Osten und endet in dem **›Megaron[1] der Königin‹ (51).** Gerade dieses ›Frauengemach‹ (Farbabb. 36) vermittelt uns einen guten Eindruck der, wie wir meinen, verfeinerten Wohnkultur der Minoer, die ohne den Einfluß des weiblichen Geschmacks nicht diese feminine Ausstrahlung hätte haben können. Zwar ist die von Evans rekonstruierte Ausschmückung nicht authentisch mit der Ausgestaltung des Raumes, wie sie kurz vor der letzten Katastrophe das ›Frauengemach‹ geschmückt hat, doch die wieder aufgebaute Architektur scheint im wesentlichen dem Originalzustand vor der Zerstörung zu entsprechen. In der Nordwestecke sind zwei übereinanderliegende Fußböden in situ erhalten, die *beide* der Epoche des Neuen Palastes angehören. Analog zu diesem Fund rekonstruierte Evans an der Nordwand zwei Freskenschichten: Rosettenmotive, die einen Fries gemalter Laufspiralen mit kleinen eingewickelten Rosetten überdecken. Die spärlichen Freskenfragmente, auch jene mit den ›Delphinen‹ (AMI, XIV) und der ›Tänzerin‹ (AMI, XI), fand Evans teilweise im ›Frauengemach‹, teilweise im

1 Der Begriff ›Megaron‹ wurde von Evans sehr unglücklich gewählt, da das Megaron als fester Terminus einen ganz bestimmten Raum in den mykenischen Burgen bezeichnet; besser wäre vielleicht die Bezeichnung ›Frauengemach‹ oder, wie Graham es vorschlägt, ganz einfach ›Appartement‹.

östlichen Lichthof. Sie gehören unterschiedlichen Epochen an, während sie hier, so als stammten sie alle aus derselben Epoche, zu *einer* Raumdekoration rekonstruiert sind: Das ›Delphinfresko‹ stammt aus Ende MM III zu, die anmutsvolle ›Tänzerin‹ in den Laibungen der östlichen Fensterwand wird in SM Ia/b datiert; die Laufspiralen sind aus SM II!

Das ›Megaron der Königin‹ ist durch je eine Fensterwand im Süden und Osten mit einem Lichthof verbunden. Zwischen dem östlichen Lichthof und das ›Frauengemach‹ ist eine offene Säulenhalle eingeschaltet, die in der Nordwestecke das ›Megaron‹ erschließt; ferner gelangt man von hier aus durch eine Tür in der südlichen Schmalseite, links und gleich wieder links, zum abgewinkelten Südosthof (52b), der ›Halle der Doppeläxte‹ (52). Das imponierende, intim gehaltene ›Frauengemach‹ mit seinen beiden Lichthöfen im Osten und Süden liegt versteckt inmitten der ›Privatgemächer‹. Insgesamt führen vier verschiedene Korridore mit sehr komplizierter Wegführung in das ›Boudoir der Königin‹: An der Westseite, südlich der kleinen Kammer, die Evans ›**Badezimmer**‹ nannte, geht es (s. S. 187) zum Haupttreppenhaus. Die im ›Bad der Königin‹ aufgestellte Badewanne ist kein in situ-Fund; Scherben einer Badewanne (aus der man das Wasser herausschöpfen mußte) fand Evans jedoch unmittelbar vor und in dem kleinen Korridor zum Bad. Die linke der beiden Türen in der Nordwand gibt den Weg zu einem zweifach abknickenden Korridor frei, der in die ›Halle der Doppeläxte‹ mündet; die vergitterte Tür rechts daneben erschließt eine Schachttreppe, die ins darüberliegende 1. Untergeschoß (zu weiteren ›Frauengemächern‹?) führt. Schließlich gelangt man vom östlichen Lichthof aus, wie schon erwähnt, ebenfalls zur ›Halle der Doppeläxte‹.

Man geht davon aus, daß die ›**Halle der Doppeläxte**‹ **(52)** das ›Herrengemach‹ von Knossós war. Den Namen erhielt diese rhythmisch gegliederte und von West nach Ost gestaffelte Raumgruppe nach Doppelaxt-Steinmetzzeichen an den sorgfältig bearbeiteten Quadern der Westwand des **westlichen Lichthofes (52a).** Eine der beiden (heute in Beton rekonstruierten) minoischen Säulen des Lichthofes mit ihrer typischen Verjüngung nach unten konnte Evans im verkohlten Zustand freilegen und nachweisen, daß es sich dabei um einen 2,59 m langen monolithischen Zypressenstamm handelte, der sich um ca. 10 cm verjüngte. Der Hauptzugang zur ›Halle der Doppeläxte‹ erfolgte nicht weiträumig-repräsentativ von Westen her, wie wir es aufgrund des angrenzenden Haupttreppenhauses erwarten würden, sondern führte labyrinthartig von der Nordostecke des Haupttreppenhauses durch den westlichen Lichthof; damit ist dennoch die ›Halle der Doppeläxte‹ direkt an das zentrale Erschließungssystem des Ostflügels angeschlossen. In Ost-West-Richtung sind zwei großartige Raumschöpfungen hintereinandergeschaltet (heute durch Holzabsperrungen voneinander getrennt). Evans bezeichnete den westlichen der beiden Räume als ›**Audience Chamber**‹; hier erkennt man an der Nordwand (unter einer Vitrine) einen durch die Feuerkatastrophe kalzinierten Alabaster-Werkstein: das Fragment eines Baldachins, unter dem ein hölzerner Thron gestanden haben soll. Ein kräftiges vierteiliges Polythyron leitet zum ›**Megaron des Königs**‹ **(52c)** über, wie Evans diesen Raum nannte. Auch hier wird ein Thron gestanden haben, wie die stufenartige Erhöhung an der Nordwand vermuten läßt, wo heute eine hölzerne Nachbildung des Alabasterthrones aus dem Thronsaal steht. An der Ost- und Südseite grenzen ebenfalls Polythyron-Wände den Raum ab, sie gewähren von den beiden anschließenden Säulenhallen mit ihrer abgewinkelten **Terrasse (52d)** einen Durchblick bis zum westlichen Lichthof; beide Lichtquellen müssen der mit Fresken und einer Stuckdecke (s. AMI, XV) ausgeschmückten ›Halle der Doppeläxte‹ eine höchst beeindruckende Wirkung verliehen haben. Von der Terrasse, die nach Osten hin brüstungshoch (?) abgemauert war, hatte man einen Blick weit über das Kératos-Tal. Nach Norden hin erschließt die Terrasse die Werkstätten und führt zum Portikus (46), in der Südwestecke mündet der Korridor zum ›Megaron der Königin‹.

*c) ›Heiligtum der Doppeläxte‹ und ›Südosthäuser‹*

Ausgangspunkt für diesen Rundgang ist die Südostecke des Zentralhofes. Hier folge man dem Rampenweg (28), bis man links die **Südosttreppe (53)** mit ihrem (rechts) anschließenden Lichthof erreicht, die ehemals die südöstlichen Quartiere des Palastes erschlossen hat. Dieser Teil des Neuen Palastes wurde wahrscheinlich nach der Katastrophe Ende MM III zugeschüttet und erst viel später wieder – kurz vor der endgültigen Zerstörung von Knossós um 1200 v. Chr. – neu bebaut. Aber auch nach dieser Zeit wurde gerade das südöstliche Areal in der Nach-Palastzeit (SM III b) während der ›Periode der Wiedereinnahme‹ von Knossós besiedelt. Diese höchst interessante Siedlungskontinuität konnte durch Bodenfunde archäologisch unzweifelhaft nachgewiesen werden.

Auf dem oberen Podest der Treppenanlage (53) zweigt links der **›Korridor mit dem Schwerter-Inventar‹ (54)**, ›Corridor of the Sword Tablets‹, ab, benannt nach den hier gefundenen Linear-B-Tontäfelchen, die Inventarlisten mit der Angabe von Schwertern zum Inhalt haben. An der Nordwand des Treppenhauses konnte ferner ein **Kultbassin (55)** mit einer kleinen Treppe freigelegt werden. Am nördlichen Ende des Korridors (54) liegt rechts ein kleiner kammerähnlicher Raum, der aufgrund einer hier gefundenen Doppelaxt aus Steatit **›Heiligtum der Doppeläxte‹ (56)** genannt wird. Vor der Nordwand ist eine für minoische Heiligtümer typische Steinbank erhalten, auf der zwei Kulthörner aus Stuck (AMI, X, 140) und verschiedene Statuetten gefunden wurden, als bedeutendste die ›Göttin mit erhobenen Armen‹, auf deren Kopf ein Vogel eine Epiphanie andeutet (ebenfalls in Vitrine 140). Auf dem Kieselfußboden lag neben gut erhaltenen Keramikgefäßen ein tönerner Opfertisch, darunter eine Bügelkanne, elegant mit den Fangarmen eines Polypen dekoriert (AMI, X, 131). All diese Funde gehören der Nach-Palastzeit SM III b an und wurden nur wenige Stunden vor einer neuerlichen Katastrophe von den Gläubigen aufgestellt und benutzt.

Nördlich des Heiligtums wurden zwei weitere Räume von einem gemeinsamen **Korridor (57)** erschlossen, in dem man die wunderbaren *›Lilienvasen‹* (AMI, IV, 45) aus dem Beginn der Jüngeren Palastzeit (MM III) fand. Die 27 cm hohen Gefäße zeigen auf jeder Seite *drei* weiße Lilienstengel mit Blüten und erinnern an das gleiche Lilienmotiv auf dem Fresko von Amnisós (AMI, XV); man vermutet in der Dreier-Gruppe eine religiöse Symbolik. In dem westlichen der beiden Räume, von Evans **›Badezimmer‹ (58)** genannt, steht in situ eine freigelegte Badewanne aus Ton mit schönem Schilfdekor aus der Zeit SM I a. In dem östlich gelegenen **Magazinraum (59)** stehen drei Vorratsgefäße aus derselben Epoche.

**60 ›Haus der heiligen Tribüne‹:** Ein ehemals zweigeschossiges Kultgebäude für die dargestellte Epiphanie aus dem Beginn der Periode der Neuen Paläste, bei dem Erdbeben gegen Ende MM III zerstört und wahrscheinlich nicht wieder aufgebaut. Der ehemalige Zugang von der Ostseite ist nicht mehr erhalten, er führte in eine Zentralhalle, die im Norden und Süden durch je ein vierteiliges Polythyron gegliedert war. An der Westseite führt eine Doppeltür zum Treppenhaus und zu den in den Hang hineingebauten dunklen Magazinräumen. Südlich der Treppe ist eine ›Pfeilerkrypta‹ erhalten, wie wir sie bereits im Westflügel des ›Palastes‹ kennengelernt haben. In dem langgestreckten Magazinraum, rechts hinter der Treppe, wurden Pithoi aus der Zeit SM I a freigelegt. In der Südostecke des Hauses gelangt man über Stufen in ein ›Kultbassin‹. Die Hauptraumgruppe erreicht man durch das nördliche Polythyron des Zentralhofes: hier befindet sich das gepflasterte ›Megaron‹, wie Evans den Raum nannte, und die ›heilige Tribüne‹. Zwei Säulen an der Westseite des ›Megaron‹ geben den Weg frei zu zwei Stufen, über die man die höher gelegene ›Tribüne‹ erreicht, auf der eine Steinbasis (für ein Kultbild?) gefunden wurde. Während die Grabungsarbeiter daraufhin das Gebäude als ›Haus der Priester‹ bezeichneten, nannte es Evans ›Haus der heiligen Tribüne‹ (›The House of the Chancel Screen‹).

**61 Südosthaus:** Das auf der Ostseite, unterhalb des ›Hauses der heiligen Tribüne‹ gelegene Haus gehört ebenfalls der Epoche vor der Katastrophe; Ende MM III; möglicherweise ist es sogar etwas älter. Von dem ehemaligen zweigeschossigen Haus sind nur noch die Grundmauern des in den Hang hineingebauten Erdgeschosses erhalten. In der Nord-

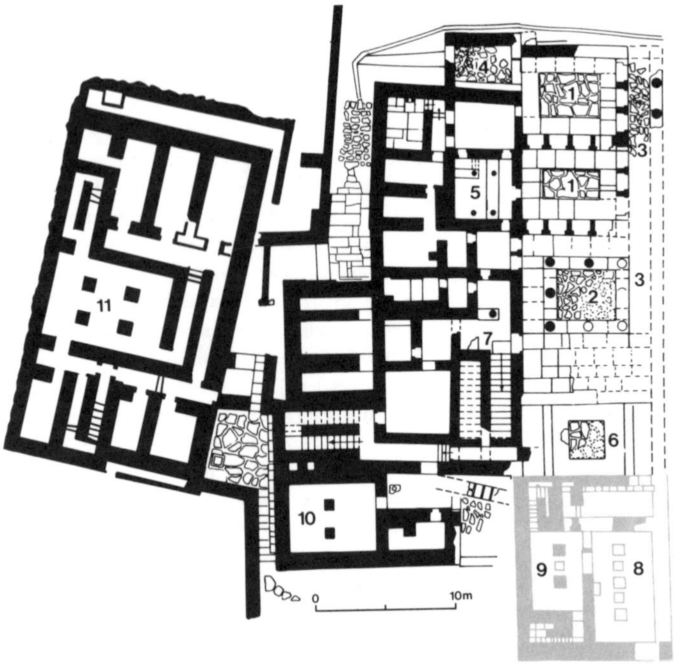


*Knossós, Kleiner Palast und ›Unexplored Mansion‹. Nach A. Evans, L. H. Sackett und M. R. Popham*

westecke des Gebäudes führte eine Treppe vom Obergeschoß ins Erdgeschoß. Links der Treppe liegt die von der Ostseite zugängliche ›Pfeilerkrypta‹ mit einer im Fußboden eingeschlossenen Ziste; u. a. fand man in diesem Hausheiligtum eine hohe Porphyrlampe mit ägyptischem Papyrusdekor, einen Opfertisch, Kulthörner, einen ›Kultknoten‹ aus Elfenbein und zwei pyramidenförmige Sockel für das Aufstellen von Doppeläxten. An den Flächen des mittleren Pfeilers sind drei Doppelaxtzeichen eingeritzt. Im Süden des Hauses öffnet sich nach Osten ein mit Gipssteinplatten ausgestalteter Raum zu einem kleinen Hof, der im Norden und Osten von einer abgewinkelten Säulenhalle begrenzt wird, ähnlich wie im Haus A in Týlissos.

**62 Haus mit dem monolithischen Pfeiler:** Nördlich vom Südosthaus liegen die Grundmauern eines Hauses, noch aus der Epoche der Alten Paläste. Der Raum mit dem monolithischen Pfeiler gehört wahrscheinlich sogar in die Zeit MM I a.

## Die minoischen Ausgrabungen außerhalb des ›Palastbezirks‹

(Alle Ausgrabungen sind umzäunt und z. Z. nicht zugänglich)

### Der ›kleine Palast‹

Er liegt, kommt man von Iráklion, etwa 100 m vor den ersten Häusern des heutigen Knossós, rechts der Straße.

Er gehört zur Bauphase des Neuen Palastes, ist etwa 230 m nordwestlich vom ›Palast‹ von Knossós entfernt und war während der minoischen Zeit von dort aus direkt über die ›königliche Straße‹

(s. S. 191) zu erreichen. Man nimmt an, daß diese Gebäudegruppe mit stark kultischem Charakter zur Wohnstadt von Knossós gehört hat, die bisher nur an vereinzelten Stellen außerhalb des ›Palastes‹ untersucht wurde. Die Wände sind teilweise, dort wo die Räume in den Westhang hineingebaut wurden, bis zu eineinhalb Geschossen erhalten. Nach Osten zu liegen die großzügigen Repräsentationsräume und im südlichen Bereich *drei* Pfeilerkrypten. Das **›Große Megaron‹ (1)** mit seinem südlich anschließenden **Peristyl (2)** ist größer als die ›Halle der Doppeläxte‹ im Ostflügel des ›Palastes‹. Dieser höfisch anmutende Versammlungsraum besteht aus zwei mit Gipssteinplatten gepflasterten Räumen, die durch ein vierteiliges Polythyron miteinander verbunden waren. Nach Süden gelangte man durch ein weiteres vierteiliges Polythyron in den ebenfalls gepflasterten Säulenhof (2). Die Ostseite des ›Großen Megaron‹ wurde durch zwei dreiteilige Türwände gebildet, die zu einem **Portikus (3)** führten, der bis zum Peristyl die gesamte Ostfront gegliedert hat. Die Tür in der Nordostecke des Megaron führte zu einer **›Toilettenanlage‹ (4)**, in der Rohrleitungen gefunden wurden, die mit dem nördlich freigelegten Rohrleitungssystem verbunden sind.

Ebenfalls vom nördlichen ›Megaron‹ aus gelangt man in ein (wieder überdachtes) Heiligtum; zwei Türen in der Südwand führten einst in das dazugehörige **Kultbassin (5).** Dieser archäologisch höchst interessante Raum zeigt Spuren einer Besiedlung während der ›Periode der Wiedereinnahme‹ der seit Ende SM IIIb zerstörten Gebäude. Im 13. Jh. v. Chr. errichtete man bis über die Oberkante der Kultbassin-Balustrade im Osten ein Lehmwand, in die man für die Dachkonstruktion drei kannelierte Holzsäulen einbaute, von denen noch heute Abdrücke der Kanneluren im Lehm zu sehen sind. Evans nannte dieses nach-palastzeitliche Heiligtum ›Fetish-Shrine‹, da er hier ›Steinplastiken‹ fand, die, wie man heute vermutet, für die damaligen Gläubigen magische Kräfte besaßen.

Südlich des Peristyls sind fünf Profilsteine und drei Stufen des vierteiligen Polythyrons rekonstruiert, das zur **Eingangshalle (6)** geführt hat. Rechts, an der Westseite, erhebt sich das neu überdachte **Haupttreppenhaus (7).** Südlich von diesem Areal liegen die Grundmauern des Untergeschosses; der Fußboden des Erdgeschosses bzw. die Kellerdecke wurde hier nicht wieder aufgebaut. In der Südostecke des Gesamtareals erkennt man die **Drei-Pfeilerkrypta (8)** im Osten und direkt westlich anschließend die **Zwei-Pfeilerkrypta (9).** Noch weiter rechts, aber auf Erdgeschoßniveau, lag westlich vom Haupttreppenhaus eine weitere zweiläufige Treppe, deren südlicher Lauf teilweise noch erhalten ist. Links von diesen Treppenstufen liegen die Grundmauern der **Südwest-Pfeilerkrypta (10)** mit zwei Mittelpfeilern, in der das weltberühmte *Stierkopfrython* (SM I a) von Knossós aus schwarzem Chlorit gefunden wurde (AMI, IV, 51).

Das nordwestlich anschließende Areal, von Evans noch ›*Unexplored Minoan Mansion*‹ genannt, ist mittlerweile von englischen Archäologen erforscht worden. Zentrum dieses Gebäudes, das aus gutem Quadermauerwerk gebaut und im Obergeschoß mit dem östlich anschließenden ›kleinen Palast‹ durch eine ›Brücke‹ verbunden war, ist das **›Megaron mit den vier Pfeilern‹ (11).** Dieser Raum wurde in SM I a gebaut und war bis zur Feuerkatastrophe Ende SM IIIb bewohnt.

## ›Karawanserei‹ (›Gästehaus‹)

Folgt man von Knossós aus weiter der Asphaltstraße nach Archánes, so liegt etwa 200 m hinter der weiten Linkskurve unterhalb der Straße die ›Karawanserei‹; von hier aus hat man einen weiten Blick zur Südseite des ›Palastes‹ von Knossós.

Das teilweise wiederaufgebaute Gebäude, dem Evans die Funktion eines ›Gästehauses‹ zuordnete, erlebte seine größte Glanzzeit in MM III. Die beiden zu besichtigenden Räume sind nach Norden mit einem freien Blick auf den ›Palast‹ konzipiert und bildeten ehemals eine architektonische Einheit mit dem ›stepped portico‹ (24) (s. Abb. S. 197). Der über Stufen zu erreichende propyläenartige Ostraum (kommt man von der Straße, rechts!) war mit Fresken geschmückt, von denen die Fragmente des *Rebhuhnfrieses* (SM I a; AMI, XIV) gefunden wurden. Die in diesem Raum angebrachte Kopie zeigt die Rebhühner in einer Flußlandschaft, in der auch ein

Wiedehopf zu erkennen ist. Im westlich anschließenden, ebenfalls über Stufen zu erreichenden Raum findet sich ein abgesenktes Brunnenbecken, das an der Südseite mit Quellwasser gespeist wurde, das auf der Nordseite wieder abfließen konnte. Nach Evans konnten sich die Palastbesucher hier erfrischen und ihre Tiere zur Tränke führen.

Nur wenig weiter westlich steht das wiederaufgebaute **Brunnenhaus;** zwischen diesen beiden Gebäudegruppen konnte Evans mehrere Tonbadewannen freilegen. Das mit Steinplatten ausgelegte Brunnenhaus war mit vielen Keramikvasen und Opfergaben aus der Epoche SM IIIc gefüllt. Richtung Nordwesten erkennt man die steinerne Substruktion für eine Holzbrücke, die während der minoischen Zeit von Süden in den Palast führte (s. Plan S. 190, Knossós Nr. 24).

## Das ›Tempelgrab‹

Auch die letzte Entdeckung von Arthur Evans auf Kreta 1931 hat eine fast feuilletonistische Vorgeschichte: Ganz ähnlich, wie er Ende des 19. Jh., veranlaßt durch unbekannte kretische Hieroglyphen, mit seiner Lebensarbeit ›Knossós‹ begann, ließ er Jahrzehnte später am südlichen Rande der minoischen Stadt Knossós, am Osthang des Gypsades-Hügel (160 m), genau an der Stelle, wo man den ›Ring des Minos‹ gefunden haben will (der erst als Fälschung entlarvt, dann von einigen Forschern wieder ›rehabilitiert‹ wurde), mit neuen Grabungen beginnen, bei der er das einzigartige (geplünderte) ›Tempelgrab‹ entdeckte. Die Zweiteilung dieser Anlage in ›Tempel‹ und ›Grab‹ erinnerte ihn sogleich an den Bericht bei Diodoros Siculus (1. Jh. v. Chr.) von der Bestattung König Minos' auf Sizilien: »Das (minoische) Heer bestattete die Leiche seines Königs (Minos) auf herrliche Weise. Sie erbauten ein *zweifaches Grab,* ein geheimes, in welchem sie seine Gebeine bargen, und ein offenes, *über* welchem sie ein Heiligtum der Aphrodite erbauten.«[1] Das architektonisch sehr aufwendige Grab südlich von Knossós stammt aus der Zeit MM III b–SM I a, wurde von mehreren Generationen benutzt und mag durchaus den höchsten ›höfisch-sakralen Persönlichkeiten‹ von Knossós vorbehalten gewesen sein. Am Ende von SM I a scheint die Grabanlage durch ein Erdbeben zerstört worden zu sein. Mehrere Opfer dieser Katastrophe waren nach Evans in der Pfeilerkrypta bestattet. Die letzte Bestattung, von der nur unbedeutende Grabbeigaben gefunden wurden, gehört der Epoche SM II an. Wurde etwa bei dieser letzten Trauerfeier eine der letzten minoischen ›Priesterköniginnen‹ beigesetzt?

Die Gestaltungsprinzipien des ›Tempelgrabes‹ lassen deutlich Anlehnungen an die minoische ›Palastarchitektur‹ erkennen: eine offene und eine gedeckte Terrasse, ein gepflasterter Hof und die typische Achsenbrechung sind auch hier Elemente der Sakralarchitektur. Mehrere Räume sind von Osten nach Westen hintereinander gestaffelt. Ziel der gebauten Architektur ist die kultische Handlung in der Felsenarchitektur der geheimnisvollen Grabkammer im Westen. Die Raumschöpfungen im Osten können als bühnenbildartige Kulissenarchitektur verstanden werden, im Dienste der kultischen Totenfeier. Typisch minoisch bildete nicht – wie wir es erwarten würden – ein großräumiges Portal im Osten den Zugang zur Grabanlage, sondern ein bescheidener, das Geheimnis der Mysterien andeutender **Eingang (1)** in der Nordostecke führte zu dem von zwei Säulen gegliederten **›Pavillon‹ (2)** mit dem gepflasterten offenen **Hof (3)** davor, wahrscheinlich dem Ort für die Trauergemeinde. Von hier aus schauten die Trauernden auf die Fassade des ›zweifachen Grabes‹: nach oben, zum ›Tempel‹ hin, hatten sie nur visuellen Kontakt mit der auf der Terrasse des Obergeschosses vollzogenen Kulthandlung; im Erdgeschoß blieb ihnen die Pforte zum Reich der Toten mit dem ›Grab‹ verschlossen. Interessante Einzelheiten der Totenfeier erfahren wir aus den Wiedergaben auf dem Sarkophag von Ajía Triádha (s. S. 31, AMI, XII). Dort ist der mumifizierte (?) Verstorbene vor einer ganz ähnlichen Hintergrundarchitektur dargestellt, wie wir sie hier vor uns sehen.

1 Diodoros Siculus: *Geschichtsbibliothek;* Bd. IV, 79, deutsch von Adolf Wahrmund

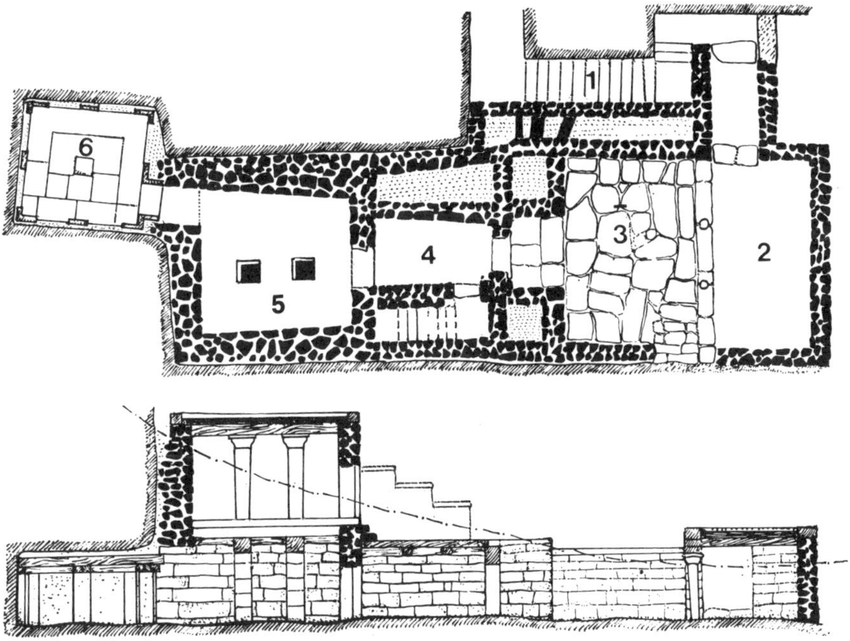


*Knossós, ›Tempelgrab‹. Nach A. Evans/J. D. S. Pendlebury*

Zwei turmartige Ecken bilden links und rechts im Osten eine tiefe und breite Nische, die den Weg freigibt zur **Pforte** des ›Tempelgrabes‹; nur die Laibungen und der Türsturz bestehen hier aus vergänglichem Gipsstein, die breite Türschwelle ist aus dauerhaftem Kalkstein gefertigt. Gleich links in der **inneren Halle (4)** gelangt man über eine Schachttreppe zum ›Tempel‹ des Obergeschosses. In diesem unteren Raum wird auch die minoische Achsenbrechung deutlich: der Zugang zur **›Pfeilerkrypta‹ (5)** liegt nicht mehr auf der Hauptachse, sondern in der Südostecke, so daß man direkt auf die beiden Mittelpfeiler hingeführt wird. Der einst verschlossene Zugang zur **Grabkammer (6)** befindet sich diagonal gegenüber, in der Nordwestecke. Die fast quadratische Grabkammer wurde mit einem Mittelpfeiler aus dem gewachsenen Felsen herausgearbeitet, mit Gipssteinplatten ausgeschmückt und die Decke mit blauer Farbe, den Himmel symbolisierend, bemalt. Die Bestattungen fanden wahrscheinlich in Holzsarkophagen statt.

## Die ›königliche Villa‹

Sie liegt nordöstlich vom ›Palast‹, inmitten der bisher noch nicht ausgegrabenen minoischen Stadt Knossós. Noch vor den ersten Häusern der heutigen Ortschaft folge man links der Straße, bis man nach ca. 300 m zu den Häusern von Makrytíchos kommt; der Weg rechts führt nach etwa 100 m zur ›königlichen Villa‹, die links unterhalb der Straße liegt. Weiter südlich ist der Weg sehr lohnend, man wandert an der Ostseite des Palastes, oberhalb vom Kératos-Tal, vorbei und gelangt auch von hier aus zur ›Karawanserei‹ und zum ›Tempelgrab‹.

Das in einen Westhang hineingebaute, ehemals dreigeschossige Gebäude ist in seinem Erdgeschoß

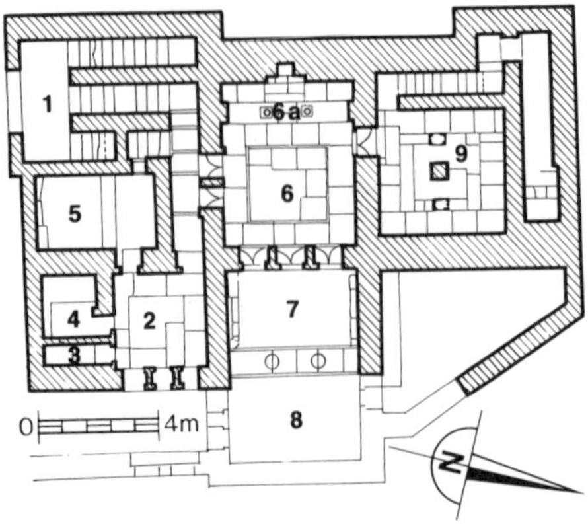


*Knossós, ›Königliche Villa‹. Nach J. D. S. Pendlebury*

fast vollständig erhalten; Teile des Obergeschosses wurden wieder aufgebaut. Evans datierte die Villa in die Epoche MM III und dachte sie sich als Dépendance zum ›Hauptpalast‹. Die entgegengesetzte Meinung vertritt Sp. Marinatos: »Das eigenartige Gebäude ist aller Wahrscheinlichkeit nach nichts anderes als ein einfaches Privathaus gewesen.«[1]

Tatsächlich ist das Gebäude ›eigenartig‹: es ist *anders* als das, was wir sonst von der minoischen Architektur kennen, klein und intim gehalten, dennoch luxuriös und geradezu verschwenderisch mit dem kostbaren Baumaterial Alabaster ausgeschmückt; es hat *keine* Magazinräume, wohl aber eine gut erhaltene Pfeilerkrypta. Nach heutiger Erkenntnis war es mit Sicherheit kein einfacher Wohnbau, sondern ein Kultgebäude für die ›dargestellte Epiphanie‹. Der Mitarbeiter von Evans, Pendlebury, verlegt die Bauzeit an das Ende der Epoche SM I; einer der wichtigsten Funde, ein großes Vorratsgefäß mit Reliefdekor, gehört in die Zeit SM II.

Man gelangte in das Gesamtgebäude vom heutigen Höhenweg aus, parallel dem Osthang des Palastes, der wahrscheinlich mit einer minoischen Wegführung identisch ist. Zuerst kam man in das **Treppenhaus (1)** des 1. Obergeschosses. Die Treppe, die hinauf zum 2. Obergeschoß und hinunter zum Erdgeschoß führte, ist in ihrer Anlage völlig singulär: eine einläufige Schachttreppe führt hinab und *zwei* parallel zueinander verlaufende Treppenläufe führen hinauf. Vielleicht erforderten bestimmte Zeremonien diese Lösung; jedenfalls waren diese beiden Läufe zur Erschließung des Geschosses nicht erforderlich.

Von einem (Neben-)Eingang im Erdgeschoß führt an der Südostecke ein dreiteiliges Polythyron in die gepflasterte **Eingangshalle (2).** Links ein durch senkrecht aufgestellte Doppel-Alabasterplatten unterteilter Raum, der als **Lustral-Bassin (3, 4)** wahrscheinlich kultische Funktion hatte. Anschließend folgt links ein offener **Lichthof (5);** rechts gelangt man von der Eingangshalle aus zu einem Verbindungskorridor, der geradeaus zum Treppenhaus (1) und rechts durch ein zweiteiliges Polythyron zu der **Inneren Halle (6)** führt. Dies dürfte der Hauptraum, das Zentrum der Zeremonien gewesen sein. Während sich im Osten ein dreiteiliges Polythyron zu einer **Säulenhalle (7)** und einem weiteren **Lichthof (8)** öffnet, von dem man das Panorama des Kératos-Tales vor sich hat, findet sich auf der gegenüberliegenden Seite (6a) ein geheimnisvoller Raumteil: Eine Alabasterbalustrade mit zwei Säulen grenzt den um drei Stufen höherliegenden Raumteil ab, der zum oberen Geschoß hin geöffnet ist; eine Nische, in der ein Thron oder eine Statue stand, lenkt alle Aufmerksamkeit auf sich. Heute ist man sicher, daß die Raumteile 6a bis 8 das Zentrum des Kultgebäudes bildeten. Über eine Straße gelangte man in den Lichthof (8). Nach Achsenknickung ›erschien‹ links nach Öffnung des Polythyron zwischen Raum 6 und 7 beim heiligen Altar die ›dargestellte Göttin‹. In diesem Zusammenhang ist es von Bedeutung, daß im Norden eine Tür zur heiligen **Pfeilerkrypta (9)** führt, die die kultische Funktion der ›heiligen Tribüne/Altar‹ unterstreicht. In den Fußboden der Pfeilerkrypta sind zwei Zisten für Opferflüssigkeiten (?) eingelassen; an der Westseite konnte man über eine weitere Schachttreppe direkt ins Obergeschoß gelangen.

1 Sp. Marinatos, M. Hirmer: *Kreta, Thera und das mykenische Hellas,* S. 124, München ²1973

# Festós in der Messará-Ebene

Die Siedlungsgeschichte des Menschen zeigt, daß die Entwicklung frühester Hochkulturen in Landschaftsräumen mit großen Flußläufen besonders begünstigt war, nachweisbar in Ägypten, Mesopotamien und China. Die Flußebenen boten ideale Bedingungen für den Ackerbau; jahreszeitliche Überschwemmungen sorgten für die Fruchtbarkeit der Felder, und überdies dienten die Flüsse als Verkehrswege.

Die Messará-Ebene im Süden von Zentralkreta stellt ein kleineres Beispiel jener Flußebenen dar, in denen sich frühe Zivilisationen entwickelt haben. Regulierung der Flüsse, Trockenlegung einerseits und Bewässerung der Schwemmebenen andererseits, Zuweisung und Bestellung der Felder waren wohl in der Frühzeit seßhafter Kulturen Aufgaben, die nur durch die Bildung zentraler verwaltender Institutionen befriedigend und dauerhaft gelöst werden konnten. So ist auch die Messará-Ebene von den ältesten Epochen menschlichen Siedelns an bewohnt gewesen. Bemerkenswerteste Zeugnisse der Frühzeit minoischer Kultur in der Ebene sind die vielen Rundgräber, seit der Epoche FM I/II nachweisbar, und der Siedlungsplatz von Festós, der seit dem Neolithikum die Menschen angezogen hat.

Auf einem etwa 100 m hohen, künstlich abgeflachten Hügel liegt auf einer von den Archäologen freigelegten Fläche von 8500 m² der minoische ›Palast‹ von Festós, ein bedeutendes bronzezeitliches Wirtschaftszentrum mit einer ausgedehnten Stadt, von der Reste an den Hügelhängen freigelegt werden konnten. Den erhöhten Platz mit seinem herrlichen Blick über die Ebene hin bis zum Libyschen Meer und auf die umgebenden Berge scheinen die bronzezeitlichen Siedler gewählt zu haben, um sich einerseits den Frühjahrsüberschwemmungen des Flusses, der Hitze und dem ungesunden Sumpfklima des Sommers in der Ebene nicht auszusetzen, zum anderen, um keinen landwirtschaftlich nutzbaren Boden zu verschenken. Auf das heiße Klima, das auch heute noch in Festós, das südlicher als Algier und Tunis liegt, den Besucher nicht selten quält, scheint auch die ›Odyssee‹ anzuspielen; von dem Land, das Rhadamanthys, der Bruder des Minos (s. S. 14), beherrschte, heißt es da: »... dich (Menelaos) werden die Unsterblichen in das Elysische Gefilde und zu den Grenzen der Erde schicken, wo der blonde Rhadamanthys ist. Dort (in Festós) ist das leichteste Leben für die Menschen: kein Schneefall ist dort noch auch viel Winterwetter noch jemals Regen, sondern immer schickt der Okeanos die Hauche des schrillblasenden Wests (des Zephyros) herauf, um die Menschen zu kühlen ...«[1]

## Historisches

Die **neolithische Besiedlung** von Festós ist für die Zeit bis 3600 v. Chr. auf dem gesamten Hügel nachweisbar. Die interessantesten Häuser dieser Epoche wies man unter dem minoischen Pflaster des Zentralhofes sowie unter den palastzeitlichen Bauten des Westflügels und am Südhang nach. Einige der hier gefundenen Steinäxte, Obsidianklingen und Keramikgefäße können im AMI, I, 2, besichtigt werden. Aus der Epoche der *Vor-Palastzeit* (FM I/II ) entdeckte man Bauten im Bereich des Nord- und Westflügels, von denen u. a. die Grundmauern des Hauses im Peristyl (30) von den Archäologen stehengelassen wurden.

1 Homer: *Odyssee* IV, 563–568; deutsch von W. Schadewaldt

Der Baubeginn des **Alten Palastes** wird in die Epoche MM Ib datiert und entspricht der relativen Chronologie der übrigen minoischen Paläste. Nach geringen Zerstörungen durch eine Naturkatastrophe zu Beginn von MM II wurde der Alte Palast Ende MM II durch ein schweres Erdbeben fast vollständig zerstört. Im folgenden Jahrhundert ist für Festós an verschiedenen Stellen des ›Palastes‹ ein Wiederaufbau unter Verwendung des alten Baumaterials nachweisbar. Dieser Bauabschnitt in MM III gehört bereits zur ersten Phase des Neuen Palastes. Während dieser Epoche sind jedoch – nicht nur in Festós, sondern in allen minoischen Zentren der Insel – keine nennenswerten Kunstwerke entstanden; man hält sie für ein Jahrhundert des Niedergangs. Am Ende von MM III wird der Palast (alte und neue Teile) zerstört und dann vollständig neu aufgebaut. Aufgrund des in Knossós gefundenen Pyxis-Deckels des Pharao Chajên (1612–1592 v. Chr.) hat die Forschung bislang das ›Jahrhundert des minoischen Niedergangs‹ (MM III) mit der Hyksos-Dynastie (1650–1542 v. Chr.) zeitgleich gesetzt. Marinatos erwägte sogar, ob Kreta in dieser Periode nicht von Ägypten aus erobert wurde.

Den **Neuen Palast** von Festós, in etwas kleineren Ausmaßen über dem einplanierten Alten Palast nach MM III errichtet, hat gegen Ende von SM III a1 eine Brandkatastrophe vernichtet; danach wurde er nie wieder aufgebaut. Nachdem das Gebiet von Festós lange nicht besiedelt war, sind aus der ›Periode der Wiedereinnahme‹ (SM III b) wie aus der protogeometrischen und der geometrischen Epoche Siedlungen nachweisbar. Aus archaischer Zeit stammt ein Tempel der Rhea. Während der griechisch-römischen Periode verlor Festós als Nachbar des mächtigen Górtys immer mehr an Bedeutung; gegen 180 v. Chr. zerstörten die Nachbarn Festós; dennoch blieb es bis in die byzantinische Epoche bewohnt.

## Grabungsgeschichte

*Frederico Halbherr,* ein italienischer Archäologe, der seit 1884 in der Messará, vorwiegend in Górtys, gearbeitet hatte, begann wenig später als Evans in Knossós im Juni 1900 mit der Erforschung von Festós. Zu Halbherrs engsten Mitarbeitern gehörten Enrico Stefani und *Luigi Pernier;* dieser übernahm später die Grabungsleitung bis 1914 allein. 1935 veröffentlichte er den 1. Band über die Grabungsergebnisse von Festós; 1950 – nach seinem Tode – folgte der 2. Band, von Luisa Banti bearbeitet. 1950–1966 leitete *Doro Levi* die italienischen Grabungen, vorwiegend im Bereich des Alten Palastes.

Anders als Evans gaben die italienischen Archäologen den einzelnen Räumen keine fragwürdigen Benennungen. In ihren Veröffentlichungen verzichten sie weitgehend auf subjektive Interpretationen. Sie haben Bauteile konstruktiv gesichert, wo sie gegen Witterung geschützt werden mußten. Im Grabungsplan bezeichnen römische Ziffern Bauteile des Alten Palastes, arabische Ziffern solche des Neuen Palastes.

## Rundgang

(Öffnungszeiten s. ›Wissenswertes von A–Z‹)

Nur in Festós sind große Teile des Alten Palastes erhalten. Deutlich wird, daß die uns labyrinthartig erscheinende minoische Architektur und die ihr zugrundeliegenden Ordnungsprinzipien, schon bei dem Alten Palast bewußt geplant, sich beim Neuen Palast fast schablonenhaft wiederholten.

Kein Palast liegt in so grandioser Natur wie der von Festós. Einer Akropolis gleich – nicht wie Knossós und Mália in hügelig-flachem Gelände – müssen sich einst, von weither sichtbar, die gegliederten und gestaffelten Baukörper in die Höhe gestreckt haben. Die Ausrichtung der Längsachse erfolgte nach Norden zum Ida-Gebirge hin, exakt auf jenen Bergsattel zu (Skaroneró, 1917 m und Máwri, 1981 m), der dem Symbol der minoischen Kulthörner gleicht und unter dessen westlichem Gipfel die den Minoern seit altersher heilige Kamáres-Grotte liegt. Erschloß sich in Knossós und Mália, bedingt durch die topographische Situation, der Palast von Norden her, so fällt in Festós die architektonische Akzentuierung von Westfassade einer-

*Der Palast von Festós. Nach D. Levi, L. Pernier und L. Banti*

seits und Westhof andererseits auf: von Westen erschloß sich hier der ›Palast‹. Daß auch die privaten Wohnquartiere in Festós eine andere Lage hatten als in den übrigen Palästen, nämlich vornehmlich auf der Nordseite des Hügels, erklärt sich überzeugend (nachvollziehbar für jeden Besucher) aus den klimatischen Gegebenheiten vor Ort: an dieser Stelle bringt im Hochsommer der Nordwestwind die erste und angenehmste Kühlung.

Noch andere Besonderheiten ergaben sich aus dem Fundmaterial, sie sind teilweise auch für die Beurteilung der Anlage von Ajía Triádha von Bedeutung: Die Funde des Neuen Palastes (AMI, IV, 49 und 52) sind weniger prächtig als die aus dem Alten Palast (AMI, III, 30–48). Besonders die Keramik des Kamáres-Stils, aber auch die kostbare ›Eierschalenware‹ mit Kamáres-Dekor und das ›königliche Geschirr‹ (Vitrine 43) sind von erlesener Qualität und Schönheit; unter den Exponaten des Neuen Palastes finden wir das nur vereinzelt, z. B. die elegante Kanne mit dem Schilfdekor (Vitrine 49). Ferner: In Festós gab es trotz der hervorragenden Architektur keinen Freskenschmuck und in seinen kleinen – wohl geplünderten – Magazinräumen fand man weder den Schatz eines Zentralheiligtums wie in Knossós noch andere ›königliche‹ Gegenstände.

Wir beginnen den Rundgang im Bereich des Alten Palastes, der nur teilweise zugänglich ist. Hinter dem Wächterhäuschen überqueren wir diagonal das obere Grabungsniveau und gelangen über eine schmale Treppe zum Westhof.

## Alter Palast

1 **Westhof** (Abb. 9): Die Pflasterung des Westhofes, die Treppenanlage im Norden sowie die etwa 1 m hohen Grundmauern im Osten und das gesamte südwestliche Grabungsareal sind Gebäudegruppen und Raumschöpfungen des Alten Palastes. Kurz nach der letzten Brandkatastrophe in SM I a wurden die zerstörten Gebäude nicht bis auf die Grundmauern abgetragen, sondern einplaniert und der Westhof auf das gleiche Niveau zugeschüttet. Die Fassade des Neuen Palastes setzte man bis zu 7 m nach Osten zurück, um so einen noch großzügigeren Westhof gestalten zu können. Nur dieser Baumaßnahme ist es zu verdanken, daß auch aus den früheren Epochen Kulturerzeugnisse – die nach den Katastrophen für den Wiederaufbau zugeschüttet wurden – der Nachwelt erhalten blieben. Der ›Palast‹ von Festós hütet also noch weiterhin Geheimnisse, denn unter allen Teilen des Neuen Palastes liegen noch weitere Raumgruppen des Alten Palastes verborgen; die italienischen Archäologen haben sie nur vereinzelt angestochen, um die Architekturteile des Neuen Palastes nicht zu zerstören.

Hinter dem eingezäunten Gelände im Südwesten erkennen wir eine **serpentinenartige Straße (2)**, die von der Wohnstadt zum Westhof hinaufführte. Links und rechts Grundmauern von Wohnhäusern sowie eine nach Osten abzweigende Straße, die auf einen kleinen **gepflasterten Platz (3)** mündet, von dem man über eine Treppenanlage zum **Südwesteingang (4)** gelangte. Ganz im Süden ein Wirrwarr von Grundmauern, die in archaischer Zeit für den Unterbau des **griechischen Tempels (5)** der Göttin Rhea errichtet wurden. Die kreisförmigen Grundmauern oberhalb der Serpentinenstraße sollen Baureste von **Getreidespeichern (6)** sein (?).

Wie erwähnt, gelangte man, anders als in Knossós und Mália, in Festós direkt vom Westhof in den Zentralhof. Am südlichen Ende des leicht erhöhten, diagonal verlaufenden **›Prozessionsweges‹ (7)**, der wieder, wie im ›Theaterareal‹ und auf dem Westhof von Knossós, ein geheimnisvolles Dreieck bildet, lag wahrscheinlich der **Haupteingang (8)** zum ›Palast‹, den man jedoch noch nicht gefunden hat. Ähnlich wie bei dem Propylon in der Südostecke des Westhofes von Knossós öffnete sich auch hier eine Halle mit betonter Mittelachse, aber nicht versteckt, wie dort als Beginn des labyrinthartigen ›Prozessionskorridors‹, sondern fast in der Mitte der Westfassade; von hier aus verlief geradeaus gen Osten ein schmaler Korridor, der den großen Mittelhof zentral erschloß. Zu sehen sind noch von dieser Architektur die etwa 1 m hohen Grundmauern der Eingangshalle selbst, die – typisch für die Alte Palastzeit – buntfarbige Steinbasis der Mittelsäule, zwei kleine Räume, möglicherweise für die Wächter bestimmt, und der in die Nordostecke versetzte Korridor; nicht mehr so deutlich zu sehen, da später überbaut, sind der weitere Verlauf des Korridors und die kleine Treppe an seinem Ostende, die zu dem höherliegenden Niveau des Zentralhofes führte.

Hinter der Westfassade der nördlich der Eingangshalle vorspringenden Gebäudeecke lagen **kleine Magazinräume (9)**. Noch weiter nördlich, in direkter räumlicher Beziehung zur ›Schautreppe‹, entdeckten Halbherr und Pernier ein kleines **›Heiligtum‹ (10)**. In seinem Hauptraum fanden sie einen eingemauerten Opfertisch sowie umlaufende Bänke, in zwei kleinen Nebenräumen eine runde Felsaushöhlung für Opfergaben. Die drei diesem Heiligtum vorgelagerten Räume mit viel dünneren Wänden gehören einer späteren Bauphase des Alten Palastes an, sind aber auch Bestandteil des Heiligtums, das ursprünglich in die Westfassade integriert war. Die hier vorbereiteten und/oder durchgeführten Kulthandlungen standen sicherlich in engster Beziehung zu den auf dem Westhof abgehaltenen Feiern. Der auf die **Treppenstufen (11)** – die nur zum Stehen geeignet sind! – zulaufende und dort weitergeführte gepflasterte Weg ist auf den Stufen leicht erhöht und endet erst direkt bei der nördlichen Stützwand. Vielleicht führte dieser ›Heilige Weg‹ auf einen Thron oder zu einem (tragbaren?) Heiligtum hin? Möglicherweise fanden auf diesem ›Theaterareal‹ – ähnlich wie in Knossós – auch die minoischen Stierspiele statt.

Ebenfalls zur Anlage des Alten Palastes gehört die schmale **Nord-Süd-Treppe (12)**, die irgendwie mit der ›Schautreppe‹ räumlich in Verbindung stand; sie führte zu dem oberen, nur teilweise gepflasterten

**Nordosthof (13)**; ein idealer Zuschauerort mit gutem Blick auf das Geschehen und mit herrlicher Aussicht in die atemberaubende Landschaft mit den Asterúsia-Bergen.

Die Grundmauern am südlichen Hofrand, unmittelbar vor der Stützwand, gehören zu **Wohnquartieren der griechischen Epoche.**

Alle weiteren Baureste des Alten Palastes, besonders die Nordostquartiere (Nr. 57, 58) und die vereinzelten Fragmente, die im Bereich des Neuen Palastes freigelegt wurden (Nr. 23, 24, 26–29, 49), werden bei dem weiteren Rundgang besprochen.

## Neuer Palast

14 **Westhof:** Dieser Hof des Neuen Palastes (Abb. 9) wurde so weit nach Osten verschoben, daß die Nord-Süd-Treppe (12) des Alten Palastes in das neue Architekturensemble mit einbezogen werden konnte. Über den etwa nur noch 1 m hohen Grundmauern des Alten Palastes und über dem zugeschütteten Westhof erhielt das neue Hofniveau keine Steinpflasterung, sondern nur einen Fußboden aus Stuck. Auch wurde keine neue ›Schautreppe‹ errichtet. Lediglich die oberen vier Stufen der alten Palastanlage, die über das neue Hofniveau im Bereich der nördlichen Stützwand herausschauten, bildeten gemeinsam mit den beiden anderen Treppen einen imponierenden architektonischen Freiraum, der einen fast bühnenartigen Hintergrund (mit dem Ida ganz im Norden) für die hier durchgeführten Feste schuf.

An der Ostseite der Nord-Süd-Treppe erkennt man, wie für die Fassade des Neuen Palastes der gewachsene Fels stufenartig als Fundament bearbeitet wurde. Der kleine Rücksprung in der Wand weiter oberhalb läßt eine Fensterkonstruktion erkennen.

Auch die Westfassade des Neuen Palastes erhielt zwei direkte Zugänge zum ›Palast‹. Dieser glanzvollste Teil minoischer Baukunst von Festós ist zugleich der erste Höhepunkt europäischer Architektur: die Westfassade ist klar durchdacht; repräsentativ, ohne Schnörkel, rhythmisch gegliedert, kräftig und verhalten zugleich; gern wüßten wir mehr über ihren Aufriß.

Die Bauplanung von Festós zeigt uns speziell an der Westfassade auch, daß der Neue Palast fast schablonenhaft über dem Alten Palast steht; dies bezieht sich aber nur auf die fast deckungsgleiche Lage des Zentralhofes und die zum Hof ausgerichteten Flügelbauten. Dagegen war der Architekt im Entwurf selbst völlig frei: das Raumprogramm mußte einen reibungslosen Funktionsablauf innerhalb des Palastes garantieren. Selbstverständlich hatte eine neue Generation in einem neuen Jahrhundert – auch bei noch so starkem, kultabhängigem Konservatismus – andere, ›fortschrittlichere‹ Raumbedürfnisse. Im Neuen Palast lagen im Vergleich zu den darunterliegenden Räumen des Alten Palastes verschiedentlich Räume mit anderer Funktion.

Eine gravierende Planänderung erkennt man an der Westfassade. Etwa in der Mitte springt die Fassade des Neuen Palastes fast 16 m zurück, um dann mit der Südwestecke wieder 12 m vorzuspringen (beim Alten Palast nur ca. 5 m). In der Nordwestecke des zurückspringenden Fassadenteils liegt eine Empfangshalle, von der wie in Mália ein **Lieferanten- bzw. Wareneingang (15)** zum Zentralhof führte. An der Hallenostseite, durch eine Mittelsäule gegliedert, folgte in Hallenbreite ein gepflasterter Korridor zum Zentralhof, der an seiner Südseite gleich einem ›Prozessionsweg‹ mit Gipssteinplatten ausgelegt ist. In diesem Bereich und unter der Südwand liegt der viel schmalere Korridor des Alten Palastes. Südlich schließen **zwei Raumgruppen (16)** mit je zwei hintereinanderliegenden Räumen an, die nur vom Westhof aus zugänglich waren. Die hier gemachten Funde lassen vermuten, daß diese Räume zu einem **Heiligtum** gehörten, das jenes des Alten Palastes in der Nordostecke des Westhofes (10) ersetzen sollte. Man entdeckte auf der steinernen Türschwelle des linken vorderen Raumes ein eingemeißeltes Sternsymbol, in dem Raum selbst fand man u. a. einen Miniaturaltar aus Stein und einen Steinlöffel; aus dem inneren Raum dahinter stammen drei schöne konische Opfergefäße. Die beiden rechten Räume sind der Fundort von Adorantenstatuetten, Fragmenten eines Kultidols (?) und von zwei schönen Amphoren; der rückwärtige Raum brachte Kochgeräte zutage.

Folgt man dem Westostkorridor von der Eingangshalle aus, so liegen links der **›Raum der Wäch-**

ter‹ (17) und rechts der **Nord-Süd-Korridor (18),** der zu einem Bereich führte, in dem zwei **Kultbassins (19)** mit kleinen Treppen freigelegt werden konnten. Noch bevor man den Zentralhof erreicht, folgt rechts der Ansatz einer Tür, die ehemals den Weg zu einer langen, sehr schmalen **Säulenhalle (20)** freigab. An ihrer Westseite liegen **zwei Räume (21, 22)** mit seitlichen Sitzbänken; der in Raum (21) gefundene Tisch deutet darauf hin, daß hier vielleicht Opfer dargebracht wurden. Noch weiter südlich öffnet sich ein Raum mit zwei Pfeilern, der möglicherweise wie in Knossós und Mália die Funktion einer **Pfeilerkrypta (23)** hatte. In diesem Bereich erkennt man auch noch Mauerfragmente des Alten Palastes. Die dünneren Wände weiter westlich und südlich gehören der griechischen Epoche an.

Wenden wir uns nun dem **Zentralhof (24)** zu: Der noch mit Original-Porosplatten des Alten Palastes ausgelegte Hof (43×23 m) zeigt mit seiner Mittelachse in Richtung Norden zum Ida-Gebirge und zur Kamáres-Grotte. Die Längsseiten waren nach Ansicht der italienischen Ausgräber von offenen Säulenveranden flankiert. Umstritten ist die Bebauung des Ostflügels. Eine genaue Bauanalyse ist nicht mehr möglich, da die gesamte Südostecke des Zentralhofes mit der evtl. vorhandenen Bebauung durch Erdverschiebungen abgerutscht ist. Von wesentlicher Bedeutung ist die Entdeckung der Säulenbasen an der Westseite aus der Zeit des Alten Palastes. Deutlich erkennt man an der Baulinie der nur noch in den Grundmauern erhaltenen Westfassade des Neuen Palastes, daß die Mittelachse für die neue Planung leicht nach Nordwesten korrigiert wurde, so daß sich in der Südwestecke ein Differenzbetrag zwischen den beiden Säulenstellungen von fast 4 m ergibt, der sich ganz im Norden bis auf knapp 1,5 m reduziert. Diese vom architektonischen Standpunkt aus nicht erforderliche Korrektur der Mittelachse hatte nach unserem Verständnis kultisch-religiöse Gründe; wie man bei christlichen und islamischen Gotteshäusern zuweilen die von der Liturgie geforderte Ausrichtung nach Osten bzw. nach Mekka bei Ungenauigkeiten korrigierte, scheint dies auch hier gewesen zu sein.

Kehren wir zum Westhof zurück, um uns dem großartigsten Teil der Westfassade[1] zuzuwenden: der **Propyläenanlage (25),** dem **Haupteingang** des Neuen Palastes. Hier wird deutlich, daß die minoischen Architekten nicht an die Funktionsbereiche des Alten Palastes gebunden waren. Wo einst das für den Westhof sehr wichtige Heiligtum (10) lag, wurde nun eine Freitreppe, nach Art, wie wir uns höfische Architektur vorstellen, gebaut. Diese großartige Architekturschöpfung erinnert an die Treppenanlage des Piano Nobile in Knossós und den Südpropylon (jedoch ohne die von Evans falsch rekonstruierte Treppe, s. S. 200f.); dort, ganz im labyrinthischen Gewirr versteckt, hatte sie längst nicht die Wirkung wie hier in Festós: im Zusammenspiel mit den beiden anderen Treppen und dem Ida als silhouettenhaftem Bühnenbild im Hintergrund, zeigt sich hier eine Architektur in der Landschaft von unvergleichlicher Harmonie. Das Südpropylon von Knossós entstand relativ spät, vielleicht erst in SM II, während das Westpropylon von Festós mit großer Wahrscheinlichkeit aus SM I stammt. Dennoch ist noch nicht eindeutig erwiesen, ob es tatsächlich der Ursprungsbau war und evtl. als Vorbild für die Errichtung der jüngeren Anlage gewirkt hat.

Von zwei risalitartigen Baukörpern flankiert, führt die etwa 13,60 m breite Treppe mit 12 Stufen zum oberen Podest hinauf. Eine kräftige Säule (unterer ∅ 1,30 m) zwischen zwei Anten stellte sich der Mittelachse entgegen und lenkte den Besucher nach links oder rechts. Der folgende querliegende Raum hat im Osten ebenfalls eine Doppeltür, durch einen Mittelpfeiler unterteilt. Erst in diesem zweiten querliegenden Raum beginnt die labyrinthartige Wegführung in den Palast: es folgt nicht ein großzügiger Durchgang zu den nördlichen Quartieren, sondern der Zugang durch das Propylon endet an dieser Stelle mit einem durch drei Säulen im Westen begrenzten **Lichthof (26).** In diesem Bereich ent-

1 Genaugenommen ist es die Fassade an der Ostseite des Westhofes, die allgemein als ›Westfassade‹ bezeichnet wird, aber nicht mit der Westfassade des Zentralhofes verwechselt werden darf.

deckten Halbherr und Pernier **Magazinräume des Alten Palastes,** in dem große Pithoi mit Kamáres-Dekor (MM II) erhalten waren. Auch der südlich anschließende **Raum (27)** enthält Baureste aus der Zeit des Alten Palastes, die wahrscheinlich zu einem Kultbassin gehörten. Zur Zeit des Neuen Palastes war hier wohl der Raum des Wächters.

Der nun labyrinthartige Weg geht im Norden des mittleren Raumes (26a) und in der Südostecke des Lichthofes (26b) weiter. Während die nördliche Tür zu einer Treppe und Räumen unbekannter Funktion führt, erschließt die südöstliche Tür geradezu als zentrale Schaltstelle die Magazine im Süden, den Zentralhof und die ›Privatquartiere‹ im Norden. Über eine Schachttreppe gelangt man links in einen weiten **Korridor (28),** der im Norden von einer Mittelsäule begrenzt wird. Die östliche Wand stammt von dem Alten Palast und grenzt im Neuen Palast die **Magazine (29)** ab. Weiter nördlich folgt ein elegantes **Peristyl (30).** Wahrscheinlich waren die vier Dächer des Säulenhofes pultdachförmig nach innen geneigt (wie später bei den römischen Peristylhäusern rund 1300 Jahre später!), um das Regenwasser im Innenhof zu sammeln, das durch einen Kanal von der Ostseite aus weitergeleitet wurde. Die Grundmauern im Bereich des Innenhofes gehören zu den wenigen **Funden aus der Vor-Palastzeit.** An der Nordseite schließt ein sechsteiliges Polythyron an, das zu einem großzügig geplanten Raum überleitet. In der Nordostecke beginnt die Schachttreppe, die zu den Privatgemächern (53–56) führt.

Kehren wir zurück zu dem Korridor (28) und folgen der Treppe in den westlichen Magazintrakt. Auf dem Niveau des Zentralhofes angelangt, erreichen wir eine ehemals elegante **Säulenhalle (31)** mit zwei Mittelsäulen auf der Ost-West-Achse und einem Wechsel von Stütze – Säule – Stütze an der Fassade zum Zentralhof hin. Ihr nördlicher Teil öffnet sich mit einer Doppeltür im Westen zu einem breiten **Gang (33),** der links und rechts Magazinräume erschließt. Gleich rechts von dem ersten **Raum (32)** hat man einen Blick in den Magazinraum des Alten Palastes unter dem Lichthof (26) des Neuen Palastes: hier sind noch in situ Pithoi erhalten, die teilweise einfache Polychromdekorationen des Kamáres-Stils zeigen. Im **Magazin (34)** fanden die Archäologen Linear-A-Tontäfelchen; hier stehen in situ drei Pithoi, in denen Olivenöl aufbewahrt wurde.

## Ostflügel

Vom Zentralhof aus sollen nun die wenigen Räume des Ostflügels besichtigt werden: Hinter der **Säulenveranda (35)** liegt eine zusammenhängende Raumgruppe, der ein anspruchsvoller Entwurf zugrundeliegt. An der Wand zum Zentralhof hin erkennt man eine schmale **Bank und ein (Wasser-?) Becken (36)** von unbekannter Funktion, die aber sicherlich in Beziehung zu den auf dem Hof durchgeführten Festen standen. Auch ist es ungewiß, wer in den anschließenden Räumen gelebt bzw. residiert hat. Über eine kleine Treppe gelangt man rechts auf das tieferliegende Niveau dieser **Raumgruppe (37),** die, wesentlich kleiner, an das Raumkonzept der »Halle der Doppeläxte« in Knossós erinnert: während ein dreiteiliges Polythyron den langgestreckten Nord-Süd-Raum in den **nördlichen Hauptraum (37a)** und den südlichen **Lichthof (37b)** unterteilt, öffnet sich ein weiteres Polythyron vom Hauptraum zum **östlichen Säulenhof (38),** von dem im Norden und Westen die aus dem Felsen gearbeiteten Säulenbasen erhalten sind. Weiter östlich des Hofes, im Bereich des gewachsenen Felsens, liegt ein Brunnen aus der Vor-Palastzeit. Von dem Lichthof (37b) gelangt man südlich in den **Raum (39),** den einige Forscher (z. B. J. W. Graham) als ›Gemach der Königin‹ bezeichnen. Hinter der ehemaligen Südtür führen einige Stufen in ein **Kultbassin (40)** hinunter (das Graham als ›Badezimmer‹ bezeichnet). Noch weiter südlich sind Mauerreste erhalten, die vornehmlich der griechischen Epoche angehören, wenige Fragmente sollen Gründungen aus mykenischer Zeit sein.

## Nordflügel

In der Nordostecke des Zentralhofes führen der **Korridor (41)** zum **Osthof (42)** und der **Korridor (43)** zu einer Raumgruppe, die teilweise aus Mauern des Alten und des Neuen Palastes errichtet war. Auf dem Osthof wurden wichtige Fragmente eines Ofens entdeckt: zwei hier gefundene Töpferscheiben lassen vermuten, daß in dem Ofen Keramik gebrannt wurde, Schlackenrückstände lassen aber auch an einen Schmelzofen für Bronze denken. Die additiv angeordneten Räume an der Westseite könnten demnach **Magazine (44)** für diese östlichen Werkstätten gewesen sein. Folgt man dem Korridor (43) bis zu seinem nördlichen Ende, so gelangt man zu zwei eigenartigen schmalen **querliegenden Räumen (45),** deren Nordwand noch aus der Zeit des Alten Palastes stammt. Die italienischen Archäologen vermuteten hier Kulthandlungen, andere Forscher sehen sie als profane Räume an. Östlich dieser Gebäude liegt ein fast **quadratischer Raum (46),** wohl für Wächter bestimmt, die den Zugang zu der nordöstlich anschließenden Treppe kontrollierten, über die man zu einem Gebäudekomplex (57, 58) gelangte, der aus der Zeit des Alten Palastes stammt, aber noch während der Bauzeit des Neuen Palastes bewohnt wurde.

Kehren wir nochmals zu dem Zentralhof zurück, um von hier aus den zentralen Teil des Nordflügels zu besichtigen: Die bis zu knapp 2 m hohen Grundmauern der **Nordfassade**[1] **(47)** erlauben eine einigermaßen gesicherte Rekonstruktion des Aufrisses, der verblüffende Ähnlichkeiten mit der viel späteren Fassade des Grabportals des sog. Schatzhauses des Atreus in Mykene (um 1350–25 v. Chr.) zeigt.

*Festós, ›Gemach der Königin‹. Nach E. Stefani*

Ein prunkvolles Portal, flankiert von zwei Halbsäulen und zwei Nischen für Wächter (oder Kultobjekte, z. B. aufgestellte Doppeläxte), bildete den Rahmen für diese höfische Architektur. Ganz links in der Ecke erkennt man einen steinernen *Stufenaltar,* der in irgendeiner Beziehung zu den Festen des Zentralhofes und zu der Bank mit dem (Wasser-?) Becken (36) gestanden haben mag. Die Archäologen fanden im Bereich des Stufenaltars vorwiegend Kultgegenstände der mykenischen Epoche. Die Pithoi rechts daneben sollen der ›Periode der Wiedereinnahme‹ (SM III b) angehören.

Eine zweiflügelige Tür verschloß einst den Haupteingang zu den nördlichen Wohnquartieren. Der anschließende **Korridor (48)** erschloß auch das Obergeschoß der Privatquartiere. Gleich links, rechts von einer ähnlichen Nische, wie wir sie in der Nordfassade sahen, führt eine Treppe zum Korridor (28) und weiter zum Peristyl (30). Der Korridor (48) endet im Norden auf einem **Lichthof (49),** der im Norden und Süden von Wänden des Alten Palastes begrenzt wird und auf dem noch eine Hofpflasterung des ersten Palastes erhalten ist. Der Brunnen an der Südseite stammt aus hellenistischer Zeit. Auch die **Raumgruppe (50)** besteht zum Teil aus Wänden des Alten Palastes; vielleicht lag hier ein Peristyl. Sp. Marinatos meint, zur Zeit des Neuen Palastes seien hier ›Frauengemächer‹ untergebracht gewesen. In der Südostecke führt eine Tür zu einem **Raum (51),** der auch in die Zeit des Alten Palastes datiert wird.

Schließlich gelangen wir über den **Korridor (52)** zu den Repräsentationsräumen von Festós, nach allgemeiner Ansicht die Privatwohnung der ›Priesterkönigin‹ (?) bzw. des Herrschers, von der aus die politisch-sakrale Verwaltung des Wirtschaftszentrums Festós gelenkt wurde. Diese Räume waren offiziell nur vom Peristyl (30) aus zugänglich, da sie jedoch heute umzäunt sind, sollen sie hier vom Korridor (52) aus besichtigt werden; der einzige Gebäudetrakt, den die italienischen Archäologen wieder aufgebaut haben.

1 Die Nordfassade des Zentralhofes ist zugleich die Südfassade der nördlichen Wohnquartiere.

Besonders interessant ist das **›Gemach der Königin‹ (53),** bei dem vier Säulen in Art eines ›toskanischen Atriums‹ einen Lichthof begrenzen. An der Nordseite des westlichen Raumteiles, in dem an der West- und Südwand eine Eckbank aus Gipssteinplatten erhalten ist, führt eine Doppeltür zu einer Schachttreppe, über die man links ins Peristyl (30) gelangt und rechts zum **›Gemach des Königs‹ (54)** hinuntersteigen kann. Auch dieses entspricht in seiner Konzeption, wie der Raum (37), der ›Halle der Doppeläxte‹ von Knossós. In Ost-West-Richtung, im Rhythmus von 1:2 unterteilt, liegt im Westen ein fast quadratischer Raum, der im Norden und Osten von je einem vierteiligen Polythyron begrenzt wird; nach Osten schließt ein schmalerer Raum mit zwei Säulen, die zu einem Lichthof überleiten, an, nach Norden mit einem zweiteiligen Polythyron ausgebildet. Die gesamte Nordseite nimmt eine offene Veranda mit drei Säulen ein, von der man einen weiten Blick in die Landschaft bis zum Ida-Gebirge genießt. Weiter westlich folgt ein Raum mit Stufen, die zu einem **Kultbassin (55)** (oder in ein Bad?) hinunterführen, das mit einem weiteren **Nebenraum (56)** verbunden ist. Fast alle Gipssteinplatten im Bereich des Wiederaufbaus sind neu und wurden von den Italienern in den Steinbrüchen bei Ajía Triádha gewonnen.

Die östlich anschließende Raumgruppe gehört zur Epoche des Alten Palastes. Die kammerähnlichen Abmauerungen des **Gebäudes (57)** erinnern an den Fundort des ›Tempelschatzes‹ im Zentralheiligtum von Knossós und an die ›Schatzkammern‹ von Zákros; wahrscheinlich waren auch hier kostbare Kultobjekte untergebracht. Südöstlich davon fand man den weltberühmten ›Diskus von Festós‹ (MM III; AMI, VI, 41; Abb. 35) zusammen mit MM III-Keramik. Pernier berichtet, daß der ›Diskus‹ aus einem Zimmer des Obergeschosses heruntergefallen sei; ferner entdeckten die Italiener in derselben Fundschicht Keramik aus der Epoche der Neuen Palastzeit, verbrannte Tierknochen und ein Tontäfelchen mit Linear-A-Schriftzeichen; die Räume des Alten Palastes waren also während des Neubaus bewohnt. Der östliche Raum (57a) gehört zu einem großen dreiteiligen Gebäude aus MM III b und hatte nichts mit dem Palast zu tun. Auch in diesem Raum wurden Kultobjekte freigelegt (z. B. ein Rhyton in Form eines Stieres).

Das **Peristyl (58)** dürfte der großartigste Raum innerhalb des nordöstlichen Quartiers gewesen sein. Auf dem teilweise noch erhaltenen Plattenbelag des Alten Palastes sind Steinbasen von vier Säulen und drei Pfeilern zu sehen. Die nach Südwesten ausgerichtete Treppe führt zum Raum des Wächters (46) und weiter zum östlichen Hof (42) mit den Keramikwerkstätten hinauf. Die östlich an das Peristyls anschließenden Räume gehören zu den Ateliers der Töpfer.

# Ajía Triádha

Ajía Triádha (Farbabb. 44), dessen minoischer Name nicht überliefert ist, wird allgemein als ›Villa‹ bezeichnet. Es handelt sich jedoch um einen repräsentativen Verwaltungs- oder Herrensitz mit einer umgebenden Siedlung von städtischem Charakter. In Ajía Triádha fand man Fresken sowie kostbare Schöpfungen der minoischen Steinschneidekunst, die zu den bedeutendsten Beispielen zählen, die wir überhaupt aus dem bronzezeitlichen Kreta kennen, und das umfangreichste Archiv mit Linear-A-Schrifttäfelchen. Nach A. Furumark gibt es (Stand 1960) insgesamt 273 ›Texte‹ mit Linear A; allein 205 Exponate davon stammen aus Ajía Triádha, während man in Knossós nur 20 und in Festós nur 14 Linear-A-Schriftdenkmäler entdeckte; hinzu kommen 25 Inschriften auf Gefäßen, die N. Platon 1963 in Zákros gefunden hat, und verschiedene Einzelfunde, wie etwa jene in Kydonía/Chanía (s. S. 139).

Die ›Schnittervase‹, der ›Prinzenbecher‹ und das ›Boxerrhyton‹ (AMI, VII, 94, 95, 96) sind formschöne Chlorit-Gefäße (früher fälschlich als Steatit bezeichnet) mit szenischen Reliefdarstellungen, die ehemals wahrscheinlich sogar vergoldet waren und die neben dem Rhyton aus Zákros ganz einzigartig sind. In Knossós und neuerdings auch in Archánes fand man dagegen bisher nur einzelne Fragmente von solchen Gefäßen. Wo diese Kostbarkeiten hergestellt wurden, ist unbekannt; ob in den Steinschneide-Werkstätten von Knossós, wie es von einigen Forschern neuerdings vorgeschlagen wird, kann bislang noch nicht zweifelsfrei bewiesen werden. Der größte prähistorische Bronzeschatz Griechenlands, bestehend aus 19 Bronzebarren zu je 29 kg, die wunderbaren Wandmalereien des 16. Jh. (z. B. ›Kniende Frau‹, ›Frau im Heiligtum‹, ›Wildkatzenfresko‹, ›Prozessionsfresko‹, ›Tieropferfresko‹ sowie der Fußboden mit der Meerlandschaft) und der ›Sarkophag von Ajía Triádha‹ aus der Zeit um 1400 v. Chr. (Farbabb. 37), der beweist, daß noch zu Beginn der mykenischen Herrschaft zumindest dieser Verstorbene nach minoischer Tradition beigesetzt worden ist – dies alles sind Belege dafür, daß in Ajía Triádha mehrere Generationen lang führende Würdenträger der politisch-sakralen Verwaltung gelebt bzw. residiert haben. Von einer ›königlichen Villa‹ oder ›Sommerresidenz‹ des nur 3 km östlich liegenden Festós kann mit Sicherheit jedoch nicht die Rede sein.

Das Gebiet von Ajía Triádha ist mindestens seit der Epoche FM I/II besiedelt. Aus dieser Zeit stammen zwei *Tholosgräber*, die östlich des Grabungsgeländes 1903/04, ganz in der Nähe, wo man ein Jahr zuvor das einfache Schachtgrab mit dem etwa 1000 Jahre jüngeren ›Sarkophag von Ajía Triádha‹ fand, freigelegt wurden. Allein dieser kleine Grabungssektor an der Peripherie der italienischen Grabung dokumentiert eindrucksvoll eine intensive Siedlungskontinuität während der Bronzezeit für Ajía Triádha. Auch zur Zeit der Alten Paläste muß hier eine blühende Siedlung existiert haben. Die heute als ›Villa‹ bezeichnete Anlage stammt aus der Epoche der Neuen Paläste und entstand nach Ansicht der italienischen Ausgräber kurz nach Errichtung des ›Palastes‹ von Festós.

1 Das Ida-Gebirge mit dem höchsten Gipfel der Insel Kreta, dem Psiloritis (2456 m), von der Südküste aus gesehen ▷

2 Das venezianische Kastell Fortezza in Réthimnon; im Hintergrund die Weißen Berge/Sfakiá ▷▷

4 Der venezianische Hafen von Chaniá

3 Die Samariá-Schlucht in Westkreta; an dieser engsten Stelle ragen die Felswände bis zu 500 m steil in die Höhe

5 Der minoische Herrensitz mit Siedlung von Pýrgos östlich von Mýrtos/Ierápetra

6 Minoische Siedlung südlich von Apodhúlu/Amári und Blick auf das Ida-Gebirge

7 Chaniá

8 Dorfbrunnen in Spilé/Ajios Wassílios

9 Ajios Nikólaos außerhalb von Kyriakosélia/Apokóronas

10 Ajios Nikólaos-Kirchlein in Moni/Sélino

11 Erzengel Michael-Kirche in Arádhena/Sfakiá an der Südküste; im Hintergrund die ›Weißen Berge‹

12 Innenhof des Klosters Toplú/Sitiá (alter Zustand)

13

14

15

16

17

16–19 Vier Details aus der Ikone des Ajios Antónios (1741) aus dem Frauenkloster Sawathiánon/Malewísi

◁ 13 Erzengel Michael-Kirche in Wathí/Kíssamos: ›Die Taufe Christi im Jordan‹ (1. H. 14. Jh.)

◁ 14 Panajía-Kapelle in Anisaráki/Sélino: ›Das Jüngste Gericht‹ (Ende 14. Jh.)

◁ 15 Panajía Kerá-Kirche außerhalb von Kritsá/Merambéllo: Franziskus von Assisi mit der Beischrift ›Franzesko‹ als Beschützer der Armen (13. Jh.)

20 Ajía Fotiní aus der gleichnamigen Kapelle nahe dem Kloster Préweli/Aijos Wassílios (Ende 14./Anfang 15. Jh.) ▷

21 Ikonenmuseum, Iráklion: ›Das letzte Abendmahl‹, Ikone von Michael Damaskenos (16. Jh.) ▷

20

21

22 Kretische Schwertlilie
(Iris cretica)

23 Kretische Ragwurz
(Ophrys doerfleri/cretica)

24 Kretisches Knabenkraut
(Orchis boryi)

25 Kretische Osterluzei (Aristolochia cretica)

26 Weiße Kronen-Anemone (Anemone coronarium f. alba)

27 Gemeine Drachenwurz
(Dracunculus vulgaris)

28 Kretische Zistrose
(Cistus incanus ssp. creticus)

29 Kretischer Ebenus
(Ebenus creticus)

30 Oleander (Nerium oleander)

31 Kronen-Anemone (Anemone coronarium)

32 Kretische Ruten-Glockenblume
(Petromarula pinnata)

33 Armblütiges Knabenkraut (Orchis pauciflora)

◁ 34 Amári-Tal bei Jénna mit Blick zu den westlichen Ausläufern des Ida-Gebirges

37 Archäologisches Museum, Iráklion: Kalkstein-Sarkophag von Ajía Triádha (um 1400 v. Chr.)

35 Knossós: Haupttreppenhaus des Ostflügels

36 Knossós: Das Gemach der ›Königin‹

38 Apollon Pythios-Tempel (3./2. Jh. v. Chr.) in Górtys/Kainuríu

39 Ikonenmuseum, Iráklion: ›Anbetung der Könige‹, Ikone (Tafelbild) von Michael Damaskenos (16. Jh.)

40 Ikonenmuseum, Iráklion: ›Christus erscheint Maria Magdalena‹ (Noli me tangere; oben) und ›Wunder des Heiligen Phanurius‹ (unten), Ikone aus dem Kloster Odhijítria (15. Jh.)

41 Ajios Jeórjios-Kirche in Apáno Sými/Ierápetra: ›Darbringung im Tempel‹ und ›Kreuzigung Christi‹, Wandmalerei von Manuel Phokas (1453)

42 Östliche Ausläufer des Ida-Gebirges mit den schneebedeckten Gipfeln Skaroneró (1917 m) und Mawrı (1981 m); links unten die Klosterkirche Ajios Fanúrios des verlassenen Klosters Walsamónero/Kainúriu

43 Asklepios-Heiligtum (3. Jh. v. Chr.) in Lissós/Sélino an der Südküste

44 Minoische Palastanlage von Ajía Triádha/Pirjiótissa; im Hintergrund erkennt man das Libysche Meer

45 Frauen bei der Drescharbeit

Nach der gleichzeitigen Zerstörung (durch eine Brandkatastrophe) von Festós und Ajía Triádha sowie all der anderen minoischen Zentren der Insel (Ende SM III a1) erlebte die Siedlung von Ajía Triádha eine wichtige Nachblüte, für die der bemalte Kalksteinsarkophag ein wertvolles Zeugnis abgibt.

Für die griechische Epoche konnte über den minoischen Bauten ein (von den Archäologen später abgetragener) kleiner Tempel nachgewiesen werden, der, wie hier gefundene Dachziegel mit Ziegelstempeln belegen, *Zeus Velchanos* geweiht war. Dieser Gott ist auch auf einer Münze von Festós dargestellt, die auf einer Seite Zeus mit einem Hahn auf dem Schoß in einem Baum sitzend zeigt und dessen Beinamen ›Velchanos‹ trägt. Diese Szene erinnert an den kretischen Urmythos, nach dem Zeus mit Europa unter einer immergrünen Platane bei Górtys Minos, Rhadamanthys und Sarpedon zeugte. Daß in Ajía Triádha zur griechischen Zeit ein Tempel für eine vorgriechische (minoische) Gottheit errichtet wurde, unterstreicht die Bedeutung dieser Stätte, die fast zwei Jahrtausende die Kulturentwicklung in der Messará mitbestimmt hat.

## Rundgang

(Öffnungszeiten, s. ›Wissenswertes von A–Z‹)

Auch die Erforschung von Ajía Triádha begann Anfang des 20. Jh., 1902, und wurde von *Frederico Halbherr* und seinen beiden italienischen Mitarbeitern *Roberto Paribeni* und *Luigi Savignoni* durchgeführt, die von dem Architekten *Enrico Stefani* unterstützt wurden.

Die Anlage von Ajía Triádha ist hinsichtlich ihres Gesamtkonzeptes untypisch: es gibt keine nordsüdlich ausgerichtete Palastanlage mit Zentralhof inmitten einer sie umgebenden Stadt, sondern eine L-förmige Baugruppe für die Würdenträger der politisch-sakralen Verwaltung mit nordöstlich anschließender Wohnstadt. Nach Süden, begrenzt vom Nord- und Westflügel der palastähnlichen Raumgruppen, breitet sich der gepflasterte Südhof aus, von dem aus zu minoischer Zeit über den Höhenrücken nach Osten hinweg eine Straße nach 3 km Festós erreichte.

Vom Parkplatz und von der schattigen Terrasse des Wächterhäuschens aus hat man einen weiten Blick in die dramatische und zugleich liebliche Landschaft bis hin zur Südwestküste der Messará. Hier ahnt man etwas von der Anziehungskraft, die diese Landschaft auf ihre ersten Bewohner ausübte.

Südlich des Wächterhauses liegt ein Grabungsbereich, zu dem zwei **spätminoische Heiligtümer (1),** in denen Freskenfragmente gefunden wurden, und ein **Wohntrakt (2)** für die Bediensteten gehörten. Der gepflasterte **Südhof (3)** war nach Ansicht der italienischen Ausgräber, die den Platz ›piazzale dei sacelli‹ nannten, das Zentrum der in Ajía Triádha durchgeführten Kultfeiern. Neben mehreren Statuetten fand man hier ein interessantes Schiffsmodell (AMI, VII, 102) und in der **Südwestecke (4)** die Fragmente des ›Boxerrhytons‹ aus Chlorit (AMI, VII, 96); die Stufen an der Westseite erinnern an die Freitreppen des ›Theaterbezirkes‹ in Festós und Knossós. An der Ostseite gegenüber fand man pyramidenförmige Steinbasen für die ehemals hier aufgestellten heiligen Doppeläxte.

Während in der Nordostecke eine elegante **Schachttreppe (5)** zum ›Marktplatz‹ (19, 20) und zur Wohnstadt hinunterführt, gelangt man über eine **Ost-West-Treppe (6)** zu einem **Wohntrakt (7),** der aus einer Raumgruppe mit drei Polythyron-Wänden besteht. Links (an der Westseite) erkennt man moderne Pfeiler zur Stützung der Grundmauern des mykenischen **Megarons (8),** die zusammen mit den Regenrinnen des Bauwerkes in situ erhalten sind. Das Megaron stammt aus dem Ende der Epoche SM III und war wohl einer der ersten, rein mykenischen Fürstenbauten der Festlandgriechen auf Kreta.

Die heute sichtbaren Grundmauern westlich der imponierenden steinernen *Wasserleitungen,* die das auf dem Südhof gesammelte Regenwasser in eine *Zisterne* leiteten, gehören zu **Magazinräumen (9),** in denen in zwei Reihen übereinander Pithoi in situ erhalten sind. In einem dieser Magazine wurde die prachtvolle ›*Schnittervase*‹ (AMI, VII, 94) gefunden. Über die Treppe (5) gelangt man zur ›**rampa dal**

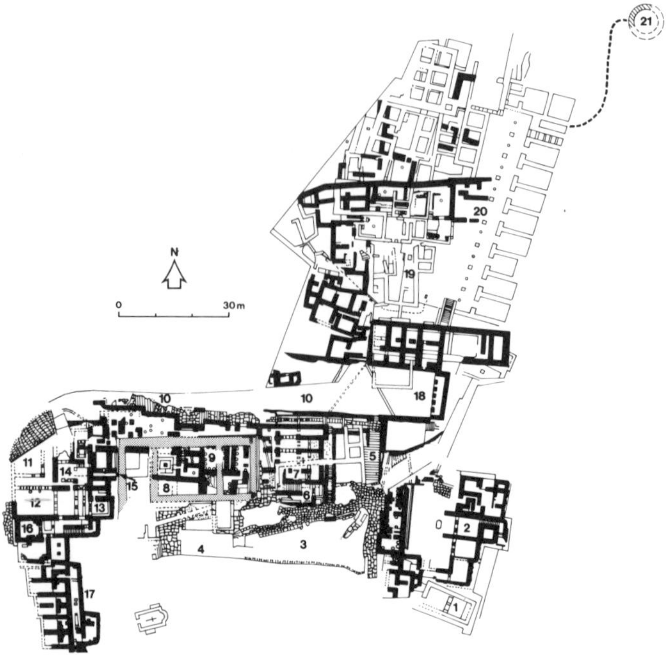


*Ajía Triádha.*
*Nach L. Banti*

**mare‹ (10),** wie die italienischen Archäologen diese in der minoischen Epoche zum Meer hinführende gepflasterte Straße nannten. Folgt man ihr, so gelangt man am Ende des Grabungsareals zu einer **Terrasse (11),** die an der Süd- und Ostseite von einer Veranda abgeschlossen wurde. An dieser Stelle von Ajía Triádha begreift man, wie geschickt die minoischen Architekten die Landschaft in ihre Bauplanung einbezogen. Vielleicht ist hier auch ein Grund dafür zu suchen, warum Ajía Triádha so atypisch geplant und gebaut wurde. An diesem sanft abfallenden Hang, wo der Nordwestwind an den heißen Sommertagen die erste angenehme Kühlung bringt, liegen die Privatgemächer; hier wurde nicht einfach ein Peristyl gebaut, sondern eine nach Nordwesten geöffnete Terrasse, die dem kühlen Wind Einlaß in die Wohngemächer gewährte. Und dann die Aussicht auf die Küste, der Blick zum Ida-Gebirge!

An der Südseite der Terrasse erkennt man die T-förmigen Profile eines sechsteiligen Polythyrons, das zu den Repräsentationsräumen übergeleitet hat. Wie in den prunkvollen Räumen in Knossós und Festós auch hier höfische Architektur: die etwa 6 × 9 m große **Halle (12)** wird additiv nach Osten verlängert und bietet mit der rhythmischen Abfolge der Räume (die an den Grundmauern noch ablesbar ist) eine Steigerung des Raumerlebnisses. Ein vierteiliges Polythyron soll ehemals zu einem doppelten Lichthof mit je zwei Säulen übergeleitet haben; wir meinen jedoch, daß sich auch hier aufgrund der vier freistehenden Säulen die Rekonstruktion eines ›toskanischen Atriums‹ besser begründen läßt, ähnlich wie wir es bereits beim ›Gemach der Königin‹ in Festós kennengelernt haben (s. Fig. S. 222). Ganz im Osten liegt, aus der Mittelachse nach Süden verrückt, der kühlste **Privatraum (13),** der an drei Seiten von einer Gipssteinbank umgeben ist. Eine kleine Kammer an seiner Nordseite bezeichnet man als *›Schlafgemach‹*. Wie in den ›Frauengemächern‹ in Knossós und in Akrotíri auf

Santorin soll auch hier auf dem niedrigen stufenartigen Podest eine hölzerne Liege gestanden haben.

Westlich des Atriums erkennt man in der nördlichen Grundmauer einen Türdurchgang, der zum Raum mit den prunkvollsten Funden von Ajía Triádha führte. Der **Raum (14)** wird aufgrund der hier gemachten Funde *Arbeitszimmer* mit angrenzendem *Archivraum* genannt. Das ›Archiv‹ war Fundort zahlreicher Linear-A-Tontäfelchen und einiger Tonziegel; auch entdeckte man hier kistenartige Alabasterbehälter, die wohl der Aufbewahrung von Schätzen oder auf vergänglichem Schreibmaterial geschriebenen Texten dienten. Der angrenzende östliche Raum war mit prunkvollen Fresken ausgeschmückt. Hier fand man u. a. die Fragmente der ›Frau im Heiligtum‹ und die des ›Wildkatzenfreskos‹ (beide AMI, XIV). Hinter der Ostwand dieser Raumgruppe liegt ein sehr enges **Magazin (15),** in dem die 19 Bronzebarren zu je 29 kg gelagert waren; ein kostbarer Schatz von fast unermeßlichem Wert. Diese Barren (griech. ›*Talente*‹ = Waagschale, Waage) waren das offizielle Tausch- und Zahlungsmittel der Minoer, auch im internationalen Handelsverkehr. Die in ägyptischen Gräbern dargestellten Minoer tragen genau solche Talente auf ihren Schultern. Die Funde von Ajía Triádha tragen ›Kontrollzeichen‹ in minoischer und zyprischer Schrift. ›Talente‹ als Tausch- und Zahlungsmittel gab es in allen bronzezeitlichen Kulturen der Ägäis; unterschiedlich waren nur die Form und das geeichte Gewicht.

An der Südseite dieser Repräsentationsräume folgen Wohn- und Magazinräume. Östlich der Treppe liegt ein Lichthof mit einem anschließenden **Magazin (16),** in dem Pithoi gelagert waren. Im **Korridor (17)** entdeckten die italienischen Archäologen den wertvollen ›*Prinzenbecher*‹ (AMI, VII, 95); zur Ostseite hin öffnen sich hintereinandergereihte ›Schlafgemächer‹.

Auf der ›rampa dal mare‹ (10) kehren wir nochmals nach Osten zurück und erreichen eine **Pfeilerhalle (18),** die sich mit ihrem davorliegenden Freiraum gut als Versammlungsort geeignet haben mag. Von hier aus gelangt man in Richtung Norden zur **Wohnstadt (19),** von der Grundmauern sowohl aus der minoischen als auch aus der mykenischen Epoche (SM I/II und SM III) erhalten sind. Eine Treppe führt zur **Agorá (20),** zum Marktplatz von Ajía Triádha aus der Nach-Palastzeit. Die stoaähnliche Halle, deren Westseite einen Wechsel von Stützen und Pfeilern zeigt, stammt aus der Periode SM IIIb.

Ein kleiner Abstecher durch das Tor an der Nordostecke des Grabungsareals führt uns zur minoischen **Nekropole (21),** von der zwei *Tholosgräber* und das *Schachtgrab* mit dem hier gefundenen ›Sarkophag von Ajía Triádha‹ bereits 1902–04 freigelegt wurden. Schon dieser kleine Grabungssektor erzählt eindrucksvoll von einer mehr als 4000jährigen Siedlungskontinuität: Während die beiden Tholosgräber aus der Zeit FM II stammen, gehört das oberhalb des kleineren Rundgrabes entdeckte Schachtgrab in die Epoche SM II.

## Ajios Jeórjios-Kapelle

(Den Schlüssel erhalten Sie vom Wächter der minoischen Ausgrabung)

*Datierung der Fresken: 1302/03*

Die byzantinische Kapelle erinnert an jene Ortschaft Ajía Triádha, die der minoischen Ausgrabung ihren Namen gegeben hat; sie beweist aber auch, daß dieser Ort vom Neolithikum bis in unser 19./20. Jh. bewohnt war. In der Bevölkerungsstatistik R. Pashleys von 1836 wird Ajía Triádha (›Hl. Dreifaltigkeit‹) mit »6 christlichen Familien« aufgeführt.

In der kleinen Einraumkapelle sind wenige, aber gut restaurierte Fresken erhalten. Die Malereien ähneln stark jenen in der nahegelegenen Ajios Jeórjios-Kirche in Worí und zeigen bemerkenswerte Unterschiede zu der komnenischen Kunst der manieristischen Stilstufe vom Ende des 12. Jh., wie wir sie in der für ganz Kreta so bedeutungsvollen Ajios Páwlos-Kirche in Ajios Ioánnis, unterhalb von Festós, sehen (s. S. 270). Hier in dieser Kirche wird die Ablösung des komnenischen Stils deutlich, hier zeigt sich das Vordringen des paläologischen Stils auf Kreta, der durch lebendige Kompositionen mit plastischer Gesichtsmodellierung und anmutigen Haltungen, aber auch durch monumentale Darstellungen charakterisiert ist.

# Mália

Die Anlage von Mália ist nach Knossós der zweitgrößte minoische ›Palast‹, den wir kennen. Sein heutiger Name leitet sich von *›omalós, -lá‹* (griech. = eben, flach) her; ein Ortsname, der in Griechenland häufig ist (z. B. Omalós-Hochebene auf Westkreta). Der minoische Name ist unbekannt. Setzt man voraus, daß die Ortsnamenlisten aus dem Totentempel Amenophis' III. in Theben-West (s. S. 23) älter sind als der in diesem Tempel beigesetzte Pharao und aus der Zeit vor der endgültigen Zerstörung von Mália (Ende SM III a1) stammen, dann könnte, nach W. Helck[1], diese minoische Siedlung das immer noch nicht lokalisierte antike ›Lyktos‹ sein, das in den Ortsnamenlisten Helck zufolge den ägyptischen Namen ›Ri-ka-tá‹ trägt.

Aus der Epoche der Alten Paläste (MM II) wurden bisher nur der Nordflügel des Palastes und das Stadtquartier Mu ausgegraben. Die Funde im Palastbereich beweisen, daß die Ausgestaltung der Innenräume durchaus mit der luxuriösen Architektur von Knossós vergleichbar ist. Doch die ersten Ausgräber haben vieles übersehen, so z. B. wertvolle Freskenfragmente. Fresken schmückten auch den Palast von Mália. Allerdings vernichtete die rote Erde Málias, im Gegensatz zum knossischen Lehm, nahezu alle Farben. Auch konnten neue Grabungen beweisen, daß es in Mália sehr wohl eine eigene Keramikherstellung gab und die hier gemachten Funde keine Importe aus Knossós und Festós waren, wie einige Forscher bisher annahmen. Im Stadtquartier Mu entdeckte man große Mengen von Kamáres-Keramik, die als typisch maliotisch bezeichnet werden kann.

Im Neuen Palast existieren zahlreiche Werkstätten und Magazine, daneben etliche Heiligtümer, aber nur wenige Privat- und Repräsentationsräume. Die gesamte Architektur Málias zeichnet sich durch die minoischen Hauptelemente aus: Achsenbrechung bei Wegführung, Lichthöfe und Polithyronanlagen.

Ein Besuch von Mália ist lohnend, da diese Ausgrabungen, wie keine anderen auf der Insel, den ›Palast‹ so deutlich inmitten der sie umgebenden Wohnstadt zeigen. Und: Mália muß eine bedeutende *unbefestigte* Hafenstadt gewesen sein. An der Nordküste konnten zwei minoische Häfen nachgewiesen werden: einer bei Ajía Warwára, der andere an der ›Badebucht‹. Dies entspricht der Anlage von Knossós mit seinen beiden Häfen von Iráklion und Amnisós[2]. Das Fehlen jeglicher Befestigung demonstriert die Stärke der minoischen Flotte, die einst wohl die gesamte Ägäis beherrscht und kontrolliert hat. Mália ist keine Liebe auf den ersten Blick: ›Palast‹ und Wohnstadt wird man erst nach umfangreichen Besichtigungen schätzen: durch Unterscheiden von Fremdem und uns Vertrautem lernt man gerade hier die minoische Architektur besser verstehen.

Eine Wanderung durch das flache, fruchtbare Ackerland, das heute über der mehr als 1 km² großen minoischen Stadt liegt, gewährt viele Einblicke in die Bronzezeit des 2. vorchristlichen Jahrtausends und zeigt uns vor allem detaillierte Beispiele des Städtebaus der ersten Europäer.

1 Wolfgang Helck: *Die Beziehungen Ägyptens und Vorderasiens zur Ägäis bis ins 7. Jh. v. Chr.*, Darmstadt 1979, S. 32 und S. 266

2 Vgl. hierzu Veit Stürmer: *BCH*, Suppl. 1989

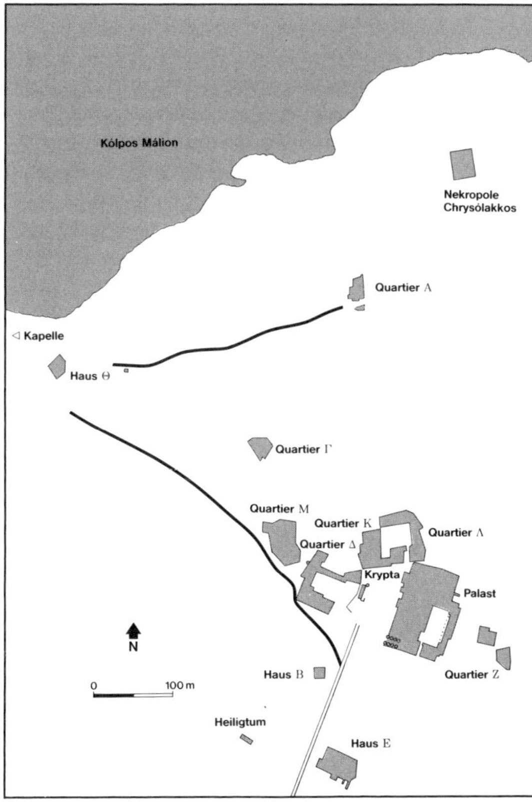


*Mália und seine Umgebung*

Mália bestand während der Epoche der Neuen Paläste aus dem ›Palast‹, der Wohnstadt mit politischem Zentrum, der direkt an der Küste angelegten Nekropole, dem Hafengebiet gegenüber der kleinen Insel Ajía Warwára, auf der ebenfalls einfache Bestattungen entdeckt wurden, sowie dem Hafen bei der ›Badebucht‹. All diese Teilbereiche von Mália zeigen auch Siedlungsspuren des Alten Palastes. Der Marktplatz (›Agorá‹) gehört der Älteren Palastzeit an und wurde zur Zeit des Neuen Palastes nicht benutzt.

Die meisten der wenigen ›Schätze‹ von Mália stammen von der Nekropole, in der bereits zur Jahrhundertwende die dortigen Bauern Goldfunde gemacht haben; daher der neuzeitliche Name der Nekropole: *Chrysólakkos* (griech. = Goldgrube). Man nimmt aufgrund stilistischer Verwandtschaft an, daß auch der durch den Kunsthandel ins Britische Museum gelangte ›Ägina-Goldfund‹ von der Nekropole Chrysólakkos stammt. Den berühmtesten Fund machten hier 1930 französische Archäologen: den Anhänger mit den ›Bienen von Mália‹ (AMI, VII, 101; MM I a).

Der kretische Arzt und Archäologe *Joseph Hazzidakis,* Leiter der Altertümerverwaltung der Insel Kreta, begann im Mai 1915 mit der Erforschung von Mália. Später überließ er dem ›Französischen Archäologischen Institut Athen‹ die Rechte für die Ausgrabungen von Mália, die bis heute von den französischen Archäologen vorbildlich weitergeführt werden. Die ersten Arbeiten erfolgten 1920/21 unter der Leitung von Ch. Picard und L. Renaudin in der Nekropole Chrysólakkos. Ab 1922 folgte unter der Leitung von J. Charbonneaux und F. Chapouthier die Freilegung des ›Palastes‹; in späteren Jahren waren in Mália erfolgreich: P. Demargne (ab 1927), H. van Effenterre (ab 1936), H. Gallet de Santerre (ab 1946), O. Pelon (ab 1963), J. Cl. Poursat (ab 1964). 1966 errichteten die Franzosen, ähnlich wie A. Evans in Knossós, ein Stratigraphisches Museum, das jedoch nur Fachgelehrten zugänglich ist.[1]

## Rundgang

(Öffnungszeiten, s. ›Wissenswertes von A–Z‹)

### Nordflügel

Auch für Mália (wie bereits für Knossós) konnte nachgewiesen werden, daß sich der minoische Haupteingang zum Palast im Norden befand. Von den nördlichen Stadtquartieren kommend, überquerte man den gepflasterten **Nordhof (1),** um zum **Nordeingang (2)** zu gelangen. Von hier betritt man den nördlichen **Innenhof (3),** der rechts (im Westen) von **Werkstätten (4)** flankiert wird, in denen man u. a. eine Weinpresse fand, und wo ein reliefartig mit Spiralmotiven dekorierter Pithos steht. An der Nord- und Ostseite schließen **Magazine (5)** an. An der Südseite des Nordhofes **(Innenhof, 1)** führt ein enger gepflasterter Korridor zum Zentralhof (30). Vor Erreichen des Korridors erkennt man Grundmauern, die schiefwinklig zu den Wänden des ›Palastes‹ errichtet sind. Der Grundriß zeigt einen kleinen **Raum (6)** mit vorspringenden Anten, der wahrscheinlich von den Mykenern als Heiligtum genutzt wurde und aus der Epoche der Nach-Palastzeit stammt, also der ›Periode der Wiedereinnahme‹, von der in Mália nur wenige Baureste gefunden wurden. Hinter diesem megaronartigen Bau erkennt man östlich Stufen einer **Treppe (7),** die ins Obergeschoß zu den Magazinen und Werkstätten des Nordhofes führten. Südwestlich des Nordhofes liegt der **›Hof mit dem Festungsturm‹ (8);** ›Cour du Donjon‹ nannten die französischen Archäologen das **turmartige Gebäude (9)** in der Nordwestecke des Hofes, der nur von der Nordseite aus zugänglich war.

Westlich befinden sich die ›königlichen Privatgemächer‹. Man erreicht sie vom ›Cour du Donjon‹ (8) über eine nach Süden ausgerichtete **Vorhalle (10);** eine Tür gibt den Weg zu weiteren Vorräumen (11) frei, die zuerst nach Westen abknicken und dann in einen Nord-Süd-Korridor (12) münden. Von hier gelangt man in die südliche Vorhalle des zentralen **Polithyronsaals (13),** der ein Lichthof zugeordnet ist. Nach Norden und Osten schließen ebenfalls Vorhallen mit Lichthöfen (14/15) an. Die ehemals geschlossene Wandscheibe in der östlichen Vorhalle ist nicht mehr erhalten. In der Südostecke befindet sich eine kleine **›Pfeilerkrypta‹ (16),** in der Tontäfelchen mit kretischer Hieroglyphenschrift gefunden wurden. Der westlich anschließende Vorraum (17), heute an seiner Westseite durch eine moderne Mauer verkleinert, gehört zu einem **Lustralbecken (18)** der Zeit der Neuen Paläste. Darunter liegen Reste des Pfeilersaals des Alten Palastes, der wahrscheinlich als Heiligtum genutzt wurde. Hier entdeckte F. Chapouthier 1936 zwei Bronzeschwerter aus der Epoche MM II. Der Griff des einen ist mit Goldblech geschmückt, auf dem in Relieftechnik ein Jüngling im minoischen Schurz

1 Vgl. hierzu O. Pelon (unter Mitarbeit von V. Stürmer): *Palais,* Bd. VI, Paris

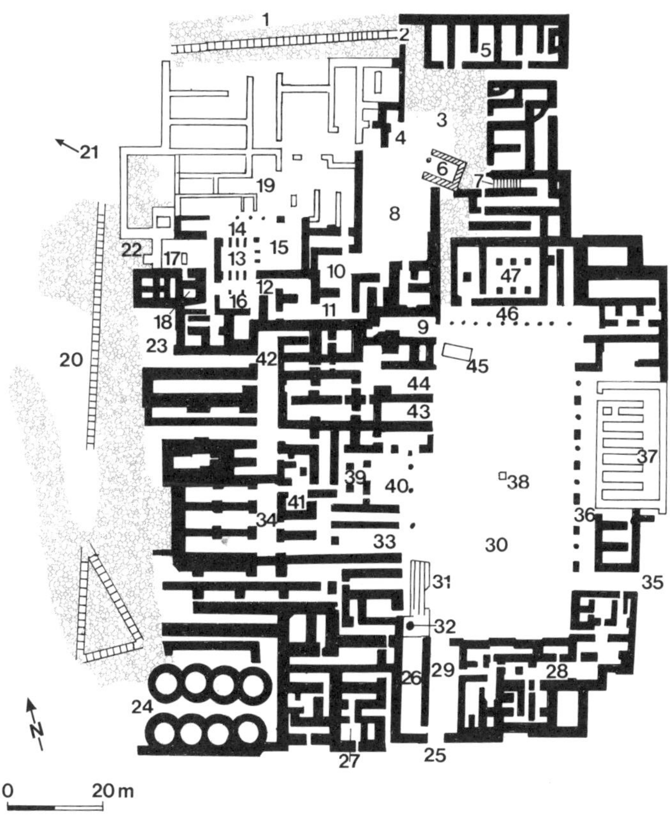


*Der Palast von Mália. Nach F. Chapouthier und P. Demargne*

eine ›Brücke‹ über ein imaginäres Schwert schlägt (AMI, IV, 52). Möglicherweise wurden mit diesem Schwert solche akrobatischen Kunststücke aufgeführt. Das nördlich anschließende **Gelände (19)** gehört zum Bereich des Alten Palastes.

Die herausragende Entdeckung nach dem Zweiten Weltkrieg gelang den französischen Archäologen 1960–65 nordwestlich des Westhofes (20). Nur etwa 30 m westlich vom Nordeingang (2) legten sie eine ca. 30×40 m große **›Agorá‹** frei, die, ehemals von prachtvollen Bauten eingerahmt, wahrscheinlich Marktplatz und ›politisches Zentrum‹ von Mália war. Sie stammt aus der Epoche des Alten Palastes und war zur Zeit des Neuen Palastes nicht mehr bewohnt. Der Begriff ›Agorá‹ geht auf den Archäologen H. van Effenterre zurück. In Anlehnung an die griechische Klassik – Freiraumschöpfungen von der Größe und Eleganz des Platzes sind uns nicht vor der hellenistischen Epoche Griechenlands bekannt – ordnete Effenterre ihm die Funktion eines politischen Zentrums zu. Er war der Ansicht, daß in der Periode der Alten Paläste im minoischen Kreta eine Demokratie geherrscht und es in Mália keinen Palast gegeben habe. – Eine unhaltbare Theorie, wie die Funde des Alten Palastes in Mália beweisen.

An der Südwestecke der ›Agorá‹ liegen die imposanten Grundmauern der **›Crypte Hypostyle‹ (21),** nach Meinung der Ausgräber das *Rathaus.* Das tief im Erdreich liegende und als Souterrain ausgebildete Untergeschoß war über eine schmale Treppe an der Westseite erreichbar. Ein langgestreckter Raum mit Sitzbänken an den drei Wänden könnte ein *Versammlungsraum* gewesen sein. Ganz im Osten schließt ein weiterer Raum mit umlaufenden Sitzbänken an. Von hier aus gelangt man in die **Magazine,** deren Boden ähnliche Rillen und Sammelbecken aufweist wie der in den Ostmagazinen (37). An der Nordseite der ›Agorá‹ führte ein Tor zu den nördlichen Stadtquartieren, von denen wir heute die Grabungsbereiche Gamma *(Γ),* Theta *(Θ),* Alpha *(A),* Mu *(M)* und die Nekropole Chrysólakkos besichtigen können.

## Westhof und Südflügel

Wie in Knossós und Festós wurde auch auf dem gepflasterten **Westhof (20)** in Mália ein leicht stufenartig erhöhter Prozessionsweg verlegt; an keiner Stelle führt er jedoch durch die mit kräftigen Vor- und Rücksprüngen kontrastreich gestaltete Westfassade in den Palast hinein, sondern verläuft parallel zu ihr. Auch hier bildet er ein Dreieck, was sicherlich zur (uns nicht verständlichen) Symbolsprache der Minoer gehört.

Die architektonische Gestalt der Westfassade des Neuen Palastes ist im nördlichen Bereich nicht mehr rekonstruierbar. Die gefundenen Baureste der offenen Halle mit den beiden Frontsäulen gehören zum Alten Palast. Zu erkennen sind nur der Eingang (22) zu einem Heiligtum (Pfeilersaal), das einst an der Stelle des Polithyronsaales (13) sowie des Vorraumes (17) und des Lustralbades (17) des Neuen Palastes lag bzw. noch unter dessen Schichten liegt. Südlich davon begleitet den nächsten Rück- und Vorsprung der Westfassade ein stufenartiger Sockel. Vielleicht dienten die Stufen den Einlaßsuchenden zum Niedersitzen vor dem hier beginnenden **Westeingang (23).** Die auffallend dicken Wände der Westmagazine, deren einzelne Räume exakt dem Verlauf der Westfassade folgen, deuten darauf hin, daß es auch in Mália ein Obergeschoß gab.

Ganz im Süden liegen die kreisförmigen Grundmauern von insgesamt acht **Rundbauten (24),** die, im Gegensatz zu Knossós und Festós, in zwei Reihen zu je vier in den Palastbezirk mit einbezogen sind und die gesamte Südwestecke des Palastes einnehmen, die *nicht überdacht* war. Die in fünf Rundbauten erhaltenen Mittelpfeiler dienten der Tragkonstruktion des Daches. Die Funktion dieser Bauten ist umstritten. Die französischen Archäologen, die an den Innenwänden wasserbeständigen Stuck nachgewiesen haben, sprechen von Zisternen. Dem wird entgegengehalten, daß es hier keinerlei Rohrleitungen gibt (wie wir sie von Týlissos kennen, s. S. 358). Denkbar ist jedoch auch eine Dachkonstruktion, die das Regenwasser direkt in die Zisternen weitergeleitet hat, aus denen man es bei Bedarf herausschöpfte. Andere Forscher sprechen von Kornsilos, wieder andere von einer kultischen Funktion, da man auf dem Grund auch vereinzelte Kultobjekte fand. Die wenigen hier gefundenen Stierhörner und ›heiligen Öllampen‹ wurden jedoch, wie wir meinen, zum Schutz des Wassers bzw. der Getreidevorräte gegen böse Dämonen hineingelegt.

Der **Südeingang (25)** zum Palast war ganz schlicht, nicht weiträumig und ohne jede Säulenstellung gestaltet. Er diente vornehmlich dem Warentransport und war normalerweise durch eine Holztür im Norden verschlossen. Der Besucher konnte von Süden kommend den Zentralhof nur über den westlich liegenden **Korridor (26)** mit zwei Säulen via Kernos erreichen. Er mußte also der typisch minoischen Achsenbrechung bzw. abgewinkelten Wegführung folgen. Im Bereich der Südfassade liegt (links/westlich) ein kleines **Heiligtum (27),** das nur von außen zugänglich war. Es bestand aus zwei kleinen Räumen, die sich risalitartig aus der Südfassade herausstreckten. Die Raumgruppe östlich vom Südeingang gehörte wahrscheinlich zu **Werkstätten (28).** Den Zugang vom Süden bildete ein kurzer, nicht abgewinkelter gepflasterter Korridor (29), der den **Zentralhof (30)** von der Südwestecke aus erschloß. Dieser ist mit 48 × 22 m nur unwesentlich kleiner als der in Knossós (50 × 25 m) und der in Festós (51,50 × 22,30 m);

er ist auf seiner Nord-Süd-Achse leicht nach Osten verschoben, zeigt nur noch an wenigen Stellen die Originalpflasterung.

Links hinter dem Eingang liegt eine kleine **Treppenanlage (31),** bestehend aus vier niedrigen (zum Sitzen sehr unbequemen) Stufen. Diesen Bereich bezeichnete Marinatos als ›Theaterareal‹, verglich ihn mit den Anlagen in Knossós und Festós (die jedoch dort außerhalb des Palastes liegen) und vermutete, daß hier ähnliche Kulthandlungen durchgeführt wurden. Links daneben in situ einer der berühmtesten Funde des Palastes: der **Kernos von Mália (32),** ein in den Plattenbelag eingelassener runder, glatt polierter Kalkstein von etwa 0,90 m Durchmesser (Abb. 4). Der einem Mühlrad ähnliche Stein zeigt im Zentrum eine halbkugelige Aushöhlung, durch einen kleinen Steg von dem konzentrisch anschließenden, leicht vertieften, aber relativ breiten Kreisring abgegrenzt; ein ebenfalls konzentrisch angeordneter Außenkranz mit 33 halbkugeligen Vertiefungen und einer etwas größeren Aushöhlung, gleich einem Ausgußschnabel, bildet bekrönend den Rand. Die Funktion dieses Steines ist umstritten. Allein in Mália fand man zwölf solcher Kalksteine, zwei in unmittelbarer Nähe dieser Fundstelle, in den Räumen 33, 34. Alle zeigen zwar eine ähnliche Anordnung der Aushöhlungen, jedoch stets eine unterschiedliche Anzahl. Alle Exponate, auch jene die nicht in Mália gefunden wurden (außer den in einem Magazin gelagerten) wurden in Eingangsnähe gefunden. Der Entdecker des Kernos, Fernand Chapouthier, deutete ihn als Opfertisch für die den Göttern dargebrachten Erd- und Baumfrüchte; das wird heute von den meisten Archäologen akzeptiert. Die später in Mália tätigen französischen Archäologen Claire Tiré und Henri van Effenterre[1] stellen jedoch eine nichtkultische Funktion zur Diskussion: im Eingangsbereich habe dieser Stein für Wächter und Gäste, die in den ›Palast‹ Einlaß begehrten, als ›Brettspiel‹ gedient; die 34 Aushöhlungen seien auch viel zu klein für Früchte (wie etwa bei unserem Erntedankfest).

## Ostflügel

Gegenüber der Freitreppe (31) befindet sich der **Südosteingang (35),** ein kurzer Korridor, der architektonisch unauffällig am südlichen Ende der Ostfassade durch den Ostflügel zur Wohnstadt (zum ausgegrabenen Quartier Z) führt. Das Erdgeschoß der Ostfassade bestand aus einem einzigartigen, 34 m langen **Portikus (36),** im rhythmischen Wechsel von Säule und Pfeiler gegliedert, der jedoch zum Zentralhof hin nicht geöffnet war; in jedem Interkolumnium fanden sich im Fußboden drei Löcher, es gab also ein (brüstungshohes?) Gitter. J. W. Graham[1] sieht darin Sicherheitsabsperrungen zum Schutz der Zuschauer bei den – wie er glaubt – auf dem Hof durchgeführten Stierspielen.

Eine weitere interessante Besonderheit von Mália findet sich in dem 1989 neu überdachten **Magazintrakt (37)** des Ostflügels, der zweifelsfrei noch zum Alten Palast gehört. Das Magazin besteht aus sieben Kammern, die von einem gemeinsamen Ostkorridor aus zugänglich sind. Im Fußboden aus wasserbeständigem Estrich sind Rillen ausgespart, die auf kistengroße Bodenvertiefungen zulaufen. Aus den hier aufgestellten Pithoi konnte übergelaufenes Öl (oder Wein) so aufgefangen werden. In den Magazinen von Mália wurden übrigens nur zerbrochene Krüge gefunden. Der ›Palast‹ konnte also wohl vor der endgültigen Zerstörung (Ende SM III a1) von den Bewohnern noch größtenteils ausgeräumt werden.

## Westflügel

Auch die Grundmauern des **Altars (38)** in der Mitte des Zentralhofes sind ein singulärer, nur in Mália entdeckter Fund. Der Altar gehört auch zur Hofanlage des Alten Palastes. An einigen Stellen des Zentralhofes ist weißer Terrazzobodenbelag des Neuen Palastes erkennbar. Aschenrückstände las-

1 C. Tiré und H. van Effenterre: *Guide des Foulles Françaises en Crète,* Paris 1978, S. 13/14

1 J. W. Graham: *The Palaces of Crete,* Princeton/New Jersey ²1969, S. 77

*Mália, Knauf eines Chlorit-Zepters in Form eines Leoparden (AMI, IV, 47)*

sen vermuten, daß auf dem Altar Tieropfer dargebracht wurden; verbrannte Tierknochen, die dies bestätigen, kamen in dem Heiligtum (41) hinter der **Pfeilerkrypta (39)** zutage. Der Altar liegt exakt auf der Querachse des Zentralhofes, deren westliche Verlängerung auf die Pfeilerkrypta ausgerichtet ist. Diese direkte räumliche und visuelle Verbindung beweist, daß die auf dem Altar durchgeführten Opferfeiern in der Raumgruppe hinter der Pfeilerkrypta oder in ihr selbst vorbereitet und/oder zelebriert wurden. Der Westflügel von Mália (Magazine und Kulträume) hatte also die gleiche Funktion wie in Knossós. Die von zwei Säulen getragene **Vorhalle (40)** der Pfeilerkrypta, an deren Südwand eine Sitzbank erhalten ist, spielte bei den Zeremonien sicherlich eine bedeutende Rolle. Von der Pfeilerkrypta aus gelangt man direkt in das **Heiligtum (41)**, in dem eine Sitzbank und eine (Opfer-) Grube erhalten sind; in dem kleinen, nördlich anschließenden Raum fand man ebenfalls Opferrückstände. Ganz eigenartig – für uns völlig unorganisch – trennt dieses Heiligtum die Westmagazine in einen nördlichen und einen südlichen Trakt, die nur über diesen Raum miteinander in Verbindung standen. Für die Minoer sicherlich logisch und funktionsgerecht. Ebenso rätselhaft erscheint uns die an dieser Stelle strikte Abtrennung des **Korridors (42)**, der die Magazine von Osten erschließt, durch eine Querwand. Ungeklärt bleibt weiterhin, ob der Korridor überdeckt oder hypäthal (unter freiem Himmel) ausgebildet war.

Kehren wir zurück zum Zentralhof. Nördlich der Vorhalle (40) liegen die unteren Stufen einer monumentalen **Treppe (43)**, die in ein Obergeschoß führte, das wahrscheinlich ähnliche Funktionen hatte wie der ›Piano Nobile‹ in Knossós. Rechts davon gelangt man über vier Stufen in die **›Loggia‹ (44)**; ein ehemals prunkvoller Raum. Die im Fußboden erhaltene Steinplatte könnte die Basis eines Altars gewesen sein; auch die dahinter erkennbaren Fragmente von Stufen, die links und rechts von je einer Säule flankiert waren, machen deutlich, daß dieser Raum eine wichtige kultisch-höfische Funktion hatte. Dies bestätigt der Grabungsbefund des leicht tiefer liegenden **Raumes des Alten Palastes (45)** in der Nordwestecke, auch ›Saal des Leoparden‹ und ›Heilige Schatzkammer‹ genannt. Hier entdeckte man kostbare Produkte minoischen Kunsthandwerks aus dem Anfang der Epoche der Neuen Paläste (MM III), die eindeutig kultisch-höfischen Zeremonien dienten. Darunter der 14,8 cm lange Knauf eines Chlorit-Zepters, der die formschöne Gestalt eines Leoparden im fliegenden Galopp hat; der ganze Körper ist elegant mit einem Spiralnetz überzogen, der Stiel des Zepters ist verlorengegangen (AMI, IV, 47); ferner entdeckte man hier das 95 cm lange ›königliche Schwert‹ aus Bronze, von den französischen Archäologen in Erinnerung an Roland aus dem Sagenkreis um Karl d. Gr. ›Durandarte‹ genannt; der Griff war einst vergoldet, der Knauf besteht hingegen aus Bergkristall (Vitrine 52); der 45 cm lange Bronzedolch, der hier gefunden wurde, ist ganz schlicht gearbeitet.

## Nordflügel

Die **Nordfassade (46)** des Zentralhofes war bedeutend eleganter und architektonisch reizvoller gestaltet als jene in Knossós und Festós. Hier gliederten zehn Säulen die Schmalseite des Hofes, deren Marmorbasen erhalten sind. Zwei weitere Marmorbasen sind noch in Verlängerung nach Westen erhalten, sie gehörten wahrscheinlich zu der ursprünglichen Säulenstellung, als zu Beginn der Epoche der Neuen Paläste der Zentralhof um eben diese beiden Interkolumnien breiter war. Hinter der Säulenhalle nimmt einer der größten Räume, die **›Salle Hypostyle‹ (47),** fast die gesamte Breite des Zentralhofes ein. Der Vorraum mit einem Pfeiler und der Hauptsaal mit sechs Pfeilern waren nach Meinung der Archäologen, ähnlich wie im ›Palast‹ von Káto Zákros (s. S. 265), der Speisesaal für das ›Hofpersonal‹. Der darüber liegende, wahrscheinlich durch Säulen gegliederte Saal war nach Graham für festliche Bankette bestimmt. Er war über die östlich anschließende **Schachttreppe (48)** zu erreichen.

## Die Wohnstadt

Alle minoischen ›Paläste‹ lagen inmitten einer Wohnstadt, aber nur in Mália sind mittlerweile so viele Teilbereiche ausgegraben, daß wir uns ein gutes Bild von der Wohnkultur der minoischen Epoche machen können. Die seit 1967 freigelegten *Quartiere Mu* gehören sogar größtenteils der Epoche der Alten Paläste an (MM II).

Als Exempel minoischer Wohnarchitektur sei der Grundriß eines *Wohnhauses* der Neuen Palastzeit aus dem *Quartier Delta* vorgestellt: Von der Straße im Westen gelangt man über den gepflasterten **Eingangsbereich (1)** in einen zentral gelegenen **Korridor (2).** Hier öffnet sich ein vierteiliges Polythyron zu dem (ca. 7,4×8,9 m) großen **›Megaron‹ (3),** das im Norden auf einen Lichthof mündet. Vom Korridor (2) aus werden auch alle anderen Wohnbereiche erschlossen: im Norden **Bad (4)** und **Toilette (5),** im Südwesten großzügige **Wohnräume (6, 7, 8)**; eine vorbildliche Grundrißlösung!

Das **Stadtquartier Mu** ist architektonisch und historisch von besonderer Bedeutung: Die Anlage mit Lustralbecken (dem ältesten Beispiel dieses typisch minoischen Raumtypus) und Lichthof sowie Fassaden und Wänden aus Ammuda-Quadern zeigt in ihren Grundzügen bereits wesentliche Merkmale der Palastarchitektur. Ihre Entstehung geht auf die Wende von MM I zu MM II zurück. Da auch sie gegen Ende MM II durch eine Brandkatastrophe zerstört wurde, liegt die Vermutung nahe, daß es sich historisch um die gleiche Zerstörung handelt, die auch Knossós in Schutt und Asche legte.

Aufschlußreich sind die Kleinfunde aus dem Stadtquartier Mu. Die reichen MM II-Kamáres-Keramikfunde beweisen endgültig, daß Mália sehr wohl eine eigenständige Keramikherstellung kannte. Die zahlreichen Schriftmonumente – Siegelabdrücke, Medaillons und konusförmige Tonpfropfen – mit

*Mália, Haus Delta α*

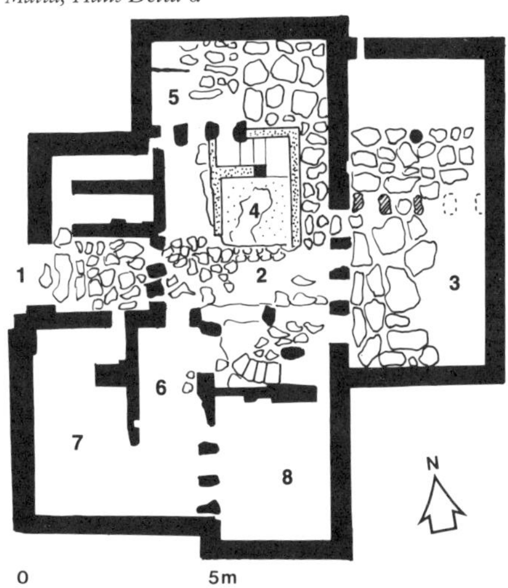

einer bemerkenswerten Vielfalt von hieroglyphischen Zeichen lassen vermuten, daß der Gebäudekomplex Verwaltungs- und Repräsentationszwekken diente; hier aber auch Kulthandlungen ausgeführt wurden. Möglicherweise handelt es sich sogar um eine Dependance des Palastes.

Das Stadtquartier Mu wurde in den Jahren 1965–1972 von J. C. Poursat erforscht. Bisher wurden ca. 2500 m² freigelegt. Das Gesamtareal gliedert sich in zwei Gebäudekomplexe, die einen gemeinsamen gepflasterten Westhof umschließen. Der mindestens zweigeschossige Bau wurde auf Steinfundamenten gegründet und aus Fachwerk mit Lehmziegeln errichtet. Die nordwestliche Raumgruppe ist wie die ›Crypte Hypostile‹ als Souterrain ausgebildet. In diesem Bereich sind die Wände noch bis zu 2 m Höhe im Original erhalten.

## Nekropole Chrysólakkos

Etwa 500 m nördlich vom ›Palast‹, nur knapp 100 m von der Küste entfernt, liegt die 1930 von F. Chapouthier und P. Demargne freigelegte Nekropole von Mália. Sie umfaßt ein etwa 30×39 m großes Areal, von massiven, ca. 4 m starken Mauern begrenzt. Kleine stuckierte Räume waren die letzte Ruhestätte der Verstorbenen. Die Anlage war seit FM III benutzt. Durch Überlagerung von mindestens zwei Bauphasen sind die Grundrisse nur schwer differenzierbar. Hier fanden die Ausgräber die ›Bienen von Mália‹, ein hervorragendes Beispiel minoischer Goldschmiedekunst. Von der Nekropole soll auch, wie bereits erwähnt, der ›Ägina-Goldschatz‹ des Britischen Museums stammen (s. S. 253).

## Ajios Ilía

Südlich des Palastes und der Küstenstraße steht auf wenig hohem Berg eine dem Propheten Elias geweihte Kapelle. Auf dem gleichnamigen Hügel befand sich während der minoischen Epoche ein Gipfelheiligtum, auf das der minoische Palast von Mália ausgerichtet war.

# Káto Zákros

An der Ostküste Kretas, am Ausgang der landschaftlich grandiosen Zákros-Schlucht, wo die flachen Küstenausläufer einen Naturhafen bilden, wo wasserreiche Quellen in der sonst karstig-rauhen Gebirgslandschaft Ostkretas und fruchtbares Schwemmland des Zákros-Flusses die Herausbildung einer frühen städtischen Zivilisation begünstigten, dort vermutete schon 1852 der englische Reisende Spratt einen bereits in vorgriechischer Zeit besiedelten Ort[1].

Auch den beiden italienischen Archäologen F. Halbherr und L. Mariani fielen Ende des 19. Jh. gut bearbeitete Quader in Káto Zákros auf, außerdem fanden sie hier minoische und mykenische Scherben. Schließlich besuchte A. Evans das Gelände von Zákros, bevor 1901 David G. Hogarth an dem Küstenstrich der Zákros-Schlucht mit den ersten archäologischen Untersuchungen begann. Er war auf eine burgähnliche Anlage, wie eine Akropolis, über der Ebene aus, so begann er hangaufwärts nahe der orthodoxen Kirche zu graben und fand ›nur‹ einfache Grundrisse von Wohnhäusern. Knapp 100 m nordöstlich von dieser Stelle hütete in einer Senke die kretische Erde noch weitere Jahrzehnte das Geheimnis der ersten Europäer von Zákros! Erfolgreicher war Hogarth in der Zákros-Schlucht; er entdeckte neben neolithischen Funden in den Steilfelsen mehrere Höhlengräber, die bis in die Zeit FM II zurückreichen; damit war auch für Ostkreta eine Siedlungskontinuität vom Neolithikum bis zur ausgehenden Bronzezeit nachgewiesen. Die Schlucht mit den verschiedenen Höhlenbestattungen wurde später (nach 1961) von N. Platon ›Tal der Toten‹ genannt (Farbabb. Umschlagrückseite).

Erst der sog. ›Schatz von Zákros‹ (ein goldener Stierkopf, ein Diadem und eine goldene Phiale mit Laufspiralendekor; AMI, XVII, 191), der von dem kretischen Arzt Stylianos Giamalakis in 'Ano Zákros erworben wurde und später (1962) in den Besitz des AMI überging, erregte das Interesse des damaligen Museumsdirektors Nikolaos Platon. Er führte daraufhin in Káto Zákros, dem angeblichen Fundort des Goldschatzes (der wahrscheinlich aber aus einem geplünderten Königsgrab stammt), 1960/61 eine Probegrabung durch, die erkennen ließen, daß es sich bei dem Palast von Káto Zákros um die bisher einzige nicht geplünderte minoische Stadt handelte. Die Funde der Grabungskampagne waren so atemberaubend, daß Platon im September 1962 mit der systematischen archäologischen Erforschung von Zákros begann, die bis heute noch nicht abgeschlossen ist.

Im Laufe der nächsten Jahre konnte Platon den Neuen Palast inmitten einer ihn umgebenden Wohnstadt freilegen. Der archäologische Befund zeigt, daß der Palast mit Ausnahme des West-

1 Thomas A. B. Spratt: *Travels and researches in Crete,* London 1865, Bd. 1, S. 234/35: »From this description it must be evident to the reader (viz. from the combination of a rivulet, plain, bay, and high bounding ridge) that Zákro presents features highly favourable for the situation of a *coastcity of the Cretans in early days.* And in examining the crags and lower hills which enclose the little theatre-like plain, the Cyclopean remains of a very ancient and very considerable city were found, which, from their position on the coast, their character, and extent, can be no other than those of Itanus (Itanos konnte archäologisch eindeutig weiter nördlich an der Ostküste von Kap Sídheros lokalisiert werden), since Scylax and some others, including Ptolemy, plays this city in the most eastern part of Crete: but the name of Zákro, which the place now bears, has evidently no connexion with the ancient city.«

flügels geplündert war, und die Bewohner – im Gegensatz zu Mália und Festós – keine Gelegenheit mehr hatten, bei der Flucht all ihre Güter mitzunehmen. Suchschnitte im Zentralhof (40 cm) brachten einen bemalten Fußboden zutage; also gab es auch hier einen Vorgängerbau. Der Palast ist zwar wesentlich kleiner als die übrigen bekannten Anlagen, auch zeigt die Architektur eine weniger solide Ausführung als in Knossós und Festós, aber dennoch lehrt gerade Zákros aufgrund seiner bedeutenden Funde, welche zentrale Bedeutung Knossós im minoischen Kreta hatte und inwieweit die minoischen Städte autark waren und selbständig Kontakte untereinander und mit dem Ausland pflegten.

*Die Funde von Zákros*
Das *Bergkristall-Rhyton* (AMI, VIII, 109) aus der ›Schatzkammer‹ des Palastes, ist ein Meisterwerk minoischer Steinschneidekunst; eine Meisterleistung der Restaurateure war es, das Gefäß aus mehr als 300 Einzelstücken zusammenzufügen. Ikonographisch wie künstlerisch bedeutungsvoll ist das *Chlorit-Rhyton* mit der Reliefdarstellung eines minoischen Gipfelheiligtums (AMI, VIII; s. Fig. S. 127). Das Rhyton spielt auch bei der Beurteilung der Ende SM III a1 hereingebrochenen Katastrophe eine wesentliche Rolle: die Bruchstücke waren nämlich weit über das gesamte Areal des Palastes verstreut. Platon folgerte daraus, daß Zákros durch eine Explosion zerstört worden sei; eine Theorie, die sich nur in Zusammenarbeit mit Vulkanologen klären läßt. Auf dem Relief des Gefäßes ist jener minoische Altar unter freiem Himmel dargestellt, den wir vom Flachrelief des Löwentores in Mykene kennen, von dem vier Exemplare bei den jüngsten Grabungen in Archánes gefunden wurden. Für den mykenischen Kulturbereich gilt diese Altarform als minoisch beeinflußt. I. Sakellarakis vergleicht diese Gipfelheiligtum-Darstellung aus der Epoche SM I mit dem Tempel von Anemóspilia, in dem er 1979 ein minoisches Menschenopfer entdeckt zu haben glaubt (s. S. 282 f.). Der Vollständigkeit halber seien auch der *Chlorit-Stierkopf* und der ›*Kommunionskelch*‹ erwähnt, alles Kunstwerke, die jedem Königshof anstehen würden. Waren diese Gegenstände nun für den (kultischen?) Gebrauch in Zákros oder für den Export bestimmt? Wir werden später darauf eingehen. Darüber hinaus sind für die richtige Beurteilung der Rolle von Zákros im minoischen Kreta die Überreste eines Schmelzofens, Werkstätten mit riesigen Baumsägen aus Bronze und ein reichhaltiges Rohstofflager von Bedeutung, aber auch der für Kreta (nach Ajía Triádha, s. S. 224) zweitgrößte Fund von Bronzebarren, von denen man insgesamt sieben (sechs im Palast und einen im Stadtquartier) gefunden hat, die wohl auch aus Zypern importiert waren.

Von den Rohstoffen zeugen besonders drei (bis zu 70 cm lange) Stoßzähne von syrischen (!) Elefanten und ein größerer Brocken Bergkristall vom Reichtum und Wohlstand der Bewohner von Zákros. Wahrscheinlich fanden die Elefantenzähne in Elfenbeinschnitzereien in Zákros Verwendung. Von Darstellungen minoischer Gabenträger in ägyptischen Gräbern wissen wir aber auch, daß die Minoer, die durch Handel erworbenen Elefantenzähne weiter getauscht bzw. verschenkt haben. Also fragen wir uns: War Zákros der wichtigste Handelshafen für das von Knóssos zentral verwaltete Kreta, von dem aus der gesamte Osthandel nach Ägypten, Syrien und anderen Ländern des Orients organisiert wurde? Oder betrieb Zákros in eigener Regie vornehmlich den Osthandel? Stammen die erlesenen Kunstgegenstände aus einer Werkstatt in

Knóssos oder von Künstlern aus Zákros? Glaubhaft ist, daß Zákros einen autonomen Status hatte, eigene Handelsbeziehungen mit dem Orient pflegte und eigene (Kunst-)Werkstätten unterhielt. Es scheint dank des günstigen Naturhafens und seines Wasserreichtums eine Proviant- und Wasserstation vor allem für die aus Ägypten und dem Orient kommenden Handelsschiffe gewesen zu sein. Die Ostküste Kretas war nach wochenlanger entbehrungsreicher Seefahrt das erste Land, das von den Schiffen angesteuert wurde. Man nahm in Zákros Wasser und Proviant im Tausch gegen irgendwelche ›exotischen‹ Güter an Bord, denn bis nach Amnisós, dem Haupthafen von Knóssos, waren es der Küste entlang noch gut zwei Tagesreisen. Hingegen haben die Schiffe in Zákros gewiß nicht ihre gesamte Ladung gelöscht, da der – auch heute noch mühevolle – Landweg nach Knóssos (Iráklion) sicherlich sieben bis zehn Tage Reisezeit in Anspruch nahm. Und die Gefahr, überfallen zu werden, war auf der Landstraße größer als auf dem Wasserweg.

Der Verfasser benötigte bei seinem ersten Káto Zákros-Besuch 1963 auf den äußerst schlechten Gebirgsstraßen von Iráklion zur Ostküste von Zákros mit öffentlichen Verkehrsmitteln knapp drei Tage. Ein Lastentransport vor mehr als 3500 Jahren auf noch schlechteren Straßen und mit primitiveren Transportmitteln muß eine gefahrvolle und zeitraubende Expedition gewesen sein. Die Abgelegenheit der Ostküste Kretas betont N. Platon in seinem Buch[1] über Zákros, er begründet damit, warum erst 60 Jahre nach der ersten archäologischen Untersuchung durch Hogarth die große Entdeckung von Káto Zákros gelang.

## Rundgang

Die minoischen Ausgrabungen von Káto Zákros sind noch nicht abgeschlossen, bis heute liegt kein kompletter wissenschaftlicher Grabungsbericht vor, doch läßt sich sagen, daß wir hier ganz einzigartig Einblick in ein bronzezeitliches Siedlungsgebiet erhalten, das aus Palast, Hafenstadt und Nekropole besteht, die nur in Mália annähernd so anschaulich besichtigt werden können.

Nach den bisherigen Grabungsergebnissen befand sich der Hauptzugang bei der Hafenstraße im Nordosten. Wir beginnen also unseren Rundgang im Nordosten der Wohnstadt, im Bereich der minoischen Hafenstraße, beim heutigen Wächterhaus.

### Nordostquartiere

Die **Hafenstraße (1)** führte von der Nordostecke des Palastes durch die Wohnquartiere zu dem noch nicht freigelegten Hafen. Links (Richtung Zentralhof) ist sie gesäumt von den Grundmauern von Wohnhäusern und Werkstätten (u. a. ein Schmelzofen mit Luftschächten) links aus der Zeit der Alten Paläste, rechts teilweise aus dieser Epoche.

Die **Treppenstraße (2)** führt zum **Nordosthof (3)** mit Resten von Kanalisierungen; die Grundmauern der westlich anschließenden Wohnhäuser gehören einer frühen Bauphase der Neuen Palastzeit an. Der **Magazinraum (4)** und das **Kultbassin (5)** mit gut erhaltener bemalter Stukkatur deuten auf kultische Zeremonien auf diesem Hof, die in räumlich-kultischer Beziehung zum Zentralhof standen, denn genau hier vermutet man den **Haupteingang (6)** zum Palast. Von hier führt ein enger Korridor zum nicht gepflasterten **Zentralhof (7)**; der Fußboden des Korridors zeigt dünne Streifen aus weichem Kalkstein, zu Rechtecken zusammengefügt, eine Fußbodengestaltung, die für fast alle

1 Nikolaos Platon: *Zakros. The Discovery of a lost Palace of ancient Crete ...*, 1971

*Der Palast von Káto Zákros. Nach N. Platon/St. Alexiou*

Prunkräume des Palastes verbindlich war. Der Zentralhof ist mit 30,36 × 12,15 m (= 100 × 40 minoische Fuß) etwa um ein Drittel kleiner als der Hof in Knóssos; im Nordwestteil ist ein Steinsockel erhalten, möglicherweise die Basis eines Altars, andere Forscher sehen darin die Einfriedung eines heiligen Baumes (es konnten jedoch keinerlei Wurzeln nachgewiesen werden).

## Nordflügel

Eine durch zwei Säulen gegliederte **Säulenhalle (8)** erschließt den zentralen Küchentrakt des Palastes.

An der Nordseite führt eine zweiläufige **Treppe (9)** zum Obergeschoß. Links (Westen) gelangt man in den etwa 9 × 12 m großen **Speisesaal (10),** von Platon aufgrund der Funde von Kochgeräten, Tierknochen etc. so benannt. An der Nordwand erkennt man Reste einer ›Herdstelle‹ und an der Südwand eine Bank; die drei Stufen an der Westwand lassen sich mit einer Küchenfunktion allerdings nicht in Einklang bringen; vielleicht gehörten sie zu einem Hausaltar. Die architektonische Konzeption dieser von sechs Pfeilern gegliederten Halle erinnert an das ›Customs House‹ von Knossós (s. S. 192) und an die Pfeilerkrypta von Mália (s. S. 258). J. W. Graham vermutet auch hier in dem darüberliegenden Geschoß einen großen Bankettsaal. Die östlich anschließenden Räume bezeichnet Platon als **Magazinräume (11)** des Küchentraktes.

Die nördlich anschließenden **Wohnquartiere (12)** grenzen an die Palastbebauung. Lediglich eine schmale **Gasse (13)** im Nordwesten grenzt Palast und Stadt voneinander ab und führt zu einer **platzartigen Raumgestaltung (13 a).** In dem Stadtgebiet selbst gelang es Platon, auch Wohnhäuser und Keramik aus der Zeit MM I und II, also der Epoche der Alten Paläste, zutage zu fördern.

## Westflügel

Hier befinden sich die Prunkräume und die ›Schatzkammern‹ des Palastes, von kultischem Charakter geprägt. Auch in Zákros ist der Eingang zu dieser Raumgruppe ganz in die (Nordwest-)Ecke gedrängt. Insgesamt existieren drei Eingänge: während man die Prunkräume durch den **Korridor (14)** und über das **Haupttreppenhaus (15)** nur über den **›Zentralraum‹ (16)** erreicht, der alle Raumgruppen des Westflügels erschließt, gelangt man über zwei Stufen durch die südlichste Tür direkt in die Prunkräume. Platon nannte diese architektonisch prachtvollste Raumgruppe im Norden **›Zeremonienhalle‹ (17)** und im Süden **›Gelagezimmer‹ (18).** In den Fußböden bilden dünne Kalkstreifen die geometrischen Grundformen der Dekorationen. Den nördlichen Saal grenzt ein vierteiliges Polythyron zum ›Gelagezimmer‹ hin ab, drei Mittelsäulen betonen im Süden die Querachse und im Norden die Längsachse; die gesamte Nordwestecke ist ein gepflasterter Lichthof mit je einer Mittelsäule im Süden und Osten.

In dieser Raumgruppe entdeckte Platon u. a. das Stierkopfrhyton (AMI, VIII, 116) aus Chlorit und Bruchstücke des Rhytons mit der Darstellung eines Gipfelheiligtums (AMI, VIII, 111). Ein etwa 6 m langer Stuck-Fries mit plastischen Laufspiralen und Mittelrosetten, im ›Gelagezimmer‹ gefunden, vermittelt einen guten Eindruck der Innenraumgestaltung (AMI, VIII). Der zentral gelegene Raum (17) erschließt im Norden einen **Magazintrakt (19),** dessen Konzeption völlig von den uns bekannten minoischen Magazinräumen abweicht. Eine **Treppe (20)** führt von hier zu einem tieferliegenden Gang und zum **Westhof (21).** Ähnlich wie in Féstos (s. S. 218) diente auch hier (nördlich) ein **Raum (22)** vielleicht kultischen Zwecken. Wie in Féstos waren die **Magazinräume (23)** nur vom Westhof und vom Korridor zugänglich. In den Magazinen (19 und 23) wurden vierundzwanzig große Pithoi von erlesener Qualität gefunden.

In der südlichen Raumgruppe (24–28), ebenfalls nur von dem Zentralraum (16) und den Prunkräumen zu erreichen, entdeckte Platon die kostbarsten Schätze von Zákros: drei Elefantenzähne, sechs Kupferbarren, drei große Bronzesägen, zwei Schwerter mit Goldnägeln, Hammer, Amboß, Sägen etc., Trankopfergefäße (aus dem Obergeschoß heruntergefallen) u. a. m. Von den **Magazinräumen (24)** führt eine Treppe in ein **Kultbassin (25),** in dem man u. a. eine prachtvoll geäderte Steinamphora (AMI, VIII, 118) mit karbonisierten Früchten, 20 ›Fruchtständer‹ und 30 Kohlebecken entdeckte, die auf einen hier zelebrierten Kult hinweisen. Den westlich anschließenden Raum identifizierte Platon aufgrund der beiden Sitzbänke als den zentralen **Sakralraum (26)** für die im Palast durchgeführten religiösen Feiern und Zeremonien.

Die **›Schatzkammer‹ (27)** ist die bedeutendste Entdeckung von Zákros: aus acht truhenartig abgemauerten Behältern, nur von der ›Zeremonialhalle‹ aus zugänglich, konnte der gesamte (nicht geplünderte) Schatz des Palastes geborgen werden. Am wertvollsten sind die Steingefäße sowie die Einlegearbeiten mit kostbaren Materialien wie Elfenbein,

Bergkristall und Fayence (AMI, VIII, 114 u. 118). Im nordwestlich anschließenden **›Archivraum‹ (28)** entdeckte Platon 13 Tontäfelchen mit Linear-A-Schriftzeichen. Nicht vom Palast aus zugänglich, an seine Südwestecke angebaut, ist die **Werkstatt (29).** Eine Treppe in der Nordostecke beweist, daß auch dieser Trakt zweigeschossig war; links daneben Reste einer Toilettenanlage. Die Funde lassen vermuten, daß in dieser Werkstatt Halbedelsteine, Elfenbein, Metalle, Fayence u. a. verarbeitet wurden.

### Südflügel

In der Südwestecke des Zentralhofes öffnet sich ein **Durchgang (30),** der ehemals zu den Straßen des **südlichen Stadtviertels (31)** führte. Hinter der etwa 12 m breiten Südfassade des Zentralhofes lagen **Werkstätten und Lagerräume (32).** Der Ausgräber vermutet, daß hier aus aromatischen Pflanzen ätherische Öle gewonnen wurden.

### Ostflügel

Nach N. Platons Vorstellung befinden sich im Ostflügel die ›Königlichen Gemächer‹: den nördlichen kleineren Raum nannte er das **›Megaron der Königin‹ (33),** den südlichen, durch ein fünfteiliges Polythyron unterteilt, **›Megaron des Königs‹ (34).** Nur diese beiden Raumgruppen zeigen neben der Säulenhalle (8) eine zum Hof hin durch einen Pfeiler und eine Säule gegliederte Fassade mit offener Veranda. Sicher hatte auch der Ostflügel mindestens zwei Geschosse. Im Unterschied zu allen anderen minoischen Palast-Städten gehören zum Ostflügel von Zákros drei Quell- bzw. Brunnenhäuser, was mit der Bedeutung des Palastes als Wasser- und Proviantstation zusammenhängen mag. Platon interpretiert vor allem das kreisrunde Wasserbecken als **›Zisterne‹ (35),** andere Forscher sprechen von einem Kultbecken oder Bad. Steinbasen für Holzsäulen deuten darauf hin, daß es überdacht war. Noch heute steht das im Durchmesser 5 m große Becken, dessen steingepflasterten Grund man über acht Stufen erreicht, fast das ganze Jahr über unter Wasser; sowohl hier als auch an den anderen beiden Wasserstellen sprudelt immer noch frisches Quellwasser.

Die zweite **Zisterne (36)** erreichte man vom Zentralhof aus; ihre Nähe zu den Werkstätten (32) ist auffallend. Das über acht Stufen zu erreichende Becken war ebenfalls rund. Auch hier fand man auf dem Grund kleine Tassen und Teller mit Opfergaben; besonders aufschlußreich sind hierbei Opferschalen mit Bimssteinerde (!), welche den Göttern möglicherweise zum Schutze vor Vulkankatastrophen gespendet wurden, die Kreta wohl häufig in Form von Aschenregen erreicht haben. Das **Kultbassin (37)** in der Südostecke des Palastes nannte N. Platon nach Homer einen »kunstvoll gebauten Brunnen«. Elf Stufen führen im Süden hinab, umlaufende Sitzbänke ergeben eine große Ähnlichkeit mit dem Brunnenhaus der ›Karawanserei‹ von Knóssos (s. S. 212).

## ›Tal der Toten‹

Eine Wanderung durch das ›Tal der Toten‹ (Farbabb. Umschlagklappe hinten) gehört zu den eindrucksvollsten Naturerlebnissen Kretas, auch wenn man von den minoischen Gräbern nur an vereinzelten Stellen höhlenartige Vertiefungen in den Steilfelsen erkennt. Empfehlenswert ist, die Wanderung von 'Ano Zákros aus zu beginnen: auf der Platía folge man links der Gasse bis zu den letzten Häusern, dann scharf rechts abbiegen und dem Feldweg ca. 15 Minuten folgen, bis links *rote Punkte* die Abzweigung in die Schlucht markieren. Beim zweiten Zaun rechts halten, dann der Wasserleitung folgen und links den Bachlauf überqueren. Wanderzeit: 1,5–2,5 Stunden.

# Inselortschaften mit den wichtigsten Sehenswürdigkeiten

**(Reisenden, die sich eingehender mit den byzantinischen Denkmälern beschäftigen wollen, sei ›Byzantinisches Kreta‹ von K. Gallas, M. Borboudakis und K. Wessel mit ausführlichen Stilanalysen und vollständigen ikonographischen Programmen empfohlen.)**

Bei den ausgewählten Kunstdenkmälern erscheint neben dem Ortsnamen jeweils auch der Name des Nomós, so daß man bei gleichlautenden Ortsnamen sofort sieht, ob der Ort sich in West-, Ost- oder Zentralkreta befindet. Außer dem Nomós (Verwaltungsbezirk) ist zusätzlich auch der ihm unterstellte Bezirk aufgeführt. In den Umschlagkarten ist diese Benennung, die auf die venezianische Epoche zurückgeht, eingetragen, hier sei sie noch einmal zusammengefaßt:

| **Westkreta** | **Westliches Zentralkreta** | **Östliches Zentralkreta** | **Ostkreta** |
|---|---|---|---|
| Nomós Chaniá | Nomós Réthimnon | Nomós Iráklion | Nomós Lassíthi |
| *Bezirk* | *Bezirk* | *Bezirk* | *Bezirk* |
| Kíssamos | Réthimnon | Malewísi | Lassíthi |
| Kydonía | Mylopótamos | Témenos | Merambéllo |
| Apokóronas | Ajios Wassílios | Pedhiádha | Ierápetra |
| Sélino | Amári | Pirjiótissa | Sitía |
| Sfakiá | | Kainuríu | |
| | | Monofátsi | |
| | | Rízon/Wiánnos | |

Denkmäler innerhalb einer Ortschaft erforderten keine weiteren Angaben; liegt eine Kirche, eine Basilika oder ein Grabungsgelände außerhalb einer Ortschaft, so wird eine genaue Wegbeschreibung gegeben.

Die zunehmenden Kunstdiebstähle in Griechenland und speziell auf Kreta (Ikonen!) haben dazu geführt, daß viele der mit kostbaren Fresken ausgeschmückten byzantinischen Kirchen verschlossen sind. Damit Sie die kleinen Wanderungen zu ihnen nicht umsonst gemacht haben und vor verschlossenen Türen stehen, sollten Sie sich jeweils in der nahegelegenen Ortschaft bei dem Priester nach dem Schlüssel erkundigen.

**Ajiá,** Panajía-Kirche, ehem. Bischofsbasilika
*Nomós Chaniá, Bezirk Kydonía*
Auf der Straße Chaniá-Paleóchora nach ca. 9,6 km kurz vor dem Kafeneion in Ajiá rechts abzweigen; nach 200 m links und nach weiteren 300 m rechts, dann wieder links halten, nach nochmaligen 200 m stehen Sie vor den imposanten Ruinen der Basilika.

Im Volksmund wird die aus dem 10./11. Jh. stammende Basilika auch *Ajios Konstantínos und Ajía Eléni* genannt. Die dreischiffige Anlage (18 × 18,8 m), 1:1 proportioniert, zeigt drei halbkreisförmige Apsiden. Die Seitenschiffe waren ehemals durch je drei monolithische Säulen vom Mittelschiff abgegrenzt: zwei aus rotem Marmor, die anderen vier aus Granit. Die bis zu 2 m hohen Längswände zeigen Spolien eines frühchristlichen Vorgängerbaus. Im westlichen Joch des Nordschiffes ist noch ein aus Ziegeln gemauerter Gratansatz des Kreuzgratgewölbes der Seitenschiffe erhalten.

**Ajía Galíni** (›Heilige Meeresstille‹)
*Nomós Réthimnon, Bezirk Ajios Wassílios*
Sehr beliebter romantischer Fischerort an der Südküste Kretas. Großes Angebot von kleineren Hotels und Privatunterkünften. Günstiger Ausgangspunkt für Tagestouren in die Messará (Festós,

Mátala etc.), zur Kamáres-Grotte und zu den vielen kleinen byzantinischen Kapellen der Bezirke Ajios Wassílios, Amári und Pirjiótissa. Ein schöner Strand liegt nur wenig außerhalb der Ortschaft.

### **Ajía Paraskewí,** Panajía-Kapelle

*Nomós Réthimnon, Bezirk Amári*

Einfache Einraumkapelle, Datierung der Fresken: 1516. Hervorragende Malereien, die die Blüte der *kretischen Schule* ankündigen. Ikonographische Besonderheit: im Gewölbe über dem Altarraum sind Himmelfahrt (im Norden) *und* Pfingsten (im Süden) dargestellt. Die Dekoration in der Sockelzone des Altarraumes (gemalter Vorhang mit floralen Rankenmotiven) war bei vielen kretischen Kirchen des 15. Jh. als Ersatz für einen Ikonostas gebräuchlich.

### **Ajía Rúmeli** (das antike Tárrha)

*Nomós Chaniá, Bezirk Sfakiá*

Kleine Streusiedlung am südlichen Ausgang der Samariá-Schlucht. Während der Sommermonate ein touristisch hochfrequentierter Ort für Tagesbesucher, da von hier aus täglich bis zu 1000 Wanderer in der Samariá-Schlucht (s. S. 353) mit dem Boot nach Chóra Sfakíon gebracht werden. Gute Privatunterkünfte und ein schöner Kieselstrand. Lohnender Aufenthalt für mehrere Tage gerade für den geologisch und botanisch Interessierten.

Von dem *antiken Tárrha* sind nur wenige Baureste zu erkennen; die Grundmauern an der Ostseite des Flußbettes gehören vornehmlich dem Mittelalter an. Die antike Stadt lag weiter landeinwärts; an dieser Stelle hat sich die Südküste – vorwiegend durch tektonische, weniger durch eustatische Vorgänge – in der Zeit nach dem 3. Jh. n. Chr. um ca. 3,6 m gehoben, die heutige Strandbildung ist also relativ jung (s. Küstenverlauf S. 329). Das archäologisch noch nicht systematisch erforschte Gebiet war möglicherweise schon während des 2. vorchristlichen Jahrtausends ein minoischer Hafen. Aus römischer Zeit entdeckte man mehrere Streufunde, Gräber und einen Brocken Glasmasse, der auf eine hochentwickelte Glashütte schließen läßt (s. Archäologisches Museum, Chaniá).

Von Pausanias[1] erfahren wir, daß in Tárrha der Sühnepriester *Karmanor* Apollon und Artemis von der Blutschuld reinigte, die sie durch den Mord des Drachen Python von Delphi auf sich geladen hatten. Mit Sicherheit stand an diesem Ort der Südküste ein *Apollon-Tempel,* und zwar an der Stelle der byzantinischen Panajía-Kirche (ca. 200 m landeinwärts, links leicht erhöht), dessen Reste 1416 Buondelmonti noch beschrieben hat. Die bei der Kirche sichtbaren Fragmente eines hellenistisch-römischen Mosaiks gehörten wohl zum Temenos des Apollon-Heiligtums. Karmanor soll auch der Vater des/der Chrysothemis gewesen sein, der/die beim ersten Gesangswettbewerb der Antike in Delphi den 1. Preis erhielt. Pausanias gibt auch einen Hinweis auf das ›minoische Tárrha‹: danach soll Akakallis (auch Akalle genannt), Tochter des Minos und der Pasiphaë, mit Apollon im Hause Karmanors eine Liebesbeziehung gehabt haben.

Von Ajía Rúmeli gibt es zwei grandiose Wanderwege nach Chóra Sfakíon (ca. 7–9 Stunden). Das erste Wegstück bis zur Ajios Páwlos-Kirche ist für beide Wege gleich und verläuft ca. 1,5 Stunden östlich entlang der Südküste.

**Ajios Páwlos** (Abb. 102): Kreuzkuppelkirche mit dem Grundriß eines freistehenden griechischen Kreuzes mit innen und außen rechtwinklig geschlossenen Kreuzarmen; Gründung von Johannes o Xenos 10./11. Jh. Die wenigen Freskenfragmente: Geburt Christi und Darbringung im Tempel, gehören der antiklassischen Richtung des 13. Jh. (?) an.

**1. Wanderung entlang der Küste:** Bis zur nächsten Ortschaft nach Lutró (das antike Phoenix) ca. 3,5–4 Stunden und weiter nach Chóra Sfakíon weitere 2,5 Stunden.

**2. Wanderung, auf einem 600 m hohen Höhenpfad:** Von der Ajios Páwlos-Kirche ca. 0,5 Stunden bis zu einem Schluchteingang der Südküste folgen. Etwa 20 Minuten westlich der Schlucht, dann östlich dem Pfad folgen (rote Markierung beachten!). Nach ca. 2,5 Stunden sehr hartem Aufstieg links zur

1 Pausanias: *Beschreibung Griechenlands* 2.7, 7; 8.53, 4; 10.7, 2; 16, 5; 30.3

kleinen Ortschaft Ajios Ioánnis; rechts führt der Weg direkt nach Arádhena. Vor Erreichen von Ajios Ioánnis liegt rechts die Ajios Ioánnis-Kapelle und links die Panajía-Kapelle. Oberhalb der beiden Kirchen beginnt rechts, Richtung Osten, der schöne und bequeme Höhenweg: bis Arádhena (s. S. 277) ca. 1,5 Stunden; hier dem Weg in die Schlucht folgen und an den östlichen Steilhängen den Serpentinenweg wieder hinauf, bis nach Anópolis ca. 1,0 Stunden; von hier aus gelangt man in ca. 1,5 Stunden nach Lutró und über die Asphaltstraße mit einem Linienbus nach Chóra Sfakíon.

## **Ajía Triádha** s. S. 224

## **Ajíoi Dhéka** (›Heilige Zehn‹)

*Nomós Iráklion, Bezirk Kainuríu*

Der Name geht auf die zehn kretischen Bischöfe zurück, die sich weigerten, an der öffentlichen Einweihung des heidnischen Tyche-Tempels in Górtys teilzunehmen; nach einmonatiger Folterhaft während der Christenverfolgungen des Decius und des Valerian wurden sie hier am 23. Dez. 250 durch das Schwert hingerichtet. Die einfachen, aus dem Felsen herausgearbeiteten Gräber befinden sich am südlichen Dorfzugang (s. Hinweisschild). Die Kapelle über den Gräbern stammt aus dem 20. Jh. In konstantinischer Zeit wurden ihre Reliquien von Górtys nach Ajíoi Dhéka und später nochmals an einen unbekannten Ort umgebettet: Nahe dieser Stelle entdeckte man 1984, nur 100 m rechts der Asphaltstraße, direkt am Ortsschild, wenn man von Süden kommt, eine spätantike/frühchristliche Nekropole mit mehreren Marmorsarkophagen. – Die Ajíoi Dhéka-Basilika (in der Ortsmitte) ist eine dreischiffige Basilika mit Narthex (13./14. Jh.) auf den Grundmauern eines frühchristlichen Vorgängerbaus. Monolithische Säulen und Marmorfußboden stammen aus frühbyzantinischer (?) Zeit.

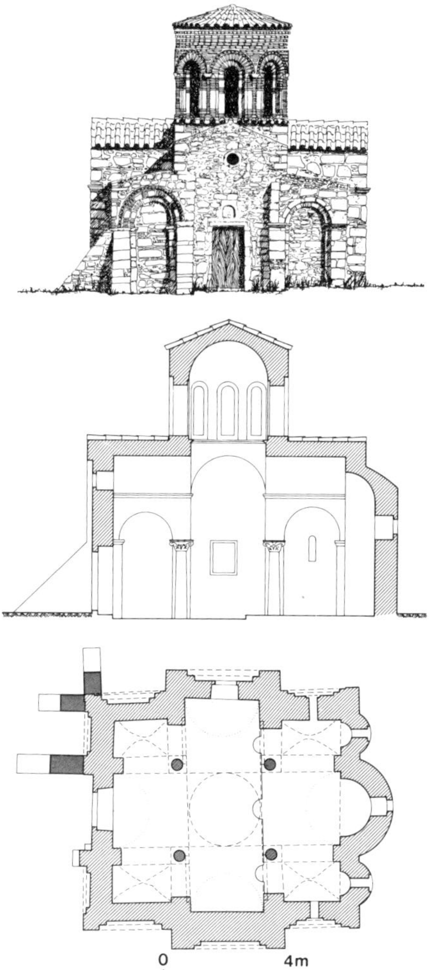


*Ajios Dimítrios außerhalb von Ajios Dimítrios. Nach K. Gallas*

## **Ajios Dimítrios,** Ajios Dimítrios-Kirche

*Nomós Réthimnon, Bezirk Réthimnon*

Einfacher Vierstützentypus mit vier gleich großen Eckräumen nach der in Konstantinopel üblichen byzantinischen Architektur. Die tektonisch gegliederten Fassaden und der 1971 rekonstruierte Tambour greifen Elemente der komnenischen Blendarkaden-Architektur des 11./12. Jh. auf. In der südlichen Apsidiole das Freskofragment eines Heiligen, das stilistisch ins 14. Jh. gehört.

**Ajios Ioánnis** (in der Messará), 4/94
Ajios Páwlos-Kirche (Abb. 104)
*Nomós Iráklion, Bezirk Pirjiótissa*
Das Kirchlein liegt an der Straße Festós-Mátala, kurz hinter der Abzweigung nach Ajios Ioánnis, links der Straße auf einem Friedhof.

Die Ajios Páwlos-Kirche gehört zu den ältesten christlichen Baudenkmälern der Insel Kreta und besteht aus drei kleinen von Ost nach West additiv zusammengefügten Baukörpern aus drei verschiedenen Bauphasen: der älteste Teil, der heutige Altarraum im Osten, gehört der frühchristlichen Periode (!) des 5./6. Jh. (?) an und wurde wahrscheinlich als Baptisterium genutzt. Dieser kubische Zentralbau mit vier offenen Bogenstellungen (die später zugemauert wurden) nach Art eines Baldachins und einer Innenkreiskuppel wurde vielleicht als Taufkirche an der Stelle errichtet, wo der Apostel Paulus auf dem Wege nach Górtys die ersten Kreter taufte. Jedenfalls deutet die bemerkenswerte Inschrift der zweiten Baustufe auf einen wichtigen frühchristlichen Vorgängerbau hin. In der Inschrift von 1303/04 (am Kämpfer der Tambourkuppel) werden Kaiser Andronikos II. Paläologos (1283–1328),

*Ajios Páwlos außerhalb von Ajios Ioánnis. Nach K. Gallas*

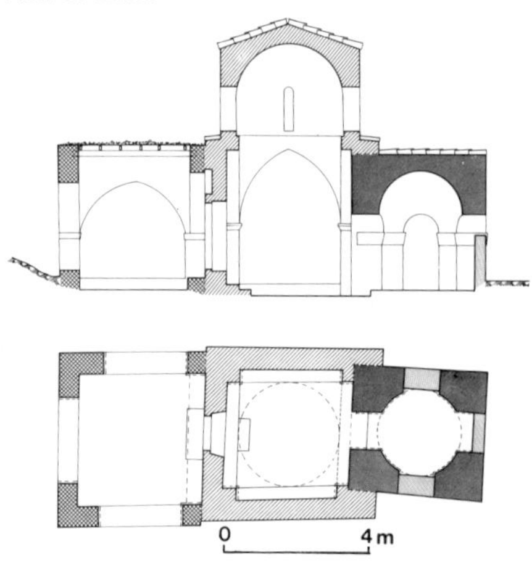


seine Gemahlin Irene (Jolanda Montferrat) und deren gemeinsamer Sohn Michael als Bauherren genannt. Ferner heißt es, daß »die dem Apostel Paulus« geweihte Kirche bei dem Dorfe ›Baptistíra‹ liege und »ein ehrwürdiges historisches Bauwerk« sei, das restauriert und umgebaut wurde. Damit nimmt die Inschrift direkt Bezug auf den frühchristlichen Taufort ›Baptistíra‹, der ursprünglich Ajios Ioánnis Baptistis (Johannes der Täufer) hieß und heute nur noch Ajios Ioánnis heißt. Im Volksmund heißt dieser Ort noch heute Lutró (›Bad‹)! Die dritte Baustufe wurde von den Venezianern im 15./16. Jh. als offener Narthex errichtet.

Die wenigen Freskenfragmente zeigen einen Rückgriff auf die ästhetischen Prinzipien der komnenischen Malerei vom Ende des 12. Jh. und lassen noch nichts von der paläologischen Stilrichtung erkennen, wie sie in der nahegelegenen Kirche von Ajía Triádha 1302/03 ausgeführt wurde.

**Ajios Jeórjios,** Ajios Jeórjios-Kirche
*Nomós Lassíthi, Bezirk Ierápetra*
Verlassene Ortschaft, die von Máles aus erreicht werden kann; 0,5 km nach Máles links, nach weiteren 1,5 km führt rechts ein Pfad (500 m) zur Kirche. Großräumige Einraumkapelle, aus zwei Bauphasen: Die Nordwand mit ihrer Arkadengliederung an der Außenfassade und die Ostwand mit der Apsis gehören zu einem byzantinischen Sakralbau des 12./13. Jh., der wahrscheinlich von dem Erdbeben des Jahres 1303 zerstört, dann von den Venezianern zu einer lateinischen Kirche wiederaufgebaut wurde; West- und Südwand sowie das Gewölbe und die abgestufte Apsiswölbung stammen aus dieser Wiederaufbauphase.

Die Malereien aus der Mitte des 14. Jh. sind repräsentativ für die *makedonische Schule* auf Kreta (s. Fig. S. 77). Eine ikonographisch höchst seltene Darstellung an der Westwand: unter der Wurzel Jesse sind links vier und rechts drei Philosophenfiguren als ›Ahnen Christi‹ dargestellt.

**Ajios Wassílios,** Ajios Ioánnis-Kapelle
*Nomós Iráklion, Bezirk Pedhiádha*
Die Kapelle liegt am nördlichen Hang eines Schluchteinganges, nur 15 Minuten außerhalb der

Ortschaft im Osten. Der Schlüssel wird in dem Kloster auf der gegenüberliegenden Schluchtseite aufbewahrt (landschaftlich sehr reizvolles Quellgebiet!).

Einfache Einraumkapelle mit Malereien der ›archaisierenden‹ Kunst vom Anfang des 14. Jh., gestiftet von Kaiser Andronikos II. Paläologos (1283–1328).

## Akonáki

*Nomós Iráklion, Bezirk Kainuría*

Etwa 1,8 km (südlich) nach den beiden Kaffeehäusern von Ajios Kýrillos, kurz vor einem Telefonmast, zweigt schräg links ein schlecht erkennbarer Pfad zum Tholosgrab ab (5 Min.). 1968 von I. Sakellarákis freigelegte Grabanlage vom Ende der Vor-Palastzeit. Die Anlage ähnelt sehr jener von Apesokári. Die ca. 6 m große Tholos war ausgeraubt, nur die drei östlichen Nebenräume waren unversehrt. Im Norden liegt der gepflasterte Eingangsbereich, ihm folgen zwei Kulträume; der dritte Raum, vor dem Rundbau mit gut erhaltenem Türsturz, diente Bestattungen. Die schmale Kammer im Norden wurde als Ossuarium genutzt.

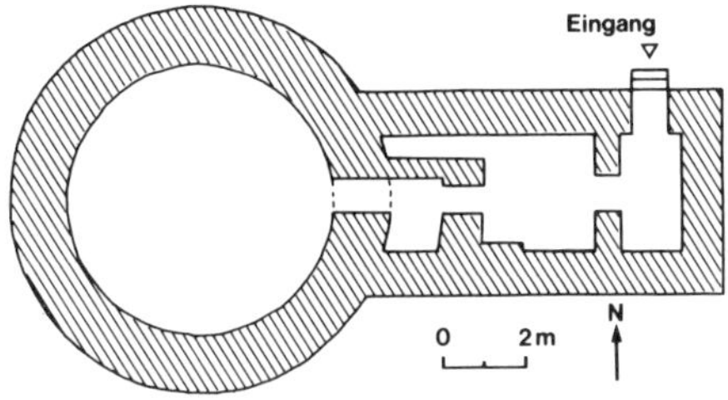


*Tholosgrab von Akonáki/Messará. Nach K. Gallas*

## **Alíkambos,** Panajía-Kirche

April 1994

*Nomós Chaniá, Bezirk Apokóronas*

Das Kirchlein liegt 0,7 km von der Hauptstraße Chóra-Sfakíon entfernt, links von einer scharfen Rechtskurve auf einem Friedhof, noch vor dem Dorf Alíkambos. Einfache Einraumkapelle mit Fresken von Johannes Pagomenos 1325/26. Mischung aus einheimisch/volkstümlichen Elementen und der paläologischen Kunstrichtung. Pagomenos bleibt aber stets dem Alten verhaftet, ihm gelingt keine wirklich räumliche Darstellung, seine Figuren aber zeigen Wirklichkeitsnähe und Körperlichkeit. Zu seinem Œuvre gehören sieben ausgemalte Kirchen, er ist der kretische Künstler, dessen Malereien wir am besten kennen (s. Moní, S. 335, Kawalarianá, S. 324 und Máza, S. 334).

## **Alikjanú,** Ajios Kír Ioánnis-Kirche

*Nomós Chaniá, Bezirk Kydonía*

Von Chaniá kommend nach der Brücke rechts und bei der Ajios Jeórjios-Kirche (14./15. Jh.?) wieder rechts, der Straße nach Kufós/Wathólakkos folgen, nach 1,3 km von der Ajios Jeórjios-Kirche aus erkennt man rechts im Orangenhain die Ajios Kír Ioánnis-Kirche, einen der interessantesten und ausgewogensten byzantinischen Sakralbauten Kretas. An dieser Stelle gründete 1004 Johannes o Xenos die Panajía Zoodhóchos Pijí-Kirche von Kufós (das Dorf liegt heute 2 km nördlich). Schon dieser Gründungsbau muß architektonisch anspruchsvoll und unprovinziell gewesen sein; eine venezianische Urkunde von 1212 sagt, daß Kufós im 11./12. Jh. seine Blütezeit erlebte. Die Gründungskirche fiel wahrscheinlich dem Erdbeben von 1303 zum Opfer. Der heutige Bau (ohne Tambourkuppel) stammt aus zwei Bauphasen und gehört aufgrund einiger architektonischer Details ins 14. Jh. Das wichtigste Datierungskriterium sind die rechteckig ausgebildeten westlichen Eckräume; eine Lösung, die in Konstantinopel erst seit dem 14. Jh. bekannt ist, vorher waren alle vier Eckräume annähernd gleich groß und quadratisch. Auch das Patrozinium geriet in Vergessenheit. Nach dem Wiederaufbau nannte man die Kirche nach dem Gründer Kír-Ioánnis. Der tektonisch gegliederte Baukörper zeigt wohlproportionierte Fassaden in der Art der komnenischen Blendarkadenarchitektur. Ebenfalls aus Konstantinopel beeinflußt ist die für Kreta sehr seltene Apsidenausbildung mit einer außen fünfseitig geschlossenen Mittelapsis und zwei rechtwinklig geschlossenen Seitenapsiden. Die Kirche gehört zur Gruppe der ›klassischen‹ Kreuzkuppelkirchen, von denen es auf Kreta nur Beispiele des *einfachen Vier-*

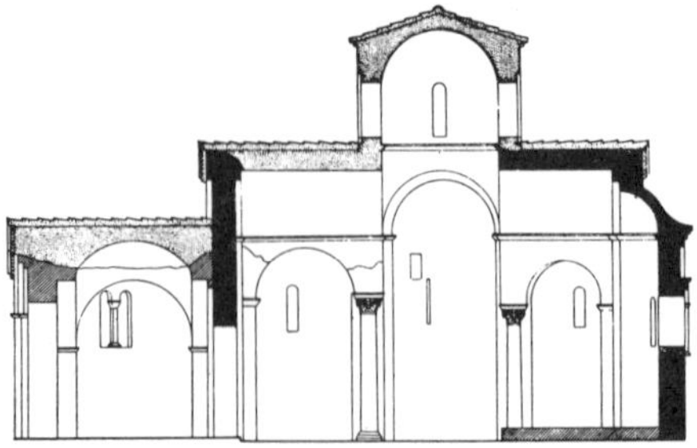

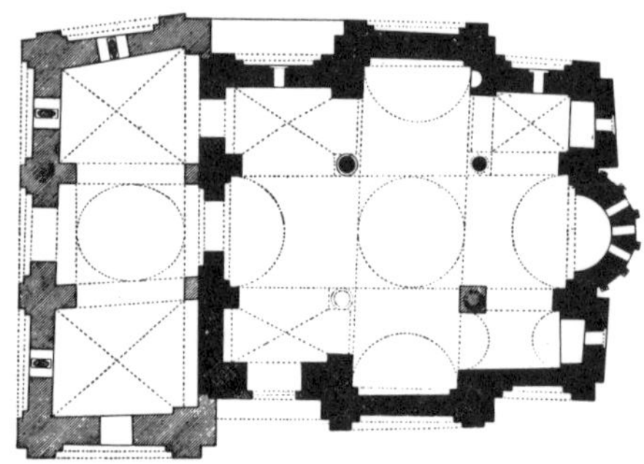

*Ajios Kir Ioánnis außerhalb von Alikjanú/Kydoniá (Grundriß, Schnitt, Ansichten). Nach A. Orlandos*

*stützentypus* gibt (insgesamt 24), wobei Kir Ioánnis mit seinen seitlich sichtbaren Kreuzarmen ein Sondertypus ist, davon findet man auf Kreta insgesamt vier Bauten (z. B. Lambiní, s. S. 330). Auch der Narthex, nur wenig später angebaut, folgt den Gestaltungsprinzipien der Kreuzkuppelkirche.

Die wenigen Fresken gehören der frühen Phase der kretischen Malschule (?) an und erinnern an einen Ikonen nachempfundenen Stil.

## Almirídha

*Nomós Chaniá, Bezirk Apokóronas*

Von Westen kommend liegen vor der Ortseinfahrt links der Straße (Richtung Küste) die Grundmauern einer 1988/89 untersuchten frühchristlichen Basilika. Die dreischiffige Anlage mit Doppel-Narthex zeigt Fußbodenmosaike mit seltenen geometrischen Motiven, die eine Datierung ins späte 5. Jh. erlauben.

**Amári,** Ajía 'Anna-Kirche

*Nomós Réthimnon, Bezirk Amári*

Bei der Ortseinfahrt zweigt gegenüber der Post, direkt beim Ortsschild rechts, eine Schotterstraße ab, nach etwa 600 m liegt rechts des Weges leicht erhöht im Wiesengrund die Ajía 'Anna-Kapelle.

Von der ehemaligen Zweiraumkapelle ist nur noch das Nordschiff mit einer von vier Blendarkaden gestalteten Nordfassade erhalten. Die spärlichen Malereien im Innenraum sind die einzigen datierten Fresken des 13. Jh. auf Kreta; sie entstanden, nach der fragmentarischen Inschrift (am Kämpfer der Apsiswölbung; Abb. 114), 1225. In der Apsis ist das ikonographisch seltene Thema der Muttergottes im Typus der ›Paraklesis‹ innerhalb der Deesis dargestellt: Auf der Schriftrolle, die sie in ihrer Hand hält, ist ein Dialog zwischen Mutter und Sohn (Christus) aufgezeichnet; danach tritt Maria als Mittlerin für die Erlösung der Menschheit ein. Auf Kreta existiert in der Kirche von Frés/Apokóronas ein zweites Beispiel dieser Darstellung.

**Amnisós**

*Nomós Iráklion, Bezirk Pedhiádha*

Die Existenz eines minoischen Hafens mit dem Namen Amnisós östlich von Knossós an der Nordküste Kretas gilt archäologisch und historisch als gesichert. Der Name erscheint bereits in den Ortslisten aus dem Totentempel Amenophis III. (1408–1373 v. Chr.) in Theben-West als 'á-m-ni-šá. Auch Homer erwähnt Amnisós als den Hafen von Knossós: Hier landete nach einer »heftigen Windsbraut, in des Amnisós gefährlicher Bucht ... bei der Grotte der Eileithýia« Odysseus und eilte in die Stadt (Odyssee 19, 188f.). Bei Strabon ist der Ort als »Epineíon des Minos« überliefert (10,4.76).

Der erste Ausgräber in Amnisós, Sp. Marinatos (1932–38), bemühte sich in besonderer Weise um die minoischen Hinterlassenschaften. 1932 entdeckte er u. a. einen Gebäudekomplex aus MM III, der bereits gegen Ende dieser Epoche zerstört worden war. Das schlecht wiederaufgebaute Haus wurde noch bis Ende SM I a bewohnt und dann endgültig verlassen. Nach dem hier gefundenen Fresko mit Lilienmotiven (s. AMI, XIV) nannte Marinatos das

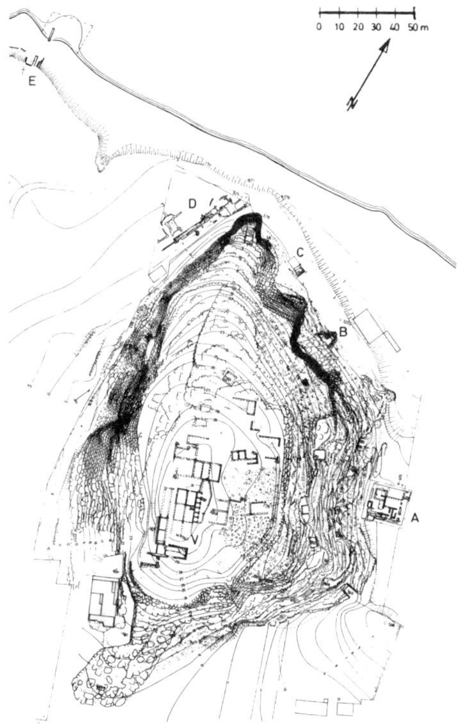


*Amnisós, der Hügel von Paleóchora. Nach Jörg Schäfer (Universität Heidelberg)*

Gebäude ›Villa der Lilien‹ bzw. ›Lilienvilla‹. Aufgrund der stark verschobenen Fundamentblöcke und der Bimssteinfunde entwickelte Marinatos die heute nicht mehr haltbare Theorie, daß der Vulkanausbruch von Santorin die Zerstörung des minoischen Kretas bedingt habe.

Jörg Schäfer von der Universität Heidelberg, der mit seinen Grabungen (1983–85) eine archäologische Gesamtinterpretation des Gebietes verfolgte, konnte für Amnisós eine lange Siedlungskontinuität nachweisen. Seine Untersuchungen galten verschiedenen Grabungsbereichen, einschließlich des Hafens und des Stadtareals. Es gelang ihm, die Trasse einer Straßenverbindung vom Hafen zum

Palast von Knossós nachzuweisen. Die gesamte Karterós-Bucht bei Amnisós, die noch weitgehend unerforscht ist, scheint von archäologischer Bedeutung zu sein, da sie von der minoischen bis zur venezianischen Epoche im 17. Jh. besiedelt war.

Der Name der Bucht und des in sie mündenden Flusses geht auf byzantinische Zeit zurück. Er erinnert an den Feldherrn Karterós aus Konstantinopel, der hier 826 gegen die Sarazenen eine entscheidende Niederlage erlitt, der die arabische Besetzung Kretas (826/27–961) folgte.

Auf dem unmittelbar am Meer gelegenen Hügel von Amnisós, heute Paleóchora genannt, wurden die folgenden Anlagen freigelegt: **A ›Villa der Lilien‹** aus MM IIIb, ein großzügig angelegtes Haus mit Polithyron und gepflasterter Terrasse, in dem Marinatos 1932 das Lilienfresko entdeckte. **B Ein Minoisches Brunnenhaus** aus SM IIIa bzw. SM IIIb. **C** Ein bereits von Marinatos untersuchtes und als **›Megaron‹** bezeichnetes Gebäude. An den Spolienquadern befanden sich Doppelaxtzeichen der Palastzeit. **D** An der Nordwestspitze des Hügels erstreckt sich unmittelbar an der untersten Hanglinie eine etwa 40 m lange Quadermauer mit Anbauten aus MM III. Über ihre Funktion kann z. Zt. keine Aussage getroffen werden. Die gefundenen Weihinschriften und hellenstischen baulichen Erweiterungen beweisen, daß hier Zeus Thenatas verehrt wurde. Auf einem Altar sind ein Adler (Zeus) und ein Falke (Hera) dargestellt. Mit Sicherheit existierte dieser Kult nicht schon in minoischer Zeit, sondern wurde erst von den Dorern eingeführt. **E** Das Gebäude aus der Zeit der Neuen Paläste ist teilweise vom Meer überspült, ein Beweis, daß sich die Wasserlinie seit der Bronzezeit verschoben hat. Der Meeresspiegel liegt heute ca. 3–4 m höher. Weiter westlich fand man in der Bucht auf einer Länge von etwa 750 m verschiedene Quader, die zu einer städtischen Siedlung gehörten. **V** Auf dem Hügelplateau liegen venezianische Baureste. Nach dem Bericht von Fr. Basilicata beabsichtigten 1630 die Venezianer an dieser Stelle einen militärischen Vorposten zu errichten, um Iráklion vor den drohenden Angriffen der Osmanen zusätzlich zu schützen. Die Festung wurde nie vollendet.

## Anemóspilia s. S. 281

## Anisaráki

*Nomós Chaniá, Bezirk Sélino*

Am Rande der lockeren Streusiedlung gibt es vier sehenswerte byzantinische Kapellen. Von Kándanos aus 2,1 km der Straße nach Teménia folgen; links führt ein Weg (bei der Weggabelung links halten) nach 200 m zur *Ajía 'Anna-Kirche* (rechts). Auf der Hauptstraße 0,2 km weiter Richtung Teménia, ebenfalls links Abzweigung zur *Ajios Jeórjios-Kapelle* (des ehemaligen Kastellianá), ca. 500 m, bei der Weggabelung links halten. Fährt man auf der Hauptstraße nochmals 0,2 km weiter, so liegt links ein Friedhof mit der *Panajía-Kapelle* (untere Terrasse) und der *Ajía Paraskewí-Kapelle* (obere Terrasse).

**Ajía 'Anna:** Einfache Einraumkapelle mit Fresken von 1462 und einem für Kreta seltenen steinernen Ikonostas. Am Triumphbogen der Ostwand ein seltenes Thema aus dem Alten Testament: Gastmahl des Abraham. Im südlichen Gewölbe (unteres Register, 2. Bildfeld von rechts) ebenfalls sehr selten: Liebkosung Mariens. Die *Malereien* zeigen den Stil der idealistischen Kunst der Kallergis-Lehnsgüter.

**Ajios Jeórjios:** Einfache Einraumkapelle mit Ziegeldekor an der Außenwand der Apsis. Die *Malereien* vom Ende des 13./Anfang des 14. Jh. folgen der lokalen Stilrichtung Westkretas: derbe Gestalten auf ockerfarbenem Inkarnat mit nur wenig Ausdruckskraft. Neben christologischen Themen sind vor allem Szenen aus dem Synaxarion des hl. Georgios dargestellt.

**Panajía** (Farbabb. 14): Einfache Einraumkapelle mit hochgezogenem spitzbogenförmigen Gewölbe, von Gurtbögen mit Konsolen nach venezianischer Bautradition unterstützt. Die *Malereien* aus den beiden letzten Jahrzehnten des 14. Jh. folgen der idealistischen Kunstrichtung der Kallergis-Lehnsgüter. Besonders eindrucksvoll sind im unteren Register der Nordseite (ganz links) die Darstellungen des Meeres und der Erde mit der symbolischen Auferstehung der Toten; ein Thema, das zum Jüngsten Gericht der Westwand gehört. Im mittleren Joch des unteren Registers die seltene Liebkosung Mariens.

**Ajía Paraskewí:** Einfache Einraumkapelle mit Fresken aus der ersten Hälfte des 14. Jh. *Malereien* der antiklassischen Stilrichtung; kräftige grüne Schatten mit linearen Lichtern modellieren ausdrucksvolle Gesichter und lebendige Gestalten.

## Anójia

*Nomós Réthimnon, Bezirk Mylopótamos*

Gebirgsdorf in 800 m Höhe, idealer Ausgangspunkt für Wanderungen zum Ida-Gebirge. Touristisch stark frequentierter Ort, da hier viele kretische Handarbeiten angeboten werden.

Das auf drei Terrassen angelegte Dorf wurde dreimal zerstört: 1821, 1866 und zuletzt am 15. August 1944 von der deutschen Wehrmacht, die nach der Entführung des auf Kreta kommandierenden deutschen Generals Karl Kreipe alle Männer des Dorfes hinrichten ließ und alle Häuser zerstörte.

**Ajios Ioánnis Pródromos-Kirche:** Einfache Zweiraumkapelle mit Fresken aus der ersten Hälfte des 14. Jh. im Südschiff. Paläologische *Malerei* von starker Plastizität, die starke Ähnlichkeiten mit den datierten Fresken in Ajios Mámas/Mylopótamos (1312–21) zeigt. Ikonographisch ganz ungewöhnlich plaziert ist der Judasverrat im Giebel der Westwand.

## Apáno Sými, Ajios Jeórjios-Kirche 27.3.97

*Nomós Lassíthi, Bezirk Ierápetra*

Einfache Einraumkapelle mit querliegendem Westnarthex und reizvollem Architekturschmuck an den Architravbalken des Süd- und Westportals. Erstklassige *Malerei* im Narthex von *Manuel Phokas* (1453), der gemeinsam mit seinem Bruder Johannes zum Vorläufer der kretischen Schule des 16. Jh. wurde. Wie in all seinen Werken gelingt es Phokas auch hier, die Ikonentechnik auf die Monumentalkunst der Freskomalerei zu übertragen. In Sými erzielt er auf aufgehelltem Inkarnat eine starke Schematisierung; die ausgewogenen und schlank proportionierten Gestalten besitzen für sich und in der Gesamtkomposition intensive Ausdruckskraft (Farbabb. 41). In der Einraumkapelle und in dem Westnarthex sind sich ergänzende Themen des christologischen und hagiologischen Zyklus dargestellt. Fresken im Schiff erste Hälfte 15. Jh.

oberhalb Kato Symi (schlechter Weg, unbewohnter bzw. Ferien-Ort, Kirche verschlossen)

## Apáno Wiánnos, Ajía Pelajía-Kirche

*Nomós Iráklion, Bezirk Wiánnos/Rizon*

Einfache Einraumkapelle mit Fresken von 1360. Gute *Malerei*, die eine Mischung aus provinziellen Elementen und nordgriechischen Einflüssen zeigt, ein wichtiges datiertes (!) Beispiel für die Weiterentwicklung der *makedonischen Schule* auf Kreta; breite, derbe Gesichter werden mit starken grünen Schatten auf dem kräftigen ockerfarbenen Inkarnat modelliert. Beachtenswerte ikonographische Besonderheiten: Vier Hierarchen mit dem Melismos in der Apsis, Opferung Isaaks an der nördlichen Wandzone des Altarraumes (rechts neben der Nische); im nördlichen Tonnengewölbe ist der einzige auf Kreta bekannte Zyklus aus dem Synaxarion der Kirchenpatronin Pelagia dargestellt (unteres Register): Verteilung ihres Besitzes an die Armen durch Bischof Nonnos – Versuchung durch den Teufel, der sich in Gestalt eines Archonten ihrer Einsiedelei naht – Besuch Jakobs bei der Heiligen auf dem Ölberg; eine für Kreta seltene Darstellung an der Laibung des Gurtbogens sind die hll. zehn Märtyrer von Górtys (s. S. 313, vgl. Kerá, S. 325).

## Apodhúlu

*Nomós Réthimnon, Bezirk Amári*

Apodhúlu im Süden Zentralkretas ist seit der Bronzezeit ein bedeutendes Siedlungsgebiet. Etwa 3 km südwestlich der Ortschaft wurde 1987/88 eine größere spätminoische Siedlung ausgegraben (Farbabb. 6). Eine minoische Nekropole der gleichen Epoche entdeckte man 6 km südlich von Apodhúlu: bisher wurden drei Tholosgräber freigelegt. Auf ein Grab von ähnlicher architektonischer Gestalt aus SM IIIb stieß C. Davaras bereits 1962 westlich des Dorfes (ca. 1,5 km der Hauptstraße Richtung Amári folgen; das Grab liegt gleich rechts der Straße).

Noch etwas weiter westlich zweigt bei einer Rechtskurve links ein Pfad zu einem Brunnenhaus ab. Hier liegt versteckt auf einer Terrasse die Ajios Jeórjios-Kirche. In der kleinen Einraumkapelle sind schöne Fresken mit volkstümlichem Charakter der antiklassischen Stilrichtung aus der Mitte des 14. Jh. zu sehen. Von der Kapelle bietet sich ein guter Blick über die Landschaft von Apodhúlu bis zur Südküste

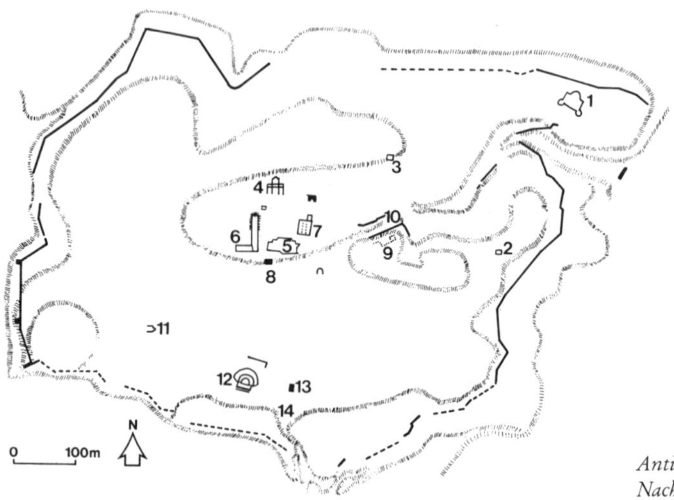


*Antikes Stadtgebiet von 'Aptera. Nach H. Drerup*

und das Grabungsgebiet, das ca. 2 km südöstlich liegt.

## 'Aptera

*Nomós Chaniá, Bezirk Apokóronas*

Am Eingang der Súdha-Bucht erstreckt sich an der Nordküste in einer Höhe von 231 m ein künstlich bearbeitetes Plateau, das mindestens seit der Epoche SM IIIa besiedelt war. Der Name 'Aptera ist auf einem Linear-B-Schrifttäfelchen von Knossós überliefert. Von Pausanias wissen wir, daß Bogenschützen aus 'Aptera als Söldner Spartas 668 v. Chr. im 2. Messenischen Krieg kämpften. Anfangs lebten die Menschen wohl vornehmlich nur im Osten des Plateaus, da sie von hier aus die unmittelbar anschließenden fruchtbaren Ebenen gut erreichen und bewirtschaften konnten. Später, besonders während der Blüte im 3. Jh. v. Chr., zur hellenistischen Zeit, verlagerte sich das Zentrum der Stadt zur Westseite; der Reichtum der Stadt gründete sich nun mehr und mehr auf den Seehandel, wobei die Súdha-Bucht ein guter Ankerplatz für die Handelsschiffe von 'Aptera war. Mit zunehmender Verunsicherung des Mittelmeerraumes wurde in der Antike das gesamte Plateau von einer 3,9 km langen Stadtmauer strategisch abgesichert, die insgesamt 2,7 $km^2$ Stadtraum umschloß. Von der Mauer ist am Osthang noch ein zusammenhängendes Stück von etwa 600 m Länge und bis zu 3 m Höhe erhalten. Das verhältnismäßig kleine Theaterrund an der Südflanke des Plateaus erlaubt aber den Rückschluß, daß die Stadt nicht dicht besiedelt war, sondern als Fluchtburg für die in dieser Gegend ansässigen Bauern diente. Aus venezianischen Urkunden[1] wissen wir, daß die Venezianer noch 1574 geplant hatten, 'Aptera wieder als Fluchtburg (vor der drohenden Türkengefahr) ausbauen zu lassen, was sie jedoch nicht realisierten. Ein venezianischer Plan von 1612[2] zeigt, daß 'Aptera zu dieser Zeit den gleichen Zerstörungsgrad aufwies wie heute. Die 1942 von Heinrich Drerup[3] durchgeführten Unter-

1 G. Gerola: *Monumenti Veneti nell'isola di Creta,* Venedig 1905, Bd. I, S. 550ff.

2 G. Gerola, *a. a. O.,* Abb. 330

3 H. Drerup: ›Paläokastro-Aptara‹, in: Fr. Matz: *Forschungen auf Kreta 1942,* Berlin 1951, S. 89–98 u. S. 99–105

suchungen der Stadtmauer und der einzelnen Bauwerke ließen schon damals erkennen, daß eine exakte archäologische Erforschung des Geländes dringend erforderlich ist. Im einzelnen können folgende Bauten besichtigt werden:

1 **Türkisches Kastell** aus der Zeit 1868/69; daß an dieser Stelle mit Blick über die gesamte Súdha-Bucht evtl. während der Antike ein (Artemis-?)Tempel stand, ist wahrscheinlich, archäologisch bisher aber nicht gesichert. **2 Hellenistischer Apollon-Tempel,** bei dem man Fragmente eines monumentalen Stier-Standbildes fand, das auf die Verehrung einer syrischen Gottheit hindeutet. **3 Byzantinische Baureste. 4 Byzantinische Klosterkirche** und ehemaliger Wirtschaftshof, der zum Besitz des Patmos-Klosters des Johannes gehörte (s. a. Stýlos, S. 356f.). **5 Bescheidene heutige Klosteranlage. 6 Monumentale römische Zisterne,** im rechten Winkel angelegt. Der 6,30 m breite Nordteil stand mit der inneren Stadtmauer in Verbindung. **7 Dreischiffige Zisterne** (24,7 × 18,5 m) aus römischer Zeit. **8** An dieser Stelle sind nur noch die **Fundamente einer Inschriftenwand** erhalten; 1864 fand C. Welscher hier eine Inschrift, die den Namen der antiken Stadt ›Aptara‹ erwähnte. **9 Kleines Heiligtum** aus zwei kammerähnlichen Räumen, das von der Ostseite zugänglich war. Das gute Quadermauerwerk deutet auf eine Entstehung um die Wende des 5./4. Jh. v. Chr. hin. **10 Römischer Quaderbau** mit Apsis und noch aufrechtstehender Längswand mit Arkadengliederung; vielleicht das Buleuterion der römischen Stadt. **11 Byzantinische Baureste. 12 Kleines griechisches Theater** (∅ der Orchestra 18 m, ∅ des Theaterrundes 55 m); die fragmentarischen Ziegelwände deuten auf einen römischen Umbau hin. Etwa 200 m weiter östlich steht ein Kalkofen, dem viel antikes Baumaterial zum Opfer fiel. **13 Reste eines dorischen Tempels des Dionysos** (?). **14 Verschiedene Felsengräber.**

## **Arádhena,** Michaíl Archángelos-Kirche (Farbabb. 11)

*Nomós Chaniá, Bezirk Sfakiá*

Nach Arádhena (ca. 1 Stunde) und weiter nach Ajios Ioánnis (nochmals 1,5 Stunden) führt von Anópolis ein reizvoller Wanderweg. Er ist durchgehend mit gelben und roten Markierungen gekennzeichnet.

Kreuzkuppelkirche des einfachen Vierstützentypus, die auf den Grundmauern einer frühchristlichen Basilika errichtet wurde. Die hochgezogene Sockelpartie der Ostapsis gehört zu dem ehemaligen halbkreisförmigen und gestuften Synthronon der frühchristlichen Mittelapsis. Die *Malereien* zeigen einen volkstümlichen Stil des 14. Jh.

## Archánes

*Nomós Iráklion, Bezirk Témenos*

Von Archánes aus können folgende Sehenswürdigkeiten besichtigt werden, die hier im einzelnen beschrieben werden: Júchtas-Gebirge, Anemóspilia, Nekropole Furní, Michail Archángelos-Kirche von Assómatos und das minoische Weingut Wathípetro. Der Ausflug nach Archánes ist sehr lohnend, man sollte sich mind. 1 Tag Zeit dafür nehmen!

kleines archäolog. Museum

### Júchtas 3/94

Östlich der Ausläufer des Ida-Massives lagert der Felsbrocken des *Júchtas* (811 m; Abb. 2), ein Berg voll mythischer Bedeutung, auf den die kretische Legende das Grab des Zeus verlegt. Im Schatten des Júchtas liegt, von Weinbergen umgeben, *Archánes,* heute ein wichtiger Ausgrabungsort für die minoische Forschung auf der Insel. Die Bedeutung des Júchtas in der minoischen Welt wird jedem Reisenden spätestens dann offenbar, wenn er vom Palast in Knossós Richtung Süden, in Verlängerung der Mittelachse des Zentralhofes, die markanten Konturen des Berges erblickt. Für die minoische Zeit konnte schon Evans auf dem Gipfel ein Bergheiligtum nachweisen. Keine Spur fand sich hingegen vom Grab des Zeus, von dem die kretische Legende berichtet (s. S. 13).

Oft gibt es eine Tradition der Heiligkeit eines Ortes durch die verschiedenen, einander im Laufe der Geschichte ablösenden Religionen. Dort, wo die Griechen ihren Zeus auf hohen Bergen verehrten, errichteten ihre orthodoxen Nachfahren meist Kapellen des Propheten Elias, der – wie der heidnische Gott – für das Wetter verantwortlich war. Auf dem Júchtas hingegen steht keine Kapelle des

Elias, sondern – ganz ungewöhnlich – eine der Metamórphosis Christú (›Verklärung Christi‹), die seit dem 6. Jh. zu den bedeutendsten Kirchenfesten der orthodoxen Kirche gehört aber in der lateinischen Kirche erst seit 1457 zu den partikularen Feiertagen zählt.

Zum Metamórphosis-Fest am 6. August jeden Jahres kommen von nah und fern, sogar aus der Inselhauptstadt Iráklion, die Menschen hierher. Sie bringen Brote mit, die sie segnen lassen; die Feier hat den Charakter eines Erntedankfestes. Sollte sich hierin die dunkle Erinnerung andeuten, daß der minoische ›Zeus‹, der sicherlich ehemals anders geheißen hat, ein Vegetationsgott war, dessen Sterben und Wiedererstehen den jahreszeitlichen Zyklus des Werdens und Vergehens der Natur verkörperte? In diesem Sinne ist das Metamórphosis-Fest auch als Vorwegnahme der Auferstehung Christi zu verstehen. Sollten Elemente der heidnischen Auffassung sich noch in dem christlichen Fest ausdrücken? Zumindest mag die kultische Bedeutung des Júchtas in minoischer Zeit dazu beigetragen haben, daß die orthodoxen Griechen auf dem Berge gerade eine Metamórphosis-Kapelle erbauten.

**Minoische Ausgrabungen in Archánes (Turkojitoniá)**

Das Grabungsgelände liegt (kommt man von Iráklion) gleich bei der Ortseinfahrt südwestlich der Dorfkirche (links der Hauptstraße) und ist nur mit Sondergenehmigung zu besichtigen.

Das von ca. 4000 Menschen bewohnte Archánes bedeckt schützend die Häuser seiner Vorfahren, der ersten Europäer. Schon A. Evans vermutete in Archánes eine minoische Siedlung, begann 1909 mit archäologischen Untersuchungen in und außerhalb der Ortschaft, entdeckte u. a. eine Rundquelle und sprach von einer »minoischen Sommerresidenz« von Knossós. Auch Marinatos und Platon waren von der Bedeutung von Archánes überzeugt. Aber

*Archánes, minoische Grabung von Turkojitoniá*

erst die seit 1964 von Evi Sapouna-Sakelláráki und Ioánnis Sakellarákis jährlich in dem *Turkojitoniá* genannten Gebiet von Archánes und in dem Landschaftsraum um den Júchtas durchgeführten Grabungen bewiesen, daß hier seit der minoischen Epoche ein stattliches Kult- und Verwaltungszentrum mit umgebender Wohnstadt und außerhalb liegender Nekropole (Furní) existierte, das nach Ansicht seiner Entdecker sogar ein Palast gewesen sein soll. Gemäß der üblichen wissenschaftlichen Definition ist ein minoischer Palast jedoch eine Anlage mit Zentralhof. Solange dieser in Archánes nicht gefunden wird, kann der Terminus Palast nicht angewendet werden. Nahezu alle Funde von Turkojitoniá/Archánes stammen bisher aus der Epoche SM I a/b. Neben repräsentativen Raumfolgen, einer Straße mit Kanalleitung, kostbaren Elfenbeinfunden, spärlichen Freskenfragmenten und formschöner Keramik, entdeckte das Archäologenehepaar auch einen gepflasterten Raum mit umlaufenden Sitzbänken, der in seiner architektonischen Gestalt große Ähnlichkeit mit dem ›Thronsaal‹ von Knossós zeigt.

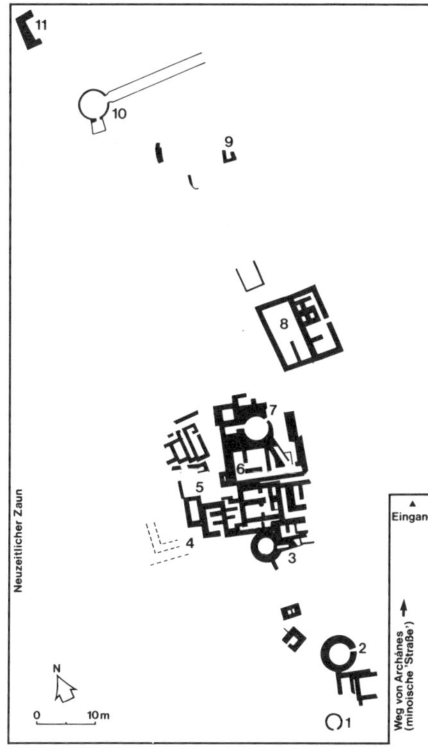

*Archánes, Nekropole Furní. Nach I. Sakellarákis*

## Nekropole Furní

(Öffnungszeiten, s. ›Wissenswertes von A–Z‹)

Die Nekropole ist umzäunt und abgeschlossen. Fragen Sie in der Taverne ›Bei Kostas‹, gegenüber der Kirche, nach dem Wächter (Fílakas) mit dem Schlüssel, der Ihnen sowohl den Weg nach Furní als auch nach Anemóspilia und Wathípetro zeigt.

Kurz vor der Dorfeinfahrt rechts bei der Schule der Straße folgen, die nach ca. 200 m wieder rechts abbiegt und dann in einer weiten erst Links- und dann Rechtskurve den Hang hinaufführt. Dort, wo sich der Schotterweg zu einem kleinen Platz bei einer scharfen Linkskurve weitet, geradeaus jenem Pfad folgen, der ehemals ein Wegstück der minoischen Straße war, die die Nekropole mit dem Palast und der Stadt verband (insgesamt ca. 20–30 Minuten Fußmarsch).

Seit Jahrhunderten stand auf diesem nordwestlich von Archánes gelegenen Hügel eine einfache Steinhütte, nach Art der Mitata-Rundhütten der Nídha-Hochebene (s. S. 319), der Form eines Ofens ähnlich; so nannte man Hütte und Hügel Furní (Ofen). 1964 entschlossen sich E. und I. Sakellarákis, dieses Bauwerk zu untersuchen: sie machten einen ihrer bedeutendsten Funde: das ungeplünderte Kuppelgrab einer Prinzessin oder Priesterin. Der von ihnen als Tholosgrab A (alpha) bezeichnete Grabbau konnte aufgrund der sensationellen Grabbeigaben in die mykenische Epoche datiert werden. Der obere Teil dieses Grabes ragte also Jahrhunderte, wenn nicht Jahrtausende, aus der Erde heraus. Weder die Hirten, die den oberen Kuppelteil als Schutzhütte benutzten, noch die Menschen der byzantinischen Zeit, die in die Wände des Baues ihre Namen ritzten, ahnten, was sich unter ihren Füßen befand.

*Archánes, Tholosgrab A: 8förmige Schilde aus Elfenbein, Schmuck eines Fußschemels (AMI, VI, 75 a)*

Kontinuierlich setzte das Ehepaar seine Erforschung des Hügels Furní fort. Die Ergebnisse müssen im Zusammenhang mit dem gesamten Siedlungsraum um den mythischen Júchtas gesehen werden. Furní ohne den minoischen Palast und die ihn umgebende Wohnstadt, ohne Anemóspilia und Wathípetro ist nicht denkbar. Die Grabungen auf Furní werden fortgesetzt und versprechen noch viel. Bisher kam eine der größten und, hinsichtlich ihrer Grabbeigaben, eine der bedeutendsten bronzezeitlichen Nekropolen im Mittelmeerbereich zutage. Seit FM II benutzt, läßt sich für diese ›Totenstadt‹ eine mehr als 1000jährige Konitnuität bis zur Epoche SM III a nachweisen (Funde s. AMI I, I, 11, 18 a und VI, 75 a, 88). Der Eingang zur Nekropole ist an der Ostseite. Zur Orientierung: der abfallende Hang links gibt den Blick nach Süden frei und das Tholosgrab A liegt ganz im Norden (rechts).

1 **Tholosgrab (Δ),** SM III a 1 mit einer mykenischen Frauenbestattung; 2 **Tholosgrab (E),** FM II, in dem 31 Sarkophage und zwei Bestattungen in Pithoi gefunden wurden; 3 **Tholosgrab (Γ),** FM III mit vorwiegend kykladischem Fundmaterial; wahrscheinlich waren hier während der Vor-Palastzeit von den Kykladen stammende Menschen, die auf Kreta eine Siedlung gegründet hatten, bestattet; 4 **Felsgelände:** in den Felsspalten wurden verschiedene Opfergaben (u. a. Kykladenidole) und Knochen von Tieropfern gefunden; 5 **Ossuarium (ΣT),** von FM II bis MM I a benutzt, eine Menge aufgestellter Schädel wurde auf dem Boden, in Larnakes und in Pithoi entdeckt; die wichtigsten Funde waren Siegel, auch solche mit Hieroglyphen; 6 **Ossuarium (E),** aus dem Beginn der Vor-Palastzeit mit vorwiegend Zweitbestattungen in Larnakes und Pithoi, bedeutendster Fund: ein palästinensischer Siegelzylinder aus Lapislazuli; 7 **Ossuarium (Z),** ebenfalls aus dem Beginn der Vor-Palastzeit mit wichtigen Siegelfunden; 7 **Tholosgrab (B),** über den Grundmauern des Ossuariums (Z) errichtet und von MM II bis SM III benutzt. Das Gebäude zeigt mehrere Umbauten; anfangs bestand die Tholos nur aus dem Rundbau, dem Dromos und der westlich anschließenden Grabkammer. Später fügte man die umliegenden Räume einschließlich eines Treppenhauses für das Obergeschoß hinzu. Während der Epoche SM III wurde die Tholos zugemauert; in die Wand wurden Hundeskelette eingemauert, den Fußboden erhöhte man und brachte die heute noch sichtbaren umlaufenden Sitzbänke an. Zwar haben Grabräuber auch diese Gebäude geplündert, doch fand man noch neben den über 1000 Schädeln Keramikgefäße, Freskenfragmente (!), Elfenbeinarbeiten und einen rundplastischen Stierkopf. 8 **Das Gebäude Δ** kann aufgrund der Bodenfunde (Webstuhl mit Gewichten, Weinpresse, Pithoi u. a.) und seiner Lage am Eingang der Nekropole ein Verwaltungs- und Wirtschaftsgebäude für den Totenkult gewesen sein. 9 Einzige bisher auf Kreta entdeckte künstliche **Kultgrotte,** aus dem gewachsenen Fels herausgearbeitet, über eine Steintreppe stieg man hinab.

**10 Ungeplündertes Tholosgrab (A)** einer mykenischen Prinzessin oder Priesterin. Es besteht aus dem von Osten auf das Grab zulaufenden Dromos, dem im Durchmesser 5,31 m großen Kuppelbau mit in Kragtechnik errichteter elliptischer Kuppelschale (sog. falsches Gewölbe) und südlich anschließender Grabkammer. Der Kuppelraum, in dem eine Zweitbestattung stattfand, wurde wahrscheinlich während der Nach-Palastzeit der minoischen Epoche ausgeraubt: nur Fragmente einer SM III-Larnax und eine für Kreta singuläre unberührte Pferdebestattung rechts (westlich) neben dem Eingang zur Grabkammer (AMI, VI, 75 a) wurden entdeckt, die kultisch im Zusammenhang mit der (älteren) Frauenbestattung stand. Die schwere Abdeckplatte der Tholos stürzte während der spätminoischen Epoche in das Grab hinein und versperrte so möglicherweise den Zugang, so daß die Grabräuber die schwere Arbeit scheuten und die Grabkammer unberührt ließen. Insgesamt entdeckte I. Sakellarákis 1964 in der Grabkammer 402 Fundobjekte; viele Querverbindungen des minoischen Kreta nach Zypern und zum mykenischen Herrschaftsbereich auf dem griechischen Festland klären sich damit auf. Besonders interessant ist, daß die Minoer den Verstorbenen auch ältere Erbstücke mitgaben (s. AMI, VI, 81 u. 88).

Die Knochenreste des Skelettes waren derartig zerstört, daß weder Geschlecht noch Alter der verstorbenen Person bestimmt werden konnten. Die Funde deuten jedoch auf die Bestattung einer wohlhabenden Frau hin, da viel Schmuck und keine Waffen mitgegeben worden waren. Nach der Larnax-Dekoration und den Bronzegefäßen gehört diese Bestattung in die Epoche SM III a. Die wichtigsten Funde waren die vielen Bronzegefäße, der kostbare Schmuck, 8förmige Elfenbeinschilde eines Fußschemels, der rechts vor der Larnax stand, und erlesene Keramik; wichtig war auch der Fund eines Stierschädels in der zugemauerten Eingangswand.

**11 Sieben mykenische Schachtgräber,** die unterschiedlich ausgerichtet sind.

*Archánes, Tholosgrab A der Nekropole Furní. Nach I. Sakellarákis*

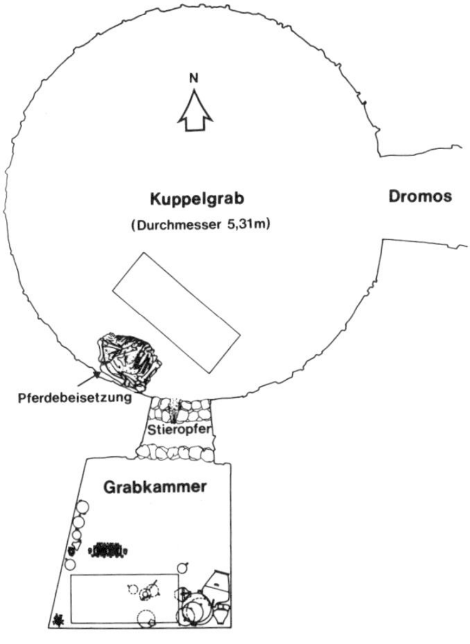


**Anemóspilia**

Vom Kirchplatz in Archánes bis zur entgegenkommenden Einbahnstraße fahren, hier rechts abbiegen und nach ca. 200 m (nach der Kapelle) wieder rechts. Die schlechte Schotterstraße führt nach ca. 3,4 km (bei der nächsten Straßengabelung links) zum Grabungsgelände.

Von Anfang an sah sich die Wissenschaft dem schwer erklärlichen Umstand dreier deutlicher Zäsuren in der Geschichte der Bronzezeit gegenüber: 1. Ende MM II, dreihundert Jahre nachdem auf Kreta die ersten Paläste errichtet worden waren, sanken diese überall auf der Insel in Trümmer. Schon bald aber traten neue Paläste an ihre Stelle. 2. Der ersten Katastrophe folgte gegen Ende SM III a1 eine zweite, die wiederum alle minoischen Zentren mit einem Schlag zerstörte. Mit Ausnahme von Knossós und Archánes wurden die minoischen Paläste endgültig vernichtet. Mykener übernahmen an der Wende von SM III a1 zu SM III a2 die Herrschaft auf Kreta. 3. Nochmals rund zweihundert Jahre später endete auch die mykenische Kultur, und die Welt der Ägäis fiel in einen Zustand der

*Archánes, Anemóspilia: Rekonstruktionszeichnung des minoischen Tempels mit dem ›Menschenopfer‹. Nach I. Sakellarákis/National Geographic Society, Washington*

Primitivität zurück, es folgten die ›Dunklen Jahrhunderte‹.

Schon Anfang unseres Jahrhunderts wurde die Hypothese aufgestellt, heftige Erdbeben seien die Ursache für die Zerstörungen auf Kreta gewesen. Die Häufigkeit schwerster Beben im Mittelmeerraum veranlaßte die Forscher zu dieser Annahme. Die Erdbebenthese ist mittlerweile für den Untergang der Alten Paläste Ende MM II allgemein anerkannt. 1979 gelang Evi und Ioánnis Sakellarákis am Fuße des mythischen Berges Júchtas eine Entdeckung, die uns gleichsam eine Momentaufnahme des Geschehens vor rund 3800 Jahren vermittelt: in Anemóspilia, den ›Höhlen des Windes‹, einem Platz von herber Schönheit an der Nordwestflanke des Júchtas. Als die Ausgräber hier aufgrund von Oberflächenfunden mit einer Routineuntersuchung begannen die Erde abzutragen, ereignete sich ein Zwischenfall, der die Besonderheit dessen, was da seiner Entdeckung harrte, schon anzudeuten schien. Ein des Weges kommender Bauer beglückwünschte die Archäologen, einen so guten Platz für ihre Arbeit gewählt zu haben und er sagte: »Hier singen die Vögel anders und schöner als sonst irgendwo auf Kreta!« Bald bestätigte dann auch ein einzigartiger Fund die Außergewöhnlichkeit des Ortes. Sakellarákis und seine Frau legten den bislang einzigen minoischen Tempel frei und sie entdeckten eindeutige Indizien für die in diesem Tempel abgehaltenen Kulthandlungen. Das Erdbeben von Ende MM II hatte die gerade stattfindende Zeremonie konserviert.

Langsam enthüllte das Bauwerk sein Geheimnis. Seine sakrale Funktion stand bald fest. Im Mittelraum hatte ein hölzernes Götterbild (Xoanon) gestanden, von dem vor allem zwei tönerne Füße übriggeblieben waren. Im östlichen Nebenraum fand man Hinweise auf unblutige Opfer. Der westliche Raum schien zunächst leer; immer tiefer gruben die Archäologen, und dann, knapp über dem gewachsenen Boden, fanden sie Skelette. Alles schien klar: diente der östliche Raum unblutigen, so der westliche blutigen Opfern. Alle Fundumstände waren so, daß sie mit den bildlichen Darstellungen minoischer Opfer auf dem bereits erwähnten Sarkophag von Ajía Triádha zusammenstimmten. Plötzlich aber die grausige Erkenntnis: hier war nicht, wie auf dem Sarkophag, ein Stier geopfert worden, sondern ein Mensch! Man hatte ihn auf den Altar gefesselt und geschächtet, wie den Stier auf dem Sarkophag. Sein aufgefangenes Blut wurde von einem Helfer (?) zum Götterbild im Mittelraum gebracht, der draußen im Gang, wie ein Priester und eine Priesterin im Opferraum, von dem zusammenstürzenden Gebäude erschlagen wurde.

Die Interpretation mit Mitteln der Archäologie und Gerichtsmedizin scheint eindeutig. Die Mediziner waren durch Untersuchung der Skelette sogar in der Lage, festzustellen, daß die Priesterin des Tempels an einer Blutkrankheit gelitten hatte. E. u. J. Sakellarákis nehmen an, daß die Priester das sich ankündigende Erdbeben durch Opfer für die Gottheit abwenden wollten. Sind also im bis zur Entdeckung von Anemóspilia so friedlich erscheinenden minoischen Kreta Menschenopfer an der Tagesordnung gewesen?

Nach heutiger Auffassung gab es Menschenopfer in den alten Kulturen des östlichen Mittelmeerraumes, doch bildeten sie eine Ausnahme. Der griechische Mythos berichtet, daß Agamemnon, Führer der Griechen, vor Troja seine Tochter Iphigenie opferte, um die Göttin Artemis zu versöhnen. Doch ähnlich wie der Gott des Alten Testaments das Opfer Isaaks nicht annahm, handelte auch Artemis und entführte Iphigenie ins Land der Taurer. Den Menschen der damaligen Zeit muß das Menschenopfer also als äußerstes Opfer erschienen sein. So könnten auch die Minoer im Angesicht der Katastrophe zu diesem Mittel gegriffen haben.

Während man im Narthex 150 Gefäße (zwei davon mit Linear-A-Schriftzeichen) sowie im mittleren und östlichen Raum ebenfalls zahlreiche Objekte entdeckte, fand man im westlichen Raum, als das Erdreich abgetragen war, außer dem auf dem Altar liegenden Menschenopfer – ein etwa 18jähriger, 1,65 m großer Mann, direkt neben dem Altar das Skelett eines 30jährigen Mannes mit einem Ring aus Eisen (der in der Bronzezeit einen höheren Wert als Gold hatte) und in der Südwestecke das einer Frau. Zwischen dem Skelett des Geopferten befanden sich ein 40,6 cm langes ›Bronzeschwert‹, darauf eingraviert ein Mischwesen, und ein Halbedelsteinsiegel, mit der Darstellung eines Mannes, der ein Boot vorwärts stakt. Das Skelett lag mit dem Kopf nach Süden gerichtet auf seiner rechten Schulter, also mit der Herzseite nach oben, während die Unterschenkel bis zum Gesäß abgewinkelt und gefesselt waren. Die Knochen der obenliegenden Herzseite waren weiß, die der unteren Seite geschwärzt. Gerichtsmedizinisch läßt sich daraus eindeutig die Todesursache durch Blutverlust unter Feuereinwirkung bestimmen. Was war geschehen? Das Erdbeben zerstörte den künstlich beleuchteten Tempel, der sofort Feuer fing. In diesem Augenblick wurde die Opferhandlung unterbrochen; der Priester, der mit dem ›Schwert‹ die Halsschlagader durchstoßen hatte, stürzte zu Boden. Der junge Mann verblutete, sein Herz kam zum Stillstand. Das Eisen in den roten Blutkörperchen färbte unter der Feuereinwirkung die Knochen der unteren Körperhälfte, deren Adern noch blutgefüllt waren, schwarz; in der ausgebluteten Körperhälfte hingegen blieben die Knochen weiß.

Die Diskussion um diesen Fund ist in der Fachwissenschaft noch nicht beendet. Nicht nur die von Sakellarákis vorgegebene Datierung als auch die Theorie einer Menschenopferung überhaupt werden von vielen Forschern angezweifelt (s. S. 32). Vor allem griechische Archäologen weisen darauf hin, daß die Grabung von Anemóspilia noch nicht abgeschlossen ist, das freigelegte Gebäude halten sie nicht für einen Tempel, sondern für einen Teil der Magazine des minoischen Gipfelheiligtums auf dem Júchtas. Die Athener Akademie propagiert eine Fortsetzung der Grabung. Zur Opferung wird festgestellt, daß das ›Bronzeschwert‹ eine Lanzenspitze gewesen sein könnte. Und wieso wurde in

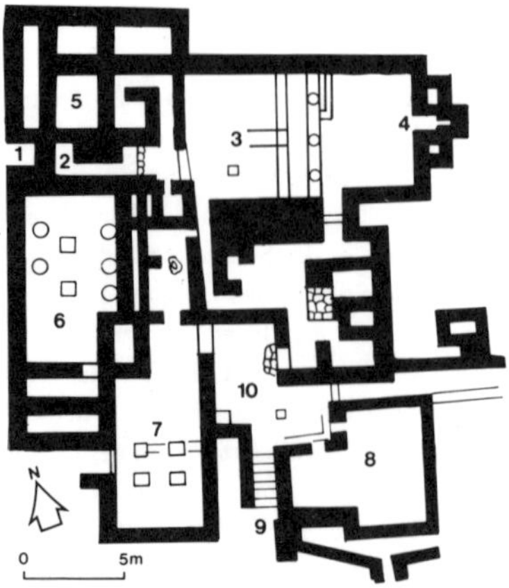


*Archánes, Minoischer Landsitz Wathípetro. Nach Sp. Marinatos*

Anemóspilia das blutige Opfer von einem Priester und nicht, wie auf dem Sarkophag von Ajía Triádha, von einer Priesterin ausgeführt?

10.4.97

**Assómatos,** Michaíl Archángelos-Kirche

Auf der südlichen Platía von Archánes, in der Taverne mit schattigen Bäumen bei ›Jeórjios‹, nach dem Schlüssel der Kirche fragen. Von hier aus vorbei an dem Hotel Dhia Richtung Wathípetro; nach ca. 1,5 km (beim Schild ~~OTE~~) links dem Fußpfad folgen; bei den nächsten beiden Abzweigungen stets links halten, nach weiteren 1,5 km liegt links unterhalb einer engen Linkskurve die Kapelle.

„Assomatos" Betonweg

Einfache Einraumkapelle mit Fresken von 1315/1316. Der Pilaster im Norden ist byzantinisch, die Konsole im Süden des Innenraumes zeigt venezianische Einflüsse. Die Malereien von Assómatos gehören zu den frühesten datierten Beispielen mit paläologischen Einflüssen und lassen einen starken Realismus erkennen (z. B. die Ohnmacht der Gottesmutter bei der Kreuzigung). Ikonographisch interessant ist der Erzengel Michael-Zyklus, der im gesamten byzantinischen Raum selten, auf Kreta jedoch häufiger aufgegriffen wurde (s. a. Wathí, S. 360, Kawalarianá, S. 324). Im Tonnengewölbe des

Sarakína S. 354

Innenraumes sind zu sehen im oberen Register, Norden: Michael bzw. die hl. Dreifaltigkeit retten Lot aus dem Untergang von Sodom; Feuer vom Himmel vernichtet Sodom; der Kampf Jakobs mit dem Erzengel; Süden: Michael spricht mit dem Propheten Habakuk, der Daniel speist (AT, Daniel XII, 37–39); Michael befreit Petrus aus dem Gefängnis; das Wunder des Erzengels zu Chonai; Südwand: Trompeten von Jericho mit monumentaler Erzengel-Darstellung; Westwand (links): Der Stifter Michael Patsidiotis und seine Gemahlin mit überlebensgroßem Erzengel.

**Wathípetro**

Das 1949 von Sp. Marinatos südöstlich vom Júchtas aufgrund zufälliger Oberflächenfunde archäologisch unvollständig erforschte Gebäude stellt sich als landwirtschaftliches Produktionszentrum dar, das an der Wende MM III/SM I errichtet und Mitte SM Ib verlassen wurde. Man entdeckte eine Weinkelterei, eine Weberei, eine Töpferei und Lagerräume. In dieser Gegend, in der noch heute die besten Rebsorten der Insel gedeihen, wurde schon von den Minoern die Traube kultiviert und der Weinanbau gepflegt.

**1 Kultnische** für Opferungen im Freien. **2 Kultgrotte** und Schatzkammer (?), in der die bedeutendsten Funde von Wathípetro gemacht wurden. **3 Hauptraum** des minoischen Landsitzes, dem sich im Osten eine Vorhalle mit drei Säulen und ein großzügiger Hof anschließen. **4 Grundmauern eines Heiligtums** mit einer dreiteiligen ›Kultfassade‹; es entspricht nach Marinatos' Vorstellung dem Heiligtum in Knossós und der Darstellung auf dem Miniaturfresko von Knossós (s. S. 196). **5 Magazin** und Nebenräume. **6 Zweipfeilerraum,** heute wieder überdacht, hier werden 16 in situ belassene Vorratsgefäße aufbewahrt. **7 Halle** mit vier Pfeilerbasen. **8 Wieder überdachter Raum,** der Fußboden und vor allem eine Weinpresse, in der die Trauben mit den Füßen zerstampft wurden, sind hervorragend erhalten. In der Nordwestecke eine Olivenpresse; ferner Gebrauchskeramik, Webgewichte (runde Tongegenstände mit Einkerbungen). **9 Treppe** zum Obergeschoß. **10 Innenhof.**

## Arméni (mykenische Nekropole)

*Nomós Réthimnon, Bezirk Réthimnon*

Kurz vor Arméni (nördlich) breitet sich westlich der Straße (rechts) eine der größten mykenischen Nekropolen Kretas aus. Die mehr als 100 Felskammergräber zeigen eine gute Architektur mit treppenartigen Dromoi und gehören der Zeit SM III an. Die hier gefundenen Larnakes zeigen bemerkenswerte Jagd- und Tierszenen (Museen Chaniá und Réthimnon). Etwa 700 m nordwestlich der Nekropole liegt die dazugehörige (noch nicht ausgegrabene) Siedlung.

## Awdhú 25.3.97

*Nomós Iráklion, Bezirk Pedhiádha*

Vor dem Dorfeingang (von der Nordküste kommend) zweigt rechts eine Straße ab, bei der 2. Weggabelung rechts und nach der kleinen Brücke wieder rechts, dann liegt links des Weges die *Ajios Konstantínos-Kirche* (insgesamt von der Hauptstraße 0,8 km). Das *Ajios Antónios-Kirchlein* erreicht man vom ersten Kafeneion (rechts der Straße) aus; gegenüber führt links ein kleines Sträßchen nach ca. 500 m zur Kapelle (erste Straße links, dann rechts).

**Ajios Konstantínos:** Einfache Einraumkapelle mit Fresken von hoher Qualität von *Manuel und Johannes Phokas* (1445). Die Malereien zeigen eine Schematisierung bei der Gesichtsmodellierung der Heiligen, typisch für die Brüder Phokas, die Wegbereiter der *kretischen Schule* (s. S. 75). Ikonographisch interessant sind der hl. Phanurios als Diakon (rechts neben der Apsis), der sonst nur in Zarós (s. S. 360) und Walsamónero (s. S. 339) dargestellt ist, und die (stark zerstörten) Szenen aus dem Synaxarion Konstantins d. Gr. an der Nordwand (u. a. Auffindung des hl. Kreuzes und Kreuzesvision). Das wertvollste Fresko ist der Marientod am Giebel der Westwand.

**Ajios Antónios:** Einfache Einraumkapelle mit Fresken vom Anfang des 14. Jh. Der eigenwillige Malstil zeigt Eintönigkeit mit kräftiger brauner Zeichnung. Die Heiligen mit ihrer expressiven Gestik und der im Todeskampf gekrümmte Körper Christi offenbaren Einflüsse des neuen paläologischen Stils. Einzigartig für Kreta ist der *gemalte*, ›künstliche‹ Gurtbogen im Tonnengewölbe, mit dem der Künstler die sonst durch einen gemauerten Gurtbogen gegliederte Malfläche unterteilte.

## Axós

*Nomós Réthimnon, Bezirk Mylopótamos*

Reizvolles Gebirgsdorf; günstiger Standort für Wanderungen ins Ida-Gebirge. Nach der Mytholo-

*Larnax von der mykenischen Nekropole Arméni/Réthimnon (Archäologisches Museum, Chaniá)*

gie wurde Axós von Oaxos, Sohn der Akakallis, Tochter des Minos, gegründet. Von der archaisch-griechischen Stadt, die besonders im 8./7. Jh. v. Chr. Bedeutung erlangte, legten 1899 italienische Archäologen spärliche Reste einer Akropolis und einer Unterstadt frei. Von besonderem Wert sind die in Axós gefundenen Bronzearbeiten (Helme, Mitra etc., Abb. 38, 39); die Grabung selbst ist im Gelände kaum auffindbar.

Daß Axós auch in der frühchristlichen und byzantinischen Zeit eine wichtige kretische Bergstadt war, dafür sprechen die vielen byzantinischen Kirchen der Ortschaft, von denen die Ajios Ioánnis-Kirche mit kostbaren Fresken ausgeschmückt ist.

**Ajios Ioánnis:** Einfache Einraumkapelle auf den Grundmauern einer frühchristlichen Basilika, von der Reste des Mosaikfußbodens erhalten sind. Die Fresken zeigen eine gute Malerei des akademischen Stils, der zur Wende des 14./15. Jh. in den Lehnsgütern der Kallergis üblich war. Ikonographisch selten sind die drei Szenen aus dem Leben Johannes des Täufers im südlichen Tonnengewölbe (Geburt, Gastmahl des Herodes, Enthauptung) und die Hand Gottes, die Seelen festhält (im Scheitel des westlichen Gurtbogens).

**Ajía Irini:** Interessanter byzantinischer Sakralbau, der aus zwei Baustufen besteht: der Einraumkapelle

*Das MM I-Ovalhaus von Chamézi/Sitía. Nach St. Xanthoudides/C. Davaras*

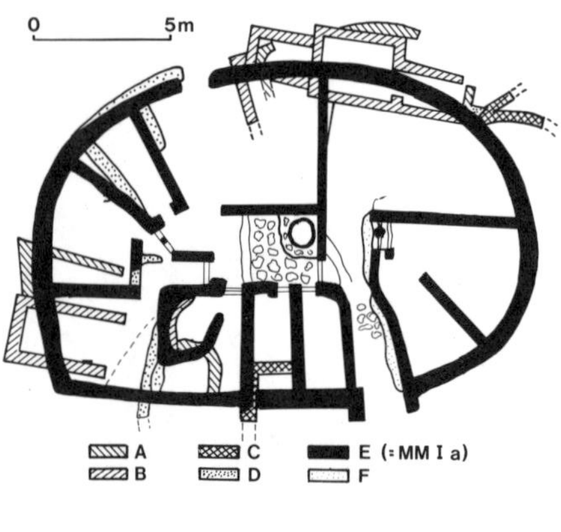


im Osten mit Freskenfragmenten des 13./14. Jh. (?) und der einfachen Kreuzkuppelkirche als westlichem Narthexanbau. Der elegante Tambour mit seinen kranzförmigen Arkaden, die wie eine Krone den harmonisch gegliederten Kuppelbau schmükken, ist neben der Panajía-Kirche in Potamiés das einzige kretische Beispiel dieses venezianisch beeinflußten Schmuckmotivs. Ebenfalls mit Arkaden, aber ohne Säulengliederung, ist auch der Tambour der Ajios Jeórjios-Kirche in Episkoí/Ierápetra gegliedert (s. S. 293).

## Balí

*Nomós Réthimnon, Bezirk Mylopótamos*

Etwa auf halber Strecke zwischen Iráklion und Réthimnon liegt in einer eindrucksvollen Küstenlandschaft das Fischerdorf Balí. Seit Jahren vom Tourismus stark frequentiert, hat sich der Ort Charme und Ausstrahlung bewahrt. Die verhältnismäßig junge Siedlung stammt aus türkischer Zeit. Ihr ursprünglicher Name ›Méli‹ (Honig) entwickelte sich unter den Osmanen zu ›Balí‹. In antiker, vorchristlicher Zeit soll hier Astáli, der Hafen der dorischen Stadt Axós gelegen haben. Archäologische Untersuchungen wurden bisher nicht durchgeführt.

Südlich der neuen Küstenstraße erreicht man nach etwa 10 Minuten das Kloster Ajios Ioánnis Chrysóstamos Atális (Balí). Der Beiname Atális erinnert an Astáli und spricht für die Existenz des antiken Hafens. Das Kloster ist ein vorbildliches Beispiel für die Rettung traditioneller Architektur in Kreta. Bis 1983 eine Ruine, wurde es sehr einfühlsam restauriert. Heute lädt der heilige Ort zum langen Verweilen ein. Die älteste inschriftliche Erwähnung des Klosters geht auf das Jahr 1635 zurück. Die Fresken der Kirche gehören der zweiten Hälfte des 17. Jh. an.

## Chamézi

*Nomós Lassíthi, Bezirk Sitía*

Kommt man von Westen, zweigt etwa 1,5 km vor dem Dorf Chamézi eine schlechte Schotterstraße rechts (s. Hinweisschild) zu einem kegelförmigen Hügel ab (ca. 400 m), auf dem 1903 St. Xanthoudides ein Rundhaus der Epoche MM I freilegte. Von der Ortschaft selbst führt ein angenehmer Fußpfad (ca. 30 Minuten) zum Ausgrabungsgelände. Die ovale Form des Hauses von Chamézi ist völlig singulär innerhalb der uns bekannten minoischen Architektur, auch sind nur Grundmauern erhalten, aber die großartige Lage und der Blick von hier aus zur Nordküste nach Sitía und zu den umliegenden Bergen lohnen die Mühen der kleinen Wanderung. Während der Ausgräber und C. Davaras, der 1971 eine Nachgrabung durchgeführt hat, das ehemals zweigeschossige Gebäude für ein Wohnhaus halten, interpretiert es N. Platon als Gipfelheiligtum. Von Bedeutung ist die Grundrißgestaltung, die mit ihrem offenen Innenhof der Konzeption der Alten Paläste entspricht.

In Chamézi wurde 1978 ein kleines *Heimatmuseum* eröffnet, das eine Sammlung kretischer Möbel und Haushaltsgegenstände zeigt.

## Chanía s. S. 135

## Chersónissos

*Nomós Iráklion, Bezirk Pedhiádha*

**Basilika A:** Ca. 2,5 km hinter dem vom Tourismus stark überlaufenen Chersónissos, direkt bei dem Hotel Nora, liegt links der Straße bei den Tennisplätzen die dreischiffige Basilika A mit Narthex und Atrium des 5./6. Jh. Im Narthex wie im Mittelschiff sind Fußbodenmosaike (unter den sandbedeckten Plastikbahnen) erhalten.

**Basilika B:** Von Westen kommend links am Dorfeingang zur Küste fahren (ca. 1 km); rechts liegen auf der Anhöhe die Grundmauern einer dreischiffigen Basilika mit Narthex aus dem 5. Jh. Dieser frühchristliche Bau zeigt mehrere architektonische Besonderheiten: rechtwinklig abgemauerter Ostabschluß mit halbkreisförmiger Mittelapsis; Märtyrergrab (?) im südlichen Nebenraum; römischer Sarkophag, als Altar genutzt; Tribelon (dreiteiliges Portal) zwischen Mittelschiff und Narthex, von dem noch die Marmorschwelle erhalten ist. In Narthex, Mittelschiff und Apsis sind Fußbodenmosaike erhalten (ebenfalls unter den sandbedeckten Plastikbahnen).

## Chóra Sfakíon

*Nomós Chaniá, Bezirk Sfakiá*

Größere Ortschaft an der Südküste. Bootsanlegestelle für die Schiffe, die die Wanderer von der Samaría-Schlucht nach Chóra Sfakíon bringen. Während der venezianischen Epoche (16. Jh.) wichtiger Handelshafen (bis zu 3000 Einwohnern). Günstiger Standort für Wanderungen in die Weißen Berge sowie ostwärts und westwärts der Südküste.

## Chromonastíri

*Nomós Réthimnon, Bezirk Réthimnon*

Reizvolles Gebirgsdorf mit wertvoller venezianischer Bausubstanz; günstiger Standort für Wanderungen im Bezirk Réthimnon

**Ajios Eftíchios:** Vor Chromonastíri zweigt links eine nicht befahrbare, schlechte Schotterstraße den Hang zu einer Schlucht hinunter ab (ca. 1 Stunde Wanderung). Kuppelhalle aus der zweiten Hälfte des 10. Jh. Gründung von Johannes o Xenos (s. S. 69). Außen ähnelt der Bau einer dreischiffigen Kreuzkuppelbasilika , er ist einer der wichtigsten byzantinischen Sakralbauten Kretas. In der Apsis sind spärliche Freskenfragmente des 11. Jh. erhalten: sieben ganzfigurige, frontal dargestellte Heilige und eine monumentale Deesis-Komposition in der Apsiswölbung.

**Panajía:** Von Réthimnon kommend das Dorf rechts liegen lassen, nach 0,6 km rechts dem steinigen Pfad (kurz vor der Spitzkehre) folgen, nach weiteren 0,5 km links (ca. 30 Minuten Wanderung).

Kuppelbau, der mindestens aus vier Bauphasen besteht und mit Fresken aus dem 11. Jh. und 14. Jh. ausgeschmückt ist. Besonders eindrucksvoll ist Christus aus der Deesis (11. Jh.) in der Apsiswölbung, eine Malerei der antiklassischen Kunstrichtung. Die Malereien des 14. Jh. gehören der Kunst der Kallergis-Lehnsgüter an (teilweise schlecht erkennbar, da noch nicht gereinigt).

## Dhoriés, Ajios Konstantínos und Timiós Stawrós-Kirche

*Nomós Lassíthi, Bezirk Merambéllo*

Zweiraumkapelle mit hervorragender Ikonensammlung: Ikonostas (aus Olivenholz) von 1673 mit zwei

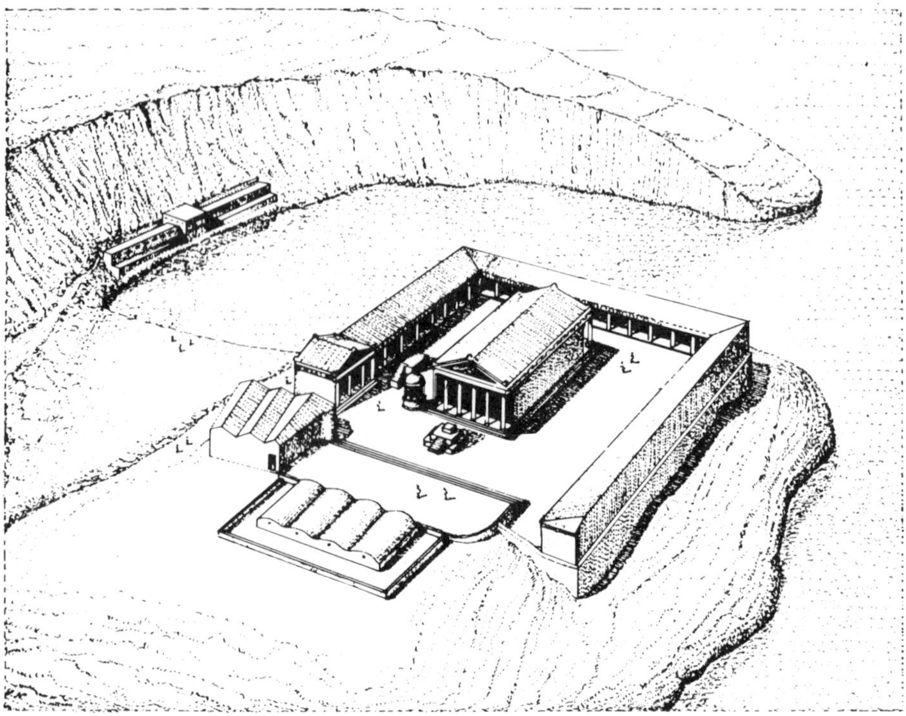

*Diktynnaion auf der Halbinsel Rodhopú. Nach G. Walter/U. Jantzen*

qualitätsvoll bemalten Königstüren. Die größte Sehenswürdigkeit ist die älteste auf Kreta bekannte Ikone (importiert?), die auf zwei Seiten bemalt ist: Panagia-Hodegetria (Ende 14. Jh.) und Kreuzigung (Wende 14./15. Jh.; Abb. 120).

## **Diktynnaion** auf der Halbinsel Rodhopú

*Nomós Chaniá, Bezirk Kíssamos*

Die Halbinsel Rodhopú besteht aus einem langgestreckten, von Nord nach Süd verlaufenden Gebirgsrücken, der etwa 16 km lang und 5–6 km breit ist. Kaum besiedelt und teilweise sehr unwegsam, ist sie Brutstätte vieler seltener Vögel.

Das Heiligtum der Díktynna liegt weit im Norden der Halbinsel, kurz vor dem Kap Spátha, an der Ostküste in der Bucht Meniés. Der Ort war mindestens seit dem 9. Jh. v. Chr. besiedelt, erhielt aber erst gegen Ende des 7. Jh. v. Chr. seinen ersten Tempel, dessen Standort zwar gesichert ist, von dem sonst jedoch nur wenige Sima-Fragmente erhalten sind.

Um 520 v. Chr. gründeten samische Einwanderer Kydonía, das antike Chaniá, und errichteten neue Gebäude im Diktynnaion, wohl zum Dank, da sie hier, bevor sie die Stadt gründeten, Schutz gefunden hatten. Nach Auseinandersetzungen mit den Städten Falássarna und Polyrrhínia mußten die Kydonier das Heiligtum gegen 275 v. Chr. an die Bewohner der siegreichen Städte abtreten. Unter der neuen Verwaltung wurde im 2./1. Jh. v. Chr. eine neue Terrasse mit dorischem Peripteros geplant, das Vorhaben aber nicht vollständig ausgeführt. Kaiser Hadrian beschloß nach seiner Kreta-

Reise (123 n. Chr.), das Heiligtum zu fördern. Es entstanden ein neuer Tempel, ein Pilgerhaus und andere Gebäude. Aus Mitteln der Tempelkasse wurde eine prachtvolle römische Straße vom Heiligtum bis zur Küstenstraße Chaniá – Kastélli (etwa 20 km) angelegt; im Dorf Rodhopú entdeckte man noch einen Meilenstein mit Inschriften. Seit 1538 dienten die Ruinen als Steinbruch. So errichtete man in Chaniá mit dem antiken Baumaterial Gebäude und später den Glockenturm des Klosters Ghonjas.

Die deutschen Ausgrabungen von 1942 befaßten sich vornehmlich mit der Erforschung des Heiligtums, die anderen Gebäude blieben bisher unberücksichtigt. Auf der Südseite der Meniés-Bucht erhebt sich ein flaches Felsplateau, auf dem das Heiligtum errichtet war. Der Tempelbezirk wurde im Norden, Süden und Osten von hochgezogenen Terrassenmauern mit darüberliegenden Säulenhallen, die einen Hof bildeten, begrenzt; an der Süd- und Ostseite sind nur Fundamente der Hallen und Mauerreste der Stützwände erhalten. Der Tempel der Díktynna stand in der Mitte des Hofes, der durch ein Propyläon in der Nordwestecke zugänglich war. Propyläon und nördliche Säulenhalle fielen dem Steinraub zum Opfer. Eingeritzte Achsen von Säulen auf den Fundamenten der Südhalle zeigen, daß der Säulenabstand sehr groß gewesen sein muß und wohl nur mit einem hölzernen Architrav überdeckt gewesen sein konnte. Der Díktynna-Tempel (aus Hadrians Zeit) mit dem Grundriß eines Amphiprostylos hatte an der Eingangsseite ionische Säulen aus blauem und an der Westseite korinthische Säulen aus weißem Marmor. An der Westseite des Hofes führen Stufen zu einer Terrasse, auf der eine Zisterne lag. Die vier Kammern der Anlage sind bis zu 5 m aus dem Felsen herausgearbeitet und waren mit Tonnengewölben überspannt. Der um die Zisterne herumlaufende 2 m breite abgesenkte Streifen war Sammelfläche für Regenwasser, das über Tonröhren in die Kammern geleitet wurde.

Von den anderen Gebäuden, unterhalb des Plateaus in der Bucht, stehen teilweise noch bis zu 2 m hohe Wände aus Bruchsteinen oder Ziegeln. An der steilen Südwand der Bucht, in etwa 7 m Höhe, liegen Reste eines langgestreckten Gebäudes, wahrscheinlich ein Pilgerhaus für Besucher des Heiligtums. Im Nordwesten der Bucht umgab einen großen Platz eine größere Anzahl von Bauten, vielleicht eine Agorá. Die ehemals von Gewölben getragene Terrasse an ihrer Nordseite trug eventuell einen kleinen Tempel. In einem Raum der Westseite entdeckte man 1913 einen römischen Kaiserkopf und eine Hadrian-Statue, ferner stammt aus diesem Bereich eine Statue der Göttin Díktynna aus pentelischem Marmor (s. Museum von Chaniá). Weiter westlich spärliche Reste eines Odeons mit langgestrecktem Bühnenhaus. Etwa in der Mitte der Bucht, etwas erhöht, mehrere Wirtschaftsräume (u. a. ein Backofen) einer verlassenen Klosteranlage, die lange Zeit von Hirten benutzt wurde.

Folgt man dem Weg zur Schlucht, so gelangt man zu den Resten der gepflasterten römischen Straße, die nach Rodhopú führte. An den steilen Westhängen der Schlucht erkennt man fragmentarisches Mauerwerk römischer Stützwände, die der Befestigung der Straße dienten.

## Dréros

*Nomós Lassíthi, Bezirk Merambéllo*

Von der neuen Küstenstraße bei der Ausfahrt Neápoli ca. 1,5 km in Richtung Kurúnes fahren. An dem steilen Berghang links (ca. 10 Minuten) einem Pfad aufwärts folgen. Hinter einer niedrigen Mauer nahe der Ajios Antónios-Kapelle liegt in einem Bergsattel das 1917 von St. Xanthoudides und 1932 von J. Demargne erforschte Grabungsgelände von Dréros. Die spärlich erhaltenen Grundmauern sind nur für archäologisch Interessierte sehenswert. Die wichtigsten Funde der dorischen Bergfeste des 8. Jh. v. Chr. waren die Agorá und der Tempel des Apollon Delphinios, der aufgrund einer Inschrift eindeutig identifiziert werden konnte. Dieser kleine Tempel (11,0 × 7,2 m) zeigt, wie in archaischer Zeit griechische Götter in einen nach minoischer Tradition gestalteten Kultraum eindrangen. Wie der Tempel B in Priniás (s. S. 351), wurden auch hier eine (minoische) Sitzbank (in der SW-Ecke) und ein Altar für Brandopfer gefunden. Neben archaischen Terra-

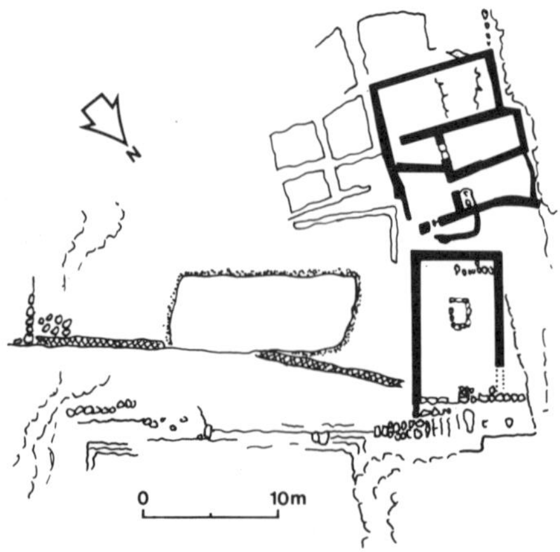


*Das dorische Dréros. Nach P. Demargne/H. van Effenterre*

kotten und einer bronzenen Gorgo ist von höchstem Interesse die aus Bronzeblechen getriebene Götter-Trias Apollon, Artemis und Leto aus der Mitte des 8. Jh. v. Chr. (1935 von Sp. Marinatos entdeckt, s. AMI, XIX, 210).[1] Auch der Beiname von Apollon, ›Delphinios‹, erinnert an alt-kretische Göttervorstellungen und steht mit der chthonischen Gottheit Delphos in Verbindung.

## Eileithýia-Grotte

*Nomós Iráklion, Bezirk Pedhiádha*

Nur etwa 1,5 km südlich von Amnisós liegt östlich der Straße nach Eléa die Kultgrotte der Eileithýia. Symbolträchtig wächst aus ihrem dunklen Grund ein Feigenbaum – in Griechenland seit Jahrhunderten das Sinnbild der Fruchtbarkeit. Seit minoischer Zeit bis zum 5./6. nachchristlichen Jahrhundert wurde in der Grotte die Göttin der Fruchtbarkeit und Geburt, Eileithýia, verehrt. Nach einer kretischen Legende soll sie selbst in der Grotte geboren worden sein. Zahlreiche Funde aus neolithischer Zeit beweisen, daß der Kult an diesem Ort Jahrtausende älter sein muß. Auch Homer ist die Grotte bekannt (Odyssee 19, 188 f.), aber er bezeichnet mit ›Eileithýia‹ nicht die Geburtsgöttin sondern die göttlichen Hebammen (griech. *Eileithyiai),* die Töchter der Hera (Ilias 11, 270/271). Nach Hesiod ist die Göttin Eileithyia eine Tochter von Zeus und Hera. In der Grotte entdeckte Sp. Marinatos die minoische Mauer eines Kultplatzes sowie zwei Stalagmiten, die der Ausgräber als eine Darstellung von Mutter und Kind deutete.

## **Elúnda** (das antike Olús)

*Nomós Lassíthi, Bezirk Merambéllo*

Reizvoller Fischerort an der Westküste der Merambéllo-Bucht. Wie Ajios Nikólaos lebt Elúnda vorwiegend vom Tourismus. Großes Angebot an Unterkünften aller Kategorien. Günstiger Standort für Erkundungen in Ostkreta (bis nach Káto Zákros).

**Olús:** Von der antiken Stadt Olús sind nur noch die Grundmauern einer frühchristlichen Basilika aus der zweiten Hälfte des 5. Jh. erhalten. Die Fußbodenmosaike des Mittelschiffes gehören zu den schönsten der ganzen Insel. Die Basilika liegt an der Westküste der Halbinsel Spinalónga, etwa 600 m schräg rechts hinter der steinernen Windmühle.

## **'Embaros,** Ajios Jeórjios-Kirche 25.3.97

*Nomós Iráklion, Bezirk Pedhiádha*

Einfache Einraumkapelle mit großartigen Malereien von Manuel Phokas (1436/37; Abb. 118). Die klassisch proportionierten Gestalten sind von großer Schönheit, die szenischen Darstellungen strahlen Ausgewogenheit und innere Ruhe aus. M. Phokas und sein Bruder Johannes gehören zu den bedeutendsten Wegbereitern der kretischen Schule des 16. Jh. Ikonographisch interessant sind die Verleugnung Petri (südliches Tonnengewölbe, mittleres Joch unteres Register, 2. Szene) und Christus vor Pilatus (nördliches Tonnengewölbe, westliches Joch, mittleres Register, 1. Szene; Abb. 112). !

Schlüssel beim Pfarrer

1 Diese von Pausanias häufig erwähnte Technik der Bildwerke, deren hölzerner Kern mit Bronzeblech überzogen ist, nennt man auch ›Sphyrelata‹ (mit dem Hammer getrieben).

*Basilika von Olús/Elúnda: Fußbodenmosaik (2. Hälfte 5. Jh.). Nach Klaus Gallas*

## **Episkopí,** Michaíl Archángelos-Kirche

*Nomós Chaniá, Bezirk Kíssamos*

Die Michaíl Archángelos-Kirche besteht aus zwei Baustufen: dem Kernbau in Form einer Rotunde (7./8. Jh.? oder 2. Hälfte 10. Jh.?) und Anbauten aus der venezianischen Epoche, die zu einer Klosteranlage gehörten.

Der Typus der Rotunde ist auf Kreta völlig singulär und erinnert an die spätantiken Vorläufer in Thessaloniki (Georgs-Rotunde, Anfang 4. Jh.) und an das Pantheon in Rom. Der Rest eines Fußbodenmosaiks (6. Jh.) beweist, daß hier ein frühchristlicher Vorgängerbau stand. Entweder entstand die Rotunde in vorarabischer Zeit oder nach der Befreiung Kretas (961) durch N. Phokas von den Arabern. Sie diente vielleicht ursprünglich als Baptisterium. Erst wenn im Innenraum die Fresken freigelegt sind, ist eine genaue Datierung möglich. Das marmorne Taufbecken im Narthex stammt aus frühchristlicher Zeit.

*Michaíl-Rotunde von Episkopí/Kíssamos (Grundriß u. Schnitt). Nach K. Gallas*

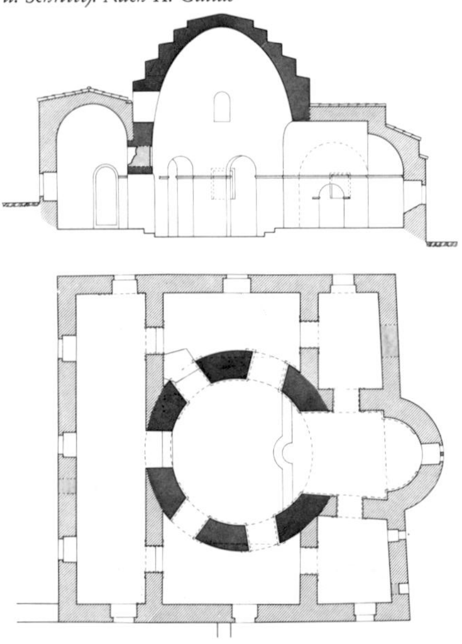

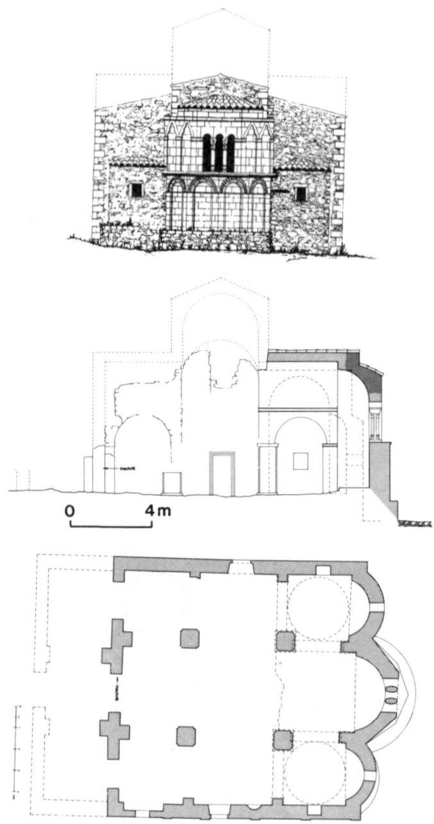


*Ajios Ioánnis-Bischofskirche in Episkopí/Mylopótamos (Grundriß, Schnitt, Ansicht). Nach K. Gallas*

## **Episkopí,** ehemalige lateinische Ajios Ioánnis-Bischofskirche

*Nomós Réthimnon, Bezirk Mylopótamos*

An der Stelle eines orthodoxen Bischofssitzes errichteten die Venezianer 1212 ihren ersten lateinischen Bischofssitz; Bischof wurde Matteo. Noch heute erinnert der im Volksmund gebräuchliche Name ›Frangoklisa‹ (römische Kirche) an diese Zeit auf Kreta. Der erhaltene Bau stammt hingegen aus der Wende vom 13. zum 14. Jh. und wurde vielleicht nach dem schweren Erdbeben 1303 errichtet. Die wenigen Freskenfragmente in den Flachkuppeln über Prothesis und Diakonikon verraten jedenfalls den Einfluß der 1311 in Mistra geschaffenen Malereien (Hodegetria-Kirche des Klosters Brontochian).

Die 1968–70 von M. Borboudakis teilweise restaurierte Kirche hat den Grundriß einer klassischen Kreuzkuppelkirche des einfachen Vierstützentypus. Der elegante Sakralbau besaß einst vier Flachkuppeln über den Eckräumen (nur im Osten erhalten) und eine hochgezogene Tambourkuppel über der Vierung.

Während die ältere Südwand (1. Baustufe?) Blendbögen mit Spolien zeigt, ist die Nordwand mit durchlaufenden Ziegelschichten und Blendarkaden gegliedert. Auf dem Architrav des Nordportals ist die Jahreszahl 1568 eingemeißelt; zu dieser Zeit wurde die Kirche von Bischof Jakobus Surretus umgebaut. Architektonisch reizvoll ist die zweifach gestufte Ostapsis mit einem älteren (frühchristlichen?) Triforium sowie einer vierseitig geschlossenen Erdgeschoßzone (mit Arkadengliederung) und einer dreiseitig geschlossenen Obergeschoßzone (mit Blend-Diforien in Form von Fünfpaßbögen).

*Ajios Jeórjios und Ajios Charálambos in Episkopí/ Ierápetra (Grundriß u. Schnitt). Nach K. Gallas*

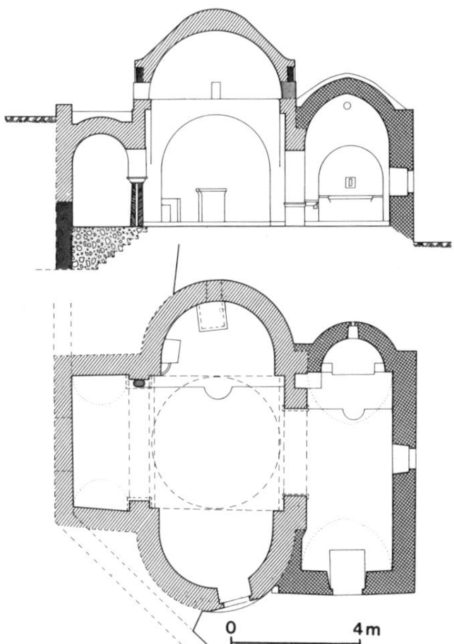


## **Episkopí** Mikrí s. Mikrí Episkopí

## **Episkopí,** Ajios Jeórjios und Ajios Charálambos-Kirche

*Nomós Lassíthi, Bezirk Ierápetra*

Ganz in der Nähe der Ajios Jeórjios und Ajios Charálambos-Kirche entdeckte man zu Anfang unseres Jahrhunderts bei Straßenarbeiten SM-Gräber mit interessanten Sarkophagen (Abb. 19, 20; Museum Ierápetra). Der Zweikonchenbau von Episkopí aus dem 12./13. Jh. mit späteren Anbauten beweist somit eine jahrtausendealte Siedlungskontinuität für dieses Gebiet. Grabungen von K. Gallas und M. Borboudakis im Bereich der nördlichen Kapelle lassen ein frühchristliches Märtyrergrab und/oder ältere Siedlungen vermuten. Reizvoll ist die bekrönende Arkadengliederung am Kuppelrand; die hier angeordneten ›Schattenblumen‹ aus Keramik waren besonders in Bulgarien im 12.–15. Jh. beliebt.

Weiter östlich liegen die noch nicht freigelegten Grundmauern einer frühchristlichen Basilika.

## **Episkopí,** Ajíoi Apóstoloi-Kirche

*Nomós Lassíthi, Bezirk Sitía*

Griechisch-orthodoxe Bischofskirche aus dem 11. Jh. von eigenartiger Grundrißlösung und eigenwilliger architektonischer Gestalt. Der dreijochige Grundriß mit achtseitiger Tambourkuppel über dem mittleren Joch zeigt zwei konchenförmige Seitenarme mit innen halbkreisförmigem und außen dreiseitigem Abschluß. Die ehemalige Blendarkaden-Gliederung der Fassaden und die harmonische Rhythmisierung durch Blendbögen am Tambour sind unter den weißen Putzflächen deutlich erkennbar. Erst eine Restaurierung des Bauwerks wird viele Detailfragen dieses wichtigen kretischen Sakralbaus klären. Von besonderer Bedeutung ist die Konstruktion der Tambourkuppel, die nicht mit Pen-

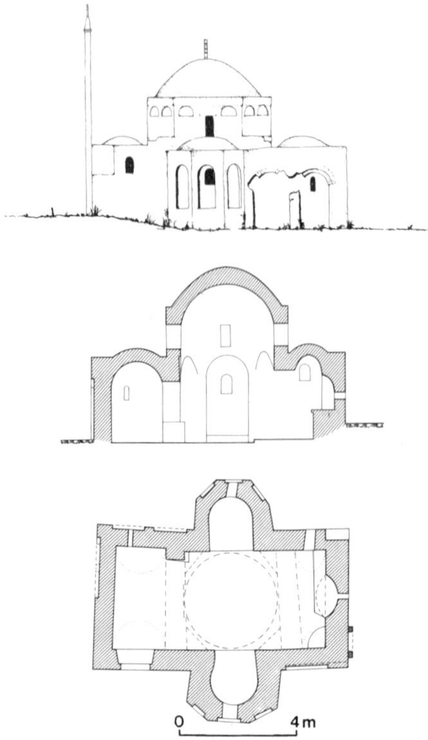


*Ajíoi Apóstoli-Kirche in Episkopí/Sitía (Grundriß u. Schnitt). Nach K. Gallas*

dentifs, sondern mit *Trompen* (nur vier Beispiele davon auf der Insel), nach islamischer Bautradition, konstruiert ist. Nach venezianischen Quellen haben in der Ajíoi Apóstoloi-Kirche zwei Altäre existiert, so daß der lateinische und der orthodoxe Priester dort gemeinsame Gottesdienste zelebrieren konnten.

## **Erimúpolis** s. 'Itanos

## Etiá

Am Ortsrand der verlassenen Ortschaft Etiá ist das Erdgeschoß eines ehemals dreigeschossigen venezianischen Palastes erhalten. Das Ende des 15. Jh. von Piero dei Mezzo errichtete Bauwerk gehört zu den eindrucksvollsten Beispielen venezianischer Architektur der ganzen Insel. Über dem Eingangsportal ist das Familienwappen dei Mezzo erhalten. Rechts führte ein Treppenhaus ins Obergeschoß. Der quadratische Eckraum links ist mit kräftigen gotischen Kreuzrippengewölben überspannt. Von der ehemaligen Hofeinfassung sind nur spärliche Mauerreste erhalten. Dem Eingangsportal gegenüber ließ 1701 Bischof Meletios Trivizas aus Lithénes ein Brunnenhaus errichten.

## **Falássarna** (Phalassarna)

*Nomós Chaniá, Bezirk Kíssamos*

Nie sehr bedeutend gewesene antike Stadt an der Westküste. Die wenigen archäologischen Zeugnisse erreicht man vom südlichen Ortsende von Plátanos aus. Hier zweigt im spitzen Winkel eine Schotterstraße zur Küste hinunter (ca. 9 km, stets rechts halten). Schöner Sandstrand und kleine Taverne.

Die antike Stadt des 5./4. Jh. v. Chr. ist benannt nach der Nymphe Phalassarna. Die Hafenstadt war der westliche Hafen der Bergstadt Polyrrhinia (s. S. 348), prägte im 4. Jh. v. Chr. eigene Münzen und verehrte die Nymphe Diktynna-Artemis. Im 3. Jh. v. Chr. verbündet sich die Stadt mit den Ptolemäern, wird später von Kydonia erobert und gerät dann, wie ganz Kreta, unter römische Herrschaft. Im 4. Jh. n. Chr. (nach dem schweren Erdbeben im Jahre 368 n. Chr.?) scheint die Stadt verlassen worden zu sein. Geologische und C14-Bodenproben (Kalkalgen)-Untersuchungen haben ergeben, daß die Westküste bei Falássarna nach dem 3. Jh. (277 ± 65 Jahre n. Chr.) um 6,60 m durch tektonische Bewegungen gehoben wurde. Damit lag das natürliche Hafenbecken der Stadt trocken, Falássarna konnte ohne Hafen wirtschaftlich nicht mehr existieren.

**1** Nekropole mit vielen, aus dem weichen Fels herausgearbeiteten Gräbern; **2** Einzelgräber; **3** ›Thron‹ von Falássarna (wohl Sockel einer Kultstatue); **4** Steinbruch (Latomia); **5** Aus dem Felsen geschlagener Kanal, durch den in der Antike die Schiffe in den Hafen fuhren; **6** Antikes Hafenbecken; **7** Hafenbefestigung; **8** Aus Quadern errichtete Stützwand; **9** Agorá mit den Fundamentresten eines Tempels (?).

*Das antike Falássarna an der Westküste. Nach L. Savignoni*

**Festós** (Phaistos) s. S. 215

## **Fódhele,** Panajía-Kirche von Lumbiniés

*Nomós Iráklion, Bezirk Malewísi*

Fódhele liegt in einer fruchtbaren, von Orangen- und Zitronenbäumen bestandenen Schlucht an der Nordküste Kretas. Hier soll *El Greco* geboren sein, der in Spanien seine Bilder oftmals mit seinem bürgerlichen Namen Domenikos Theotokopoulos signierte. Nördlich der heutigen Ortschaft in dem verlassenen **Lumbiniés** wurde ein Gebäude restauriert, das als Geburtshaus des Künstlers bezeichnet wird.

Lumbiniés erreicht man von der Ortsmitte Fódheles aus nach Überqueren der Brücke rechts in ca. 10 Minuten. Hier wurden auch die Grundmauern einer *dreischiffigen Pfeilerbasilika* aus dem 8. Jh. freigelegt, ein schönes Beispiel für die Kontinuität und Heiligkeit eines Orts. Spätestens im 13. Jh. errichtete man über den Grundmauern des Mittelschiffs eine einfache Kreuzkuppelkirche des für Kreta seltenen Vierpfeilertypus. Die Apsis der Panajía-Kirche stellte man so zwischen die noch aufrechtstehenden Pfeiler der Basilika-Apsis, daß sich für Prothesis und Diakonikon keine halbkreisförmigen, sondern rechtwinklig geschlossene Apsiden herausgebildet haben. Der architektonisch sehr harmonische, mit Blendarkaden gegliederte Bau wird von einer eleganten Tambourkuppel mit elf Fenstern(!) bekrönt. Im Innenraum sind wertvolle Fresken des 13. Jh. (mit drei Stilgruppen) und jüngere Malereien (1323) erhalten. Von hoher Qualität sind die Fresken der 2. Stilgruppe im südwestlichen und nordwestlichen Eckraum; die anmutigen Gestalten in diesen Szenen erinnern an die Meisterwerke aus der Mitte des 13. Jh. in der Ajía Sofia-Kirche in Nikaia. Die jüngeren Malereien (1323) befinden sich (mit Stifterinschrift) im südlichen Kreuzarm. Am Beispiel ›Darbringung im Tempel‹ erkennt man gut die konservative Stilrichtung mit ihrer weichen Gesichtsmodellierung und den nur angedeuteten Schatten.

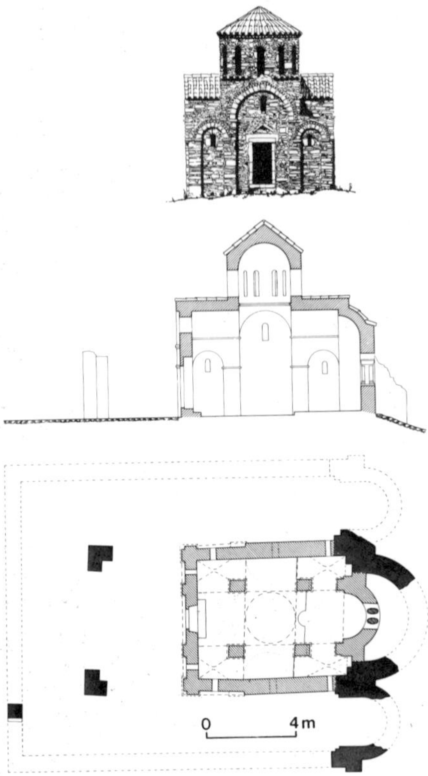


*Panajía-Kirche von Lumbiniés außerhalb von Fódhele/ Malewísi (Grundriß, Schnitt, Ansicht). Nach K. Gallas*

## Frangokástello (Abb. 53, 54)

*Nomós Chaniá, Bezirk Sfakiá*

Venezianisches Kastell an der Südküste, 1371 als Fluchtburg für die Landbevölkerung errichtet, auch für den Kampf gegen die Widerstandskämpfer in der rauhen Bergwelt der Sfakioten genutzt. Nach der venezianischen Herrschaft diente es oftmals den Kretern im Kampf gegen die Türken: 1770 führte Dhaskalojoánnis seine Anhänger gegen sie und am 17. Mai 1828 verteidigte Chadzimicháli Daliáni mit 400 Sfakioten das Kastell erfolglos gegen eine Übermacht von 8000 Türken. Östlich der Anlage erinnert ein Denkmal an dieses blutige Geschehen. Im Volksmund erzählt man sich, daß alljährlich am 17. Mai in der Morgendämmerung die in der Schlacht getöteten Kreter, die sie ›Dhrosulítes‹ nennen, im Geisterzug hier vorbeizögen.

Von dem mächtigen Kastell, einst ohne Kanonen, sind die Außenwände und die vier gedrungenen Ecktürme erhalten. An der Südseite das Portal mit darüber angebrachten Wappenreliefs zeigt den Markuslöwen.

Ein schöner Sandstrand und Privatunterkünfte laden abseits vom Massentourismus zu erholsamem Aufenthalt ein.

Ca. 500 m weiter östlich erhebt sich die *Einraumkapelle des Ajios Níkitas* mit Fresken aus der ersten Hälfte des 14. Jh. auf den Grundmauern einer *dreischiffigen Basilika* der frühchristlichen Epoche. Die ungeschützten Mosaike werden Jahr für Jahr immer mehr durch Witterung und Ziegenherden zerstört.

## **Furní,** Nekropole von Archánes, s. S. 279

## Górtys

*Nomós Iráklion, Bezirk Kainuríu*

Über Gründung und Namen der Stadt gibt es bei den antiken Historikern mehrere Versionen. Minos selbst soll die Gründung veranlaßt haben; nach anderen habe Górtys, ein Sohn des Rhadamanthys, die Stadt gegründet und ihr seinen Namen gegeben. Dem steht der Bericht über Tauros, Sohn der Górtys, einer Tochter des Zeus, entgegen, der die Gründung nach seiner Mutter benannt haben soll.

In einem weiten Olivenhain in der Messará brachten die Ausgrabungen großartige Bauten von der klassischen bis zur römischen Epoche zutage, mit Abstand die wichtigsten der ganzen Insel aus jener Zeit. Prunkstück ist die Gesetzestafel der Stadt (5. Jh. v. Chr.; Abb. 21; s. S. 64f.). Die meisten Gebäude, aus römischer Zeit, vermitteln einen Eindruck von der Glanzzeit dieser Hauptstadt der römischen Provinz Creta et Cyrenae. Auch Górtys war bereits zur Zeit der minoischen Hochkultur besiedelt, stand jedoch jahrhundertelang im Schatten von Festós. Es gewann erst mit der dorischen Einwanderung an Bedeutung und errang langsam die

91 Kloster Arkádhi/Réthimnon (Westfassade von 1587)

92 Kloster Ghuwernéto/Kydonía auf der Halbinsel Akrotíri ▷

93 Kloster Ghuwernéto/Kydonía Klosterhof

94 Kloster Ghuwernéto/Kydonía Detail der Westfassade

95 Kardhiótissa-Kirche/Pedhiádha Apsidenfenster der venezianischen Epoche

96 Kloster Katholikó/Kydonía Nördlich vom Kloster Ghuwernéto

97 Kloster Walsamónero/Kainuríu Ajios Fanúrios-Kirche

98 Léndas/Kainuríu Mosaikfußboden des Asklepios-Tempels (2. Jh. n. Chr.)

99, 100 Lissós/Sélino Mosaikfußboden des Asklepios-Tempels (2. Jh. n. Chr. ?)

101 Olús (Elúnda)/Merambéllo Mosaikfußboden einer frühchristlichen Basilika (2. H. 5. Jh.)

102 Ajía Rúmeli/Sfakiá Ajios Páwlos-Kirche (10./11. Jh.)

103 Sújia/Sélino Ajía Iríni-Kirche (12. Jh.)

104 Ajios Ioánnis/Pirjiótissa Ajios Páwlos-Kirche (frühchristliche Taufkirche? und byzantinischer Kuppelbau von 1303)

105 Teménia/Sélino Sotíros Christú-Kirche (Kuppelnarthex, 2. H. 14. Jh. ?)

106 Kyriakosélia/Apokóronas Ajios Nikólaos-Kirche (11./12. Jh.)

107 Stýlos/Apokóronas Panajía Serwiótissa-Kirche (11./12. Jh.)

108 Episkopí/Mylopótamos Ajios Ioánnis-Bischofskirche (13./14. Jh.)

109 Ajios Dimítrios/Réthimnon Ajios Dimítrios-Kirche (12./13. Jh.)

110 Skulúfia/Mylopótamos Tympanon-Relief der Sotíros Christú-Kirche (1531; Museum Réthimnon)

112 Émbaros/Pedhiádha Ajios Jeórjios-Kirche: Christus vor Pilatus (1436/37 von Manuel Phokas)

111 Kálamas/Mylopótamos Ajios Jeórjios Bischofskirche (Ende 11. Jh./1. H. 12. Jh.)

113

114

115

116

117

118

119 Myriokéfala/Réthimnon Panajía-Kirche: Einzug in ▷ Jerusalem (Ende 12. Jh.)

113 Myriokéfala/Réthimnon Panajia-Kirche: Evangelist Matthäus (Anfang 11. Jh.)

114 Amári/Amári Ajía Anna-Kirche: Hl. Andreas mit Stifterinschrift (1225)

115 Kálamas/Mylopótamos Ajios Jeórjios-Bischofskirche: Radmartyrium des hl. Georgius (1. Viertel 12. Jh.)

116 Myriokéfala/Réthimnon Panajía-Kirche: Judasverrat (Detail, Ende 12. Jh.)

117 Myriokéfala/Réthimnon Panajía-Kirche: Hierarchen Gregorios Theologos und Basileios d. Gr. (Ende 12. Jh.)

118 Émbaros/Pedhiádha Ajios Jeórjios-Kirche: Petrus verleugnet Christus (1436/37 von Manuel Phokas)

120 Myriokéfala/Réthimnon Panajía-Kirche: Beweinung Christi (Ende 12. Jh.)

121 Dhoriés/Merambéllo Ajios Konstantínos-Kirche: Ikone Kreuzigung Christi (Wende 14./15. Jh.)

122 Spiliá/Kíssamos Ikonenmuseum: Erzengel Michael-Ikone (2. H. 16. Jh. von Andreas Ritzos)

Herrschaft über die ganze Messará. Im 3. Jh. v. Chr. gelang es ihm sogar, Festós und seinen Hafen Mátala zu erobern. Damit besaß Górtys die uneingeschränkte Herrschaft im südlichen Zentralkreta und war mit dem Besitz der beiden Häfen Mátala und Levín auf dem Wege, Hauptstadt der Insel zu werden. Es bemühte sich um Kontakte zum Ausland und schloß Bündnisse mit Magas von Libyen und dessen Stiefvater Ptolemaios I. von Ägypten. Magas wurde für Górtys bei den Syrern zum Fürsprecher, nachdem er Apame, die Tochter des syrischen Königs Antiochos I., geheiratet hatte. 189 v. Chr. gewährten die Bürger von Górtys Hannibal auf seiner Flucht vor den Römern Zuflucht. Aber schon bald sympathisierten die Bewohner von Górtys auch mit Rom selbst und erwiesen sich bei der endgültigen Eroberung Kretas (68–66 v. Chr.) durch Caecilius Metellus als gute Bundesgenossen der Römer, woraufhin diese die Stadt vor der Plünderung verschonten und Górtys zur Hauptstadt der Insel machten, um von hier aus die Provinz Kreta (und später auch Cyrenae) zu verwalten. Ausschlaggebend war dabei die geographisch günstige Lage in der fruchtbaren Messará-Ebene, die zur Kornkammer des römischen Imperiums werden sollte. Später stellte Augustus Cyrenae erneut unter die Verwaltung von Górtys; die Provinz Creta et Cyrenae unterstand aber direkt dem Senat von Rom.

Für die nächsten Jahrhunderte bleibt Górtys Mittelpunkt der kretischen Geschichte. Die Stadt wird Zentrum der Christianisierung Kretas; 59 n. Chr. weilte der Apostel Paulus auf seiner Reise nach Rom in Górtys (Apostelgeschichte 27,7) und ließ seinen Begleiter Titos als ersten Bischof auf der Insel zurück.

Unter der Herrschaft der römischen Kaiser Decius und Valerian verschärften sich die Christenverfolgungen, von denen auch Kreta nicht verschont blieb. Am 23. Dezember 250 n. Chr. starben in Górtys zehn Bischöfe den Märtyrertod. Sie wurden später heiliggesprochen.

Die Stadt war auch während der ersten byzantinischen Epoche die bedeutendste der Insel. 824 n. Chr., nach dem Einfall der Araber, wurde sie jedoch verlassen und nie wieder besiedelt. Die Bewohner errichteten weiter nördlich, teils mit antikem Baumaterial, die neue Stadt Ajíoi Dhéka (›Die Heiligen Zehn‹), die an die zehn hingerichteten Bischöfe erinnert.

In den darauffolgenden Jahrhunderten bedeckte ein weiter Olivenhain die Ruinen von Górtys. Reste blieben aber sichtbar. 1880 wurden der Deutsche E. Fabricius und der Italiener F. Halbherr auf die Ruinenstadt Górtys aufmerksam. Sie begannen unverzüglich mit den Ausgrabungsarbeiten. Seit der Entdeckung von Knossós aber vernachlässigte man die Grabungen in diesem Areal. Halbherr wandte sich den neuen Ausgrabungen in Festós zu und hatte nur noch wenig Zeit, seine großartige Arbeit in Górtys fortzusetzen, die er bald ganz aufgab. Z. Zt. hat das Italienische Institut, Athen (A. di Vita) die Forschungsarbeiten in Górtys wieder aufgenommen.

**Rundgang**

(Öffnungszeiten, s. ›Wissenswertes von A–Z‹)

Das heutige Ruinenfeld wird von der Straße Iráklion – Festós in zwei große Bereiche zerschnitten. Auf der Nordseite, direkt an der Straße, liegen die von den Touristen hauptsächlich aufgesuchten Gebäude. Auf der Südseite finden sich weit verstreut zwischen Olivenbäumen nicht weniger interessante Gebäude der antiken Stadt. Hier bieten sich reizvolle Spaziergänge vorüber an Bauten, Skulpturen, Torsi oder Architekturfragmenten.

Auf der Höhe im Nordwesten, dem Ajios Ioánnis-Hügel, lag die **Akropolis (1)**, von der nur spärliche Mauerreste zu sehen sind. Doch von hier oben hat man einen wunderbar weiten Blick über den Olivenhain in der Ebene, in seinen Lichtungen antike Gebäude, die freigelegt wurden.

◁ 123 Ajios Nikólaos/Merambéllo Ajios Nikólaos-Kirche: Nachikonoklastische Fresken (geometrische Motive/untere Schicht, 1. H. 10. Jh. oder Mitte 11. Jh., auch anikonische Fresken genannt) und zweite Freskenschicht mit figuralen Motiven (14. Jh.)

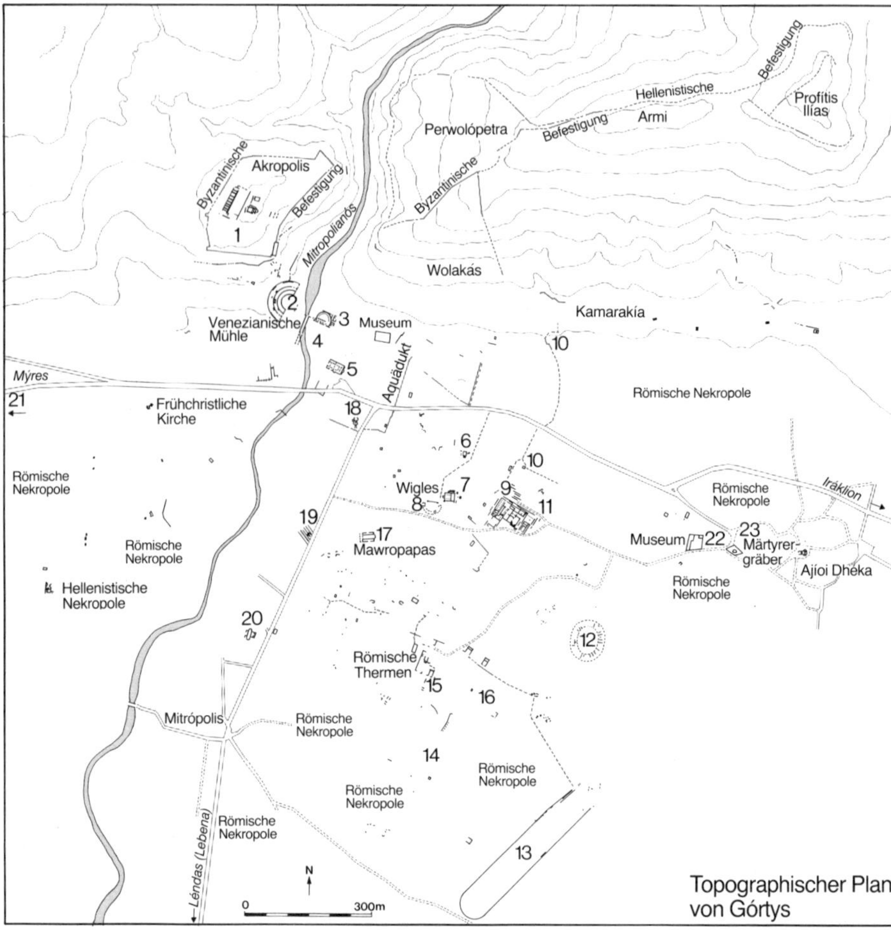


Am Fuß der Akropolis sind wenige aus dem Felsen geschlagene Sitzstufen eines **Theaters (2)** erhalten. Die Wände weiter südlich gehörten zu einer Magazinkette.

Auf dem Ostufer des kleinen Flusses (Mitropolianós) das zum Teil neu aufgerichtete **Odeion (3),** in dem die zwölf Tafeln des Stadtrechts von Górtys (s. S. 64f.), der einzige größere, zusammenhängende griechische Gesetzestext (5. Jh. v. Chr.), der uns bekannt ist, besichtigt werden können. Das kleine Odeion davor entstand etwa 100 v. Chr. an der Stelle eines Buleuterions, an dessen apsisartiger Außenwand die Tafeln ursprünglich angebracht waren. Diese Wand wurde beim Neubau mit einbezogen, wie wir es heute sehen; sie bildete den nördlichen Abschluß des Odeions, das im 3. Jh. n. Chr. durch ein Erdbeben zerstört und von Diokletian restauriert wurde.

Weiter zur Straße hin erstreckt sich die **Agorá (4)**, auf der ein großer Asklepios-Tempel stand und auf der man eine Statue des Asklepios (AMI, XX) fand. Die südliche Begrenzung der Agorá bildet die **Ajios Titos-Basilika (5).** Von der dreischiffigen Anlage mit Vierungskuppel und Nord-Süd-Apsiden im Querschiff ist das Ostwerk einschließlich Dacheindeckung prächtig erhalten. Die Steinschnitte der Quader und die Schlußsteine der Bögen zeigen auffallende Parallelen zu frühchristlichen Bauten Syriens. Die drei Schiffe sind an ihren Grundmauern im Grundriß noch deutlich erkennbar. Im Bereich der Basilika liegen weitverstreut interessante Architekturfragmente herum, auch von anderen antiken Gebäuden. Für den Bau der Basilika wurde teilweise antikes Baumaterial verwendet.

Die Titos-Basilika, gegründet in der zweiten Hälfte des 6. Jh. (oder im 7. Jh.), ist eines der bedeutendsten christlichen Baudenkmäler der ganzen Insel. Sicherlich stand schon früher an dieser Stelle ein anderes christliches Gebäude, das vielleicht der erste Bischof der Insel, Titos, gegründet hatte. Seine Reliquie ruhte ursprünglich in der Basilika, wurde aber 1669 nach San Marco überführt. 1966 kehrte sie im feierlichen Zug zur neuen Ajios Titos-Kirche von Iráklion nach Kreta zurück. In der Prothesis (der nördlichen Seitenapsis) entdeckte man zwei Gräber, wohl für Bischöfe bestimmt.

Folgt man etwa 200 m hinter der Straßenabzweigung nach Plátanos rechts einem Pfad in den Olivenhain, so gelangt man direkt zu den wichtigsten Sehenswürdigkeiten des südlichen Ausgrabungsbereiches.

Der Straße am nächsten liegt das **Heiligtum der Isis und des Serapis (6)** (Abb. 12), die nach den römischen Feldzügen in Ägypten auch von den Römern verehrt wurden. Der Grundriß zeigt ein Rechteck mit Zugang von Westen. An der Südwand führen wenige Stufen in eine kleine Krypta mit zwei Statuennischen hinunter. Der hier gefundene Architrav des Tempels trägt die Namen von Isis, Serapis und anderen ägyptischen Göttern. Im Osten des Tempels standen prachtvolle Götterstatuen, die leider erheblich zerstört sind. In der Mitte die Statue des Zeus-Serapis, links davon Isis, rechts Hermes-Anubis in Gestalt eines Knaben mit Hundekopf.

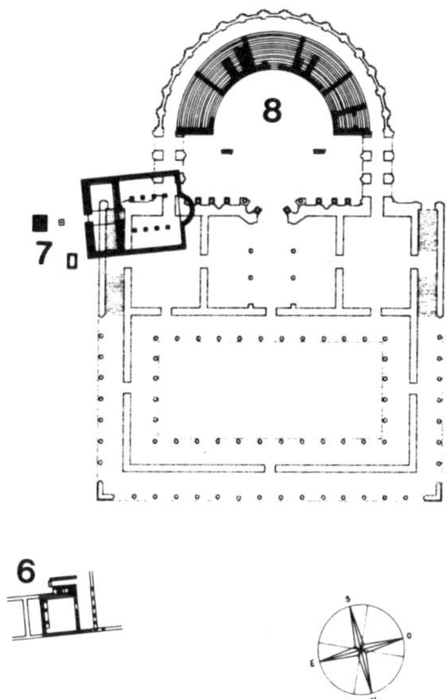


*Górtys, Apollon Pythios-Tempel u. Theater des Pythios. Nach Belli-Ortega, 1984*

Die Zisterne wenige Meter weiter südlich gehörte sicherlich zum Heiligtum.

Weiter südlich gelangt man zu den großartigen Fragmenten des **Apollon Pythios-Tempels (7)** (Farbabb. 38). Halbherr entdeckte an dieser Stelle Fundamente aus der minoischen Epoche. Die Baugeschichte des Tempels muß wechselhaft gewesen sein. Im 6. Jh. v. Chr. entstand ein Gebäude von fast quadratischem Grundriß (16,3 × 14,4 m), aus Quadern mörtellos zusammengefügt, die z. T. wichtige Inschriften tragen und im AMI aufbewahrt werden. Der heutige Tempel, aus dem 3./2. Jh. v. Chr., wurde bis zum 2. Jh. n. Chr. ständig umgebaut. Sein Grundriß zeigt eine dreischiffige Anlage mit einem Pronaos (um 200 v. Chr.) und einer Mittelapsis (2. Jh. n. Chr.). Zwei Reihen von je vier korinthischen Säulen trennten das Mittelschiff von den beiden Seitenschiffen, die Basen sind noch zu sehen. Im linken Seitenschiff entdeckte man zwei Säulen mit Inschriften des Caracalla (von 211–217 n. Chr.). Den

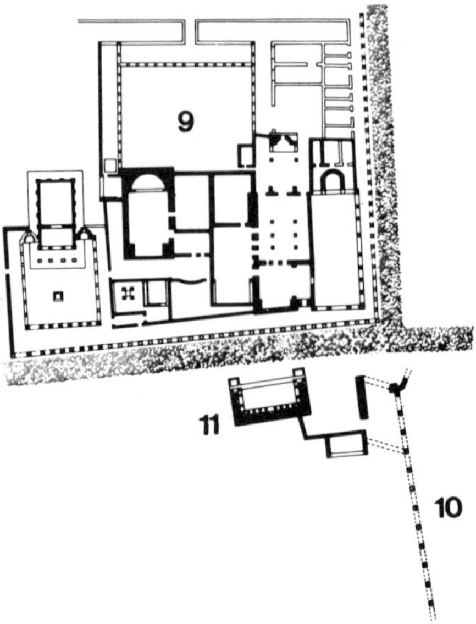


*Górtys, Präforium u. Nymphaion. Nach Belli-Ortega, 1984*

Pronaos schmückten sechs dorische Halbsäulen, vier mit Inschriften, die Verträge zwischen Górtys und anderen kretischen Städten zum Inhalt haben. Die römische Apsis im Mittelschiff bestand aus Ziegelmauerwerk, mit Marmorplatten verkleidet. In dem Tempel fand man neben dem Tempelschatz eine kostbare Statue des Apollon Pythios. Vor dem Tempeleingang erhebt sich ein großer massiver abgetreppter Opferaltar. Nur wenig weiter südwestlich ragen aus einem Erdwall die hohen Umfassungsmauern eines **Theaters (8)** hervor, die Sitzstufen lassen sich gerade erahnen.

Östlich vom Apollon-Tempel sieht man in weitem Areal die Grundmauern des **Prätoriums (9)**, Zentrum des römischen Górtys, noch nicht vollständig freigelegt. Von hier aus regierten jahrhundertelang römische Statthalter die Provinz Creta et Cyrenae, hier spielte sich das politische Leben ab. Das Prätorium gliedert sich in zwei Verwaltungsbereiche und die Privaträume des Konsuls. Die Gebäude stammen aus dem 2. Jh n. Chr. und wurden nach dem Erdbeben im 4. Jh. von dem Konsul Asklepiodotos erneuert. Die Grundmauern des Prätoriums lassen eine lange Halle erkennen, von der einige Säulenbasen und Statuensockel erhalten sind (Abb. 13–15). Im Norden schließen sich die Thermen an; vom Caldarium sind im Norden und Süden Grundmauern zweier Hallen erhalten. An der nördlichen Begrenzung erhebt sich die mächtige Ziegelwand eines **Aquädukts (10)**, das Górtys von Zarós[1] aus mit Wasser versorgte.

Durchquert man den Hain noch etwas weiter südlich, so gelangt man zu einem **Nymphaion (11)**, einer kleinen Brunnenanlage mit zwei langgestreckten Räumen (Abb. 16), ursprünglich mit einem Tonnengewölbe überdacht. Auch dieses Gebäude stammt aus dem 2. Jh. n. Chr. und wurde später, zur Zeit der Byzantiner, Reservoir der öffentlichen Wasserversorgung der Stadt. Im noch weiter südlich gelegenen Bereich liegen weit verstreut die Reste eines **Amphitheaters (12)**, eines **Stadions (13), eines großen Gräberfeldes (14)**, eine weitere **Thermenanlage (15), römische Agorá (16)** und die Grundmauern einer zweiten **Basilika (17)**.

Kehrt man zurück zur Asphaltstraße Iráklion – Festós und folgt südlich der Straße nach *Mitrópolis*, so gelangt man zu drei weiteren frühchristlichen Bauten. Direkt rechts neben der Abzweigung liegen die Grundmauern eines **Dikonchos (18)** aus dem 5./6. Jh. (Reste eines byzantin. Grabes). Etwa 300 m weiter entdeckt man die imposanten Reste der einzigen auf Kreta entdeckten **fünfschiffigen(?) Basilika (19)**, ebenfalls 5./6. Jh. Die moderne Asphaltstraße führt über die Grundmauern der Basilika hinweg. Das interessanteste Gebäude von Górtys/ Mitrópolis ist der frühchristliche **Trikonchos (20)** aus dem 5. Jh.(?). In der südlichen Konche sind Mosaiken mit figuralen und geometrischen Motiven erhalten (SW).

1 Zarós liegt etwa 12 km nordwestlich von Górtys, an den Ausläufern des Ida in Richtung Kamáres. Der Ort ist noch heute, auf Grund seines Wasserreichtums, sehr wohlhabend (s. S. 360).

*Die minoische Stadt Gourniá. Nach H. Boyd-Hawes*

Etwa 1 km in Richtung Festós liegen 100 m links der Straße (direkt hinter dem Eisentor zu dem Gelände der landwirtschaftlichen Versuchsanstalt der Messará) die Grundmauern einer **Tetrakonchos-Taufkirche (21)** aus dem 5. Jh.(?). Das **Museum (22)** ist z. Zt. geschlossen. **(23) Frühchristliche Gräber** der zehn Märtyrer von Górtys.

## Gourniá

*Nomós Lassíthi, Bezirk Ierápetra*

Der Name der minoischen Stadt Gourniá ist nicht von antiken Autoren überliefert, er stammt aus neuerer Zeit und bedeutet ›Krüge‹, so genannt, weil man hier immer wieder Krüge zwischen den Steinen fand. Der niedrige Hügel mit gutem Ankerplatz wurde 1901–1904 von der Amerikanerin Harriet Boyd-Hawes archäologisch untersucht. Später beteiligten sich Miss Edith H. Hall und Robert B. Saeger. Funde einer FM I-Nekropole mit Ossarium (nahe dem Wächterhäuschen) und SM III-Keramik beweisen, daß Gourniá von ca. 3300 bis um 1100 v. Chr. besiedelt war. Die ausgegrabene Stadt markiert die Blütezeit von Gourniá (MM III–SM Ib, gleichzeitig mit Káto Zákros!), sie wurde Ende SM III a1 zerstört.

Heute breitet sich auf einer flachen Hügelkuppe mit leicht abfallenden Hängen ein fast 15 000 m² großes ausgegrabenes Areal der Stadt Gourniá aus (Abb. 6, 7). Die in MM III entstandene Stadt dürfte sich ursprünglich jedoch bedeutend weiter ausgedehnt haben. Ihre Bewohner bestellten ihre Äcker, waren Handwerker, trieben Handel und nutzten das nahe gelegene Meer, um zu fischen. Reste einer Hafenanlage in der nordwestlichen Bucht beweisen, daß Gourniá auch vom Seehandel lebte. Die verschiedenen Keramikfunde (AMI, IX, 121/126/127) aus den einzelnen Häusern sprechen auch hier von relativ hoher Wohn- und Lebenskultur, die sich jedoch mit dem Palastniveau nicht messen kann. Gegen Ende SM IIIa1 wurde die Anlage fast völlig vernichtet und geplündert. In SM IIIb siedelten sich vor allem im Südteil der Stadt wieder Menschen an. In der Stadtplanung spiegelt sich der Zentralgedanke minoischer Architektur wider: Wie bei den Palästen gruppierten sich die einzelnen Trakte um einen großen Hof, Zentrum und **Marktplatz (1)** der Stadt. Es gibt keine Befestigungen, die Wohnquartiere laufen frei im Gelände aus, ohne feste Grenzen, ohne schützende Mauern.

Nördlich des Marktplatzes schließen sich großzügige **palastähnliche Raumfolgen (2–6)** nach Art eines Verwaltungssitzes an, in denen wohl ein Statthalter, der Knossós (?) tributpflichtig war, residierte. Erstaunlich ist eine kleine Schautreppe an der Nordseite des Marktplatzes, die vielleicht für politische Versammlungen oder die Gerichtsbarkeit genutzt wurde. Die Idee einer solchen Treppenanlage geht selbst nach der großen Katastrophe auf Kreta nicht ganz verloren, wir finden sie ähnlich fast 700 Jahre später in der dorischen Stadt Latò wieder (s. S. 330).

Auch die Wohnräume des Palastes gruppierten sich wie die Gesamtanlage wiederum um einen **Hof (2).** Im Westen erkennt man kleine **Magazinräume (3),** in denen Pithoi gefunden wurden. Die nördliche Hofseite bildet den Abschluß der **Herrengemächer (4),** rechts davon ist ein großes **Lager (5)** mit Vorratsgefäßen für Öl, Wein, Honig und Getreide. Den Abschluß an der Ostseite bilden die noch nicht näher untersuchten **Gemächer der Frauen (6).**

Zwei **Nord-Süd-Straßen (7)** laufen parallel zum Hang und führen in einem kleinen Bogen im Westen und Osten auf den Marktplatz (Abb. 6, 7). Die westliche umläuft im Norden den Hügel, eine Straße verbindet sie mit der östlichen: frühes Beispiel einer Ringstraße. Vielleicht waren die Straßen ursprünglich im Norden sogar miteinander verbunden **(8).**

Fast zentral, nahe dem Palast im Norden, liegt ein kleines, selbständiges **Heiligtum (9)** der Stadtbewohner. Eine kleine Stichstraße zu ihm zweigt rechtwinklig von der westlichen Hangstraße ab. Wenige Stufen führen in einen kleinen Raum, der an die kultischen Kapellen in den Palästen erinnert. Fast alle hier gefundenen Kultgegenstände sind mit rundplastischen Schlangen geschmückt, u. a. entdeckte man hier den dreifüßigen Opfertisch aus Ton mit tönerner Basis, auf dem heilige Stierhörner und/oder Doppeläxte aufgestellt waren. Verehrung in diesem Kultraum fand eine kleine weibliche Gottheit, deren erhobene Arme mit Schlangen umwunden waren, was an die kostbaren Schlangengöttinnen von Knossós erinnert.

Die Grundrisse der einzelnen Häuser sind verhältnismäßig gut ablesbar, da die Minoer für die Außenwände Stein bevorzugten und für die Innenwände ungebrannte Ziegel. Aneinandergrenzende Wohnhäuser waren jedoch nur durch eine gemeinsame steinerne Außenwand voneinander getrennt.

## **Ida-Gebirge,** Zentralkreta (Farbabb. 1)

Das Ida-Gebirge ist der höchste Gebirgszug Kretas und nach dem Olymp das zweithöchste Gebirge Griechenlands. Der Name Ida bedeutet ›Waldgebirge‹. Der Psilorítis (der Höchste) ragt mit dem Gipfel des Timiós Stawrós 2456 m über das Libysche Meer im Süden und das Kretische Meer im Norden auf. Von der kleinen gleichnamigen Kapelle auf dem Gipfel reicht bei guter Witterung der Blick bis hin zu den Weißen Bergen (2452 m) im Westen und bis zum Dhíkti-Massiv (2418 m) im Osten. Der Ida ist voll mythischer Geheimnisse und steht in engster Beziehung zu den Anfängen Europas, darin stimmen Mythos und Wissenschaft überein. Nach den mythischen Vorstellungen der

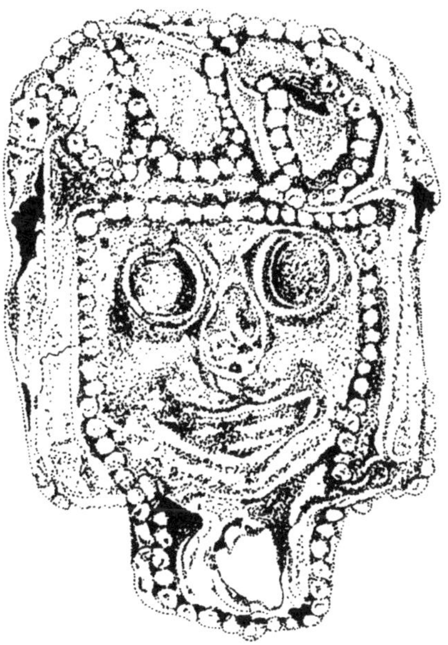

*Funde aus der Idäischen Grotte (Sommer 1983) von I. Sakellarákis: miniaturhafte Goldmaske (8. Jh. v. Chr.), römischer Siegelring*

antiken Griechen wurde hier Zeus, der oberste ihrer Götter geboren. Der Mythos berichtet auch, daß alle sieben Jahre Minos von Zeus seine Gesetze hier erhielt: in der Idäischen Grotte, die in einer archaischen Landschaft am Rande der Nídha-Hochebene (1370 m; Abb. 55) an der Ostflanke des Ida-Massivs liegt. Das menschliche Leben in dieser kargen Landschaft hat sich wohl seit Jahrtausenden kaum verändert. Zeus, heißt es, wurde hier von den Töchtern des Melisseus und den Kureten erzogen, die das göttliche Kind mit Honig der (Bienen) Melissai und Milch der (Ziege) Amaltheia speisten. Noch heute bilden Schaf- und Ziegenherden und die Bienenzucht die Existenzgrundlage für die Hirten. Wenn sie im Sommer mit ihren Herden in die Berge steigen, leben sie auf der Nídha-Hochebene in feldsteingefügten, kuppelförmigen Behausungen, den Mitatas (Abb. 27), deren Konstruktionsprinzip (das falsche Gewölbe) mehr als 5000 Jahre alt ist: in der gleichen Weise errichteten die Minoer hier und andernorts auf Kreta ihre ersten Kuppelgräber.

Ein Besuch der Hochebene wird unvergessen bleiben, wenn man noch bei Nacht hinauffährt, um zu erleben, wie die Morgensonne heraufkommt. Dann ahnt man etwas von der Faszination, die Berg und Ebene Jahrtausende ausgestrahlt haben! Ernst Fabricius war 1885 der erste, der die Grotte als mythische Zeus-Grotte identifizierte, zu der in der Antike viele Griechen pilgerten. Einer der berühmtesten Besucher war Pythagoras (* 570/560–480 v. Chr.). Noch im selben Jahr begannen F. Halbherr und der Grieche Aerakis mit den ersten Untersuchungen der Grotte. Die wichtigsten Entdeckungen waren die ›kretischen Bronzen‹ des 8./7. Jh. v. Chr. (AMI, XII, 169). Seit 1982 bemüht sich I. Sakellarákis um eine archäologische Erforschung, um die Grotte bis zum gewachsenen Fels systematisch freizulegen. Die ersten Funde, zu denen auch

Goldschmuck und Edelsteine gehören, lassen spektakuläre Ergebnisse erwarten.

Für eine Wanderung zum Psiloritis (ca. 9 Stunden Hin- und Rückweg) und/oder zur Kamáres-Grotte (ca. 7 Stunden Hin- und Rückweg) sei ein Bergführer aus Anójia oder Axós empfohlen.

## Ierápetra

*Nomós Lassíthi, Bezirk Ierápetra*

Ierápetra ist die einzige kretische Hafenstadt an der Südküste der Insel. Mit ca. 8500 Einwohnern ist es die viertgrößte Stadt Kretas, also größer als Ajios Nikólaos oder Sitía. Das milde Klima und der geringe Regenfall machen Ierápetra zur sonnenreichsten Stadt der Insel. Schöne Strände außerhalb und in der Stadt sowie ein gutes Angebot an einfachen wie luxuriösen Hotels laden zu längerem Verweilen ein.

Zufallsfunde bei Straßenarbeiten in dem weiter nördlich gelegenen Episkopí (s. S. 293) zeigen, daß dieses Gebiet mindestens seit der SM-Epoche besiedelt war; die Ausgrabungen in Wassilikí (s. S. 359) und Mýrtos (s. S. 343) belegen sogar eine Siedlungskontinuität seit der Epoche FM I. All diese Orte einschließlich Gourniá (s. S. 317) mögen am Seehandel beteiligt gewesen sein, die von Süden kommenden Schiffe gingen hier vor Anker, die Waren wurden gelöscht und zur nur 16 km entfernten Nordküste auf dem Landweg transportiert.

Die archäologisch und quellenmäßig nachweisbar größte Bedeutung erlangte Ierápetra in der griechisch-römischen Epoche. Damals existierte an dieser Stelle eine wohl ähnlich prunkvolle Stadt wie in Górtys. Von den öffentlichen Bauten, Theatern und Tempeln, die Reisende des 16. Jh. noch gesehen haben, wurde bisher noch nichts ausgegraben. Noch immer hüten die moderne Stadt und der kretische Boden viele Geheimnisse. Nur ab und zu kommen beim Pflügen Zeugen der Vergangenheit zutage. Im Mai 1984 barg ein Bauer eine unversehrte Demeter-Statue, die schönste, die bisher auf Kreta entdeckt wurde, aus seinem Acker (Abb. 11; s. Archäologisches Museum, Ierápetra).

Einziges historisches Bauwerk in Ierápetra, 1508 durch ein schweres Erdbeben fast vollständig zerstört, ist das venezianische Kastell (1. Hälfte 13. Jh.), das wahrscheinlich auf den Grundmauern eines byzantinischen Vorgängerbaus steht. 1626 von Fr. Morosini verstärkt, wurden Kastell und Stadt 1647 von den Türken erobert. 1798 soll Napoleon vor seiner Überfahrt nach Ägypten in Ierápetra hier übernachtet haben.

### Archäologisches Museum

(Odhos K. Adrianú, stadtauswärts 1. Haus rechts; Öffnungszeiten, s. ›Wissenswertes von A–Z‹)

In dem kleinen zweiflügeligen Bau sind übersichtlich die besten Funde aus dem Gebiet von Ierápetra ausgestellt.

*Mitteltrakt:* Verschiedene minoische Sarkophage; u. a. ein Sarkophag der Epoche SM IIIa1 (Abb. 19, 20), der im Bereich der Ajios Jeórjios-Kirche in Episkopí (s. S. 293) gefunden wurde. Das sehr interessante Exemplar zeigt seltene figurale Motive.

*Linker Flügel:* Römische Skulpturensammlung. An der Rückwand, links ein ganz besonderes Meisterwerk: Die Madonna von Ierápetra, eine sehr gut erhaltene Marmorstatue der Demeter. Die 1,60 m große Skulptur wurde 1984 von einem Bauern beim Pflügen entdeckt. Sie sollte in einer Nacht- und Nebelaktion auf ein Schiff gebracht und unrechtmäßig verkauft werden. Die aufmerksame Ortspolizei konnte den Kunstraub vereiteln. Die Demeter trägt als Kopfschmuck einen kleinen Altar mit zwei Schlangen, ein Hinweis auf ihre chthonische Bedeutung. Die Skulptur, ein Werk aus dem 2. Jh. n. Chr. wurde nach einem Original aus dem 4. Jh. v. Chr. modelliert (Abb. 11).

*Rechter Flügel:* Sammlung minoischer Exponate aus Ierápetra und Umgebung.

## Iráklion s. S. 80

## 'Itanos (Erimúpolis)

*Nomós Lassíthi, Bezirk Sitía*

Das entvölkerte Gelände der antiken Stadt 'Itanos an der nördlichen Ostküste wird heute von der Bevölkerung Erimúpolis (verlassene Stadt) genannt. Die älteste schriftliche Quelle über 'Itanos finden wir bei Herodot (IV, 151): als auf Santorin (Thera) eine Hungersnot herrschte, verließen einige die Insel, befragten das delphische Orakel und gründeten mit Hilfe des Korovios aus 'Itanos 631 v. Chr. an der nordafrikanischen Küste Cyrenae. 'Itanos selbst ist möglicherweise eine phönizische Gründung und war mindestens seit dem Ende der Bronzezeit besiedelt. Es ist damit eine der ältesten Städte Kretas.

An der Nordspitze des Kap Sídheros, ganz im Osten von Kreta, liegen die Ruinen der antiken Hafenstadt 'Itanos. Spärliche Reste einiger minoischer Häuser (SM I a) zeugen von sehr früher Besiedlung. Doch erst zur klassisch-hellenistischen Zeit gelangte die Stadt dank ihrer günstigen Hafenlage (Ägypten und Libyen zugewandt) zu Wohlstand. Im 3./2. Jh. v. Chr. vertieften die Bewohner ihre Beziehungen zu Ptolemaios II., König von Ägypten, sie stellten der ptolemäischen Flotte ihren Hafen als Stützpunkt zur Verfügung. Damit hatte 'Itanos einen starken Verbündeten, mit dessen Unterstützung die Stadt auch auf Kreta ihre Macht weiter ausdehnen konnte. Um 140 v. Chr. verbündete sie sich mit Hierapytna (Ierápetra), nachdem dieses kurz zuvor durch die Unterwerfung von Pressós (ehemalige Hauptstadt der Eteokreter) Grenznachbar von 'Itanos geworden war. Mit diesem Bündnis waren beide Städte uneingeschränkte Herrscher über Ostkreta; sie bekräftigten ihre freundschaftlichen Beziehungen zu Ägypten nun gemeinsam durch einen Vertrag des Jahres 70 v. Chr., dessen Text auf einer Steinplatte erhalten ist, die in der Außenwand der kleinen Kirche der Moní Toplú eingelassen ist.

Zur Zeit der Römer und Byzantiner verlor die Stadt an Bedeutung, sie war aber nach wie vor wohlhabend; die vielen Bauten aus jenen Epochen müssen sehr prachtvoll gewesen sein. Die Einwohner lebten noch mehrere Jahrhunderte hier, bauten ihre Stadt nach dem Erdbeben von 795 n. Chr. neu auf und wurden erst im 15. Jh. von den Seeräubern vertrieben.

Die antike Stadt hatte zwei Akropolen, dazwischen an ihren flachen Hängen und in der Ebene lag die Wohnsiedlung ausgebreitet. Auf der westlichen Akropolis sieht man Reste einer schönen Quadermauer aus hellenistischer Zeit, einst Stützwand einer großen Terrasse. Am Hang der östlichen Akropolis erkennt man die Grundmauern einer byzantinischen Basilika (5./6. Jh.), teilweise aus antikem Baumaterial errichtet. Ihr Grundriß zeigt eine dreischiffige Anlage mit Mittelapsis und Narthex.

Die weiteren Gebäude sind weniger gut erhalten und vom Grundriß nicht eindeutig ablesbar. Weiter im Norden erstreckt sich eine große Nekropole der antiken Stadt mit einem gut erhaltenen Grab aus hellenistischer Zeit. Wahrscheinlich war die Stadt in der klassischen und hellenistischen Epoche bedeutend größer als das Gebiet, das wir heute sehen. Daß die Stadt teilweise vom Meer überspült wurde, läßt die östliche Akropolis mit ihrem abgesunkenen Teil und ihrer schroffen Felswand vermuten.

Das Ausgrabungsgelände ist archäologisch noch nicht exakt erforscht, doch gerade dadurch von besonderem Reiz. Überall findet man zwischen den Grundmauern interessante Architekturfragmente, grobe Scherben und Steinblöcke mit Inschriften.

## **Júchtas** s. Archánes, S. 277

## **Kálamas**, Ajios Jeórjios-Kirche (Abb. 111)

*Nomós Réthimnon, Bezirk Mylopótamos*

Ehemalige orthodoxe Bischofskirche des alten Bistums Kalamon aus dem 11. Jh. Der harmonisch gegliederte Baukörper besteht aus mindestens drei Baustufen. Wahrscheinlich wurde dieses Juwel byzantinischer Architektur kurz nach der arabischen Befreiung der Insel durch N. Phokas errichtet. Der Gründungsbau des 11. Jh. zeigt den Grundriß eines einfachen Vierstützentypus mit tektonisch gestalteten Fassaden. Noch im 12. Jh. erhielt der Bau einen querliegenden Westnarthex. Zu dieser Zeit entfernte man auch die westlichen Pfeiler, um mehr Raum für das Kirchenschiff zu bekommen. Während der venezianischen Zeit fügte man einen Exonarthex mit basilikalem Dachaufbau hinzu. Die ausgewogenen Proportionen und die edle Pracht dieser Architektur wird erst wieder zur vollen Entfaltung gelangen, wenn das Gebäude von dem neuzeitlichen Putz befreit ist.

Die Köpfe von jugendlichen und alten Heiligen in Prothesis und Diakonikon (11. Jh.) wie die Fresken in der westlichen Tonnenhälfte des Narthex

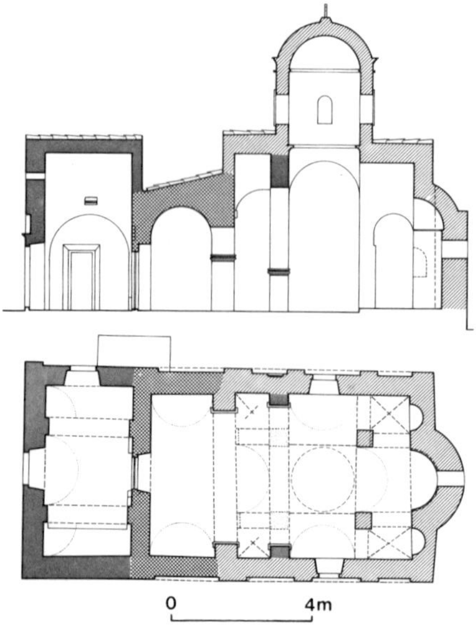


*Ajios Jeórjios in Kálamas/Mylopótamos (Grundriß, Schnitt). Nach K. Gallas*

(1. Viertel 12. Jh.) sind von höchster künstlerischer Qualität, gehören dem komnenischen Stil an und sprechen für eine aristokratische Herkunft. Die erhaltenen Szenen des Georgios-Synaxariums sind nicht in Bildregister aufgeteilt, sondern nehmen die gesamte Tonnenfläche des Narthex ein. Beim Rad-Martyrium (Abb. 111) ist das verinnerlichte Gesicht des Heiligen dem Betrachter zugewandt: ein Beispiel für die ausgeglichene Komposition dieser Malerei. Im Narthex sind nur drei monumentale Darstellungen erhalten: Martyrium unter der Steinplatte; Martyrium des Rades; Georgios in der Asbestgrube.

## Kalí Liménes

*Nomós Iráklion, Bezirk Kainuríu*

Kleiner Fischerort an der Südküste Kretas. Ankerplatz des Schiffes, auf dem der Apostel Paulus auf seiner Reise von Cäsarea nach Rom anlegte: »Und indem wir mit Mühe an (Kretas) Küste entlangfuhren, kamen wir an einen Ort, Schöne Häfen (Kalí Liménes) genannt, in dessen Nähe die Stadt *Laséa* lag« (Apostelgesch. 27,8).

In Kalí Liménes sind bisher keine Ausgrabungen durchgeführt worden. Nur wenig Baumaterial erinnert an die frühchristliche Epoche und an die griechisch-römische Zeit. Außerhalb der Ortschaft entdeckte man ein FM II-Tholosgrab (Abb. 26).

Die Strände in diesem Bereich der Südküste sind einzigartig. In dem kleinen Fischerort gibt es nur einfache Privatunterkünfte.

## Kamáres

*Nomós Iráklion, Bezirk Pirjiótissa*

Kamáres, ein kleines Gebirgsdorf mit ca. 550 Einwohnern, an den südlichen Ausläufern des Ida-Gebirges in 600 m Höhe gelegen, hat zu Anfang unseres Jahrhunderts einer ganzen Keramikgattung der minoischen Epoche seinen Namen gegeben. Nachdem der Ephoros J. Hazzidakis Keramikscherben aus der Grotte oberhalb des Dorfes in 1525 m Höhe von einem Hirten erhalten hatte, untersuchte 1894 A. Taramelli erstmals die Grotte. 1895/96 wurden von J. L. Myres und L. Mariani die Funde unter der Bezeichnung ›Kamáres-Vasen‹ veröffentlicht. Eine systematische archäologische Untersuchung führte schließlich R. M. Dawkins 1913 durch. Das Fehlen jeglicher Schmuckgegenstände sowie der Fund nur von zerschlagenen Gefäßen beweist, daß die Grotte ausgeplündert wurde. Die wieder zusammengefügten Gefäße gehören zu den schönsten Schöpfungen minoischer Keramikwerkstätten (AMI, III, 30) und stammen aus der Epoche MM Ib und IIa. Die Funde in der Kultgrotte belegen, daß die Kamáres-Höhle in der Epoche SM IIIb an Bedeutung verlor. Von der Messará und Festós aus sichtbar, ist es verständlich, daß die Bevölkerung hier vornehmlich eine Fruchtbarkeitsgöttin verehrte, wie es Funde von Korn, Sämereien und Erdfrüchten beweisen.

Für eine Wanderung zur Grotte benötigt man ca. 3,5–4,5 Stunden (einfach). Der Rundblick von der Grotte über die Messará bis hin zur Südküste entlohnt die Mühen des Aufstiegs. Es empfiehlt sich, einen Bergführer des Dorfes mitzunehmen. Von Kamáres aus kann man auch zur Nídha-Hochebene mit der Idäischen Grotte (ca. 7 Stunden) und zum Psiloritis (ca. 8 Stunden) hinaufsteigen. Im Dorf gibt es ein kleines Hotel.

## Karfí

*Nomós Iráklion, Bezirk Pedhiádha*

Ca. 2,5 km nach Kerá, dort, wo sich die Straße platzartig verbreitert, führt links ein mit roten Punkten gekennzeichneter Weg (ca. 1,5 Stunden einfach) zum 1200 m hohen Gipfel des Karfí (Nagel) hinauf.

Auf dem schon von weitem sichtbaren Felsrücken, der sich fast 400 m über die Lassíthi-Hochebene hinwegreckt, gab es seit der Epoche MM I ein minoisches Gipfelheiligtum. Als die Dorer zwischen 1100 und 1000 v. Chr. auf die Insel einwanderten, zogen sich die Minoer auf natürliche Festungen in der kretischen Bergwelt, vornehmlich im Osten der Insel, zurück. Sie wurden noch in der Antike als ›Eteokreter‹ (echte Kreter) bezeichnet, also als echte Nachkommen der Minoer. Auch auf dem schwer zugänglichen Gipfel des Karfí am Nordrand der Lassíthi-Hochebene entstand eine solche eteokretische Siedlung. Knapp 150 Räume und Heiligtümer dieser Bergstadt wurden 1937–39 von J. D. S. Pendlebury ausgegraben. Unter den Funden aus den einfachen Häusern sind solche von großer Bedeutung, die als subminoische Produkte vergröberte minoische Züge zeigen, wie etwa die tönernen weiblichen Gottheiten mit erhobenen Händen und bestimmten Attributen (Vögel, Mohnkapsel, Stierhörner etc.) als Kopfschmuck (AMI, XI, 148 u. 154). Vom Karfí stammt auch ein Rhyton in Gestalt eines Wagens, mit drei Stierköpfen modelliert, wobei wir nicht wissen, ob damit Zugtiere oder Kultzeichen der Minoer gemeint sind (XI, 148). Diese subminoische Kultur, die in Karfí, Pressós und andernorts in Ostkreta blühte, brachte die letzten minoischen Stilformen hervor, die wir kennen, bis die protogeometrische Kultur der Griechen sich im ganzen Mittelmeerraum ausbreiten konnte.

Die Wanderung zum Karfí ist weniger archäologisch als landschaftlich und botanisch interessant.

*Eteokretische Siedlung von Karfí/Lassíthi. Nach J. Pendlebury*

**Kató Zákros** s. S. 261

**Kawalarianá,** Michail Archángelos-Kirche
*Nomós Chaniá, Bezirk Sélino*
1,6 km nach Kándanos in Richtung Teménia zweigt (links der Straße, rechts am Haus entlang) ein Pfad ab, der nach ca. 200 m (links) zur Kapelle führt. Einfache Einraumkapelle mit guten Fresken von *J. Pagomenos* aus den Jahren 1327/28. Malerei der einheimisch volkstümlichen Kunstrichtung; Figuren mit disharmonischen Proportionen. Interessant sind die Darstellungen mit dem Erzengel (s. a. Assómatos, S. 284) und die Stifterszenen in den Blendbögen.

**Kerá Kardhiótissa** (Klosteranlage)
*Nomós Iráklion, Bezirk Pedhiádha*
Die Panajía-Klosterkirche von Kerá ist im 14. Jh. entstanden. In den ersten Jahrzehnten des 14. Jh. baute man eine einfache Einraumkapelle, die heute als Altarraum genutzt wird. Irgendwann später errichtete man im Norden eine noch kleinere Einraumkapelle, die die Funktion als Prothesis übernahm. Das westlich anschließende Hauptschiff mit einem Tonnengewölbe in der Mitte und seitlich anschließenden einhüftigen Gewölben entstand in der zweiten Hälfte des 14. Jh. Kurze Zeit später dürfte dann der querliegende Narthex hinzugefügt worden sein.

Der aus Bruchsteinmauerwerk gebildete Baukörper zeigt nur wenig Ziegeldekor: an den Obergeschoß-Rundbogenfenstern im Norden und Süden sowie bei den Blendarkaden im Westen.

Im Kloster, das im 18. Jh. noch von 60 Mönchen bewohnt war, findet sich eine wundertätige Ikone der Muttergottes, die dreimal nach Konstantinopel entführt wurde, aber jedesmal zurückkehrte. Beim dritten Mal sei die an eine Säule angekettete Ikone sogar samt der Marmorsäule nach Kreta zurückgekommen. Die Ikone ist heute angekettet beim Ikonostas der Kirche; die Marmorsäule steckt im Boden des Klosterhofes. Auch 1982, als die Ikone erneut gestohlen wurde, konnte sie wieder aufgefunden werden. In feierlicher Prozession führten der Bischof von Iráklion und die kretische Bevölkerung sie zum Kloster zurück. 1990 lebten in dem Kloster noch drei Nonnen.

*Klosterkirche Kerá Kardhiótissa (Grundriß, Schnitt). Nach K. Gallas*

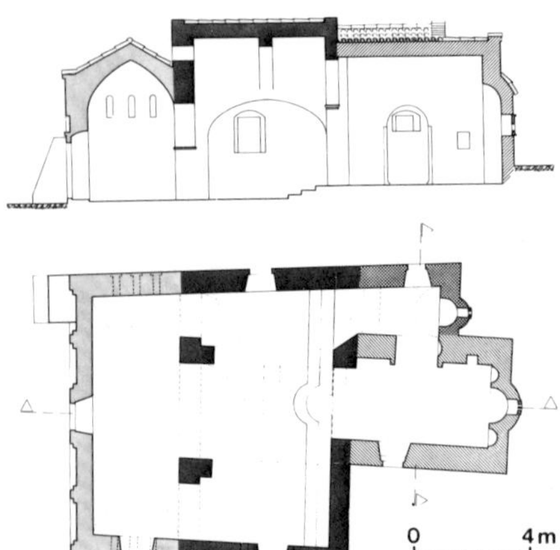


**Die Malereien**
Im Altarraum befinden sich die ältesten Fresken aus den ersten Jahrzehnten des 14. Jh.; die fließenden Gewänder gestalten die Körper zu einer eleganten Vollkommenheit, die mit kräftigen Komplementärfarben gezeichneten Gesichter sind ungeheuerlich lebendig und ausdrucksstark. Die Fresken in den Annexbauten (2. Hälfte 14. Jh.) sind von noch stärkerer Wirklichkeitsnähe und Lebendigkeit; der angedeutete perspektivische Bildraum und die Dramatik der Szenen rückt diese Malereien in die Nähe der makedonischen Schule.
**Ikonographisches Programm:** Panagia mit dem Christuskind flankiert von zwei Engeln in der *Apsiswölbung*, darunter links und rechts je ein Medaillon mit Hierarch und die beiden ganzfigurigen Hierarchen Basileios und Johannes Chrysostomos mit zwei Engeln und dem Altartisch in der Mitte; *Triumphbogen:* Mandylion, darunter Verkündigung. *In den Apsidiolen:* Diakon Stephanos, rechts Johannes Prodomos, darunter ornamentale Darstellungen. *Tonnengewölbe:* Himmelfahrt, nach

Westen folgend mariologischer Zyklus. Südseite, oberes Register: Verkündigung an Joachim und Anna (zwei Bildfelder), darunter Tempelgang Mariä. Nordseite, oberes Register: Begegnung von Joachim und Anna an der Goldenen Pforte, Zurückweisung der Opfer von Joachim und Anna; unteres Register: Geburt Mariä, Heimsuchung. *An der Nordwand:* Erzengel Gabriel, Fries mit drei Brustbildern von Hierarchen; darunter Fragment der Vision des Petrus von Alexandrien mit Christus als Kind. Fries mit vier Hierarchen-Brustbildern, darunter Kyrillos von Alexandrien, Gregor der Wundertäter und Nikolaos von Myra als ganzfigurige Hierarchen in Seitenansicht; rechts der Tür Fragment des Erzengels Michael.

*Mittelschiff,* Ostwand: Marientod und Fragmente einer Taufdarstellung. Tonnengewölbe, Südseite: östliches Joch, oberes Bildfeld: Geburt Christi; unteres Bildfeld: Traum Josephs kombiniert mit Flucht nach Ägypten; westliches Joch, oberes Bildfeld: Einzug in Jerusalem; unteres Register: Judasverrat und Christus Elkomenos; rechts am Bogenzwickel Evangelist Johannes. Nordseite: westliches Joch, oberes Bildfeld: Erweckung des Lazarus; unteres Register: die Frauen am leeren Grabe, Hadesfahrt Christi, links am Bogenzwickel Evangelist Matthäus. Östliches Joch, oberes Bildfeld: Darbringung im Tempel, darunter Pfingsten. Am Gurtbogen fragmentarische Brustbilder der zehn Märtyrer von Górtys (nur noch fünf erhalten); am Pfeiler (Südwesten/Ostlaibung) ganzfiguriges Stifterbild: Kaliopi, darüber Mönch Palamon; Nordwesten: ganzfiguriger Onuphrios. An der Westwand im Giebel Abendmahl und Fußwaschung, darunter Reste einer Kreuzigung.

*Südschiff:* Hauptthema ist das Jüngste Gericht. Ostwand, Giebel: triumphierender Christus mit Panagia und Prodomos im Deesis-Schema (Deutera Parusia), darunter Fragment einer älteren Freskenschicht aus dem Ende des 14. Jh.: Beweinung Christi. Einhüftiges Gewölbe: zwei Reihen von thronenden Aposteln und Engeln; im Westen anschließend zwölf übereinander angeordnete Bildfelder: oben Erweckung der Toten aus dem Meer, darunter aus der Erde. Wandzone: nicht identifizierte Fragmente, darunter Engel; Christus mit den klugen und törichten Jungfrauen; darunter links zwei Bildfelder übereinander mit Höllenstrafen, rechts ein Engel.

*Nordschiff,* Nordwand: Fragmente von ganzfigurigen Heiligen u. a. Antonios von aristokratischem Charakter.

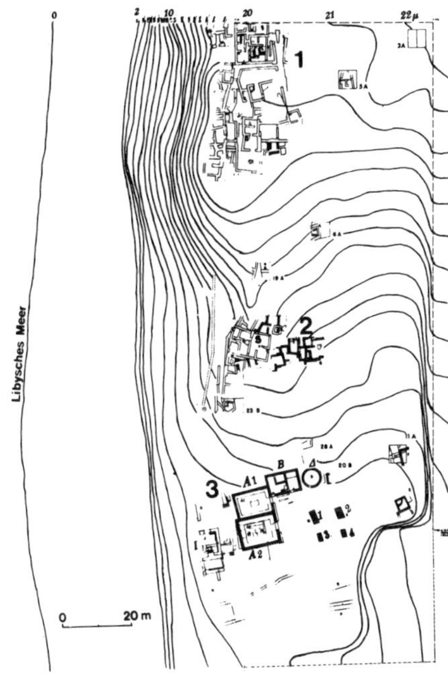

*Kommós, antiker Hafen von Festós. Nach J. Shaw*

## **Knossós** s. S. 184

## **Kommós** (antiker Hafen von Festós; Abb. 10)

*Nomós Iráklion, Bezirk Pirjiótissa*

An der Straße Festós-Mátala liegt 6 km vor Mátala rechts die Ortschaft Pitsídhia. Ca. 1 km nach Pitsídhia rechts, 1,6 km der Schotterstraße bis zu einem Kapellchen folgen; an der Küste liegt nördlich (ca. 0,5 km) der Taverne das Grabungsgelände.

Der kanadische Archäologe Joseph Shaw führt seit 1976 die Grabungen von Kommós durch.

Parallel zur libyschen Küste der Messará konnten bisher auf einer Länge von ca. 200 m drei Grabungsbereiche freigelegt werden. 1. Norden: SM-Hausgrundrisse mit Resten einer minoischen Straße, darunter wenige Grundmauern aus der Epoche MM III. 2. Mitte: gut erhaltene Grundmauern von Wohnbauten der Epochen MM III und SM. 3. Süden: neben wenigen SM-Grundmauern entdeckte Shaw ein griechisches Heiligtum. Ähnlich den Tempelanlagen von Priniás (s. S. 350) und Dréros (s. S. 289) wurde auch hier ein Kultbau (A 2) mit zwei Mittelsäulen, umlaufenden Sitzbänken und einem Opferaltar freigelegt. Auch der Tempel (A 1) zeigt Sitzbänke, die in der minoischen Sakralarchitektur üblich waren. Der Gründungsbau aus dem 8./7. Jh. v. Chr. wurde um 150 v. Chr. zerstört und bis um 125 n. Chr. benutzt. Die Funktion des Rundbaus (Δ, Delta) weiter östlich ist unbekannt. Südlich davon sind Fragmente von vier Altären erhalten.

## **Kritsá,** Panajía Kerá-Kirche 26.3.97

*Nomós Lassíthi, Bezirk Merambéllo*

Etwa 1 km vor Kritsá liegt rechts der Straße die Panajía Kerá-Kirche (Öffnungszeiten, s. ›Wissenswertes von A–Z‹).

Die Panajía Kerá-Kirche (s. Farbabb. Umschlagvorderseite) wurde in drei Bauphasen errichtet und gehört zu den sehenswertesten byzantinischen Kunstschätzen Kretas. 1. Baustufe: Kuppelhalle des 13. Jh.; 2. Baustufe: Südschiff der hl. Anna aus der ersten Hälfte 14. Jh.; 3. Baustufe: Nordschiff des hl. Antonios aus der Mitte des 14. Jh. Die Strebepfeiler im Norden und Süden wurden zu späterer Zeit angebaut.

### Die Malereien

Sie zeigen starke Einflüsse der paläologischen Kunst und sind das bedeutendste kretische Denkmal dieser Epoche. Die von mehreren Künstlern ausgeführten Fresken sind von unterschiedlicher Qualität. – **Mittelschiff:** Der Maler bemüht sich, die ältere kretische Kunsttradition den neuen paläologischen Einflüssen anzupassen. Die großen Figuren mit breiten Hüften und verhältnismäßig kleinen Köpfen gehören zum Nachspiel des Schweren Stils. Nur die Himmelfahrtsszene im Altarraum ist große Kunst und stammt möglicherweise von einem anderen Künstler.

**Südschiff:** Gute Beispiele der paläologischen Kunst, die stark an die Fresken der Kahriye Camii in Konstantinopel und andere Malereien in den makedonischen Kirchen von Thessaloniki und Verria erinnern. Ein Vergleich der ›Hebräischen Jungfrauen‹ mit der Darstellung im Mittelschiff offenbart die ganze Sensibilität und Ausdruckskraft, mit der der Künstler wirkliche Räumlichkeit schafft. Deutlich wird die Schaffung eines Bühnenraums bei der ›Wasserprobe‹: hier wird der Bogen der Exedra, in dem der Priester Maria das Wasser reicht, zum raumschaffenden Element. Von großer Schönheit, Eleganz und Lebensnähe ist das Apsisbild der hl. Anna, die ein Abbild einer jungen byzantinischen Frau des 14. Jh. zu sein scheint.

**Nordschiff:** die Malereien dieses Künstlers sind mit Abstand die besten in der Panajía-Kirche, sie verraten eine Ausdrucksstärke, wie wir sie sonst nur von den Denkmälern des makedonischen Raumes kennen. Gerade die Häßlichkeit Johannes des Täufers und die sehr plastisch wirkenden Apostel im Jüngsten Gericht sprechen für sich. Ein Vergleich mit der Paradiesszene im Mittelschiff offenbart die Überlegenheit des Künstlers aus dem Nordschiff.

**Ikonographisches Programm, Südschiff der hl. Anna: 1** Hl. Anna; **2** Petrus von Alexandrien; **3** Hl. Gregorios **4** Hl. Athanasios; **5** Hl. Eleutherios; **6** Joachim erhält in seinem Zelt von einem Erzengel und zwei Hirten die Verkündigung; **7** Haus Joachims, Annahme des Opfers; **8** Begrüßung von Joachim und Anna an der Goldenen Pforte; **9** Gebet der Anna im Garten; **10** Segnung der Jungfrau Maria vor dem Hohenpriester; **11** Geburt der Maria; **12** Wasserprobe der Maria vor dem Hohenpriester; **13** Liebkosung Mariens; **14** Trauer und Traum Josefs von der Schwangeren; **15** Tempelgang Mariens: v. l. n. r. die Hebräischen Jungfrauen, Anna, die kleine Maria (nur fragmentarisch erhalten), Hohepriester; **16** Reise nach Betlehem; **17** Muttergottes mit Kind (nach dem Akathistos-Hymnus) verschließt einem Hohenpriester die Tür; **18** Ein heiliger Eremit; **19** Hl. Alexios;

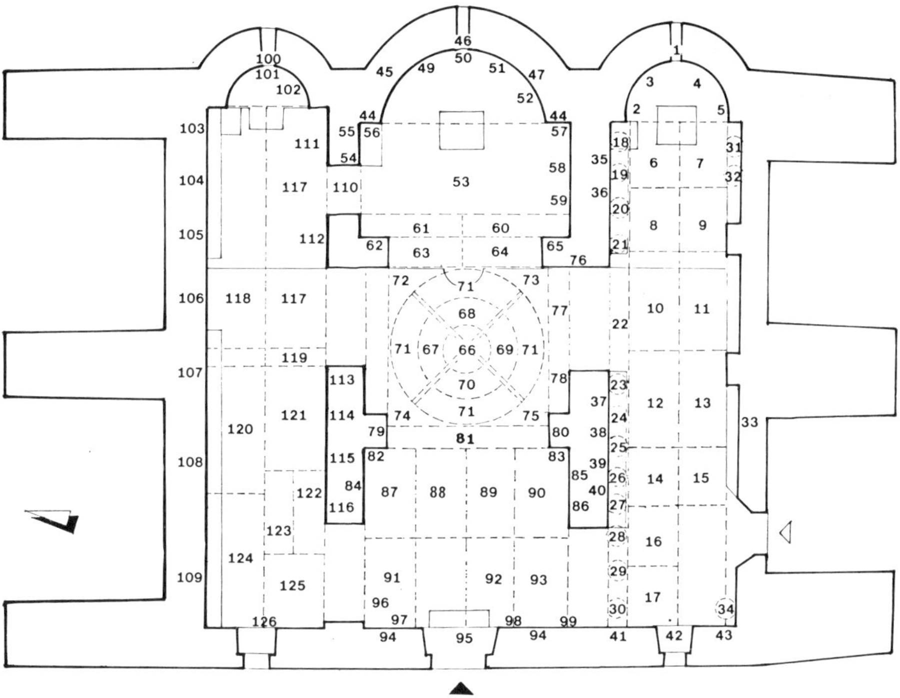


*Panajía Kerá, außerhalb von Kritsá. Nach K. Gallas*

**20** Hl. Gurias; **21** Hl. Amonas; **22** Ornamente; **23** Hl. Konstantinos; **24** Hl. Iamblichos; **25** Hl. Maximilianos; **26** Hl. Antonios; **27** Hl. Exkustodinanos; **28** Hl. Martinos; **29** Hl. Johannes; **30** Hl. Justinos; **31** Hl. Theodulos, ein Mönch; **32** Hl. Zotikos; **33** Hl. Theodoros Stratilates; **34** Hl. Theophano, Kaiserin; **35** Hl. Romanos, Kaiser; **36** Hl. Leon, Kaiser; **37** Erzengel; **38** Hl. Barbara; **39** Hl. Kyriake; **40** Hl. Eirene, Kaiserin; **41** Maria Aigyptiaca; **42** Inschrift; **43** Hl. Zosimos.

**Mittelschiff, Panagia: 44** Mariä Verkündigung; **45** Erzengel Gabriel; **46** Panagia; **47** Erzengel Michael; **48** Hl. Nikolaos; **49** Hl. Johannes Chrysostomos, Patriarch v. Konstantinopel; **50** Ein heiliger Märtyrer; **51** Hl. Basileios; **52** Hl. Gregorios; **53** Himmelfahrt Christi; **54** Hl. Titos; **55** Hl. Andreas; **56** Hl. Stephanos; **57** Hl. Polykarpos; **58** Hl. Eleutherios; **59** Hl. Romanus, Kaiser; **60** König David; **61** König Salomo; **62** Hl. Kyrikos; **63** Hl. Panteleimon, Märtyrer und Krankenheiler; **64** Hl. Hermolaos; **65** Hl. Julitta, Märtyrerin, unter Diokletian hingerichtet; **66** Vier Engel; **67** Palmenträger; **68** Hl. Lazaros; **69** Taufe Christi; **70** ›Lichtmesse‹, Christus vor dem Tempel in Jerusalem; **71** Die zwölf Propheten; **72–75** Die vier Evangelisten; **72** Matthäus; **73** Markus; **74** Lukas; **75** Johannes; **76** Christus und die Gottesmutter; **77** Pfingsten, Ausgießung des hl. Geistes; **78** Märtyrerin; **79** Hl. Sergios, Patriarch; **80** Hl. Bacchos; **81** Merkurios Niketas; **82** Hl. Franziskos (Farb-

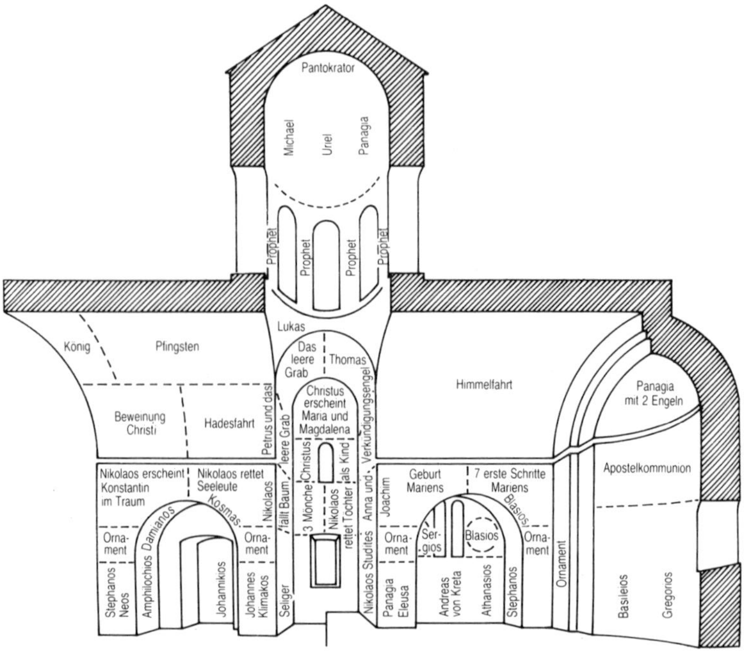


abb. 15); **83** Hl. Petros; **84** Hl. Georgios; **85** Hl. Anna und die kleine Maria; **86** Hl. Andreas; **87** Maria im Tempel: v.l.n.r. die Hebräischen Jungfrauen, Anna, Joachim, Maria (stark zerstört) und der Hohepriester; **88** Abendmahl: ganz links Christus, in der Mitte Petrus mit einer Schriftrolle; **89** Geburt Christi; **90** Kindermord des Herodes; **91** Gastmahl des Herodes; **92** Hadesfahrt Christi; **93** Das Paradies: v. l. n. r. ein Cherub verschließt das Tor zum Paradies, der gute Schächer, Maria und die Erzväter Isaak, Abraham und Jakob, die Seelen in ihrem Schoß halten; **94** Höllenstrafen; **95** Kreuzigung Christi; **96** Hl. Helena, Mutter Konstantins d. Gr.; **97** Hl. Konstantinos, Kaiser, Wegbereiter des Christentums; **98** Hl. Demetrios; **99** Erzengel.

**Nordschiff des hl. Antonios: 100** Pantokrator; **101** Lobpreisung durch Gesang; **102** Hl. Johannes Chrysostomos, Patriarch von Konstantinopel; **103** Hl. Theodosios Koinobiarches; **104** Hl. Johannes Kalybitos; **105** Hl. Osia (vielleicht eine Dorfheilige) mit dem Gesicht einer Bauersfrau und einem kretischen Gewand des 15. Jh.; **106** Hl. Anastasia, Märtyrerin; **107** Hl. Georgios Diasoreitos; **108** Hl. Polychronia; **109** Die Kirchenstifter mit einer Inschrift; **110** Hl. Symeon Stylites, der Heilige, der seine Predigten auf einer Säule hielt; **111** Hl. Makarios; **112** Hl. Antonios (?); **113** Hl. Eugenios, Gelehrter; **114** Hl. Mardarios; **115** Hl. Orestes, Märtyrer; **116** Hl. Anempodistos; **117** Das Jüngste Gericht: Johannes d. Täufer, die zwölf Apostel und Engel; **118** Fragmente des Jüngsten Gerichts; **119** Engel mit einem Meßtuch (Eiletarion); **120** Chor von Märtyrern und frommen Frauen; **121** Das Paradies: Petrus mit dem Schlüssel in der Hand führt Eva zur Pforte des Gartens Eden, die von einem Cherub verschlossen wird; hinter der Mauer Maria mit den Erzvätern

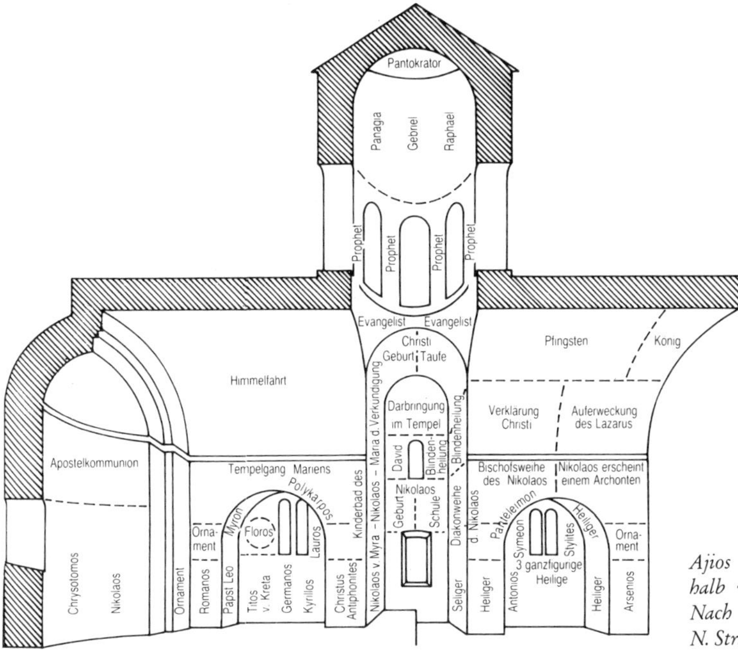


*Ajios Nikólaos außerhalb von Kyriakosélia. Nach M. Borboudákis/ N. Stratakou*

Isaak, Abraham und Jakob, die Seelen in ihrem Schoß halten; **122** Die törichten Jungfrauen; **123** Die klugen Jungfrauen; **124** Auferweckung der Toten am Jüngsten Tag: das Meer gibt seine Toten zurück; **125** Das Jüngste Gericht: Christus auf dem Thron; **126** Die Toten werden zur Waage der Gerechtigkeit geführt: Erzengel Michael bläst die Posaune; die guten und bösen Taten werden gegeneinander abgewogen; die Sündenstrafen.

## Küstenverlauf

C 14-Untersuchungen von Kalkalgenproben ergaben, daß tektonische und eustatische Vorgänge nach dem 3. Jh. n. Chr. eine Veränderung der Meeresstrandlinie der kretischen Küsten bewirkt haben. Physisch-geographische Veränderungen haben dazu geführt, daß im Osten antike Häfen (Olús, Sitía) unter den Meeresspiegel tauchten, Halbinseln also zu Inseln wurden (z. B. Móchlos, Spinalónga) und im Westen eine Hebung der Küsten stattfand, so daß Inseln zu Halbinseln wurden (z. B. Paleóchora, Elefoníssi etc.). Die Niveauveränderungen der Küsten Westkretas nehmen von Osten nach Westen zu und waren an der Westküste am stärksten. **Nordküste:** Súdha-Bucht 1,70 m, Halbinsel Akrotíri 2,0 m, Ajios Theódoros-Insel 2,80 m, Kastélli (Kíssamos) 5,0 m; **Westküste:** Gramwúsa-Insel 6,60 m, Falássarna 6,60 m, Moni Chrissoskalítissa 7,0–7,5 m; **Südküste:** Paleóchora 7,0 m, Sújia 6,30 m, Ajía Rúmeli (Samariá-Schlucht) 3,60 m, Lutró 3,5 m; Ostküste der Plakiás-Bucht 1,80–2,10 m.

## Kyriakosélia, Ajios Nikólaos-Kirche 30.3.97

*Nomós Chaniá, Bezirk Apokóronas*

Die Ajios Nikólaos-Kirche erreicht man von Stýlos (nach 8,3 km rechts) oder von Kyriakosélia (nach 1,1 km links); den Schlüssel hat der Priester in Kyriakosélia. jetzt in Samoná

Farbabb. 10 / Abb. 106

Kuppelhalle aus dem 11./12. Jh. mit byzantinischen Malereien von 1230–36. Die westliche Verlängerung der Kirche stammt vom Anfang des 20. Jh. Die qualitätsvollen Fresken verraten eine aristokratische Herkunft, sie sind Meisterwerke der komnenischen Kunst und stammen von der Hand eines Künstlers aus Konstantinopel. Völlig frei von lokaler Kunsttradition werden hier ausgewogene Kompositionen mit klassischen Reminiszenzen geschaffen, die für Kreta ganz einzigartig sind.

## **Lambiní,** Panajía-Kirche

*Nomós Réthimnon, Bezirk Ajios Wassílios*

Kreuzkuppelkirche des einfachen Vierstützentypus mit seitlich ausbrechenden Kreuzarmen (13./14. Jh.). Der harmonisch proportionierte Bau hat vier Pfeiler statt Säulen und außen rechteckig geschlossene Seitenapsiden. Die tektonisch gegliederten Fassaden mit Spolieneinlagen sind bis auf die Tambourkuppel z. Zt. noch überputzt. Die Kirche war möglicherweise bis zum 18. Jh. Bischofskirche des verlassenen Bistums Lappa.

Zwei Freskenschichten sind erhalten: Im Altarraum und an der Nordwand des nordwestlichen Eckraumes die älteren Malereien der archaischen Stilrichtung (Anfang 14. Jh.), alle anderen Fresken gehören der Wende des 14./15. Jh. an.

## **Lambiótes,** Panajía-Kirche

*Nomós Réthimnon, Bezirk Amári*

Von Amári aus liegt links am Dorfeingang ein schattiges Kafeneion; weiter bis zum Ortsschild der Straße folgen, links 300 m an den Häusern vorbei, dann rechts ca. 500 m bis zur Kapelle.

Einfache Einraumkapelle mit Fresken aus der zweiten Hälfte des 14. Jh.; später paläologischer Stil.

## **Lassíthi-Hochebene**

*Nomós Lassíthi, Bezirk Lassíthi*

Die Ebene erstreckt sich in einer Höhe von 817 bis 850 m von Ost nach West über 6 km und von Nord nach Süd über 12 km. Einem Krater ähnlich wird sie von hohen Bergen des Dhíkti-Massivs umschlossen und ist über acht mehr als 1000 m hohe Pässe zugänglich. Die von Oktober bis Mai mit Schnee bedeckten Berge (Aféndis Christós = 2141 m) bringen alljährlich im Frühjahr fruchtbares Schwemmland in die 72 $km^2$ große Ebene. Erd- und Baumfrüchte sind neben verschiedenen Getreidearten die wichtigsten landwirtschaftlichen Produkte. Im Sommer, besonders im Juli/August, befördern bis zu 10 000 Windmühlen Grundwasser nach oben, um die Felder zu bewässern. Diese mit Segeltüchern bespannten Mühlen bieten dann ein einzigartiges Schauspiel (Abb. 60). Am Rande der Ebene, bis hinauf zu den angrenzenden Berghängen, liegen 21 Dörfer und zwei Klosteranlagen. Die ältesten menschlichen Spuren der Hochebene lassen sich bis ins Neolithikum (um 5000 v. Chr.) zurückverfolgen. Zu dieser Zeit lebten die Menschen u. a. in der Höhle von Trápeza. Erst zu Beginn der Epoche MM II siedelten sie außerhalb der Grotte; in Kástelo sind einfache minoische Wohnbauten nachweisbar. Die Trápeza-Grotte wurde von nun an als Heiligtum verehrt. In der subminoischen Epoche, als die Dorer die Insel in Besitz nahmen, zogen sich die Eteokreter zu den natürlichen Bergfesten zurück und gründeten im Schutze der Berge Fluchtstädte (z. B. Karfí, s. S. 323). Von nun an diente die Bergwelt der Hochebene den Kretern als Widerstandshort gegen alle Fremdherrschaften. Die Venezianer ihrerseits versuchten den kretischen Widerstand dadurch zu brechen, indem sie seit Oktober 1234 die Nahrungsreservate – die fruchtbaren Ebenen der Insel – kontrollierten und nur zum Teil bebauen ließen. Um sicher zu sein, daß die Kreter sich an diesen ›Vertrag‹ hielten, forderten sie 30 Geiseln, die in den Festungen Bonifacio und Belvedere inhaftiert und alle drei Monate ausgewechselt wurden. 1368 sprachen die Venezianer sogar ein absolutes Verbot der Bewirtschaftung der gesamten Lassíthi-Hochebene aus. Am 30. November 1463 erst hoben die Signori von Venedig das Verbot wieder auf.

## **Lató**

*Nomós Lassíthi, Bezirk Merambéllo*

Die dorische Stadt Lató liegt zwischen zwei Bergkuppen auf einem schmalen Sattel, der seit SM I a besiedelt war.

Weit entfernt von der Küste der Merambéllo-Bucht war die im 8./7. Jh. terrassenförmig angelegte

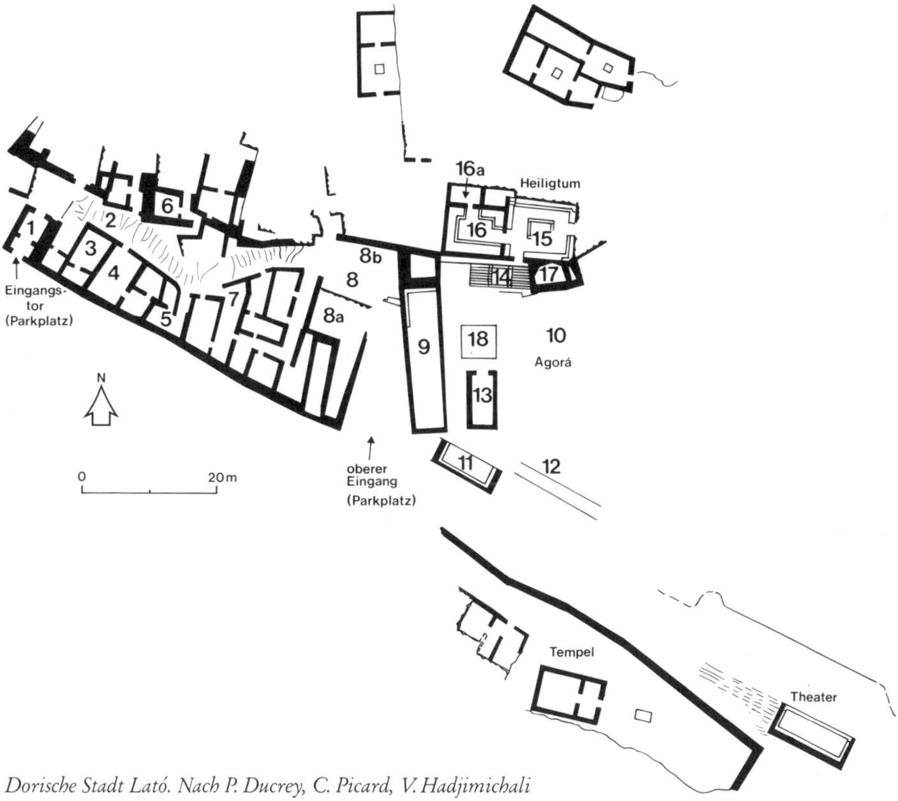


*Dorische Stadt Lató. Nach P. Ducrey, C. Picard, V. Hadjimichali*

Stadt vom Meer aus nicht sichtbar. Die Stadtanlage ist ein gutes Beispiel früher griechischer Stadtgründungen. An der Stelle des heutigen Ajios Nikólaos lag der Hafen, Lató Kamára, von der Bergfeste aus gut zu beobachten. So war man bei drohender Gefahr früh genug alarmiert.

Der Name geht auf die Göttin Lató zurück, die in dieser Region verehrt wurde; wahrscheinlich ist sie mit Eileithýia und Artemis identisch.

Das schon von Reiseschriftstellern des 18. und 19. Jh. erwähnte Gelände (Tournéfort 1717, Spratt 1865) besuchte A. Evans 1900 erstmals, bis die Franzosen mit einer systematischen Grabung begannen, die lange Zeit ruhte, doch seit einigen Jahren wieder in Angriff genommen ist. Bei den neuen Grabungen wurde vor allem der östliche Hang der Westkuppe näher untersucht. Dabei kamen höchst interessante Gebäude (Wohnbauten, Läden, ein kleiner Tempel auf einer abgestützten Terrasse) mit gut erhaltenem Quadermauerwerk zutage.

## Rundgang

Die Stadt ist heute über zwei Schotterstraßen (vom Westen beim Stadttor 1 und vom Osten nahe der Exedra 11/12) erreichbar. **Stadttor (1),** das durch drei hintereinanderliegende Türen gesichert ist, danach gelangt man rechts – nach einer weiteren Tür – über einen prachtvollen **Treppenweg (2)** zur **Agorá (10),** dem Zentrum der Anlage. Vorbei an den südlich gelegenen Läden und Werkstätten windet sich der Weg mit seinen aus dem Felsen herausgearbeiteten Treppenstufen den sanften Hang hinauf. Hinter zwei kleinen **Läden (3)** schließt eine **Färberei (4)** an, in der man eine Zisterne nebst Wasserbassin und einen Trog fand, die noch in situ vorhanden sind. Anschließend der **Laden eines Müllers (5)** mit gut erhaltener steinerner Handmühle. Gegenüber dieser Raumgruppe erhebt sich ein mächtiger **Wachtturm (6)**, der den Nordsüdhang der Stadt bewachte. Weiter aufwärts folgen rechts fünf zusammenhängende Räume, vielleicht ein **Bäckerladen (7)**; im mittleren Raum eine Zisterne, ein Steinmörser, eine Handmühle (ebenfalls aus Stein) und ein großer Bottich. Der Weg mündet nun auf einen kleinen **Platz (8)**, auf dem im Westen ein **Grab (8a)** entdeckt wurde. Im Osten erstreckt sich eine lange **Halle (9)**, deren östliche Längswand die Agorá abschließt. Von der Ecke im Nordosten des Platzes führte ursprünglich eine **Treppe (8b)** in ein Obergeschoß, von der die Antrittsstufen noch zu erkennen sind. Der Weg zieht sich nun eben an der Hallenaußenwand vorbei und zweigt links zur **Agorá (10)** ab. Gleich rechts eine dreiseitig umschlossene **Exedra (11)**, zum Marktplatz hin geöffnet, die vielleicht öffentlichen Versammlungen diente; an ihrer Ostwand führt eine schmale **Straße (12)** zu den neuen Ausgrabungen im Südosten.

Bedeutendster Teil der Stadt ist ihre Agorá. Sie war Versammlungsort für bürgerliche und politische Belange, hatte aber vor allem kultische Funktionen, wie es die Gebäude zeigen. Dominierend das kleine **Heiligtum (13)** im Süden, dessen Ausgang mit den gegenüberliegenden Räumen des **Prytaneions** oder **Buleuterions (15/16)** und der **Schautreppe (14)** davor korrespondiert. Die kultischen Handlungen fanden ursprünglich vor dem Heiligtum statt und konnten von der auf der Treppe sitzenden Zuschauermenge verfolgt werden. Das ›Theater‹ in Form von Treppenstufen geht auf minoische Vorbilder zurück, wie wir sie aus den Palästen kennen. Oberhalb der Treppenanlage zwei Kulträume, in denen sich die Priester zu weiteren Kulthandlungen oder Gebeten versammelten. Im **östlichen Raum (15)**, der von der Agorá aus zugänglich ist, laufen an den Wänden Sitzbänke entlang. In der Mitte Mauerreste, die vielleicht zu einer mykenischen Opferherdstelle gehören. Westlich davon schließt sich ein weiterer **Raum (16)** an, ebenfalls mit steinernen Sitzbänken; teilweise sind die Armlehnen noch gut erhalten. In diesem Raum laufen die Bänke nicht an den Wänden entlang, sondern begrenzen einen Weg, der durch den Raum führt; rechtwinklig abknickend, endet er in einer kleinen **Kammer (16a)**, in der vielleicht wichtige Kultgegenstände ihren Platz hatten.

An der Nordseite der Agorá die Grundmauern zweier **Turmbauten (17)**. In der Mitte des Platzes eine tiefe **Zisterne (18)** von quadratischem Grundriß (5 × 5 m), die die Stadt mit Wasser versorgte. Auf dem Grund erkennt man den Ansatz eines Treppenlaufes, der zum Marktplatz hinaufführte. Weiter im Norden erhebt sich die Akropolis, auf der kaum noch Baulichkeiten zu erkennen sind. Auf der östlichen Hügelkuppe liegen Reste eines aus gut bearbeiteten Quadern errichteten Tempels.

## **Lebéna** s. Léndas

## **Léndas** (Lebéna, Levín)

*Nomós Iráklion, Bezirk Kainuríu*

Kleiner Fischerort an der Südküste, ca. 15 km östlich vom Kap Líthino entfernt, dem südlichsten Festlandpunkt der Insel an der Messará-Bucht. Sehr schöne Strände bis hin nach Kalí Liménes (schlechte Schotterstraße); Hotels und Privatunterkünfte.

Das Gebiet von Léndas war bereits in der Epoche FM II–MM I a besiedelt. St. Alexiou konnte 1958–60 für diese Periode einfache minoische Wohnbauten und für FM II Tholosgräber nachweisen. Italienische Archäologen erforschten 1900 und 1911 ein Areal von ca. 1200 m² der griechisch-römischen Hafenstadt Léndas. Wahrscheinlich besaß Léndas nie politische Selbständigkeit, sondern war abhängiger Hafen von Górtys (von Léndas sind keine eigenen Münzprägungen bekannt!). Seit dem 5. Jh. v. Chr. besaß die Stadt heilkräftige Quellen eines berühmten Asklepios-Heiligtums. Die noch erhaltenen Reste stammen aus dem 2. Jh. n. Chr. Im 3./4. Jh. n. Chr. wurden fast alle hellenistischen Bauten neugestaltet oder durch römische ersetzt. Die nicht mehr erhaltenen kaiserlichen Thermen hat Onorio Belli 1586 noch gesehen und aufgemessen. Eine frühchristliche Basilika und drei kleine byzantinische Kapellen des 14./15. Jh. beweisen, daß Léndas ununterbrochen von der minoischen Epoche bis zum 20. Jh. besiedelt war.

**1** Frühchristliche Basilika des 5./6. Jh. Dreischiffige Anlage mit halbkreisförmiger Mittelapsis und querliegendem Westnarthex. Je sieben Marmorsäulen (des Asklepios-Tempels) trennten einst die Seitenschiffe vom Mittelschiff. Im südlichen Seitenschiff sind Reste eines abgesenkten Taufbeckens zu sehen. In der Ajios Ioánnis-Kapelle sind Fresken des 14./15. Jh. erhalten. **2** Reste einer antiken Brücke. **3** Gebäudereste, die möglicherweise zu der von Belli gezeichneten Thermenanlage gehören. **4** Die heilkräftige Quelle von Léndas, die in der Antike eine ähnlich starke Anziehungskraft gehabt haben soll wie jene von Epidauros. **5** Griechisch-römische Mauerreste, die wahrscheinlich zu dem in den Inschriften erwähnten ›Abaton‹ (von der profanen Umwelt abgegrenzte heilige Stätte) gehörten. **6** Monumentale Treppenanlage, von der nur zwei Stufen erhalten sind. **7** Unterirdische Schatzgrube (ähnlich jenen in den minoischen Palästen!), die zum frühesten Asklepios-Tempel gehörte. Die Steinbearbeitung (Schwalbenschwanzzapfen) der einzelnen Quader deutet auf das 5. Jh. v. Chr. als Entstehungszeit des Tempels hin; alle Quader sind mit A (sklepios) gekennzeichnet. Die Schatzgrube ist mit einer massiven Steinplatte verschlossen, die eine kreisrunde Aussparung zeigt; das Fußbodenmosaik stellt ein Seepferdchen dar (Abb. 98). **8** Asklepios-Tempel des 2. Jh. n. Chr.; erhalten sind eine schöne (ehemals mit Marmor verkleidete) Ziegelwand im Westen, zwei aufrechtstehende monolithische Säulen und spärliche Fußbodenmosaiken. Die architektonische Form des Heiligtums (Grundriß und Dachgestaltung) ist ungeklärt. In dem 11,4 m breiten Gebäude mit Ostterrasse standen an der Nordwand auf zwei Sockeln die Kultbilder des Asklepios und der Hygieia. **9** Grundmauern von zwei großangelegten Gästehäusern (?).

## Levín s. Léndas

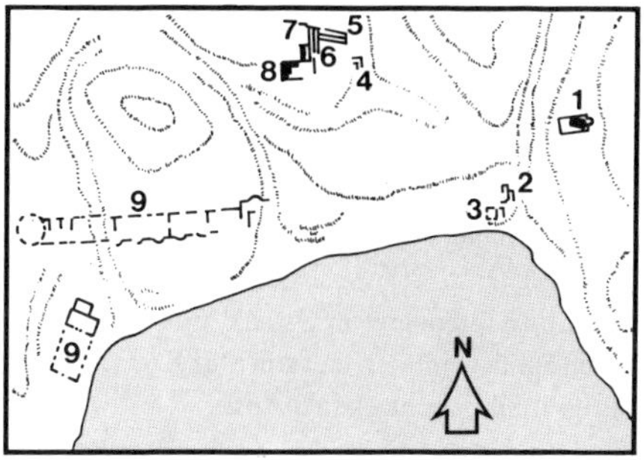


*Das römische Léndas. Nach L. Pernier/L. Banti*

## Lissós

*Nomós Chaniá, Bezirk Sélino*

Verlassene antike Hafenstadt (von Elyros) in landschaftlich reizvoller Bucht an der Südküste. Die nicht mehr bewohnte Bucht kann von Sújia aus (s. S. 357) nur zu Fuß oder mit dem Boot erreicht werden. Reizvolle Wanderung (ca. 2,5 Stunden einfach): Westlich von Sújia liegt ein kleiner neuer Hafen, hier rechts dem Pfad in die landschaftlich und botanisch interessante Bucht folgen. Nach ca. 1 Stunde links (s. Schild ›Lissós‹) hangaufwärts. Auf der mit Macchia bestandenen Ebene rechts dem ausgetretenen Pfad nachgehen. Oberhalb der Felsen, bei der nächsten Bucht, erkennt man das Areal der antiken Stadt.

Das bisher archäologisch nur wenig erforschte Gelände zeigt vornehmlich Reste der griechisch-römischen und byzantinischen Stadt. 1957 erforschte N. Platon einen kleinen Asklepios-Tempel (Farbabb. 43) und entdeckte dabei auch eine dazugehörige antike Heilquelle. Der Tempel liegt ganz im Nordosten der Schlucht, beim Abstieg rechts (in dem umzäunten Gelände; der Wächter in Lissós hat den Schlüssel). Eine breite Treppe führt zu dem aus schönen Quadern (teilweise mit Inschriften) gefügten Tempel (3. Jh. v. Chr.?). Im Innenraum befinden sich Reste eines römischen Fußbodenmosaiks (Abb. 99, 100) und der Sockel eines Kultbildes (für Asklepios). Aus Inschriften wissen wir auch von einem Díktynna-Heiligtum. Die weit verstreuten Gebäudereste gehörten ehemals zur Wohnstadt (am westlichen Hang) und zu öffentlichen Bauwerken (Theater, Aquädukt, Thermen etc.). Aus byzantinischer Zeit sind die Grundmauern zweier dreischiffiger Basiliken (5./6. Jh.) erhalten; auf beiden stehen heute mittelbyzantinische Einraumkapellen.

Ganz im Norden der Bucht: Panajía-Kapelle mit Ziegeldekor an der Apsis und Fresken aus dem 14. Jh. Im Küstenbereich (Osten): Ajios Kyrikós mit vielen Spolieneinlagen und einer für Kreta seltenen, rechtwinklig geschlossenen Apsis.

**Lumbiniés** s. Fódhele

**Lutró** (das antike Phönix)
*Nomós Chaniá, Bezirk Sfakiá*
Malerischer Fischerort an der Südküste, von Paleóchora aus nur zu Fuß oder mit dem Boot zu erreichen. Wanderung entlang der Küste ca. 2,5 Stunden (einfach). Schöne Buchten und Strände. Nur einfache Privatquartiere.

Auf dem westlichen Vorgebirge bei der Sotíros Christú-Kirche (mit Fresken des 14./15. Jh.) liegt das archäologisch noch nicht erforschte Gebiet der antiken Stadt sowie die Grundmauern einer frühchristlichen Basilika. Das türkische Kastell stammt aus dem 17./18. Jh.

**Máleme**
*Nomós Chaniá, Bezirk Kydonía*
Westlich von Máleme liegt der am 6. Oktober 1974 eingeweihte ›Deutsche Soldatenfriedhof von Kreta‹. Die 4465 (größtenteils am 20./21. Mai 1941) gefallenen Soldaten ruhten früher teilweise in den Gebäuden des Klosters Ghonjás, wofür den Geistlichen großer Dank gebührt.

**Mália** s. S. 252

**Margharítes**
*Nomós Réthimnon, Bezirk Mylopótamos*
Reizvolles Gebirgsdorf, in dem noch viele traditionsreiche Keramikwerkstätten ansässig sind (Abb. 59). In der Ortschaft mehrere interessante byzantinische Kapellen, z. B. Ajios Ioánnis mit guten Fresken aus dem Jahre 1383.

**Mátala**
*Nomós Iráklion, Bezirk Pirjiótissa*
Kleiner Fischerort in malerischer Bucht an der Ostküste der Messará im Süden der Insel. Mythischer Ort, an dem Zeus in Gestalt eines Stieres mit der aus Phönizien entführten Prinzessin Europa an Land ging (s. S. 14). In der Antike war Mátala neben Kommós (s. S. 325) Hafen von Festós; archäologisch bisher nicht erforscht.

In den weichen Felswänden der Bucht sind künstliche Höhlen erhalten, die in der Frühzeit wahrscheinlich bewohnt waren und die von den frühen Christen als Grabstätten benutzt wurden. Sehr schöne Strände, besonders in der südlich anschließenden Bucht (ca. 30 Minuten Wanderung); Hotels und einfache Privatquartiere laden zu längerem Verweilen ein; Mátala gehört zum obligatorischen Besichtigungsprogramm aller organisierten Rundreisen und ist folglich in der Hauptreisezeit stark überlaufen.

**Máza,** Ajios Nikólaos-Kirche
*Nomós Chaniá, Bezirk Apokóronas*
Einfache Einraumkapelle mit teilweise gut erhaltenen Fresken von J. Pagomenos aus den Jahren 1325/26.

**Méronas,** Panajía-Kirche
*Nomós Réthimnon, Bezirk Amári*
Dreischiffige Basilika aus der Mitte des 14. Jh. mit harmonischem Architekturschmuck an der Ostapsis; die Blendarkadengliederung nach Art eines Triforiums zeigt venezianische Einflüsse. Die noch nicht vollständig freigelegten Malereien zeigen einen (nicht von Konstantinopel) importierten Stil, der sich an der idealistisch-akademischen Bildauffassung orientiert, und sind von ausgezeichneter künstlerischer Qualität. Im Nordschiff ist das sehr seltene Thema des Akathistos-Hymnus dargestellt (vgl. Walsamónero, S. 340f.).

In der Bilderwand der Kirche ist eine schlechterhaltene Panagia-Ikone zu sehen (Ende 14. Jh., wahrscheinlich importiert), neben der Panagia-Ikone von Dhoriés das älteste auf Kreta erhaltene Tafelbild.

**Mesklá,** Sotíros Christú-Kirche
*Nomós Chaniá, Bezirk Kydonía*
Einraumkapelle mit später angebautem Westnarthex. Die Malereien (1303) stammen von Theodoros Daniel und seinem Neffen Michael Beneris; es ist noch ein etwas jüngerer Stil (Mitte 14. Jh.) mit starken Farbtonabstufungen erkennbar. Malereien im Narthex: volkstümliche Arbeiten des 15. Jh.

**Mikrí Episkopí** (ehemalige Bischofskirche des byzantinischen Arkadia)
*Nomós Iráklion, Bezirk Monofátsi*
Kurz vor Pártira zweigt rechts eine schlechte Schotterstraße ab, die nach 1 km zur verlassenen Ortschaft Arkadia mit der eindrucksvollen Kirchenruine führt. Einfache Kreuzkuppelkirche mit Narthex aus der ersten Hälfte des 14. Jh., der Anbau im Süden gehört dem 15. Jh. an. Freskenfragmente der paläologischen Kunstrichtung.

Nur ca. 15 Minuten weiter westlich liegt die **Panajía Nekrotafíu-Kirche** mit Fresken der ›klassisch‹-ästhetischen Stilrichtung (1445). Den Schlüssel hat der Wächter der Kirchenruine.

**Mitrópolis** s. Górtys

**Móchlos**
*Nomós Lassíthi, Bezirk Sitía*
Kleine Insel im Osten der Merambéllo-Bucht, in der Antike als Halbinsel mit der Nordküste verbunden (s. S. 329).

Archäologische Untersuchungen von R. Saeger im Jahre 1908 beweisen, daß die (Halb-)Insel seit der Epoche FM I besiedelt war. Neben Siedlungsresten fand Saeger auch Gräber in Hausform, in denen er kostbare Gold- und Edelsteinfunde entdeckte (AMI, I, 16), aber auch Steingefäße und Keramik (6, 7, 8). C. Davaras förderte 1971 bei Restaurierungsarbeiten der FM II/III-Nekropole weitere Goldfunde zutage (Museum Ajios Nikólaos). Die Forschungen wurden von ihm 1988/89 fortgesetzt.

**Moní,** Ajios Nikólaos-Kirche (Farbabb. 10)
*Nomós Chaniá, Bezirk Sélino* 3.4.97
Kommt man von Norden, führt am Dorfanfang, links beim Brunnenhaus, ein Pfad zu einem Bachlauf hinunter; nach ca. 10 Minuten erreicht man die Einraumkapelle mit Kreuztonnen-Westnarthex (2. Baustufe, 2. Hälfte 14. Jh.?). Der Ursprungsbau zeigt Fresken von J. Pagomenos (1315). schwarz, kaum erkennbar

**Moní Arkádhi**
*Nomós Réthimnon, Bezirk Réthimnon*
Etwa 23 km südöstlich von Réthimnon erhebt sich inmitten einer heroischen Gebirgslandschaft in ca. 500 m Höhe das festungsartige Kloster Arkádhi. Ein Symbol der Freiheit, das alljährlich am 9. November von Kretern der ganzen Insel aufgesucht wird, die im Gedenken an die 1866 hier von den Türken getöteten Kinder und Frauen, Männer und Mönche den ›Kretischen Nationalfeiertag‹ begehen.

Das heutige etwa 78,5 × 71,35 m große Kloster mit seinem geräumigen Innenhof stammt aus dem 16./17. Jh. (Gründungszeit ungeklärt). Einige Forscher schreiben die Gründung dem Kaiser Arkadios (395–408) zu, andere Arkadern von Peloponnes, wieder andere glauben, es sei nach der Befreiung Kretas durch N. Phokas im Zuge der ›zweiten Christianisierung‹ der Insel um die Wende des 10./11. Jh. (s. S. 69) von dem einheimischen Mönch Arkadios gegründet worden. Die älteste Inschrift des Klosters aus dem 14. Jh. lautet: »Man nennt mich Arkádhi, und dies ist die apostolische Kirche Kaiser Konstantins.«

Das älteste Gebäude ist die Zweiraumkapelle im Innenhof, die laut Inschrift (unter dem Glockenstuhl) aus dem Jahre 1587 stammt. Das Nordschiff der Metamorphosis Christu sowie das Südschiff Konstantins und Helenas zeigen eine eigenwillige strenge Westfassade (Abb. 91), schönstes Beispiel der kreto-venezianischen Renaissance-Architektur. Nach der türkischen Eroberung des Klosters 1866 wurden nahezu alle Ikonen und anderen Kunstgegenstände verbrannt, so daß die Kirche heute vornehmlich mit Werken vom Anfang des 20. Jh. ausgeschmückt ist. So stammt z. B. der aus Olivenholz geschnitzte Ikonostas von 1927.

Der **Hauptzugang** ist im Westen. Die dortige Porta Réthimnon wurde 1870 nach dem 1866 zerstörten Original von 1693 wieder aufgebaut. Der gesamte **Westflügel** mit seinem einfach und schwer gestalteten Kreuzgang wird als Magazintrakt genutzt. Der **Nordflügel** gliedert sich auf in das westlich angeordnete Gästehaus (Xénonas) und das östlich anschließende Refektorium mit Küchen- und Zellentrakt für die Mönche von 1670 (Fassadeninschrift) und 1687 (Inschrift am Hofeingang zum Refektorium). Den östlichen Teil nimmt ein Nord-Süd ausgerichteter tonnengewölbter Raum ein, in dem 1866 das Pulvermagazin untergebracht war. Als am 9. November dieses Revolutionsjahres die Türken in das Kloster eindrangen und die hierher Geflüchteten (ca. 700 Menschen) töteten, entschloß sich der Abt, Gabriel Marinakis, mit Konstantinos Giaboudakis und 287 bewaffneten Männern, das Pulvermagazin in die Luft zu sprengen. Zu Ehren der kretischen Freiheitskämpfer wurde 1937 von Erzbischof Timotheos Veneris eine griechische Inschrift angebracht: »Die Flamme, die in dieser Krypta entzündet wurde und ihren Feuerschein über das glorreiche Kreta verbreitete, war Gottes Feuer, in welchem sich die Kreter für die Freiheit opferten.«

Im Norden des **Ostflügels** ist der zweite Zugang zum Kloster, die Porta Kastríni; weiter südlich liegen die Mönchszellen. Der zweigeschossige Südflügel beherbergt ebenfalls Mönchszellen und im westlichen Teil des Obergeschosses das **Kloster-Museum:** Die Exponate erzählen von dem Widerstandskampf 1866. Wertvolle Manuskripte des 16./17. Jh., goldbestickte Meßgewänder des 17./19. Jh. und Ikonen des 18./19. Jh. sind ebenfalls ausgestellt.

Das Gebäude westlich auf dem großen Platz vor dem Kloster gehört zu den **Stallungen** von 1714. Noch weiter westlich steht ein kleines **Kuppel-Mausoleum** von 1910, vor 1866 Standort einer Windmühle. Hier ruhen die Gebeine der Freiheitskämpfer von Arkádhi.

## Moní Arwí

*Nomós Réthimnon, Bezirk Wiánnos*

Kleiner Fischerort an der Südküste mit schönen Stränden. In den ausgedehnten Bananenplantagen nahe der Küste liegen die archäologisch noch nicht erforschten Reste einer frühchristlichen Basilika. Weiter landeinwärts sprudelt eine Quelle aus einer Felsspalte; hier vermutet man die Reste der griechisch-römischen Stadt Amirás. Für das Siedlungsgebiet selbst ist eine ununterbrochene Kontinuität seit minoischer Zeit erwiesen. Vielleicht lag hier auch das Heiligtum des Zeus Arbios. Östlich davon trifft man auf die Gebäude des ärmlichen Klosters Ajios Antónios.

Kleines Hotel und gute Privatunterkünfte.

## Moní Chrissoskalítissa (›die goldene Treppe‹)

*Nomós Chaniá, Bezirk Kíssamos* 2.4.97

Festungsartiges Frauenkloster an der wildromantischen Westküste. Fern von jeder Ortschaft wird es z. Zt. von nur einer Nonne bewohnt. Ca. 6 km weiter südlich liegt der schöne Sandstrand von Elafoníssi. Von hier aus sehr mühsame Wanderung (ca. 10 Stunden) nach Paleóchora.

## Moní Ghonjás 31.3.97

*Nomós Chaniá, Bezirk Kíssamos*

Venezianische Klosteranlage an der Ostküste der Halbinsel Rodhopú (1. Hälfte 17. Jh.), heute Sitz der griechisch-orthodoxen Akademie. Westlich davon, links oberhalb der Straße, die Eremitengrotte des aus Zypern stammenden hl. Blasius, des Klostergründers. Die Klosterkirche der Muttergottes wurde als Dreikonchenanlage 1634 fertiggestellt. Auf Kreta gibt es von diesem Architektur-Typus insgesamt zehn Beispiele, alle im Umkreis von Chaniá von den Venezianern errichtet. Man spricht bei diesem Kirchentypus auch vom ›Athostypus‹, da auf dem Athos fast alle Klosterkirchen als Trikonchos geplant und gebaut wurden. So schickten auch die Venezianer Anfang des 17. Jh. den kretischen Mönch Jeremias Tzangarolou zum Studium auf den Mönchsberg. 1895 erhielt der westliche Kreuzarm zwei Seitenschiffe (-kapellen), denen 1899 ein gemeinsamer Westnarthex vorgelagert wurde. Noch vor der endgültigen türkischen Eroberung der Insel 1669 wurde das Kloster 1645 von den Türken, die an dieser Stelle landeten, zerstört. 1651 begann der Wiederaufbau. In der Ostwand der Apsis steckt noch heute eine türkische Kanonenkugel vom 14. Juni 1867.

von Kolimbari zu Fuß

In der Klosterkirche befindet sich eine der bedeutendsten kretischen **Ikonensammlungen** (täglich von 13–15.30 Uhr geschlossen):
**1** Epitaphios, liturgisches Tuch (um 1900) mit dem Bild des toten Christus auf dem Salbstein; **2** Jüngstes Gericht, Ikone mit Miniaturmalerei aus dem Jahre 1792 von Papadopoulos: oben Himmlische Liturgie, darunter Erzengel Michael mit der Seelen-Waage, links: die guten Menschen werden ins Paradies geführt (unten mit Abraham), rechts: die Sünder (auch Könige und Bischöfe) kommen in die Hölle, darunter: Höllenstrafen; **3** Hl. Jerasimos mit vier Szenen aus dem Synaxarium (um 1640, datierbar aufgrund des venezianischen Wappens zu seinen Füßen); *Ikonostas* aus dem Jahre 1671 mit Königstür: oben Christus und Apostel, unten: Verkündigung (mit Übermalungen), über der Tür; **4** Beweinung Christi, darüber 13 Festtagsikonen (17. Jh.): Geburt Mariens, Tempelgang Mariens, Verkündigung, Geburt Christi (19. Jh.), Taufe, Tempelgang Christi (19. Jh.), Einzug in Jerusalem, Hadesfahrt, Ungläubiger Thomas, Verklärung Christi, Himmelfahrt Maria mit Heiligen (19. Jh.); **5** Johannes der Theologe, von Parthenios (17. Jh.); **6** Theotokos Brephokratussa, Muttergottes mit dem Christuskind, von Parthenios (17. Jh.); **7** Orthodoxer Sonntag, von Georgios Staïs (1705); **8** Christus Pantokrator, von Parthenios (17. Jh.); **9** Johannes Prodromos, von Parthenios (17. Jh.); **10** Grablegung des Kirchenvaters Ephraem d. Syrer (gest. 377) (17. Jh.); **11** Panagia Zoodhochos Pege, Maria als lebensspendende Quelle, von Esaias (17. Jh.); **12** Muttergottes mit Christus (19./20. Jh.); **13** Hl. Georgios mit sieben Szenen aus seiner Vita (17./18. Jh.); **14** Hl. Johannes der Eremit, Ikone aus dem Kloster Ghuwerniótissa (16./17. Jh.); **15** Hl. Pandeleimon (17. Jh.); **16** Hl. Nikolaus, von Konstantinos Paleokapas (1638), Meisterwerk, in dem sich harmonisch kretische Tradition der Ikonenmalerei mit italienischen Elementen der Tafelmalerei mischt; **17** Christus als Hoherpriester, Ikone von Andreas Ritzos (?) oder aus seinem Umkreis (15. Jh.); **18** Hl. Basileios (20. Jh.); **19** u. **20** Ikonen des 20. Jh.; **21** Muttergottes-Ikone (15. Jh.). Ferner werden im Kloster aufbewahrt: Hl. Nikolaus (15. Jh.) – Theotokos Eleusa, Gottesmutter des Erbarmens (16. Jh.) – Johannes Prodromos (16. Jh.) – Konstantin und Helena (17. Jh.) – Hl. Christoforos (17. Jh.) – Kreuzigungsikone von K. Paleokapas (17. Jh.) – Die Speisung der Fünftausend (1643) – Josephsgeschichte, chronologische Darstellung im erzählenden Stil vom ›Brunnenwurf‹ bis zum ›Zuge Jakobs und seiner Söhne nach Ägypten‹, von dem Ikonenmaler Neilos (1645) – Weinstock-(Ampelos-) Ikone (1740) – Hl. Antonios mit vier Szenen aus seinem Synaxarium (1772) – Ikone mit drei christologischen Szenen: Apostelkommunion, Geburt Christi und Christus zwischen vier Bischöfen (18. Jh.).

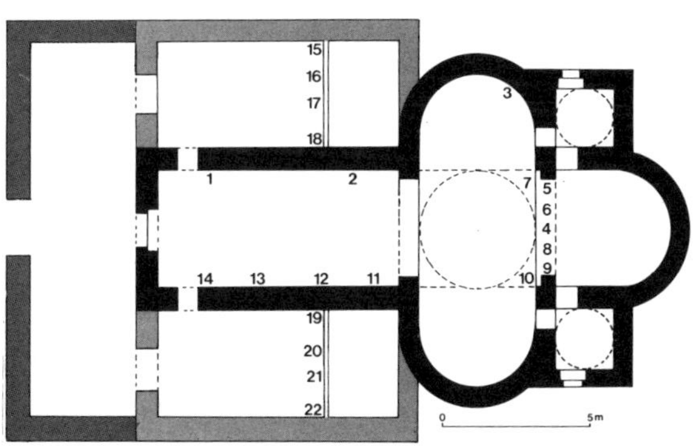


*Klosterkirche Ghonjás. Nach G. Gerola mit Ergänzungen*

**Moní Ghuwernéto** (auf der Halbinsel Akrotíri) (Abb. 92–94)

*Nomós Chaniá, Bezirk Kydonía*

Inmitten der nördlichen Gebirgskette der Halbinsel liegt in einer Höhe von ca. 440 m das von dem hl. Eremiten Johannes gegründete Kloster. Die festungsartige Anlage wurde 1537 errichtet; die Klosterkirche hingegen stammt wie die übrigen westkretischen Trikonchosanlagen des Athostypus aus der ersten Hälfte des 17. Jh. Die Seitenkapellen und der Westnarthex wurden erst nach 1745 errichtet. In der **Klosterbibliothek** kostbare byzantinische Kleinkunst: Meßgewänder, Kreuze, Ikonen u.a.; Prunkstück der Sammlung ist ein mit Perlmutt belegtes Artoforiem, ein Hostiengefäß mit Miniaturdarstellungen der Geburt Christi sowie von Konstantin und Helena (13./14. Jh.?).

Etwa 1 Stunde weiter nördlich liegt in einer Schlucht das verlassene Kloster **Katholikó** (Abb. 96). Nach ca. 15 Minuten erreicht man verlassene Häuser und (rechts) die Arkudhiótissa-Grotte (Bärenhöhle); so benannt, da in der Höhle ein Stalagmit die Gestalt eines Bären hat (Abb. 62). Oberflächenfunde beweisen, daß die Grotte während des Neolithikums und der minoischen Epoche (FM-SM) verehrt wurde. Aus römischer Zeit fand man hier ein schönes Terrakottaplättchen mit der Darstellung von Artemis und Apollon mit Lyra (s. Archäologisches Museum, Chaniá; Nr. 21). Die Panajía-Einraumkapelle gehört dem 16./17. Jh. an.

Von der verlassenen Klosteranlage Katholikó ist die breite Brückenkonstruktion erhalten. In den Felswänden zu beiden Seiten der Schlucht erkennt man mehrere Eremitenhöhlen; die des hl. Johannes am unteren Absatz der Felsentreppe links. Das Kloster wurde Anfang des 16. Jh. nach mehreren Überfällen von Piraten zugunsten von Ghuwernéto verlassen. Von Katholikó gelangt man (ca. 30 Minuten) zum Kieselstrand an der Nordküste.

**Moní Préweli**

*Nomós Réthimnon, Bezirk Ajios Wassílios*

Reizvolle herbe Küstenlandschaft mit verschiedenen, zum Kloster Préweli gehörenden Gebäuden. Am östlichen Ortsrand von Assómatos links (Süden) 1,5 km der Schotterstraße folgen; wieder links abbiegen, nach 2 km spannt sich links der Straße eine nach venezianischer Art gebaute *Brücke* (1. Hälfte 19. Jh.) über den Megalopótamos (großer Fluß). Nach ca. 200 m liegt links der weiten Straßenkehre das verlassene alte Préweli-Kloster ›**Moní Mégha Potamú**‹. Die heute teilweise als Stallungen genutzten Gebäude stammen aus dem 16./17. Jh.

Nach ca. 1,6 km liegt links unterhalb der Straße ein Brunnenhaus; von hier aus gelangt man zur **Ajía Fotiní-Kapelle** unten im Tal. Die kleine Einraumkapelle birgt gute Fresken vom Ende des 14./Anfang des 15. Jh. (Farbabb. 20). Der Malstil entspricht der idealistischen Stilrichtung der Kallergis-Lehnsgüter. Eindrucksvoll sind die lebensgroßen Frauenheiligen an der Südwand.

Folgt man ca. 500 m weiter der Fahrstraße, dann führt links ein Pfad nach ca. 20 Minuten zur landschaftlich reizvollen Flußmündung des Megalopótamos mit schönem *Sandstrand.*

Am Ende der Fahrstraße (weitere 1,5 km) erhebt sich das **neue Kloster Préweli;** hierher wurde während der türkischen Zeit im 18. Jh. das Bistum von Lappa verlegt (heute in Spíli). Die architektonisch eigenwillige Anlage besticht durch die herbe Schönheit der kubischen Baukörper, die sich der rauhen Landschaft anpassen. Sehr schöner Blick zur Südküste. In dem kleinen **Museum:** kostbare Meßgewänder (17./18. Jh.), Ikonen, Kreuze und ein Vertrag aus dem Jahre 1798 zwischen dem Patriarchen Georg V. von Konstantinopel und dem Kloster Préweli, der eine Neuregelung des Klosterbesitzes zum Inhalt hat. Im Altarraum der Kirche wird das wundertätige Kreuz mit einem Holzfragment vom Kreuz Christi aufbewahrt. Die kostbare Silberarbeit stammt aus der Zeit um 1700 und zeigt auf der einen Seite die Taufe Christi und auf der anderen Seite die Kreuzigung. Eine Inschrift von 1701 an dem Brunnen im Klosterhof mahnt: »Wasche nicht nur dein Gesicht, reinige dich auch von den Sünden, die Quelle fließet reichlich!«

**Moní Sawathianón**

*Nomós Iráklion, Bezirk Malewísi*

Frauenkloster mit ca. 25 Nonnen; 4,8 km nordwestlich von Rogdhiá entfernt. Malerische Anlage im Schutze einer quellreichen Schlucht in ca. 420 m Höhe. In der Klosterkirche sind wertvolle Ikonen des 17./18. Jh. aufbewahrt, u. a. hl. Antonios mit Szenen aus der Vita des Heiligen (1741) (Farbabb. 16–19).

**Moní Toplú** (Farbabb. 12)
*Nomós Lassíthi, Bezirk Sitía*
Der Name des Klosters ist relativ jung und wird vorwiegend mit dem türkischen Wort ›Top‹ (Kanone) in Verbindung gebracht, da das Kloster mit einer venezianischen Kanone ausgerüstet gewesen sein soll, die die Türken 1645 eroberten. Eine andere Interpretation des Namens deutet auf den Reichtum des Klosters hin, dem die gesamten Ländereien der Ostküste von Palékastro bis zum Kap Sídheros gehören: aus Moní tó plú(sio) (das reiche Kloster) sei ›Toplu‹ geworden.

Die in der Kirche freigelegten Fresken bestätigen, daß das Kloster mindestens seit der ersten Hälfte des 14. Jh. existiert hat und wahrscheinlich mit dem bei Buondelmondi (1415) erwähnten Kloster des hl. Isidoros identisch ist, das 1460/70 zerstört wurde. Danach erhielt die Anlage den Namen ›Moní Panajías tis Akrotíriánis‹ (Kloster der Gottesmutter der Landzunge), die 1612 durch ein Erdbeben zerstört wurde. Erst beim Wiederaufbau durch Abt Gabriel Patnolgalos erhielt das Kloster seine heutige architektonische Gestalt; er wurde durch eine hohe Geldspende von Andreas Kornaros (100 Dukaten) und von Venedig (200 Dukaten) finanziert.
**Panajía-Kirche:** Zweiraumkapelle mit einer Inschriftenplatte in der westlichen Außenwand, die einen Vertragstext von 70 v. Chr. zum Inhalt hat, der das Städte-Bündnis zwischen 'Itanos-Hierapytna und Ägypten regelt. Im Nordschiff sind wertvolle Fresken (1. Hälfte 14. Jh.) der paläologischen Kunstrichtung freigelegt. Im Tonnengewölbe sind, typisch für eine Klosterkirche, mariologische Szenen und Themen aus dem Passionszyklus dargestellt. Die Kirche besitzt wertvolle Ikonen: Ikonostas von 1700 – Christus Pantokrator, von Andreas Ritzos (?) oder aus seinem Umkreis (15. Jh.) – Panagia Amolindos, die unbefleckte Muttergottes mit Kind (16. Jh.) – Johannes d. Täufer mit sechs Szenen aus seiner Vita, von Frangias Kawertzas (um 1600). ›Allmächtig bist Du, Herr‹ – Ikone von Johannes Kornaros (1770), Miniaturmalerei im erzählenden Stil (v. o. n. u.): Heilige Dreieinigkeit, Taufe Christi, Muttergottes mit Adam und Eva, Hadesfahrt.

Im **Museum** sind weitere Ikonen (vornehmlich 18. Jh.), Meßgewänder, Manuskripte u. a. aufbewahrt; ~~z. Zt. geschlossen~~.

**Moní Tzangarólu** (Moní Ajía Triádha auf der Halbinsel Akrotíri)
*Nomós Chaniá, Bezirk Kydonía*
Nachmittags zwischen 14–17.00 Uhr geschlossen.

Klostergründung Anfang des 17. Jh. (1613?) von dem Mönch Jeremias Tzangarolu, der die Athosarchitektur studierte und nach dem Athostypus (s. S. 336) eine Dreikonchenanlage errichten ließ. Nachdem 1632 das Portal im klassizistischen Stil erbaut und 1650 der Campanile fertiggestellt war, wurde 1654 der Narthex mit seiner Westfassade vollendet. Erst 1754 nahm man die Fertigstellung der Tambourkuppel in Angriff, und 1856 wurden die Kuppeln über Diakonikon, Prothesis und den westlichen Seitenkapellen gebaut. Das Kloster besitzt eine wertvolle Ikonensammlung, Manuskripte und andere Kunstschätze. In der Kirche sind nur Ikonen des 18./19. Jh. aufbewahrt. Der holzgeschnitzte Ikonostas stammt aus dem Jahre 1887.

**Moní Walsamónero,** Ajios Fanúrios-Klosterkirche (Farbabb. 42; Abb. 97)
*Nomós Iráklion, Bezirk Kainuríu*
Die Kirche des verfallenen Klosters ist stets abgeschlossen, einen Schlüssel hat der Filakas in Worízia, einen zweiten gibt es im Kloster Wrondíssi.

Das Kloster ist dem hl. Phanurios geweiht, der in Griechenland nur auf den Inseln Rhodos und Kreta verehrt wird, erstmals im 14. Jh. auf Rhodos, als, der Überlieferung zufolge, der rhodische Metropolit Neilos II. (1355–69) eine Ikone fand, auf der er den Namen Phanurios las. Der kretische Abt des Klosters Walsamónero, Ionas Palamas, übernahm den Phanurios-Kult und ließ dem Heiligen 1426 ein Querschiff errichten. Das Nordschiff der Panagia ist der älteste Bauteil der Ajios Fanúrios-Klosterkirche (1326). Um 1400 entstand das einhüftig überwölbte Südschiff Johannes des Täufers, 1406/07 die harmonische Südfassade, und 1428/31 war die Freskenausschmückung des Südschiffes durch Konstantinos Rikos beendet. 1426 entstand auch der dem hl. Phanurios geweihte Westnarthex, der nach Errichtung eines Exonarthex (15./16. Jh.) als Querschiff genutzt wurde.

Der Freskenschmuck gehört zu den bedeutendsten Schöpfungen byzantinischer Kunst auf Kreta; vermittelt er doch aus mehreren Jahrhunderten verschiedene Stilepochen und Besonderheiten des ikonographischen Programms.

**Ikonographisches Programm[1], Südschiff der Panagia**

Idealistischer aristokratischer Stil von hoher künstlerischer Qualität aus Konstantinopel. – **Altarraum** (Ende 14./Anfang 15. Jh.): Gottesmutter mit zwei Engeln in Medaillons in der Apsiswölbung, darunter Apostelkommunion und im zylindrischen Teil der Apsis die Liturgie feiernde Kirchenväter; im Giebelfeld des Triumphbogens Gastmahl des Abraham und (statt der Verkündigung!) seitlich darunter je ein ganzfiguriger Prophet (links der hl. Joseph) mit aufgeschlagener Schriftrolle, deren Text mit der Verkündigung im Zusammenhang steht; im unteren Teil seitlich der Apsis je ein Diakon; im Gewölbe des Altarraums im Süden oben Pfingsten, im mittleren Register die Frauen am Grabe, Erscheinung Christi bei den Myrophoren, im unteren Bildfeld Tempelgang Mariens; links des Bogens zwei ganzfigurige Hierarchen; im nördlichen Gewölbe oben Himmelfahrt, im mittleren Register Taufe und Verklärung, im unteren Bildfeld Mariengeburt, kombiniert mit Verkündigung an Joseph und Begegnung von Joachim und Anna an der Goldenen Pforte; darunter rechts der Nische Opferung Isaaks, links davon Kyprianos. – **Tonnengewölbe des Kirchenraumes:** Realistische Malerei (Mitte 14. Jh.) mit provinziellen Einflüssen: im westlichen und mittleren Joch (im Norden und Süden) insgesamt 24 Darstellungen entsprechend den 24 Strophen des Akathistos-Hymnus. Dieser Marienhymnus wird jeden Freitagabend während der fünf ersten Wochen der Fastenzeit in der orthodoxen Kirche (›im Stehen‹ = Akathistos) gesungen und steht im Zusammenhang mit einer durch die Anrufung Mariä aufgehobenen Belagerung Konstantinopels. Er wird in den beiden Gewölbehälften jeweils in drei Bildregistern – jedes aus vier Bildfeldern bestehend – dargestellt. Die Illustrationen zu dem Hymnus fangen an mit der Szene zur Strophe *A* (Alpha) im östlichen oberen Bildfeld der Südwand, setzen sich an der Südwand (v. O. n. W.) und an der Nordwand (v. W. n. O.) fort, dabei schließt sich dem 1. südlichen Register das 1. nördliche (auch hier wieder in Gegenrichtung) an, dann das 2. südliche, weiter das 2. nördliche Register, und schließlich nach dem gleichen Schema die beiden unteren Register, so daß die Illustration des Hymnus mit der Szene zu der Strophe *Ω* (Omega) im östlichen Feld des unteren Registers an der Nordwand endet. Südseite, oberes Register: *A* (Alpha): »Der Engel erscheint ...« – Der Erzengel Gabriel verkündet Maria die Menschwerdung Christi. *B* (Beta): »Sehend die Heilige ...« – Maria staunt über die wunderbare Empfängnis. *Γ* (Gamma): »Die unerklärbare Kenntnis ...« – Erzengel Gabriel bestätigt die wunderbare Empfängnis und Maria nimmt demütig die göttliche Entscheidung hin. *Δ* (Delta): »Des Allerhöchsten Macht ...« – Der Wille Gottes symbolisiert durch den Heiligen Geist und das von den beiden Engeln getragene Tuch kommt vom Himmel auf die Jungfrau Maria herab. – Nordseite, oberes Register: *E* (Epsilon): »Ihr den Gott empfangender ... (Schoß)« – Die Gottesmutter umarmt Elisabeth, die Johannes den Täufer erwartet. *Z* (Zeta): »Innere Unruhe habend ...« – Joseph zweifelt an der Jungfräulichkeit Mariä, bis er vom Wirken des Heiligen Geistes erfährt. *H* (Ita): »Die Hirten hörten ...« – Die Verkündigung an die Hirten von der Geburt Christi. *Θ* (Theta): »Den Weg zu Gott weisender Stern ...« – Der Stern führt die drei berittenen Magier zur Ge-

1 Nach K. Gallas, M. Borboudakis, K. Wessel: *Byzantinisches Kreta*, S. 315ff., München 1983.

burtshöhle. – Südseite, mittleres Register: *I* (Jota): »Sahen die Kinder der Chandäer ...« – Die Magier beten Christus an. *K* (Kappa): »Überbringer der Heiligen Botschaft ...« – Die Magier kehren zurück und verkünden in ihrem Land die Geburt Christi. *Λ* (Lambda): »Glanz in Ägypten ...« – Die hl. Familie flüchtet nach Ägypten vor Herodes' Kindermord. *M* (My): »Da Symeon sollte ...« – Der alte Symeon empfängt das göttliche Kind. – Nordseite, mittleres Register: *N* (Ny): »Es zeigte eine neue Schöpfung ...« – Gott offenbart seine durch die wunderbare Empfängnis Christi vollzogene Schöpfung: von einem Himmelssegment segnet er die vier Evangelisten und die Engelshierarchien. *Ξ* (Xi): »Seltsame Geburt ...« – Die thronende Gottesmutter mit dem Kind erscheint im Himmel; zu ihr richten den Blick Seligenscharen, die sich, isoliert von der irdischen Welt, bereits mit dem Geist im Himmel befinden. *O* (Omikron): »Alles war in der Welt ...« – Christus ist zweifach dargestellt, einmal zwischen Engeln im Himmel, ein zweites Mal auf der Erde unter den Aposteln und anderen Menschen; damit wird gezeigt, daß die Menschwerdung Gottes sich nicht nur auf das Leben auf Erden beschränkt. *Π* (Pi): »Der Engel ganze Natur ...« – Engelscharen staunen über die Inkarnation des Erlösers. – Südseite, unteres Register: *P* (Rho): »Die vielstimmigen Rhetoriker ...« – Maria zwischen den Rednern, die »wie Fische verstummen« angesichts der wunderbaren Empfängnis; diese Szene symbolisiert das Dogma der Jungfräulichkeit Mariä. *Σ* (Sigma): »Er wollte die Welt retten ...« – Christus ist schreitend zwischen den Aposteln dargestellt; die Erlöserfunktion Christi wird hier angedeutet. *T* (Tau): »Du bist die Mauer unter den Jungfrauen ...« – Die das göttliche Kind tragende Gottesmutter ist von Jungfrauen, deren Schutzpatronin sie ist, umgeben. *Υ* (Ypsilon): »Der ganze Hymnus ...« Der thronende Christus wird im Himmel von Engeln flankiert und auf der Erde von Hierarchen und Seligen mit aufgeschlagenen Büchern angebetet; die Unfähigkeit der Menschen, dem Erlöser ebenbürtig ihre Dankbarkeit zum Ausdruck zu bringen, wird angedeutet. – Nordseite, unteres Register: *Φ* (Phi): »Die lichtempfangende Lampe ...« Die das göttliche Kind tragende Gottesmutter erscheint auf einem Licht ausstrahlenden Himmelssegment, zu dem die Menschen aus einer dunklen Höhle ihren Blick richten, damit wird die durch die Inkarnation des Erlösers vollzogene Erleuchtung der bis dahin in geistiger Dunkelheit lebenden Menschheit symbolisiert. *X* (Chi): »Du wolltest Gnade bringen ...« – Christus zerreißt das Schuldbuch der Menschheit als Zeichen der Sündenvergebung. *Ψ* (Psi): »Deine Geburt lobpreisend ...« – Die thronende Gottesmutter mit dem Christuskind umgeben Erzpriester, Priester und Kirchensänger, die sie durch die wunderbare Empfängnis als lebendigen Tempel Gottes preisen. *Ω* (Omega): »O, tausendfach verehrte Mutter ...« – Die Gottesgebärerin erscheint auf einem Thron mit Fußschemel und Stufen; vor ihr bitten Könige, Erzpriester, Priester und Selige um ihre Erlösung. – **Nordwand:** Idealistisch konservativer Stil (14./15. Jh.): Im westlichen Joch vier ganzfigurige Heilige (u. a. Johannes Damaskenos mit dem charakteristischen Turban); im mittleren Joch Marientod, links oben daneben Zosimos und Leon. **Gurtbögen:** Unter dem Kämpfer des westlichen Gurtbogens im Süden Zosimos und Maria Aigyptiaca; in den Laibungen je zwölf Brustbilder von Heiligen.

**Südschiff des hl. Ioánnis**

**Altarraum** (1400/07): Idealistische Malerei mit offensichtlich akademischem Charakter: Johannes Prodromos, dem das Schiff geweiht ist, in der Apsiswölbung, darunter vier ganzfigurige Hierarchen im zylindrischen Apsisteil, seitlich der Apsis je ein Diakon; in der Prothesis-Nische (links neben der Hauptapsis) der Schmerzensmann (wie in anderen Denkmälern des 15. Jh.), darüber Nikolaos; am Triumphbogen Beweinung Christi (anstelle von Mandylion oder Gastmahl des Abraham!). Einhüftiges Gewölbe (östliches Joch): Südseite, oberes Register: Einzug in Jerusalem, Erweckung des Lazarus; mittleres Register: Abendmahl, Fußwaschung; unteres Bildfeld: Judasverrat. Nordseite: Kreuzigung (!). An der östlichen Bogenlaibung zum Panajía-Schiff Inschrift mit der Jahresangabe 1400/07. – **Kirchenraum** (einhüftiges Gewölbe), Südseite (1428): Miniaturhafte Malerei mit realistischen

Strömungen, verwandt mit dem Stil der Kallergis-Lehnsgüter: Mittleres Joch, oberes Register: Verkündigung an Zacharias, Geburt des Täufers; mittleres Bildfeld: Kindermord; unteres Register: Auffindung des Johanneshauptes, nicht identifizierte Darstellung der Prodromos-Vita, Enthauptung des Täufers. Westliches Joch, oberes Register: Christus und Johannes, Taufe Christi durch Johannes; mittleres Register: Darstellung der Lehre des Täufers »Der nach mir kommt ...«; unteres Register: zwei Szenen mit dem lehrenden Johannes. – **Nordwand:** (v. r. n. l.) Mittleres Joch: Johannes im Gefängnis, westliches Joch: Enthauptung und Suche nach dem Haupt des Johannes. (Szenisch folgt der Ablauf an der Westwand mit der Auffindung des Hauptes kombiniert mit dem Wunder der Blindenheilung.) – **Laibungen** der Bögen zum Panajía-Schiff: Ganzfigurige und halbfigurige Heilige (u. a. Antonios): am westlichen Bogen Stifterinschrift mit Jahresangabe 1428.

**Fanúrios-Schiff**

(Querliegender Narthex mit Altarraum im Süden.) Wichtiges kretisches Beispiel für die Anwendung der Ikonentechnik auch bei der Freskenmalerei; klassizistischer Stil: **Apsis** (südlicher Teil der Ostwand, rechts neben dem Durchgang zum Ioánnis-Schiff); Pantokrator in der Apsiswölbung, im unteren Teil (statt der Hierarchen) die hl. Liturgie (einziges Beispiel auf Kreta an dieser Stelle!); am **Triumphbogen** eine ebenfalls für Kreta einmalige Darstellung: die hl. Dreifaltigkeit (ein Engel wird dreifach dargestellt mit den vier Evangelistensymbolen zwischen in Proskynese anbetenden Engeln); links der Apsis ganzfigurige Hierarchen. – **Nordwand:** Trotz des schlechten Erhaltungszustandes sind zwei Szenen zu identifizieren: die Auferweckung des Toten durch Phanurios, die Auffindung des Gebäudes; im oberen Bildfeld der letzteren Szene erscheint die Gottesmutter mit Christus dem Abt im Traum und befiehlt ihm, dem Phanurios eine Kirche zu bauen. – **Ostwand:** Heilung der aussätzigen Tochter (der Heilige offenbart der Mutter im Traum das Heilmittel), zerstörte Darstellung, der Heilige zwischen Menschen und Tieren (als Schutzheiliger der Tiere und Helfer bei ihrer Wiederfindung, s. Mönchsfigur mit Lamm), die Hirten danken Phanurios; Jonas auf einem Esel und Mandylion; am Pfeiler Phanurios als Soldatenheiliger. Südliches Joch (einhüftiges Gewölbe): sechs christologische Darstellungen. Oberes Register: Heilung des Wassersüchtigen, Heilung der Schwiegermutter Petri; mittleres Register: Vertreibung der Händler aus dem Tempel, Hochzeit zu Kana; unteres Register: Heilung des Aussätzigen, Errettung Petri vom Ertrinken. – **Mittleres Joch:** Szenen im Zusammenhang mit dem Jüngsten Gericht, größtenteils zerstört, nur die klugen und törichten Jungfrauen zu identifizieren. – **Nördliches Joch:** Jüngstes Gericht (mit westlichen ikonographischen Einflüssen). – **Seitenwände:** Ganzfigurige Heilige; zwei Soldatenheilige an der nördlichen Türlaibung zum Exonarthex; Soldatenheiliger, einen Drachen tötend; weitere an der Laibung der östlichen Bogenöffnung (u. a. Demetrios und Merkurios).

## Moní Wrondíssi April 1994

*Nomós Iráklion, Bezirk Kainuríu*

Das Kloster gehörte einst zu Walsamónero und wurde ebenfalls in der ersten Hälfte des 14. Jh. erbaut.

In dem weiträumigen Klosterhof steht die einfache Zweiraumkapelle des hl. Antonios mit qualitätsvollen Fresken aus dem ersten Drittel des 14. Jh. im Südschiff, die stilistische Einflüsse der Malereien des Afendiko-Klosters in Mistra (Peloponnes) erkennen lassen. Ikonographische Besonderheiten: anstelle von Christus oder Panagia erscheint in der Apsiswölbung das letzte Abendmahl mit den Aposteln, und als Ersatz für die Himmelfahrt und/oder Pfingsten ist im Gewölbe die himmlische Liturgie dargestellt. Ebenfalls singulär für Kreta ist die Darstellung des Hierarchen Symeon Theodochos mit dem Christuskind (Altarraum/Südwand). Im Tonnengewölbe ist der christologische bzw. mariologische Zyklus durch die Menologia (Festtagskalender für die zwölf Monate) ersetzt.

## **Murí,** Ajios Nikólaos-Kirche

*Nomós Chaniá, Bezirk Kíssamos*

Kurz vor der Ortschaft rechts dem Pfad an der Schule entlang folgen; nach ca. 500 m liegt rechts das Kapellchen.

Kreuztonnenkirche mit hochgezogener Quertonne mit guten Fresken des ›konservativen‹ Stils aus der Wende vom 12./13. Jh. Der überlebensgroße Kirchenpatron in der nördlichen Nische zeigt in seinem Heiligenschein ein elegantes Rankenmotiv, das nur im 13. Jh. zur Anwendung kam. In der querliegenden Tonne seltene Szenen aus dem Synaxarium des hl. Nikolaus.

## **Myriokéfala,** Panajía-Kirche (Abb. 113, 116, 117, 119, 120)

*Nomós Réthimnon, Bezirk Réthimnon*

Ehemalige Klosterkirche, zur Wende des 10./11. Jh. von Johannes o Xenos gegründet. Der für Kreta architekturgeschichtlich bedeutsame Sakralbau besteht aus zwei Baustufen: der Gründungsbau mit dem annähernden Grundriß eines freistehenden lateinischen Kreuzes gehört dem Kreuzkuppeltypus an und birgt wertvolle *Fresken* aus dem Anfang des 11. Jh. und dem Ende des 12. Jh. Während die älteren Malereien Einflüsse der von Byzanz beeinflußten Stilrichtung der späten makedonischen Malweise zeigen, gehören die neueren Malereien der neoklassizistischen Kunst des späten 12. Jh. an.

**Ältere Fresken** (Anfang 11, Jh.): Altarraum mit fragmentarischer Panagia und Basileios d. Gr.; Kuppel-Pantokrator; Georgios (links) und Nikolaus (rechts) in den Apsidiolen der seitlichen Kreuzarme; Evangelisten Matthäus (links) und Markus (rechts) im Giebel des südlichen Kreuzarmes. **Jüngere Fresken** (Ende 12. Jh.): Kirchenväter im Altarraum und die szenischen Darstellungen im Tonnengewölbe des westlichen Kreuzarmes; Norden: Beweinung Christi und Hadesfahrt; Süden: Judasverrat und Einzug in Jerusalem.

Die Einraumkapelle gehört wohl auch dem 12. Jh. an und zeigt Freskenfragmente einer späteren Epoche.

## **Myrtiá** (Warwári), Nikos Kazantzákis-Museum

*Nomós Iráklion, Bezirk Pedhiádha*

(Öffnungszeiten, s. ›Wissenswertes von A–Z‹)

In seinem Werk ›Rechenschaft vor El Greco‹ erwähnt N. Kazantzákis, daß seine Familie aus dem

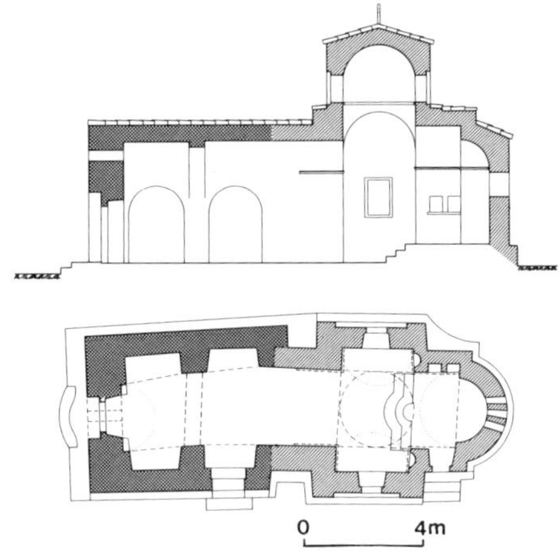


*Panajía von Myriokéfala/Réthimnon (Grundriß, Schnitt). Nach K. Gallas*

35 km südlich von Iráklion gelegenen Warwári (heute Myrtiá) stammt. Giorgos Anemojannis, griechischer Bühnenbildner (Schüler von Max Reinhardt), ebenfalls aus Myrtiá, plante und finanzierte das einzigartige Kazantzákis-Museum; am 27. Juni 1983 wurde es eröffnet.

Eine Video-Schau (in mehreren Sprachen) gibt eine informative Einführung in das Leben des Dichters. Die Exponate des zweigeschossigen Museums folgen chronologisch seinen Lebensstationen: Dokumente, Briefe, Fotografien, Manuskripte und Bücher. Daneben wird Kazantzákis erstmals auch als Autor von Theaterstücken vorgestellt. Außer Originalkostümen von Welturaufführungen (›Melisso‹, Paris 1960; ›Odyssee‹, Michigan 1970 u. a.) Bühnenbildentwürfe, Drehbücher sowie Szenenfotos zu den Verfilmungen von ›Alexis Sorbas‹ und ›Griechische Passion‹ (im 1. Obergeschoß).

## **Mýrtos**

*Nomós Lassíthi, Bezirk Ierápetra*

Östlich von Mýrtos liegen zwei Grabungsareale, die zu den interessantesten frühminoischen Siedlungsplätzen Kretas gehören. Die archäologischen Befunde lassen vermuten, daß der Herrensitz von Pýrgos (FM III) die Siedlung von Fúrnu Korifí (FM II) abgelöst hat.

**Pýrgos** (minoisches Herrenhaus mit Siedlung; Farbabb. 5): Östlich der Brücke über den Kriopótamos erhebt sich links (nördlich) der Straße ein landschaftlich reizvoll gelegener Hügel (ca. 15 Min. Fußmarsch): Im Süden das Libysche Meer, im Norden das Mýrtos-Tal mit den grandiosen östlichen Ausläufern des Dhíkti-Gebirges. Von hier aus konnte man sowohl die Küstenstraße als auch die (alte) Gebirgsstraße nach Wiánnos gut kontrollieren. Die ältesten Siedlungsspuren gehen auf die Epoche FM III zurück. Das freigelegte Herrenhaus entstand frühestens MM IIb und wurde Ende SM IIIa1 durch Brand zerstört. Der großzügige Grundriß der Anlage und die solide Bauweise (mit purpurfarbenem Kalkstein, gutem Quadermauerwerk und Gipssteinplatten) rücken dieses ehemals zweigeschossige Haus in die Nähe der besten Beispiele minoischer Profanarchitektur. Im Südwesten der Anlage entdeckte man auf einem großen gepflasterten Hof (1) eine 2 m tiefe kreisförmige Zisterne von ca. 23 $m^3$ Fassungsvermögen. Im Osten begrenzt den Hof ein kleines Heiligtum (?) (2), dessen Vorhalle von einer Mittelsäule gestützt wird; eine gepflasterte Straße (3) führt zwischen den Gebäuden des Heiligtums und dem Herrenhaus hindurch. Neben einem Linear-A-Schrifttäfelchen fand man hier auch eine Vase aus Obsidian (von denen bisher nur zehn Exemplare bekannt sind). Das Rohmaterial von der Insel Yali beweist Handelsverbindungen zur Dodekanes-Inselgruppe. An den Hängen unterhalb des Herrenhauses wurde eine geschlossene Siedlung nachgewiesen (ca. 90 m östlich und ca. 65 m nördlich). Auch hier lassen sich aus der Zeit FM III–SM I Funde nachweisen. Die Siedlung MM III scheint durch ein Erdbeben zerstört worden zu sein und wurde während der Epoche SM I wieder aufgebaut, doch schon bald endgültig (SM III a1) zerstört.

**Fúrnu Korifí** (frühminoische Siedlung): Ca. 2 km östlich von Mýrtos liegt links (nördlich) der Küstenstraße, nahe dem Ortsschild ›Nea Mýrtos‹, ein etwa 70 m hoher Hügel mit dem Grabungsareal einer geschlossenen minoischen Siedlung aus der

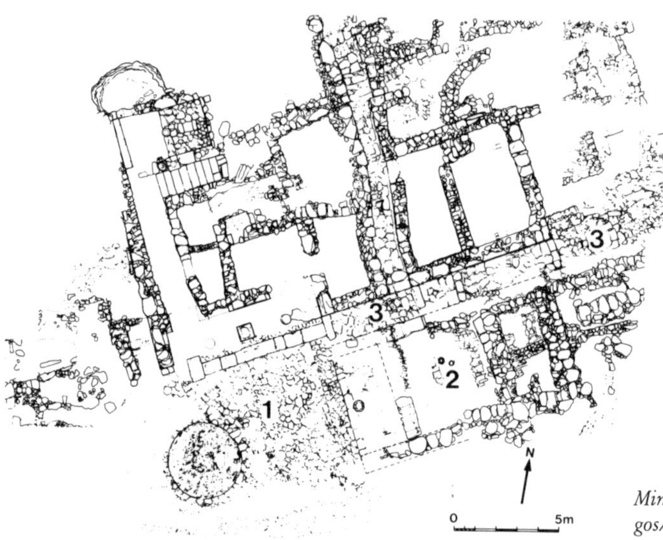


*Minoisches Herrenhaus von Pýrgos/Mýrtos. Nach P. Warren*

*Frühminoische Siedlung Fúrnu Korifí/Mýrtos. Nach P. Warren*

Epoche FM II. Der Plan zeigt eine kontinuierlich verstärkte Siedlung und ist das wichtigste Siedlungsbeispiel für Blüte und Bedeutung dieser frühminoischen Epoche. Anders als die Siedlung von Wassilikí (s. S. 359), die rechtwinklige Grundrisse zeigt, paßt sich die unregelmäßige Grundrißgestaltung von Mýrtos dem hügeligen Gelände an. Mit der soliden Erforschung (von P. Warren) erfahren wir erstmals Einzelheiten über die Siedlungsarchitektur und über die gesellschaftliche Struktur des frühminoischen Sippenverbandes.

Die Siedlung aus mehr als 90 Räumen wurde von einer gemeinsamen Außenmauer umschlossen und bot ca. 100–120 Menschen Lebensraum. Funde beweisen, daß sie in verschiedene Funktionsbereiche unterteilt war. Von entscheidender Bedeutung ist die Erkenntnis, daß zur damaligen Zeit schon Trauben und Oliven kultiviert wurden. Neben der Schafzucht bildeten Weinbau und Ölgewinnung wohl die Grundlagen der frühen Wirtschaftsformen. Auch konnten ein Töpferviertel und ein Heiligtum nachgewiesen werden. Aus letzterem stammt die eindrucksvolle ›Göttin von Mýrtos‹ (Archäologisches Museum, Ajios Nikólaos; Abb. 41). Insgesamt 44 Pithoi und 28 Amphoren zeigen, daß in Mýrtos mehr als 7000 Liter Öl- und Weinvorräte gelagert werden konnten.

Die reichhaltigen Keramikfunde der Siedlung zeigen zwei interessante Stilgruppen, aufgrund deren die Epoche FM II erstmals exakt unterteilt werden kann. FM II a mit Dunkel-auf-Hell-Keramik, Grauware und vereinzelten Beispielen der Vassiliki-Waren; FM II b: weißbemalte Keramik, Firnis-Ware und häufiges Auftreten von Vassiliki-Gefäßen (Abb. 30, 31).

**Nídha-Hochebene** s. Ida-Gebirge, S. 318

## Níru Cháni

*Nomós Iráklion, Bezirk Pedhiádha*

Zweigeschossige minoische ›Villa‹ aus der Epoche MM III b/SM I a; von Marinatos als ›Sitz eines

Hohenpriesters‹ bezeichnet. Das solide gebaute und kostbar ausgestattete Gebäude (mit Fresken ›Heiliger Knoten‹ – s. AMI, XV – und Gipssteinplatten) gehörte möglicherweise einer vornehmen Persönlichkeit und ist im Zusammenhang mit den hier ebenfalls entdeckten Hafenanlagen zu sehen.
**Rundgang:** 1 Gepflasterter Osthof, 2 Eingangsbereich mit Vorhalle, 3 vierteiliges Polythyron, 4 ›Megaron‹, 5, 6 Korridor, 7 Vorraum zum Heiligtum, 8 Hausheiligtum mit den vier Doppeläxten, 9 gepflasterter Hof, 10 Empfangsraum mit Eckbank, 11 Magazin, in dem mehrere Altäre gefunden wurden, 12 Nebenraum, 13 Lichthof, 14, 15 Nebenräume, 16 Magazintrakt für Öl- und Weinvorräte.

## **Olús** s. Elúnda

## **Omalós-Hochebene** s. Samariá-Schlucht

## **Palékastro,** an der Ostküste 6. 4. 97

*Nomós Lassíthi, Bezirk Sitía*

Außerhalb von Palékastro breitet sich nahe der Ostküste das Grabungsgelände von *Roussolakkos* (rote

*Minoische Villa von Níru Cháni. Nach Sp. Marinatos*

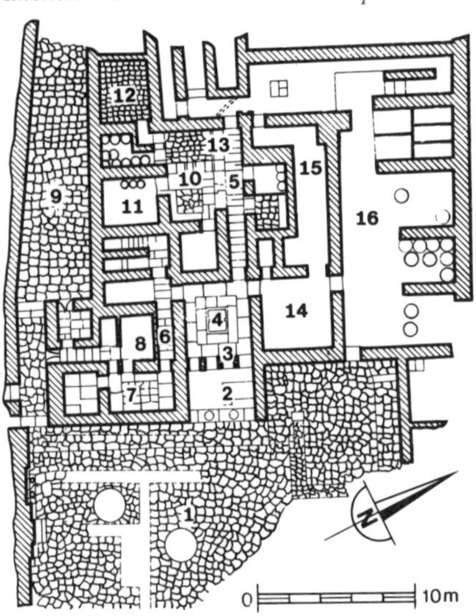


Höhle) aus; die minoische Stadt war in der Antike als *Heleia* bekannt. Von Palékastro folge man rechts der Straße beim Hotel 'Itanos ca. 2 km; von hier aus halte man sich rechts ca. 500 m querfeldein.

Die Anfang des 20. Jh. von R. C. Bosanquet und R. M. Dawkins durchgeführten Grabungen im flachen Küstenstreifen nordwestlich des 215 m hohen Petsofás-Gipfelheiligtums, brachten die zweite minoische Stadt zutage, wahrscheinlich sogar größer als Gourniá. Neue Grabungen und Sondierungen 1962/63 (von L. H. Sackett und M. R. Popham) bestätigten im wesentlichen die 1906 veröffentlichten Ergebnisse. Seit 1985 arbeiten hier wieder L. H. Sackett und A. Mac Gillivray. Danach weisen Keramikfunde auf eine Besiedlung bereits während der Epoche FM III hin. Die Stadt mit ihrem großzügigen Straßensystem erlebte ihre Hauptblütezeit in MM III. Zerstört wurde sie SM III a1; aus dieser letzten Phase stammen einige wahrscheinlich aus Knossós importierte Meeresstil-Gefäße. Während der Epoche SM III b wurden Teile der Stadt nochmals besiedelt; die Bewohner scheinen aber schon wenig später mit ihren wertvollsten Gegenständen ohne Gewalteinwirkung ihr Siedlungsgebiet verlassen zu haben. Im Nordosten der ausgegrabenen Stadt (›Tempelbereich‹ genannt) entdeckte man zu Anfang unseres Jahrhunderts Fragmente einer tönernen Traufleiste vom Tempel des Diktäischen Zeus und eine Stele mit dem Hymnus des Zeus Kretagenes (AMI, XIX).

## **Paleóchora**

*Nomós Chaniá, Bezirk Sélino*

Kleine Hafenstadt an der Südküste, ganz im Westen der Insel. Schöne Strände, einige Hotels und gute Privatunterkünfte machen diesen Ort zu einem angenehmen Ausgangspunkt für zahlreiche Erkundungen des Bezirkes Sélino. In diesem Gebiet sind neben landschaftlichen und botanischen Höhepunkten vor allem qualitätvolle Beispiele byzantinischer Kunst zu sehen. Von dem venezianischen Kastell von 1282, das sich auf der Landzunge erhob, sind nur noch Reste der Umfassungsmauern erhalten; es wurde 1539 von dem Piraten Barbarossa zerstört.

## Pánormos

*Nomós, Réthimnon, Bezirk Mylopótamos*

Oberhalb von Pánormos liegt nördlich einer Schotterstraße die Ajía Sofía-Bischofsbasilika aus dem 5. Jh. Die Grundmauern sind teilweise bis zu 1 m Höhe erhalten. Es handelt sich um eine dreischiffige Anlage mit halbkreisförmiger Mittelapsis.

## Pijí (Bizarianó), Ajios Pandeleïmon-Kirche

*Nomós Iráklion, Bezirk Pedhiádha*

Etwa 0, 9 km nördlich von *Kastélli* zweigt rechts der Straße ein Schotterweg ab, der nach 1,6 km zur Ajios Pandeleïmon-Kirche führt.

Landschaftlich reizvoll gelegene Kirche in einem Quellgebiet (Pijí = Quelle), das bereits während der Antike besiedelt war. Die dreischiffige Anlage aus dem 11./12. Jh. zeigt in der tektonisch gegliederten Südfassade mehrere spätantike und frühchristliche Spolien. Die Nordwand stammt aus der Zeit des Wiederaufbaus. Im Innenraum ist die nordöstliche Säule aus vier korinthischen Kapitellen zusammengefügt. Das Gebäude war anfangs wahrscheinlich eine Kreuzkuppelkirche; die Tonnengewölbe wurden erst nach einer Zerstörung (Erdbeben) errichtet.

Die spärlich erhaltenen Fresken gehören dem Ende des 12. Jh. (Südwand, ganzfigurige Heilige) und dem 13./14. Jh. an. Besonders ausdrucksstark sind die realistischen Malereien der komnenischen Kunsttradition (13./14. Jh.) im Altarraum: Muttergottes mit dem Christuskind und zwei Engeln in Proskynese sowie Apostelkommunion und Melismos-Darstellung. An den Pfeilerflächen im Ikonostasbereich kopflose Darstellungen von Christus (links) und einem Diakon (rechts).

*Rundgräber von Plátanos/Messará. Nach St. Xanthoudides*

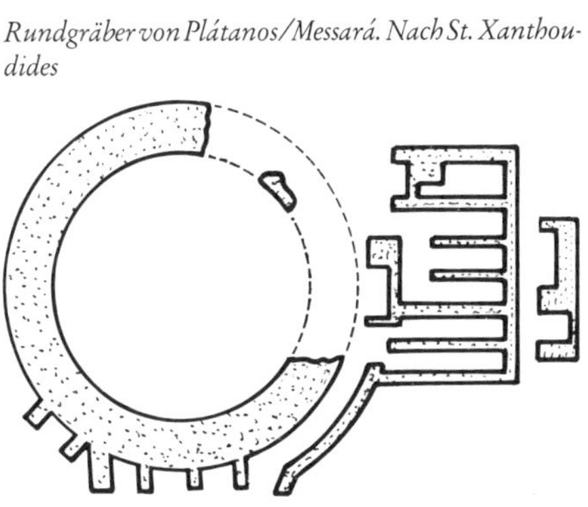

## Plakiás

*Nomós Réthimnon, Bezirk Ajios Wassílios*

Kleiner Fischerort an der Südküste in der landschaftlich zauberhaften Plakiás-Bucht gelegen. Schöne Strände mit vielen Hotelbauten und Privatquartieren. Die Schönheit dieser Landschaft wurde leider durch Bauspekulationen zerstört.

## Plátanos

*Nomós Iráklion, Bezirk Kainuríu*

**Das Rundgrab von Plátanos**

Rundgräber, wie man sie von Plátanos kennt (Tholoi), gibt es auf Kreta bereits seit etwa 2600 v. Chr. Erstaunlicherweise findet man die Tholoi jedoch vorwiegend in der Messará, dem Einzugsgebiet des Palastes von Festós, weniger im Osten der Insel, gar nicht im Westen. Die durchschnittlichen Abmessungen ihres inneren Durchmessers liegen bei etwa 4,5 m bis 8 m.

Nahe Plátanos wurden 1915 von St. Xanthoudides zwei Tholoi entdeckt. Eine von ihnen ist mit 13 m lichtem Durchmesser und 2,5 m starken Außenwänden das größte Rundgrab der ganzen Insel. Die bienenkorbförmige Kuppel des Grabes, auf einen Steinsockel aufgesetzt, bestand ehemals aus einem Skelett von Rundhölzern, dessen Zwischenräume mit Schilfrohr und Lehm ausgefacht waren. Andere Kuppelgräber kennen bereits die Wölbtechnik mit vorkragenden Steinen. Diese frühminoischen Kuppel-Rundgräber sind mit Sicherheit Vorläufer der späten mykenischen Kuppelgräber, wie wir es von Archánes (S. 280) kennen und deren großartigstes Beispiel das ›Grab des Agamemnon‹ (1350–1325 v. Chr.) ist.

Das von Osten zugängliche Grab bei Plátanos war ein Familien- oder Sippengrab, das über Jahrhunderte hinweg ununterbrochen, bis ca. 2000 v. Chr., benutzt wurde, ja, das selbst um 1700 v. Chr. nochmals für kurze Zeit Tote aufnahm. Um die Gräber ständig benutzen zu können, baute man im Süden

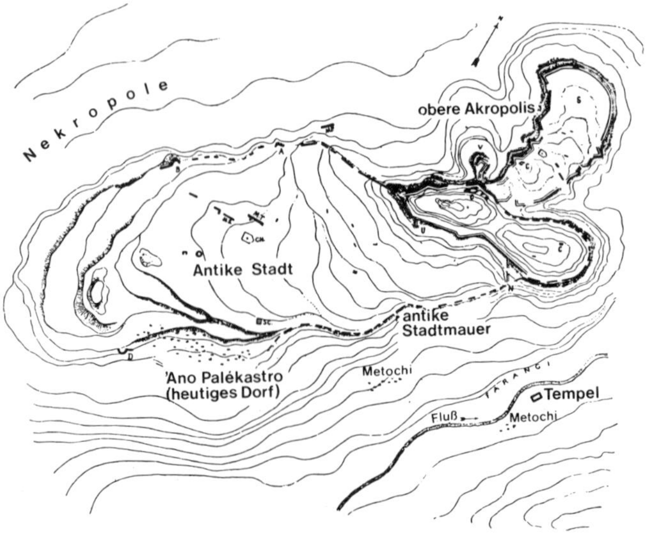


*Das antike Polyrrhínia. Nach L. Savignoni*

und Osten der Anlage kleine, schmale Kammern (Ossuarien) an, in die man die älteren Beisetzungen umbetten konnte. Vor dem Grab im Osten fand man Reste eines gepflasterten Festplatzes, auf dem wohl der Totenkult für den Verstorbenen abgehalten wurde.

Der bedeutendste Fund dieser Grabung war ein Siegelzylinder des babylonischen Königs Hammurabi (um 1792–1750 v. Chr.) aus der Tholos B (s. auch S. 22).

## **Plemenianá,** Ajios Jeórjios-Kirche

*Nomós Chaniá, Bezirk Sélino*

Einfache Einraumkapelle mit gut erhaltenen Fresken der konservativen Stilrichtung von 1409/10. Ikonographisch sehr selten für den gesamten byzantinischen Kunstraum ist die Darstellung Erzengel Michael zu Pferde.

## **Polyrrhínia**

*Nomós Chaniá, Bezirk Kíssamos*

Nördlich des heutigen 'Ano Palékastro liegen die Reste der dorischen Bergstadt Polyrrhínia aus dem 8. Jh. v. Chr. Von der antiken Stadt sind nur noch Fragmente der Stadtmauer, überwachsene Fundamente und herumliegendes Baumaterial erhalten. Viele der Häuser von 'Ano Palékastro sind mit antikem Baumaterial errichtet. Auch in den Wänden der Dorfkirchen sind antike Spolien verarbeitet.

Nordwestlich des Akropolishügels lag die Nekropole der Stadt. Südöstlich des heutigen Dorfes, am Südufer des kleinen Bachlaufes, vermutet man einen Tempel aus griechisch-römischer Zeit. Die dorische Stadt Polyrrhínia war mit der Hafenstadt Falássarna verbündet, stand in enger Verbindung zum Heiligtum der Diktynna auf der Halbinsel Rodhopú und wurde noch zur Zeit der Byzantiner als Festung ausgebaut. Geschichtliche Quellen über Polyrrhínia existieren nicht; vereinzelte historische Ereignisse sind nur aus Inschriften bekannt.

## **Potamiés**

*Nomós Iráklion, Bezirk Pedhiádha*

Ca. 1 km nördlich von Potamiés liegen links der Straße (von Iráklion) die Sotíros Christú-Kapelle und die Panajía Guwerniótissa-Kirche (ca. 10 Minuten hangaufwärts). Die Schlüssel erhalten Sie im Kafeneion von Potamiés.

**Sotíros Christú:** Einfache Einraumkapelle mit Fresken von dramatisch expressivem Charakter (1. Hälfte 14. Jh.). Besonders beachtenswert sind an der Nordseite: Judasverrat, Christus vor Kaiphas und Verleugnung Petri. 25.3.97

**Panajía Guwerniótissa:** Eindrucksvolle Kreuzkuppelkirche mit Grundriß eines freistehenden griechischen Kreuzes und eleganter Blendarkadengliederung am Tambour (vgl. Ajía Iríni in Axós, S. 286). Die ehemalige Klosterkirche gehörte zum Metochion des hl. Grabes in Jerusalem. Die (noch nicht restaurierten) Malereien gehören zu den wichtigsten kretischen Beispielen der stark realistischen Kunsttradition mit Einflüssen der **makedonischen Schule** (2. Hälfte 14. Jh.). Mindestens drei Künstler haben die Kirche ausgemalt, neben den makedonischen Einflüssen (der Hagios Nikólaos Orphanós-Kirche in Thessaloniki) sind auch Parallelen zu Euböa erkennbar (Hodigetria-Kirche in Spiliés von 1311). Die ikonographischen Themen haben vorwiegend den mariologischen und christologischen Zyklus mit vielen Besonderheiten zum Inhalt: Altarraum ohne Kirchenväter, mit vier Engeln, die den gedeckten Altartisch flankieren (vgl. mit Apáno Sými, S. 275). Im östlichen Gewölbe des nördlichen Kreuzarmes erscheint (nach Joh. 3,14 Bibeltext zum 14. September, Fest der Kreuzerhöhung – Symbol der Erlösung des Menschen durch das Opfer Christi) die allegorische Darstellung der Errichtung der Ehernen Schlange.

## Pressós (Praisós)

*Nomós Lassíthi, Bezirk Sitía*

Von Néa Préssos ca. 20 Minuten Fußmarsch, schlechter Schotterweg Richtung Norden (an der Kirche vorbei). Es empfiehlt sich, einen Führer aus dem Dorf mitzunehmen.

Antike Siedlung über drei Hügel hin, ehemals Hauptstadt der Eteokreter (›echte Kreter‹). Der höchste Hügel zeigt Befestigungsmauern, auf dem zweiten entdeckte man vorwiegend Kultgegenstände, daher ›Altarhügel‹ genannt. Während der hellenistischen Periode dürfte Pressós eine der bedeutendsten Städte Ostkretas gewesen sein; dies läßt sich vor allem von den zahlreichen Münzen ableiten, die hier mit Bildnissen des Apollon, Herakles, Zeus und der Demeter geprägt wurden und alle die Bezeichnung *ΠΡΑΙΣΩΝ* tragen. Die spärlichen Gebäude aus der hellenistischen Zeit vermitteln einen schwachen Eindruck der einst blühenden Stadt, deren Bewohner, die ›Eteokreter‹, noch lange minoische Sprache und Kultur gepflegt haben. – 1–9 Einzelne Räume des Gesamtgebäudes; 10 Wand aus späterer Zeit; 11 In situ gefundene Pithoi; 12 Wasserleitung (in situ) 13 Monolithischer Stein, Mörser (?); 14 Mit Ziegeln abgedeckte Brüstungswand; 15 Becken zum Auffangen von Regenwasser (Impluvium); 16 Olivenpresse; 17 Steinerne ›Sitzbank‹; 18 Unterirdische Grube (Brunnen?); 19, 20, 21 Straßenzug mit Treppenstufen; 22, 23, 24, 25 Grundmauern seitlich anschließender Häuser; 27 Treppenanlage. Auf der Nekropole (nördlich der Stadt) von Pressós entdeckte man vier Tholosgräber, die zwischen der Epoche SM II und dem 2. Jh. v. Chr. benutzt wurden.

*Das hellenistische Pressós. Nach R. C. Bosanquet*

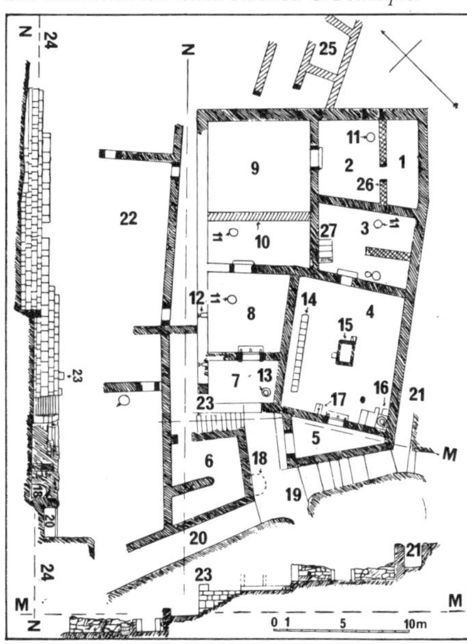

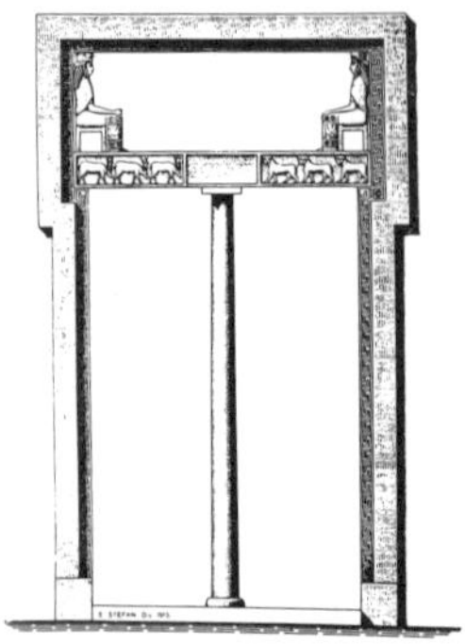

*Priniás, Tempel A, Portal mit Mittelsäule*

*Priniás, Tempel A. Nach L. Pernier*

**Priniás** (Pátela/Rhizenía)

*Nomós Iráklion, Bezirk Malewísi*

Auf der Strecke Ajía Warwára-Ajios Mýron erreicht man nach ca. 6 km Priniás, etwa 1,5 km nördlich der Ortschaft, wo die Straße über einen flachen Sattel hinwegführt, zweigt rechts ein Pfad ab, der nach ca. 20 Minuten zum Plateau und zu den Tempelgrundmauern von Priniás führt (schwer auffindbar, etwa 200 m vor der Kapelle, das Grabungsgelände ist eingezäunt).

**Die Tempel A und B von Priniás** (Rhizenía)

Auf dem Wege von Iráklion zur Messará, vorbei an den fruchtbaren Hängen der östlichen Ida-Ausläufer mit ihrer üppigen Weinbaukultur, zieht kurz vor Ajía Warwára ein flacher Tafelberg die Aufmerksamkeit des Reisenden auf sich. Seit Jahrtausenden bewacht er die bedeutendste Nord-Süd-Handelsstraße der Insel. 1906–08 untersuchte der italie-

*Priniás, Türsturz von Tempel A. Nach L. Pernier*

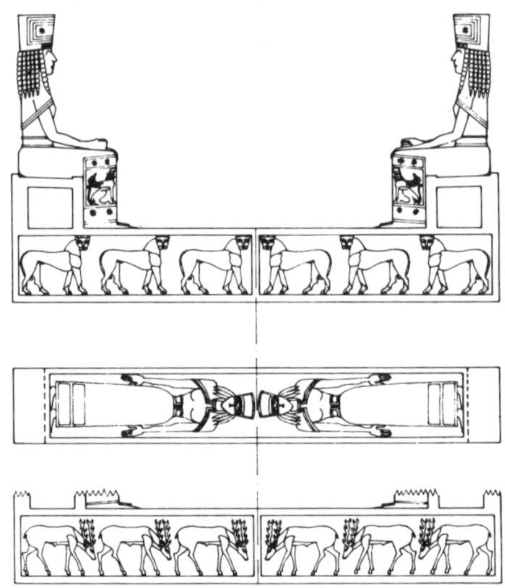

nische Archäologe L. Pernier das Gelände und kam zu dem Schluß, daß es sich hier um die antike Stadt Rhizenía handle. Die bedeutendste Entdeckung Perniers waren die beiden Tempel von Priniás, A und B, die an die sog. Tempel von Troja VI (1800–1300 v. Chr.) erinnern. Nach Bautechnik, Ausführung und den spätdädalischen Skulpturen im orientalisierenden Stil datierte Pernier die Tempel ins 7. Jh. v. Chr.; sie sind damit die ältesten fragmentarisch erhaltenen der ganzen Insel. Beide sind annähernd in einer Ost-West-Achse ausgerichtet und von Osten her zugänglich.

Der etwas jüngere *Tempel A* besteht aus einem Pronaos und einer Cella, hat also im Grundriß die Form eines griechischen Anten-Tempels. An die minoische Architektur erinnernd standen auf der Mittelachse an der Vorderseite ein Pfeiler, in der Eingangstür eine hölzerne Säule und im Innenraum zwei weitere Holzsäulen, deren Steinplinthen erhalten sind. Die kleine Sitzbank an der Südwand mit Blick auf den Altar deutet ebenfalls auf minoische Vorbilder hin. Der rechteckige Opferaltar in der Cella erinnert dagegen an die mykenische Herdform im Megaron. Die höchst ungewöhnliche Opferstätte besteht aus einer Steinpackung, deren obere Lage von einer Tonschicht überzogen ist, auf der Asche und Knochenreste lagen. Die Seiten des Altars waren mit senkrecht stehenden Steinplatten ummantelt. Weitere Reste von runden Opferplätzen, die man in mehreren Schichten unter dem Fußboden von Tempel A fand, ebenfalls mit Asche und Knochenresten bedeckt, zeugen von lang andauerndem Kult an diesem Ort. Großartig sind die hier gefundenen spätdädalischen Reliefplatten und Skulpturen, die in die Zeit um 630/20 v. Chr. datiert werden (AMI, XIX). Pernier dachte bei seiner Rekonstruktion des Tempels an einen Relieffries, andere stellen sich einen Orthostaten-Fries vor, da die Außenwände für einen so schweren Relieffries zu schwach konstruiert seien. Dargestellt ist ein Zug von Reitern im strengen dorischen Stil, jeder bewaffnet mit Schild und Speer. Die thronenden Göttinnen mit seitlichem Tierfries gehören nach Pernier zum Türsturz der Cella, oder schmückten einst den Mittelpfeiler der Eingangsseite (beide Göttinnen Rücken an Rücken). Wahrscheinlich handelt es sich nur um **eine** Göttin, nach ihren Attributen (Hirsche und Löwen) sowie ihrem mit Tieren bemalten Gewand zu urteilen, Rhea (Herrin der Tiere). So war vielleicht Tempel A der Göttin Rhea geweiht.

Der etwas ältere *Tempel B* ist unregelmäßig gebaut. Durch Verlängerung seiner südlichen Längswand nach Osten entsteht vor dem Eingang ein kleiner, zusammen mit der Südwand von Tempel A dreiseitig geschlossener Hof, der kultischen Funktionen diente. Vom Pronaos des Tempels B gelangt man in die Cella, in der ein Opferaltar gleicher Art wie der von Tempel A fragmentarisch erhalten ist. Im Westen schließt ein Opisthodom an, nur von der Cella aus zugänglich.

An der Westseite des Tafelberges liegen die Grundmauern einer kastellartigen Anlage aus hellenistischer Zeit. Der Grundriß mit etwa 36 × 40 m zeigt an jeder Ecke quadratische Türme. Der Hauptzugang an der Südostseite war von Schilderhäuschen flankiert. Ein Teil des Baumaterials stammt von älteren Grabanlagen einer nahegelegenen Nekropole.

## **Psilorítis** s. Ida-Gebirge, S. 318

## **Psíra** (Insel in der Merambéllo-Bucht)

*Nomós Lassíthi, Bezirk Ierápetra*

Die Insel ist nur mit einem Privatboot zu erreichen, am besten von Móchlos aus.

Auf Psíra sind seit FM II Siedlungsspuren nachweisbar. Schöne Steinvasen, Keramikgefäße (des Vassiliki- und Barbotine-Stils), Idole und kostbarer Goldschmuck sprechen von großem Reichtum der Bevölkerung (AMI, I, 6, 7, 8, 16, 17). Die Kammergräber der wohlhabenden Verstorbenen lassen erkennen, daß die gebaute Grabarchitektur zu dieser frühminoischen Epoche Wohnbauten der Lebenden nachbildete. Die ärmere Bevölkerung bestattete man in einfachen Steinkistengräbern.

Der kontinuierlichen Besiedlung während der Zeit FM III sowie MM I–III folgte in der Epoche SM I die Errichtung einer großen Hafenstadt, ganz ähnlich wie Gourniá angelegt. Die wohl vorwiegend von Fischern bewohnte Stadt konnte auf dem hügeligen Gelände der nordwestlichen Landzunge der Insel (1906–08 von R. Saeger) freigelegt werden. Ringartige Straßen folgen den Höhenlinien der Hänge, die durch treppenartige Stichstraßen (wie in Gourniá) miteinander verbunden sind. Die zweigeschossigen Häuser hatten nur im Obergeschoß Fenster. Die Wandflächen der Erdgeschoßzone blieben wohl aus Sicherheitsgründen geschlossen. Wie bei der FM II-Siedlung von Mýrtos bildeten die Häuser auch auf Psíra aneinandergereiht eine geschlossene Außenmauer. Die ›Stadteingänge‹ der Hauptstraßen waren durch Mauerverstärkungen befestigt. Elegante Keramik (Abb. 32, 33), Steingefäße sowie Bronzewaffen und -geräte vermitteln etwas von den Lebensgewohnheiten der einfachen Landbevölkerung Ostkretas (AMI, IX, 122, 127).

## **Psychró** (Diktäische Höhle, Abb. 61)

*Nomós Lassíthi, Bezirk Lassíthi*

Funde bezeugen, daß die Diktäische Grotte mindestens seit den Älteren Palästen den Minoern und später bis zur Archaischen Zeit den Griechen als Kultort gedient hat. Sie blieb es auch weiterhin, jedoch ohne die große Bedeutung für Kreta wie zuvor. Seit der homerischen Zeit verbindet der Mythos mit der Diktäischen Grotte den Geburtsort des Zeus, der hier von Rhea geboren wurde (s. S. 13).

Nach ersten oberflächlichen Untersuchungen (1866 Halbherr und Hazzidakis, 1894 Evans und 1896 Myres) wurde die Höhle 1900 von dem Engländer D. Hogarth systematisch erforscht, wozu auch Sprengungen erforderlich waren. Über einen steilen, meist feucht-glatten Abstieg gelangt man in die Unterhöhle. Im engen Nordteil der Höhle erkennt man einen Altarplatz mit fragmentarischen Umfassungsmauern, bei dem man eine 2,20 m starke Fundschicht entdeckte. Die überaus reichen Funde – Idole, Keramik, Opferaltäre, bronzene Doppeläxte etc. – befinden sich im AMI, VII, 92.

Die Unterhöhle ist eine Tropfsteinhöhlenkammer mit großartigen Stalagmiten und Stalaktiten, in der verschiedenste Weihgeschenke aus Bronze, Gold und Elfenbein sowie Siegel und Schmuck gefunden wurden. In ihrem südlichen Teil ein übergroßer Stalaktit wird ›Mantel des Zeus‹ genannt; dort ist auch die kleine Nische, in der Zeus nach seiner Geburt geschlafen haben soll.

*Diktäische Höhle von Psychró. Nach D. Hogarth*

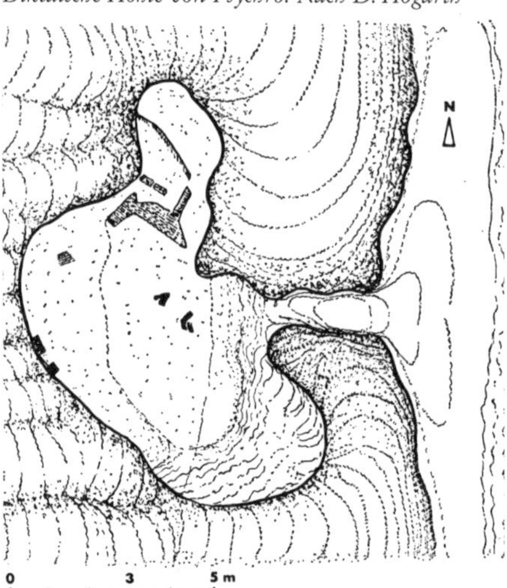


## **Pýrghos,** Ajios Jeórjios- und Ajios Konstantínos-Kirche

*Nomós Iráklion, Bezirk Monofátsi*

Ehemalige Dreiraumkapelle, von der das Nordschiff der Ajía Eléni zerstört ist. In beiden Kapellen sind gute Fresken (1. Hälfte 14. Jh.) erhalten. Das (heutige) **Nordschiff des Ajios Jeórjios** zeigt Fresken von der Wende des 13./14. Jh. (vor 1314). Die rein linearen Malereien mit klaren Gesichtszügen haben neben christologischen Themen vor allem das Synaxarium des Kirchenpatrons zum Inhalt.

Völlig singulär im gesamten byzantinischen Kunstraum sind die ikonographischen Themen im **Kirchenschiff des hl. Konstantin.** Die Fresken (1314/15) zeigen vier hagiologische Szenen Kaiser Konstantins; *Nordseite* (östliches Joch): Kaiser Constantius Chlorus und Kaiserin Helena zu Pferde, der junge Konstantin auf dem Pferde seines Vaters; rechts daneben: Geburt Konstantins (die Szene entspricht in allen Einzelheiten exakt der Geburt

Christi!). *Südseite* (östliches Joch): Die Schlacht an der Milvischen Brücke in Rom – rechts daneben: Krönung der Söhne Konstantins. Konservative Malerei mit Einflüssen der paläologischen Kunst.

Die Fresken mit christologischen Themen im westlichen Joch sind etwas später, aber noch in der ersten Hälfte des 14. Jh. entstanden. Die künstlerisch qualitätvollen Malereien der paläologischen Stilrichtung sind sehr lebendig und realistisch gestaltet.

Daß in dieser kleinen Ortschaft ein Konstantin-Zyklus gemalt wurde, hängt wohl mit der damaligen politischen Situation zusammen: 1299 kam es zwischen Venezianern und Kretern zum Friedensvertrag (s. S. 70f.). Kreta erhielt wieder griechisch-orthodoxe Bistümer, die (bis heute) dem Patriarchen von Konstantinopel (Istanbul) unterstellt sind.

**Réthimnon** s. S. 147

**Rodhopú,** Halbinsel s. Diktynnaion

**Rustiká,** Panajía- und Sotíros Christú-Kirche
*Nomós Réthimnon, Bezirk Réthimnon*
Rustiká ist ein malerischer Gebirgsort mit wertvoller venezianischer Bausubstanz. Ein Bummel durch die schmalen Gassen und ein längeres Verweilen lohnen.

Im Nordschiff der Panajía-Kirche wertvolle Fresken (1381/82) der akademischen Stilrichtung der Kallergis-Lehnsgüter.

Ikonographische Besonderheiten: Über der Apsiswölbung erscheint im Giebelfeld des Triumphbogens ›*Der thronende Alte der Tage*‹, orthodoxe Umformung des westlichen ›Gnadenstuhls‹; dieses Thema ist nur in drei kretischen Kirchen bekannt (so auch in der Ajios Ioánnis-Kirche von Káto Walsamónero, nur ca. 10 km von Rustiká entfernt). Im Altarraum ist die Himmelfahrt in den christologischen Zyklus integriert. Im Tonnengewölbe sind an der Nord- und Südseite je zwölf Strophen des Akathistos-Hymnus dargestellt (vgl. Ajios Fanúrios-Kirche in Walsamónero, S. 333).

**Samariá-Schlucht** (Kretischer Nationalpark)
*Nomós Chaniá, Bezirk Sfakiá*
Je nach Witterung nur von Ende April bis Oktober begehbar. Trinkwasser muß nicht mitgenommen werden, da mehrere Quellen in der Schlucht vorhanden sind.

Die Samariá-Schlucht in den Weißen Bergen (Lefká 'Ori) Westkretas ist mit rund 16 km Länge eine der grandiosesten Schluchten Europas und zählt zu den landschaftlichen Höhepunkten, die Kreta zu bieten hat. Auch der Massentourismus hat mittlerweile dieses Naturereignis in jedes Rundreiseprogramm obligatorisch eingebaut. In der Hochsaison strömen bis zu 1000 Personen täglich durch die Schlucht. Der Individualreisende kann dieser ›Völkerwanderung‹ nur durch sehr frühes Aufstehen entgehen. Empfehlenswert ist eine Anreise zur 1050 m hoch gelegenen Omalós-Hochebene (dem Ausgangspunkt der Wanderung) bereits am Vortag von Chaniá aus (mit dem Linienbus). Am südlichen Rand der Hochebene, unmittelbar am Eingang der Schlucht, liegt die Xylóskalo-(›Holztreppe‹)Berghütte (ca. 1200 m Höhe) mit einfachen Übernachtungsmöglichkeiten. Am nächsten Morgen sollte man schon beim ersten Morgengrauen von der Hochebene aus mit der Wanderung beginnen. Den jungen Morgen dort oben zu erleben und das Erwachen in der Schlucht zu beobachten, vermittelt keinen minder starken Eindruck von Kreta als ein Besuch von Knossós oder Kritsá. Die Wanderung dauert etwa 6–8 Stunden und sollte nur mit gutem Schuhwerk (griffige Sohlen) durchgeführt werden. Nur das erste Wegstück (ca. 1 Stunde) ist etwas beschwerlich, da der steinige Weg anfangs serpentinenartig hinunterführt. Im Frühjahr (April/Mai) führt der Fluß so viel Wasser mit, daß man häufig das Flußbett durchwaten oder von Stein zu Stein springend überqueren muß. In Ajía Rúmeli legen in der Saison täglich mehrere Boote an und bringen die Reisenden nach Chóra Sfakíon. Empfehlenswert ist eine Übernachtung in Ajía Ruméli und eine Wanderung entlang der Küste nach Chóra Sfakíon (s. S. 287; Abb. 107).

Die etwa 25 km² große Omalós-Hochebene ist eine der fruchtbarsten Anbauflächen Kretas, auf der seit einigen Jahren landwirtschaftliche Versuchspflanzungen angebaut werden. Der Name Samariá-Schlucht geht auf das verlassene venezianische Dorf

Santa Maria (heute Sa-nta-Maria) zurück, das etwa auf halber Strecke, links der Schlucht liegt. Nach etwa 3 Stunden erreicht man die engste Stelle der Schlucht, ›i Portes‹, hier sind die Felswände nur ca. 3 m voneinander entfernt und ragen bis zu 600 m in die Höhe (Farbabb. 3). Die Omalós-Hochebene und die Samariá-Schlucht sind die Heimat vieler seltener Pflanzen (s. S. 363 ff.) und Tiere (verschiedene Adler: Habichtadler, Steinadler, Zwergadler; Lämmergeier, Bussard, Wanderfalke, Waldkauz, Schleiereule u. a. sowie die kretische Kri-Kri-Bergziege). Auch der geologisch Interessierte findet hier reiches Anschauungsmaterial. Am Küstenverlauf in Ajía Rúmeli kann er die Niveauveränderung der Südküste studieren (s. S. 329).

## Sarakína

*Nomós Chaniá, Bezirk Sélino*

In der Ortschaft, rechts unterhalb der Straße bei dem Terrassen-Kafeneion, liegt die Ajios Ioánnis-Kirche. Kurz vor der Ortschaft, von Paleóchora aus, liegt links eine neue Kapelle, ca. 100 m vor dieser, zweigt rechts bei einer schlanken Zypresse ein Pfad ab, der nach 5 Minuten zur Michaíl Archángelos-Kapelle (auf dem anderen Bachufer) führt.

**Ajios Ioánnis:** Einraumkapelle mit fragmentarisch erhaltenen Fresken von 1341–49.

*Minoisches Haus von Sklawokámbos/Malewísi. Nach Sp. Marinatos*

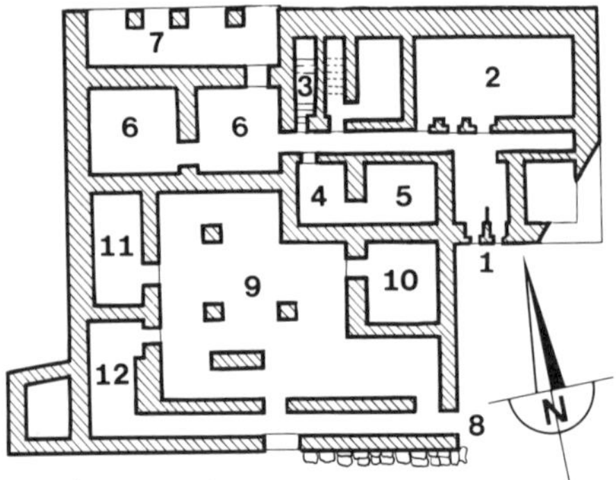


**Michaíl Archángelos:** Einraumkapelle mit (für Kreta seltenen) steinernem Ikonostas und qualitätvollen Fresken aus der Zeit nach 1350. Die Malereien der antiklassischen Stilrichtung zeigen harte Gesichtsmodellierungen (mit grünen Schatten) und derbe Gestalten.

Ikonographische Besonderheiten: für den gesamten byzantinischen Kunstraum seltene Szenen aus dem Leben des Erzengels. Völlig singulär für Kreta ist die Darstellung des Erzengels in der Apsiswölbung (als Ersatz für Christus oder Panagia). *Nordwand:* Michaels Wunder von Chonai (vgl. Archánes/Assómatos, S. 284) und lebensgroßer Erzengel; *Westwand:* Trompeten von Jericho.

Landschaftlich sehr reizvolle Halbtagestour.

## Sitía s. S. 180

## Sklawerochóri, Panajía-Kapelle

*Nomós Iráklion, Bezirk Pedhiádha*

Einfache Einraumkapelle mit qualitätvollen Fresken aus der zweiten Hälfte des 15. Jh. (vor 1481). Die hervorragende Malerei weist ähnliche Stilmerkmale auf wie die Werke der Brüder Phokas (z. B. 'Embaros, S. 290, Apáno Sými, S. 275, und Awdhú, S. 285). Auch hier hat der Künstler mit seinen anmutigen Gestalten und der sorgfältigen Schematisierung die Technik der Ikonenmalerei auf die Freskenmalerei übertragen und ist damit wie M. und J. Phokas ein bedeutender Vorläufer der kretischen Schule des 16. Jh. Ikonographische Besonderheiten: *›Der thronende Alte der Tage‹* (orthodoxe Umformung des westlichen Gnadenstuhls) am Triumphbogen der Apsis (vgl. Rustiká, S. 353). An der Südwand der hl. Onuphrios im voll entwickelten Bildtypus, wie ihn im 16. Jh. die kretische Schule übernimmt. *Nordwand:* Franz von Assisi (vgl. Kritsá, S. 326).

## Sklawokámbos

*Nomós Iráklion, Bezirk Malewísi*

Etwa 7 km hinter Týlissos (auf der Straße nach Anójia) liegt links das Grabungsgelände des minoischen Hauskomplexes von Sklawokámbos.

Der Grundriß der 1939–41 von Sp. Marinatos ausgegrabenen ›Villa‹ aus der Zeit um 1500 v. Chr.

zeigt eine Zweiteilung: der nördliche Teil war zweigeschossig und diente Wohnzwecken, die Südwestecke des Gebäudes wohl Werkstätten und Lagerräumen. Dieser Raumteil war möglicherweise nur erdgeschossig ausgebildet (?) und mag im Obergeschoß als Terrasse genutzt worden sein.

**Rundgang:** 1 Haupteingang zu den Wohnräumen, 2 Aufenthaltsraum, 3 Treppe zum Obergeschoß; unter dem Treppenlauf ein Abort (Abwasserleitungen noch erhalten!), 4, 5, 6 Nebenräume, 7 Veranda, 8 Eingang zu den Werkstätten und Magazinen, 9 Lichthof, 10 Magazin, 11, 12 Nebenräume.

Die Funktion des Gebäudes ist nicht geklärt, vielleicht handelte es sich um einen Kontrollposten, der die Handelsstraße nach Westkreta überwachte.

## Sklawopúla

*Nomós Chaniá, Bezirk Sélino*

In Sklawopúla und am Ortsrand gibt es drei byzantinische Kapellen mit sehenswerten Fresken. Am Dorfeingang (von Paleóchora/Sarakína aus) liegt links der Straße, direkt bei der Schule, die Ajios Jeórjios-Kirche. Südlich des Dorfes erheben sich in einem Olivenhain die Sotíros Christú- und die Panajía-Kapelle.

**Ajios Jeórjios:** Einraumkapelle, Südwand aus dem 20. Jh. Im Innenraum sind gute Fresken aus den Jahren 1290/91 und von der Wende zum 14. Jh. erhalten. Die *älteren Malereien* befinden sich im Altarraum und am Gewölbeansatz der Nordwand (Fries mit den drei Heiligen). Stark schematisierte Fresken, die der älteren kretischen Kunsttradition folgen; abstrahierte und vereinfachte Wiedergabe der Gesichter und Gewänder.

Die *jüngeren Malereien* zeigen stark westlichen, venezianischen Einfluß (Kettenhemd der Soldaten, Tafelgeschirr), betonen die Monumentalität der Gestalten und drücken durch gewollte Häßlichkeit eine ausdrucksvolle Lebendigkeit aus. Besonders eindrucksvoll sind die überlebensgroßen Theodoros und Georgios (beide zu Pferde) und Erzengel Michael.

**Panajía** (nördlich der Sotíros Christú): Einfache Einraumkapelle mit Fresken der Wende vom 14. zum 15. Jh. Die ausdrucksstarken edlen Gesichter und harmonisch proportionierten Gestalten verraten die akademische Stilrichtung der Kallergis-Lehnsgüter. Ikonographische Besonderheiten: Melismos in der Apsis; Anapeson mit den Passionswerkzeugen (!) am Triumphbogen der Apsis. Besonders schön das Stifterbild an der Nordwand.

**Sotíros Christú:** Einfache Einraumkapelle mit Fresken aus der zweiten Hälfte des 14. Jh. Die Malereien mit ihren vorwiegend hellen Farben zeigen kraftvolle Gestalten des klassizistischen Stils. Alles nur sehr fragmentarisch erhalten.

## Spilí

*Nomós Réthimnon, Bezirk Ajios Wassílios*

Reizvoll gelegenes Gebirgsdorf an den westlichen Ausläufern des Ida-Gebirges. Günstiger Ausgangspunkt für Erkundungen im Bezirk Ajios Wassílios. Kleines Hotel und Privatunterkünfte vorhanden. Besonders sehenswert: der *Dorfbrunnen* mit 19 Wasserspeiern in Form von Löwenköpfen (Farbabb. 8) und die **Sotíros Christú-Kirche** mit volkstümlichen Fresken der akademischen Stilrichtung vom Ende des 14. Jh. Ikonographische Besonderheit: Anna und Joachim in Medaillons am Triumphbogen oberhalb der Apsis.

## Spiliá

*Nomós Chaniá, Bezirk Kíssamos*

Am Dorfrand liegt die **Panajía-Kirche** mit fragmentarischen Fresken aus dem 14. Jh. (u. 1401). Mitten im Dorf erheben sich die 1952/82 errichtete *Kuppelkirche der Panajía* mit neobyzantinischen Fresken von Stelios Kartakis und das **Byzantinische Museum.** Beide Gebäude wurden mit Spenden von aus Spiliá ausgewanderten Kretern finanziert.

Im Museum befindet sich eine der wertvollsten **Ikonensammlungen** der Insel (den Schlüssel erhalten Sie beim Priester Evángelos Sfakianákis). Auswahl.: *Ostwand* (links vom Eingang): Epitaphios (1814) und Stoffkreuze vom Berg Athos. Volkstümliche Ikone (auf Leinwand gemalt) mit mariologischen Szenen; *Südwand* (dem Eingang gegenüber): Ikone des hl. Georgios mit drei Szenen aus seiner Vita (18. Jh.); holzgeschnitzter Bischofsstuhl

(18. Jh.); Reste eines holzgeschnitzten Ikonostas mit Festtagsikonen und Königstür (18. Jh.); *Westwand:* Epitaphios (1818); Panagia Hodegetria (16. Jh., sehr schlecht erhalten); Hl. Johannes d. Eremit, erzählender Stil mit Szenen aus dem Synaxarium (17. Jh.); Panagia Eleusa (16. Jh.?); Metamorphosis, Verklärung Christi (15. Jh.); *Michael Archangelos, von Andreas Ritzos* (15. Jh.; Abb. 122); *Nordwand* (Eingangsseite): Beweinung Christi (1676, von Parthenios); Epitaphios (17. Jh.); Hl. Johannes d. Theologe (17. Jh.); Einzug in Jerusalem (15. Jh.); Darbringung im Tempel (15. Jh.); ferner Bischofsgewänder (18. Jh.); liturgische Geräte (1702), Kelch (1802), Manuskripte, 17./18. Jh.

## Spinalónga

*Nomós Lassíthi, Bezirk Merambéllo*

Venezianische Festung, von Ajios Nikólaos wie von Elúnda aus mit dem Boot zu erreichen.

Als Spinalónga bezeichnet man die langgestreckte Halbinsel vor *Elúnda* an der Ostküste der Merambéllo-Bucht und die kleine Felseninsel nördlich davon. An der Westküste der Halbinsel, die 1897 durch einen kleinen Stichkanal von der Insel Kreta getrennt wurde, dort, wo die verlassenen Salinen (heute ein Vogelparadies!) liegen, breitete sich in griechisch-römischer Zeit die antike Stadt *Olús* aus (s. S. 290).

Der etwa 200 × 400 m große Inselfelsbrocken Spinalónga wurde erst 1579 von Jacopo Foscarini zu einem venezianischen Kastell ausgebaut. Ob bereits früher von den Venezianern oder Byzantinern hier eine Burg errichtet wurde, ist ungewiß. Jedenfalls galt die mit Kanonen bewaffnete Festung als uneinnehmbar und wurde 1669 von den Türken *nicht* erobert. Die Venezianer konnten Spinalónga gleichermaßen wie die Inseln Gramwúsa und Súdha in Westkreta noch bis 1715 als Handelsstützpunkt verteidigen, die dann bis 1898 den Türken als Verteidigungsbollwerk für die Merambéllo-Bucht dienten. Als Kreta aufgrund internationaler Interventionen autonom geworden war, verfügte 1903 Prinz Georg, daß die Insel zur Leprastation ausgebaut werde. Nach einem Regierungsbeschluß aus dem Jahre 1954 wurde die Leprastation erst 1957 aufgelöst und die Kranken nach Athen überführt.

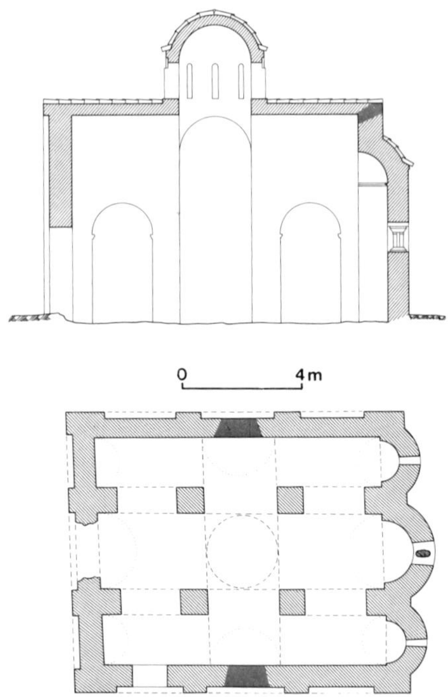


*Panajía Serwiótissa außerhalb von Stylós/Apokóronas (Grundriß und Schnitt). Nach K. Gallas*

Neben dem gewaltigen venezianischen Festungswerk und der kleinen Hafenanlegestelle im Süden sind die Wohn- und Behandlungsgebäude der Leprastation zu besichtigen. An der Südostflanke der Festung liegt der Friedhof der Leprakranken mit einem Ossuarium, in dem ca. 400 Gebeine von Verstorbenen ruhen.

## Stylós, Panajía Serwiótissa-Kirche (Abb. 107)

*Nomós Chaniá, Bezirk Apokóronas* 30.3.97

Von der nördlichen Küstenstraße bei der Abzweigung 'Aptera 4,3 km der Asphaltstraße folgen ('Aptera links liegen lassen); hier führt links ein Pfad (ca. 1 km) zur Panajía-Kirche.

Die ehemalige Klosterkirche, Metochia des Johannesklosters von Patmos, gehört zu den gelungen-

einige km vor Stylós, von der Straße aus links unten im Olivenhain zu sehen

sten Schöpfungen byzantinischer Sakralarchitektur der Insel Kreta. Der einfache Vierstützentypus mit tektonisch gegliederten Fassaden stammt aus dem 11./12. Jh. Das Gebiet von Stylós wurde Anfang des 12. Jh. dem Kloster Patmos von Kaiser Johannes II. Komnenos (1118–43) geschenkt. Von diesem Zeitpunkt an erblühte das kretische Patmos-Kloster in Stylós. Architektonisch singulär auf Kreta ist der harmonisch-gegliederte Tambour mit acht Seiten.

Auf dem Hügel **Azoghyrés** von Stýlos befinden sich eine SM III-Siedlung und ein Tholosgrab (mit 20,80 m langem Dromos).

## Sújia

*Nomós Chaniá, Bezirk Sélino* 3.4.97

Kleiner Fischerort an der eindrucksvollen herben Südküste. Kleines Hotel und einfache Privatunterkünfte. Sehr lohnender Aufenthalt fern vom Massentourismus. Von Sújia aus kann man in ca. 3 Stunden nach *Lissós* wandern (s. S. 333).

Etwa 500 m westlich des Hotels liegen bei der neuen Kirche die Grundmauern der **Basilika A** (6. Jh.). Die erhaltenen frühchristlichen Mosaike * innerhalb und außerhalb der Kirche gehören zu den schönsten der Insel. Folgt man von der Basilika A aus dem westlich ansteigenden Hangweg (Abb. 103), so erreicht man nach ca. 20 Minuten die **Ajía Iríni-Kreuzkuppelkirche** aus dem 12. Jh. (?); die Fresken sind bisher noch nicht freigelegt. Landschaftlich sehr reizvoll gelegen (botanisch interessant).

## ›Tal der Toten‹ (Zakros) s. S. 266

## Tárrha s. Ajía Ruméli

## Teménia, Sotíros Christú-Kirche (Abb. 105)

*Nomós Chaniá, Bezirk Sélino*

Von Kándanos aus zweigt ca. 1 km nach dem Ortsschild ›Teménia‹ rechts ein Pfad (ca. 400 m) zur Sotíros Christú-Kapelle ab.

Byzantinische Kapelle, in zwei Bauphasen errichtet. Der Ursprungsbau aus dem 13. Jh. (?) ist eine Einraumkapelle mit rechtwinklig (!) geschlossener Apsis. Im 14. Jh. (?) verlängerte man die Kirche nach Westen durch einen Kuppelnarthex.

Die **Fresken** in der Einraumkapelle gehören stilistisch ins 16./17. Jh. und stammen wahrscheinlich von mehreren Künstlern. Von großer künstlerischer Qualität ist z. B. die Pfingstdarstellung mit der sehr naturalistischen Taube (Nordseite, mittleres Joch); weniger ausdrucksstark sind hingegen die weiblichen Heiligen und Georgios (?) zu Pferde (westlicher Blendbogen der Nordwand).

Ikonographisch besonders interessant ist der christologische Zyklus mit für Kreta höchst seltenen Pilatus-Szenen. *Nordseite*, westliches Joch, unteres Register: Christus vor Pilatus und einem Hohenpriester; Pilatus wäscht sich die Hände; *Westwand*, unter der Szene Einzug in Jerusalem (v. l. n. r.): Geißelung Christi (Geißelsäule); Christus vor dem Hohenpriester; Christus vor Pilatus und seiner Gemahlin Prokla (!) (Christus kauert rechts unten in einen braunen Mantel gehüllt).

Südlich von Teménia lag die antike Siedlung Hyrtakína.

## Thrónos, Panajía-Kirche

*Nomós Réthimnon, Bezirk Amári*

Einfache Einraumkapelle mit Fresken vom Ende des 14. Jh./Anfang des 15. Jh., die sich über den Grundmauern einer *frühchristlichen Basilia* erhebt, von der noch wenige Fußbodenmosaike erhalten sind. **Die Fresken** im Innenraum gehören zwei Stilgruppen an. Im Altarraum sind die *älteren Malereien* erhalten, die stark an die inselbyzantinische Malerei venezianischer Herrschaft auf der Insel Euböa erinnern, die sich nach der Kunsttradition des frühen 14. Jh. orientieren. Die *jüngeren Malereien* im Kirchenraum folgen der Tradition des späten 14. Jh. und zeigen eine starke Plastizität der Gesichter und der voluminösen Gestalten, die durch sanfte Farbabstufungen erreicht wurde; teils dramatische Kompositionen mit realistischen Tendenzen; Versuch, die Ikonentechnik auf die Freskomalerei zu übertragen.

## Tsútsuros

*Nomós Iráklion, Bezirk Monofátsi*

Kleiner Fischerort an der landschaftlich kargen, aber eindrucksvollen Südküste. Schöne Strände und einfache Privatunterkünfte.

* nichts gefunden von Mosaiken bei der Kirche

## Týlissos

*Nomós Iráklion, Bezirk Malewísi*

(Öffnungszeiten, s. ›Wissenswertes von A–Z‹)

Der Name der heutigen Ortschaft Týlissos ist minoischen Ursprungs. Allein diese Tatsache verdeutlicht, daß Týlissos während der minoischen Epoche eine nicht geringe Rolle gespielt hat und nicht ›nur‹ eine Villa oder ein Herrenhaus gewesen ist. Ähnlich wie in Archánes dürfen wir auch hier eine größere Stadt vermuten, deren Geheimnisse das moderne Týlissos noch bewahrt. Die drei 1909–13 von J. Hazzidakis ausgegrabenen Häuser (A, B, C), die zwar freistehend, aber doch wie in einem gewachsenen Stadtgefüge zusammengerückt sind, gehören der Epoche SM I an. Weitere Funde der letzten Jahrzehnte im Siedlungsgebiet von Týlissos beweisen, daß die Minoer hier mindestens seit der Epoche FM II gesiedelt haben. So fand man z. B. in dem nahegelegenen Keratokéfalo eine FM II-Kanne. Westlich von Týlissos entdeckte 1963 St. Alexiou zwei MM I-Heiligtümer (Korfé tu Pýrghu und Perá Korphé). Im Gebiet von Pétra, am Rande von Týlissos, fand man schließlich ein MM II-Steatitsiegel. Archäologische Grabungen östlich von Haus A brachten Grundmauern einer Siedlung der Epoche SM III b/c zutage. Damit ist für Týlissos eine minoische Siedlungskontinuität von FM II bis SM III c gesichert. Hat man erst einmal die Nekropole entdeckt, dann wird die archäologische Erforschung von Týlissos wesentlich dazu beitragen, das Bild der minoischen Kultur zu erhellen. Schon Hazzidakis vermutete, daß einst in Týlissos 20 000 Menschen gelebt hätten.

Die solide Architektur besonders von Haus C mit seinen gipssteinverkleideten Wänden und seinen mit Fresken ausgeschmückten Innenräumen (s. Miniaturfresko, AMI, XV, 173) deuten darauf hin, daß die drei Gebäude wohlhabenden Bürgern gehörten oder gar öffentliche Bauten waren. Auch die westlich vorbeilaufende gepflasterte Straße mit Kanalleitung zeigt deutlich, daß wir hier ein Teilstück der Stadt vor uns haben. Die großen Bronzekessel (AMI, VII) und die vielen hier gefundenen Vorratsgefäße sprechen dafür, daß Týlissos vorwiegend landwirtschaftliche Produkte erzeugte. Die großen Bronzestatuetten (AMI, VII, 89), die töner-

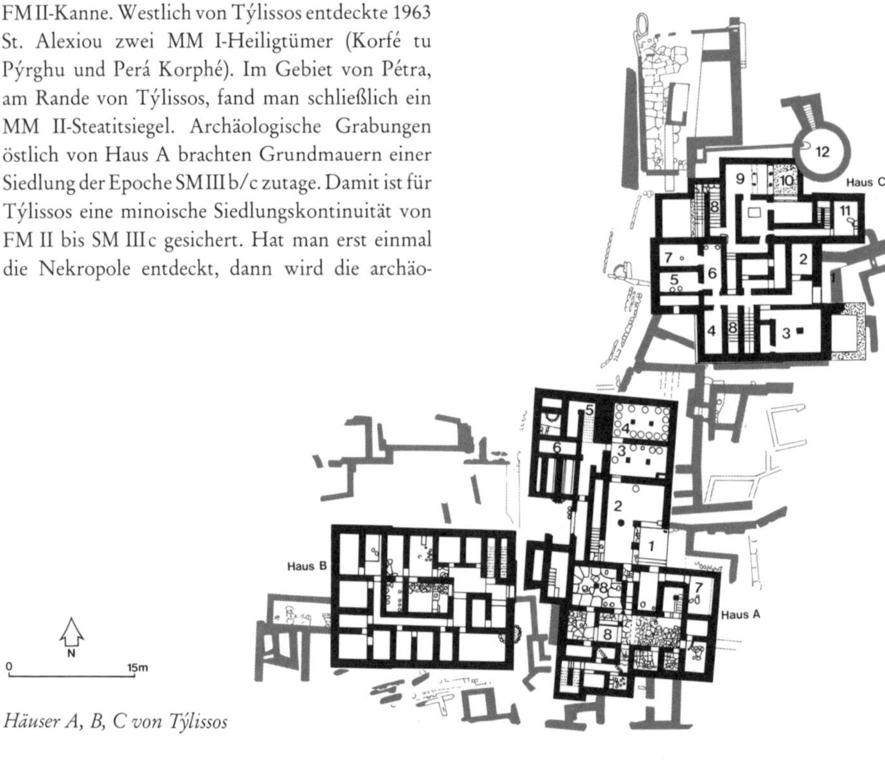


*Häuser A, B, C von Týlissos*

nen Votivkleider und ein assyrischer Siegelzylinder (AMI, VII, 97) belegen aber auch, mit den außerhalb der Stadt entdeckten Heiligtümern (s. o.), daß Kult und Religion wesentlichen Raum einnahmen.

**Haus A:** Das mindestens zweigeschossige Gebäude zeigt zwei Funktionsbereiche: Wohnräume (Süden) sowie Magazin und Nebenräume (Norden). 1 Eingangsbereich, 2 Vorraum zu den Magazinen, 3, 4 Magazine, 5 links ein Treppenhaus, Haupttreppe beim Eingangsbereich, die ins Obergeschoß führt, 6 Nebenräume, die durch einen Ost-West-Korridor mit dem Hauptkorridor in Verbindung standen, der den vom Eingangsbereich erreichbaren gepflasterten Hauptraum 8 erschließt, 7 Bad, anschließend Lichthof, Hausheiligtum, Nebenräume, Treppenhaus, Toilette (?), Nebenräume.

**Haus B:** Mindestens zweigeschossiges Gebäude mit einfachem rechteckigem Grundriß; die Häuser A und C zeigen hingegen architektonisch ausgereifte Grundrisse mit Vor- und Rücksprüngen (ähnlich der Palastarchitektur). Die Raumanordnung ähnelt sehr jener vom Ovalhaus in Chamézi (s. S. 287), nur daß beim Haus B der zentrale Lichthof fehlt.

**Haus C:** Auch dieses mindestens zweigeschossige Gebäude hat zwei Funktionsbereiche: etwa ein Drittel der Grundfläche nimmt im Norden der Wohntrakt ein, die südlichen Raumgruppen gehören zu Magazinen und Nebenräumen. 1 Eingangsbereich (ähnlich wie bei Haus A), von hier aus erschließt ein Ost-West-Korridor das gesamte Gebäude und kreuzt den Nord-Süd-Korridor, der zu den nördlichen Wohnräumen führt, 2 Nebenraum, 3 Hausheiligtum, 4 Fundort des Miniaturfreskos, 5, 6, 7 Magazinräume, 8 Treppenanlage, 9 Hauptwohnraum mit dreiteiligem Polythyron im Osten, durch das man zum Lichthof 10 gelangt, westlich liegt ein zweites Treppenhaus, und im Süden schließt das Bad an, 11 Toilette, 12 spätminoische Zisterne.

## Waï (Vaï)

*Nomós Lassíthi, Bezirk Sitía*

Palmenwald mit schönem Strand an der Ostküste Kretas (Abb. 65, 68); in dieser Dimension für ganz Griechenland völlig singulär. Umkleidekabinen, Imbißstände und Duschen vorhanden. Stark frequentierter Touristenort. Ein Hotelbau ist geplant.

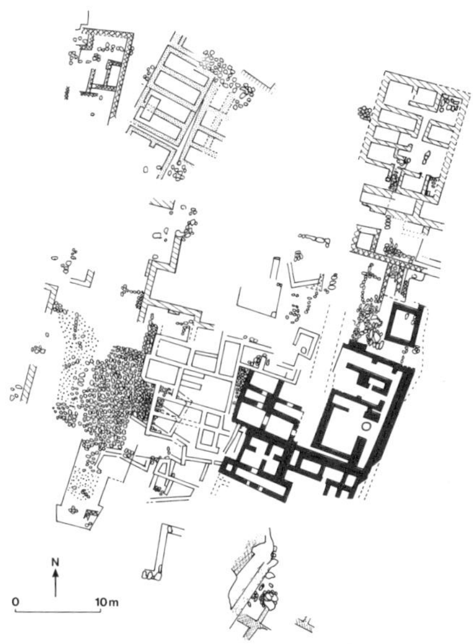


*Frühminoische Siedlung von Wassilikí/Ierápetra. Nach A. Zois*

## Warwári s. Myrtiá

## Wassilikí (Vassiliki)

*Nomós Lassíthi, Bezirk Ierápetra*

Auf der Straße Pachiámmos–Ierápetra zweigt rechts eine Schotterstraße zum Dorf Wassilikí ab; nach ca. 1 km links auf einer lichten Anhöhe das Grabungsgelände.

Die 1904–06 von R. Saeger begonnenen und seit 1970 von A. Zois fortgesetzten Grabungen brachten eine der wichtigsten frühminoischen Siedlungen zutage. Nur die Siedlung von Mýrtos (s. S. 343) ist für die minoische Archäologie von gleicher Wichtigkeit wie jene von Wassilikí; sind in Mýrtos die einzelnen Häuser unregelmäßig aneinandergereiht und zeigen keinen rechtwinkligen Grundriß, so lassen sich in Wassilikí rechtwinklig gebaute Grundmauern erkennen. Die archäologischen Ergebnisse beweisen auch hier eine Siedlungskontinuität von FM IIa bis SM Ia; auf dem Gipfelplateau wurden selbst Baureste der protogeometrischen Epoche entdeckt. Nach dem Fundort Wassilikí erhielt die hier vorwiegend gefundene ›geflammte‹ Keramik der Epoche FM II, III den Namen ›Vassiliki-Stil‹ (s. AMI, I, 6,8 und Archäologisches Museum, Ajios Nikólaos I, II; Abb. 30, 31).

**Wathí** (Kunéni) 2.4.97

*Nomós Chanía, Bezirk Kíssamos*

Westlich der Platía (von Kefáli aus rechts) liegt am Dorfrand die Ajios Jeórjios-Kirche; etwa 1 km weiter dorfauswärts liegt links, unterhalb der Straße auf einem Acker, die Michaíl Archángelos-Kirche. Den Schlüssel erhalten Sie beim Dorfpriester.

**Ajios Jeórjios:** Einfache Einraumkapelle mit einer für Kreta seltenen Zickzack-Ziegelband-Apsisdekoration. Der Innenraum birgt gut erhaltene Fresken aus dem Jahre 1284; die Malerei folgt der konservativ traditionellen Stilrichtung (Lebendigkeit und Wirklichkeitsnähe werden angedeutet, aggressive Körperbewegungen). Ikonographische Besonderheit: am Triumphbogen über der Apsiswölbung erscheint nicht die kanonische Szene Mandylion oder Philoxenia, sondern die Enthauptung Johannes des Täufers. Das eingestürzte Gewölbe wurde mit den alten Steinen wieder errichtet; hierbei wurden die Steine mit ihren Freskenfragmenten nicht thematisch geordnet, sondern in wahlloser Reihenfolge verwendet.

**Michaíl Archángelos:** Einfache Einraumkapelle mit Fresken aus der ersten Hälfte und dem Ende des 14. Jh. Die *ältere Malerei* (im Kirchenschiff) folgt der volkstümlichen Kunsttradition, zeigt aber auch neue moderne Einflüsse, so daß teilweise bewegte und dramatische Kompositionen entstehen (Farbabb. 13). Ikonographische Besonderheiten (Südseite, unteres Register): Wunder des Erzengels zu Chonai und Posaunen von Jericho. Die *jüngeren Malereien* (im Altarraum) entsprechen der konservativen Stilrichtung der westkretischen Kallergis-Lehnsgüter (Sélino und Kíssamos).

schöne Gärten in und um Βαθί

**Wathípetro** s. Archánes

**Wizári** (Sýwritos)

*Nomós, Réthimnon, Bezirk Amári*

Gegenüber der Post zweigt von der Hauptstraße ein Schotterweg ab; nach einer weiten Rechtskurve folgt der Weg einem Bachlauf (rechts). Nach ca. 15 Minuten bei dem zweiten Pfad rechts den Bach überqueren und schräg links ca. 500 m dem Trampelpfad bis zu den gut erhaltenen Grundmauern der Basilika folgen.

Dreischiffige Bischofsbasilika aus der zweiten Hälfte des 7. Jh., die mit einem Dachstuhl überspannt war. Im Diakonikon (des südlichen Seitenschiffes) ist ein Taufbecken in den Fußboden eingelassen. Die Bischofskirche wurde wahrscheinlich nach den Arabereinfällen 654 errichtet und ist einer der ganz seltenen frühbyzantinischen Sakralbauten Kretas. Landschaftlich reizvoll gelegen, botanisch interessante Region.

**Zákros** s. Káto Zákros

**Zarós**, Ajios Nikólaos-Kloster

*Nómos, Iráklion, Bezirk Kainuríu*

Etwa 1,2 km nach Zarós (Richtung Kamáres) zweigt rechts eine Schotterstraße zum Kloster ab (ca. 2,5 km).

Unterhalb der Steilhänge der Rúwa-Schlucht lagert das kleine Frauenkloster des hl. Nikolaus. Sehr gepflegte Anlage. In der **Klosterkirche** sind im Nordschiff Fresken der akademischen Kunstrichtung des 15. Jh. erhalten. Vom Kloster aus kann man zur Ajios **Efthímios-Felsenkapelle** hinaufsteigen (ca. 40 Minuten, vom Kloster aus zu sehen), in der wenige Fresken (Ende 14. Jh.) erhalten sind. Großartig und von guter künstlerischer Qualität ist die Darstellung Akra Tapeinosis (Christus als Schmerzensmann); der Künstler war bemüht, die Ikonentechnik auf die Freskomalerei zu übertragen.

Lohnende Wanderung mit weitem Blick bis hin zur Messará und über die südlichen Ausläufer des Ida-Gebirges.

# Flora und Naturräume

*Von Robert Breiner*

Die Vegetation einer Landschaft wird im wesentlichen von drei Faktoren geprägt: den geologischen Gegebenheiten, wie der Beschaffenheit und der chemischen Zusammensetzung des Bodens, dem Klima mit seinem jahreszeitlichen Zyklus und nicht zuletzt vom Eingriff des Menschen in die natürlichen Lebensräume der Pflanzen. Die Vernichtung des Waldes in der Antike und im Mittelalter sowie die starke Beweidung und Bodennutzung haben der Vegetation Kretas ihr heutiges Aussehen verliehen.

Um die Eigenart der Flora eines so begrenzten Gebietes wie der Insel Kreta besser verstehen zu können, muß man auch erdgeschichtliche Vorgänge und Veränderungen berücksichtigen. Die Insel gehört zum ostmediterranen Florenbereich und weist botanische Verbindungen mit Karpathos, Rhodos und Kleinasien auf. Aber auch zur Peloponnes lassen sich floristische Beziehungen feststellen. So kann man z. B. auf Kreta und Rhodos eine kleinasiatische Kiefernart *(Pinus brutia)* und die kretische Osterluzei und auf der Peloponnes bei Sparta das kretische Knabenkraut finden.

Zu Beginn des Tertiärs waren Griechenland, die ägäische Inselwelt und Kleinasien eine zusammenhängende Landmasse. Der Dinarische Gebirgszug reichte in einem großen Bogen von Epirus, dem Pindos über Taigetos und Parnon nach Kreta und von dort weiter bis zum türkischen Taurusgebirge. Nach dem Einbruch der Landplatte, etwa zwischen Thessaloniki und Iráklion, entstand die ägäische Inselwelt und damit auch Kreta. Aus dieser Entstehungsgeschichte erklären sich die oben angeführten botanischen Zusammenhänge.

Es gibt auf Kreta sehr viele Endemiten, das sind Pflanzen mit begrenzten Verbreitungsgebieten. Sie sind zumeist Relikte oder Neuentwicklungen nach der Separation der Insel vom europäischen Festland und sind von Fach- und Hobbybotanikern gleichermaßen gesucht und begehrt. Sie bedürfen wegen ihres begrenzten Verbreitungsgebietes und der kleinen Individuenzahl eines besonderen Schutzes, um sie vor Dezimierung und dem Aussterben zu bewahren. Die Farbabbildungen 22 bis 25, 28, 29 und 32 zeigen einige dieser seltenen Blumen der Insel.

## Geologische und naturräumliche Gliederung

Den Hauptanteil am Aufbau der Insel haben Kalke, die vorwiegend die Gebirgsmassive bilden. Sie stammen aus dem Erdmittelalter (Mesozoikum), den Trias-, Jura- und Kreide-Epochen unserer Erdgeschichte. Ihnen über- bzw. vorgelagert sind Tonschiefer, Sandsteine und Quarzitschichten aus der Flysch- und der Tertiärzeit.

Die Schotterebenen und die sandigen Strandflächen sind jüngsten Datums, aus dem Quartär. Silikatschiefer finden sich im äußersten Westen auf den Halbinseln Gramwúsa und Akrotíri sowie im Osten bei Palékastro.

Die Entstehung der Insel in ihrer heutigen Gestalt ist mit Ende des Tertiärs (Pliozän) bis zum Beginn des Quartärs anzusetzen, als die Landbrücke zur Peloponnes und nach Karpathos-Rhodos zum kleinasiatischen Taurus einbrachen. Die Inselbildung ist in mehreren Phasen abgelaufen.

Die Gliederung der Insel mit den ungefähren Entstehungszeiten der Formationen in Millionen Jahren ist aus der geologischen Karte (S. 362) zu ersehen.

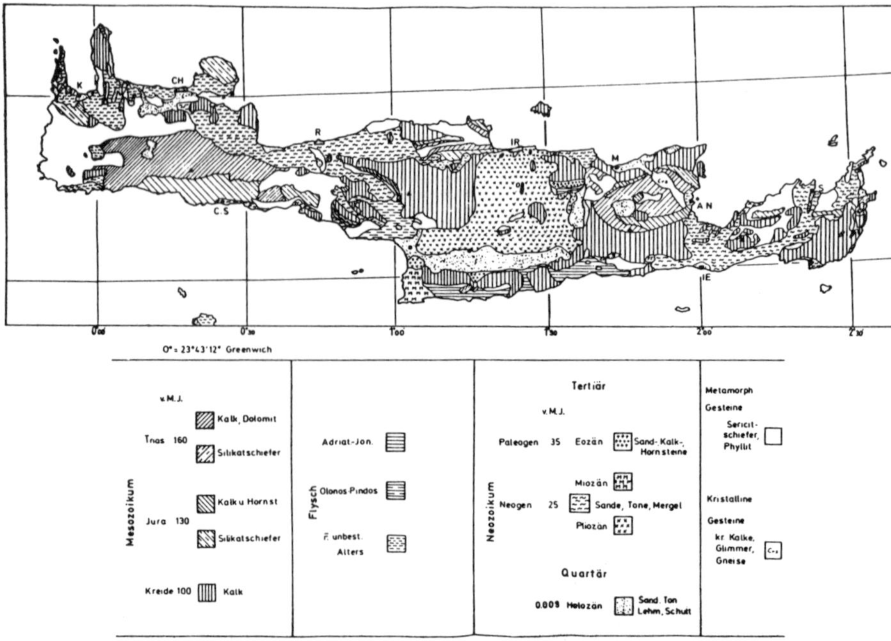


Kreta hat alle nur erdenklichen Naturräume aufzuweisen, von der feuchten Küstenebene über Sand- und Felsküsten, tertiäres Hügelland bis hin zum mediterranen Hochgebirge.

Die schönsten Sandstrände findet man bei Chaniá, bei Réthimnon, östlich von Iráklion, in der Gegend von Chersónissos/Máli (Lassíthi) an der Ostspitze bei Sitía und Waï mit dem berühmten Palmenwald und um Ierápetra. Ausgeprägte Steil- und Felsküsten gibt es westlich von Iráklion etwa bei Ajía Pelajía, an der Südküste bei Chóra Sfakíon, bei Kap Líthino und an den ins Meer ragenden Halbinseln.

Feuchtere Küstenebenen liegen hinter den Sandstränden westlich von Chaniá und nicht ganz so ausgeprägt bei Réthimnon.

Generell kann gelten, daß von Norden her ein sanfteres Ansteigen zu den höchsten Erhebungen der Insel erfolgt, während die Gebirge gegen Süden hin steil abbrechen. Im Mittelteil der Insel ist ein zweiter Kreidekalkrücken südlich der alluvialen Ebene zwischen Timbáki und Kastellianá dem Hauptgebirgsstock der Insel vorgelagert. Auch er bricht steil gegen Süden zu ab.

Tertiäres Hügelland findet man im Norden von der Westküste an bis etwa Pánormos, im zentralen Teil der Insel von Iráklion bis zur bereits erwähnten Alluvialebene im mittleren Süden und über die gesamte Inselbreite von Ajios Nikólaos bis Ierápetra mit einem Ausläufer bis Sitía.

Die Hauptgebirgszüge der Insel verlaufen ausnahmslos in west-östlicher Richtung. Von Westen her beginnend sind da die sfakiotischen Berge oder Lefká'Óri mit der höchsten Erhebung, dem Páchnes mit 2452 m Seehöhe, die vorwiegend aus Trias-Kalken bestehen, dann das Ida-Gebirge, südwestlich von Iráklion mit dem höchsten Berg der Insel, dem Psiloritis mit 2457 m, der aus Kreidekalken aufgebaut ist und von Flysch und tertiären Ablagerungen eingeschlossen wird. Weiter folgt das Dhíkti-Gebirge südlich von Mália, das aus Kalken (Trias, Jura und Kreide), im östlichen Teil auch aus kristallinen Gesteinen besteht, mit den höchsten Bergen Spathí, 2148 m, und Aféndis Christós, 2136 m, und das sich im Osten mit den sitiakischen Bergen mit dem Aféndis Kawúsi, 1476 m, als höchster Erhebung fortsetzt. Der Berg selbst besteht aus Kreidekalken, die umgebenden Vorberge aus metamorphen Gesteinen und tertiären Sanden und Tonen.

Im mittleren Südwesten der Insel sind der Berg Kédhros mit 1802 m, der sehr heterogen aufgebaut ist, und im zentralen Süden der Berg Kófinas, 1231 m (Kreidekalk und Flysch), zu erwähnen. Sie beide stehen isoliert von den übrigen Gebirgsmassiven.

## **Klima** (s. a. S. 379)

Das Mittelmeerklima wird im allgemeinen durch heiße, wasserarme bis wasserlose Sommer und einen regenreichen Herbst und Winter mit gemäßigten Temperaturen bestimmt. Die Pflanzen der Region haben sich an diesen Klima-(Wasser!)-Zyklus im Laufe der Entwicklung angepaßt.

Die etwa 260 km lange Insel weist ein deutliches Klimagefälle zwischen dem West- und dem Ostteil auf. In den westlichen Küstengebieten fallen im Jahresmittel etwa 60 cm Regen, während es in Ierápetra nur 20 cm sind. Chaniá hat mit 100 Regentagen im Jahr doppelt soviele wie Sitía. Die mächtigen Gebirgsstöcke im Westen und der Inselmitte wirken als Wolkenfänger mit etwa 80–110 cm Regen an etwa 130 Tagen, wobei in den Hochlagen der Niederschlag meist als Schnee fällt.

In Nord-Süd-Richtung ist eine zunehmende Heftigkeit der Niederschläge mit abnehmender Häufigkeit im langjährigen Mittel beobachtet worden. Dies führt dazu, daß sich südseitig wildbachartige Gerinne mit großen Schuttablagerungen gebildet haben.

## Vegetation

Infolge der klimatischen Verhältnisse hat sich im Mittelmeerraum eine besondere Flora entwickelt. Die Pflanzen haben sich sowohl im Bau als auch in der Blütezeit angepaßt. Es gibt viele Pflanzen mit Hartlaub, Dornen oder behaarten Blättern, um ein zu starkes Verdunsten des Wassers zu verhindern, mit Zwiebeln, Knollen oder Pfahlwurzeln, die ein Speichern oder eine Wasseraufnahme aus tieferen, feuchten Erdschichten erlauben. Viele blühen im Frühling oder im Herbst und ruhen im regenlosen Sommer.

Für diese spezielle Mittelmeerflora gibt es eine Reihe von **Leit-** oder **Zeigerpflanzen,** die circummediterran zu finden sind und solche, die bevorzugt ost- oder westmediterran vorkommen. Für das gesamte Mittelmeergebiet gelten der Ölbaum *(Olea europea),* die Aleppokiefer *(Pinus halepensis),* die Kermeseiche *(Quercus coccifera),* die salbeiblättrige Zistrose *(Cistus salviaefolius)* und der Mastixstrauch *(Pistacia lentiscus)* als Leitpflanzen.

Für den östlichen Mittelmeerraum, zu dem Kreta gehört, sind spezifisch: die Walloneneiche *(Quercus macrolepis)* – bei Chaniá und Réthimnon –, die Dornbibernelle *(Sarcopoterium spinosum),* eine Charakterpflanze der Phryganen – sehr verbreitet von Chaniá bis Sitía –, der Dornsproßginster *(Genista acanthocladus)* – verbreitet von Chaniá bis Ierápetra –, der griechische Erdbeerbaum *(Arbutus andrachne)* – selten bei Chóra Sfakíon und Arkádhi –, und der dreilappige Salbei *(Salvia triloba)* – bei Ghuwernéto, Arkádhi, Timbáki, Sitía und Ierápetra.

Die **ursprünglichen Pflanzengesellschaften** sind im Landschaftsbild Kretas durch die jahrhundertelange intensive Bodennutzung und Vernichtung des Waldes weitgehend reduziert bis vollkommen vernichtet worden.

Man unterscheidet nach der Höhenlage den mediterranen **Hartlaubwald** mit der Steineiche *(Quercus ilex),* der Baumheide *(Erica arborea)* und dem griechischen Erdbeerbaum *(Arbutus andrachne),* der bis zu einer

Seehöhe von etwa 600–800 m reicht, daran schließen sich die **sommergrünen Laubwälder** mit den Eichenarten *(Quercus brachyphylla* und *macrolepis)* bis zu Höhen von 1000–1200 m an. Weiter in der Höhe ansteigend besiedeln Nadelbäume wie Föhren *(Pinus brutia)*, Zedern und Zypressen *(Cupressus sempervirens ssp horizontalis)* die mediterrane **Gebirgsnadelwald-Region** bis etwa 1500–1600 m, die von einer bis in Höhen von ca. 2000 m vordringenden **Dornpolster-Vegetation** abgelöst wird. Der kretische Traganth *(Astragalus creticus)* und der ölbaumblättrige Seidelbast *(Daphne oleoides)* sind Vertreter dieser Vegetationsstufe. Die höchsten Lagen der Insel, über 2000 m, besiedelt eine **alpine Schuttflora.**

Die Zusammensetzung und die erreichbare Seehöhe der Pflanzengesellschaften hängt auch von der mittleren Regenmenge und der Bodenfeuchtigkeit ab. Die Fachbotaniker unterscheiden zwischen feuchten (hygrischen), mäßig feuchten (mesischen) und trockenen (xerischen) Pflanzenfolgen.

Die Zonen der Hartlaub- und der sommer- und immergrünen Laubwälder sind durch die Dauernutzung zu Dornbuschsteppen degeneriert worden. Man unterscheidet zwischen der üppigeren, weil auf tiefgründigeren und feuchteren Böden fußenden **Xerovumi-Vegetation,** die im Westen unter den Namen Macchie bekannt ist, und der auf kargeren, trockeneren Böden entstandenen **Phrygana-Vegetation** mit ihren Dornpolstern, Zwergsträuchern und vereinzelten Bäumen. Sie wird im Westen als Garigue bezeichnet.

Das Abbrennen der Dornsträucher und extreme Beweidung führen zu den kahlen, steinigen Grasfluren, wie sie meist in Nachbarschaft von Ansiedlungen anzutreffen sind, wie z. B. an den Rändern der Lassíthi-Ebene, und die nach den dort vorkommenden Affodil-Arten *(Asphodelus microcarpus* und *fistulosus, Asphodeline lutea)* **Affodil-Fluren** genannt werden. Sie stellen die letzte Vegetationsstufe vor der totalen Versteppung der Landschaft dar.

Das **Kulturland,** wie Ölbaum- und Citrus-Haine, Weingärten und Äcker, liegt bevorzugt im ursprünglichen Hartlaub- und Laubwald-Vegetationsgürtel. Die Randzonen, die nicht genutzt werden, bilden den Lebensraum einer großen Zahl der schönsten Blütenpflanzen wie Iris, Gladiolen, Ranunkeln, Orchideen, Krokusse usw.

Nachfolgend werden einige **für Kreta besonders typische Pflanzen,** nach Lebensräumen geordnet, besprochen.

Als typische Sandküstenpflanze ist die Sternhyazinthe *(Pancratium maritimum)*, die etwa von Juli bis September bei Chaniá und Réthimnon blüht, von besonderem Interesse (Farbabb. 31), hat sie doch, wie eine zweite für Kreta endemische Pflanze, die *Iris cretica* (Farbabb. 22), die aber in Phryganen mittlerer Lagen anzutreffen ist, Eingang in die minoische Kunst gefunden und kann auf Fresken aus Knossós und Santorin bewundert werden. Die Qualität der Abbildungen läßt auf eine tiefe Verbundenheit mit der Natur und auf ihre genaue Beobachtung durch die minoischen Künstler schließen.

In Meernähe kommen weiter die Meerzwiebel *(Urginea maritima)*, ein Herbstblüher mit seinen herrlichen weißen Blütenständen, an Wegrändern im Frühling blühend der gelbe stachlige Hornmohn *(Glaucium flavum)*, an felsigeren Standorten das Zwergedelweiß *(Evax pygmea)*, die kretische Kamille *(Anthemis cretica)* und am Strand kriechend eine besonders attraktive, typisch ostmediterrane Windenart *(Ipomoea stolonifera)* vor.

An felsigeren Stellen kann ein besonders schönes, endemisches Zwergsträuchlein, der kretische Ebenus (*Ebenus creticus;* Farbabb. 29), mit seinen gefiederten Blättern und den hellpurpurnen dichten und seidigen Blütenständen bestaunt werden. Er kommt ausschließlich in Kreta vor, und zwar in der Samariá-Schlucht, bei Ajía Triádha, bei Górtys, aber auch im Osten bei Kritsá, Toplú und in Zentralkreta bei Priniás und Ierápetra.

In Ortsnähe, in alten Gemäuern stößt man auf das ostmediterrane Goldbilsenkraut *(Hyoscyamnus aureus)*, an lichteren Stellen, oft an Wegrändern, blühen die Gladiolen *(Gladiolus segetum)* und die kleine zierliche Sandiris *(Iris sisyrinchium)*.

In mittleren Höhenlagen, dem ursprünglichen Lebensraum des Hartlaub- und Laubwaldes sind in Phryganen und am Rande des Kulturlandes viele Blütenpflanzen angesiedelt, so z.B. die asiatische Ranunkel *(Ranunculus asiaticus)*, die rot und weiß blühend auf Kreta vorkommt und oft mit dem Mohn *(papaver rhoas)* verwechselt wird, die verschiedenen Krokusarten, so etwa *Crocus sieberi*, die strauchige Lotwurz *(Onosma fruticans* und *graeca)*, die kretische Ochsenzunge *(Anchusa cretica)*, die Honig- oder Filznesselarten *(Phlomis fruticosa* und *cretica)* und viele Knabenkräuter, wie das armblütige Knabenkraut (*Orchis pauciflora;* Farbabb. 33), das italienische und das milchweiße Knabenkraut *(O. italica* und *lactea)*, die Ragwurzarten wie *Ophrys doerfleri (cretica)*, *Ophrys omegaifera* und die Zungenstendelarten wie *Serapias laxiflora* und *lingua*. Auch eine zierliche Schachblumenart, die messenische Schachblume *(Fritillaria messenensis)* verbirgt sich im Dornengestrüpp der Phryganen.

Als sehr häufige und oft das Landschaftsbild bestimmende Pflanzen der Phryganen sind die salbeiblättrige und die kretische Zistrose *(Cistus salviaefolius* und *incanus ssp. creticus)* mit ihren weißen oder rosafarbigen, zerknitterten Blütenblättern (Farbabb. 28) zu erwähnen. Der aufmerksame Blumenfreund kann in ihrer Nähe am Boden oft samtig rote Kugeln oder, in einem späteren Blütestadium, samtige, tiefrote Schalen mit hellgelben, nach Vanille duftenden Blüten entdecken, den Zistrosenwürger *(Cytisus hypocistus)*. Dieser lebt als Schmarotzer auf den Wurzeln der Zistrose.

In höheren Lagen der Insel kann man das sehr seltene und nur auf Kreta und einigen Stellen der Peloponnes vorkommende kretische Knabenkraut (*Orchis boryi;* Farbabb. 24) finden, das an einer Besonderheit, die es mit einer anderen Knabenkrautart, der Affenorchis *(O. simia)*, teilt, leicht erkannt werden kann: während fast alle Pflanzen von unten nach oben aufblühen, blühen die beiden Knabenkräuter von oben nach unten auf.

In etwas feuchteren und schattigeren Lagen wächst die gemeine Drachenwurz (*Dracunculus vulgaris;* Farbabb. 27), und auch die kretische Osterluzei (*Aristolochia cretica;* Farbabb. 25) lockt mit ihren behaarten, saxophonähnlichen Blüten Insekten zur Bestäubung an. Im Schatten von Bäumen ist das kretische Alpenveilchen *(Cyclamen repandum ssp creticum)*, das weiß blüht, zu finden.

In mittleren und höheren Gebirgslagen des Inselwestens kommt eine weitere botanische Kostbarkeit, die kretische Rutenglockenblume (*Petromarula pinnata;* Farbabb. 32) südlich von Chaniá, auf der Omalós-Hochebene und in der Samariá-Schlucht vor. Im gleichen Areal findet sich ein weiterer Endemit, die herrliche Felsentulpe *(Tulipa saxatilis)*. In höheren Gebirgslagen haben sich die rosafarbige, klebrige Heckenrose *(Rosa glutinosa)*, an felsigen Stellen die Felsenkirsche *(Prunus prostata)*, ein Strauch mit rosa Blüten und kirschähnlichen, ungenießbaren Früchten, und an kahleren Standorten die zartrosa blühende Gebirgsskabiose *(Scabiosa crenata)* angesiedelt.

In den alpinen Regionen sind als typische Pflanzen das olivenblättrige Steinröschen (oder Seidelbast) *(Daphne oleoides)*, die Bleiwurz *(Acantholimon)* und der kretische Dorntraganth *(Astragalus creticus)* anzutreffen. Aus den allerhöchsten Schuttzonen darf das syrische Gliedkraut *(Sideritis syriaca)*, das gelb blühend, mit weißen filzigen Blättern, als kleiner Halbstrauch vorwiegend im ostmediterranen Gebiet vorkommt, nicht unerwähnt bleiben.

An eingebürgerten Gewächsen sollen noch erwähnt werden: der aus Amerika stammende Feigenkaktus *(Opuntia ficus indica)*, die Agave *(Agave americana)*, die aus Südafrika stammende Mittagsblume *(Carpobrotus)* und der aus Asien eingeführte Granatapfelbaum *(Punica granatum)* sowie die japanische Mispel *(Eriobotrya japonica)* mit ihren goldgelben, wohlschmeckenden Früchten.

**Botanisch interessante Ausflüge**

1. Der Besuch der *Omalós-Hochebene* und der *Samariá-Schlucht* gehört zu den eindrucksvollsten Erlebnissen von Natur und Landschaft der Insel. Viele endemische Pflanzen sind in diesem Gebiet zu finden.

2. Zwischen Réthimnon und Chaniá lohnt eine kurze Wanderung in den Phryganen und lichten Waldstücken in der *Gegend von Wríses.* Die Gegend ist reich an Orchideen.
3. Ein Ausflug zum *Kloster Arkádhi* läßt den aufmerksamen Besucher die Vegetationsstufen der Mittelmeerflora gut erkennen.
4. Von Iráklion aus läßt sich der Besuch der *Idäischen Höhle* mit der Besichtigung der Ausgrabungen von *Týlissos,* dem Dorfe *Anójia* und der *Nídha-Hochebene* gut verbinden. Bei klarem Wetter sind die Fernblicke auf Iraklion und die Küste von bleibendem Eindruck.
5. Der Besuch von *Górtys, Festós* und *Ajía Triádha* ist archäologisch wie botanisch sehr zu empfehlen. Das Tal zwischen Iráklion und Ajía Warwára, Phrygana-Reste in der Umgebung von Ajía Warwára, der nördliche Abhang des Berges, auf dem Festós liegt, und die Straße nach Ajía Triádha sind für den Botaniker von Interesse.

   Eine Fahrt von Timbáki nach Ajía Galíni in die *Gegend von Mélambes* und zu den Süd- und Nordabhängen des *Berges Kédhros* (Akúmiá und Amári) wird den Blumenliebhaber reich belohnen.
6. Der *Berg Júchtas,* südlich von Iráklion, ist für den Botaniker wie auch für den Mineralogen interessant. Neben seltenen Pflanzen kann man schöne Gipskristalle finden.
7. Eine sehr abwechslungsreiche Flora findet man an der Strecke von *Chersónissos über Tzermiádo zur Diktäischen Grotte.* Alpenveilchen, Drachenwurz, Knabenkräuter, Ragwurzarten, die messenische Schachblume und Asphodelus-Arten blühen hier.
8. Im Osten der Insel ist der Besuch des *Bergdorfes Thriptí* auf teils sehr schlechter Forststraße sehr empfehlenswert. Der Ausgangspunkt ist der Ort Káto Chorió.
9. Von Sitía aus wird man das *Kloster Toplú,* den *Palmenwald von Waï* und die Ausgrabungen von *Káto Zákros* besuchen. Nach Süden lohnt sich die Fahrt nach *Ierápetra,* wobei die Phryganen zwischen Maroniá und Pápajianádhes und die Küstenvegetation zwischen Makrijialós und Ierápetra neben den herrlichen Sandstränden zu einer genaueren Untersuchung einladen.

**Auswahl kretischer Pflanzen**

| Lateinischer und deutscher Name | | Blütezeit und Vorkommen |
|---|---|---|
| *Anchusa cretica* Kret. Ochsenzunge | 2–6 | Wegränder, Ödland |
| *Anemone coronaria* Kronenanemone | 3–4 | Offene Phryganen, Westteil der Insel |
| *Anemone hortensis* Gartenanemone | 3–4 | Offene Phryganen, Ostteil |
| *Anthemis cretica* Kret. Kamille | 4–6 | Meernähe, Sandküste; Súdha, Chaniá, Sitía, Ierápetra |
| *Arbutus andrachne* Griech. Erdbeerbaum | 10–3 | Xeréwumi, Wälder, Arkádhi |
| *Aristolochia cretica* Kret. Osterluzei | 4–6 | Feuchte, schattige Stellen; Mélambes |
| *Aubrietia deltoida* Aubrietie | 3–5 | Steinige Plätze, Mauern; Omalós, Ruméli |
| *Calystegia silvestris* Waldwinde | 5–8 | Gebirge, Wald; Plataniá/Amári, Merambéllo |
| *Chrysanthemum segetum* Wucherblume | 3–6 | Ödland, Wegränder, verbreitet |
| *Cistus incanus (villosus) ssp. cret.* Kretische Zistrose | 4–6 | Phryganen, verbreitet |
| *Colchicum macrophyllum* Großblättrige Herbstzeitlose | 9–10 | Gebirgige Stellen; Ierápetra |

| Lateinischer und deutscher Name | Blütezeit und Vorkommen | |
|---|---|---|
| *Crocus sieberi* Siebers-Krokus | 3–4 | Mittlere Gebirgslagen; Sfakía, Lassíthi, Psiloritis, Aféndis Christós |
| *Cyclamen repandum ssp. creticum* Kret. Alpenveilchen | 3–5 | Schattige Lagen; Chersónissos |
| *Daphne oleoides* Ölbaumblättriges Steinröschen | 6–7 | Felsige Gebirgslagen; Kédhros, Lassíthi |
| *Dracunculus vulgaris* Gemeine Drachenwurz | 4–5 | Schattige, steinige Plätze; Mália |
| *Ebenus creticus* Kretischer Ebenus | 3–7 | Felsige Stellen; Samariá-Schlucht, Górtys, Ierápetra, Priniás, Kritsá |
| *Erica arborea* Baumheide | 8–12 | Xerówumi, Arkádhi, Toplú |
| *Euphorbia acanthothamnos* Dornige Wolfsmilch | 3–5 | Phryganen in Meernähe, Südküste |
| *Fritillaraia messenensis* Messenische Schachblume | 3–4 | Phryganen mittlerer Lagen; Chersónissos |
| *Gladiolus segetum* Gladiole | 4–5 | Ränder von Kulturland, verbreitet |
| *Glaucium flavum* Gelber Hornmohn | 4–8 | Sandstrand, Ödland; Sitía, Iráklion |
| *Hyoscyamnus aureus* Goldbilsenkraut | 4–6 | An Mauern; Iráklion, Ierápetra |
| *Ipomonea stolonifera* Strandweide | 9–10 | Sandstrände |
| *Iris cretica* Kretische Iris | 1–3 | Phrygana, Ajía Warwára, Iráklion |
| *Narcissus tazetta* Strandnarzisse | 1–3 | Feuchtes Flachland |
| *Nerium oleander* Oleander | 4–9 | An Wasserläufen auf Kies; Samariá |
| *Onosma graeca* Griech. Lotwurz | 4–5 | Phryganen; Samariá, Archánes, Amári |
| *Ophrys doerfleri (cretica)* Kret. Ragwurz | 3–4 | Phryganen; Iráklion, Chersónissos, Rodhopú |
| *Orchis boryi* Kret. Knabenkraut | 3–4 | Phrygana, Xidhás, Dhíkti |
| *Orchis simia* Affenorchis | 3–4 | Waldränder; Thriptí |
| *Pancratium maritimum* Meerhyazinthe | 8–9 | Sandstrand, Dünen; Chaniá, Réthimnon |
| *Petromarula pinnata* Kret. Rutenglockenblume | 4–5 | Steinige Plätze; Chaniá, Samariá |
| *Phlomis cretica* Kret. Honignessel | 4–6 | Phryganen; Westteil |
| *Prunus prostata* Felsenkirsche | 4–6 | Alpine Zonen; Ida, Kédhros, Kástro-Berg/Sfakiá |
| *Ranunculus asiaticus* Asiat. Ranunkel | 3–5 | Unterholz, Ödland, Phryganen |
| *Romulea linaresii ssp. graeca* Griech. Stengelsafran | 2–4 | Tiefe, trockene, steinige Plätze; Ajíoi Dhéka, Arkádhi |
| *Rosa glutinosa* Klebrige Heckenrose | 4–6 | Fels, Brachland, Gebirgswälder; sfakiotische Berge, Ida-Gebirge |
| *Ruscus aculeatus* Stechender Mäusedorn | 9–4 | Xerówumi, Kédhros, Lassíthi |
| *Scabiosa sphaciotica* Sfakiot. Skabiose | 6–8 | Nur Lefká'Óri (2000 m) |
| *Senecio coronopifolius* Kreuzkraut | 3–4 | Unterholz, Gebirge nur Aféndis Kawúsi |
| *Sideritis syriaca* Syr. Gliedkraut | 4–7 | Gebirgige Schuttflächen; sfakiotische Berge, Ida-Gebirge, Aféndis Kawúsi |
| *Smilax aspera* Stechwinde | 8–10 | Wälder, Wegränder; Korikós, Murniés, Amári, Sitía |
| *Spartium iunceum* Pfriemenginster | 4–8 | Phryganen, verbreitet |
| *Tulipa saxatilis* Felsentulpe | 3–4 | Felsspalten, Weideland, Omalós |
| *Urginea maritima* Meerzwiebel | 8–10 | Dünen, Felsfluren; Chaniá, Timbáki, Sitía, Toplú |

# Dekoration der minoischen Keramik

(Nach J. D. S. Pendlebury; The Archeology of Crete, 1979[2])

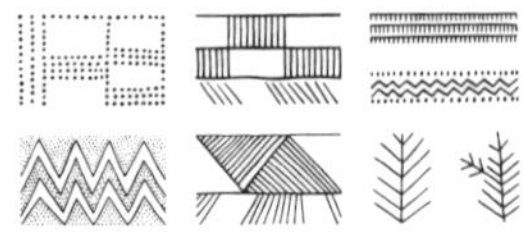

Neolithikum

Mittelminoisch
MM I (Ostkreta)
etwas jünger als Zentralkreta

MM Ia
(Knossós)

MM Ib
(Knossós und Kamáres)

Spätminoisch
SM Ia
(Florastil)

SM Ib
(Meeresstil)

SM II
(Palaststil, nur in Knossós)

Frühminoisch
FM I

FM II

FM III

MM IIa

MM IIb

MM III

SM III

Geometrisch
(aus Knossós)

Orientalisierend
(aus Knossós)

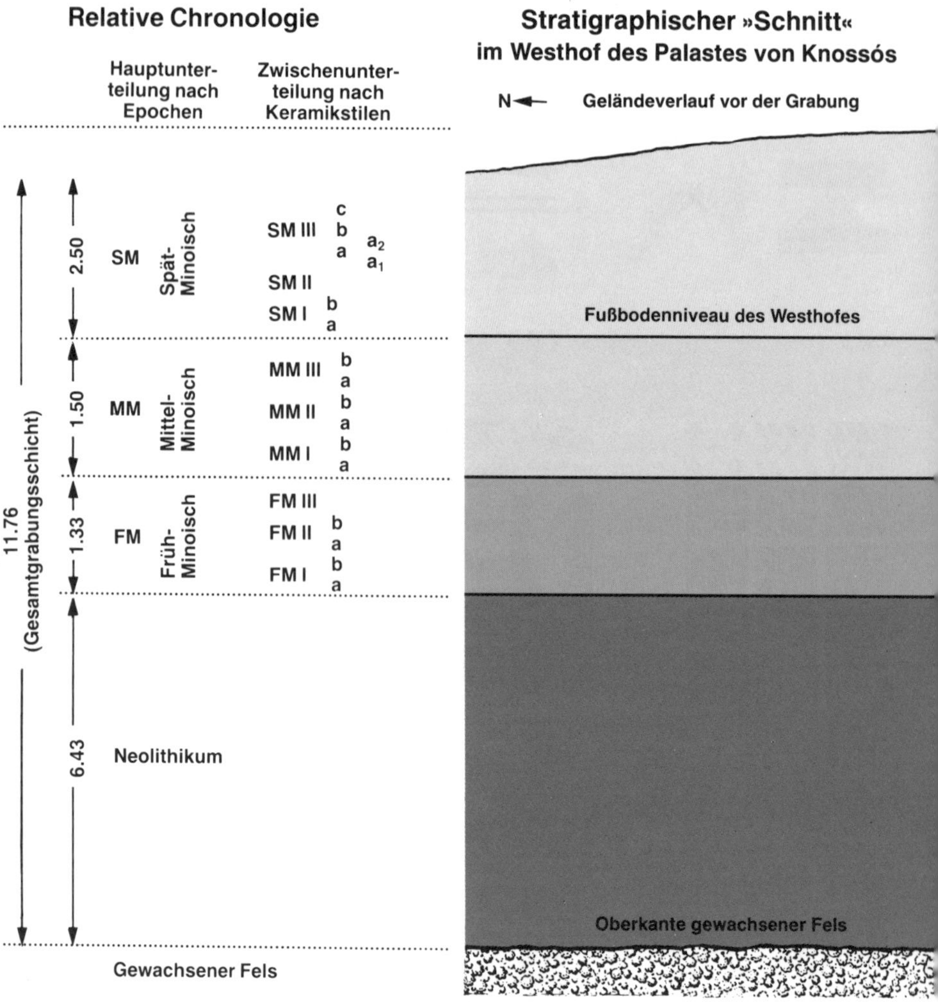


*Relative und absolute Chronologie am Beispiel eines Geländeschnittes des Westhofes von Knossós. Nach A. Evans, mit Ergänzungen*

## Absolute Chronologie

| dstücke aus Rand-uren mit gesicherter onologie (von versch. dorten) | | Zeitangaben der minoischen Epoche nach<br>Niemeier[1] | Evans | Levi | Hood |
|---|---|---|---|---|---|
| | Subminoisch | 1050–990 | | | |
| nophis III. Skarabäus 1408–1372 | SM IIIc | 1200–1050 | | 1100 | 1200–1150 |
| nmeré Grab mit Minoern um 1456 | SM IIIb | 1360/30–1200[2] | | | 1310–1200 |
| thmosis III. Amphore 1490–1436 | SM IIIa2 | 1420/10–1360/30 | | | 1375–1310 |
| rao Chajên-Kartusche 1612–1592 | SM IIIa1 | 1460/50–1420/10[3] | 1400 ... | 1350 | 1400–1375 |
| | SM II | 1520/10–1460/50 | 1450–1400 | 1350 | 1450–1400 |
| | SM Ib | 1620/10–1520/10 | | | |
| | SM Ia | 1700–1620/10[4] | 1550–1450 | | 1550–1450 |
| abäen 13. Dynastie um 1785 | MM III (b) | | 1700–1550 | 1500 | 1600–1550 |
| urabi Siegel um 1792–1750 | MM III (a) | 1800–1700 | 1700 | 1500 | 1700–1600 |
| | MM II (b) | | | | 1800–1700 |
| nemhe II./et-Tôd Schatz | MM II (a) | 1900–1800[5] | 1900 | | 1900–1800 |
| –1897/92 | MM Ib | 2000–1900 | | | |
| minoischen Einflüssen?) | MM Ia | 2100–2000 | 2100–1900 | 1800 | 2100/2000–1900 |
| | FM III | 2250–2100[6] | 2400–2100 | 1800 | 2200–2100/2000 |
| tische Steingefäße, um 2500 | FM II (b) | | | | |
| 3. Dynastie (Importzeit?) | FM II (a) | 2700–2250 | 2800–2400 | | 2480–2200 |
| | FM I (b) | | | | |
| | FM I (a) | 3300/3100–2700 | 3400–2800 | 2000 | 2740–2480 |
| ohltes Holz einem neo- schen Haus nossós h C-14-Ana- 6341 (± 180) | Neolithikum | 8000–3300/3100 | | ... 2000 | ... 3000/2740 |

1 *Gemäß den Radiokarbon-Messungen in Santorin (1989) und unter Berücksichtigung der Datierungsvorschläge von Codagan und Graham*

2 *Ende der Palastzeit in Knossós*

3 *Ende der Neuen Palastzeit*

4 *Vulkanausbruch auf Santorin um 1625 v. Chr.*

5 *Ende der Alten Palastzeit*

6 *Ende der Vor-Palastzeit*

# Absolute Chronologie Kretas der vorgeschichtlichen und historischen Epochen

| | |
|---|---|
| 6500–3300/3100 v. Chr. | Neolithikum |
| 3300/3100–2100 v. Chr. | Frühminoisch (FM) |
| 2100–1700 v. Chr. | Mittelminoisch (MM) |
| 1700–1050 v. Chr. | Spätminoisch (SM) |
| 1050–990 v. Chr. | Subminoisch |
| 990–840 v. Chr. | Protogeometrisch A |
| 840–810 v. Chr. | Protogeometrisch B |
| 810–790 v. Chr. | Frühgeometrisch |
| 790–745 v. Chr. | Mittelgeometrisch |
| 745–710 v. Chr. | Spätgeometrisch |
| 710–680 v. Chr. | Frühorientalisierend (in der Plastik: Protodädalisch) |
| 680–620 v. Chr. | Orientalisierend (in der Plastik: Dädalisch) |
| 620–520 v. Chr. | Archaik |
| 520–480 v. Chr. | Spätarchaik |
| 480–330 v. Chr. | Klassik |
| 330–67 v. Chr. | Hellenismus |
| 67 v. Chr.–337 n. Chr. | Römische Provinz |
| 337–826/27 | 1. Byzantinische Epoche |
| 826/27–961 | Arabische Besetzung |
| 961–1204 | 2. Byzantinische Epoche |
| 1204–1669 | Venezianische Epoche |
| 1669–1821 | Türkische Besetzung |
| 1821–1898 | Zeit der Revolution |
| 1898–1913 | Autonomer Status Kretas |
| 1913 | Kreta wird dem griechischen Nationalstaat angeschlossen |

(Minoische Datierung nach W.-D. Niemeier (Universität Freiburg) gemäß den neuesten Radiokarbon-Untersuchungen von Santorin, unter Berücksichtigung der Datierungsvorschläge von Codagon und Graham.)

# Praktische Reisehinweise

## Wissenswertes von A–Z

### Anreise

MIT DEM FLUGZEUG

Frankfurt – Iráklion: LH im Winter einmal, in der Saison zweimal wöchentlich;

Düsseldorf – Athen: LH dreimal wöchentlich, Olympic Airways täglich;

Frankfurt – Athen: LH und Olympic Airways täglich;

Chartermaschinen von fast allen deutschen Flughäfen – Iráklion: mehrmals wöchentlich in der Saison.

Die Flugzeit Frankfurt – Athen beträgt ca. 2 h und Frankfurt – Iráklion ca. 2,5 h.

Innergriechische Flugverbindungen:

Athen – Iráklion: mehrmals täglich;

Athen – Chaniá: mehrmals täglich.

Bei ungünstigen Windverhältnissen im Frühjahr und Winter wird der Flugverkehr allerdings oft eingestellt.

MIT DEM ZUG

Von Deutschland aus verkehren täglich drei Reisezüge mit Schlaf- und Liegewagen nach Griechenland/Athen:

Akropolis-Expreß: München – Athen;

Athen-Expreß: München – Athen;

Hellas-Expreß: Dortmund – Köln – Athen.

Für die Strecke München – Athen benötigt der Akropolis-Expreß z. B. 40 h.

Autoreisezüge: Hamburg – Triest; Stuttgart/München – Rijeka; Stuttgart/München – Rimini.

MIT DEM AUTO UND DER FÄHRE

Von Deutschland aus führt der direkte Weg nach Griechenland über Österreich, Ungarn, Bulgarien, Rumänien und Serbien.

Von Italien mit der Autofähre

Wer die lange Autofahrt auf dem Landweg vermeiden möchte, der wähle den Weg über Italien. Von den italienischen Häfen gibt es folgende Verbindungen (Reservierungen in der Hauptreisezeit empfehlenswert!):

Venedig – Iráklion: alle 8–10 Tage, ganzjährig;

Venedig – Piräus: alle 8–10 Tage, ganzjährig;

Ancona – Patras: ein- bis viermal wöchentlich, ganzjährig;

Brindisi – Patras: täglich, ganzjährig.

FÄHREN AB PIRÄUS

Von Athen/Piräus verkehren täglich Fährschiffe nach Kreta:

Piräus – Chaniá: täglich, ganzjährig;

Piräus – Iráklion: täglich, ganzjährig;

Piräus – Ajios Nikólaos: einmal wöchentlich, ganzjährig.

Die Fahrtzeit beträgt 10–12 h. Die Abfahrten sind sowohl in Athen/Piräus als auch auf Kreta meist nach 18 Uhr. Bei starkem Sturm wird der Fährverkehr in der Regel eingestellt.

Auskünfte: Hafenamt Piräus, ✆ 01/45 13 11

A.N.E.K. Cretan Maritime
Akti Possidonos 32, Piräus
✆ 01/4 11 86 11–22, Telex 21 32 69

Minoan Lines Shipping
Odhos Hourdou 4, Iráklion
✆ 0 81/22 43 04–05, Telex 02 62 39;
Akti Possidonos 28, Piräus
✆ 01/4 11 82 11–16, Telex 21 32 65;
in der BRD vertreten durch:
Seetours
Seilerstraße 33, 60313 Frankfurt/M.
✆ 0 69/1 33 32 10.

## Ärztliche Versorgung

KRANKENHÄUSER
Ajios Nikólaos:
Jenikó Nosokomío (allg. Krankenhaus),
✆ 08 41/2 23 69;

Chaniá:
Jenikó Nosokomío, Odhos Draghúni,
✆ 08 21/272 31, (auch für Dialyse-Patienten);

Iráklion:
Venizélion-Klinik, Knossós, ✆ 0 81/23 19 31;

Réthimnon:
Jenikó Nosokomío, Odhos Trantalídhu,
✆ 08 31/274 91.

DEUTSCHSPRACHIGE ÄRZTE
Iráklion:
Allgemeinmedizin (Internist):
Dr. J. Sidhianákis (Aj. Johannes-Klinik),
Platía Kornáru 39, ✆ 0 81/22 08 90

Kinderarzt: Dr. Nikoludákis,
Platía Kornáru/Odhos 1866, ✆ 0 81/22 43 71

Zahnarzt: Dr. Papadhiákis
(im Hause des dt. Konsulates)
Odhos Papalexándru 16, ✆ 0 81/28 40 12

Frauenarzt: Dr. J. Manidhákis,
Maurolenis 4, ✆ 0 81/22 46 31

HNO: Dr. E. Smyrnákis,
Odhos Dháedhalu 11, ✆ 0 81/28 37 97

Urologe: Dr. E. Kladhákis,
Odhos Chatzidháki 7, ✆ 0 81/22 23 44

*Réthimnon:*
Allgemeinmedizin: Dr. A. Papadhákis,
Odhos K. Jerakári 170, ✆ 08 31/2 46 54 und 2 51 41

## Auskunft

*Griechische Zentrale für Fremdenverkehr (GFZ)*
in der BRD:
Neue Mainzer Straße 22, 60311 Frankfurt/M.
✆ 0 69/23 65 61–63, Fax 0 69/23 65 76

Wittenberger Platz 3 a, 10789 Berlin
✆ 0 30/2 17 62 62, Fax 0 30/2 17 79 65

Pacellistraße 5, 80333 München
✆ 0 89/22 20 35–36, Fax 0 89/29 70 58

Abteistraße 33, 20149 Hamburg
✆ 0 40/45 44 98

in Österreich:
Opernring 8, A-1010 Wien
✆ 01/52 53 17, Telex: 111 816

in der Schweiz:
Löwenstraße 25, CH-8001 Zürich
✆ 01/2 21 01 05, Telex: 814 452

auf Kreta (EOT):
Odhos Xanthudhídhu 1 (gegenüber vom AMI),
Iráklion
✆ 0 81/22 82 03
Mo–Fr 8–14.30 Uhr. Im Winter Mo–Fr 8–14 Uhr

Odhos Elefteriou Venizélou, Réthimnon
✆ 08 31/2 91 48

Megaron Pantheon, Chaniá
✆ 08 21/4 33 00;
Odhos Kriari 40, Chaniá
✆ 08 21/2 64 26

## Autoreisende

Der ADAC hat in Zusammenarbeit mit dem griechischen Straßenhilfsdienst ELPA eine Notrufstation in Athen eingerichtet, ✆ 01/7775644.

ELPA-Vertretungen auf Kreta
Chaniá: Odhos Apokóronu, ✆ 0821/26059;
Iráklion: Ecke Odhos Knossou/Papandréu, ✆ 081/289440.

ELPA-Notruf auf Kreta
Chaniá: ✆ 0821/104; Iráklion: ✆ 081/104

Internationaler Führerschein und Versicherungskarte erforderlich! Höchstgeschwindigkeiten für PKW: Orte 50 km/h, Landstraße 80 km/h, Autobahnen 100 km/h

## Banken

Die griechischen Banken sind Mo–Fr 8–14 Uhr geöffnet, in den Touristenzentren teilweise auch nachmittags und So.

## Bergwandern

Individuelle Bergtouren organisiert:
Gunnar Schuschnigg, Kapetanianá 28,
70010 Pyrghos/Monofatsi, ✆ 0030/893/41440.

## Camping

Nordküste Kretas (von Westen nach Osten):
*Míthimna* bei Drapanianá/Kíssamos, ca. 7 km östlich von Kastélli, ✆ 0822/31444;
*Agía Marína* im gleichnamigen Ort, ca. 6 km westlich von Chaniá, ✆ 0821/68555;
*Chaniá* bei Daratsó, südwestlich von Chaniá, ✆ 0821/31490;
*Arkadiá* in Missiriá, ca. 3 km östlich von Réthimnon, ✆ 0831/24693;
*Elisabeth* in Missiriá, ca. 3 km östlich von Réthimnon, ✆ 0831/28694;
*Iráklion* bei Ammúdara, westlich von Iráklion, ✆ 081/250986;
*Kreta* bei Ghuvés/Pedhiádha, ca. 16 km östlich von Iráklion, ✆ 0897/41400;
*Karavan* bei Chersónissos/Pedhiádha, ca. 25 km östlich von Iráklion, ✆ 0897/22025;
*Sissi* im gleichnamigen Ort/Pedhiádha, ca. 5 km östlich von Mália, 0841/71247;
*Gournia Moon* bei Pachiá Ammos/Ierápetra, ca. 17 km östlich von Ajios Nikólaos, ✆ 0841/93243.

Südküste Kretas (von Westen nach Osten):
*Paléochora* in der Nähe des gleichnamigen Ortes/Sélino, ✆ 0823/41120;
*Ajía Galíni* in der Nähe des gleichnamigen Ortes/Ajios Wassílios in der Messará-Bucht, ✆ 0832/91386;
*Mátala* in der Nähe des gleichnamigen Ortes/Pirjiótissa, ca. 13 km südwestlich von Festós, ✆ 0892/42340;
*Ierápetra* östlich der gleichnamigen Stadt, ✆ 0842/61351;
*Koutsounári* östlich von Ierápetra, ✆ 0842/61213.

## Diplomatische Vertretungen

GRIECHISCHE BOTSCHAFTEN
in der BRD:
Koblenzer Straße 103, 53177 Bonn, ✆ 0228/8301–8

in Österreich:
Argentinierstraße 14, 1040 Wien, ✆ 01/653103

in der Schweiz:
Jungfraustraße 3, 3005 Bern, ✆ 031/441637

BOTSCHAFTEN
DEUTSCHSPRACHIGER LÄNDER
IN GRIECHENLAND:
*Botschaft der Bundesrepublik Deutschland*
Vass. Sofias 10, 15124 Athen-Amarussion
✆ 01/36941;

Deutsche Konsulate
Daskalogianni 64, Chaniá
✆ 08 21/579 44,
Odhos Zografou 7, 71110 Iráklion
✆ 0 81/22 62 88

*Österreichische Botschaft*
Leóforos Alexándras 26, 10683 Athen
✆ 01/8 21 10 36 und 8 21 68 00;
Österreichisches Konsulat
Odhos Dháedhalu 2, Iráklion
✆ 0 81/22 23 39

*Schweizer Botschaft*
Odhos Iásiu 2, 11521 Athen
✆ 01/7 23 03 64–6
Auf Kreta werden Schweizer Bürger vom österreichischen Konsulat betreut.

## Einreisebestimmungen

(Bei einem Aufenthalt bis zu drei Monaten): Für Staatsbürger der BRD, Österreichs und der Schweiz ist ein noch drei Monate gültiger Reisepaß oder Personalausweis erforderlich; Kinder ab 10 Jahren benötigen einen Personalausweis mit Lichtbild oder eine Kinder-Reise-Kennkarte.

Haustiere: Für Haustiere muß ein amtstierärztliches Gesundheitszeugnis vorgelegt werden. Vögel müssen mindestens sechs Monate frei von Psitakose sein. Für Hunde benötigen Sie zusätzlich eine Bescheinigung, daß das Tier maximal ein Jahr und mindestens 15 Tage vor Reiseantritt gegen Tollwut geimpft wurde.

## Eintrittsermäßigung

Archäologen, Architekten, Historiker, Bildende Künstler und Studenten dieser Fachrichtungen erhalten bei persönlicher Vorsprache und einer entsprechenden Universitätsbescheinigung sowie zwei Lichtbildern bei der Generaldirektion für Archäologie, Athen, Odhos Aristídhu 14, ✆ 01/3 22 31 11–9 (geöffnet Mo–Fr 11–14 Uhr) einen Ausweis, der zum kostenlosen Eintritt zu allen archäologischen Grabungsplätzen und in alle griechischen Museen berechtigt.

## Essen und Trinken

### VORSPEISEN

| | |
|---|---|
| *Angináres mé domátes* | Artischocken mit Tomaten und Kartoffeln, gewürzt mit Zwiebeln, Dill, Salz und Pfeffer |
| *Dolmádhes* | frische oder in Salzlake eingelegte Weinblätter, gefüllt mit Lammhack und Reis, gewürzt mit Dill, Salz, Pfeffer, Tomatenmark und Pinienkernen; wird warm und kalt gegessen! |
| *Kokorétsi* | Leber mit Knoblauch und Oregano in Blätterteig |
| *Kolokithiákia jachnistá* | Geschmorte Zucchini mit Schalotten und Tomaten, gewürzt mit Dill, Salz und Pfeffer |
| *Oktapódhi krasáto* | Polyp in Weinsoße, gewürzt mit Lorbeerblättern, Salz und Pfeffer |
| *Saganáki* | gebratener Hartkäse (Kefalotíri) |
| *Spanakórizo* | Frischer Spinat mit Schalotten und Reis, gewürzt mit Oregano, Salz und Pfeffer |
| *Spanakotrígona* | Strudelteig (Fíllo) gefüllt mit Spinat, gewürzt mit Salz, Pfeffer und Zwiebeln |
| *Taramás* | Fischrogen mit Mayonnaise und Öl, Zwiebeln und Zitronensaft |
| *Tirotrígona* | Strudelteig (Fíllo) gefüllt mit Schafskäse (Féta) und Topfkäse aus Molke (Mizíthra), gewürzt mit Petersilie und weißem Pfeffer |

*Tzatzíki* Joghurt mit geraspelten Gurken, Knoblauch, Olivenöl und Weinessig

## SUPPEN

*Fakí* Linsensuppe
*Fasoládha* Bohnensuppe
*Majirítza* Ostersuppe; Innereien von jungen Lämmern, gekocht mit Reis, Zwiebel, Dill, Weißwein und Zitronensaft
*Psaró-Súpa* Fischsuppe
*Revítha-Súpa* Kichererbsensuppe
*Súpa Avgolémono* Hühnerbrühe mit Reis, getrennten Eiern und Zitronensaft, gewürzt mit Pfeffer und Salz

## HAUPTGERICHTE

Fleisch

*Arnáki jachnistó* Lammgulasch
*Arní païdhákia* Lammkotelett
*Arní psitó* Lammkeule mit Knoblauch gewürzt, im Ofen gebacken
*Arní suwlá* Gegrilltes Lamm
*Chirinó me séllino avgolémono* Schweinefleisch mit frischem Sellerie in einer Ei-Zitronensoße
*Jirós* Spießbraten; dünne Schweinefleischscheiben an einem vertikalen Spieß, gewürzt mit Majoran, Knoblauch, Salz und Pfeffer, wird häufig in einem Pfannkuchen mit Zwiebeln, Tomaten und frischen Kräutern im Straßenverkauf angeboten
*Keftédhes* Lamm-Fleischbällchen, gewürzt mit Minze, Parmesan, Salz und Pfeffer
*Kokorétsi* Spießbraten aus Därmen, die mit Lamminnereien gefüllt sind, gewürzt mit Knoblauch, Majoran, Salz und Pfeffer
*Kotópulo tu fúrnu* Backhuhn
*Musakás* Auberginen-Hackfleisch-Auflauf mit Lamm- und Rinderhack, gewürzt mit Knoblauch, Zwiebeln, Salz und Pfeffer
*Pastítsio* Nudel-Hackfleisch-Auflauf mit Lamm-, Hammel- und Rinderhack, gewürzt mit Weißwein, Knoblauch, Zimt, Salz und Pfeffer
*Stifádho* Rindergulasch mit viel Zwiebeln, gewürzt mit Tomaten, Knoblauch, Lorbeer, Weinessig, Salz und Pfeffer
*Suvláki* Schaschlik

Gemüse

*Bámies* Okras-Bohnen
*Domátes jemistés* Gefüllte Tomaten
*Kolokithákia jachnistá* Geschmorte Zucchini
*Patátes jachnistés* Geschmorte Kartoffeln
*Piperiés jemistés* Gefüllte Paprika
*Turlú-Briámi* Gemüseeintopf

## SALATE

*Angurisaláta* Gurkensalat
*Chorjiátiki* Bauernsalat mit Schafskäse und Oliven
*Domatasaláta* Tomatensalat
*Láchano saláta* Krautsalat
*Marúlo saláta* Grüner Salat nach Jahreszeit (Endivien- und Löwenzahnsalat)
*Pantzariá-saláta* Salat aus Rote Beete und Zwiebeln

## SÜSS-SPEISEN

*Amigdalotá* Mandelgebäck
*Baklawás* Strudelteig, gefüllt mit gemahlenen Walnüssen, Orangensirup, Zitronensaft, Zimt und Muskat
*Chalvás spitísios* Gemahlener Sesamsamen mit verschiedenen Getreide-

| | |
|---|---|
| | sorten, Trockenobst, Nüssen und Zitronensirup |
| *Kadaïfi* | Türkisches Gebäck mit Nußfüllung |
| *Kidhóni glikó* | Quitten-Konfitüre |
| *Kréma Karaméлla* | Karamelpudding |
| *Lemonópitta* | Zitronenkuchen |
| *Lukumádhes* | Hefeteigbällchen in Öl gebacken, in Honig eingetunkt und mit Sesam bestreut |
| *Melópitta* | Honig-Käse-Pastete aus einer Art Blätterteig, gefüllt mit gesüßtem Molkekäse (Mizíthra) |
| *Plakúndes* | Nußröllchen |
| *Rawaní* | Walnußkuchen mit Orangenscheiben und Rum |
| *Rizógalo* | Reispudding mit Zimt |
| *Sumádha* | Mandelgetränk (sehr süß) |
| *Tyrópitta* | Blätterteig gefüllt mit süßem Molkekäse (Mizíthra), mit Zimt und Zucker bestreut |

## Festkalender

(Die Feste finden jeweils am Vorabend des angegebenen Tages statt!)

| | |
|---|---|
| März | ›Khathará Dheftéra‹ = Rosenmontag (40 Tage vor Ostern) |
| 25. März | Mariä Verkündigung in Prassás/Iráklion und Frés/Apokóronas und Nationalfeiertag |
| April/Mai | Orthodoxes Osterfest, fällt nur selten mit dem lateinischen Osterfest zusammen |
| 1. Sonntag nach Ostern | Hl. Thómas im Kloster Wrondíssi |
| April/Mai | Hl. Pnewmatá (50 Tage nach dem orthodoxen Osterfest) |
| 23. April | Hl. Jeórjios in vielen Dörfern der Insel (Ostermontag, wenn der 23. 4. in die Fastenzeit fällt) |
| 1. Mai | Frühlingsfest (man hängt Blumenkränze an die Haustüren) |
| 8. Mai | Evangelist Johannes im Kloster Préweli |
| 20.–27. Mai | In Chaniá Ehrenfeier für die kretischen Widerstandskämpfer im 2. Weltkrieg |
| 21. Mai | Hl. Konstantin und Helena in Pýrghos/Monofátsi (Messará) |
| 25. Mai | Revolutionsfeier des Jahres 1821 in Chóra Sfakion |
| 24. Juni | Johannes d. Täufer und Sonnwendfeier (Feuerspringen) |
| 17. Juli | Hl. Marina, Fest der Wunderheilungen in Woní/Iráklion |
| 20. Juli | Profítis Ilías in vielen Dörfern der Insel |
| 26. Juli | Hl. Paraskewí, Volksfest bei der Skotinó-Grotte/Pedhiádha |
| 27. Juli | Hl. Pandeleimon, besonders schön in Pijí (Bizarianó)/Pedhiádha und in Kunáwi (südlich von Knossós) |
| Juli | Weinfest in Réthimnon |
| 6. August | Metamorphosis (Verklärung Christi) auf dem Júchtas bei Archánes |
| 8. August | Hl. Míron in Ajios Mírjon |
| 15. August | Mariä Himmelfahrt in Neápoli/Merambéllo, Volksfest in Mochós/Iráklion; schon auch im Frauenkloster Chrissoskalítissa/Westküste |
| 25. August | Hl. Titos in Iráklion |
| 27. August | Hl. Phanurios im Kloster Walsamónero |
| 29. August | Enthauptung Johannes d. Täufers, zweitägiges Fest auf der Halbinsel Rhodopú |
| 30./31. Aug. | Hl. Alexander auf der Lassíthi-Hochebene |
| 14. Sept. | Timios Stawrós (Kreuzerhöhung) in Axós und Anójia Prozession zum Aféndis |

| | |
|---|---|
| | Stawroménos (1476 m) des Sitía-Gebirges von Kawúsí/Sitía aus; großes Weintrauben-Erntedankfest auf der 850 m hohen Alp Thriptí (ca. 3 h Wanderung) |
| 7. Okt. | Hl. Johannes d. Eremit im Kloster Ghuwernéto/Halbinsel Akrotíri |
| 7.–9. Nov. | Kretischer Nationalfeiertag/ Kloster Arkádhi |
| 11. Nov. | Hl. Minas, Stadtheiliger von Iráklion |
| 4. Dez. | Hl. Barbara in Ajía Warwára/ Monofátsi |

## FKK

Wird von der griechischen Bevölkerung sehr ungern gesehen und war bis 1981 grundsätzlich strafbar. Heute ist FKK nur an den Stränden von Plakiás und Chóra Sfakíon offiziell erlaubt. In Ortsnähe und an Stränden, die stark von Griechen besucht werden, sollte man weder ›oben ohne‹ noch nackt baden.

## Jugendherbergen

Ajios Nikólaos:
Odhos Statigú Koraká 5, ✆ 08 41/2 28 23, 2 25 25;
Chaniá:
Odhos Drakonianú 33, ✆ 08 21/5 35 65;
Iráklion:
Odhos Chandakós 24, ✆ 0 81/22 29 47;
Mália:
✆ 08 97/3 13 38;
Myrthiós & Plakiás:
✆ 08 32/3 12 02;
Réthimnon:
Odhos Topazi 45, ✆ 08 31/2 28 48;
Sitía:
Odhos Therissú 4, ✆ 08 43/2 26 93.

## Klima und Reisezeit

In den Monaten Ende März, April und Mai herrscht Frühling auf Kreta mit Tagestemperaturen von 17–24 °C; dies ist die schönste Reisezeit für die Insel. Die Sommermonate sind sehr heiß, aber gut erträg-

### Klimatabelle (Meßmittelwerte von Iráklion und Chaniá °C)

| Monat | Tagestemperatur *Irákl./Chaniá* | Nachttemperatur *Iráklion* | Wassertemperatur *Iráklion* | Sonnenstunden *Irákl./Chania* | Regentage *Irákl./Chaniá* |
|---|---|---|---|---|---|
| Jan. | 12,3/11,7 | 8,7 | 16/17 | 115/115 | 17/19 |
| Febr. | 12,3/12,0 | 8,8 | 15/16 | 102/126 | 12/14 |
| März | 13,9/13,4 | 9,6 | 16/17 | 159/185 | 12/13 |
| April | 16,8/16,4 | 11,6 | 16/18 | 230/246 | 7/8 |
| Mai | 20,1/20,3 | 14,8 | 19/20 | 275/306 | 5/5 |
| Juni | 24,0/24,0 | 19,1 | 22/22 | 369/365 | 2/2 |
| Juli | 26,2/26,3 | 21,3 | 24/24 | 419/424 | 0/0 |
| Aug. | 26,2/26,2 | 21,7 | 25/25 | 387/392 | 0/0 |
| Sept. | 23,7/23,3 | 19,1 | 24/25 | 301/308 | 3/3 |
| Okt. | 20,7/20,1 | 16,2 | 23/23 | 207/216 | 8/10 |
| Nov. | 17,5/16,6 | 13,5 | 20/20 | 127/139 | 11/13 |
| Dez. | 14,2/13,6 | 10,8 | 17/18 | 113/121 | 15/17 |

Max. Tagestemperatur Iráklion: 45,7 °C (16. 6. 1914); min. Tagestemperatur Iráklion: –2,4 °C (18. 2. 1983)

lich, da ständig ein frischer Wind (Melthémi) über die Insel weht; Tagestemperaturen im Sommer 27–29 °C, Wassertemperaturen 22–25 °C. Mitte/Ende September bis Anfang Oktober ist wieder eine klimatisch günstigere Reisezeit.

Wintertourismus
Das Klima im Winter ist (trotz häufiger Regenfälle) nicht ungünstig (Tagestemperaturen: Dezember 17 °C, Februar 16 °C), der Wind kann jedoch oft so stark sein, daß es keine Flug- und Schiffsverbindungen (manchmal fünf Tage) zwischen Kreta und Athen gibt. Auch sind die griechischen Museen gerade in den Wintermonaten nicht selten wegen Umstellungen etc. geschlossen! Seit 1993 fördert besonders die Gemeinde Chersónissos den Wintertourismus. Umfangreiche Kultur- und Bergwanderprogramme werden angeboten. Information: Creta Maris Hotel ✆ 00 30/8 97/2 21 15, Fax 2 21 30; Silva Maris Hotel ✆ 00 30/8 97/2 28 50–6, Fax 2 21 30.

## Notrufe

Polizei: 100
Feuerwehr: 199
Pannenhilfe: 104
(Von außerhalb mit der jeweiligen Ortsvorwahl: Ajios Nikólaos 08 41, Chaniá 08 21, Iráklion 0 81, Réthimnon 08 31.)

| | | |
|---|---|---|
| Krankenhäuser: | Ajios Nikólaos | ✆ 08 41/2 23 69 |
| | Chaniá | ✆ 08 21/2 72 31 |
| | Iráklion | ✆ 0 81/23 19 32 |
| | Réthimnon | ✆ 08 31/2 22 61 |

## Öffnungszeiten der wichtigsten Sehenswürdigkeiten

(Alle Öffnungszeiten sind häufigen Änderungen unterworfen).

AJÍA TIADHÁ
✆ 0 81/22 60 92
Di–So 8.30–15 Uhr

AJIOS NIKÓLAOS
Archäologisches Museum
Odhos K. Paleológhu 68, ✆ 08 41/2 24 62
Di–So 8.30–15 Uhr

ARCHÁNES
Nekropole Furni
Besichtigung nur Di und Fr.
Filakás muß telefonisch bestellt werden, ✆ 79 19 07

CHANIÁ
Archäologisches Museum
Odhos Chálidhon, ✆ 08 21/2 03 34
Mo 11–17 Uhr, Di–Fr 8–17 Uhr, Sa, So und feiertags 8.30–15 Uhr

Historisches Museum
Odhos Sfakianáki 20
Mo–Fr 8–13 Uhr

Nautisches Museum
Akti Kunduriótu
Di–So 10–14 Uhr, Sa 19–21 Uhr

FESTÓS
✆ 08 92/2 26 15
Mo–Fr 8–17 Uhr, Sa, So und feiertags 8.30–15 Uhr

GORTÝS
✆ 0 81/22 60 92
Mo–Fr 8–17 Uhr, Sa, So und feiertags 8.30–15 Uhr

GOURNIÁ
✆ 0 81/22 60 92 oder 08 41/2 24 62
Di–So 8.30–15 Uhr

IERÁPETRA
Archäologisches Museum
Odhos K. Adrianú
Geöffnet Di–So

IRÁKLION
Archäologisches Museum (AMI)
Odhos Xanthoudidou, ✆ 0 81/22 60 92

Di–Fr 8–17 Uhr, Mo 11–17 Uhr, Sa, So und feiertags 8.30–15 Uhr

Historisches und Ethnographisches Museum
Odhos Kalokerinú, ✆ 0 81/28 32 19
Mo–Sa 9–15 Uhr

Ikonenmuseum
(ehem. Ajía Ekateríni-Kirche)
Platía Ekateríni, ✆ 0 81/24 21 11
Mo–Sa 9.30–15 Uhr, Di, Do, Fr zusätzlich 17–19 Uhr

Venezianisches Hafenkastell Kúles
✆ 0 81/24 62 11
Di–So 8.30–15 Uhr

KLOSTERANLAGEN
Die meisten orthodoxen Klosteranlagen der Insel sind während der Mittagsruhe (von ca. 13–15.30 Uhr) geschlossen.

KNOSSÓS
✆ 0 81/32 19 40
Mo–Fr 8–17 Uhr, Sa, So und feiertags 8.30–15 Uhr

KRITSÁ
Panajía Kerá-Kirche
1. April–31. Okt.: Mo–Sa 9–18 Uhr, So und feiertags 9–14 Uhr; 1. Nov.–31. März: Mo–Sa 9–15.15 Uhr, So und feiertags 9–14 Uhr

MÁLIA
✆ 08 97/3 15 97 oder 08 41/2 24 62
Di–So 8.30–15 Uhr

MYRTIÁ (Warwári)
Nikos Kazantzákis-Museum
✆ 0 81/74 16 89
1. März–31. Okt.: Di, Mi 9–14 Uhr, Fr 15–17 Uhr, Sa, So 9–14 und 15–17 Uhr; 1. Nov.–28. Febr.: So 9–14 Uhr

NÍRU CHÁNI
Filakás muß telefonisch bestellt werden, ✆ 0 81/76 11 10

RÉTHIMNON
✆ 08 31/2 99 75
Archäologisches Museum
(ehem. Gefängnis)
Di–So 8.30–15 Uhr

Venezianisches Kastell ›Fortezza‹
Sommer: Mo–So 8–20 Uhr; Winter: Mo–Sa 9–17 Uhr

Venezianische Kirche Santa Maria – türkische Moschee Pascha Nerazza
Odhos Manóli Wernádhu 2, ✆ 08 31/2 67 40
Mo–So 10–14 und 17–20 Uhr

SITÍA
Archäologisches Museum
Odhos Praissú (Ausfahrtstraße nach Piskokéfalo)
Mo, Mi–Sa 9–15 Uhr, So und feiertags 10–15 Uhr

Folklore-Museum
Odhos J. Arkadhíu
Unregelmäßig geöffnet

TÝLISSOS
✆ 0 81/22 60 92
Di–So 8.30–15 Uhr

ZÁKROS
✆ 08 41/2 24 62
Di–So 8.30–15 Uhr

## Stromspannung

220 Volt Wechselstrom, auf Schiffen oft noch 110 Volt.

## Telefon

Von Kreta aus kann man von jeder Telefonzelle und von jedem Kiosk aus Ferngespräche führen.
Vorwahlnummern: BRD 00 49, Österreich 00 43, Schweiz 00 41. Nach der Ländervorwahl entfällt die erste Null der Ortskennzahl.

## Touristenpolizei

Ajios Nikólaos:
Odhos Omirú/Wulisméni-See, ✆ 0841/22251;
Chaniá: Odhos Karaiskáki 44, ✆ 0821/24477;
Iráklion: Leofóros Dhikeosínis, ✆ 081/233190;
Réthimnon:
Odhos Arkádhiu 264, ✆ 0831/28156

## Verkehrsverbindungen auf der Insel Kreta

Gute Busverbindungen von Iráklion, Chaniá, Réthimnon, Ajios Nikólaos und Sitía zu allen kleinen Ortschaften der Insel. Die gültigen Fahrpläne erhalten Sie bei den EOT-Büros.

## Wasser

Gehen Sie sparsam mit Wasser um, die touristischen Zentren müssen oft mit Tankschiffen vom Festland aus mit Wasser versorgt werden.

## Zeit

Winterzeit vom 25. Sept.–1. April: MEZ + 1 Stunde (München 12 Uhr = Kreta 13 Uhr)

Sommerzeit vom 2. April–24. Sept.: MEZ + 1 Stunde.

## Zoll

Mit der Verwirklichung des EG-Binnenmarktes ab dem 1. Januar 1993 entfallen im Prinzip die Beschränkungen für die Mitnahme von Alkoholika und Tabakwaren für den persönlichen Bedarf oder von Geschenkartikeln.

Antiquitäten: Die Einfuhr von Kunstgegenständen ist erlaubt, die Ausfuhr von in Griechenland/Kreta gefundenen oder gekauften Antiquitäten ist strengstens verboten. In Ausnahmefällen kann die Ausfuhr nur vom Ministerium für Kultur und Wissenschaft (Abt. Antiquitäten-Verkäufe, Athen, Odhos Polygnotú 13) genehmigt werden.

# Inselrundfahrten

## Landschaftliche Sehenswürdigkeiten

Auf die kretische Landschaft ist in diesem Buch immer wieder hingewiesen. Im folgenden wird ein Überblick über die schönsten Naturräume gegeben.

**Westkreta**
Westküste bei Falássarna (Abb. 64) und Chrisoskalítissa – Südküste bei Lissós (Farbabb. 43) und Sújia (Abb. 67, 103) – Küstenwanderung Ajía Rúmeli/Chóra Sfakíon (Abb. 102) – Gebirgsfahrt von Sújia über die Omalós-Hochebene nach Chaniá – Weiße Berge (Léfka'Ori) (Abb. 79) mit Omalós-Hochebene und Samariá-Schlucht (Farbabb. 3) – Südküste bei Chóra Sfakíon/Frangokástello (Abb. 53, 54) – Gebirgsstraße Wríses/Chóra Sfakíon

**Westliches Zentralkreta**
Bergwelt bei Kloster Myriokéfala – Nordküste bei Balí – Nördliche Gebirgsausläufer des Ida bei Axós und Anójia – Nídha-Hochebene – Amári-Becken (Farbabb. 34) – Quellgebiet bei Spíli – Bergwelt beim Kloster Kyriakosélia (Farbabb. 9) – Südküste bei der Plakiás-Bucht, beim Kloster Préweli (Flußmündung des Megalopótamos und Süßwasserquelle) und bei Ajía Galíni

**Östliches Zentralkreta**

Südliche Ida-Ausläufer bei Wrondíssi und Walsamónero (Farbabb. 42; Abb. 97) – Messará-Ebene (Farbabb. 44) – Südküste bei Mátala (Abb. 66) und Kalí Liménes/Léndas – Weinanbaugebiet von Archánes – Orangenplantagen bei Fódhele – Lasíthi-Hochebene (Abb. 60) – Südliche Ausläufer des Dhíkti-Gebirges bei Wiánnos und Káto Sými

**Ostkreta**

Merambéllo-Bucht – Gebirgsstraße östlich und südlich entlang den Ausläufern des Dhíkti-Gebirges (von 'Istro bis Máles) – Palmenstrand von Waï (Abb. 65, 68) – ›Tal der Toten‹ bei Zákros (Farbabb. Umschlagklappe hinten) – Ostküste bei Káto Zákros mit Bananenplantagen – Standort mit Blick zur Nord- und Südküste bei Kalamáfka/Anatolí und oberhalb von Papajianádhes Richtung Etiá – Alp Thriptí (850 m) mit dem Aféndis Stawroménos (1476 m) von Kawúsi aus

## Archäologische und kunstgeschichtliche Sehenswürdigkeiten

Die in (...) angegebenen Zahlen sind Kilometerangaben. Die erste Zahl zeigt die Entfernung von einer Ortschaft zur anderen an, die zweite die Gesamtkilometer des jeweiligen Routenabschnittes. Die halbfett gedruckten Ortsnamen bezeichnen kunstgeschichtlich-archäologisch interessante Orte (die Beschreibung der Kunstwerke s. unter ›Inselortschaften mit den wichtigsten Sehenswürdigkeiten‹, S. 267ff.).

### WESTKRETA (NOMÓS CHANIÁ)

### Standort Chaniá

**Chaniá:** mindestens 1 Tag

**1. Halbinsel Akrotíri:** ½ Tag
Chaniá – Venizelos Denkmal (8/8) – Kloster Tzangarólu (11/19) – Kloster Ghuwernéto (Abb. 92–94, 96) (5/24) – Chaniá (24/48).

**2. Nordküste bei der Halbinsel Rodhopú:** 1 Tag
Chaniá – **Máleme** (dt. Soldatenfriedhof) (17/17) – Kolimwári (6/23), von hier aus Bootsfahrt zum **Diktynnaion** an der Nordspitze der Halbinsel Rodhopú – **Kloster Ghonjás** (1/24) – **Spiliá** (3/27), Ikonenmuseum (Abb. 122) – **Episkopí** (5/32), Michaíl Archángelos Rotunde – Chaniá (30/62).

**3. Westküste:** 1 Tag (10–12 h)
Chaniá – Plátanos (53/53), nach der Ortschaft rechts abfahren – **Falássarna** (6/59), antike Stadt/schöner Strand (Abb. 64) – entlang der Westküste (schöne Landschaft/schlechte Straße) über Kámbos bis **Kefáli** (37/96), byzantinische Kirche – **Wathi**/Kuméni (2/98) (Farbabb. 13) – Frauenkloster Chrissoskalítissa (10/108), dramatisch-eindrucksvolle Landschaft – Chaniá über Periwólia und Wlatós (73/181).

**4. Südliche Region von Chaniá:** 1 Tag
Chaniá – Ajiá (9/9), ehemalige Bischofskirche – **Alikjanú,** Ajios Kir Ioánnis-Kirche (5/14), 1,3 km außerhalb der Ortschaft – **Mesklá** (10/24), zurück über die Brücke und in Furnés links abbiegen; Sotíros Christú-Kapelle – Chaniá (20/44).

**5. Gebiet von Apterá:** 1 Tag
Chaniá – **Apterá** (14/14), griechisch-römische Stadt – **Stýlos** (Abb. 107), zurück zur Hauptstraße, links weiterfahren und nach ca. 6,5 km links dem Pfad folgen (6,5/20,5), ehemalige Klosterkirche – **Kyriakosélia,** Ajios Nikólaos-Kuppelkirche (10,5/21) (Farbabb. 9; Abb. 106) – Chaniá (26/47), über Kyriakosélia, Rhamnús, Néo Chorió entlang den neuen Küstenstraßen. Landschaftlich sehr schöne Tour.

**6. Samariá-Schlucht** (Farbabb. 3): 1–2 Tage
Nachmittags/Abends Fahrt mit dem Linienbus zur Omalós-Hochebene. Unterkunft in der Xylóskalo-Berghütte. Bei der ersten Morgendämmerung Beginn der Wanderung (6–8 h). Übernachtung in Ajía Ruméli. Am nächsten Morgen Weiterfahrt mit dem Boot nach Chóra Sfakíon und mit dem Linienbus zurück nach Chaniá. *Alternative:* Wanderung entlang der Südküste nach Chóra Sfakíon (7–9 h).

### Standort Paleóchora

**1. Nordwestlich von Paléochora:** ½Tag
Paleóchora (am Ortsschild im Westen rechts abzweigen/ nach Kondó Kiníji, vor der Brücke rechts, nach ca. 8 km) – **Sarakína** (12/12) mit zwei byzantinischen Kirchen. Landschaftlich sehr reizvoll.

Zurück zur Hauptstraße, rechts (ca. 4 km) Weiterfahrt bis Wutás, hier links der Schotterstraße folgen. – **Sklawopúla** (15/27), einsam gelegenes Gebirgsdorf (sehr rauhe Landschaft) mit drei byzantinischen Kapellen.

**2. Kándanos-Becken:** 1 Tag

Hauptstraße nach Chaniá folgen – **Plemenianá** (13/13) mit der Ajios Jeórjios-Kirche – Weiterfahrt bis Kándanos (3/16), rechts Richtung Teménia – **Kawalarianá** (1,6/17,6) mit der Michaíl Archángelos-Kirche – **Anisaráki** (1,4/19) mit drei byzantinischen Kapellen (Farbabb. 14).

**3. Südküste bei Súјia:** 1–2 Tage

Paleóchora – Anisaráki (19/19) – **Teménia** (9/28) mit Sotíros Christú-Kapelle (Abb. 105) – Weiterfahrt bis Rodhowáni; ca. 0,5 km nach der Ortschaft rechts (4,5/32,5) – **Moní** (5,5/38), landschaftlich schön gelegene Ajios Nikólaos-Kirche. – Südküste bei **Súјia** (6/44) (Abb. 103). Gelegenheit zur Wanderung nach **Lissós** (Abb. 99, 100). Súјia ist ein angenehmer Aufenthaltsort für mehrere Tage (schöne Strände, eindrucksvolle Küstenlandschaft). Von Súјia aus kann man direkt nach Chaniá zurückfahren (besonders lohnend über die Omálos-Hochebene): Súјia – Ajía Iriní (28/28) – auf der Paßhöhe (ca. 900 m) nach Wasilianá zweigt nach ca. 5 km/33 km rechts eine Schotterstraße ab. – Anfang der Omalós-Hochebene (9/42) – rechts zur Xylóskalo-Berghütte (6/48) – über Lakkí und Furnés nach Chaniá (42/100). Diese Fahrt von der Südküste über die Weißen Berge zur Nordküste nach Chaniá ist eines der ergreifendsten Erlebnisse Kretas.

**4. Nordöstlich von Paleóchora:** ½ Tag

Paleóchora – **Anídhri** (5,5 km), Fahrt durch eine wildromantische Schlucht; Ajios Jeórjios-Kapelle mit Fresken von J. Pagomenos – **Skafídhia**/Prodhrómi (10,5/16) mit byzantinischer Kapelle.

### Standort Chóra Sfakíon

**1. Westliche Südküste:** 1 Tag

Fahrt bis Anópolis (12 km) – Wanderung nach **Arádhena** (ca. 1 h), heroische Landschaft, auf den westlichen Steilfelsen der Arádhena-Schlucht erhebt sich die Michaíl Archángelos-Kuppelkirche (Farbabb. 11) – Wanderung nach **Ajios Ioánnis** (ca. 1,5 h) mit zwei byzantinischen Kapellen; herbe, eindrucksvolle Landschaft – Wanderung hinunter zur Südküste zur **Ajios Páwlos-Kirche** (ca. 3 h; Abb. 102) und nach **Ajía Ruméli** (ca. 1,5 h).

**2. Östliche Südküste:** ½ Tag

Über **Komithádhes** (Ajios Jeórjios-Kapelle mit Fresken von J. Pagomenos aus dem Jahre 1314) zum venezianischen Kastell **Frangokástello** (15 km) (Abb. 53, 54). Weiterfahrt zum Kloster Préweli; nach Réthimnon und zur Messará möglich.

## WESTLICHES ZENTRALKRETA (NOMÓS RÉTHIMNON)

### Standort Réthimnon

**Réthimnon:** mindestens 1 Tag

**1. Westlich von Réthimnon:** 1 Tag

Neue Küstenstraße bis Wríses (39/39) – von hier aus Weiterfahrt Richtung Chóra Sfakíon, nach 1,5/40,5 links Richtung Filípos – **Máza** (2,5/43), Ajios Nikólaos-Kapelle mit Fresken von J. Pagomenos – Rückfahrt zur Hauptstraße, links halten, nach 3,5/44 links nach **Alíkambos,** nach 0,7 km liegt links die Panajía-Kapelle mit Fresken von J. Pagomenos – zurück nach Wríses (6,3/51) – alte Küstenstraße bis Episkopí (17/68), nach der Ortschaft rechts Richtung Arjirúpoli – **Myriokéfala** (12/80), ehemalige Klosterkirche mit guten Fresken aus dem Anfang des 11. Jh. und dem Ende des 12. Jh. (Abb. 113, 116, 117, 119, 120) – Rückfahrt zur alten Küstenstraße (12/92), rechts Richtung Réthimnon, nach 5,5 km rechts abbiegen – **Rustiká** (10,5/102,5) – Réthimnon (20,5/122).

**2. Östlich von Réthimnon:** 1 Tag

Alte Küstenstraße bis Pérama (24/24), ca. 1 km nach der Ortschaft rechts Richtung Chuméri, bei der nächsten Gabelung rechts – **Kálamas** (8/32), schönes Beispiel byzantinischer Sakralarchitektur und qualitätvoller Fresken (11./12. Jh.) (Abb. 111, 115) – Rückfahrt zur alten Küstenstraße (7/39), rechts Weiterfahrt bis Murtzaná (9/48), vor der Ortschaft rechts Spitzkehre folgen – **Episkopí** (2,5/50,5), ehemalige Bischofskirche – Rückfahrt zur Hauptstraße (2,5/53), rechts abbiegen, nach 6/59 links der Straße nach **Apáno Chelianá** folgen, Ajios Jeórjios-Kapelle.

**3. Südlich von Réthimnon:** ½ und 1 ganzer Tag

*A. ½ Tag:* Alte Küstenstraße Richtung Iráklion bis Plataniás (5,5 km) fahren, rechts Richtung Arkádhi abzweigen; nach Adhéle (3,5/9) rechts der Straße folgen – **Ajía Triádha** (2,5/11,5), kleine Ortschaft mit byzantinischer Kirche direkt beim schattigen Dorfplatz – Rückfahrt zur Hauptstraße (2,5/14); rechts bis Pijí (1/15), hier rechts nach **Ajios Dimítrios** (1/16) mit einer der schönsten byzantinischen Kuppelkirchen der Insel (Abb. 109) – Rückfahrt zur Hauptstraße (1/17), rechts bis zum **Kloster Arkádhi** (15,5/32,5) fahren (Abb. 91) – Réthimnon (24/56,5).

*B. Ein ganzer Tag:* Alte Küstenstraße Richtung Iráklion bis Periwólia (3/3), rechts Richtung Amári, nach 0,5/3,5 rechts abzweigen – **Chromonastíri** (8,5/12), schönes Gebirgsdorf mit guter venezianischer Bausubstanz; eindrucksvolle dramatische Landschaft; Wanderungsmöglichkeit zu zwei byzantinischen Kirchen.

**4. Amári-Becken:** 2 Tage

(westliche Ausläufer des Ida-Gebirges)

Die vielen byzantinischen Sehenswürdigkeiten in dem landschaftlich sehr schönen Amári-Tal (dem Stammsitz der kretisch-venezianischen Adelsfamilie Kallergis, s. S. 70f.; Farbabb. 34) sollten an zwei Tagen besichtigt werden. Die Anreise für beide Touren ist bis Apóstoloi gleich: Alte Küstenstraße bis Periwólia (3/3), rechts Richtung Amári bis Apóstoloi (26,5/29,5).

*A.* Am Fuße der westlichen Ida-Ausläufer: Nach Apóstoloi (1/30,5) links, nach ca. 0,5/31 wieder links – **Thrónos** (0,5/31,5) – Rückfahrt zur Hauptstraße (0,5/32), links ca. 1/33 weiterfahren, rechts Pfad (etwa 10 Minuten) zur Ajios Onúphrios-Kapelle von **Jénna** folgen – Weiterfahrt bis Assómatos (2,5/35,5), zuvor liegt rechts der Straße (nach ca. 1,5 km) die Ajía Paraskewí-Kuppelkirche aus dem 15. Jh. (?); in Assómatos rechts bis **Amári** (4,5/40) fahren (Abb. 114) – Rückfahrt bis Monastiráki (2/42), rechts nach **Lambiótes** über Petrochóri (3,5/45,5) – vom Kafeneion am Dorfeingang links (nicht geradeaus Richtung Panajía-Kirche) zur Asphaltstraße Apóstoloi/Furfurás (am Dorfende von Lambiótes rechts, liegt die Ajios Nikólaos-Kirche mit Fresken aus dem 15. Jh.); Asphaltstraße (1,5/47), rechts weiter bis **Wizári** (1,5/48,5) mit einer ehemaligen Bischofsbasilika – Réthimnon (40/88,5).

*B.* Entlang der östlichen Hänge des Kédhros-Gebirges mit seinem sanft ansteigenden Análipsi-Gipfel (1777 m). Auf dieser Tour blickt man Richtung Osten über das Amári-Becken hinweg auf das Ida-Gebirge mit seinem höchsten Gipfel, dem Psilorítis (2456 m); dieses Gebiet ist einer der schönsten Landschaftsräume der kretischen Bergwelt: Nach Apóstoloi (1/30,5) rechts bis **Méronas** (4/34,5) fahren – Weiter bis **Elénes** (3/37,5) links unterhalb der Straße liegt die Ortschaft mit der Ajios Nikólaos-Kirche – über **Jerakári** (2/39,5) weiter zur verlassenen Ortschaft **Fotí** (2,5/42) mit der Ajios Ioánnis-Kirche.

**5. Südküste bei Moní Préweli:** 1 Tag

Vom Stadtzentrum Richtung **Arméni;** vor der Ortschaft (nach ca. 9,5 km) breitet sich (ca. 100 m) rechts der Straße auf einem flachen, mit Bäumen bestandenen Hügel eine **mykenische Nekropole** aus – Weiterfahrt Richtung Süden; nach 12,5/22 rechts Richtung Koxaré bis Assómatos (9/31) fahren, vor der Ortschaft links, nach 1,5/32,5 wieder links – **Altes Kloster Préweli** (2/34,5) – **Neues Kloster Préweli** (3,5/38) – Rückfahrt über Assómatos und Koxaré zur Hauptstraße Réthimnon/Messará (13/51); rechts bis Mixórruma (3,5/54,5), hier links nach **Lambiní** (1/55,5) mit wohlproportionierter byzantinischer Kuppelkirche – Rückfahrt zur Hauptstraße (1/56,5) – links nach **Spíli** (4/60,5) (Farbabb. 8) – Weiterfahrt bis **Ajía Galíni** (32/92,5) und zur Messará nach **Festós** (15/107,5) – von Spíli Rückfahrt nach Réthimnon (30/90,5).

## Standort Ajía Galíni

1. Zwei Tagesausflüge in das Amári-Becken (s. Beschreibung Tour 4 von Réthimnon aus: Tour 4 A direkt über Furfurás und Tour 4 B direkt über Ajía Paraskewí.

**2. Südliche Ausläufer des Ida-Gebirges:** 1 Tag

Ajía Galíni Richtung Amári, nach 4 km links nach Jerakári – **Ajía Paraskewí** (4,5/8,5) mit der Panajía-Kapelle – Rückfahrt bis zur Straßengabelung (4,5/13), links bis nach **Apodhúlu** (4,5/17,5), die Ajios Jeórjios-Kapelle liegt nördlich der Ortschaft;

südlich von Apodhúlu links Richtung Kamáres – Wathiakó (1,5/19) mit einer Ajios Jeórjios-Kapelle – weiter ostwärts bis Worízia (13/32), am Dorfeingang rechts Spitzkehre zur Ajios Fanúrios-Kirche von **Walsamónero** (2,5/34,5) folgen (Farbabb. 42; Abb. 97) – Rückfahrt zum Dorf (2,5/37), rechts weiter 3/40, links steil hinauf zum Kloster **Wrondíssi** (1/41) – zurück zur Hauptstraße (1/42), links weiter Richtung **Zarós,** nach 3,7 km (44,7) links Schotterweg zum Kloster Ajios Nikólaos (2,3/47) folgen – Rückfahrt Ajía Galíni (32,5/79,5).

**3. Messará-Ebene:** 1 Tag

Von Ajía Galíni über Worí (14/14) weiter Richtung Iráklion, nach 2/16 links nach **Festós** (2/18), minoischer Palast (Abb. 9) – vom Parkplatz aus geradeaus (Westen) nach **Ajía Triádha** (3/21), minoische ›Villa‹ (Farbabb. 44; Abb. 8) – zurück zum Parkplatz von Festós (3/24), kurz zuvor rechts Richtung Mátala abzweigen, nach etwa 1,5/22,5 liegt hinter der Ortschaft **Ajios Ioánnis,** links der Straße das **Ajios Páwlos-Kirchlein** (frühchristlicher Sakralbau!) – Weiterfahrt (bei der nächsten Kreuzung rechts) bis Pitsídhia (6,5/29), etwa 1/30 nach der Ortschaft führt rechts ein Weg nach **Kommós** (1,5/31,5), antiker Hafen von Festós (Abb. 10) – zurück zur Hauptstraße (1,5/33) und rechts weiter nach **Mátala** (6/39) – zurück zur Hauptstraße Festós/Iráklion (14/53), rechts Richtung Osten (Iráklion) über Míres bis nach **Górtys** (12/65) (Farbabb. 38; Abb. 12–18, 21) und **Ajioi Dhéka** (2/67) – Rückfahrt nach Ajía Galíni (26/93).

## ÖSTLICHES ZENTRALKRETA (NOMÓS IRÁKLION)

### Standort Iráklion

**Iráklion** (Abb. 69–74): mindestens 1 Tag

**1. Knossós** (5 km) (Farbabb. 35, 36) und **AMI** (Farbabb. 37 u. vordere Umschlagklappe; Abb. 32–39): mindestens 1 Tag

**2. Archánes** (14 km) mit Júchtas, Anemóspilia und Wathipétro: mindestens 1 Tag

**3. Nídha-Hochebene** (57 km): ein voller Tag (Aufbruch ab Iráklion ca. 4 Uhr, empfehlenswert ist eine Übernachtung in Axós oder Anójia; von Anójia zur Nídha-Hochebene sind es 22 km Schotterstraße).

**4. Westlich von Iráklion:** 2 Tage

*A.* Alte Küstenstraße bis nach **Týlissos** (14/14), drei Häuser einer minoischen Stadt – weiter Richtung Westen bis nach **Sklawokámbos** (10/24), minoisches Haus – über Ghoniés erreicht man die Gebirgsdörfer **Anójia** (11/35) und Axós (7/42).

*B.* Neue Küstenstraße (westliche Auffahrt) bis zum Zementwerk (7/7), rechts (!) abfahren, ca. 100 m parallel halten, dann links unter der neuen Straße hinwegfahren bis Rogdhiá (6/13), am Dorfeingang links Spitzkehre zum Frauenkloster **Sawathianón** (5/18) folgen – Rückfahrt zur neuen Küstenstraße (11/29), rechts (Richtung Réthimnon) bis zur Abfahrt Fódhele (12/41 km) – **Fódhele** (5/46), fruchtbares Tal mit weiten Orangenplantagen und einer schönen byzantinischen Kuppelkirche – Rückfahrt nach Iráklion (24/70 bis zur Ausfahrt).

**5. Messará-Ebene und Südküste:** 3 Tage

*A.* Tour südlich des Ida-Gebirges, umgekehrt wie Tour 2 von Ajía Galíni aus. Iráklion – Ajía Warwára (30/30), am Dorfeingang rechts Richtung **Priniás,** nach 6/36 rechts Fußpfad zum **Pátela-Plateau** folgen – zurück nach Ajía Warwára (6/42), im Süden des Dorfes rechts Straße in Richtung Kamáres folgen – **Zarós** (17/59), etwa 1,2 km nach Zarós, rechts zum Ajios Nikólaos-Kloster (2,3/62,5) – zurück zur Hauptstraße, rechts bis zur Abzweigung (5/67,5) und hier rechts steil hinauf zum **Kloster Wrondíssi** (1/68,5) – zurück zur Hauptstraße, rechts nach Worízia (3/71,5), am Dorfende links Spitzkehre zur Ajios Fanúrios-Kirche von **Walsamónero** (2,5/73) (Farbabb. 42; Abb. 97) – zurück nach Worízia, links weiter nach **Wathiakó** (13/84,5) und **Apodhúlu** (1,5/86) – Rückfahrt nach Iráklion (67/153).

*B.* Messará-Ebene, entspricht Tour 3 von Ajía Galíni: Iráklion – **Górtys** (46/46) (Farbabb. 38; Abb. 12–18, 21) – Weiterfahrt bis zur Abzweigung (16/62) links nach **Festós** (2/64) – westwärts nach Ajía Triádha (3/67) – zurück zum Parkplatz von Festós rechts nach **Ajios Ioánnis,** links der Straße (1,5/71,5) die Ajios Páwlos-Kirche – weiter (nächste Kreuzung rechts) nach Pitsídhia (6,5/78) – nach der Ortschaft (1/79) rechts nach **Kommós** (2,5/81,5) (Abb. 10) – zurück zur Straße (2,5/84) und rechts nach Mátala (6/90) – Rückfahrt nach Iráklion (70/160).

*C.* **Südküste bei den Asterúsia-Bergen** (10–12 h; teilweise sehr schlechte Schotterstraße, besonders von Pómbia bis Léndas): Iráklion – Míres (53/53), links Abzweigung über Pómbia (5/58) und Pighadhákia (8/86) nach **Kalí Liménes** (12/78) (Abb. 26) – Weiterfahrt entlang der sehr herben Südküste mit schönen Stränden über Perámata (7,5/85,5) nach **Léndas** (9,5/95) (Abb. 98) mit den Resten einer antiken Stadt – Nordöstlich der Asphaltstraße bis Miamú (7/102), links der Schotterstraße Richtung Moní Apezanón folgen, bei der nächsten Hauptstraße (3/105) rechts/nach ca. 0,5 km liegt rechts oberhalb der Straße das Kuppelgrab von **Akonáki** (0,5/105,5), weiter über Ajios Kýrillos (2/107,5) nach **Plátanos** (10/117,5), am westlichen Dorfende (0,5 km) liegen rechts der Straße die Grundmauern zweier Tholosgräber – zurück zur Hauptstraße bei Ajioi Dhéka (5/122,5) – Rückfahrt nach Iráklion (46/168,5).

**6. Südküste bei Wiánnos:** 1 Tag
Von Iráklion über Knossós und Arkalochóri (Abb. 22) nach **Émbaros** (50/50), byzantinische Kirche mit Fresken von M. Phokas (Abb. 118) – Weiterfahrt nach **Apáno Wiánnos** (14/64) mit der Ajía Pelajía-Kirche (Abstecher zum Strand von Árwi an der Südküste 14 km) – Weiterfahrt Richtung Osten (Ierápetra) bis zur Abzweigung nach Péfkos (10/74), links nach **Apáno Sými** (4/78), byzantinische Kapelle mit qualitätvollen Fresken – Rückfahrt nach Iráklion (78/156), weiter nach Ierápetra (36/115).

**7. Südöstlich nach Kastélli:** 1 Tag
Von Iráklion über Knossós nach Ajiá Paraskiés (20/20), kurz nach der Ortschaft links Abzweigung nach Warwári (4/24), dem ehemaligen Myrtiá mit dem **N. Kazantzákis-Museum** – Rückfahrt zur Hauptstraße (4/28), links bis kurz vor Kastélli (14/42) weiterfahren, rechts abzweigen nach **Sklawerochóri** (1/43) mit der Panajía-Kirche – im Dorf links bis nach **Ewangelismós** (3/46) fahren, byzantinische Kirche – Rückfahrt nach Kastélli (5/51), in dem Ort links der nördlichen Ausfahrtstraße folgen, nach 1/52 rechts bis zur Ajios Pandeleïmon-Kirche von **Pijí/Bizarianó** (1,5/53,5) fahren – Rückfahrt nach Iráklion (38,5/92).

**8. Lassíthi-Hochebene:** 1 Tag
Neue Küstenstraße Richtung Ajiós Nikólaos bis zur Abzweigung Lassíthi (23/23) folgen, rechts bis nach **Potamiés** (10/33) mit zwei byzantinischen Kirchen – Weiterfahrt nach Awdhú (5/38) mit zwei byzantinischen Kirchen (eine mit Fresken von M. und J. Phokas) – Weiterfahrt bis zum Kloster **Kerá Kardhiótissa** (9/47) rechts der Straße; nach der Ortschaft Kerá (3/50) links Pfad, der zum **Karfí** (eteokretische Siedlung) hinaufführt – Über den Windmühlenpaß (1026 m) weiter zur **Lassíthi-Hochebene** und zur **Psychró-Grotte** (20/70) (Abb. 61) – Rückfahrt nach Iráklion (70/140); *Alternative:* zurück bis Méssa Lassíthi (9/79), kurz zuvor rechts abzweigen nach Ajios Nikólaos, über Wríses (40/119) – neue Küstenstraße nach Iráklion (68/187).

**9. Östliche Nordküste:** 1 Tag
Von Iráklion alte Küstenstraße Richtung Ajios Nikólaos bis **Amnisós** (8/8), minoische Hafenstadt – **Níru Cháni** (5,5/13,5), minoische Ausgrabung – **Chersónissos** (12,5/26) mit zwei frühchristlichen Basiliken – Weiterfahrt über Mália (8/34) zum minoischen **Palast von Mália** (3/37) (Abb. 4) – Rückfahrt nach Iráklion (37/74).

## OSTKRETA (NOMÓS LASSÍTHI)

### Standort Ajios Nikólaos

**Ajios Nikólaos** (Abb. 88, 123): 1 Tag

**1. Nördliche Westküste der Merambéllo-Bucht**
Ajios Nikólaos – **Elúnda** (12/12) mit dem antiken **Olús** (frühchristliche Basilika) – Weiterfahrt Richtung Furní, kurz vor der Ortschaft (9/29) rechts abzweigen – **Dhoriés** (5/26), byzantinische Kapelle mit wertvollen Ikonen (Abb. 121) – Rückfahrt nach Ajios Nikólaos (26/52).

**2. Südlich von Ajios Nikólaos:** ½ Tag
Ajios Nikólaos – **Kritsá** (11/11) mit der Panajía Kerá-Kirche (qualitätvolle Fresken, die zu den besten der Insel zählen; Farbabb. 15 und Umschlagvorderseite) – kurz vor der Ortschaft rechts schlechte Schotterstraße nach **Lató** (3/14), dorische Stadt.

**3. Südküste:** 1 Tag (sehr schöne Gebirgsstraße)
Ausfahrtstraße Richtung Sitía bis Ístro (12/12), rechts nach Kalamáfka (14/26) und weiter nach Anatolí (6/32), wieder rechts nach **Máles** (9/41), am

Dorfende links zur **Ajios Jeórjios-Kirche** (grandiose Gebirgslandschaft der südöstlichen Dhiktíausläufer, 2148 m hoch) – Rückfahrt nach Anatolí (9/50), rechts Abzweigung zur Küstenstraße (12/62) – rechts weiter nach **Mýrtos** (10/72), frühminoische Siedlung (Abb. 30, 31, 41) und minoisches Herrenhaus (Farbabb. 5) – Rückfahrt östlich der Südküste bis nach **Ierápetra** (14/86) – nördliche Ausfahrt bis Episkopí (7/93), byzantinische Kirche – Weiterfahrt bis zur Abzweigung (5/98) links nach **Wassilikí,** frühminoische Siedlung – Nordküste (2/100), links weiter bis nach **Gourniá** (2/102), minoische Stadt (Abb. 6, 7) – Weiterfahrt nach Ajios Nikólaos (19/121).

**4. Bootsfahrt nach Spinalónga**

**5. Bootsfahrt nach Psíra und Móchlos**

## Standort Ierápetra

**Ierápetra:** 1 Tag

1. Westliche Südküste nach **Mýrtos** (15/15) – **Káto Sými** (36/51) und **Apáno Wiánnos** (14/65) – **Émbaros** (14/79); Rückfahrt nach Ierápetra (71/150).

2. Östliche Südküste nach **Makrijialós** (24/24), minoische und römische Siedlung – Weiterfahrt über das Sitía-Gebirge nach Sitía (40/64).

## Standort Sitía

**Sitía** (Abb. 89, 90): 1 Tag

**1. Südlich von Sitía:** 1 Tag

Sitía – Piskokéfalo (4/4), links zur Ortschaft und weiter nach **Episkopí** (1,5/5,5), byzantinische Kuppelkirche – zurück zur Hauptstraße (1,5/7) – links bis nach Apáno Episkopí (7/14), wieder links Richtung Chándras (Papas Nikólaos Karfylákis hat den Kirchenschlüssel!) bis zu einer Abzweigung (10/24), hier rechts nach **Pandhéli** (3/27), byzantinische Kirche – zurück zur Hauptstraße (3/30), rechts nach Chándras (2,5/32,5), am Dorfende rechts über Arméni nach **Etiá** (4,5/37), venezianischer Landsitz, und weiter nach Papajianádhes (3/40), links nach Lithénes (5/45), auf dem Dorfplatz rechts nach **Adhromíli** (4/49), byz. Kirche – Rückfahrt nach Sitía (29/78).

**2. Ostküste:** 1 Tag

Von Sitía über **Palékastro** (24/24), östlich, nahe der Ostküste liegt das antike **Heleia/Russolákkos** – weiter südlich bis Apáno Zákros (13/37); vom Dorfplatz aus Wanderung durch das **›Tal der Toten‹** (s. Farbabb. Umschlagrückseite) oder Weiterfahrt nach **Káto Zákros** (8/45), minoischer Palast an der Ostküste (schöner Strand/Bananenplantagen) – Rückfahrt nach Palékastro (21/60), weiter Richtung Norden bis zur Abzweigung (7/73) rechts zum Palmenstrand von **Waï** (1/74) (Abb. 65, 68); zurück zur Hauptstraße (1/75) rechts nach **'Itanos** (2/77), griechisch/römische Stadt – zurück bis zur Abzweigung (3/80) rechts nach **Moní Toplú** (4/84), venezianische Klosteranlage (Farbabb. 12) – weiter südlich zur Hauptstraße (5/89) – rechts abzweigen bis nach Sitía (13/102).



DuMont Buchverlag, Postfach 10 10 45, 50450 Köln.

# Erklärung historischer und kunsthistorischer Fachbegriffe (Glossar)

**Abakus** Rechteckige Abdeckung über einem Säulenkapitell

**Acheiropoietos** Nicht von Menschenhand gemachtes Bild Christi, Mariä oder eines Heiligen (s. auch Mandylion)

**additiv** Etwas hinzufügend; in der Architektur mehrere Gebäude aneinanderreihend

**Adorant** Männliche oder weibliche Gestalt, eine Gottheit anbetend

**Adyton** Allerheiligster Raum in einem griechisch-römischen Tempel, der nur von Priestern betreten werden durfte

**Agorá** Marktplatz einer antiken Stadt, auf dem sich das öffentliche Leben abspielte

**Akathistos-Hymnus** Marienhymnus, der während der ersten fünf Wochen der Fastenzeit jeden Freitag in 24 Strophen (Alpha bis Omega) in der orthodoxen Kirche gesungen wird. Er steht im Zusammenhang mit einer durch die Anrufung Mariä aufgehobenen Belagerung Konstantinopels. Der Hymnus wurde im Stehen gesungen, daher sein Name (= nicht niedergesetzt)

**Akra Tapeinosis** Der Schmerzensmann (lateinisch vir dolorum, seit dem 15. Jh. Ecce-Homo-Darstellungen). Dieses ikonographische Thema, das auf die Eucharistie Bezug nimmt, wird vorwiegend in der Prothesis dargestellt (in Einraumkapellen meist in den Apsidiolen des nördlichen Bereichs der Ostwand)

**Akropolis** Burgberg mit Stadtanlage oder heiligem Bezirk (z. B. Akropolis von Athen)

**Ambitus** Vorhof einer Kirche

**Ambo** Lesebühne in frühchristlichen und romanischen Kirchen, erhöht vor der Chorschranke stehend

**Amphiprostylos** Griechischer Tempel mit Vorhalle und Säulenhalle an der Vorder- und Rückseite

**Analepsis** Himmelfahrt Christi

**Anapeson** Christus im Typus des Emanuel; er liegt stets auf einem Lager, den Kopf auf den Ellenbogen gestützt, die Beine meist gekreuzt, die Augen geöffnet

**anikonische Malerei** Nichtfigurale (= ornamentale) Motive; vorwiegend ist damit die Malerei des Ikonoklasmus gemeint

**Ante** Stirnseite einer Wand, die bei griechischen Tempeln durch Mauervorsprünge gekennzeichnet ist

**antithetisch** In Plastik und Malerei zwei sich gegenüberstehende symmetrisch angeordnete figurale Motive

**Anuli** (Meist) drei ringförmige Profile auf dem Echinus des dorischen Kapitells

**Apotheose** Ein Mensch wird zu einem Gott erhoben

**Apsidiole** Halbkreisförmige Nische, ›kleine Apsis‹

**Apsis** Halbkreisförmige Nische im Altarraum christlicher Kirchen; erscheint in den islamischen Gotteshäusern (Moscheen) als Mihrab

**Aquädukt** Wasserleitungsbrücke zur Überquerung von Tälern; in der römischen Baukunst monumentale, oft mehrstöckige Bogenreihen

**Architrav** Im Querschnitt rechteckiges Konstruktionselement aus Holz oder Stein für horizontale Abdeckungen von Fenster- und Türöffnungen oder über Säulenstellungen

**Atrium** Innenhof des römischen Privathauses; in der frühchristlichen und mittelalterlichen Epoche ein der Basilika vorgelagerter, von einer Säulenhalle umstandener Hof

**Autochthone** Alteingesessene und bodenständige Urbevölkerung eines Kulturkreises

**Baiophoros** Einzug in Jerusalem

**Baptesis** Taufe Christi

**Basilika** Mehrschiffiger frühchristlicher Kirchenbau, auf die Bauform der römischen Gerichtsbasilika zurückgehend. In frühchristlicher Zeit und bis heute im katholischen Westen können Kirchen jeden Bautyps die Bezeichnung ›Basilika‹ bekommen

**Basis** Sockel von Statuen, Säulen und Pfeilern
**Blacherni(o)tissa** siehe Panagia
**Bema** In der orthodoxen Kirche der erhöht liegende Altarraum im Osten
**Bosse** Rauh bearbeitete Außenfläche eines Quadersteines
**Brephoktonia** Der Kindermord zu Bethlehem
**Buleuterion** Rathaus der Griechen in der Antike
**Caldarium** Römisches Warmbad
**Cella** Hauptraum eines griechisch-römischen Tempels
**chthonisch** Erdverbunden, zur Erde gehörig
**Ciborium** Baldachinartiger Überbau von Altären
**Deesis** (= Fürbitte) Muttergottes und Johannes der Täufer (Prodomos) beiderseits von Christus dargestellt als Mittler zwischen diesem und den Menschen
**Deutera Parusia** Das Jüngste Gericht, triumphierender Christus
**Devotionskunst** Kunstgegenstand für den liturgischen Gebrauch
**Diakonikon** Südlicher Nebenraum im Osten der frühchristlichen Basilika; heute Bestandteil jeder mehrschiffigen, orthodoxen Kirche. Raum, in dem der Priester für den Gottesdienst vorbereitet wird
**Diáchora** Gerahmtes Bildfeld
**Dipteros** Tempel mit zwei umlaufenden Säulenreihen und mindestens acht Frontsäulen
**Dodekaorton** Festkalender der orthodoxen byzantinischen Kirche mit den zwölf (gr. dodeka) Hauptfesten: Verkündigung, Geburt Christi, Darstellung im Tempel, Taufe Christi, Verklärung Christi, Erweckung des Lazarus, Einzug in Jerusalem, Kreuzigung, Hadesfahrt Christi, Himmelfahrt Christi, Pfingsten, Tod der Maria
**Dromos** Korridor unter freiem Himmel zu einer Grabkammer
**Egersis Lazaru** Erweckung des Lazarus
**Ekklesia** Personifikation der Kirche, die in spätbyzantinischer Zeit manchmal das Blut des gekreuzigten Christus auffängt
**Eklektizismus** Rückgriff auf unterschiedliche Stilmittel von Künstlern vergangener Epochen
**Ektypoma** Abdruck
**Elkomenos** Gefangenführung Christi oder Christus beim Besteigen des Kreuzes
**Emanuel** Nach Jesaja 7.14: Bezeichnung für den verheißenen Messias; Bild des präsistenten Gottessohnes
**Enklave** Einschluß eines Gebiets
**Entaphiasmos** Grablegung Christi
**Entasis** Leichte konvexe Schwellung dorischer Säulen
**Epiphanie** Erscheinung einer Gottheit
**Epistyl** Architrav
**Epitaphios** Liturgisches Tuch mit dem Bild des toten Christus auf dem Salbstein
**Epitaphios Threnos** Beweinung Christi
**Eroten** Geflügelte knabenhafte Jünglinge, aus dem griechischen Liebesgott Eros entstanden (römisch: Amor wird zu Amoretten; in der Renaissance: Putten)
**Euangelismos (Evangelismos)** Verkündigung an Maria
**Euthynterie** Unterstes Fundament der Krepis
**Evangelistensymbole** Die vier Wesen nach Apok. 4.7. Sie wurden als Sinnbilder der Evangelisten gedeutet; später galten sie darüber hinaus als Symbole der Menschwerdung: menschengesichtiges Wesen (Engel für Matthäus); Opfer (Stier für Lukas); Auferstehung (Löwe für Markus); Himmelfahrt (Adler für Johannes). In der orthodoxen Kirche jedoch selten vorkommend
**Exedra** Halbkreisförmiger oder dreiseitig geschlossener Versammlungsplatz unter freiem Himmel
**Exonarthex** Außen gelegene Vorhalle, Vorhalle zum Narthex
**Fresko** Wandmalerei auf feuchtem Putz
**Genesis** Geburt Christi
**Genesis Theotoku** Geburt der Gottesmutter
**Glykophilusa** siehe Panagia
**Grafitto** In die Wand eingeritzte Inschrift
**Gurtbogen** Konstruktives Bogenelement zur Unterstützung von Gewölben (meist Tonnengewölben) und zur Jochunterteilung von Innenräumen; der Gurtbogen ruht entweder auf Pilastern oder auf Konsolen
**Gynaikaien** Emporen
**Hagia Trias** Heilige Dreifaltigkeit
**Hagiologischer Zyklus** Szenen aus einem Heiligenleben

**Hexapterygon** Sechsflügeliger Engel

**Hierarchen** Kirchenväter: frühchristliche Theologen, deren Werke für die orthodoxe Kirche allgemeinverbindlich anerkannt werden. Athanasius der Große, Kyrillos von Alexandrien, Basileios der Große, Gregor von Nazianz, Johannes Chrysostomos u. a.

**Hieratisches Programm** Älteres Programm kirchlicher Ausschmückung ohne szenische Bilder, nur mit Figuren Christi, Mariä, der Engel, Propheten und Heiligen. Vornehmlich literarisch bezeugt

**Hodegetria** siehe Panagia

**Hypapante** Darstellung Christi im Tempel

**Idol** Abbild einer Gottheit

**Ikonographie** Lehre von den Bildinhalten

**Ikonoklasmus** Bilderfeindschaft, Bilderzerstörung. Das Zeitalter des Ikonoklasmus der byzantinischen Welt dauerte von 726 – mit einer Pause zwischen 780 (787 7. Ökumenisches Konzil zu Nikaia) und 815 – bis 843.

**Ikonostas** Bilderwand zwischen Altar- und Gemeinderaum in einer orthodoxen Kirche

**Inkarnat** Hautfarbe

**in situ** Am ursprünglichen Ort

**Interkolumnium** Zwischenraum zwischen zwei Säulen

**Isokephalie** Kompositionsschema, nach dem alle dargestellten Personen nebeneinander aufgereiht sind, die Köpfe auf einer Höhe

**Joch** Säulenabstand von Achse zu Achse

**Johannes der Täufer** Johannes Prodomos (= Vorläufer). Johannes wird auch als Engel dargestellt (s. Markus 1,2)

**Johannes der Theologe (Theologos)** Ehrenname für Johannes Evangelista

**Kanneluren** Vertikale konkave Ausarbeitung des Säulenschaftes

**Kapitell** Oberstes Architekturglied einer Säule oder eines Pfeilers

**Katholikon** Klosterkirche

**Kline** Bettartige Liege, die in der Antike (speziell bei den Römern) sowohl zum Schlafen und Essen als auch als Totenbett diente

**Koimesis** Tod der Maria

**Koinonia ton Apostolon** Apostelkommunion

**Konche** Halbkreisförmige Nische oder im Grundriß halbkreisförmiger Bauteil (z. B. halbkreisförmiger Kreuzarm einer Drei-Konchenanlage)

**Konsole** Konstruktives Element zur Unterstützung von auskragenden Bauteilen (z. B. zur Unterstützung eines Gurtbogens)

**Krater** Mischkrug für Wein

**Kreuzgratgewölbe** Durchdringung von zwei Tonnengewölben: an ihrer Verschneidungskurve entstehen Grate, die diagonal zu den Ecken des überwölbten Raumes verlaufen

**Kreuzrippengewölbe** Kreuzgratgewölbe, dessen Grate zu Rippen verstärkt wurden

**Krypta** Unterirdischer Kultraum

**Libation** Trankopfer für die Gottheit

**Lithos** Die Frauen am Grabe

**Mandylion** Nicht von Menschenhand gemachtes Bild Christi (Acheiropoietos); das bekannteste ist das sog. Abgar-Bild von Edessa, das 944 von Konstantin VII. Porphyrogenetos nach Konstantinopel geholt worden war; 1204 wurde das Abgar-Bild (nun meist Mandylion genannt) von den Kreuzfahrern verschleppt. Paris (Ste. Chapelle), Rom und Genua erheben den Anspruch, heute im Besitz des Mandylion zu sein

**Maphorion** Über den Kopf gezogener Frauenmantel

**Mega Archiereus** Christus, der große Hohenpriester

**Megaron** Hausform von länglichem Grundriß mit einer Vorhalle an der Schmalseite, durch die man den Innenraum betreten kann

**Melismos** Zwischen den die Liturgie mitfeiernden Hierarchen ist das geopferte Lamm Gottes (Christus) dargestellt, stets in der Apsis

**Menologia** Festkalender für jeden Monat

**Metadosis** Christus reicht bei der Apostelkommunion Petrus das Brot (meist linke Bildhälfte)

**Metalepsis** Christus reicht bei der Apostelkommunion Johannes oder Paulus den Wein (meist rechte Bildhälfte)

**Metamorphosis** Verklärung Christi

**Metope** Platte, die den Raum zwischen zwei Triglyphen verkleidet

**Mihrab** Gebetsnische, die nach dem Vorbild der im christlichen Kirchenbau üblichen Ostapsis für die islamische Moschee übernommen wurde

**minyisch** Kunst der Minyer, altgriechischer Volksstamm in Boiotien mit der Hauptstadt Orchomenos, die von dem mythischen König Minyos gegründet wurde

**Mohammad (570?–632 n. Chr.)** Arabischer Prophet, Stifter der islamischen (mohammadanischen) Weltreligion

**Monolith** Säule oder Pfeiler aus einem einzigen Werkstein

**Myrophores** Die Frauen am Grabe (auch als Lithos bezeichnet)

**Mystikos Deipnos** Das letzte Abendmahl

**Naos** Cella eines griechischen Tempels; in der christlichen Kirche Kirchenschiff (Gemeinderaum)

**Narratives Programm** Erzählende Bildzyklen

**Narthex** Ursprünglich Vorhalle einer frühchristlichen Basilika, später allgemein Vorhalle

**Nekropole** Totenstadt, Begräbnisstätte

**Neolithikum** Vorgeschichtliche Zeiteinteilung: Jungsteinzeit

**Nomarchó** (neugriech.) Präfekt einer Provinz

**Nymphaion** Brunnen, der einer Nymphe geweiht ist

**Odeion** Theaterähnliches Gebäude der Antike für musikalische oder schauspielerische Aufführungen

**Opisthodom** Rückhalle eines griechischen Tempels

**Orchestra** kreisrundes Zentrum des griechischen Theaters

**Orthostaten** Unterste Schicht einer Mauer (Tempelwand), bestehend aus hochkant stehenden Quadern

**Ossilegium** Begräbnisstätte für die Gebeine vieler Toter

**Palaios Hemeron** Nach Daniel 7,9: Der Alte der Tage

**Panagia** (= die Allerheiligste) Muttergottes

**Panagia Blacherni(o)tissa** Stehend betende Maria (ohne Kind), benannt nach der Blachernen-Kirche in Konstantinopel; auch ›unerschütterliche Mauer‹ genannt, weil das Bild in der Blachernen-Kirche beim Sturm der Kiewer Rus auf die Straße im Jahre 860 vom Patriarchen Photios zum Schutz angefleht wurde: die angeblich tausend russischen Schiffe zogen ab (daher auch der seltene Name ›Theotokos der tausend Schiffe‹)

**Panagia Eleusa** Gottesmutter des Erbarmens

**Panagia Glykophilusa** Das Kind liebkosende Maria

**Panagia Hodegetria** Bild der stehenden Gottesmutter (oft als Halbfigur) mit dem segnenden Christus-Knaben auf dem linken Arm. Das Urbild gilt als vom Evangelisten Lukas geschaffen. Benannt nach dem Hodegon-(Wegleiter-)Kloster in Konstantinopel, wo sich das Bild des Lukas befunden haben soll

**Panagia Nikopoia(os)** Siegbringende Muttergottes

**Panagia Platytera** Die Muttergottes als Symbol der Inkarnation. Der Name stammt aus einem Marienhymnus, in dem es heißt, Gott habe Mariens Schoß weiter (gr. platytera) gemacht als den Himmel, um den aufzunehmen, der Himmel und Erde geschaffen hat. Dargestellt wird die Platytera betend, vor der Brust ein Tondo mit dem Bild des segnenden Christus Emanuel

**Panagia Skepe** Gottesmutter des Schutzes, marianischer Ehrentitel

**Panagia Zoodhochos Pege** Maria als lebensspendende Quelle. Sie sitzt mit dem Kind in einer Brunnenschale

**Pantokrator** Christus als Weltenherrscher und -erhalter

**Paraklesis** (= Trost). Ehrentitel für Maria, dargestellt mit Schriftrolle als Symbol des vermittelnden Dialogs mit Christus zur Erlösung der Menschheit

**Parekklesion** Kleine Seitenkapelle einer Kloster- oder Bischofskirche, auch kleine, vom Kloster entlegene Land- oder Friedhofskapelle

**Parusia (Deutera)** Das Jüngste Gericht

**Pektorale** Kostbarer Brustschmuck, der oftmals mit mythischen oder religiösen Motiven verziert ist

**Pendentif** Konstruktives Element in Form eines sphärischen Dreiecks, das von einem quadratischen Raumteil zu einem im Grundriß kreisförmigen Bauteil (Tambour einer Kuppel) überführt

**Pentekoste** Pfingsten
**Peribolos** Umfriedung eines Heiligtums
**Peripteros** Tempel mit einer Säulenhalle
**Peristasis** Säulenhalle des Peripteros
**Peristyl** Säulenhalle, die einen Innenhof umschließt
**Philoxenia (ton Angelon)** Bewirtung der Engel durch Abraham
**Photodotes** Christus der Lichtspender
**Pilaster** Vertikale, im Grundriß meist rechteckige Stützgliederung in Form einer Wandvorlage
**Platytera** siehe Panagia Platytera
**Plinthe** Rechteckige oder quadratische Standplatte unter Säulenbasen, Pfeilern und Statuen
**Polychromie** Bemalung mit kräftig abgesetzten Farben
**Polystauria** Das mit Kreuzen geschmückte Meßgewand der Bischöfe
**Polythron** Wandfläche, die von mehreren nebeneinanderstehenden Türen durchbrochen ist
**Portikus** Säulenhalle
**Prätorium** Amtssitz eines römischen Statthalters
**Prodosia** Judaskuß (Verrat/Gefangennahme Christi)
**Prodromos** (= Vorläufer): Johannes der Täufer
**Pronaos** Vorhalle eines griechischen Tempels
**Proskynese(sis)** Demütige Ehrenbezeigung in Form eines Kniefalls, oft mit einem Fußkuß verbunden
**Prothesis** Nördlicher Nebenraum im Osten der frühchristlichen Basilika, heute Bestandteil jeder orthodoxen Kirche. Ort der Vorbereitung der eucharistischen Elemente
**Rhyton** Trink- und Opfergefäß
**Risa tu Jesse** Die Wurzel Jesse
**Rotunde** Gebäude über einem runden Grundriß
**Schildwand** Stirnwand unter einem Gewölbe
**Sima** Architekturdetail am Giebel eines Tempels
**Skene** Bühnengebäude des griechisch-römischen Theaters
**Soter** Heiland
**Soteriologie** Heilslehre
**soteriologisches Dogma** Lehre von der Erlösung durch Christus
**Spolien** Wiederverwendetes älteres (antikes) Baumaterial
**Staurosis** Kreuzigung
**Stylobat** Oberste Stufe des dreistufigen Unterbaus (Krepis) eines griechischen Tempels, auf der direkt die dorischen Säulen bzw. die Basen der ionisch/korinthischen Säulen aufgestellt sind
**Sylliturguntes Hierarches** Die Liturgie feiernde Kirchenväter
**Symmachie** Bundesgenossenschaft altgriechischer Städte
**Synaxarion** Liturgischer Kalender mit Lebensbeschreibungen von Kirchenheiligen
**Taenia** Vorspringendes Profil am Architrav des dorischen Tempels
**Tambour** Zylinderförmiger Unterbau einer Kuppel
**Temenos** Umfriedeter Bezirk eines Heiligtums
**Terrakotta** Aus gebranntem Ton hergestellte Plastiken, Gefäße und Architekturglieder
**Thalassokratie** Herrschaft über das Meer; ein Land (z.B. das minoische Kreta), das seine politische und wirtschaftliche Stärke aufgrund seiner Flotte erzielt
**Theotokos** siehe Panagia Blachernil(o)tissa
**Tholos** Rundbau
**Thysia tu Abraam** Abrahams Opfer (Opferung Isaaks)
**Tondo** Nimbusscheibe (Clipeus = Schild) mit der Halbfigur des Christusknaben Emanuel
**Torus** Gewölbtes Rundglied einer Säulenbasis
**Trapeza** Speisesaal der orthodoxen Klosteranlage, entsprechend dem westlichen Refektorium
**Tribelon** Mit drei Arkaden gegliederter Wandteil zwischen Langhaus und Narthex einer Basilika
**Triglyphe** ›Dreischlitz‹, viereckige, durch drei senkrechte Stege gegliederte Platte mit Relief zwischen zwei Metopen (dorische Ordnung)
**Trikonchos** Dreikonchenanlage: Kirche mit im Osten, Norden und Süden halbkreisförmig (konchenartig) ausgebildeten Kreuzarmen
**Trompe** Konstruktives Element in Form einer Viertelkuppel, die von einem quadratischen Raumteil zu einem im Grundriß kreisförmigen Bauteil (Tambour einer Kuppel) überführt
**Tumulus** Vor- und frühgeschichtliches Hügelgrab

**Viadukt** Straßenbrücke über eine Schlucht

**Zeitangaben** Oftmals gaben die Byzantiner Zeitangaben statt in arabischen Ziffern mit großen Buchstaben des griechischen Alphabets an. Zahlen bis 999 erhalten stets rechts oben einen Beistrich (Oxía genannt), Zahlen über 1000 links unten davor; bei mehrstelligen Zahlen erhalten nur der erste und letzte Buchstabe einen Beistrich. Die Zeitangabe bezieht sich auf das apokryphe Nikodemus-Evangelium, nach dem Christus 5500 Jahre ›nach Erschaffung der Welt‹ geboren wurde, historisch etwa acht Jahre vor unserer Zeitrechnung

| *Unzialschrift* | *Minuskelschrift* | *Zahlenwert* |
|---|---|---|
| *Α’* | *α* | 1 |
| *Β’* | *β* | 2 |
| *Γ’* | *γ* | 3 |
| *Δ’* | *δ* | 4 |
| *Ε’* | *ε* | 5 |
| *ϛ’ στ’* | | 6 |
| *Ζ’* | *ζ* | 7 |
| *Η’* | *η* | 8 |
| *Θ’* | *θ* | 9 |
| *Ι’* | *ι* | 10 |
| *Κ’* | *ϰ* | 20 |
| *Λ’* | *λ* | 30 |
| *Μ’* | *μ* | 40 |
| *Ν’* | *ν* | 50 |
| *Ξ’* | *ξ* | 60 |
| *Ο’* | *ο* | 70 |
| *Π’* | *π* | 80 |
| *ϟ’* | | 90 |
| *Ρ’* | *ϱ* | 100 |
| *Σ’* | *σ* | 200 |
| *Τ’* | *τ* | 300 |
| *Υ’* | *υ* | 400 |
| *Φ’* | *φ* | 500 |
| *Χ’* | *χ* | 600 |
| *Ψ’* | *ψ* | 700 |
| *Ω’* | *ω* | 800 |
| *ϡ’ (σαμπί)* | | 900 |
| *,Α* | *α* | 1000 |
| *,Β* | *β* | 2000 |
| *,Γ* | *γ* | 3000 |
| *,Δ* | *δ* | 4000 |
| *,Ε* | *ε* | 5000 |

*Zahlenbeispiele*

| | | |
|---|---|---|
| *ΙΑ’* | - | 11 |
| *ΙΘ’* | - | 19 |
| *ΜΔ’* | - | 44 |
| *,ΣΙΓ’* | - | 213 |
| *,ΑΡΚΖ’* | - | 1127 |
| *,ΑΦΠΒ’* | - | 1582 |
| *,ΑϡΜΑ’* | - | 1941 |
| *,ΕΧΝΘ’* | - | 5659 |

**Ziste** Kastenförmige Vertiefung, meist mit Platten ausgekleidet

**Zyklopenmauerwerk** Aus unbehauenen und unregelmäßigen Felsblöcken sorgfältig geschichtetes, monumentales Mauerwerk

# Ausgewählte Literatur


Alexiou, St.: *Minoische Kultur,* Göttingen 1976
Alexiou, St./Platon, N.: *Das antike Kreta,* Würzburg 1967
Ausstellungskatalog: *Dädalische Kunst auf Kreta im 7. Jh. v. Chr.,* Hamburg 1970
Baumann, H.: *Die griechische Pflanzenwelt in Mythos, Kunst und Literatur,* München 1982
Blome, P.: *Die figürliche Bildwelt Kretas in der geometrischen und früharchaischen Periode,* Mainz 1982
Bossert, H. Th.: *Alt-Kreta,* Berlin 1937[3]
Bryanz, R.: *Kreta,* München 1975
Boardman, J.: *From Crete to Archaic Greece,* London 1967
Boyd-Hawes, H.: *Gournia, Vasiliki and other Prehistoric Sites,* Philadelphia 1908
Buchholz, H. G./Karageorghis, V.: *Altägäis and Altkypros,* Tübingen 1971
Cadogan, G.: *Palaces of Minoan Creta,* London 1974
Chadwick, J.: *Die mykenische Welt,* Stuttgart 1979
Davaras, C.: *Guide to Cretan Antiquities,* New Yersey 1976
Davaras, C.: *Das Museum von Hagios Nikolaos,* Athen (o. J.)
Demargne, P.: *Die Geburt der griechischen Kunst,* München 1965
Eckschmitt, W.: *Die Kontroverse um Linear B,* München 1969
Edel, E.: *Die Ortsnamenlisten aus dem Totentempel Amenophis III.,* in: ›Bonner biblische Beiträge‹, Bonn 1966
Effenterre, H./Tiré, C.: *Guide des fouilles françaises en Crète,* Paris 1978
Evans, A.: *The Palace of Minos,* 4 Bde., London 1921–1936/Reprint London 1964
Faure, P.: *Kreta. Das Leben im Reich des Minos,* Stuttgart 1978[2]
Gallas, K.: *Kreta. Kunst aus 5 Jahrtausenden,* Köln 1983[10]
Gallas, K.: *Kreta. Kultur, Landschaft, Menschen,* Köln 1979
Gallas, K.: *Mittel- und spätbyzantinische Sakralarchitektur der Insel Kreta. Versuch einer Typologie der kretischen Kirchen des 10.–17. Jahrhunderts,* Berlin 1982
Gallas, K.: *Kreta. Ursprung Europas,* München 1984
Gallas, K.: *Rhodos. Sehen und Erleben,* München 1989
Gallas, K.: *Zypern. Sehen und Erleben,* München 1990
Gallas, K.: *Byzantinisches Griechenland,* Dortmund 1993
Gallas, K./Borboudakis, M./Wessel, K.: *Byzantinisches Kreta,* München 1983
Gallas, K./Klemm, U.-D.: *Griechenland. 21 Annäherungen an ein klassisches Reiseziel,* Gießen 1990
Gerola, G.: *Monumenti Veneti nell' isola di Creta,* 4 Bde., Venedig 1905–1932
Graham, J. W.: *The Palaces of Crete,* Princeton/New Jersey 1969[2]
Guanella, H.: *Kreta,* Zürich 1982[7]
Hafemann, D.: *Die Niveauveränderungen an den Küsten Kretas.* In: ›Akademie der Wissenschaften und Literatur, Abhandlung der mathematisch-naturwissenschaftlichen Klasse‹, 1965, Nr. 12, S. 605 ff.
Hampe, R.: *Hochzeit auf Kreta.* In: ›Edwin Redslob zum 70. Geburtstag‹, Berlin 1955
Hampe, R.: *Kult der Winde in Athen und Kreta.* In: ›Sitzungsbericht der Heidelberger Akademie der Wissenschaften, Phil. Hist. Kl.‹, 1966
Hampe, R./Winter, A.: *Bei Töpfern und Töpferinnen in Kreta, Messenien und Zypern,* Mainz 1962
Hampe, R./Simon, E.: *Tausend Jahre Frühgriechische Kunst,* München 1980
Helck, W.: *Die Beziehungen Ägyptens und Vorderasiens zur Ägäis bis ins 7. Jh. v. Chr.,* Darmstadt 1979
Higgins, R.: *Minoan and Mycenaean Art,* London 1971[2]
Higgins, R.: *The Archaeology of Minoan Crete,* London 1973
Hiller, St.: *Das minoische Kreta nach den Ausgrabungen des letzten Jahrzehnts.* Mykenische Studien, Bd. 5, Wien 1977
Hoeck, K.: *Kreta. Ein Versuch zur Aufhellung der Mythologie und Geschichte dieser Insel,* 3 Bde., Göttingen 1823–29
Hutchinson, R. W.: *Prehistoric Crete,* London 1962
Iatridis, Y.: *Die Schlucht von Samaria,* Athen 1984
Kästner, E.: *Kreta,* Frankfurt 1976
Karo, G.: *Greifen am Thron,* Baden-Baden 1955
Kerényi, K.: *Die Mythologie der Griechen,* Zürich 1951
Kerényi, K.: *Die Heroen der Griechen,* Zürich 1958
Kirsten, E.: *Die Insel Kreta im 5. und 4. Jahrhundert,* Leipzig 1936
Kohler, J./Ziebarth, E.: *Das Stadtrecht von Gortyn,* Göttingen 1942
Kohlhaupt, P.: *Mittelmeerflora,* Bozen 1980

Marinatos, Sp./Hirmer, M.: *Kreta, Thera und das mykenische Hellas*, München 1973
Matt, L. v./Alexiou, St./Platon, N./Guanella, H.: *Das antike Kreta*, Zürich 1967
Matz, F.: *Forschungen auf Kreta 1942*, Berlin 1952
Matz, F.: *Göttererscheinungen im minoischen Kreta*, In: ›Akademie der Wissenschaften und der Literatur‹, Nr. 7, Wiesbaden 1958
— Matz, F.: *Kreta, Mykene, Troja*, Stuttgart 1958
— Matz, F.: *Kreta und frühes Griechenland*, Baden-Baden 1962
Matz, F./Buchholz, H. G.: *Archaeologia Homerica. Die Denkmäler der frühgriechischen Epoche*, Göttingen ab 1967
Mylonas, G.: *Mycenae and the Mycenaean Age*, Princeton/New Jersey 1966
Nilsson, M. P.: *The Minoan-Mycenaean Religion and its Survival in Greek Religion*, Lund 1950[2]
Nilsson, M. P.: *Geschichte der griechischen Religion*, Handbuch der Altertumswissenschaften. Bd. 1: *Die Religion Griechenlands bis auf die griechische Weltherrschaft*, München 1967[3]
Nilsson, M. P.: Bd. 2: *Die hellenistische und römische Zeit*, München 1974[3]
Pashley, R.: *Travels in Crete*, 2 Bde., London 1837, Reprint Amsterdam 1970
Pendlebury, J.: *The Archaeology of Crete*, London 1939, Reprint London 1966
Pendlebury, J.: *A Handbook to the Palace of Minos*, London 1954
Pernier, L./Banti, L.: *Guida degli scavi italiani in Crete*, Rom 1947
Pini, L.: *Beiträge zur minoischen Gräberkunde*, Wiesbaden 1969
Platon, N.: *Kreta*, Genf 1968
Platon, N.: *Zakros, The Discovery of a Lost Palace of Ancient Crete*, New York 1971
Polunin, O./Huxley, A.: *Blumen am Mittelmeer*, München 1974
Rechinger, K. H.: *Flora Aegea*, Wien 1943
Reden, S. v./Best, J. G. P.: *Auf der Spur der ersten Griechen. Woher kamen die Mykener?*, Köln 1981
Reisigl, H./Danesch, E. u. O.: *Mittelmeerflora*, Bern 1977
Sakellarakis, I.: *Das Kuppelgrab von Archanes und das kretisch-mykenische Tieropferritual*. In: ›Prähistorische Zeitschrift‹, 45, 1970, S. 135 ff.
Sakellarakis, I.: *Museum Heraklion*, Athen 1980
Sakellarakis, I./Sapouna-Sakellaraki, E.: *Drama of Death in an Minoan Temple*. In: ›National Geographic‹, Washington/D. C., Februar 1981, S. 205 ff.
Sanders, I. F.: *Roman Crete*, Warminster 1982
Sapouna-Sakellaraki, E.: *Archanes. Human Sacrifice in Minoan Crete*. In: ›The Athenian‹, Athen, März 1980, S. 22 ff.
Schachermeyr, Fr.: *Die ältesten Kulturen Griechenlands*, Stuttgart 1955
— Schachermeyr, Fr.: *Die minoische Kultur des altes Kreta*, Stuttgart 1964
Schachermeyr, Fr.: *Ägäis und Orient. Die überseeischen Beziehungen von Kreta und Mykenai mit Ägypten, der Levante und Kleinasien, unter besonderer Berücksichtigung des 2. Jahrtausends v. Chr.*, Wien 1967
Schiering, W.: *Funde auf Kreta*, Frankfurt/M. 1976
Seager, R. B.: *Exploration in the Island of Mochlos*, Athen 1912
Sieber, F. W. D.: *Reise nach der Insel Kreta*, 2 Bde., Leipzig 1823
Sinos, St.: *Die vorklassischen Hausformen in der Ägäis*, Mainz 1971
Sfikas, G.: *Die Wildblumen Griechenlands*, Athen 1980
— Snyder, G. A. S.: *Minoische und mykenische Kunst*, München 1980
Spanakis, K.: *Kreta* – Bd. 1: Westkreta (nur in Neugriechisch), Iráklion 1972 – Bd. 2: Ostkreta (in Englisch und Neugriechisch), Iráklion 1974
Speich, R.: *Kreta*, Stuttgart 1984[4]
Spratt, T. A. B.: *Travels and Researches in Crete*, 2 Bde., London 1865
Stirrup, M./Heierli, H.: *Grundwissen in Geologie*, Thun 1984
Vuidaskis, V.: *Tradition und sozialer Wandel auf der Insel Kreta*, Studia Ethnologica, Bd. 9, Meisenheim am Glan 1977
Warren, P.: *An Early Bronze Age Site in Crete (Myrtos)*. In: ›BSA Suppl. 7‹, 1972
Warren, P.: *The Aegean Civilizations*. Oxford 1975
Xanthoudides, St.: *The Vaulted Tombs of Messara*, 1924, Reprint London 1971
Zinkeisen, J. W.: *Die Insel Candia unter der Herrschaft der Venetianer*. In: ›Geschichte des osmanischen Reiches in Europa, aus: Geschichte der europäischen Staaten, 4. Teil/3. Kap./S. 524–794 und 941–1094. Hg. von A. H. L. Heeren und F. U. Ukert, Gotha 1856
Zois, A.: *Der Kamares-Stil. Werden und Wesen*, Tübingen 1968

Sakellarakis: Archanes.

# Abbildungsnachweis

R. Breiner, Neusäss: Farbabb. 22–25, 27, 28
M. Borboudakis, Iráklion: Abb. 119
C. Davaras, Ajios Nikólaos: Abb. 22–26, 29–31, 38–41; Textabb. S. 57, 60, 156, 158
N. Gousenberg, Morges (Schweiz): Farbabb. 32
M. Hirmer, München: Abb. 32, 33; Textabb. S. 26, 28 (rechts), 123, 125
U. Macco-Vatter, München: Textabb. S. 319
B. Niemeier, Freiburg: Textabb. S. 199

Die Textabb. S. 314, 315 und 316 gehen auf Vorlagen der Scuola Archeologica Italiana di Atene (1978/79) zurück.
Die Textabb. S. 82, 142, 149, 151, 155, 181, 222, 276, 279, 281, 295, 323, 325, 345, 348 sind Umzeichnungen von Vorlagen der Bayerischen Staatsbibliothek, München.

Alle übrigen, nicht anderweitig gekennzeichneten Abbildungen stammen vom Autor.

Karten und Pläne (soweit nicht anders gekennzeichnet): DuMont Buchverlag, Köln

Zitat Umschlagrückseite aus: *Kreta* von Erhart Kästner, Frankfurt/Main 1975, S. 29; mit freundlicher Genehmigung des Insel Verlags, Frankfurt/Main
Zitat Umschlagklappe hinten aus: *Alexis Sorbas* von Nikos Kazantzakis; mit freundlicher Genehmigung der Verlagsgruppe Langen Müller, München

# Register

## Orts- und Sachregister

## Personenregister

*Von Klaus Gallas sind in unserem Verlag erschienen:*

## Rhodos

Eine der sonnenreichsten Inseln im Mittelmeer – ihre Geschichte, Kultur und Landschaft

352 Seiten mit 65 farbigen und 101 einfarbigen Abbildungen, 109 Zeichnungen und Plänen, 11 Seiten praktischen Reisehinweisen, Register, kartoniert (DuMont Kunst-Reiseführer)

## Korfu

Das antike Kerkyra im Ionischen Meer – Geschichte, Kultur, Landschaft

360 Seiten mit 65 farbigen und 126 einfarbigen Abbildungen sowie 88 Plänen und Zeichnungen, 40 Seiten praktischen Reisehinweisen, Glossar und Register, kartoniert (DuMont Kunst-Reiseführer)

---

*Bitte beachten Sie auch folgende Veröffentlichung aus unserem Verlag:*

## »Richtig reisen«: Kreta

Von Horst Schwartz. Mit zwei Beiträgen von Jürgen Nittinger. 284 Seiten mit 78 farbigen und 124 einfarbigen Abbildungen, 56 Seiten praktischen Reisehinweisen, Register, Literaturauswahl, kartoniert

»Der Autor kann wirklich zum richtigen Reisen verhelfen. Er hat umfängliche Kenntnisse gesammelt, er hat durchgeblickt, und in aller Liebe zu der Insel erhielt er sich, ja entwickelte er den kritischen Sinn. So gibt er dem Leser zahlreiche äußerst praktische Ratschläge, führt ihn durch Landschaften, zu Klöstern, in Kirchen, durch Museen und über die zahlreichen Ausgrabungsstätten; er vermittelt Fakten aus der vielfältigen mythologisch- und historisch-kulturellen Wirklichkeit der Insel. Wichtig genug und dazu: die Kreter selbst sind Schwartz nicht fremd geblieben; vielen ist er begegnet, viele stellt er in Kurzporträts vor. Man kann sich also mit seiner Hilfe sehr gründlich auf einen Inselbesuch vorbereiten.«

*Süddeutscher Rundfunk*

## Kreta

Von Andreas Schneider. 264 Seiten mit 15 farbigen und 90 einfarbigen Abbildungen, 35 Seiten praktischen Reisehinweisen (DuMont Reise-Taschenbücher, Band 2037)

»Nach Kreta entführt Andreas Schneider den Leser in einem Band der ›DuMont Taschenbücher‹. Nach Hintergrundinformationen über Kultur, Wirtschaft und Politik behandelt der Autor die zahlreichen Sehenswürdigkeiten der Insel – sowohl kulturgeschichtlicher wie landschaftlicher Art. Natürlich gebührt der wichtigste Platz der Archäologie mit dem Palast von Knossos und Hinweisen zur minoischen, aber auch die weiteren Ausflüge – etwa zu den Resten venezianischer Bauwerke oder einsamen Klöstern – lassen den Besuch auf Kreta zu einem Erlebnis werden. Zur Vorbereitung einer Fahrt wie auch vor Ort leistet der Führer gute Dienste.«

*Hellweger Anzeiger*

## DuMont Video-Reiseführer: »Reisewege zur Kunst« Kreta

Ein Film von Wolf Seidl. Eine Produktion des Bayerischen Rundfunks. Video-Kassette im Schuber, Spielzeit 90 Minuten

»Der Film kann als Einstimmung auf Kreta und vor allem als eine nützliche Orientierungshilfe für den Aufenthalt auf dieser Insel betrachtet werden.«

*therapeutikon*

## Wohnkultur und Lebensstil in Griechenland

Von Suzanne Slesin, Stafford Cliff, Daniel Rozensztroch. Fotos von Gilles de Chabaneix. 300 Seiten mit über 700 z. T. ganzseitigen Farbabbildungen, einem ›Griechischen Lexikon‹ zu landestypischen Besonderheiten, Register, Leinen mit Schutzumschlag

»Am deutlichsten wird die Begegnung mit dem Wohnalltag der Griechen, mit der Vielfalt ihrer Architektur, mit dem Stimmungsreichtum der griechischen Landschaft. In mehr als 700 Farbfotos ist das alles sichtbar – Bilder zum Schauen und Träumen einerseits, Bilder voller handfester Einrichtungsanregungen andererseits. Die Auswahl der Beispiele ist geschickt und reicht vom schlichten Fischerhaus bis zur prunkvollen Villa und bis zur typischen Marktatmosphäre irgendwo in Griechenland. Beeindruckend ist immer wieder, wie selbstverständlich Traditionelles mit Modernem und Anleihen aus anderen Kulturen harmonisch verschmilzt und wie sich folkloristische Elemente gegen modische Banalitäten behaupten. Wer Griechenland schon kennt, wird dennoch vieles neu entdecken. Die anderen werden schleunigst dorthin reisen wollen.«

*Schöner Wohnen*

## Die schönsten Rezepte aus der griechischen Inselwelt

Von Susie Jacobs, Fotos von Linda Burgess. 144 Seiten mit 58 farbigen und 23 einfarbigen Abbildungen, Leinen mit Schutzumschlag

»Die betörend schöne Landschaft der griechischen Inseln hat eine regionale Kochkunst hervorgebracht, die sich durch Vielfalt und Schmackhaftigkeit ebenso auszeichnet wie durch einfache und frische Zutaten ... Susie Jacobs beschreibt Zutaten, erläutert kulturhistorische Hintergründe und macht dem Leser mit Rezepten für köstliche Speisen den Mund wäßrig: gefüllte Blätterteigpasteten, Milchlamm mit Frühlingskräutern, Rebhuhn mit getrockneten Feigen, Hummer in Tomatensauce, Seebarbe in Weinblättern, gefüllte Aprikosen, Sorbet aus frischen Melonen und und und... Herrliche Fotografien tun ein übriges, um einen lebendigen Eindruck von Landschaft und Eßkultur der faszinierenden griechischen Inselwelt zu vermitteln.«

*Fränkisches Volksblatt*